Die Rechtmäßigkeit von Spartenstreiks

Schriften zum Arbeitsrecht und Wirtschaftsrecht

Herausgegeben von Abbo Junker

Band 80

PL ACADEMIC RESEARCH

Christoph B. Kistler

Die Rechtmäßigkeit von Spartenstreiks

Alte Kriterien in neuem Licht

PL ACADEMIC RESEARCH

Bibliografische Information der Deutschen Nationalbibliothek
Die Deutsche Nationalbibliothek verzeichnet diese Publikation in der Deutschen Nationalbibliografie; detaillierte bibliografische Daten sind im Internet über http://dnb.d-nb.de abrufbar.

Zugl.: Augsburg, Univ., Diss., 2013

Gedruckt auf alterungsbeständigem,
säurefreiem Papier.

D 384
ISSN 1433-4666
ISBN 978-3-631-64754-7 (Print)
E-ISBN 978-3-653-03522-3 (E-Book)
DOI 10.3726/978-3-653-03522-3

PL Academic Research ist ein Imprint der Peter Lang GmbH.

Peter Lang – Frankfurt am Main · Bern · Bruxelles · New York ·
Oxford · Warszawa · Wien

Dieses Buch erscheint in einer Herausgeberreihe bei
PL Academic Research und wurde vor Erscheinen peer reviewed.

www.peterlang.com

Die ich rief, die Geister,
Werd' ich nun nicht los.

(der allein gelassene Zauberlehrling)

In die Ecke,
Besen! Besen!
Seid's gewesen.
Denn als Geister
Ruft euch nur, zu seinem Zwecke,
Erst hervor der alte Meister.

(der zurückkommende Meister)

Aus dem Zauberlehrling von Johann Wolfgang von Goethe

Vorwort

Die vorliegende Arbeit wurde von der Rechtswissenschaftlichen Fakultät der Universität Augsburg im Wintersemester 2012/2013 als Dissertation angenommen. Die Arbeit ist hinsichtlich Rechtsprechung und verwendeter Literatur auf dem Stand von Ende Januar 2013.

Für die vielfältige Hilfe und fachliche Unterstützung bei der Erstellung meiner Dissertation möchte ich mich in erster Linie bei meiner Doktormutter Frau Prof. Dr. Martina Benecke bedanken. Herrn Prof. Dr. Michael Kort gebührt Dank für die zügige Erstellung des Zweitgutachtens. Herzlichen Dank auch an Herrn Prof. Dr. Abbo Junker für die Aufnahme in seine Schriftenreihe.

Zuletzt möchte ich meiner Familie für die Unterstützung und Zuneigung danken, welche ich stets erfahren durfte. Ihr ist diese Arbeit gewidmet.

München, Januar 2013 Christoph B. Kistler

Inhaltsübersicht

Inhaltsverzeichnis

Abkürzungsverzeichnis

a.A.	andere Ansicht
Abs.	Absatz
AcP	Archiv für civilistische Praxis (Zeitschrift)
ADGB	Allgemeiner Deutscher Gewerkschaftsbund
AiB	Arbeitsrecht im Betrieb
AK	Alternativkommentar
AK	Arbeitskampf; Arbeitskampfrecht
AKR	Arbeitskampfrecht
Anh.	Anhang
Anm.	Anmerkung
AöR	Archiv des öffentlichen Rechts (Zeitschrift)
AP	Arbeitsrechtliche Praxis (Entscheidungssammlung)
AR	Arbeitsrecht
ArbG	Arbeitsgericht
ArbGG	Arbeitsgerichtsgesetz
AR-Blattei	Arbeitsrechtsblattei
ArbR-Hdb	Arbeitsrechts-Handbuch
ArbZG	Arbeitszeitgesetz
ARS	Arbeitsrechtliche Sammlung mit Entscheidungen des Reichsarbeitsgerichts, der Landesarbeitsgerichte und Arbeitsgerichte
Art.	Artikel
AT	Allgemeiner Teil
AÜG	Gesetz zur Regelung der Arbeitnehmerüberlassung
Aufl.	Auflage
AuR	Arbeit und Recht
BAG	Bundesarbeitsgericht
BB	Betriebs-Berater (Zeitschrift)
Bd.	Band
BDA	Bundesvereinigung der Deutschen Arbeitgeberverbände
Begr.	Begründer
Beil.	Beilage

BetrVG	Betriebsverfassungsgesetz
BGB	Bürgerliches Gesetzbuch
BGBl.	Bundesgesetzblatt
BGH	Bundesgerichtshof
BGHZ	Entscheidungen des Bundesgerichtshofs in Zivilsachen (Entscheidungssammlung)
BPSU	*Berg/ Platow/ Schoof/ Unterhinninghofen*
BRD	Bundesrepublik Deutschland
BurlG	Mindesturlaubsgesetz für Arbeitnehmer
BVerfG	Bundesverfassungsgericht
BVerfGE	Entscheidungen des Bundesverfassungerichts (Entscheidungssammlung)
BVerwG	Bundesverwaltungsgericht
BVerwGE	Entscheidungen des Bundesververwaltungsgerichts (Entscheidungssammlung)
bzgl.	bezüglich
bzw.	beziehungsweise
ca.	circa
CGM	Christliche Gewerkschaft Metall
CGZP	Tarifgemeinschaft christlicher Gewerkschaften für Zeitarbeit und Personal-Service-Agenturen
d.h.	das heißt
DB	Der Betrieb (Zeitschrift)
DDR	Deutsche Demokratische Republik
Der Staat	Zeitschrift für Staatslehre und Verfassungsgeschichte, deutsches und europäisches öffentliches Recht (Zeitschrift)
ders.	derselbe, dieselbe
DGB	Deutscher Gewerkschaftsbund
dies.	dieselben
DJT	Deutscher Juristentag
DÖV	Die öffentliche Verwaltung (Zeitschrift)
DVBl.	Deutsches Verwaltungsblatt
EFZG	Gesetz über die Zahlung des Arbeitsentgelts an Feiertagen und im Krankheitsfall
Einl.	Einleitung
ErfK	Erfurter Kommentar
etc.	et cetera
EuGH	Europäischer Gerichtshof
EWiR	Entscheidungen zum Wirtschaftsrecht
EzA	Entscheidungen zum Arbeitsrecht (Entscheidungssammlung)
f.	folgend (-e, -er)

FAZ	Frankfurter Allgemeine Zeitung
ff.	fortfolgend (-e)
Fraport	Frankfurt Airport
FS	Festschrift
Fußn.	Fußnote
GDBA	Gewerkschaft Deutscher Bundesbahnbeamten und Anwärter
GdF	Gewerkschaft der Flugsicherung
GDL	Gewerkschaft Deutscher Lokomotivführer
GG	Grundgesetz
GMH	Gewerkschaftliche Monatshefte (Zeitschrift)
GS	Gedächtnisschrift
GS	Großer Senat
HA	Hauptausschuss
HK	Handkommentar
hM	herrschende Meinung
Hrsg.	Herausgeber
i.e.S.	im engeren Sinn
i.Erg.	im Ergebnis
i.S.v.	im Sinne von
i.V.m.	in Verbindung mit
i.w.S.	im weiteren Sinn
insb.	insbesondere
JA	Juristische Arbeitsblätter (Zeitschrift)
Jhd.	Jahrhundert
JR	Juristische Rundschau (Zeitschrift)
Jura	Juristische Ausbildung (Zeitschrift)
JuS	Juristische Schulung (Zeitschrift)
JZ	Juristen-Zeitung (Zeitschrift)
KollArbR	Kollektives Arbeitsrecht
KSchG	Kündigungsschutzgesetz
LAG	Landesarbeitsgericht
LAGE	Entscheidungen des Landesarbeitsgerichts (Entscheidungssammlung)
Lit.	Literatur
m.w.N.	mit weiteren Nachweisen
Mio.	Millionen
Mrd.	Milliarde
MüArbR	Münchener Handbuch zum Arbeitsrecht
MüKoBGB	Münchener Kommentar zum Bürgerlichen Gesetzbuch
NJW	Neue Juristische Wochenschrift (Zeitschrift)
NJW-RR	NJW-Rechtsprechungsreport (Zeitschrift)
NK	Nomos Kommentar

Nr.	Nummer
NVwZ	Neue Zeitschrift für Verwaltungsrecht (Zeitschrift)
NZA	Neue Zeitschrift für Arbeitsrecht (Zeitschrift)
NZA-RR	Neue Zeitschrift für Arbeitsrecht – Rechtsprechungs-Report (Zeitschrift)
RAG	Reichsarbeitsgericht
RdA	Recht der Arbeit (Zeitschrift)
RGBl.	Reichsgesetzblatt
RGZ	Entscheidungen des Reichsgerichts in Zivilsachen (Entscheidungssammlung)
Rn.	Randnummer
Rspr.	Rechtsprechung
S.	Satz
S.	Seite
SAE	Sammlung Arbeitsrechtlicher Entscheidungen (Zeitschrift)
SGB	Sozialgesetzbuch
sog.	sogenannte (r)
Sozialer Fortschritt	Sozialer Fortschritt – Unabhängige Zeitschrift für Sozialpolitik (Zeitschrift)
SZ	Süddeutsche Zeitung
TVG	Tarifvertragsgesetz
TVöD	Tarifvertrag für den öffentlichen Dienst
TzBfG	Gesetz über Teilzeitarbeit und befristete Arbeitsverträge
u.a.	unter anderem
u.U.	unter Umständen
UFO	Unabhängige Flugbegleiter Organisation (Gewerkschaft)
UmwG	Umwandlungsgesetz
v.	vom, von
v. Chr.	vor Christus
v.a.	vor allem
Verdi	Vereinte Dienstleistungsgewerkschaft (auch: ver.di)
vgl.	vergleiche
vM/K/S	*v. Mangoldt/ Klein/ Starck*
Vorb.	Vorbemerkung
WRV	Weimarer Reichsverfassung
WSI	Wirtschafts- und Sozialwissenschaftliches Institut der Hans-Böckler-Stiftung (Zeitschrift)
z.B.	zum Beispiel
z.T.	zum Teil
ZfA	Zeitschrift für Arbeitsrecht (Zeitschrift)
ZIP	Zeitschrift für Wirtschaftsrecht (Zeitschrift)

zit.	zitiert
ZPO	Zivilprozessordnung
ZTR	Zeitschrift für Tarif-, Arbeits- und Sozialrecht des öffentlichen Dienstes (Zeitschrift)

1. Teil: Allgemeine Ausführungen

§ 1 Einführung in die Problematik

A. Einleitung

„Ein Betrieb, eine Gewerkschaft“[1]

„Gleicher Lohn für gleiche Arbeit“[2]

– Aussagen über vergangene Phänomene, nunmehr nur noch Teil der Geschichte des deutschen Tarif- und Arbeitskampfrechts?

Der Grundsatz der Tarifeinheit, feste Größe des kollektiven Arbeitsrechts,[3] wurde am 07. Juli 2010 durch das Bundesarbeitsgericht nach über 50 Jahren treuen Dienstes im Falle der Tarifpluralität für nicht (mehr) begründbar und mit dem Grundgesetz unvereinbar erklärt.[4] Diese Entscheidung hat weitreichende Folgen: Spätestens seitdem sie während der letzten großen Tarifauseinandersetzungen im Bereich der Bahn- und Luftfahrtbranche vergeblich auf ihren Zug warten mussten oder am Flughafen nervös dem Beginn ihres Urlaubes entgegenfieberten,[5] mussten viele Menschen leidvoll erkennen, dass sich im Bereich des Arbeitskampfes etwas geändert hat: In zunehmendem Maße rufen in den letzten Jahren kleinere Spartengewerkschaften zu Streiks mit meist erheblichen Auswirkungen auf.[6]

---

1 Vgl.: Jacobs, NZA 2008, 325, 326; Greiner, NZA 2010, 743.

2 Vgl.: Gamillscheg, RdA 2005, 79, 84; allgemein: Linck, in: Schaub, ArbR-Hdb, § 112, Rn. 9.

3 Siehe u.a.: BAG v. 29.03.1957 – 1 AZR 208/55, AP Nr. 4 zu TVG § 4 Tarifkonkurrenz; BAG v. 14.06.1989 – 4 AZR 200/89, AP Nr. 16 zu TVG § 4 Tarifkonkurrenz; BAG v. 14.12.2004 – 1 ABR 51/03, BAGE 113, 82, 101; Säcker/Oetker, ZfA 1993, 1, 9 ff.

4 BAG v. 7. 7. 2010 – 4 AZR 549/08, NZA 2010, 1068.

5 Siehe: Flottau, Eine Gewerkschaft muss sich mäßigen, SZ 20.02.2012, S. 4.

6 Vgl.: Lehmann, in: FS Buchner, 529, 537 f.

Arbeitskämpfe haben eine lange Tradition und sind von erheblicher Bedeutung für die Arbeits- und Wirtschaftswelt. Gleichwohl gibt es keine explizit gesetzliche Regelung des Arbeitskampfrechts. Die Verfassung gestattet jedoch durch Art. 9 III GG Arbeitnehmern und Arbeitgebern, also zunächst einmal Vertragspartnern, ihren Pflichten aus dem Arbeitsvertrag in bestimmten Grenzen, ohne negative Konsequenzen fürchten zu müssen, nicht nachzukommen, um kollektiv Änderungen an den zwischen ihnen bestehenden Verträgen zu erzwingen.[7] Dieses Abweichen vom Grundsatz „pacta sunt servanda", wonach Verträge einzuhalten sind,[8] einem ehernen Prinzip des gesamten Zivilrechts, lässt sich mit der grundsätzlich unterlegenen Stellung des Arbeitnehmers beim Abschluss des Arbeitsvertrages begründen.[9] Die strukturelle Unterlegenheit soll dadurch ausgeglichen werden, dass sich Arbeitgeber auf kollektiver Basis mit den Gewerkschaften als ihnen ebenbürtigen Gegnern einigen müssen: Die bei Abschluss des Arbeitsvertrages „zu kurz gekommenen" Arbeitnehmer können so im Geltungsbereich des Tarifvertrages in den Genuss von ausgeglicheneren Bedingungen kommen.

Obwohl die Zahl groß angelegter Arbeitsniederlegungen in den letzten Jahren stets abgenommen hat,[10] hat der Arbeitskampf seine wichtige Funktion nicht verloren, zumal allein die Möglichkeit seiner Durchführung als effektives (psychologisches) Druckmittel dient und prominente Streikbeispiele vermehrt in das Bewusstsein der Öffentlichkeit gelangen: Aufgrund der Arbeitsniederlegung der Lokführer der Deutschen Bahn AG im Jahr 2007 beispielsweise war es für viele Bahnreisende ein schwieriges, teilweise aussichtsloses Unterfangen, ihre Ziele zu erreichen. Auch das Wirtschaftsleben wurde, da ein großer Teil der Güter auf der Schiene transportiert wird, erheblich beeinträchtigt.

Kennzeichnend und geradezu einen Systemwechsel einläutend war hierbei, dass sich die Deutsche Bahn AG nicht nur mit einer, sondern zeitlich nachfolgend mit zwei Gewerkschaften auseinandersetzen musste. War sie zunächst von ihrem Tarifvertragspartner Transnet[11]/ GDBA[12] bestreikt worden, so sah sie sich unmittelbar anschließend einem Streik der GDL[13] ausgeliefert. Bei der GDL handelt es sich nun gerade nicht um eine alle Arbeitnehmer des Unternehmens abdeckende Gewerkschaft (allgemeine Branchengewerkschaft[14]), sondern um eine sog. Spartengewerkschaft, also um einen Zusammenschluss von Arbeitnehmern, die lediglich die Interessen der Arbeitnehmer ihres Berufsfeldes (z.B. Lokomotivführer) durchzusetzen versuchen.[15]

---

7 Vgl.: Höfling, in: Sachs, Art. 9, Rn. 94 ff.; Zöllner/ Loritz/ Hergenröder, S. 413.

8 Vgl.: Konzen, in: FS 50 Jahre BAG, 513, 539.

9 U.a.: BVerfG v. 26.06.1991 – 1 BvR 779/85, BVerfGE 84, 212, 229; BAG v. 28.03.2006 – 1 ABR 58/04, BAGE 117, 308, 319; BAG v. 22.09.2009 – 1 AZR 972/08, BAGE 132, 140, 152; Treber, in: Schaub, § 197, Rn. 3; Rieble/ Klumpp, in: MüArbR, § 162, Rn. 25; Greiner, Arbeitskampfpluralität, S. 47.

10 Vgl. die Darstellung bei Dribbusch, in: Zukunft der Tarifautonomie, 145, 147.

11 Ehemals Gewerkschaft der Eisenbahner Deutschlands; Abkürzung für Transport, Service und Netze; seit 30.11.2010 Verschmelzung der GDBA und TRANSNET zur Eisenbahn- und Verkehrsgewerkschaft (EVG).

12 Gewerkschaft Deutscher Bundesbahnbeamten und Anwärter.

13 Gewerkschaft Deutscher Lokomotivführer.

14 Vgl.: Rittershofer, Lexikon Politik, Staat Gesellschaft, S. 289 f.

15 Siehe zum Begriff der Spartengewerkschaft unten: § 4 A.

Gerade das Phänomen, dass Unternehmen durch mehrere Gewerkschaften bestreikt werden, sollte jedoch eigentlich u.a. durch den Grundsatz der Tarifeinheit unterbunden werden. Der Grundsatz der Tarifeinheit stellt eine Kollisionsregelung dar. Hiernach ist bei mehreren konkurrierenden Tarifverträgen nur der jeweils speziellere anwendbar (lex specialis derogat legi generali).[16] Eine in diesem Sinne zu lösende Konkurrenz hat das BAG nicht nur dann angenommen, wenn zwei oder mehr Tarifverträge auf das Arbeitsverhältnis eines Arbeitnehmers anzuwenden waren (Tarifkonkurrenz[17]), sondern auch dann, wenn innerhalb eines Betriebes mehrere Tarifverträge Geltung beanspruchten (Tarifpluralität[18]). Letzteres wurde mit Praktikabilitätserwägungen (gleicher Lohn für gleiche Arbeit, Abrechnungsprobleme), dem Gebot der Rechtssicherheit und der Rechtsklarheit begründet.[19] Daraus folgend wurde teilweise vertreten, es sei derjenigen Gewerkschaft der Arbeitskampf mangels rechtmäßigem Kampfziel zu untersagen, die nur einen im Folgenden sowieso nachrangigen und daher nicht anzuwendenden Tarifvertrag erstreikt hätte.[20]

Der Grundsatz der Tarifeinheit im Bereich der Tarifpluralität wurde in der Literatur allerdings schon länger überwiegend abgelehnt, da hierdurch alle Mitglieder von anderen Gewerkschaften als der für das Unternehmen maßgebenden trotz ihrer Mitgliedschaft nicht durch einen Tarifvertrag geschützt gewesen wären.[21] Wie aufgezeigt, hat sich das BAG nunmehr den kritischen Stimmen bzgl. des Einsatzes des Grundsatzes der Tarifeinheit im Falle der Tarifpluralität gebeugt und ihn für unanwendbar erklärt. Diesen Schritt hatten einige unterinstanzliche Gerichte bereits früher vollzogen, sodass es überhaupt erst zu den prominenten Streiks im Bahn- und Luftfahrtbereich kommen konnte.[22] Damit ist der Grundsatz der Tarifeinheit vorerst aus der Rechtsprechung des BAG verbannt; ganz vom Tisch ist er jedoch deshalb noch nicht: so gibt es Bestrebungen, u.a. initiiert durch die großen Verbände der Arbeitgeber (BDA) und Arbeitnehmer (DGB), ihn gesetzlich zu normieren.[23]

In dieser Arbeit wird der derzeitige Stand des BAG als gegeben angenommen, da es zum einen unwahrscheinlich ist, dass sich die Rechtsprechung in den nächsten Jahren (jedenfalls ohne Wechsel des Vorsitzes in den Senaten) ändern wird. Zum anderen erscheint auch ein Handeln des Gesetzgebers, trotz des noch vor kurzem proklamierten Aktivismus,[24] eher unwahrscheinlich.[25] Des Weiteren wurde zum Thema des Grundsatzes der Tarifeinheit bereits

---

16 Vgl. zum Meinungsstand: Wiedemann/ Wank, § 4, Rn. 289 ff.

17 Siehe: Treber, in: Schaub, ArbR-Hdb, § 204, Rn. 44 ff.

18 Siehe: Treber, in: Schaub, ArbR-Hdb, § 204, Rn. 53 ff.

19 U.a.: BAG v. 14.06.1989 – 4 AZR 200/89, AP Nr. 16 zu TVG § 4 Tarifkonkurrenz.

20 Siehe: v. Steinau-Steinrück/ Brugger, NJW-Spezial 2010, 434.

21 Vgl.: Wiedemann/Wank, § 4, Rn. 287 m.w.N.

22 LAG Köln v. 12. 12. 2005 – 2 Ta 457/05, NZA 2006, 62; LAG Rheinland-Pfalz v. 14.06.2007 – 11 Sa 208/07, DB 2007, 2432; LAG Sachsen v. 2. 11. 2007 – 7 SaGa 19/07, NZA 2008, 59.

23 Siehe die Darstellung und Diskussion bei Konzen, JZ 2010, 1036 ff.

24 Siehe zu den Plänen der Arbeitsministerin den Artikel in der Zeit-Online vom 29.02.2012 (Quelle zuletzt eingesehen: 30.01.2013): http://www.zeit.de/wirtschaft/2012-02/leyen-gewerkschaften-streiks; vgl.: Esslinger, Frankfurter Lotsen dürfen nicht streiken, SZ 01.03.2012, S. 17.

25 So auch: Benecke, in: FS Buchner, 96, 106.

ausführlich referiert, was eine Behandlung obsolet erscheinen lässt; insoweit wird auf die dortigen Darstellungen verwiesen.[26]

Ausgehend von der Richtigkeit der Nichtanwendbarkeit des Grundsatzes der Tarifeinheit im Bereich der Tarifpluralität ergeben sich jedoch, insb. im Zusammenhang mit den gegenständlich zu behandelnden Spartenstreiks, einige gravierende Probleme: So scheint es nun theoretisch möglich zu sein, dass sich grundsätzlich in jedem Spartenbereich eines Unternehmens, also z.B. bei Flugunternehmen u.a. für die Piloten, für die Kabinencrew, für das Abfertigungspersonal (insofern bereits Realität), für das Gastronomiepersonal und für die Flugzeugtechniker,[27] unterschiedliche Spartengewerkschaften bilden,[28] die jeweils eigene Tarifverträge aushandeln und erstreiken wollen.[29] Darüber hinaus könnten sich in jeder dieser einzelnen Sparten wiederum mehrere Gewerkschaften bilden, also z.B. im Gastronomiebereich die Köche-A-Gewerkschaft und die Köche-B-Gewerkschaft.[30] Auf diese Weise würde sich der Arbeitgeber letztlich einer wahren Vielfalt von Gewerkschaften, Tarifverträgen und einzelnen Arbeitsniederlegungen ausgesetzt sehen.

Eine derart ausufernde Gewerkschaftslandschaft, Bayreuther stellt in diesem Zusammenhang den Begriff der „‚Balkanisierung' der Unternehmenslandschaft" in den Raum[31], die zwar in diesem Maße noch nicht (ganz) ersichtlich und in der skizzierten Form (noch) überzogen, aber eben dennoch möglich erscheint, hätte weitreichende Folgen: In vielen Unternehmen gibt es gewisse Sparten oder allgemein formuliert Tätigkeitsbereiche, welche für diese eine wichtige Funktion ausüben, um nicht zu sagen systemrelevant sind, da ohne sie kein Betrieb stattfinden kann und die darin beschäftigten Arbeitnehmer aufgrund ihrer speziellen Ausbildung oft nicht auf die Schnelle ersetzt werden können. Auch hier stellen die Piloten ein anschauliches Exempel dar: Ohne sie können Flugzeuge schlicht (noch) nicht bewegt werden. Fällt eine solche Sparte aus, macht die Arbeit der restlichen Belegschaft keinen Sinn mehr, da mangels Abflug z.B. keine Kabinencrew oder Gastronomieartikel benötigt werden. Diese Sparten hätten damit eine sehr starke Stellung gegenüber dem Arbeitgeber inne und könnten es sich herausnehmen, sehr hohe Forderungen zu stellen. So hat z.B. Cockpit für die Piloten der Lufthansa im Jahr 2001 eine Lohnerhöhung von 35 Prozent[32] und die GDL für die Lokführer der Deutschen Bahn AG im Jahr 2007 eine solche in Höhe von bis zu 31 Prozent gefordert.[33] Die Forderungen der GdF für die Vorfeldlotsen im Jahr 2012 beliefen sich teilweise gar auf insgesamt 70 Prozent.[34] Insofern wurde den Spartengewerkschaften bereits mehrfach egoistisches[35] und sogar erpresserisches[36] Verhalten vorgeworfen: Immerhin seien sie in der

26 Vgl. u.a.: Greiner, Arbeitskampfpluralität, unter D., S. 257 ff.; Bister, Tarifpluralität, S. 39 ff.

27 Zum Beispiel einer möglichen Aufspaltung im Bereich der Bahn: Greiner, NZA 2007, 1023, 1024.

28 Auch: Brocker, NZA-Beil. 2010, 121, 123.

29 Ansatzweise auch: Bayreuther, BB 2005, 2633, 2641; Hunold, NZA 2007, 1037, 1038.

30 Siehe: Kamanabrou, ZfA 2008, 241, 279.

31 Bayreuther, BB 2005, 2633, 2641; den Terminus Balkanisierung ebenfalls verwendend: v. Steinau-Steinrück/ Glanz, NZA 2009. 113.

32 Siehe: Zachert, NZA-Beil. 2006, 61, 65.

33 LAG Sachsen v. 2. 11. 2007 – 7 SaGa 19/07, NZA 2008, 59.

34 Siehe: Esslinger, Können Sie folgen?, SZ 28.02.2012, S. 3.

35 U.a.: Bayreuther, BB 2005, 2633, 2640 f.; v. Steinau-Steinrück/ Glanz, NZA 2009, 113; Brocker, NZA-Beil. 2010, 121, 122; wohl auch: Ricken, in: MüArbR, § 200, Rn. 30; Greiner, NZA 2007, 1023, 1024.

Lage so lange auf ihren Forderungen zu bestehen, bis die Arbeitgeber auf diese eingehen würden.[37] Sowohl aufgrund der längeren Dauer der Arbeitskämpfe, aber auch aufgrund der zu erwartenden Zunahme von Streiks allgemein[38] sowie den höheren Löhnen für diese Sparten, wären beträchtliche wirtschaftliche Nachteile für die Arbeitgeber und sogar Schäden für die Volkswirtschaft, wie z.B. ein hieraus resultierender Stellenabbau, zu erwarten. Ferner erscheint eine gegenteilige, negative Lohnentwicklung bei denjenigen Sparten möglich, welche gerade keine systemrelevante Stellung innehaben.

Der Grundsatz der Tarifeinheit brachte hingegen eine gewisse Stabilisierung mit sich: Dadurch, dass es nur einen Tarifvertrag im Unternehmen gab, wurde in der Regel nur um diesen gekämpft.[39] Zudem führten die Gesamtregelungen zu ausgeglichenen Vergütungssystemen, welche sich positiv auf das Klima unter den Arbeitnehmern auswirkten.[40] Gerade dieses scheint jedoch nun durch das Vorgehen einzelner Gruppen, welche darauf bedacht sind einen möglichst großen Vorteil für sich zu erzielen, gefährdet.[41]

Viele unterinstanzliche Gerichte haben bereits versucht, Lösungen (z.B. Bindung an das Gemeinwohl[42]) für die drohenden Auswirkungen der Rechtsprechungsänderung des BAG zu entwickeln,[43] als ihnen bewusst geworden sein musste, was einem wohl schon der einfache Verstand vorgibt: Das (gemeint ist eine solch dramatische Entwicklung, wie sie oben skizziert wurde) kann doch nicht sein![44] Ob dem wirklich so ist, ob der gesunde Menschenverstand[45] tatsächlich, wie so oft in der Rechtswissenschaft, die richtige Richtung vorgibt, oder ob er sich dem derzeitigen Gesetzesstand schlussendlich unterwerfen muss, soll diese Arbeit erörtern.

---

36 V. Steinau-Steinrück/ Glanz, NZA 2009, 113, 118; als bedrohendes Szenario erkannt: Kamanabrou, ZfA 2008, 241, 263.

37 Zwar war es im Fall der Vorfeldlotsen möglich, diese teilweise durch Umschulungen zu ersetzen. Allerdings dauerte dies im Vergleich zur Schnelligkeit des Flugbetriebes sehr lange und dieser war selbst danach noch erheblich eingeschränkt.

38 Auch: Greiner, Arbeitskampfpluralität, S. 37.

39 Also Spezialität auch im Sinne von größtmöglicher Abdeckung von Arbeitsverhältnissen; vgl.: BAG v. 05.09.1990 – 4 AZR 59/90, AP Nr. 19 zu § 4 TVG Tarifkonkurrenz; Kissel, AK, § 26 Rn. 76.

40 Vgl.: v. Steinau-Steinrück/ Glanz, NZA 2009, 113, 114.

41 Im Fall der Tarifauseinandersetzungen am Fraport 2012 kam es zu Differenzen zwischen der streikenden GdF einerseits und dem Betriebsrat und Verdi andererseits: Esslinger, Können Sie folgen?, SZ 28.02.2012, S. 3.

42 U.a.: ArbG Nürnberg v. 08.08.2007 – 13 Ga 65/07, AuR 2007, 320 f., unter Hinweis auf volkswirtschaftliche Schäden.

43 Vgl.: § 4 E.

44 Z.B. wurden die Forderungen der GdF im Tarifkonflikt am Fraport 2012 auch in der öffentlichen Diskussion als „unverhältnismäßig“ angesehen: Flottau, Eine Gewerkschaft muss sich mäßigen, SZ 20.02.2012, S. 4.

45 Keinesfalls soll ein allgemeingültiger Menschenverstand prognostiziert oder behauptet werden, der Verfasser kenne diesen. Es erscheint jedoch angesichts des skizzierten Szenarios nicht abwegig, von einer solchen Einschätzung auszugehen.

B. Gang der Untersuchung

Es wäre verhältnismäßig leicht gewesen, sich zur Bekämpfung solcher Auswüchse darauf zu beschränken, schlicht ein neues Rechtmäßigkeitskriterium vorzuschlagen, wie beispielsweise eine Begrenzung der insgesamt in einem Unternehmen maximal in einem Jahr zulässigen Streiktage. Abgesehen von den verfassungsrechtlichen Bedenken gegen ein derartiges Kriterium würde ein solches Vorgehen jedoch außer Acht lassen, dass die Grundsätze des Arbeitskampfrechts durch die Grundsatzentscheidungen des Großen Senats des BAG aus den Jahren 1955 und 1971 festgelegt worden sind.[46] Diese Kriterien sind verbindlich, da die übrigen Senate von ihnen nicht einfach abweichen können; sie müssten vielmehr zuerst den Großen Senat anrufen (§ 45 II ArbGG), weswegen auch die Rechtsprechung der einzelnen Senate ab dem Jahr 1971 als bedenklich anzusehen ist.[47]

Ziel dieser Arbeit ist es daher zu versuchen, den oben skizzierten „Auswüchsen" durch eine effektive Handhabung der bisherigen Rechtmäßigkeitsanforderungen, allerdings ausgestattet mit neuem Leben und Gewicht, Grenzen aufzuzeigen.

Die Arbeit beschränkt sich auf den Streik von Spartengewerkschaften um Tarifverträge im Lichte des deutschen Rechts und lässt europarechtliche Aspekte bei der Beurteilung der Rechtmäßigkeit außen vor. Ausgehend von einer Darstellung der Herleitung und Verankerung des Streikrechts, seiner historischen Entwicklung und den bisherigen, richterrechtlichen Anforderungen an rechtmäßige Streiks, wird zu diesem Zweck näher auf das Erscheinungsbild der Spartengewerkschaften und ihre Auswirkungen auf die Arbeits- und Wirtschaftswelt eingegangen. Anschließend wird untersucht, ob bzw. in welcher Form Spartenstreiks mit den geltenden Rechtmäßigkeitsanforderungen zu vereinbaren sind. Dies stellt den Schwerpunkt der Arbeit dar. Ausgegangen wird hierbei grundsätzlich von den etablierten Kriterien – allerdings in neuem Licht. Bereits der Aufbau der Prüfung der Rechtmäßigkeit von Streiks weicht ab und orientiert sich am Aufbau einer Grundrechtsprüfung; schließlich handelt es sich bei der Koalitionsfreiheit um ein Grundrecht, welches in Einklang mit anderen Grundrechten zu bringen ist.

Dem BAG ist daher, jedenfalls im Ergebnis, zuzustimmen, wenn es vor kurzem proklamierte, „zentraler Maßstab" für die Beurteilung von Arbeitskampfmaßnahmen sei der Grundsatz der Verhältnismäßigkeit.[48] Denn bei einer klassischen Grundrechtsprüfung werden neben dem Schutzbereich die übrigen Rechtmäßigkeitserwägungen im Rahmen der Verhältnismäßigkeit diskutiert. Letztere soll schließlich anhand des gültigen Rechts ausgestaltet und handhabbar gemacht werden.

46 BAG v. 28.01.1955 – GS 1/54, BAGE 1, 291 ff.; BAG v. 21.04.1971 – GS 1/68, BAGE 23, 292 ff.

47 Rüthers/Höpfner sprechen sogar von Verstößen gegen das ArbGG und das GG in: Abschied vom Rechtsstaat?, FAZ 26.08.2011S. 9 ; ähnlich: Löwisch/ Rieble, in: Löwisch, AK, S. 90 (bezüglich eines Schlichtungszwanges).

48 BAG v. 22. 9. 2009 – 1 AZR 972/08, NJW 2010, 631, 635.

Bzgl. darüber hinausgehender Lösungsansätze, die ein Tätigwerden des Gesetzgebers erfordern, wird auf die ausführliche Literatur zur Tarifpluralität im Allgemeinen verwiesen.[49]

49 Siehe u.a.: Löwisch, RdA 2010, 263 ff.; Rieble, Verfassungsfragen, S. 129 ff.; v. Steinau-Steinrück/Glanz, NZA 2009, 113, 114 ff.; Bister, Tarifpluralität, S. 147 ff.; Rudkowski, Der Streik in der Daseinsvorsorge, S. 76 ff.; Schmidt, Tarifpluralität im System der Arbeitsrechtsordnung, S. 510 ff.

§ 2 Begriff und Herleitung des Streikrechts

Der Begriff des Arbeitskampfes im Allgemeinen wird zwar in unserer Rechtsordnung vorausgesetzt.[50] Allerdings werden weder die Anforderungen, die an ihn zu stellen sind, noch seine Folgen im geltenden Recht normiert. Stattdessen wird es der Literatur und primär der Rechtsprechung überlassen, hierfür geeignete Parameter zu statuieren.[51]

Das über die Jahre v.a. durch das BAG entwickelte Arbeitskampfrecht entbehrt daher bis heute einer gesetzlichen Regelung. Es handelt sich bei ihm vielmehr um gesetzesvertretendes Richterrecht,[52] und als solches wurde es, trotz stetiger Kritik v.a. in Bezug auf die Wesentlichkeitstheorie,[53] vom BVerfG anerkannt: „Die Gerichte müssen bei unzureichenden gesetzlichen Vorgaben das materielle Recht mit den anerkannten Methoden der Rechtsfindung aus den allgemeinen Rechtsgrundlagen ableiten, die für das betreffende Rechtsverhältnis maßgeblich sind. [...] Nur so können die Gerichte die ihnen vom Grundgesetz auferlegte Pflicht erfüllen, jeden vor sie gebrachten Rechtsstreit sachgerecht zu entscheiden.“[54]

Nach verbreiteter Auffassung spricht man dann von einem Arbeitskampf, „wenn von Arbeitgeber- oder Arbeitnehmerseite kollektiv Maßnahmen zur Störung der Arbeitsbeziehungen ergriffen werden, um ein bestimmtes Ziel zu erreichen.“[55]

Die Rechtsprechung hat festgestellt, dass der geschützte Kreis an möglichen Arbeitskampfmaßnahmen nicht festgelegt sei. Es bestehe kein numerus clausus, da Art. 9 III S. 1 GG zukunftsoffen verstanden werden müsse.[56]

---

50 U.a.: Art. 9 III S. 3; § 72 II S. 1 BetrVG; § 2 I Nr. 2 ArbGG.

51 Vgl.: Biedenkopf, Tarifautonomie, S. 105.

52 Höfling, in: Sachs, Art. 9, Rn. 96.

53 Vgl. u.a.: Höfling, ZfA 2008, 1, 25 f.; Engels, Verfassung und Arbeitskampfrecht, S. 311 ff.; Friauf, RdA 1986, 188, 192.

54 BVerfG v. 26.06.1991 – 1 BvR 779/85, BVerfGE 84, 212, 226 f.

55 Brox, in: Brox/ Rüthers, Arbeitskampfrecht, Rn. 17; siehe auch: Kissel, AK, § 13, Rn. 1; Otto, AK, § 1, Rn. 2.

56 Vgl.: BVerfG v. 04.07.1995 – 1 BvF 2/86, BVerfGE 92, 365, 394; BAG v. 22.09.2009 – 1 AZR 972/08, BAGE 132, 140, 150; vgl. zu den verschiedenen Erscheinungsformen: Brox, in: Brox/ Rüthers, Arbeitskampfrecht, Rn. 25 ff.; Otto, AK, § 1, Rn. 9ff.

A. Begriff und Erscheinungsformen des Streiks

Zu den nach wie vor wichtigsten Kampfmitteln der Arbeitnehmer gehört der Streik.[57]

I. Begriff

Der Streik wird gemeinhin als die gemeinsame und planmäßig durchgeführte Arbeitsniederlegung einer größeren Anzahl von Arbeitnehmern mittels vorübergehender Suspendierung der Arbeitsverhältnisse zwecks Erreichung eines bestimmten Kampfziels verstanden.[58] Er ist als ein erforderliches Mittel zur Behebung von ansonsten nicht lösbaren Tarifkonflikten grundsätzlich anerkannt.[59] Dem Arbeitnehmer wird es so ohne vorherige Kündigung ermöglicht, seiner vertraglich geschuldeten Leistungspflicht nicht weiter nachzukommen.[60] Ausgeübt werden kann der Streik entweder dadurch, dass die Beschäftigten überhaupt nicht im Betrieb erscheinen, oder indem sie im Betrieb selbst untätig bleiben. Letzteres wird auch als „Sitzstreik" bezeichnet.[61] Das Wort „Streik" ist dem englischen „to strike" entlehnt, womit in der Frühzeit das unerwartete Zuschlagen der Arbeiter bezeichnet wurde.[62] Das deutsche Wort „Ausstand" ist nicht mehr in Gebrauch.[63] Synonym kann jedoch der Begriff der *Arbeitsniederlegung* verwendet werden.[64]

Auch andere Rechtsordnungen kennen begrifflich den Streik. In Frankreich spricht man vom „grève", nach dem place de grève an der Seine, auf welchem sich die streikenden Arbeiter in Paris versammelten. Das aus dem Gallischen stammende Wort bedeutet so viel wie Sandbank. Der italienische „sciopero" stammt vom vulgärlateinischen ex operare ab. Und der spanische „huelga" entspringt dem Verb holgar, welches ausschmückend umschreibend „die Muße pflegen" bedeutet.[65]

57 So: Däubler, in: Däubler, AK, § 8, Rn. 11.

58 Scholz, in: Maunz/ Dürig, Art. 9, Rn. 322; vgl. auch: BAG v. 28.01.1955 – GS 1/54, BAGE 1, 291, 304 f.; BAG v. 25.01.1963 – 1 AZR 288/62, BAGE 14, 52, 55; Hueck/ Nipperdey, II/2, S. 892; ErfK/ Dieterich, 10 GG, Art. 9, Rn. 161; Junker, Arbeitsrecht, Rn. 593.

59 Siehe: Lieb R., Der Arbeitskampf im öffentlichen Dienst, S. 14.

60 Vgl.: Seiter, Streikrecht, S. 182.

61 Siehe: Däubler, in: Däubler, AK, § 8, Rn. 11.

62 Gamillscheg, KollArbR I, S. 912; oder auch: „to strike sails", für die Segel streichen, Wacke RdA 1992, 34; insgesamt zur Begriffsgeschichte: Bernstein, Der Streik, S. 7 ff.

63 Siehe: Gamillscheg, KollArbR I, S. 912.

64 Siehe: Junker, Arbeitsrecht, Rn. 593.

65 Zu allem: Gamillscheg, KollArbR I, S. 912.

II. Erscheinungsformen

Streik ist jedoch nicht gleich Streik. Er tritt vielmehr in ganz unterschiedlichen Formen auf, die, ohne Rücksicht auf ihre Rechtmäßigkeit, im Folgenden überblicksmäßig dargestellt werden sollen:

Streikvarianten lassen sich zunächst nach der Organisation unterscheiden. Der *gewerkschaftliche Streik* wird, wie der Name schon sagt, durch eine Gewerkschaft vorbereitet und durchgeführt, bzw. zumindest im Nachhinein gebilligt. Von einem „*wilden Streik*" spricht man hingegen, wenn es gerade daran fehlt, wenn also z.B. Arbeitnehmer spontan einen Streik durchführen.[66]

Neben dem Zeitpunkt des Kampfbeginnes kann zwischen den Formen des *Angriffsstreiks*, welchem keine Kampfmaßnahme des Arbeitgebers vorausgegangen ist und der somit den Arbeitskampf eröffnet, und des *Abwehrstreiks* unterschieden werden. Letzterer stellt die Antwort auf die Eröffnung des Arbeitskampfes durch den Arbeitgeber dar.[67]

Unterschieden werden kann ferner anhand des Zieles eines Arbeitskampfes: Hierbei stellt sich zunächst die Frage, ob ein Tarifvertrag erreicht werden soll, also ein *tarifvertragsbezogener Arbeitskampf* vorliegt, oder ob ein sonstiges Ziel verfolgt wird. Zu denken ist hierbei insb. an den *politischen Streik*, bei welchem der Gesetzgeber zu einem Tun oder Unterlassen bewegt werden soll. In diese Kategorie fällt auch der besonders aus Frankreich bzw. aktuell aus Griechenland bekannte *Generalstreik*.[68] Denkbar wären prinzipiell auch Streiks zur Durchsetzung von Rechtsansprüchen.[69] Soll durch die Kampfmaßnahme kein materielles Ziel, sondern nur eine Meinung kundgetan werden, spricht man vom *Demonstrationsstreik*.[70]

Ein Streik kann sich grundsätzlich an unterschiedliche Adressaten richten: Bei einem *Sympathie- oder Solidaritätsstreik* wird zwar der eigene Arbeitgeber bestreikt. Es soll jedoch kein eigener Tarifvertrag mit ihm abgeschlossen werden. Vielmehr soll der eigene Arbeitgeber Druck auf den Arbeitgeber eines anderen Unternehmens ausüben, damit dieser für die dortige Belegschaft einen Tarifvertrag abschließt.[71] Das Gegenstück, also den Streik gegen den eigenen Arbeitgeber, bezeichnet man demgegenüber als *Hauptarbeitskampf*.

Schließlich kann noch nach der Kampftaktik differenziert werden: Von einem *Vollstreik* oder *Flächenstreik* spricht man, wenn nahezu die gesamte Belegschaft eines Betriebes oder eines Tarifgebietes die Arbeit niederlegt. Dem steht der *Teilstreik* gegenüber, bei welchem nur ein Teil der Belegschaft in den Kampf eingreift.[72] Der Unterfall des *Schwerpunktstreiks* liegt vor, wenn die agierenden Arbeitnehmer bei einem Teilstreik unter kampftaktischen Gesichtspunkten ausgesucht wurden, beispielsweise nur Inhaber bestimmter Schlüsselpositionen oder nur Abteilungen mit weitreichenden Auswirkungen auf den gesamten Produktionsablauf

66 Siehe: Löwisch/ Rieble, in: Löwisch, AK, S. 18; Däubler, in: Däubler, AK, § 8, Rn. 16.

67 Siehe: Gamillscheg, KollArbR I, S. 914; Brox, in: Brox/ Rüthers, Arbeitskampfrecht, Rn. 37 f.

68 Vgl.: Lieb R., Der Arbeitskampf im öffentlichen Dienst, S. 16.

69 Vgl.: Junker, Arbeitsrecht, Rn. 595; Löwisch/ Rieble, in: Löwisch, AK, S. 16 .

70 Vgl.: Brox, in: Brox/ Rüthers, Arbeitskampfrecht, Rn. 40.

71 Siehe: Konzen, DB 1990, Beilage 6, S. 1 ff.; Treber, in: Schaub, ArbR-Hdb., §193, Rn. 15.

72 Vgl.: Junker, Arbeitsrecht, Rn. 597.

streiken.[73] Durch sog. *Wechselstreiks* soll die Planungssicherheit der Arbeitgeberseite zunichte gemacht werden. Hierbei werden z.B. jeden Tag unterschiedliche Unternehmen bestreikt. Wird ein solches Vorgehen auf einen Betrieb beschränkt, also bei abwechselnden Streiks in unterschiedlichen Abteilungen, spricht man von sog. *Wellenstreiks.*[74] Ein *Erzwingungsstreik* liegt vor, wenn der Gegner zu einem bestimmten Verhalten bewegt werden soll. Demgegenüber wird durch einen *Warnstreik*, eine meist nur kurz andauernde und kurzfristige Arbeitsniederlegung, lediglich die Entschlossenheit gezeigt, in der Zukunft gegebenenfalls in einen unbefristeten Streik zu treten.[75]

Eine Sonderform[76] stellt der sog. *Bummelstreik* dar. Hierbei wird die Arbeitsleistung nicht offen verweigert, sondern schlicht in geringerem Umfang oder in einer für den Arbeitgeber nachteilhaften Art erbracht. Dies kann dadurch zustande kommen, dass die Arbeitsgeschwindigkeit oder -qualität reduziert wird, also beispielsweise ein Sänger nur mit „halber Stimme" singt.[77] Unter dem meist in einem Atemzug[78] verwendeten Begriff des *Diensts nach Vorschrift* versteht man eine Erscheinungsform, welche grundsätzlich nur im öffentlichen Dienst vorzufinden ist. Hierbei ist wohl wie folgt zu unterscheiden: Nehmen die Arbeitnehmer eine erforderliche Konkretisierung von allgemeinen Dienstanweisungen nicht vor, stellen sie sich also umgangssprachlich „dumm", handelt es sich um eine Form des Bummelstreiks. Werden hingegen klare Anweisungen wörtlich genommen und kommt es dadurch zu Verzögerungen, ist eher vom Dienst nach Vorschrift zu sprechen.[79]

B. Herleitung des Streikrechts

Da der Arbeitskampf an sich und damit auch der Streik wie oben dargestellt nicht gesetzlich normiert sind, ist fraglich, woraus sich ein Recht zur Arbeitsniederlegung ableiten lässt. In Betracht kämen grundsätzlich verschiedene Herleitungsalternativen:[80]

73 Hromadka/ Maschmann, § 14, Rn. 23.

74 Siehe: Däubler, in: Däubler, AK, § 8, Rn. 14.

75 Siehe: Rüthers, in: Brox/ Rüthers, Arbeitskampfrecht, Rn. 152; Hromadka/ Maschmann, § 14, Rn. 23.

76 Da wohl eher atypische Arbeitskampfmaßnahme der Arbeitnehmer, vgl.: Kissel, AK, § 14, Rn. 16 ff.; ErfK/ Dieterich, 10 GG, Art. 9, Rn. 274; Ricken, in: MüArbR, § 193, Rn. 6; a.A.: Däubler, in: Däubler, AK, § 8, Rn. 12, der von partiellem Streik spricht.

77 Siehe: Brox, in: Brox/ Rüthers, Arbeitskampfrecht, Rn. 28.

78 Z.B.: Kissel, AK, § 61, Rn. 10; Otto, AK, § 10, Rn. 48.

79 Siehe: Däubler, in: Däubler, AK, § 29, Rn. 19 f.; Lieb R., Der Arbeitskampf im öffentlichen Dienst, S. 17 f.

80 Eine ausführliche Herleitung des Arbeitskampfes und des Streikrechts erfolgt im Rahmen der Schutzbereichsbestimmung des Art. 9 III GG unter § 8.

I. Die Gewährleistungen des Art. 9 Abs. 3 S. 1 GG

Art. 9 III S. 1GG enthält das Grundrecht der Koalitionsfreiheit. Es ist als Jedermanns-Grundrecht[81] ausgestaltet und garantiert die Freiheit, Vereinigungen zur Wahrung und Förderung der Arbeits- und Wirtschaftsbedingungen zu bilden. Des Weiteren wird hieraus die Gewährleistung der Existenz der Vereinigung und ihrer koalitionsspezifischen Betätigung gefolgert. Ohne den nachfolgenden Ausführungen vorgreifen zu wollen oder bereits auf Einzelheiten einzugehen,[82] gilt grundsätzlich: „Heute besteht Einigkeit darüber, daß das Streikrecht einen notwendigen Bestandteil der freiheitlichen Kampf- und Ausgleichsordnung darstellt, die durch Art. 9 Abs. 3 GG im Kern gewährleistet ist".[83] Das Recht auf Arbeitskampf und auch die Durchführung von Streikmaßnahmen werden somit ganz allgemein aus Art. 9 III S. 1 GG gefolgert.[84]

Art. 9 III S. 1 GG ist nach hM als Doppelgrundrecht ausgestattet. Damit wird nicht nur der Einzelne (Individualgrundrecht) vom Schutzbereich erfasst und genießt u.a. die Freiheit, sich unabhängig von seiner Gewerkschaftszugehörigkeit an Streikmaßnahmen zu beteiligen. Auch die Koalitionen selbst werden in ihrer Betätigung und damit in dem Recht, einen Streik durchzuführen, geschützt (Kollektivgrundrecht).[85]

Da Art. 9 III S. 1 GG zukunftsoffen formuliert ist, obliegt es den Koalitionen grundsätzlich selbstständig diejenigen Mittel zu wählen, die sie zur Erreichung des Koalitionszwecks, also der Förderung und Wahrung der Arbeits- und Wirtschaftbedingungen, für geeignet halten (freie Wahl der Kampfmittel). Es gibt gerade keinen numerus clausus, sondern die Kampfmittel dürfen und müssen sich den wandelnden Umständen anpassen.[86]

Aus der Koalitionsfreiheit folgt zudem das Gebot staatlicher Neutralität. Entgegen der sonst geltenden Prämisse des Gewaltmonopols des Staates und der Pflicht, Konflikte vor Gericht auszutragen, wird von Art. 9 III S. 1 GG vorausgesetzt, dass sich der Staat bei Arbeitskämpfen zurückhält und es dem „freien Spiel der Kräfte" überlässt, zu ausgeglichenen Einigungen zu gelangen.[87] Die Schädigung des Gegners wird geradezu vorausgesetzt, da nur so

81 Siehe: BVerfG v. 14.11.1995 – 1 BvR 601/92, BVerfGE 93, 352, 357.

82 Siehe zum sachlichen Schutzbereich die ausführliche Darstellung unten: § 8.

83 BAG v. 10.06.1980 – 1 AZR 822/79, BAGE 33, 140, 151.

84 Vgl. stellvertretend: Kemper, in: vM/K/S, Art. 9 III, Rn. 127; Höfling, in: Sachs, Art. 9, Rn. 94; ErfK/ Dieterich, 10 GG, Art. 9, Rn. 102; Engels, Verfassung und Arbeitskampfrecht, S. 199 (m. w. N.); Junker, in: Neues Arbeitskampfrecht?, 155, 159; Lehmann, in: FS Buchner, 529, 532. Zu den Einzelheiten, siehe unten: § 8.

85 Vgl.: BVerfG v. 30.11.1965 – 2 BvR 54/62, BVerfGE 19, 303, 312; BAG v. 29.11.1967 – GS 1/67, BAGE 20, 175, 219; BAG v. 28.03.2006 – 1 ABR 58/04, BAGE 117, 308, 317 f.; Biedenkopf, Tarifautonomie, S. 88; Bauer, in: Dreier, Art. 9, Rn. 69, 82; Jarass, in: Jarass/ Pieroth, Art. 9, Rn. 44 ff.; Löwisch/ Rieble, in: MüArbR, § 155 Rn. 4; Gamillscheg, KollArbR I, S. 181 f.; Koop, Koalitionspluralismus, S. 57 ff.; a. A.: Scholz, Koalitionsfreiheit, S. 135; Höfling, in: Sachs, Art. 9, Rn. 67, die auf 19 III GG abstellen; zum Streit allgemein: Koop, Koalitionspluralismus, S. 53 ff.

86 BAG v. 19.06.2007 – 1 AZR 396/06, BAGE 123, 134, 140; BAG v. 22.09.2009 – 1 AZR 972/08, BAGE 132, 140, 150; Kittner/ Schiek, AK-GG, Art. 9 III, Rn. 124.

87 BAG v., 13.07.1993 – 1 AZR 676/92, BAGE 73, 320, 329.

ein Kräftegleichgewicht erreicht werden kann, welches seinerseits Voraussetzung für die Richtigkeitsgewähr des Tarifvertrages ist.[88]

II. Sonstiges Verfassungsrecht

Besonders in Fällen, in denen ein Streik nicht auf die „Arbeits- und Wirtschaftsbedingungen" ausgerichtet ist, aber auch generell kommen bei der Herleitung eines Streikrechts weitere Verfassungsbestimmungen als Rechtfertigung infrage:

Den Streik ganz allgemein als durch Art. 2 I GG i.V.m. Art. 1 I GG geschützt sah eine ältere Ansicht in der Lehre an. Gerade in den ersten Jahren des Grundgesetzes war sehr umstritten, wodurch ein Streik gerechtfertigt werden könnte. Ein großer Teil der Literatur lehnte einen Schutz über Art. 9 III GG ab, da dessen Wortlaut den Arbeitskampf gerade nicht ausdrücklich schütze. Stattdessen wurde, beeinflusst durch die Auslegung des Art. 159 WRV, ein verfassungsrechtlicher Schutz nur über die allgemeine Handlungsfreiheit gefolgert.[89] Dies ist heute angesichts der begründbaren Herleitung über Art. 9 III GG abzulehnen, da die allgemeine Handlungsfreiheit nur den Charakter eines nachrangigen Auffanggrundrechts hat.[90]

Auch ein Abstellen auf das aus der Menschenwürde gem. Art. 1 I GG folgende Selbstbestimmungsprinzip, sofern für eine Gruppe ansonsten keine Möglichkeit bestünde auf Entscheidungen einzuwirken, welche sie in erheblichem Maße betreffen,[91] ist abzulehnen. Die Menschenwürde garantiert nämlich nur einen sehr restriktiv auszulegenden Elementarschutz gegenüber dem Staat.[92]

Vertreten wird ferner ein genereller Schutz durch Art. 5 I GG „im Rahmen des Zumutbaren, d.h. bei kurzfristigen Arbeitsniederlegungen".[93] Die Arbeitnehmer seien im politischen *Meinungskampf* ebenfalls strukturell unterlegen. Deshalb könne nur durch die Zulassung eines Streiks ein ansatzweiser Ausgleich geschaffen werden. Zudem müsse berücksichtigt werden, dass, quasi im Sinne der Wechselwirkungslehre, „die Arbeitspflicht im Lichte der Meinungsfreiheit des Art. 5 I GG zu interpretieren" sei.[94] Dem muss jedoch der begrenzte Anwendungsbereich des Art. 5 I GG entgegengehalten werden: Er schützt nur die Meinungskundgabe als solche.[95] Diese ist dem Einzelnen jedoch auch in seiner Freizeit möglich. Insofern gibt es eben gerade kein Recht, „anderen die eigene Meinung aufzudrängen".[96] Damit

88 Vgl.: Rüthers, in: Brox/ Rüthers, AK, Rn. 166 ff.; allgemein zur Richtigkeitsgewähr: Enderlein, RdA 1995, 264 ff.; Gamillscheg, KollArbR I, S. 284 ff.

89 Vgl.: Bulla, in: FS Nipperdey 1955, 163, 166f.; Seiter, Streikrecht, S. 65 m. w. N.

90 Siehe: BVerfG v. 20.06.1984 – 1 BvR 1494/78, BVerfGE 67, 157, 171; BVerfG v. 26.05.1993 – 1 BvR 208/93; BVerfGE 89, 1, 13; Murswiek, in: Sachs, Art. 2, Rn. 10.

91 So: Däubler, in Däubler, AK, § 9, Rn. 21.

92 Siehe: Höfling, in: Sachs, Art. 1, Rn. 13 ff.; Engels, Verfassung und Arbeitskampfrecht, S. 154.

93 Däubler, in: Däubler, AK, § 9, Rn. 20.

94 Zu allem: Däubler, in: Däubler, AK, § 9, Rn. 20.

95 Vgl.: Bethge, in: Sachs, Art. 5, Rn. 44.

96 Gamillscheg, KollArbR I, S. 945.

kann die Verletzung der Arbeitspflicht nicht allein mit der Kundgabe einer Meinung gerechtfertigt werden.[97]

Auch Art. 8 I GG vermag den „Zwischenraum bis zur berechtigten Zurückhaltung der Arbeit“ nicht zu überbrücken.[98] Vielmehr ist es in Anbetracht des Gleichheitsgrundsatzes nicht möglich, die Arbeitnehmer im Kreis der potentiell Geschützten dahingehend zu privilegieren, ihnen das weitreichende Mittel der Arbeitsvertragsverletzung zuzubilligen.[99]

Art. 20 IV GG enthält ein allgemeines Widerstandsrecht: Versucht jemand die verfassungsmäßige Ordnung zu beseitigen, so sind grundsätzlich alle Deutschen dazu berechtigt, sich dem entgegenzustellen. Dies kann grundsätzlich auch durch Streik geschehen. Prominentes Beispiel hierfür ist der Kapp-Putsch von 1920.[100] Allerdings ist die Bedeutung des Widerstandsrechts als Rechtfertigung für Streiks gering. Beachtet werden muss nämlich: Eine „anderweitige Abhilfe“ darf nicht möglich sein. Da jedoch durch die generelle Rechtsschutzgarantie in nahezu jeder Lage der Gang zu den Gerichten offen ist, wird man sich auf Art. 20 IV GG wohl nur in klassischen und deshalb höchst seltenen Fällen, wie eben einem Putsch, stützen können.[101]

Damit bleibt es bzgl. der Herleitung des Streikrechts bei Art. 9 III S. 1 GG.

C. Streik in anderen Ländern Europas

Andere Länder in Europa kennen ebenfalls ein Streikrecht – sie schützen dieses teilweise sogar explizit in ihren Verfassungen:

In Spanien beispielsweise ist das Streikrecht zur Verteidigung von Arbeitnehmerinteressen durch Art. 28.2 der Verfassung geschützt. Die Ausübung unterliegt einem Schrankenvorbehalt, welcher insb. für die Daseinsvorsorge gilt.[102] Ähnliche Gesetzesvorbehalte enthalten die Verfassungen in Frankreich (1958) und Italien (1946, Art. 40).[103] Die wohl weitgehendste Streikgarantie findet sich in der portugiesischen Verfassung aus dem Jahr 1976: Art. 58.1 verleiht dem Streik sogar eine Art Unantastbarkeitsgarantie. Art. 23 III der griechischen Verfassung garantiert das Streikrecht grundsätzlich ebenfalls schrankenlos. Die Folgen lassen sich derzeit leicht nachvollziehen. Allerdings wird weitgehend angenommen, der Streik sei durch den Gesetzgeber ausgestaltbar.[104] In Österreich hingegen gibt es keine explizit verfassungsrechtlichen Regelungen. Ein Streik kann sich dort nach hM nur als „Ausfluss der allgemeinen Handlungsfreiheit“ ergeben.[105] Erst seit 01.01.2000 ist der Streik in der Schweiz geschützt,

97 Auch: Lieb R., Der Arbeitskampf im öffentlichen Dienst, S. 47 f.
98 Gamillscheg, KollArbR I, S. 945.
99 Gamillscheg, KollArbR I, S. 945; Engels, Verfassung und Arbeitskampf, S. 156.
100 Vgl. hierzu: Krause F., Arbeitereinheit rettet die Republik – Dokumente und Materialien zur Niederschlagung des Kapp-Putsches 1920.
101 Siehe: Däubler, in: Däubler, AK, § 9, Rn. 19.
102 Siehe: Rudkowski, Der Streik in der Daseinsvorsorge, S. 29 f.
103 Vgl.: Junker, in: Neues Arbeitskampfrecht?, 155, 159.
104 Vgl.: Junker, in: Neues Arbeitskampfrecht?, 155, 159.
105 Siehe: Jabornegg, Rechtsfragen des Streiks angestellter Ärzte, 1, 2 ff.

soweit er Arbeitsbeziehungen betrifft und ihm keine Regelungen entgegenstehen, die eine Friedenspflicht oder ein vorheriges Schlichtungsverfahren vorsehen (Art. 28 III Schweizerische Bundesverfassung).[106]

106 Vgl.: Junker, in: Neues Arbeitskampfrecht?, 155, 160.

§ 3 Historische Entwicklung des Streikrechts

Arbeitnehmer, oder allgemeiner gesagt Dienstverpflichtete, also Menschen, die ihre Leistung in fremdbestimmter, weisungsgebundener Form im Dienste eines Anderen erbringen,[107] haben und hatten in der Regel eine weniger privilegierte Stellung in der Gesellschaft inne; jedenfalls weniger privilegiert als die Stellung der Dienstherren. Da der Einzelne daran meist wenig ändern kann, gibt es seit geraumer Zeit das Phänomen, sich zu Gruppen zusammenzuschließen und durch die kollektive Vorenthaltung der von der Obrigkeit erwarteten Leistung zu versuchen, seine Position zu verbessern.[108] Da diesen „Wurzeln" des Streiks und des Arbeitskampfes allgemein jedoch immer wieder Wertungen in Bezug auf heutige Problemkonstellationen zu entnehmen sind,[109] soll die Entwicklung von Formen, welche man gemeinhin als Arbeitskampf im weitesten Sinn verstehen würde, im Folgenden skizziert werden.

A. Der Streik im Mittelalter

Im Mittelalter begann der Arbeitskampf allmählich an Relevanz zu gewinnen. Zwar gab es das Phänomen der abhängigen Arbeit schon lange davor; als eine der stärksten Ausprägungen wohl die Sklaverei in der Antike.[110] Arbeitskämpfe kamen dort jedoch so gut wie nicht vor. Die Unterdrückung der Leibeigenen und Sklaven war vielmehr tragender Teil des allgemeinen Gesellschaftssystems, sodass eine Änderung zugleich eine Neugestaltung der gesamten Ordnung vorausgesetzt hätte. „Streiks" wurden somit quasi als Rebellionen angesehen, welche üblicherweise militärisches Blutvergießen bedeuteten. Der wohl älteste überlieferte „Streik" fand bereits im Jahr 1155 v. Chr. statt: Das Ausbleiben der monatlichen Lebensmittelzuweisung führte in der Regierungszeit von Pharao Ramses III. zur Arbeitsniederlegung der thebanischen Nekropolenarbeiter.[111] Aus späterer Zeit ist zudem der Spartakus-Aufstand (74-71 v. Chr.) überliefert. Ähnliches lässt sich hinsichtlich der Leibeigenen im Mittelalter

107 Vgl.: Vogelsang, in: Schaub, ArbR-Hdb., § 8, Rn. 2 ff.
108 Bernstein, Der Streik, S. 9.
109 Vgl.: BVerfG v. 01.03.1979 – 1 BvR 532/77, 533/77, 419/77, 1 BvL 21/78, BVerfGE 50, 290, 367.
110 Siehe: Trinkner, Rechtsprobleme der abhängigen Arbeit im Alten Ägypten, BB 1990, 2417 ff.
111 Siehe: Kittner, Arbeitskampf, S. 11 (als kollektive Zurückbehaltung bewertet).

und der Bauernkriege erkennen:[112] Die Pächter von landwirtschaftlichen Flächen waren zwar theoretisch „selbständig“. Durch ein System der Verschuldung wurde jedoch eine der Sklaverei nahekommende Abhängigkeit erzeugt. Eine Niederlegung der Arbeit wurde mit Aufruhr gleichgesetzt, welcher durch die Strafgewalt der Dienstherren niedergeschlagen werden konnte.[113]

Ein Wandel, wenn auch nicht für die Bauern, vollzog sich mit der Entstehung und Entwicklung unabhängiger (Reichs-) Städte: Zunächst gab es die Zünfte, gemeinsame Vereinigungen von Meistern und Gesellen, jeweils separat für die verschiedenen Berufsstände. Durch die Städte wurde ihnen eine ordnende Funktion zuerkannt: Ein Gewerbe durfte nicht außerhalb der Zunft bestehen und musste sich an die für die jeweilige Zunft geltenden Regeln halten. Da diese Regeln (insb. auch oft die Arbeitsbedingungen der Gesellen) zum großen Teil durch die Zünfte selbst aufgestellt wurden, es sich also um Konsensprodukte von Meistern und Gesellen handelte, kam es zu einer relativen Befriedung in den Betrieben.[114] Ab dem 14. Jahrhundert versuchten die Gesellen jedoch ihre eigenen Interessen stärker zu verwirklichen: Sie gründeten sog. Vereinigungen für Gesellen, z.T. Bruderschaften genannt.[115] Diese hatten neben ihrer Unabhängigkeit den Vorteil, dass sie meist überregional agierten. Hierdurch hatten sie eine mächtigere Stellung gegenüber den auf sich gestellten Städten und Zünften inne, deren Wirkungskreis sich in der Regel ausschließlich auf das jeweilige Stadtgebiet bezog. Daher konnten sie es sich nun leisten, die Erbringung ihrer Arbeit vorzuenthalten; es kam vermehrt zu Arbeitskämpfen zwischen ihnen und den Zünften.[116] Der älteste dokumentierte Arbeitskampf in Deutschland fand im Jahr 1329 zwischen den Gürtlergesellen und ihren Dienstherren in Breslau statt. Die Gesellen verweigerten die Arbeit und vereinbarten, binnen Jahresfrist keine neue Stelle anzunehmen.[117] Die Konflikte wurden teilweise über Jahre hinweg ausgetragen: So dauerte etwa der berühmte Prozessionsstreik der Bäckergesellen in Colmar von 1495 bis 1505.[118] Auch im Bergbau kam es zu Arbeitsniederlegungen. 1496 sollte im Erzgebirge der Lohn um 10 Prozent gekürzt werden, was durch den Ausstand der Bergknappschaft verhindert wurde.[119]

Insb. durch den aufkommenden Absolutismus versuchte die Obrigkeit sich dieser Entwicklung zu widersetzen. Es wurden immer mehr Gesetze erlassen, welche den Arbeitskampf oder sogar die Vereinigungen selbst betrafen.[120] Da Verbote auf Reichsebene, z.B. das Verbot jeder Koalition durch die Reichszunftordnung von 1731,[121] aufgrund mangelnder Exekutivgewalt des Kaisers jedoch keinen Anspruch auf unmittelbare Wirkung hatten, kam es zu er-

112 Zu allem: Däubler, in: Däubler, AK, § 1, Rn. 1.

113 Kittner, Arbeitskampf, S. 18.

114 Vgl.: Engels, Verfassung und Arbeitskampfrecht, S. 32.

115 Siehe: Kittner, Arbeitskampf, S. 19: Die erste Gründung einer solchen Vereinigung ist für das Jahr 1331 überliefert.

116 Vgl.: Hueck/ Nipperdey, Arbeitsrecht, II/2, S. 867.

117 Siehe: Ritscher, Koalitionsrecht, S. 4 f.

118 Es ging zunächst nur um die Positionierung in der Fronleichnamsprozession und damit einhergehend um die gesellschaftliche Stellung, vgl.: Rüthers, in: Brox/Rüthers, Arbeitskampfrecht, Rn. 2.

119 Siehe: Dapprich, in: FS Müller, 115, 115 ff.

120 Z.B.: PrALR II, 8 § 396; vgl.: Engels, Verfassung und Arbeitskampfrecht, S. 37.

121 Vgl.: Schneider, in: Zur Theorie und Praxis des Streiks, 1, 13 f.

heblichen territorialen Unterschieden. Zu den ältesten umfassenden Verboten zählt die Augsburger Reichspolizeireform aus dem Jahr 1530. Sie enthielt in § 6, 39. Titel das Verbot der Bruderschaften an sich und ihrer Einwirkung auf die Arbeitsverhältnisse sowie in § 11, 31. Titel das Verbot der Arbeitsniederlegung.[122] Abgesehen von diesen Verboten gab es jedoch, wie heute auch, keine Regelung des Arbeitskampfes als solchem.[123] Schließlich kam die geschichtliche Entwicklung mit dem Reichsdeputationshauptbeschluss von 1803 und dem Ende des Heiligen Römischen Reiches deutscher Nation vorerst zum Erliegen: Die skizzierte bisherige Grundlage der auf sich gestellten Städte fehlte von da an und die mächtigen Territorialstaaten konnten ihre Verbote nun effektiv durchsetzen. Diejenigen Gesellenschaften, welche weiterhin bestehen blieben, mussten sich auf ein Tätigwerden als Geheimbünde im Untergrund beschränken.[124]

B. Der Streik in der industriellen Revolution

Während sich der Arbeitskampf im Mittelalter und in der Frühen Neuzeit oft auf die Zulassungsregulierung eines Gewerbes richtete, stand in Zeiten der industriellen Revolution der Kampf um die Gestaltung der Arbeitsbedingungen klar im Vordergrund. Es wurde üblich, dass Arbeit gegen Lohn auf vertraglicher Grundlage und außerhalb von Zünften erfolgte.[125] Die Abkehr vom Agrarstaat und die Zentralisierung großer Produktionsstätten hatte eine Flucht in die Städte zur Folge. Dies und die Tatsache, dass der technische Fortschritt zu vereinfachten Arbeitsverfahren führte, welche teilweise von Frauen und Kindern ausgeführt werden konnten, bewirkte dort ein Überangebot an Arbeitskräften.[126] Dadurch kam es zu einer noch stärkeren Stellung des Dienstherren und einer strukturellen Unterlegenheit der Arbeitnehmer, von welcher die Rspr. selbst heute noch spricht.[127]

Da der Einzelne dem nichts entgegenzusetzen hatte, kam als einziger Ausweg ein kollektives Vorgehen in Betracht. Einem solchen standen jedoch faktische Hindernisse entgegen: Zwar brauchte man sich keine moralischen Vorwürfe mehr zu machen, da der Arbeitgeber nicht mehr Teil der Belegschaft und damit „Kollege“ war. Andererseits war es für die Unternehmer aufgrund des großen Angebotes an Arbeitskräften ein Leichtes, Streikende schnell zu ersetzen.[128] Zudem gab es noch keine handlungsfähigen Organisationen. Und nach wie vor galt das Verbot von Koalitionen, welches 1845 in die Gewerbeordnung aufgenommen und auf Arbeiter angewandt wurde. Zu „Rebellionen gegen unmenschliche Arbeitsbedingungen“, wie z.B. bei dem schlesischen Weberaufstand 1844, kam es daher zunächst nur sehr vereinzelt.[129]

---

122 Germelmann, Theorie und Geschichte des Streikrechts, S. 12.

123 Däubler, in: Däubler, AK, § 1, Rn. 9.

124 Siehe: Kittner, Arbeitskampf, S. 127 f.

125 Vgl.: Engels, Verfassung und Arbeitskampfrecht, S. 39.

126 Siehe: Däubler, in: Däubler, AK, § 2, Rn. 1.

127 Z.B.: BVerfG v. 26.06.1991 – 1 BvR 779/85, BVerfGE 84, 212, 229; BAG v. 28.03.2006 – 1 ABR 58/04, BAGE 117, 308, 319.

128 Siehe: Schneider, in: Zur Theorie und Praxis des Streiks, 1, 21.

129 Däubler, in: Däubler, AK, § 2, Rn. 3.

Erst die revolutionären Entwicklungen in Europa, speziell in Deutschland in den Jahren 1848/49, führten zu einer steigenden Zahl von Arbeitnehmervereinigungen. Zu den bedeutendsten gehörte der Nationale Buchdrucker-Gehilfen-Verband. Er agierte als wohl eine der ersten Koalitionen deutschlandweit.[130] Auch die sog. Paulskirchenverfassung sah unter § 162, VIII. Abschnitt das Recht vor, unbehelligt Vereine zu bilden.

Mit dem Scheitern der Revolution wurde 1854 das Verbot von Koalitionen vom Bundestag des Deutschen Bundes erneuert und von fast allen Einzelstaaten übernommen; Streiks waren hiernach illegal, konnten jedoch faktisch nicht vollumfänglich verhindert werden.[131] Sie wurden zumeist spontan und oftmals nicht unter rationalen Gesichtspunkten geführt.[132] Im Lauf der Zeit wurden die Arbeitskämpfe von den Behörden zunehmend geduldet, was primär daran lag, dass sich allmählich die Überzeugung zu festigen begann, soziale Auseinandersetzungen seien nicht mehr durch einseitige Unterdrückung vonseiten der Obrigkeit zu lösen. Ferner erkannte man, dass geplante und organisierte Arbeitskämpfe berechenbarer waren als die spontanen Arbeitsniederlegungen.[133] Hinzu kamen ein wirtschaftlicher Aufschwung Ende der 1850er Jahre[134] und der Konflikt zwischen Großgrundbesitzern und dem aufstrebendem Bürgertum Ende der 1860er Jahre: Beide Seiten wollten die Arbeiterbewegung auf ihre Seite ziehen und schreckten deshalb davor zurück, diese durch Unterdrückungsmaßnahmen gegen sich aufzubringen.[135] Schließlich kamen sowohl politische Akteure als auch Arbeitgeber zu der Überzeugung, dass von einer Legalisierung der Koalitionsbildung und der Arbeitskämpfe positive Auswirkungen, wie v.a. eine Befriedung des Betriebsklimas, ausgehen würden.[136]

Daraus resultierend wurden zunächst in der sächsischen Gewerbeordnung von 1861[137] und 1869 durch § 152 I der Gewerbeordnung für den Norddeutschen Bund das Verbot des Arbeitskampfes und der Koalitionen aufgehoben.[138] Hierdurch kam es zu einer großen Zahl neuer Gewerkschaften, welche durch die politischen Parteien initiiert wurden:[139] Die sog. Freien Gewerkschaften orientierten sich an der SPD, die sog. Hirsch-Dunckerschen Gewerkschaften standen den Liberalen nahe und die christlichen Gewerkschaften orientierten sich zur Zentrumspartei.[140] Am 23. 05. 1863 wurde schließlich der Allgemeine Deutsche Arbeiterverein (ADAV) als erste selbständige Arbeiterpartei gegründet.[141] In der Folgezeit nahmen die Arbeitskämpfe erheblich zu. Während für das Jahr 1848 lediglich 49 Streiks belegt sind,[142] wurden für den Zeitraum von 1864 bis 1880 an die 1109 Arbeitskämpfe dokumentiert.[143]

---

130 Siehe: Kittner, Arbeitskampfrecht, S. 200 ff.
131 Siehe: Däubler, in: Däubler, AK, § 2, Rn. 4.
132 Siehe: Hueck/ Nipperdey, II/2, S. 868.
133 Vgl.: Däubler, in: Däubler, AK, § 2, Rn. 5.
134 Vgl.: Engels, Verfassung und Arbeitskampfrecht, S. 42.
135 Siehe: Däubler, in: Däubler, AK, § 2, Rn. 6.
136 Vgl.: Kittner, Arbeitskampfrecht, S. 215 ff.
137 Siehe: Engels, Verfassung und Arbeitskampfrecht, S. 42 f.
138 Siehe: Rüthers, in: Brox/ Rüthers, Arbeitskampfrecht, Rn. 2.
139 Vgl.: Kittner, Arbeitskampfrecht, S. 240.
140 Letztere existierten bis 1895 als „Arbeitervereine"; vgl.: Däubler, in: Däubler, AK, § 2, Rn. 8.
141 Siehe: Kittner, Arbeitskampf, S. 214.
142 Siehe: Todt/ Radandt, Zur Frühgeschichte der deutschen Gewerkschaftsbewegung 1800 – 1849, S. 200 ff.
143 Siehe: Steglich, Jahrbuch für Wirtschaftsgeschichte, 1990/2, 235, 247.

C. Der Streik im Kaiserreich

1871 wurde das Deutsche Reich gegründet. Die Gewerbeordnung des Norddeutschen Bundes galt von da an im gesamten Reich. Hiernach waren die Aussperrung durch die Arbeitgeber und die Arbeitsniederlegung durch die Arbeitnehmer gewährleistet.[144] In dieser Zeit kam eine große Anzahl neuer Gewerkschaften auf. Die Legalität des Streiks wurde wegen § 152 GewO durch das Reichsgericht anerkannt[145] und ein Verstoß gem. § 823 BGB (Recht am eingerichteten und ausgeübten Gewerbebetrieb) abgelehnt.[146] Allerdings wurde bereits darauf verwiesen, dass Voraussetzung eine Vereinbarkeit mit den allgemein bestehenden Sittenanschauungen sei;[147] auf diesen Gedanken wird die Arbeit später zurückkommen.[148] Ein Verstoß gegen § 826 BGB war somit denkbar.[149] Die grundsätzlich liberalere Haltung änderte jedoch nichts am Vorrang des Arbeitsvertrages: Vor der Arbeitsniederlegung musste daher gekündigt werden, um diesen nicht zu verletzen.[150]

Eine erhebliche Einschränkung brachte der Erlass der Sozialistengesetze im Oktober 1878 mit sich.[151] Aus Angst vor zu viel Liberalismus und revolutionären Umstürzen kam es zum Verbot von sozialdemokratischen, kommunistischen und sozialistischen Vereinigungen. 1886 wurden die sich gegen die Koalitionen richtenden Sozialistengesetze per Streikerlass des preußischen Innenministeriums auf die Arbeitskämpfe als solche ausgeweitet. In der Folge kam es, wenn überhaupt, meist nur noch zu eintägigen Arbeitsniederlegungen; es fehlte an Organisation und finanziellen Ressourcen.[152] Mangels politischer Tendenzen waren die Arbeitgeber von diesen Einschränkungen nicht betroffen. Exemplarisch sei auf die Mai-Aussperrung in Hamburg 1889 hingewiesen, bei der 20 000 Arbeitnehmer ausgesperrt wurden.[153]

Die Situation änderte sich erst, als die Sozialistengesetze 1890 nicht verlängert wurden. Daraufhin stieg die Zahl der mehrtägigen Arbeitskämpfe wieder enorm an. Des Weiteren begann man damit, den Streik über einen Betrieb hinaus auszudehnen.[154] Zur bis dahin wohl größten Arbeitsniederlegung kam es 1889, als ca. 90 Prozent der Betroffenen sich am Ruhrbergarbeiterstreik beteiligten.[155] Die Gewerkschaften verzichteten jedoch stets auf politische Streiks und beschränkten sich auf wirtschaftliche Ziele. So wurde in der „Burgfriedenpolitik" von 1914 proklamiert, dass die kaiserlichen Kriegsbestrebungen unterstützt und auf Streiks weitgehend verzichtet werden sollte.[156] Auf Arbeitgeberseite reagierte man auf die wachsende

---

144 Vgl.: Kittner, Arbeitskampf, S. 240.
145 RG v. 29.05.1902 – VI 50/02, RGZ 51, 369, 384.
146 RG v. 12.07.1906 – VI 497/05, RGZ 64, 52, 55.
147 RG v. 17.03.1904 – VI 620/03, RGZ 57, 418, 427.
148 Siehe die Ausführungen zu einer Grenzziehung durch § 138 BGB: § 10 C.
149 RG v. 14.12.1907 – VI 508/06, RGZ 66, 379, 383.
150 Seiter, Streikrecht, S. 57.
151 Gesetz gegen die gemeingefährlichen Bestrebungen der Sozialdemokratie vom 21.10.1878.
152 Siehe: Engels, Verfassung und Arbeitskampfrecht, S. 51 f.
153 Siehe: Schneider, in: Zur Theorie und Praxis des Streiks, S. 1, 50.
154 Vgl.: Engels, Verfassung und Arbeitskampfrecht, S. 52 f.
155 Siehe: Kittner, Arbeitskampfrecht, S. 351 f.
156 Vgl.: Däubler, in: Däubler, AK, § 3, Rn. 15 f.

Macht der Gewerkschaften mit der Gründung von Arbeitgeberverbänden; 1913 wurde schließlich die Vereinigung der Deutschen Arbeitgeberverbände als Spitzenverband etabliert.[157] Im Jahr 1914 waren die Mitgliederzahlen der Gewerkschaften bereits beachtlich: die sozialdemokratischen Gewerkschaften hatten 2,5 Mio., die christlichen 340 000 und die liberalen immerhin noch 105 000 Mitglieder. Die damaligen ca. 13 500 Tarifverträge umfassten damit rund 10 Prozent der Arbeitnehmerschaft.[158]

D. Der Streik in der Weimarer Demokratie

Durch die zwischen den Gewerkschaften, dem Staat und den Arbeitgebern vereinbarte Zusammenarbeit im Hinblick auf die Kriegsrüstung waren die Jahre während des ersten Weltkriegs geprägt von lediglich kleineren, spontanen, meist nicht gewerkschaftlich organisierten Streiks. Als unmittelbare Folge wurden die Gewerkschaften mit dem „Gesetz über den vaterländischen Hilfsdienst" vom 05.12.1916 förmlich anerkannt.[159]

Eine gegenläufige Bewegung zur allgemein vorherrschenden Kriegsbegeisterung und Harmonie der ersten Jahre stellte der durch den Spartakusbund, eine Vereinigung von marxistischen Sozialisten, initiierte (wenn auch nicht von ihm organisierte) Januarstreik von 1918 dar: Mehrere hunderttausend Rüstungsarbeiter verlangten sofortigen Frieden und eine anschließende Demokratisierung des Deutschen Reiches. Der Streik wurde durch die Reichswehr beendet.[160]

Am 15.11.1918 einigten sich die Arbeitgeber und die Gewerkschaften im „Stinnes-Legien Abkommen" darauf, Beschränkungen der Koalitionsfreiheit und damit auch des Streiks als unzulässig anzusehen.[161] Am 23.12.1918 erließ der Rat der Volksbeauftragten eine Tarifvertragsordnung, welche die Rolle der Gewerkschaften im Tarifwesen sicherte. Zudem erhielten die Tarifverträge eine verbindliche Wirkung, waren zwingend und konnten für allgemeinverbindlich erklärt werden.[162] Einen Rückschlag mussten die Gewerkschaften durch die „Verordnung über Schlichtungswesen" vom 30.10.1923 hinnehmen. Durch die Einführung eines Schlichtungszwangs und die Möglichkeit zur Verbindlicherklärung der Schiedssprüche sollten Arbeitskämpfe vermieden werden. Dies wirkte sich, forciert durch Anweisungen der Reichsregierung, jedoch zunehmend negativ für die Arbeitnehmer aus.[163]

Die Weimarer Reichsverfassung vom 11.08.1919 regelte in Art. 159, 165 WRV das Recht der Vereinigungen und Organisationen zur Wahrung und Förderung der Arbeits- und Wirtschaftsbedingungen, wodurch sowohl die Bildung einer Organisation als auch ihre Vereinbarungen verfassungsrechtlich geschützt waren.[164] Ein verfassungsrechtliches Streikrecht

157 Siehe: Erdmann, Die deutschen Arbeitgeberverbände, S. 71.
158 Siehe: Koch, in: Schaub, ArbR-Hdb., 13. Aufl., § 189, Rn. 1.
159 Vgl.: Kittner, Arbeitskampfrecht, S. 382, 385.
160 Vgl.: Däubler, in: Däubler, AK, § 3 Rn. 18; Kittner, Arbeitskampfrecht, S. 391 f.
161 Siehe: Kittner, Arbeitskampf, S. 399 ff.
162 Engels, Verfassung und Arbeitskampfrecht, S. 58.
163 Vgl.: Kissel, AK, § 2, Rn. 26.
164 Siehe: Höfling, in: Sachs, Art. 9, Rn. 50.

entnahm man den Regelungen jedoch nicht, da der Begriff der Koalition bewusst nicht verwendet worden war.[165] Das Reichsarbeitsgericht sah den Streik dennoch nach wie vor nicht als Eingriff in den ausgeübten und eingerichteten Gewerbebetrieb an, hielt aber seine Sittenwidrigkeit (§ 826 BGB) für möglich, wenn die durch den Streik verursachten Folgen so gravierend seien, dass das Unternehmen existentiell bedroht oder kein berechtigtes Kampfziel erstrebt würde.[166]

Der Organisationsgrad und die Häufigkeit der durchgeführten Arbeitskämpfe stiegen in den Jahren der Weimarer Demokratie zunächst nochmals gegenüber den Vorjahren an. Mit Zunahme der Krise verloren die Gewerkschaften aber immer mehr an Einfluss. Die politische Spaltung der Linken in SPD und KPD setzte sich in den Gewerkschaften fort.[167] Bis 1933 waren die Gewerkschaften grundsätzlich sowohl nach dem Berufs- als auch nach dem Industrieverbandssystem gegliedert. Ersteres zielt auf den ausgeübten Beruf des Einzelnen, letzteres auf den Wirtschaftszweig des Unternehmens ab.[168]

E. Der Streik im Dritten Reich

Nach der Machtergreifung der Nationalsozialisten am 30.01.1933 wurde das Koalitionsrecht abgeschafft und die Gewerkschaften zerschlagen.[169] Deren Vorsitzende hatten zunächst noch gehofft, sich mit den neuen Machthabern arrangieren zu können. Diese Aussicht wurde jedoch spätestens mit ihren Verhaftungen und der Besetzung der Gewerkschaftsorganisationen durch SS und SA zunichte gemacht. Schließlich wurden Arbeitnehmer und Arbeitgeber in der hierfür gegründeten „Deutschen Arbeiterfront" vereint.[170] Für die Gewerkschaften hätte es zudem nichts mehr zu regeln gegeben: Die Gestaltung der Lohn- und Arbeitsbedingungen wurde nämlich mit dem „Gesetz über Treuhänder der Arbeit" vom 19.05.1933 in die Hände des Staates in Person von weisungsabhängigen Reichsbeamten als „Betriebsführer" und „Treuhänder der Arbeit" gelegt.[171] Die Tarifvertragsordnung, die Schlichtungsverordnung und die Arbeitsrechtsordnung der Weimarer Demokratie wurden durch das Gesetz zur Ordnung der Nationalen Arbeit vom 10.01.1934 außer Kraft gesetzt und der Aufruf zur Arbeitsniederlegung als Verhetzung mit Strafe bedroht.[172] Selbst wenn der Streik als solcher nicht explizit verboten worden war, so wurden doch sämtliche Ansätze hierzu mit Mitteln der Drohung, Einschüchterung und Inhaftierung unterbunden.[173] Wie im Mittelalter wurde der Streik als Angriff auf das System bzw. den Staat angesehen.[174] Durch diese fast vollständige Unterdrü-

165 So: Nogler, AuR 1996, 206 ff.; Zachert, in: FS 50 Jahre BAG, 577, 578.
166 RAG BenshSlg. 8, 266, 267 ff.
167 Siehe: Engels, Verfassung und Arbeitskampfrecht, S. 61 f.
168 Siehe: Koch, in: Schaub, ArbR-Hdb., 13. Aufl., § 189, Rn. 1a.
169 Vgl.: Gamillscheg, KollArbR I, S. 124.
170 Siehe: Däubler, in: Däubler, TVG, Einl., Rn. 28 f.
171 Siehe: Kissel, AK, § 2, Rn. 29.
172 RGBl. 1934 I, S. 45; Däubler, in: Däubler, AK, § 5, Rn. 9.
173 Vgl.: Kittner, Arbeitskampf, S. 533 ff.; 509.
174 Siehe: Rüthers, in: Brox/Rüthers, Arbeitskampfrecht, Rn. 4.

ckung des Streiks entstanden jedoch neue, verdeckte „Formen des Widerstands“ durch die Belegschaft, wie z.B. vermehrte Krankmeldungen.[175]

F. Der Streik nach 1945

I. Allgemein

Nach der Kapitulation Deutschlands am 08.05.1946 oblag die Gestaltung einer Arbeitsrechtsordnung zunächst den Siegermächten: Das Kontrollratsgesetz Nr. 35 enthielt Ausgleichs- und Schlichtungsverfahren für Arbeitsrechtsstreitigkeiten. Außerdem wurde das Arbeitsordnungsgesetz von 1934 durch das Kontrollratsgesetz Nr. 40 aufgehoben[176] und die Gründung freier, demokratischer Gewerkschaften durch die Direktive Nr. 31 grundsätzlich ermöglicht.[177]

Obschon in der DDR bereits 1945 die Gründung freier Gewerkschaften[178] und später auch das Streikrecht[179] gewährleistet wurden, entsprach das System des autonomen Interessenausgleichs zwischen Arbeitnehmern und Arbeitgebern nicht der dortigen Staats- und Gesellschaftsideologie. Daher fand sich die Garantie des Streikrechts in den nachfolgenden Verfassungen vom 06.04.1968 und 07.10.1974 nicht mehr. Streiks wurden in der DDR anfangs immer seltener und schließlich gar nicht mehr abgehalten. Sie galten als Aufbegehren gegen das politische System.[180]

In der BRD hingegen entwickelte sich allmählich wieder eine Gewerkschaftstruktur. Obwohl auch einzelne Landesverfassungen eine Garantie des Streikrechts enthielten, fanden Streiks in den Anfangsjahren nur sehr selten statt, was an der erst wieder aufkommenden Organisation der Arbeitnehmer und der per se geringen Verfügbarkeit der elementaren Lebensgüter lag.[181] Der Zustrom zu den Gewerkschaften und deren Zahl stieg dennoch enorm. Fanden Streiks statt, befassten sie sich meist mit politischen Themen wie z.B. der Verbesserung der Ernährungslage und weniger mit der Gestaltung der Arbeitsbedingungen, was u.a. am nach wie vor durch die Siegermächte aufrechterhaltenen Lohnstopp von 1945 lag.[182] Sie hatten jedoch z. T. ein erhebliches Ausmaß: Zum bisher größten Streik in der Bundesrepublik Deutschland kam es durch den Generalstreik vom 12.11.1948: 9,25 Mio. Arbeitnehmer und Beamte legten für vierundzwanzig Stunden ihre Arbeit nieder.[183]

Am 09.04.1949 wurde das Tarifvertragsgesetz (TVG) ausgefertigt. Auch wenn es sich nicht zu den Gewerkschaften oder dem Streik äußerte, so präsentierte es doch die Gewerk-

175 Siehe: Däubler, in: Däubler, AK, § 5, Rn. 13.
176 Siehe: Kissel, AK, § 2, Rn. 30.
177 Vgl.: Kittner, Arbeitskampfrecht, S. 541 f.
178 SMAD-Befehl Nr. 2 vom 10.06.1945.
179 Art. 14 II der Verfassung der Deutschen Demokratischen Republik vom 07.10.1949.
180 Zu allem: Engels, Verfassung und Arbeitskampfrecht, S. 72.
181 Vgl.: Kissel, AK, § 2, Rn. 31.
182 Siehe: Däubler, in: Däubler, AK, § 6, Rn. 18.
183 Kittner, Arbeitskampf, S. 557, 559.

schaften als Tarifpartner auf der Arbeitnehmerseite.[184] Erst das Grundgesetz vom 23.05.1949 enthielt mit Art. 9 III GG die Koalitionsfreiheit als verfassungsrechtliche Garantie.[185] Mangels exakter Ausgestaltung der Anforderungen an Koalitionen oder der Rechtmäßigkeitsvoraussetzungen für Arbeitskämpfe kam es in den Folgejahren zu einer Konkretisierung durch das BAG als „Ersatzgesetzgeber“,[186] v.a. anhand der nachfolgend dargestellten Urteile.[187] Insb. bedurfte es vor der Arbeitsniederlegung keiner Kündigung mehr.[188]

Gegen Ende der sechziger Jahre versuchten die z.T. bereits zuvor ausgesperrten Arbeitnehmer ihre oder andere Betriebe dadurch zu blockieren, dass sie einfach an ihren Arbeitsplätzen verharrten.[189] Des Weiteren kam die Taktik der „neuen Beweglichkeit“ auf: Ausgehend von der grundsätzlichen Anerkennung der Möglichkeit von Warnstreiks durch das BAG,[190] entwickelten die Gewerkschaften eine hinsichtlich Dauer und Ort flexible Kurzstreikpraxis. Hierdurch konnte mit geringem Aufwand ein erheblicher Schaden für die Arbeitgeberseite erzielt werden.[191] Neben dem Bestreben nach höherem Lohn stand ab den 80er Jahren u.a. die Forderung nach kürzeren Arbeitszeiten im Vordergrund. Der Kampf um die 35-Stunde-Woche wurde von 1600 Warnstreiks begleitet, was den Höhepunkt dieser Entwicklung markierte; das Ergebnis war die 38,5-Stunden-Woche.[192]

Nach der Wiedervereinigung war der Arbeitsmarkt durch ein Überangebot an Arbeitnehmern und eine verschlechterte Wirtschaftslage geprägt, wodurch die Bereitschaft einem Streikaufruf Folge zu leisten sank. Inhaltlich ging es meist um die Angleichung der Löhne in den alten und neuen Bundesländern.[193]

Insgesamt betrachtet kann konstatiert werden, dass arbeitskampfbedingte Ausfalltage und das Kampfvolumen in der Zeit nach 1945, insb. nach 1970 kontinuierlich rückläufig waren; lediglich die Zahl der in Arbeitskämpfe verwickelten Arbeitnehmer und Betriebe ist zwischen 1990 und 1999 leicht angestiegen. Dies hatte u.a. damit zu tun, dass v.a. die DGB-Gewerkschaften nicht mehr stur auf Kampf aus waren, sondern sich vielmehr in einer Art Sozialpartnerschaft sahen und deswegen tendenziell eher den Verhandlungsweg bevorzugten.[194] Seit Ende des 20. und Anfang des 21. Jahrhunderts kann eine Tendenz hin zu Spartengewerkschaften beobachtet werden, welche nur die Interessen der von ihnen repräsentierten Berufsgruppen vertreten und meist ihre Schlüsselpositionen im Unternehmen taktisch ausnutzen.[195]

---

184 Siehe: Kissel, AK, § 2, Rn. 33.

185 BVerfG v. 26.06.1991 – 1 BvR 779/85, BVerfGE 84, 212, 223 f.; Höfling, in: Sachs, Art. 9, Rn. 51.

186 U.a.: Ricken, in: MüArbR, § 198, Rn. 1; Greiner, NZA 2007, 1023, 1024; Otto, RdA 2010, 135, 137 f.; Feudner, RdA 2008, 104, 107.

187 Vgl.: Gamillscheg, KollArbR I, S. 34.

188 Vgl.: Kittner, Arbeitskampf, S. 610.

189 Siehe: Engels, Verfassung und Arbeitskampfrecht, S. 68.

190 BAG v. 17.12.1976 – 1 AZR 605/75, BAGE 28, 295 ff.

191 Vgl.: Kissel, AK, § 3, Rn. 9.

192 Vgl.: Gamillscheg, KollArbR I, S. 921.

193 Siehe: Engels, Verfassung und Arbeitskampfrecht, S. 70.

194 Siehe: Zachert, in: FS 50 Jahre BAG, 577, 585 f.

195 Vgl. hierzu näher unten: § 4, B. und E.; auch: Greiner, Arbeitskampfpluralität, S. 15 ff.

II. Der Streik im Licht der wesentlichen Entscheidungen des Bundesarbeitsgerichts

Mangels gesetzlicher Vorgaben musste das BAG Rechtmäßigkeitsanforderungen „mit den anerkannten Methoden der Rechtsfindung aus den allgemeinen Rechtsgrundlagen ableiten“.[196] Dies geschah im Wesentlichen durch die im Folgenden dargestellten Urteile.

1. BAG 28.01.1955: einheitliche Bewertung von Arbeitskampfmaßnahmen

Die erste grundlegende Änderung bei der Bewertung von Arbeitskampfmaßnahmen erfolgte durch die Entscheidung des Großen Senats des BAG vom 28.01.1955:[197] Über Jahrzehnte hinweg hatte richterrechtlich festgestanden, dass die kollektive Maßnahme Streik von den individuellen Rechten und Pflichten aus dem Arbeitsvertrag zu trennen waren und es deshalb vor der Teilnahme an einer Arbeitsniederlegung der Kündigung des Arbeitsverhältnisses bedurfte, um nicht arbeitsvertragliche Pflichten zu verletzen.[198] Nun vertrat das BAG eine einheitliche Betrachtung von kollektiver und individueller Ebene: Da es sich um ein einheitliches Geschehen der Arbeitsniederlegung handele, dürfe dieses nicht in den beiden Bereichen unterschiedlich behandelt werden.[199] Um zu einer Bewertung zu kommen sei vielmehr darauf abzustellen, ob der Kollektivakt als sozialadäquat bewertet werden könne,[200] da die Beteiligung des Einzelnen bei einer Gesamtbetrachtung ebenfalls als kollektive Maßnahme und nicht als Individualakt betrachtet werden müsse.[201] Zudem sei das Erfordernis der Kündigung nicht mit dem Wesen des Streiks zu vereinbaren: Bei diesem handele es sich um die Nichterfüllung der Arbeitspflicht; bei gekündigtem Arbeitsverhältnis bestehe jedoch eine solche gar nicht.[202]

Das BAG bejahte ferner die grundsätzliche Zulässigkeit von Streik und Aussperrung als sozialadäquat und historisch gewachsen, selbst wenn Arbeitskämpfe generell unerwünscht seien.[203] Weiter wurde zwischen suspendierender und lösender Aussperrung unterschieden, welche beide für möglich erachtet wurden.[204] Erwähnt wurden ebenso der Grundsatz der Kampfparität (Waffengleichheit), bei welchem das Gericht von einer formalen Gleichstellung von Streik und Aussperrung ausging, sowie der Grundsatz der Kampffreiheit,[205] die Friedens-

---

196 BVerfG v. 26.06.1991 – 1 BvR 779/85, BVerfGE 84, 212, 226 f.

197 BAG v. 28.01.1955 – GS 1/54, BAGE 1, 291 ff.

198 Vgl.: BAG v. 28.01.1955 – GS 1/54, BAGE 1, 291, 295; Seiter, Streikrecht, S. 57; Hueck/ Nipperdey, II/1, S. 150 m. w. N.

199 BAG v. 28.01.1955 – GS 1/54, BAGE 1, 291, 301, 303.

200 BAG v. 28.01.1955 – GS 1/54, BAGE 1, 291, 300.

201 BAG v. 28.01.1955 – GS 1/54, BAGE 1, 291, 303 ff.

202 BAG v. 28.01.1955 – GS 1/54, BAGE 1, 291, 305.

203 BAG v. 28.01.1955 – GS 1/54, BAGE 1, 291, 300.

204 BAG v. 28.01.1955 – GS 1/54, BAGE 1, 291, 310.

205 BAG v. 28.01.1955 – GS 1/54, BAGE 1, 291, 308.

pflicht, die Verhältnismäßigkeit, der Ultima-Ratio-Grundsatz und die Sittenwidrigkeit.[206] Den grundrechtlichen Schutz von Arbeitskämpfen folgerte es nicht aus Art. 9 III GG, sondern aus allgemeinen Grundsätzen der freiheitlich sozialen Grundordnung.[207]

2. BAG 21.04.1971: Gebot der Verhältnismäßigkeit

16 Jahre nach seiner ersten Grundsatzentscheidung musste sich der große Senat erneut grundlegend mit dem Streik befassen. Er stellte fest, dass der Arbeitgeber grundsätzlich weiterhin die Möglichkeit der lösenden Aussperrung habe. Diese sei aber nur subsidiär, d.h. sie komme nur in Hinblick auf einen längeren und besonders erbitterten Arbeitskampf in Betracht. Selbst dann sei der Arbeitgeber jedoch dazu verpflichtet zu prüfen, ob er nach dessen Ende die betroffenen Arbeitnehmer nach billigem Ermessen wieder einstellen müsse, da ansonsten der Kündigungsschutz umgangen werden könne.[208]

Wegen der Auswirkungen auf Nichtstreikende, sonstige Dritte und die Allgemeinheit sollte von nun an der Verhältnismäßigkeitsgrundsatz wesentlicher Prüfungspunkt sein: Der Arbeitskampf müsse deshalb „zur Erreichung rechtmäßiger Kampfziele und des nachfolgenden Arbeitsfriedens geeignet und sachlich erforderlich“ sein.[209] Er dürfe nur als letztes Mittel (ultima ratio) angewendet werden, wenn alle anderen Möglichkeiten ausgeschöpft seien. Der Grundsatz der Verhältnismäßigkeit gelte zudem bzgl. der Durchführung des Arbeitskampfes, welcher den Regeln eines fairen Kampfes entsprechen müsse.[210] Zu berücksichtigen seien u.a. die wirtschaftlichen Gegebenheiten. Schließlich dürfe das Gemeinwohl nicht offensichtlich verletzt werden.[211] Bzgl. der Kampfparität sei keine formale Betrachtung mehr, sondern die Durchsetzungsfähigkeit der Kontrahenten in den Tarifverhandlungen entscheidend, da nur bei grundsätzlich bestehendem Gleichgewicht ein „System freier Vereinbarungen“ existiere, welches „Voraussetzung für ein Funktionieren und innerer Grund des Tarifvertragssystems ist“.[212]

3. BAG 10.06.1980: Konkretisierung des Verhältnismäßigkeitsgrundsatzes

Im Jahr 1980 stellte der erste Senat fest, dass Grundlage des Arbeitskampfes die durch Art. 9 III GG geschützte Tarifautonomie sei.[213] Diese setze ihn geradezu voraus, da „sonst weder das Zustandekommen noch die inhaltliche Sachgerechtigkeit tariflicher Regelungen gewährleistet

206 BAG v. 28.01.1955 – GS 1/54, BAGE 1, 291, 300.
207 BAG v. 28.01.1955 – GS 1/54, BAGE 1, 291, 298 ff.
208 BAG v. 21.04.1971 – GS 1/68, BAGE 23, 292, 310 ff.
209 BAG v. 21.04.1971 – GS 1/68, BAGE 23, 292, 306.
210 BAG v. 21.04.1971 – GS 1/68, BAGE 23, 292, 306 f.
211 BAG v. 21.04.1971 – GS 1/68, BAGE 23, 292, 306.
212 BAG v. 21.04.1971 – GS 1/68, BAGE 23, 292, 308 f.
213 BAG v. 10.06.1980 – 1 AZR 822/79, BAGE 33, 140, 148 ff.

wären“ [214] und es sich bei den Bestrebungen der Arbeitnehmervertreter um bessere Arbeitsbedingungen lediglich um „kollektives Betteln“ handeln würde. [215] Der Senat befasste sich ferner mit der Frage, anhand welcher Kriterien die Parität bestimmt werden kann. Er kam zu dem Ergebnis, dass es sich um generell abstrakt formulierte Parameter handeln müsse, welche einer typisierenden Betrachtung, ohne Berücksichtigung der konkreten Vorteile im Einzelfall, zugänglich seien (materielle Parität).[216] Bzgl. des Verhältnismäßigkeitsgrundsatzes wurde gefolgert, dass dieser aus den Unterpunkten Geeignetheit, Erforderlichkeit und Proportionalität bestehe, er gleichbedeutend sei mit dem Übermaßverbot und als übergeordnetes Prinzip des Privatrechts ebenfalls für das Arbeitsrecht gelte.[217] Bezugspunkt sei die Herstellung der Verhandlungsparität, andernfalls käme es zu einer unzulässigen Tarifzensur.[218]

4. BAG 07.07.2010: Einschränkung des Grundsatzes der Tarifeinheit

Zu den neueren, das Arbeitskampfrecht prägenden Urteilen gehört dasjenige vom 07.07.2010.

Der Arbeitnehmer, Mitglied des Marburger Bundes, beanspruchte einen tariflichen Aufschlag zur Urlaubsvergütung. In Frage stand, ob der diesen Anspruch beinhaltende BAT vom u.U. spezielleren TVöD (u.a. durch ver. di abgeschlossen) nach dem Grundsatz der Tarifeinheit verdrängt worden war.[219] Nachdem das BAG über Jahrzehnte hinweg auch den Fall der Tarifpluralität nach dem Grundsatz der Tarifeinheit gelöst hatte,[220] änderte es in diesem Urteil seine Rechtsprechung. Dies begründete es damit, dass ein solcher Rechtsgrundsatz nicht existiere, sodass kein Grund bestehe von der gesetzlich vorgesehenen, unmittelbaren Wirkung gem. § 3 I TVG abzuweichen. [221] Eine planwidrige Regelungslücke des Gesetzes bestehe ebenfalls nicht.[222] Vielmehr sei die Tarifpluralität im TVG geradezu angelegt: § 3 I TVG sehe keine Beschränkung der Bindung des Arbeitgebers an nur einen Tarifvertrag vor; § 3 II TVG zeige, dass der Gesetzgeber vom Nebeneinander der Individualnormen ausging, indem er die Auflösung der Pluralität gerade nur bei Betriebsnormen regelte.[223] Weiter sei der Grundsatz der Tarifeinheit in diesem Zusammenhang nicht geboten: Die Funktionsfähigkeit des Tarifvertragssystems sei selbst bei Tarifpluralität nicht gefährdet.[224] Eine Restriktion durch den Grundsatz der Tarifeinheit würde zudem einen Verstoß gegen Art. 9 III GG bedeuten.[225] Da der „Abschluss von Tarifverträgen für alle bei einer Gewerkschaft organisierten Arbeitnehmer

---

214 BAG v. 10.06.1980 – 1 AZR 822/79, BAGE 33, 140, 150.
215 BAG v. 10.06.1980 – 1 AZR 822/79, BAGE 33, 140, 151.
216 BAG v. 10.06.1980 – 1 AZR 822/79, BAGE 33, 140, 164 ff.
217 BAG v. 10.06.1980 – 1 AZR 822/79, BAGE 33, 140, 175 f.
218 BAG v. 10.06.1980 – 1 AZR 822/79, BAGE 33, 140, 176.
219 BAG v. 7. 7. 2010 – 4 AZR 549/08, NZA 2010, 1068, 1069.
220 Vgl.: BAG v. 29.03.1957 – 1 AZR 208/55, AP Nr. 4 zu TVG § 4 Tarifkonkurrenz; BAG v. 14.12.2004 – 1 ABR 51/03, BAGE 113, 82, 101.
221 BAG v. 7. 7. 2010 – 4 AZR 549/08, NZA 2010, 1068, 1071.
222 BAG v. 7. 7. 2010 – 4 AZR 549/08, NZA 2010, 1068, 1072.
223 BAG v. 7. 7. 2010 – 4 AZR 549/08, NZA 2010, 1068, 1072 f.
224 BAG v. 7. 7. 2010 – 4 AZR 549/08, NZA 2010, 1068, 1078.
225 BAG v. 7. 7. 2010 – 4 AZR 549/08, NZA 2010, 1068, 1071.

[…] zentraler Bestandteil ihrer Koalitionsfreiheit“ [226] sei, liege ein Verstoß gegen die individuelle Koalitionsfreiheit vor, da der wesentliche Zweck einer Mitgliedschaft, nämlich der Schutz durch die eigenen Tarifverträge, so umgangen würde.[227] Zugleich liege auch ein Verstoß gegen die kollektive Koalitionsfreiheit vor: Zu den koalitionsspezifischen Verhaltensweisen gehöre insb. der freie Abschluss von Tarifverträgen. Deren unmittelbare und zwingende Wirkung werde jedoch nach der alten Rechtsprechung vereitelt, da der weniger spezielle Tarifvertrag außer Kraft gesetzt würde.[228]

G. Zusammenfassung

Es kann festgestellt werden, dass der Streik mehrere Anläufe benötigte, bis er vollständig als legitim anerkannt wurde. Angesichts der strukturellen Unterlegenheit der Arbeitnehmer gegenüber ihren Dienstherren versuchten abhängig Beschäftigte über viele Jahrhunderte, diese durch eine kollektive Vertretung ihrer Interessen abzumildern. Zunächst wurden diese Versuche als „Rebellion“ gegen das Gesellschaftssystem und die Obrigkeit betrachtet und waren damit eigentlich nicht vorstellbar. Mit der wachsenden Macht der Zünfte konnten sie ihre Interessen erstmals organisiert vertreten. Die Gewerkschaften waren in der Regel entsprechend dem Berufsverbandsprinzip organisiert. Erst ab der Zeit der Weimarer Republik kann beobachtet werden, dass sich diese zunehmend zusammenschlossen, um so größere, geschlossen agierende und damit stärkere Einheiten darzustellen. Das Industrieverbandsprinzip entwickelte sich in der heutigen Form erst nach dem Zweiten Weltkrieg.

Das BAG hat, mangels Aktivität des Gesetzgebers, in seinen Grundsatzentscheidungen die maßgeblichen Rechtmäßigkeitskriterien für Arbeitskämpfe entwickelt. Schließlich kann in den Jahren um die Jahrtausendwende wieder eine zunehmende Diversifizierung, bedingt u.a. durch die Aufgabe des Grundsatzes der Tarifeinheit im Falle der Tarifkonkurrenz durch das BAG, konstatiert werden. Einzelne Berufsgruppen halten es nicht mehr für notwendig, geschlossen mit den übrigen Arbeitnehmern eines Unternehmens aufzutreten, da sie in der Regel eine taktisch wichtige und damit für das Unternehmen oft nicht verzichtbare Tätigkeit ausüben. Daher haben sie teilweise eine „mehr als ausreichend“ starke Stellung inne.

226 BAG v. 7. 7. 2010 – 4 AZR 549/08, NZA 2010, 1068, 1075.
227 BAG v. 7. 7. 2010 – 4 AZR 549/08, NZA 2010, 1068, 1076.
228 BAG v. 7. 7. 2010 – 4 AZR 549/08, NZA 2010, 1068, 1075 f.

§ 4 Streik durch Spartengewerkschaften

Das durch das BAG entwickelte Tarif- und Arbeitskampfrecht der letzten Jahrzehnte war auf das Industrieverbandsprinzip ausgelegt. Die Gewerkschaft vertrat hiernach (im Idealfall) sämtliche Arbeitnehmer eines Betriebes bzw. eines ganzen Wirtschaftszweiges, sodass nur ein einheitlicher Tarifvertrag für diese bestand.[229] Schließlich wurde meist durch Bezugnahmeklauseln und Gleichstellungsabreden auch faktisch erreicht, dass der Tarifvertrag wirklich für die ganze Belegschaft galt. Hierdurch entstanden ein ausgeglichenes System und ein befriedetes Betriebsklima, da nicht einzelne Gruppen versuchten, das Maximum für sich zu erreichen.[230] Merkmal dieses Industrieverbandsprinzips war vielmehr eine unter den Arbeitnehmern herrschende Solidarität.

Dieses Bild entspricht jedoch, wie bereits angedeutet, nicht mehr der Realität. Mittlerweile gibt es eine Vielzahl von sog. „Spartengewerkschaften", welche nur noch die Interessen ihrer jeweiligen Berufsgruppe vertreten.

A. Begriff der Sparten- bzw. Funktionselitegewerkschaften

Zunächst stellt sich die Frage, was eigentlich unter einer sog. Spartengewerkschaft zu verstehen ist und ob es sich generell um die richtige Bezeichnung für dieses aktuell viel diskutierte Phänomen handelt. Im Raum stehen nämlich auch Begriffe wie Berufsgruppen-, Spezialisten-[231] oder Funktionselitegewerkschaft.[232]

Der Begriff der Spartengewerkschaften hat sich erst in den letzten Jahren im Schrifttum und in der Rspr. eingebürgert.[233] Eine nähere Auseinandersetzung mit der Begrifflichkeit findet sich jedoch nur sehr vereinzelt. *Kamanabrou*[234] versucht zu begründen, warum von Sparten- und nicht von Funktionselitestreiks zu sprechen ist: Für eine Übertragung der Bedeutung

229 Siehe: Löwisch/ Rieble, in: MüArbR, § 159, Rn. 26.

230 Vgl.: Buchner, BB 2003, 2121, 2125.

231 Vgl.: Kemper, in: vM/K/S, Art. 9 III, Rn. 171.

232 Vgl. insg.: Kamanabrou, ZfA 2008, 241, 242.

233 Vgl. ArbG Kiel vom 30.06.2006, 1 Ga 11 b/06, BeckRS 2006, 42854; LAG Hessen v. 02.05.2003 – 9 Sa Ga 638/03, BB 2003, 1229, 1230 („Spartentarifvertrag"); Bayreuther, BB 2005, 2633, 2640; Buchner, BB 2003, 2121; Greiner, Arbeitskampfpluralität, S. 3.

234 Kamanabrou, ZfA 2008, 241, 242 f.

der Funktionselite aus der Soziologie wäre ihr zufolge erforderlich, dass es sich bei den vertretenen Arbeitnehmern um solche handelt, welche gerade aufgrund ihrer fachlichen Fähigkeiten eine besondere Stellung inne haben. Dies sei jedoch z.B. bei Lokomotivführern im Vergleich zu allen übrigen Arbeitnehmern der Deutschen Bahn, gemeint ist wohl z.B. zu sonstigen angestellten Akademikern, nicht der Fall, da es viele mit einer weitaus besseren Ausbildung geben würde.[235] Ferner hält sie den Begriff „mangels klarer Maßstäbe" für zu vage. Vielmehr sei einzig auf das Druckpotential abzustellen. Dennoch konstatiert sie schließlich, dass unter Spartengewerkschaften diejenigen Gewerkschaften zu verstehen seien, welche „die Interessen bestimmter Berufsgruppen vertreten und dabei eigenständige Tarifverträge für Angehörige dieser Berufsgruppen erstreben."[236]

Zumindest in diesem letzten Punkt bzw. Ergebnis ist ihr zuzustimmen. Allerdings kann es nach meinem Dafürhalten bzgl. der Frage Sparten- *oder* Funktionselitenstreik kein richtig oder falsch geben. Es handelt sich vielmehr um *unterschiedliche* Erscheinungsformen:

Bei Betrachtung der Begrifflichkeiten ergibt sich zunächst folgendes Bild: Vom Wortsinn her versteht man unter einer Sparte eine Abteilung, ein Fach, ein Gebiet, einen Geschäfts- oder Wissenszweig.[237] Unter einem Spezialisten versteht man jemanden, der auf einem Fachgebiet „über besondere Kenntnisse, Fähigkeiten verfügt".[238] Und unter einer Funktionselite versteht man die Elite (also die eine Auslese darstellende Gruppe von Menschen mit besonderer Befähigung, besonderen Qualitäten; die Besten, Führenden; Führungsschicht, -mannschaft) innerhalb einer Gesellschaft, die hoch bewertete Funktionen ausübt,[239] bzw. eine Gruppe, welche aufgrund einer gesellschaftlichen Spitzenposition maßgeblichen Einfluss in der Politik, der Wirtschaft oder der Gesellschaft hat.[240] Vor diesem Hintergrund erscheint der Begriff der Spezialistengewerkschaft[241] als wenig brauchbar, da er in der Tat bereits von seinem Wortsinn her auf eine hohe fachliche Qualifikation abstellt. Das Phänomen, welches erfasst werden soll, ist jedoch das von Arbeitnehmern, welche sich auf der Ebene ihrer Berufsgruppe zusammenschließen und nur ihre eigenen Interessen vertreten; zunächst einmal unabhängig von ihrem Bildungsstand.

Wie bereits vorweggenommen entspricht dies durchaus dem Wortsinn der Sparte. Sie setzt keine bestimmte Qualifikation voraus, sondern stellt schlicht auf den Tätigkeitsbereich ab. Spartengewerkschaften sind daher alle Gewerkschaften, welche lediglich die Interessen einer Berufsgruppe[242] (z.B. Piloten, Vorfeldlotsen, Abfertigungspersonal am Flughafen) oder eines abgrenzbaren Organisationsbereiches[243] (z.B. Bodenpersonal einer Airline oder Vorfeldkontrolle eines Flughafens allgemein) vertreten und für diese eigenständige Tarifverträge

235 Auch: Loritz, in: FS Buchner, 582, 586.

236 Kamanabrou, ZfA 2008, 241, 243.

237 Vgl.: Duden, Deutsches Universalwörterbuch, S. 1634.

238 Duden, Deutsches Universalwörterbuch, S. 1640.

239 Duden online (Quelle zuletzt eingesehen: 30.01.2013): http://www.duden.de/rechtschreibung/Funktionselite#.

240 Rittershofer, Lexikon Politik, Staat, Gesellschaft, S. 187 f.

241 Vgl.: Meyer, NZA 2006, 1387, 1390; v. Steinau-Steinrück/ Glanz, NZA 2009, 113.

242 So auch: Buchner, AP Nr. 1 zu § 2 TVG Tariffähigkeit.

243 Vgl.: Schliemann, in: FS Hromadka, 359, 361, der in Beruf und Berufsgruppe unterteilt.

erreichen wollen. In dieselbe Richtung weist auch der Begriff der Berufsgruppengewerkschaft.[244] Dem Begriff der Spartengewerkschaften ist jedoch der Vorzug zu gewähren, da er ein mögliches Missverständnis dahingehend, dass eine Beschränkung auf solche Gewerkschaften erfolgt, welche nach dem Berufsverbandsprinzip organisiert sind, verhindert.[245]

Demgegenüber stellt der Begriff der Funktionselitegewerkschaften[246] ein aliud dar. Schon der Wortsinn des Begriffes „Elite" setzt nicht zwingend eine hohe fachliche Qualifikation voraus, sondern zielt vielmehr auf eine Gruppe mit besonderen Befähigungen oder besonderen Qualitäten ab. Diese können aber auch in der besonderen Bedeutung der Arbeitnehmer für den reibungslosen Betriebsablauf gesehen werden. Gerade dadurch, dass der Betrieb ohne diese Arbeitnehmer gar nicht oder nur sehr eingeschränkt aufrechterhalten werden kann, sie also mit anderen Worten systemrelevant sind, nehmen sie eine Schlüsselstellung in diesem Betrieb ein. Aufgrund dieser Eigenschaft haben sie eine besondere, sie von den anderen Arbeitnehmern abgrenzende Qualität. Diese hervorgehobene Stellung haben sie schlicht ihrer konkreten Aufgabe im Unternehmen zu verdanken, also ihrer Funktion. Daher sollte man von einer Funktionselite sprechen, wenn man den speziellen Fall von systemrelevanten Sparten meint.[247] Zwar ist es möglich und wohl eher die Regel als die Ausnahme, dass Branchengewerkschaften derartige Funktionselite-Arbeitnehmer in ihren Mitgliederreihen aufweisen. Der Begriff der Funktionselitegewerkschaft kommt jedoch nur dann zur Anwendung, wenn die Gewerkschaft ausschließlich bzw. ganz überwiegend derartig systemrelevante Arbeitnehmer vertritt. Oft, aber eben nicht zwingend, geht mit der Einordnung als Funktionselite eine hohe fachliche Qualifikation einher, da die Streikenden ansonsten meist sehr leicht zu ersetzen sein würden und damit keine wirklich systemrelevante Stellung mehr inne hätten. Einen Randbereich stellt insofern der aktuell in den Medien präsente Fall der Vorfeldkontrolleure dar: Obwohl ihre Ausbildung nur wenige Monate dauert[248] und sie somit wohl nicht zu den „höchstqualifiziertesten" Arbeitnehmern des Flughafens gehören, können sie den Betrieb zum Erliegen bringen. Im Ergebnis sind sie daher dem Bereich der Funktionselitegewerkschaften zuzuordnen, da sie nicht ohne Weiteres schnell ersetzt werden können und bei einem internationalen Flughafen bereits innerhalb weniger Tage hohe Schäden entstehen können.

Die mögliche Unsicherheit bei der Einordnung von Berufsgruppen, welche an der Grenze zwischen „lediglich" Sparte und „schon" Funktionselite stehen, hat jedoch keine Konsequenzen. Allein die Zuordnung zu einem der Begriffe sagt nämlich noch nichts darüber aus, welche Anforderungen an ihre Kampfmaßnahmen zu stellen sind. Folglich können Funktionselitegewerkschaften auch Spartengewerkschaften sein, wenn nur systemrelevante Arbeitnehmer

---

244 Hromadka, NZA 2008, 384.

245 Ähnlich: Schmidt, Tarifpluralität im System der Arbeitsrechtsordnung, S. 196 f.; Fußn. 205.

246 Diesen Begriff ebenfalls präferierend: Buchner, BB 2003, 2121, 2125; ders., BB 2007, 2520, 2521; Rieble, BB 2003, 1227; ders., ZfA 2005, 245; Franzen, RdA 2008, 193, 202; Kissel, AK, § 39, Rn. 5; Ricken, in: MüArbR, § 200, Rn. 58; Meyer, NZA 2006, 1387, 1390 („Elite"-Gewerkschaften); Rudkowski, Der Streik in der Daseinsvorsorge, S. 67; Geerds, Gewerkschaftsbegriff, S. 61, 87 f.; wohl auch: Feudner, BB 2007, 2459 ff. Jacobs, in: FS Buchner, 342, 346 f., 354, 357; Rüthers, ZfA 1987, 1, 46.

247 Ähnlich auch: Kissel, AK, § 39, Rn. 5; Geerds, Gewerkschaftsbegriff, S. 88.

248 Siehe: Esslinger, Können Sie folgen?, SZ 28.02.2012, S. 3.

vertreten werden und diese alle aus einer Berufsgruppe stammen. Sie stellen dann einen Unterfall der Spartengewerkschaften dar.

B. Entstehung der Gewerkschaftsstruktur

Wie bereits aus dem allgemeinen historischen Überblick ersichtlich wird, war die Gewerkschaftslandschaft in Deutschland grundsätzlich nie streng monistisch strukturiert. Während es Ende des 19. Jahrhunderts mit den sozialistischen, den liberalen Hirsch-Dunckerschen und den christlichen Gewerkschaften im Wesentlichen drei Hauptströmungen gab, kamen in der Weimarer Republik weitere hinzu. Am stärksten entwickelten sich aber die sozialdemokratisch geprägten „Freien" Gewerkschaften. Sie umfassten 1920 rund zwei Drittel (8,5 Mio.) aller organisierten Arbeitnehmer.[249] Der diese repräsentierende Spitzenverband Allgemeiner Deutscher Gewerkschaftsbund (ADGB), der als Vorgänger des heutigen DGB betrachtet werden kann, beinhaltete bei seinem Zusammenschluss 1919 insgesamt 52 Einzelorganisationen, welche teils nach dem Industrieverbandsprinzip, teils nach dem Berufsverbandsprinzip organisiert waren.[250] Die insb. daraus resultierende Aufsplitterung der Arbeitnehmer auf unterschiedliche Gewerkschaften, abhängig vom Produktionsschritt, bedingte jedoch eine schwächere Position gegenüber dem Arbeitgeber und zunehmende Probleme bei der Abgrenzung der Zuständigkeiten.[251] Obwohl erste Bestrebungen mehrerer Gewerkschaften sich nach dem Industrieverbandsprinzip zusammenzuschließen am Widerstand der jeweils davon negativ betroffenen Gewerkschaften gescheitert waren,[252] sank die Zahl der im ADGB organisierten Gewerkschaften durch freiwillige Zusammenschlüsse bis zum Jahr 1932 immerhin auf 28.[253] Während sich hierdurch bei den Freien Gewerkschaften quasi sukzessive das Industrieverbandsprinzip mit den im Wesentlichen gleichsam später beim DGB vertretenen Mitgliedsgewerkschaften herausbildete, blieben die christlichen und Hirsch-Dunckerschen Gewerkschaften bis 1933 beim Berufsverbandsprinzip.[254]

Nach der Auflösung der frei gegründeten Gewerkschaften während des dritten Reiches verfestigte sich die Idee der Einheitsgewerkschaft, also einer Gewerkschaft, welche politisch und weltanschaulich unabhängig Heimat für alle Arbeitnehmer sein kann.[255] Eine solch zentralistische Ausrichtung wurde jedoch, wohl auch auf Betreiben der Alliierten, zunächst nicht realisiert. Vielmehr kam es 1949 zur Gründung des DGB als Dachverband, der sich jedoch aus weiterhin autonomen sozialdemokratisch, kommunistisch und christlich orientierten Industrieverbänden zusammensetzte. Dass es nicht zur Gründung komplett eigenständiger christlicher Gewerkschaften kam lag zum einen daran, dass diese oft ebenfalls Anhänger der Idee der Einheitsgewerkschaft waren, zum anderen die Alliierten zu erkennen gegeben, einer

249 Potthoff, Freie Gewerkschaften, S. 42, 72.
250 Siehe: Potthoff, Freie Gewerkschaften, S. 38 f.
251 Vgl.: Greiner, Arbeitskampfpluralität, S. 10.
252 Vgl.: Potthoff, Freie Gewerkschaften, S. 40 f.
253 Siehe: Potthoff, Freie Gewerkschaften, Anhang B, Tabelle 1 c und 1 d.
254 Siehe: Jühe, Einheitsgewerkschaft, S. 11.
255 Potthoff, Freie Gewerkschaften, S. 79.

Neugründung die Zustimmung zu verweigern.[256] Erst 1955 kam es zur Neugründung der Christlichen Gewerkschaftsbewegung Deutschlands, da sich deren Vertreter im DGB unterrepräsentiert fühlten und der DGB, entsprechend der Ausrichtung seiner überwiegenden Mitgliedsgewerkschaften, mittlerweile zunehmend Partei für die SPD ergriff.[257]

Der DGB hatte 1950 an die 5,45 Mio. Mitglieder, erreichte nach der Wiedervereinigung 1991 seinen Höchststand von 11,8 Mio. Mitgliedern und sah sich von da an mit stets sinkenden Mitgliederzahlen konfrontiert. Nach dem vorläufigen Tiefpunkt 2007 mit 6,44 Mio. Mitgliedern kam es in den Folgejahren zu einer Verlangsamung der Abnahme; 2011 waren es noch 6,15 Mio. Mitglieder.[258]

Sofern neben diesem Industrieverbandsprinzip andere Gewerkschaften entstanden, handelte es sich meist eher um Standesorganisationen, welche vorwiegend einzelne Berufsgruppen repräsentierten. Dennoch agierten sie bzgl. des Abschlusses von Tarifverträgen meist nicht selbständig, sondern bildeten mit den DGB-Gewerkschaften Tarifgemeinschaften: Der Marburger Bund als Vertreter der Klinikärzte agierte beispielsweise bis 2005 mit ver. di, die Gewerkschaft Deutscher Lokomotivführer (GDL) bis 2002 mit der DGB-Gewerkschaft Transnet und der Beamtengewerkschaft GDBA.

Den Höhepunkt der Idee des Industrieverbandsprinzips stellte im Jahr 2001 die Gründung von Verdi dar, welche sich aus den DGB-Gewerkschaften ÖTV, HBV, DPG, IG Medien und der DAG zusammensetzte und zu einer weiteren Konzentration führte. Wichtige Gründe für die Etablierung des Industrieverbandsprinzips im Nachkriegsdeutschland waren zu einem gewissen Teil auch die Rspr. zur Tarifeinheit im Falle der Tarifpluralität sowie die hohen Anforderungen an die Koalitions- bzw. Tariffähigkeit.[259]

In den folgenden Jahren zeigte sich jedoch ein weitergehender Trend zur Diversifizierung; die Renaissance des Berufsverbandsprinzips:[260] Viele Arbeitnehmer fühlen sich mittlerweile nicht mehr ausreichend von ihren Gewerkschaften vertreten oder haben den Eindruck, dass diese zu wenig für ihre Berufsgruppe „herausgeholt" hätten.[261] So erzielten z.B. untere Entgeltgruppen oft prozentual höhere Zuwächse als höhere Entgeltgruppen.[262] Ein Grund hierfür war wohl das Selbstverständnis des DGB als eine ausgleichende, sozial umverteilende Institution, ein anderer die Tatsache, dass die übriggebliebenen wenigen großen Gewerkschaften gezwungen waren, sich um alle Bereiche in einem Betrieb gleichermaßen zu kümmern. Eine nicht minder große Rolle spielte aber wohl auch die Verteilung der Anzahl von (zukünftigen) Wählern. Die Folge war, dass sich neue Gewerkschaften entwickelten bzw. bestehende neue Stärke erlangten, welche nur noch einzelne Berufsgruppen vertraten.[263] Dieser Diversifizierungsprozess wurde ebenfalls durch Änderungen der Rspr. des BAG beflügelt:

---

256 Greiner, Arbeitskampfpluralität, S. 12.

257 Vgl.: Jühe, Einheitsgewerkschaft, S. 15 f.

258 Vgl.: http://www.dgb.de/uber-uns/dgb-heute/mitgliederzahlen (Quelle zuletzt eingesehen: 30.01.2013).

259 Vgl.: Greiner, Arbeitskampfpluralität, S. 14.

260 Siehe: Greiner, Arbeitskampfpluralität, S. 15.

261 So: Lesch, Sozialer Fortschritt, 144, 146 f.; Greiner, NZA 2007, 1023 f.

262 Siehe: Wiedemann/ Wiedemann, Einl., Rn. 53.

263 Siehe: Hromadka, NZA 2008, S. 384; Bepler, NZA-Beil. 2010, S. 99, 103; Meyer, NZA 2006, S. 1387, 1389.

Zunächst wurden die Anforderungen an die soziale Mächtigkeit, jedenfalls wenn es um Berufsgruppen ging, welche Schlüsselpositionen einnahmen, gesenkt: Ausreichend ist mittlerweile eine Druckerzeugung dadurch, dass es sich „um Spezialisten in Schlüsselstellungen handelt, die von der Arbeitgeberseite im Falle eines Arbeitskampfs kurzfristig überhaupt nicht oder nur schwer ersetzt werden können“.[264] Schließlich gab das BAG seine jahrzehntelange Rspr. zur Tarifeinheit im Falle der Tarifpluralität auf, wodurch es nunmehr überhaupt erst möglich ist, dass in einem Betrieb mehrere Tarifverträge auf verschiedene Arbeitnehmer angewendet werden.[265]

Infolgedessen haben sich einige bedeutende Spartengewerkschaften etablieren können:

Den Startschuss für eine erneute Entwicklung hin zur Idee des Berufsverbandsprinzips lieferte wohl die *Vereinigung Cockpit* (VC), als sie 1999 den seit 1973 bestehenden Kooperationsvertrag mit der DAG in Anbetracht der bevorstehenden Gründung von Verdi einvernehmlich aufhob. Sie erzielte in den Folgejahren beachtliche Lohnsteigerungen für die durch sie vertretenen Piloten, Flugingenieure und Fluglehrer.[266] Ihr Organisationsgrad beträgt rund 80 Prozent.[267]

Zu den wohl ältesten Gewerkschaften Deutschlands zählt die *Gewerkschaft Deutscher Lokomotivführer* (GDL), welche bereits 1867 gegründet wurde. Sie kündigte 2002 ihre Tarifgemeinschaft mit der dbb-Gewerkschaft GDBA und der DGB-Gewerkschaft Transnet auf. Insbesondere durch die Tarifstreitigkeiten 2006/2007 trat sie in das öffentliche Bewusstsein und erzielte am 13.01.2008 u.a. eine Lohnsteigerung von elf Prozent sowie eine Verkürzung der Arbeitszeit um eine Stunde.[268] Sie vertritt vornehmlich Lokführer, bei welchen sie bezogen auf die Triebfahrzeugführer der Deutschen Bahn AG rund 80 Prozent Organisationsgrad vorweisen kann (Stand 2007), aber auch Zugbegleiter, und ist nach dem Industrieverbandsprinzip organisiert.[269]

Der *Marburger Bund* (MB) besteht ebenfalls schon länger; er wurde 1947 gegründet und repräsentiert die Klinikärzte. Die im Jahr 1950 der DAG erteilte Verhandlungsvollmacht ging bei deren Fusion zu Verdi zunächst auf diese über. Das Kooperationsabkommen wurde jedoch 2005 gekündigt. Ihr Ziel war von da an, eigenständige Arzttarifverträge für Ärzte an psychiatrischen Landeskrankenhäusern, an kommunalen Krankenhäusern und Universitätskliniken abzuschließen.[270] Der Organisationsgrad liegt bundesweit bei über 40 Prozent.[271]

Zu den jüngsten der größeren Spartengewerkschaften dürfte die *Gewerkschaft der Flugsicherung* (GdF) gehören. Sie wurde erst 2004 gegründet. Vorgänger waren der Berufsverband verbeamteter Deutscher Flugleiter () und der Verband Deutscher Flugsicherungstechniker (FTI). Nach der Privatisierung der Flugsicherung hatten diese zunächst einen Kooperati-

264 Siehe: BAG v. 14.12.2004 – 1 ABR 51/03, BAGE 113, 82, 94 f. (UFO); BAG v. 28.03.2006 – 1 ABR 58/04, NZA 2006,1112, 1115 ff., 1119 (CGM).

265 BAG v. 7. 7. 2010 – 4 AZR 549/08, NZA 2010, 1068.

266 Vgl.: Greiner, Arbeitskampfpluralität, S. 16.

267 Siehe: Keller, Sozialer Fortschritt, 163, 164.

268 Siehe: Lesch, Sozialer Fortschritt, 144, 152.

269 Siehe: Keller, Sozialer Fortschritt, 163, 164.

270 Siehe: Greiner, Arbeitskampfpluralität, S. 17.

271 Vgl.: Keller, Sozialer Fortschritt, 163, 164.

onsvertrag mit der DAG abgeschlossen. Dieser wurde zum 31.12.2003 gekündigt. Die neue GdF konnte im Folgenden Tarifverträge mit der Deutschen Flugsicherung und dem Regionalflughafen Frankfurt-Hahn abschließen.[272] Sie repräsentiert sowohl klassische Fluglotsen als auch Vorfeldlotsen und -kontrolleure. Ihr Organisationsgrad liegt bei über 70 Prozent.[273]

1992 wurde die *Unabhängige Flugbegleiter Organisation e. V.* (UFO) gegründet. Während man sich anfangs noch die Arbeit mit Verdi teilte, wollte man, trotz bereits beachtlicher Forderungen durch Verdi von neun Prozent im Jahr 2002, noch mehr Eigenständigkeit und höhere Ergebnisse erreichen und erlangte 2004 einen vollkommen eigenständigen Tarifvertrag.[274] Ihr Organisationsgrad liegt, bezogen auf 20 000 Flugbegleiter bundesweit,[275] mit 10 000 Mitgliedern[276] bei ca. 50 Prozent.[277]

Daneben gibt es zahlreiche kleinere Spartengewerkschaften, wie z.B. die Deutsche Orchestervereinigung (), den Verband medizinischer Fachberufe () oder die Genossenschaft Deutscher Bühnenangehöriger (GDBA).[278]

Zu erkennen ist daher, dass sich v.a. Berufsgruppen mit stark berufsbildbezogenem Zusammengehörigkeitsgefühl wieder verstärkt der Idee des Berufsverbandsprinzips bzw. allgemeiner gesagt einer eigenständigen Interessenvertretung zuwenden. Waren ihre Forderungen zu Beginn des 21. Jhds. noch relativ moderat,[279] sehen sich Arbeitgeber mittlerweile immer höheren Ansprüchen ausgeliefert: Im Jahr 2001 forderte Cockpit von der Lufthansa eine Lohnerhöhung von 35 Prozent,[280] im Jahr 2006 forderte der Marburger Bund 30 Prozent,[281] 2007 forderte die GDL 31 Prozent[282] und die Forderungen der GdF im Jahr 2012 beliefen sich teilweise sogar auf insgesamt 70 Prozent.[283]

C. Gewerkschaftspluralität in Europa

Diese jüngere Entwicklung in der Bundesrepublik stellt keine Ausnahme im europäischen Vergleich dar; vielmehr handelte es sich eher beim monistisch angelegten System der letzten Jahrzehnte um einen solchen Sonderfall, was die nachfolgende Skizzierung der aktuellen Situation in unseren Nachbarländern zeigen soll.

In *Frankreich* wird eine Gewerkschaftspluralität grundsätzlich gewollt. Dies zeigt sich v.a. daran, dass man den Zugang zum tarifautonomen Wirkungskreis von der Repräsentativität einer Gewerkschaft abhängig machte und diese u.a. anhand einer Verordnung bei einer

272 Vgl.: Greiner, Arbeitskampfpluralität, S. 16 f.
273 Siehe: LAG Hessen v. 22. 7. 2004 – 9 SaGa 593/04, NZA-RR 2005, 262.
274 Siehe: Lesch, Sozialer Fortschritt, 144, 151.
275 Bezogen auf das Jahr 2004: BAG v. 14.12.2004 – 1 ABR 51/03, BAGE 113, 82, 95.
276 Siehe: http://www.ufo-online.aero/index.php/ueber-die-ufo (Quelle zuletzt eingesehen: 30.01.2013).
277 Vgl. auch: Greiner, Arbeitskampfpluralität, S. 16.
278 Darstellung bei: Bispinck/ Dribbusch, Sozialer Fortschritt, 153, 158.
279 So: Greiner, Arbeitskampfpluralität, S. 18.
280 Siehe: Zachert, NZA-Beil. 2006, 61, 65.
281 Siehe: Zachert, NZA-Beil. 2006, 61, 65.
282 LAG Sachsen v. 2. 11. 2007 – 7 SaGa 19/07, NZA 2008, 59.
283 Siehe: Esslinger, Können Sie folgen?, SZ 28.02.2012, S. 3.

Reihe von Gewerkschaften vermutete. Die gesetzliche Fixierung einer diversifizierten Gewerkschaftslandschaft zeigt wiederum, dass gewollt ist, dass es diese Gewerkschaften und somit eine Pluralität gibt. Hiervon ist selbst nach dem Entfallen der Repräsentativitätsvermutung 2008 noch auszugehen:[284] In Zukunft ist die sog. Audience, d.h. die Repräsentativität einer Gewerkschaft, ausschlaggebend. Bei der Feststellung dieser Audience wird darauf abgestellt, wie sie bei den Wahlen der Repräsentanten in den Unternehmen und Betrieben abgeschnitten haben, wobei unterschieden wird zwischen Gewerkschaften auf Unternehmensebene und solchen auf Branchen- und Berufsebenen. Bei ersteren ist erforderlich, dass sie zehn Prozent der Repräsentanten stellen, bei letzteren werden nur acht Prozent gefordert.[285] Dies zeigt ebenfalls die grundsätzliche Akzeptanz einer pluralen Struktur und des Vorhandenseins von Spartengewerkschaften. Andererseits wird zugleich ein Anreiz zu freiwilliger Kooperation von konkurrierenden Gewerkschaften geschaffen, da kleinere Gewerkschaften gegebenenfalls erst so die nötigen Quoten erreichen.[286]

In *Großbritannien* gibt es gleichfalls Gewerkschaftspluralität, auch wenn die gesetzlichen Regelungen dem zunächst entgegenzustehen scheinen: Eine Gewerkschaft muss vom Arbeitgeber anerkannt sein, um Tarifverhandlungen führen zu können. Der Prozess der Anerkennung wird aber ebenfalls gesetzlich, mittlerweile im Anhang A1 zum TULR(C)A 1992, geregelt.[287] Hiernach müssen mindestens zehn Prozent der Beschäftigten im maßgeblichen Unternehmen Mitglieder der antragstellenden Gewerkschaft sein und die zentrale Schlichtungsstelle (CAC) muss davon ausgehen, dass die Mehrheit der betroffenen Arbeitnehmer eine Anerkennung befürwortet.[288] Gerade letzteres macht es Splittergewerkschaften schwer. Besteht zudem bereits die Anerkennung einer anderen Gewerkschaft, so sind nachfolgende Anträge schlicht unzulässig.[289] Dennoch gibt es eine Vielzahl unterschiedlicher Gewerkschaften, die sich sowohl auf Industrie-, aber auch auf Berufszweige fixieren, wie sich am Beispiel von drei konkurrierenden Lehrergewerkschaften zeigt.[290] Die Gewerkschaften können nämlich neben dem gesetzlichen Verfahren auf eine freiwillige Anerkennung durch den Arbeitgeber drängen und diesem Drängen u.a. durch Streiks Nachdruck verleihen. Ein Abweichen vom gesetzlichen Modell wird anerkannt[291]

In *Italien* sind die Gewerkschaftsfreiheit und die Streikfreiheit verfassungsrechtlich gewährleistet. Zwar kann hierzu, ähnlich wie bei uns, nur auf einen beschränkten Verfassungswortlaut zurückgegriffen werden; aus diesem wird jedoch eine weite Befassungsgarantie gefolgert. Der Pluralismus wird als Folge der Gründungsfreiheit angesehen. Entsprechend bestehen zahlreiche weltanschaulich getrennte Richtungsgewerkschaften. Darüber hinaus exis-

284 Greiner, Arbeitskampfpluralität, S. 28 f.
285 Greiner, Arbeitskampfpluralität, S. 29.
286 So: Greiner, Arbeitskampfpluralität, S. 29.
287 Auch: Kamanabrou, ZFA 2008, 241, 265.
288 § 36 I, a, b TULR(C)A 1992, Schedule A1.
289 § 36 I TULR(C)A 1992, Schedule A1.
290 Vgl.: Greiner, Arbeitskampfpluralität, S. 32.
291 Siehe: Kamanabrou, ZfA 2008, 241, 266 f.

tieren innerhalb dieser großen Verbände oft Unterorganisationen, welche sich auf bestimmte Regionen oder Berufe konzentrieren.[292]

Der Gewerkschaftspluralismus ist, nach den Erfahrungen mit Zwangsmitgliedschaften in öffentlich-rechtlichen Einheitsgewerkschaften während des Franco-Regimes, auch in *Spanien* gewollt und realisiert.[293] Neben christlichen und politischen gibt es viele regionale Gewerkschaften.[294] Wer tariffähig ist wird, dem französischen Recht vergleichbar, durch das Kriterium der Repräsentativität bestimmt. Neben der Anerkennung als repräsentativ auf gesamtstaatlicher Ebene kann dies durch das Stellen von zehn Prozent der Interessenvertreter auf Unternehmens- und Betriebsebene in dem Gebiet, in welchem der Tarifvertrag gelten soll, belegt werden.[295] Allerdings haben Gewerkschaften keine so starke Stellung wie in Deutschland oder Frankreich, da die Interessenvertreter auf Unternehmensebene ebenfalls autonom Tarifverträge für ihre Betriebe abschließen können.[296] Gesamtstaatliche Tarifverträge werden durch die Verhandlungskommission, bestehend aus Vertretern der Gewerkschaften und Arbeitgeber, ausgehandelt; sie wirken erga omnes. Teilnahmeberechtigt sind tariffähige Gewerkschaften entsprechend ihrer Repräsentativität. Sie müssen im Geltungsbereich die Mehrheit der Interessenvertreter auf Betriebsebene stellen. Im Streikfall ist ein Streikkomitee zu bilden, und bei besonders gravierenden Arbeitskämpfen kann eine staatliche Zwangsschlichtung eingerichtet werden. Allerdings existieren auch sog. außerstatutarische Tarifverträge, d.h. solche, die nicht den gesetzlichen Mindeststandards entsprechen. Sie sind zwar anerkannt, haben jedoch eine geringere Reichweite und sind in Einzelheiten umstritten.[297]

D. Auswirkungen von Spartenstreiks

Das Vorgehen von Spartengewerkschaften, nur darauf bedacht der eigenen Berufsgruppe Vorteile zu sichern und deshalb vielfach als egoistisch oder gruppenegoistisch bezeichnet,[298] führt zu zahlreichen tatsächlichen Problemen.[299] Derlei Auswirkungen bzw. auch solche, die jedenfalls zukünftig möglich erscheinen, sollen im Folgenden skizziert werden. Zwar kann noch nicht abgesehen werden, ob und in welcher Intensität sie sich wirklich realisieren werden; es erscheint jedoch ratsamer sich beizeiten mit ihnen auseinanderzusetzen, bevor „verbrannte Erde" hinterlassen wird.

---

292 Greiner, Arbeitskampfpluralität, S. 31.
293 Vgl.: Kamanabrou, ZfA 2008, 241, 267.
294 Greiner, Arbeitskampfpluralität, S. 30.
295 Siehe: Kamanabrou, ZfA 2008, 241, 267 f.
296 Siehe: Greiner, Arbeitskampfpluralität, S. 30.
297 Siehe: Kamanabrou, ZfA 2008, 241, 268.
298 U.a.: Bayreuther, BB 2005, 2633, 2640 f.; v. Steinau-Steinrück/ Glanz, NZA 2009, 113; Brocker, NZA-Beil. 2010, 121, 122; wohl auch: Ricken, in: MüArbR, § 200, Rn. 30; Greiner, NZA 2007, 1023, 1024.
299 Dieterich, NZA-Beil. 2011, 84, 86.

I. Gefährdung des Betriebsfriedens

Durch die Entwicklung hin zu mehr Spartenstreiks erscheint der Betriebsfrieden insb. durch die drei folgenden Problemkreise gefährdet:

1. Wegfall von klassischen „Streikzeiten“

Bisher kam es in der Regel nur jährlich oder alle zwei Jahre zu Streikmaßnahmen, da in jedem Betrieb nur ein Tarifvertrag Geltung beanspruchen konnte. Wegen der ihm immanenten Friedenspflicht war es der Gewerkschaft verwehrt, während seiner Laufzeit zum Streik bzgl. bereits geregelter Inhalte aufzurufen.[300] Vor dem Hintergrund des Wegfalls des Grundsatzes der Tarifeinheit im Falle der Tarifpluralität und einer zunehmenden Anzahl von Spartengewerkschaften gehört dieses Phänomen bereits jetzt der Vergangenheit an.[301] Da die Friedenspflicht nur die jeweiligen Vertragspartner trifft,[302] wird sich wohl die Anzahl der Arbeitskämpfe im einzelnen Betrieb erhöhen, da nun jede Sparte selbständig ihre Tarifverträge verlangen und auch erstreiken kann.[303] Doch damit nicht genug: Es erscheint zudem möglich, dass selbst innerhalb einer Sparte verschiedene, konkurrierende Spartengewerkschaften auftreten und jede für sich Streikmaßnahmen durchführt.[304] Ferner kann es somit in verschiedenen Arbeitskämpfen um die gleiche inhaltliche Thematik gehen. Damit ist zu befürchten, dass bei konkurrierenden Gewerkschaften ein Überbietungswettbewerb stattfinden wird.[305] Die Rede ist diesbezüglich von einem „Gewimmel von Tarifverträgen und Streiks“[306] oder einem „Tarifwirrwarr“.[307]

Durch zeitlich aufeinanderfolgende Arbeitskämpfe wäre es zudem denkbar, dass Unternehmen über extrem lange Zeitperioden hinweg „lahmgelegt“ würden.[308] Im Falle von Funktionselitestreiks bräuchte es hierzu nicht einmal mehrere zeitlich nachfolgende Streiks, da es bereits ausreicht, wenn einige wenige Schlüsselpositionsinhaber ihre Arbeit über längere Zeit niederlegen. Dadurch zugleich bedingt ist ihr eigener wirtschaftlicher Ausfall gering, weswe-

300 ErfK/ Dieterich, Art. 9 10 GG, Rn. 124; Kempen/ Zachert/ Zachert, § 1, Rn. 675.

301 Vgl. Einleitung, § 1 A.

302 Vgl.: BAG v. 04.05.1955 – 1 AZR 493/54, AP Nr. 2 zu Art. 9 GG Arbeitskampf; BPSU-AKR, Rn. 83; Däubler/Reim, § 1, Rn. 984, 989; ErfK/ Dieterich, Art. 9 10 GG, Rn. 124; Hromadka/ Maschmann, § 14, Rn. 52; Wiedemann/Thüsing, § 1, Rn. 875.

303 Siehe: Jacobs, in: FS Buchner, 342, 346; Bayreuther, BB 2005, 2633, 2641; Kamanabrou, ZfA 2008, 241, 263 f.; Löwisch, RdA 2010, 263, 265; Bister, Tarifpluralität, S. 141; Greiner, Arbeitskampfpluralität, S. 37, 442.

304 So: Brocker, NZA Beil 2010, 121, 123.

305 Siehe: Bayreuther, BB 2005, 2633, 2640 f.; Dieterich, NZA-Beil. 2011, 84, 86; Löwisch, RdA 2010, 263, 265; Jacobs, NZA 2008, 325, 328 f; ders., in: FS Buchner, 342, 346; Meyer, NZA 2006, 1387, 1389.

306 So: Lehmann, in: FS Buchner, 529, 531.

307 So: Konzen, JZ 2010, 1036, 1044; ähnlich: Lehmann, in: FS Buchner, 529, 530.

308 Siehe: Hirdina, NZA 2009, 997; Meyer, NZA 2006, 1387, 1390; Brocker, NZA Beil 2010, 121, 123; Loritz, in: FS Buchner, 582, 597; Greiner, Arbeitskampfpluralität, S. 45; ders., NZA 2007, 1023, 1024.

gen sie meist keinen großen Zeitdruck haben. Sie können es sich leisten ihre Arbeit so lange ruhen zu lassen, bis ihre Forderungen erfüllt werden.[309]

2. Unterschiedlicher Lohn für gleiche Arbeit

Insb. aufgrund der dargestellten möglichen Entwicklung zu einer Struktur von mehreren Spartengewerkschaften für nur eine Berufsgruppe könnte der Betriebsfriede ferner dadurch gestört werden, dass Arbeitnehmer zwar die identische Arbeit verrichten, jedoch einen tarifvertraglichen Anspruch auf unterschiedliche Gehälter entsprechend ihrer Gewerkschaftsmitgliedschaft haben. Es würde also nicht mehr der Grundsatz „gleicher Lohn für gleiche Arbeit“ [310] gelten. Zwar mag der Arbeitgeber dem teilweise durch Bezugnahmeklauseln entgegentreten können; fraglich ist jedoch, neben technischen Problemen bei deren Umsetzung,[311] ob er dies auch will bzw. ob er sich dies stets wird leisten können. Erhält ein Arbeitnehmer jedoch weniger als sein Kollege nebenan, wird dies, neben einer wettbewerbsfördernden Wirkung, zu einem gespannten Verhältnis innerhalb einer Berufsgruppe führen.[312]

3. Auseinandergehen der Lohnschere innerhalb des Betriebes

Schließlich ist eine endgültige „Entsolidarisierung“[313] der Belegschaft durch eine auseinandergehende Lohnschere zu befürchten bzw. bereits anfängliche Realität.[314] Muss ein Arbeitgeber bestimmten Berufsgruppen aufgrund ihrer systemrelevanten Stellung gezwungenermaßen einen höheren Lohn zahlen, so wird er nicht umher kommen, diese Mehrkosten an anderer Stelle wieder einzusparen. In einem Unternehmen gibt es eben nur einen bestimmten, zur Verfügung stehenden Lohntopf. Da andererseits nicht alle Berufsgruppen Funktionseliten darstellen, wird sich ein Arbeitgeber als erstes an diejenigen halten, welche für das Unternehmen leicht ersetzbar sind und die bereits jetzt meist eher zu den unteren Lohnschichten gehören. Während also Spezialisten immer höhere Löhne „erpressen“ könnten, müssten einfache Arbeitnehmer auf Lohnerhöhungen verzichten oder gar Kürzungen hinnehmen.[315] Dies könnte dadurch verstärkt werden, dass sich konkurrierende Funktionselitegewerkschaften aus Wettbewerbsgründen stets zu überbieten versuchen werden, um so ihren Mitgliederbestand zu

309 Auch: Kamanabrou, ZfA 2008, 241, 260; v. Steinau-Steinrück/ Glanz, NZA 2009, 113, 114.

310 Hierzu: Gamillscheg, RdA 2005, 79, 84; allgemein: Linck, in: Schaub, ArbR-Hdb, § 112, Rn. 9.

311 Vgl.: Jacobs, NZA 2008, 325, 332 f.

312 Ähnlich: Brocker, NZA-Beil. 2010, 121, 123; im Rahmen der Tarifauseinandersetzung am Fraport 2012 kam es bereits zu Differenzen zwischen der streikenden GdF einerseits sowie dem Betriebsrat und Verdi andererseits: Esslinger, Können Sie folgen?, SZ 28.02.2012, S. 3.

313 U.a.: Dieterich, NZA-Beil. 2011, 84, 86; Feudner, RdA 2008, 104; v. Steinau-Steinrück/ Glanz, NZA 2009, 113, 114; Greiner, Arbeitskampfpluralität, S. 44.

314 Beim Streik der Vorfeldlotsen am Frankfurter Flughafen im Jahr 2012 reagierte der Betriebsrat bereits mit Unverständnis auf die Forderung nach Lohnsteigerungen von bis zu 70 Prozent, Esslinger, Können Sie folgen?, SZ 28.02.2012, S. 3.

315 Ähnlich: v. Steinau-Steinrück/ Glanz, NZA 2009, 113, 114; Greiner, Arbeitskampfpluralität, S. 44 ff.

sichern bzw. zu vergrößern.[316] Ein rücksichtsloses Durchsetzen nur der eigenen Forderungen wird jedoch ebenfalls dem Betriebsklima schaden.[317]

II. Übermacht der Arbeitnehmer im einzelnen Arbeitskampf

Will man bei Vertragsverhandlungen zu einem ausgeglichenen Ergebnis gelangen, so ist dies nur möglich, wenn die Vertragspartner in etwa gleich stark sind, da ansonsten eine Seite der anderen die Bedingungen diktieren kann. Nur ein ausgeglichenes Ergebnis kann jedoch eine Richtigkeitsvermutung für sich beanspruchen.[318]

An einer solch ausgeglichenen Situation ist angesichts der starken Stellung jedenfalls von Funktionselitegewerkschaften zu zweifeln. Während man klassisch von einer strukturell unterlegenen Stellung des Arbeitnehmers ausging,[319] scheint die Waagschale in diesem Fall sogar zulasten der Arbeitgeber auszuschlagen.[320] Und das nicht nur deshalb, weil Spartenarbeitskämpfe meist die Konstellation betreffen, dass sich ein *einzelner Arbeitgeber* der (größeren) Organisation einer Gewerkschaft ausgesetzt sieht.[321] Den Arbeitnehmern muss ein Streikrecht zuerkannt werden, damit sie nicht nur auf kollektives Betteln angewiesen sind.[322] Dieses Recht könnten sich Spartengewerkschaften jedoch so zu eigen machen, um Unternehmen zu erpressen:[323] Jedenfalls dann, wenn auf die Tätigkeit ihrer Mitglieder nicht verzichtet werden kann, ohne dass der Betrieb dadurch lahmgelegt werden würde und auch kurzfristig kein Ersatz für diese gefunden werden kann, wäre ihnen der Arbeitgeber schutzlos ausgeliefert. Die ihm theoretisch zur Verfügung stehenden Reaktionsmittel wie die von der Rechtsprechung entwickelten Instrumente der Aussperrung[324] oder der Betriebsstilllegung[325] sowie die Möglichkeit einer Verlagerung ins Ausland[326] sind nämlich stumpfe Schwerter: In Zeiten

316 Siehe: v. Steinau-Steinrück/ Glanz, NZA 2009, 113, 114.

317 Auch: Brocker, NZA-Beil. 2010, 121, 122 f.

318 Vgl.: BVerfG v. 26.06.1991 – 1 BvR 779/85, BVerfGE 84, 212, 229; BAG v. 21.04.1971 – GS 1/68, BAGE 23, 292, 308; Kemper, in: vM/K/S, Art. 9 III Rn. 153; Rüthers, in: Brox/ Rüthers, Arbeitskampfrecht, Rn. 166; Kissel, AK, § 32 Rn. 1; Otto, Arbeitskampf- und Schlichtungsrecht, § 2 Rn. 63; Greiner, Arbeitskampfpluralität, S. 437.

319 U.a.: BVerfG v. 26.06.1991 – 1 BvR 779/85, BVerfGE 84, 212, 229; BAG v. 28.03.2006 – 1 ABR 58/04, BAGE 117, 308, 319; BAG v. 22.09.2009 – 1 AZR 972/08, BAGE 132, 140, 152; Treber, in: Schaub, § 197, Rn. 3; Rieble/Klumpp, in: MüArbR, § 162, Rn. 25; Greiner, Arbeitskampfpluralität, S. 47.

320 So auch: Jacobs, NZA 2008, 325, 330 f.; ders., in: FS Buchner, 342, 346; v. Steinau-Steinrück/ Glanz, NZA 2009, 113, 114; Bayreuther, BB 2005, 2633, 2641; v.a. unter Hinweis auf die drohende Dauerbelastung durch Streiks: Kamanabrou, ZfA 2008, 241, 262 ff.

321 So: Lieb, DB 1999, 2058, 2063.

322 Vgl.: BVerfG v. 26.06.1991 – 1 BvR 779/85, BVerfGE 84, 212, 229; BAG v. 10.06.1980 – 1 AZR 822/79, BAGE 33, 140, 151; ErfK/Dieterich, 10 GG, Art. 9, Rn. 112.

323 Kamanabrou, ZfA 2008, 241, 263; Rudkowski, Der Streik in der Daseinsvorsorge, S. 68; ähnlich: Lehmann, in: FS Buchner, 529, 531.

324 Vgl. hierzu: BAG v. 28.01.1955 – GS 1/54, BAGE 1, 291, 309; ErfK/Dieterich, Art. 9, 10 GG, Rn. 236 ff.

325 Vgl. hierzu: BAG v. 22.03.1994 – 1 AZR 622/93, BAGE 76, 196ff.; Kissel, AK, § 14, Rn. 27.

326 Vgl.: Hromadka/ Maschmann, § 14, Rn. 80.

der just-in-time-Produktion haben Unternehmer normalerweise nicht die Alternative, einen Betrieb ganz oder teilweise stillzulegen oder Arbeitnehmer nach Hause zu schicken. Sie müssen ihren Vertragspflichten nachkommen und deshalb alles versuchen, um den Betrieb am Laufen zu halten.[327]

Zu einem Ungleichgewicht kommt es des Weiteren dadurch, dass es bei Spartengewerkschaften in der Regel ausreicht, wenn einige wenige ihre Arbeit niederlegen. Damit haben sie nur einen sehr geringen wirtschaftlichen Aufwand und, gegenüber den dem Arbeitgeber drohenden Schäden durch einen Produktionsausfall, das deutlich geringere Risiko.[328]

III. Verlust der stabilisierenden Funktion

Ferner würde wohl die stabilisierende Wirkung, welche von den umfassenden Branchentarifverträgen ausgeht, verloren gehen. Durch ihre Gesamtregelungen entstand ein ausgewogenes, leistungsorientiertes Lohnsystem, wodurch die einzelnen Arbeitnehmer größtenteils den Eindruck einer gerechten Entlohnung hatten und sich Arbeitgeber andererseits keinen überhöhten Lohnforderungen ausgesetzt sahen. Einen erheblichen Teil der stabilisierenden Funktion machte nicht minder der betriebliche Frieden aus; er führte zu Planungssicherheit, die der Unternehmer für den Bestand des Unternehmens und zugleich für weitere Investitionen benötigt.[329] Des Weiteren wird es wohl zu einer zunehmenden Zersplitterung der Tariflandschaft kommen, da immer mehr Spartengewerkschaften entstehen und Arbeitgeber sich ihnen ausgesetzt sehen werden.[330] Die bisher klare Ordnung wird verloren gehen, zumal auch in zeitlicher Hinsicht nicht mehr absehbar sein wird, wann und von wem Streikmaßnahmen durchgeführt werden.[331] Außerdem wird man sich wohl vom Verständnis der Gewerkschaften als staatstragenden „Ersatzgesetzgebern“[332], welche eine ausgleichende, befriedende Tarifpolitik betrieben, verabschieden müssen. Mit Zunahme der Spartengewerkschaften steht deren Wettbewerb mehr und mehr im Vordergrund.[333]

---

327 Auch: Jacobs, NZA 2008, 325, 331; ders., in: FS Buchner, 342, 347; Loritz, in: FS Buchner, 582, 591 f.; ähnlich: Buchner, BB 2007, 2520, 2521 (bzgl. Aussperrung); Kamanabrou, ZfA 2008, 241, 264; Lehmann, in: FS Buchner, 529, 540; Rüthers, ZfA 1987, 1, 46 f.

328 Auch: Feudner, RdA 2008, 104, 105; v. Steinau-Steinrück/ Glanz, NZA 2009, 113, 114; ähnlich: BAG v. 22.09.2009 – 1 AZR 972/08, BAGE 132, 140, 156.

329 Vgl.: Bister, Tarifpluralität, S. 142; Lehmann, in: FS Buchner, 529, 540; Greiner, Arbeitskampfpluralität, S. 444 f.

330 Siehe: Brocker, NZA-Beil. 2010, 121, 122.

331 Siehe: v. Steinau-Steinrück/ Glanz, NZA 2009, 113, 114; Brocker, NZA-Beil. 2010, 121, 123. a.A. bzgl. der Ordnungsgesichtspunkte: Jacobs, RdA 2010, 263, 264.

332 Greiner, Arbeitskampfparität, S. 36.

333 Siehe: Greiner, Arbeitskampfpluralität, S. 36 f.; v. Steinau-Steinrück/ Glanz, NZA 2009, 113, 114.

IV. Auswirkungen auf die Interessen der Allgemeinheit

Zwar ist fraglich, ob Spartenstreiks zu einer höheren Belastung der Interessen der Allgemeinheit führen, als dies bei Streiks durch Branchengewerkschaften der Fall ist. Beide Gewerkschaftstypen sind bemüht den Arbeitgeber möglichst empfindlich zu treffen, sodass meist beide darauf bedacht sind v.a. diejenigen ihrer Mitglieder zur Arbeitsniederlegung zu bewegen, welche sich in systemrelevanten Positionen befinden.[334] Das gilt jedoch nur, solange Branchengewerkschaften noch Arbeitnehmer vertreten, die sich in Schlüsselpositionen befinden. Eine Zunahme von separaten Spartengewerkschaften könnte daher dazu führen, dass deren Streiks in ihrer Gesamtheit doch größere Auswirkungen auf die Allgemeinheit haben. Zudem liegt es bereits jetzt in der Natur der Sache, dass zumindest Streiks durch Funktionselitegewerkschaften nahezu immer zum Stillstand des gesamten Unternehmens führen. Gerade in Bereichen der Daseinsvorsorge wird damit die Betroffenheit der Allgemeinheit zur Regel.[335] Und da allgemein mit einer Zunahme von Streiks zu rechnen ist,[336] wird die Allgemeinheit jedenfalls quantitativ mehr in Mitleidenschaft gezogen werden.[337]

V. Wirtschaftliche Nachteile und ihre weitergehenden Auswirkungen

Die bisher aufgezeigten Probleme stehen jedoch nicht für sich allein. Sie beeinflussen sich gegenseitig und haben weitreichende wirtschaftliche Folgen: Steigende Lohnkosten,[338] noch dazu beflügelt durch „ungezügelten Wettbewerb“ [339] der Funktionselitegewerkschaften, welche versuchen werden sich mit ihren Forderungen zu überbieten,[340] senken den Gewinn der Unternehmer bzw. machen es für diese unattraktiver, neu zu investieren. Damit könnte wieder eine Verlagerung der Arbeit in Länder mit niedrigeren Löhnen oder ein verstärkter Einsatz von arbeitnehmerersetzenden Maschinen in Betracht kommen.[341] Dies wiederum würde zu einem Rückgang der Nachfrage nach Arbeit führen, was sich schließlich, nach der Zunahme von Arbeitslosigkeit, durch sinkende Löhne zu einem Bumerang für Arbeitnehmer entwickeln könnte.[342]

Ferner müsste ganz allgemein mit der Zunahme von Arbeitskämpfen und damit höheren Produktionsausfällen gerechnet werden.[343] Dies hätte jedoch, wie gesehen, auch erhebliche

334 Ähnlich: Kamanabrou, ZfA 2008, 241, 260.

335 Vgl.: Jacobs, NZA 2008, 325, 331.

336 Greiner, Arbeitskampfpluralität, S. 37.

337 Vgl.: Feudner, RdA 2008, 104 f.

338 Siehe die in der Einleitung dargestellten letzten Forderungen der großen Spartengewerkschaften, § 1 A.

339 Brocker, NZA-Beil. 2010, 121.

340 Siehe: Bayreuther, BB 2005, 2633, 2640; siehe z.B. die Ankündigung von Verdi für den Fall des Obsiegens der GdF im Tarifkonflikt am Fraport im Jahr 2012: Esslinger, Gewerkschaft droht mit wochenlangem Streik, SZ 27.02.2012, S. 1.

341 Vgl.: Lehmann, in: FS Buchner, 529, 530.

342 Siehe: Greiner, Arbeitskampfpluralität, S. 34, 45 ff.

343 Auch: Greiner, Arbeitskampfpluralität, S. 37; der Streik der Vorfeld-Beschäftigten am Fraport 2012 verursachte in den ersten beiden Tagen bei Fraport einen Einnahmenausfall in Höhe von ca. vier Millionen

Auswirkungen auf unbeteiligte Dritte:[344] Andere Unternehmen, welche als Abnehmer auf die Produkte des bestreikten Betriebes angewiesen sind, könnten nicht mehr oder nicht in dem Maße weiterproduzieren.[345] Im Falle von Streiks im öffentlichen Personennahverkehr kämen z.B. Pendler nicht oder nicht rechtzeitig zur Arbeit, wodurch diese liegenbleiben würde. Abgesehen von den persönlichen Unannehmlichkeiten würde das wiederum Schäden bei Unternehmen verursachen, welche so ebenfalls Einsparmaßnahmen ergreifen müssten. Betriebsstätten würden u.U. geschlossen oder die Löhne der nicht systemrelevanten Sparten gesenkt, wodurch diese weniger zum Konsum beitragen könnten. Eine Spirale nach unten und damit einhergehend ein großer Schaden für unsere Volkswirtschaft erscheinen möglich.[346]

VI. Divergieren von Leistungs- und Lohnniveau

Schließlich kann auch die folgende, auf dem Gerechtigkeits-Empfinden basierende Überlegung nicht außer Betracht gelassen werden: Es ist zu befürchten, dass sich jedenfalls im Bereich der Funktionselitegewerkschaften das Lohnniveau vom Leistungsniveau abkoppeln könnte. Die Frage wie hoch eine Leistung zu bewerten ist mag schwierig, wenn nicht gar nahezu unmöglich zu beantworten sein. Es gibt jedoch gewisse Parameter, welche zumindest Anhaltspunkte bieten: Solange sich ein hoher Lohn mit einer herausragenden Leistung, mit großer Verantwortung oder mit einer besonders anspruchsvollen bzw. langwierigen oder kostspieligen Ausbildung rechtfertigen lässt, muss und wird er wohl als legitim angesehen werden. Problematisch könnte es jedoch dann werden, wenn Arbeitnehmer ohne besondere Ausbildung eine Arbeit verrichten, die nicht in besonderem Maße anspruchsvoll ist, sie aber dennoch eine Schüsselposition im Unternehmen einnehmen. Würde eine „einfache" Reinigungskraft genauso viel wie ein Chefarzt verdienen, wäre dies wohl schwer mit unserem heutigen Gerechtigkeitsempfinden zu vereinbaren. Oder denkt man aus aktuellem Anlass an die Vorfeldaufsicht und die Vorfeldlotsen (denen keinesfalls zu nahegetreten werden soll): Diese konnten ihre Ausbildung binnen drei bzw. sechs Monaten absolvieren;[347] Voraussetzungen waren lediglich irgendein Schulabschluss sowie Englischkenntnisse.[348] Und ihre anschließende Tätigkeit kann, jedenfalls bezogen auf das Führen des Follow-me-Fahrzeuges und verglichen z.B. mit der Kontrolle des Luftraumes durch die Fluglotsen, wohl nicht als übertrieben anspruchsvoll angesehen werden.[349] Dennoch kann der Flugverkehr ohne sie nur in sehr beschränktem Rahmen aufrechterhalten werden. Selbst wenn ihre Einordnung als Funktionselite, gerade aufgrund der kurzen Ausbildungszeit und damit einhergehend einer wenigstens

---

Euro und bei der Lufthansa in Höhe von ca. 40 Millionen Euro: Esslinger/ Flottau, Die Woche des Zermürbens, SZ 22.02.2012, S. 19.

344 Siehe auch: Flottau, Eine Gewerkschaft muss sich mäßigen, SZ 20.02.2012, S. 4.

345 Brocker, NZA-Beil 2010, 121, 123.

346 Ähnlich: Feudner, RdA 2008, 104 f.; Bayreuther, BB 2005, 2633, 2640 f.; Greiner, Arbeitskampfpluralität, S. 37; ders. NZA 2007, 1023, 1024. Kissel, AK, § 30, Rn. 49.

347 Siehe: Esslinger, Können Sie folgen?, SZ 28.02.2012, S. 3.

348 Siehe: Esslinger, Die Macht der 200, SZ 21.02.2012, S. 19.

349 Zu den einzelnen Tätigkeiten: Esslinger, Die Macht der 200, SZ 21.02.2012, S. 19.

etwas leichteren Ersetzbarkeit fraglich ist, zeigte sich im Jahr 2012, dass den betroffenen Unternehmen täglich ein erheblicher Schaden entstand, die Vorfeldlotsen also zu einem gewissen Teil nicht bzw. nicht schnell genug ersetzt werden konnten.[350] Würden nun derart „einfache" Arbeiten mit extrem hohen Löhnen bedacht werden (müssen), so hätte dies die Konsequenz, dass das Entgelt nicht mehr von der Art oder Qualität der erbrachten Arbeit, sondern vielmehr von der strategischen Stellung des Einzelnen bzw. seiner Sparte im Unternehmen abhinge. Die Lohnhöhe würde also quasi durch den manipulierenden Eingriff des Staates in Form der Zulassung von Streiks und nicht mehr von den der Arbeit eigenen Parametern bestimmt werden. Dadurch würden jedoch das Leistungs- und Lohnniveau auseinanderdriften; ein meines Erachtens unhaltbarer Zustand.

E. Behandlung von Spartenstreiks durch die jüngere Rechtsprechung

Jüngere Urteile v.a. der Instanzgerichte zeigen, dass diese die skizzierten möglichen Problemkreise erkannt und versucht haben, sie zu bewältigen. Wie bereits in der Einleitung erwähnt, stützten sie sich hierbei vermehrt nicht mehr auf den Grundsatz der Tarifeinheit im Falle der Tarifpluralität, sondern suchten nach anderen Ansätzen.

I. Arbeitsgericht Nürnberg, Beschluss vom 08.08.2007

Das ArbG Nürnberg untersagte der GDL per einstweilige Verfügung vom 08.08.2007, zu einem Streik um höhere Löhne für die Lokomotivführer aufzurufen. Es berief sich hierbei auf eine Gesamtabwägung, welche zulasten der Gewerkschaft ausgefallen sei, da sowohl dem Arbeitgeber als auch der gesamten Volkswirtschaft „insbesondere in der Hauptreisezeit" ein erheblicher Schaden drohen würde. Es deutete damit die Gemeinwohlschädlichkeit des Streiks an.[351]

II. Arbeitsgericht Chemnitz, Beschluss vom 05.10.2007

Einen vergleichbaren Ansatzpunkt wählte das ArbG Chemnitz. Es untersagte ebenfalls einen Streik der GDL gegen die Deutsche Bahn AG, stützte die Entscheidung jedoch auf den Verhältnismäßigkeitsgrundsatz. Dieser enthalte als Ausprägung eine Bindung der Gewerkschaften als „soziale Ordnungsträger bzw. Aufgabenträger"[352] an das Gemeinwohl.[353] Dieses sei verletzt, „wenn die Belange unbeteiligter Dritter in unerträglicher Weise in Mitleidenschaft

350 Der Streik der Vorfeld-Beschäftigten am Fraport 2012 verursachte in den ersten beiden Tagen bei Fraport einen Einnahmenausfall in Höhe von ca. vier Millionen Euro und bei der Lufthansa in Höhe von ca. 40 Millionen Euro: Esslinger/ Flottau, Die Woche des Zermürbens, SZ 22.02.2012, S. 19.

351 ArbG Nürnberg v. 08.08.2007 – 13 Ga 65/07, AuR 2007, 320 f.

352 ArbG Chemnitz v. 05.10.2007 – 7 Ga 26/07, AuR, 2007, 393, 394.

353 ArbG Chemnitz v. 05.10.2007 – 7 Ga 26/07, AuR, 2007, 393, 393.

gezogen werden".[354] Eine solche Verletzung sei zu bejahen, da der Schienenverkehr insb. europaweit vernetzt und ein Ausweichen auf andere Anbieter nicht möglich sei.[355] Ferner erkannte das Gericht die Gefahr, dass durch die Blockademöglichkeiten der Spartengewerkschaft, ihr effizientes Vorgehen, die mögliche Vervielfältigung von Arbeitskämpfen und die drohenden immensen Schäden für den Arbeitgeber wie für die Volkswirtschaft eine Disparität zulasten der Arbeitgeberseite möglich sei.[356]

III. Landesarbeitsgericht Rheinland-Pfalz, Urteil vom 14.06.2007

Im Verfahren vor dem LAG Rheinland-Pfalz ging es um einen Streik der Fluglotsen (GdF) gegen den Betreiber des Frankfurter Flughafens im Jahr 2005. Das Landesarbeitsgericht beschäftigte sich hauptsächlich mit dem Grundsatz der Tarifeinheit, welchen es vorliegend als nicht einschlägig und überdies für den betrieblichen Bereich grundsätzlich als überholt ansah. Begründet wurde dies v.a. mit dem Hinweis auf die Rechtsprechung des BAG[357] zur Anerkennung der Spartengewerkschaften.[358] Zudem hielt es nicht an den Beurteilungen der Vorinstanzen fest, welche den gegenständlichen Streik noch als unverhältnismäßig beurteilt hatten. Im Rahmen der Verhältnismäßigkeit sei zu prüfen, ob ein Kampfmittel angesichts des Kampfziels geeignet, erforderlich und proportional ist bzw. eingesetzt wird, was bejaht wurde.[359]

IV. Landesarbeitsgericht Sachsen, Urteil vom 02.11.2007

Die Entscheidung des LAG Sachsen vom 02.11.2007 stellt das Berufungsverfahren bzgl. der dargestellten Entscheidung des ArbG Chemnitz dar und änderte den erstinstanzlichen Beschluss ab:[360] Der Streik sei nicht schon deshalb unverhältnismäßig, weil er erhebliche Auswirkungen auf Dritte habe. Zentraler Prüfungspunkt sei zwar die Verhältnismäßigkeit, innerhalb derer ein Ausgleich kollidierender Rechtspositionen zu erfolgen habe.[361] Ferner dürfe ein Arbeitskampf nicht offensichtlich das Gemeinwohl verletzen. Allerdings müsse eine Prüfung einzelfall- und rechtsgutsbezogen erfolgen; eine Beeinträchtigung der Allgemeinheit reiche jedenfalls in der Regel nicht aus, wenn ein Mindestmaß an Versorgung gewährleistet sei. Vielmehr sei die Unverhältnismäßigkeit nur dann zu bejahen, wenn sich der Streik als nicht zu rechtfertigende Beeinträchtigung gegenläufiger, durch die Verfassung geschützter Rechts-

354 ArbG Chemnitz v. 05.10.2007 – 7 Ga 26/07, AuR, 2007, 393, 394.

355 ArbG Chemnitz v. 05.10.2007 – 7 Ga 26/07, AuR, 2007, 393, 394.

356 ArbG Chemnitz v. 05.10.2007 – 7 Ga 26/07, AuR, 2007, 393, 393; es stützt aber seine Entscheidung ausdrücklich nicht auf den Grundsatz der Kampfparität.

357 BAG v. 14.12.2004 – 1 ABR 51/03, DB 2005, 1117; BAG v. 28.03.2006 – 1 ABR 58/04, DB 2006, 2070.

358 LAG Rheinland-Pfalz v. 14.06.2007 – 11 Sa 208/07, DB 2007, 2432, 2433 f.

359 LAG Rheinland-Pfalz v. 14.06.2007 – 11 Sa 208/07, DB 2007, 2432.

360 LAG Sachsen v. 2. 11. 2007 – 7 SaGa 19/07, NZA 2008, 59, 60.

361 LAG Sachsen v. 2. 11. 2007 – 7 SaGa 19/07, NZA 2008, 59, 61.

güter darstelle.[362] Eine Störung der Kampfparität wurde ebenfalls abgelehnt: Es gäbe vorliegend keine Anhaltspunkte, dass die GDL der Bahn ihren Willen hätte aufzwingen können, zumal es letzterer gerade gelungen war, den Bahnverkehr teilweise aufrecht zu halten. Der GDL müsse daher auch in ihrer Eigenschaft als Spartengewerkschaft ein Streikrecht zuerkannt werden, um den Arbeitgeber überhaupt zu Gesprächen veranlassen zu können.[363]

F. Zwischenergebnis zum Streik durch Spartengewerkschaften

Bzgl. des Streiks durch Spartengewerkschaften und insbesondere Funktionselitegewerkschaften kann somit Folgendes festgehalten werden:

I. Spartengewerkschaften sind alle Gewerkschaften, welche ausschließlich die Interessen einer einzelnen Berufsgruppe (z.B. Piloten, Vorfeldlotsen, Abfertigungspersonal am Flughafen) oder eines abgrenzbaren Unternehmensbereiches (z.B. Bodenpersonal oder Vorfeldkontrolle eines Flughafens allgemein) vertreten und für diese eigenständige Tarifverträge erreichen wollen. Auf ihr streiktechnisches Druckpotential kommt es nicht an. Von einer Funktionselitegewerkschaft ist indes zu sprechen, wenn die von ihr vertretenen Arbeitnehmer Schlüsselpositionen im Unternehmen einnehmen, d.h. wenn ohne sie ein geregelter Betrieb nicht oder nur unter schwersten Bedingungen aufrechterhalten werden kann, sie also systemrelevant sind. Im Sinne einer einheitlichen Begrifflichkeit sollte daher auf diese beiden termini zurückgegriffen werden.

II. Durch die Skizzierung der historischen Entwicklung der Gewerkschaftsstruktur zeigt sich, dass Gewerkschaftspluralität nichts Neues ist. Bis zur jüngeren Entwicklung nach Ende des Zweiten Weltkrieges muss sogar ein Überwiegen des Berufsverbandsprinzips konstatiert werden. Die Bestrebung hin zum Industrieverbandsprinzip, welche 2001 im Zusammenschluss mehrerer DGB-Gewerkschaften zu Verdi gipfelte, basierte v.a. auf der mit der Gewerkschaftspluralität zusammenhängenden Schwächung der einzelnen Gewerkschaften gegenüber den geeint auftretenden Arbeitgebern. Gerade im Hinblick auf die aktuellen Erscheinungen von Sparten- und insb. Funktionselitegewerkschaften kann eine solch strukturell schwache Stellung der Gewerkschaft nicht mehr vollumfänglich erkannt werden. Durch ihre systemrelevante Stellung bei gleichzeitiger Kostengünstigkeit bzgl. durchgeführter Streikmaßnahmen, haben insb. Funktionselitegewerkschaften teilweise sogar eine noch stärkere Stellung inne als die großen Branchengewerkschaften. Die Unzufriedenheit einzelner Berufsgruppen mit ihrer Repräsentation in letzteren, die taktisch günstige Ausgangssituation von Funktionselitegewerkschaften und die jüngsten Entwicklungen in der Rspr., wie Ablehnung des Grundsatzes der Tarifeinheit im Falle der Tarifpluralität und geringere Anforderungen an die soziale Mächtigkeit, haben zu einer Renaissance des Berufsverbandsprinzips geführt.

III. Gewerkschaftspluralismus ist in anderen Ländern Europas weitverbreitet. Zwar gibt es teilweise Bestrebungen eine zu große Diversifizierung mittels gesetzlichen Regelungen wie z.B. hohe Anforderungen an die Tariffähigkeit in Frankreich und Spanien oder dem Erforder-

362 LAG Sachsen v. 2. 11. 2007 – 7 SaGa 19/07, NZA 2008, 59, 68 f.

363 LAG Sachsen v. 2. 11. 2007 – 7 SaGa 19/07, NZA 2008, 59, 67.

nis einer Anerkennung durch den Arbeitgeber in Großbritannien Herr zu werden. Diese werden jedoch meist nicht konsequent durchgehalten,[364] sodass der Pluralismus und insbesondere die Ausrichtung auf einzelne Berufsgruppen größtenteils als Regelfall verstanden werden müssen.

IV. Die Darstellung der möglichen Konsequenzen der Existenz bzw. Zunahme von Sparten- bzw. Funktionselitegewerkschaften zeigt deutlich ein weites Feld an zu befürchtenden Problemherden. Bereits heute kommt es dazu, dass sich ein Unternehmen den Streiks von mehreren Gewerkschaften und das sogar innerhalb einer Berufsgruppe ausgesetzt sieht.[365] Darüber hinaus haben die jüngsten Entwicklungen bei den Vorfeldlotsen im Jahr 2012 mit Forderungen von insgesamt bis zu 70 Prozent Lohnerhöhung das „erpresserische" Potential „aufblitzen" lassen. Zwar lässt sich noch nicht sicher prognostizieren, wie sich die Gewerkschaftsstruktur und das Verhalten von Spartengewerkschaften weiter entwickeln werden. Es erscheint jedoch keinesfalls völlig aus der Luft gegriffen, dass ein verstärktes Auftreten von diesen zu Störungen im Betriebsfrieden, d.h. innerhalb der Belegschaft bedingt durch ein Auseinandergehen der Lohnschere, aber auch durch unterschiedliche Löhne für gleiche Arbeit und im Verhältnis zwischen Gewerkschaft und Arbeitgeber bedingt durch Zustände von Dauerarbeitskämpfen, führen kann. Des Weiteren erscheinen erhebliche wirtschaftliche Schäden, sowohl für die Unternehmen als auch für die Volkswirtschaft, und eine Destabilisierung des Gesamtsystems Tarifautonomie möglich. Es soll nicht der Teufel an die Wand gemalt werden, aber eine Vereinigung, welche weitreichende Macht aufgrund ihrer Eigenschaft als Funktionselite hat, wird kaum freiwillig auf diese verzichten (können). Schließlich ist zu befürchten, dass der Lohn des Einzelnen nicht mehr von seiner Qualifikation und seiner Leistung, sondern nur noch von seiner zufälligen Eigenschaft als Schlüsselpositions-Inhaber und der damit zusammenhängenden streik-strategischen Stellung abhängt. Eine nur schwer hinnehmbare Entwicklung.

V. Die Behandlung des Phänomens Spartengewerkschaften wird durch die Gerichte unterschiedlich gehandhabt. Das BAG hatte bisher noch keine Gelegenheit sich zur Rechtmäßigkeit von Spartenstreiks zu äußern, was v.a. dem faktischen Grund geschuldet ist, dass es sich aufgrund der Brisanz des Geschehens grundsätzlich immer um einstweilige Verfügungen handelt. Die dargestellten Urteile der Instanzgerichte zeigen zweierlei: Zum einen versuchen sie dem Phänomen Spartenstreik auf unterschiedliche Weise, d.h. insb. mit dem Grundsatz der Verhältnismäßigkeit, dem Grundsatz der Arbeitskampfparität oder der Gemeinwohlbindung zu begegnen. Zum anderen werden diese Prüfungspunkte tendenziell nahezu einheitlich im Bereich der Verhältnismäßigkeit verortet und diese als zentrales Kriterium gesehen. Schließlich lässt sich eine Tendenz erkennen, wonach die Arbeitsgerichte eher die Unverhältnismäßigkeit bejahen, während die Landesarbeitsgerichte eher den Schutz des Streikrechts aus Art. 9 III GG im Vordergrund sehen und höhere Anforderungen an die Unverhältnismäßigkeit stellen.

364 Auch: Kamanabrou, ZfA 2008, 241, 269.

365 Z.B. die zeitlich nachfolgenden Streiks von Transnet/GDBA und GDL 2007; vgl.: Einleitung, § 1 A.

§ 5 Darstellung der bisherigen Rechtmäßigkeitsvoraussetzungen des Streiks

Arbeitskämpfe im Allgemeinen und Streiks im Speziellen werden quasi standardmäßig anhand einer Reihe von Rechtmäßigkeitskriterien überprüft, welche sich mittlerweile schon fast als „starres Prüfungsmuster" etabliert haben.[366] Diese Anforderungen haben sich zwar in der Tat aus der Rechtsprechung des BAG entwickelt. Sie wurden von diesem jedoch nie in dieser Gesamtheit und Absolutheit verwendet; es handelt sich vielmehr um ein Produkt, „destilliert" aus verschiedenen Urteilen.[367] Hinter den Überlegungen des BAG steht die grundlegende Annahme, dass Arbeitskämpfe Hilfsinstrumente der Tarifautonomie seien.[368] Dies kommt im nachfolgend in aller Kürze dargestellten Prüfmuster an vielen Stellen zum Ausdruck. Auf Einzelheiten wird unter § 6 im Rahmen des eigenen Prüfungsmusters näher eingegangen.

A. Führung durch tariffähige Parteien

Bedingt durch den funktionalen Bezug zur Tarifautonomie kann ein Arbeitskampf nach Ansicht des BAG nur durch tariffähige Parteien geführt werden, da nur sie nach dessen Durchführung einen Tarifvertrag als Resultat abschließen können. Es bedürfe also des Vorgehens einer *tariffähigen* Koalition, an welche höhere Anforderungen als an eine normale Koalition i.S.v. Art. 9 I S. 1 GG zu stellen seien.[369] Insbesondere müsse sie fähig sein spürbaren Druck auf die Arbeitgeber auszuwirken, um ihre Aufgaben sinnvoll ausüben zu können.[370] Ein wilder Streik werde daher diesen Anforderungen nicht gerecht.[371] Allerdings sei die Übernahme eines bereits eingeleiteten Streiks durch eine Gewerkschaft möglich.[372] Außerdem müsse die

366 Vgl.: Ricken, in: MüArbR, § 200, Rn. 28 ff.; Hromadka/ Maschmann, § 14, Rn. 37 ff.; Kissel, AK, § 24 ff.; Junker, Arbeitsrecht, Rn. 602 ff.; ErfK/ Dieterich, 10 GG, Art 9, Rn. 112 ff.

367 Vgl.: Konzen, in: FS 50 Jahre BAG, 515, 518.

368 So: Junker, Arbeitsrecht, Rn. 603.

369 Vgl.: BVerfG v. 06.05.1964 – 1 BvR 79/62, BVerfGE 18, 18, 28.

370 Siehe: BAG v. 15.03.1977 – 1 ABR 16/75, JZ 1977, 470, 471.

371 BAG v. 07.06.1988 – 1 AZR 372/86, BAGE 58, 343, 349; BAG v. 20. 12. 1963 – 1 AZR 428/62, NJW 1964, 883, 885 f.; Säcker, BB 1971, 962, 963.

372 BAG v. 20.12.1963 – 1 AZR 428/62, BAGE 15, 174, 193.

kämpfende Gewerkschaft aufgrund ihrer Satzung für den beabsichtigten Inhalt tarifzuständig sein.[373] Schließlich seien auf Arbeitnehmerseite ebenso „Außenseiter" teilnahmeberechtigt. Hierunter werden sowohl Nichtmitglieder im betroffenen Unternehmen verstanden, deren Arbeitsvertrag auf den Tarifvertrag verweist, als auch solche, bei denen dies nicht der Fall ist.[374]

B. Arbeitskampfgegner

Der Arbeitskampf könne sich grundsätzlich nur gegen den sozialen Gegenspieler, genauer gesagt gegen den im Einzelfall zuständigen Tarifpartner wenden. Nur mit ihm könne das geschützte Ziel, also der Abschluss eines Tarifvertrages, erreicht werden.[375] Da der einzelne Arbeitgeber ebenfalls gem. § 2 I TVG tariffähig sei, müsse sich der Streik nicht zwingend gegen einen Arbeitgeberverband richten.[376] Bzgl. der Sympathie- bzw. Unterstützungsstreiks hat das BAG seine ursprüngliche Auffassung, dass diese grundsätzlich rechtswidrig seien, da gerade kein Tarifvertrag vom Kampfgegner verlangt werde und der somit nicht durch Nachgeben dessen Beendigung herbeiführen könne,[377] umgekehrt:[378] Nunmehr seien Sympathiestreiks aufgrund der wirtschaftlichen Verflechtungen grundsätzlich zulässig; sie dürfen jedoch nicht zur Unterstützung des Hauptarbeitskampfes ungeeignet, unnötig oder unangemessen sein.[379]

C. Erklären des Arbeitskampfes durch eine Tarifpartei

Das BAG setzt des Weiteren voraus, dass der Streik erklärt wird, also vor Streikbeginn ein Verbandsbeschluss existieren und dieser dem Kampfgegner mitgeteilt werden muss. Nur so würde es dem Arbeitgeber im Sinne eines fairen Kampfes ermöglicht, dem Streik mit eigenen Kampfmitteln zu begegnen.[380] An die Form der Bekanntmachung seien jedoch keine hohen Ansprüche zu stellen; es reiche aus, dass sich der Entschluss zum Kampf aus den Umständen ergebe.[381]

---

373 BAG v. 17.02.1970 – 1 ABR 15/69, DB 1970, 1494, 1495.

374 Vgl.: BAG v. 21.04.1971 – GS 1/68, BAGE 23, 292, 310; BAG v. 22.03.1994 – 1 AZR 622/93, BAGE 76, 196, 201.

375 BAG v. 05.03.1985 – 1 AZR 468/83, BAGE 48, 160, 170.

376 BAG v. 25.09.1996 – 1 ABR 4/96, BAGE 84, 166, 186.

377 BAG v. 05.03.1985 – 1 AZR 468/83, NJW 1985, 2545, 2546 f.

378 Auch: Benecke, in: FS Buchner, 96, 101.

379 BAG v. 19.06.2007 – 1 AZR 396/06, BAGE 123, 134, 145.

380 BAG v. 31.10.1995 – 1 AZR 217/95, NJW 1996, 1844, 1845 (zur Aussperrung); BAG v. 23.10.1996 – 1 AZR 269/96, NJW 1997, 1799, 1800; BAG V. 22. 9. 2009 – 1 AZR 972/08, NJW 2010, 631, 636; den Streikbeschluss bereits erwähnend: BAG v. 28.01.1955 – GS 1/54, BAGE 1, 291, 301.

381 Vgl.: BAG v. 31.10.1995 – 1 AZR 217/95, NJW 1996, 1844, 1845 f. (zur Aussperrung); BAG v. 23.10.1996 – 1 AZR 269/96, NJW 1997, 1799, 1800; BAG v. 22. 9. 2009 – 1 AZR 972/08, NJW 2010, 631, 636.

D. Kampf um tariflich regelbare Ziele

Die Idee der Hilfsfunktion des Arbeitskampfes bzgl. der Tarifautonomie kommt v.a. im Erfordernis der Tarifbezogenheit zum Ausdruck: Zum einen folge hieraus, dass überhaupt nur um tarifvertraglich regelbare Inhalte gekämpft werden dürfe, Ziel also ein Tarifvertrag sein müsse. Zum anderen dürfe der beabsichtigte Inhalt nicht rechtswidrig sein, da ansonsten ein Regelwerk erkämpft worden wäre, das anschließend nicht angewendet werden dürfe.[382] Vor diesem Hintergrund ist leicht zu erkennen, dass der politische Arbeitskampf für unzulässig gehalten wird: Hierbei geht es nämlich um eine Forderung nach Handeln oder Unterlassen einer staatlichen Instanz und gerade nicht um eine Materie, welche Inhalt eines Tarifvertrages sein kann.[383]

Inhaltlich seien also die Grenzen der Rechtsordnung zu beachten, d.h. v.a. aus der Verfassung selbst, aber ebenso aus dem einfachen Recht.[384] Ein Verstoß sei u.a. anzunehmen, wenn eine Materie geregelt werden soll, die sich außerhalb der Regelungskompetenz befinde: Der Arbeitgeber könne z.B. nicht dazu verpflichtet werden, in einem bestimmten Verband zu verbleiben.[385] Eine quantitative Überprüfung der Forderung lehnt das BAG pauschal und plakativ mit dem Hinweis auf eine ansonsten stattfindende Tarifzensur und damit einen Verstoß gegen Art. 9 III GG ab.[386]

E. Kein Verstoß gegen die Friedenspflicht

Eine der wichtigsten Aufgaben des Tarifvertrages stellt die Befriedungsfunktion dar; sie zu gewährleisten ist Aufgabe der durch die Rspr. entwickelten Friedenspflicht.[387] Die hieraus folgende Pflicht Arbeitskämpfe zu unterlassen wird auf zweierlei Weise erreicht: Die *absolute Friedenspflicht* verbiete generell jede Kampfmaßnahme, unabhängig vom anvisierten Inhalt. Sie setze jedoch ihre ausdrückliche Vereinbarung voraus. Die *relative Friedenspflicht* trete hingegen automatisch mit dem Abschluss eines Tarifvertrages für dessen Laufzeit ein. Allerdings sei hiernach nur ein solcher Streik ausgeschlossen, der eine Tarifforderung durchsetzen will, welche bereits im geltenden Tarifvertrag geregelt ist oder mit einer dortigen Regelung in sachlichem Zusammenhang steht. Ein Verstoß gegen eine der beiden Friedenspflichten stelle eine Vertragspflichtverletzung dar und führe zur Rechtswidrigkeit des Arbeitskampfes.[388]

---

382 Vgl.: BAG v. 28.01.1955 – GS 1/54, BAGE 1, 291, 300; BAG v. 21.04.1971 – GS 1/68, BAGE 23, 292, 306; BAG v. 10.12.2002 – 1 AZR 96/02, BAGE 104, 155, 169.

383 Plakativ festgestellt durch: BAG v. 27.06.1989 – 1 AZR 404/88, DB 1989, 2228, 2231.

384 Vgl.: BAG v. 10.12.2002 – 1 AZR 96/02, BAGE 104, 155, 169.

385 BAG v. 10.12.2002 – 1 AZR 96/02, AP Nr. 162 GG Art. 9 Arbeitskampf.

386 BAG v. 10.06.1980 – 1 AZR 822/79, BAGE 33, 140, 176; BAG v. 24.04.2007 – 1 AZR 252/06, BAGE 122, 134, 162 f.; vgl. auch: BVerfG v. 26.06.1991 – 1 BvR 779/85, BVerfGE 84, 212, 231.

387 Vgl.: BAG v. 21.12.1982 – 1 AZR 411/80, NJW 1983, 1750 f.; die Friedenspflicht bereits erwähnend: BAG v. 28.01.1955 – GS 1/54, BAGE 1, 291, 300.

388 Vgl.: BAG v. 21.12.1982 – 1 AZR 411/80, NJW 1983, 1750 f.; Ricken, in: MüArbR, § 200, Rn. 31 ff.

F. Gebot der Kampfparität

Um zu einem ausgeglichenen Ergebnis zu gelangen verlangt das BAG, dass zwischen den Vertragspartnern eine annähernd gleiche Verhandlungsstärke und Durchsetzungskraft besteht. Dies sei insb. dann nicht der Fall, wenn eine Seite das Kampfgeschehen alleine bestimmen könne. Allerdings sei es den Arbeitsgerichten nicht möglich, hierbei jede Besonderheit des Einzelfalles zu berücksichtigen. Vielmehr gehe es um eine typisierende Überprüfung hinsichtlich offensichtlicher Gleichgewichtsstörungen, bei welcher situationsbedingte Vorteile außer Betracht zu lassen seien.[389] Zudem könne aufgrund der Abstraktionshöhe in der Regel gerade keine Bewertung einzelner Kampfsituationen vorgenommen werden.[390] Zuletzt wurden Paritätsgesichtspunkte durch das BAG ebenfalls im Rahmen der Verhältnismäßigkeit i.e.S. geprüft.[391]

G. Gebot der Verhältnismäßigkeit

Zentraler Prüfungspunkt ist nach Ansicht des BAG, gebilligt durch die Rspr. des BVerfG,[392] der Grundsatz der Verhältnismäßigkeit. Damit muss das Kampfmittel zur Erreichung des angestrebten, rechtmäßigen Kampfziels geeignet, erforderlich und angemessen bzw. proportional sein.[393] Allerdings bedürfe es zur Versagung der Verhältnismäßigkeit einer offensichtlichen Verletzung dieser Attribute.[394] Diesbezüglich wird den Koalitionen mittlerweile aber eine Einschätzungsprärogative bzgl. Geeignetheit und Erforderlichkeit zugebilligt.[395] Grund für die Heranziehung des Verhältnismäßigkeitsgrundsatzes seien die oftmals negativen Auswirkungen, welche Arbeitskämpfe für Dritte und die Allgemeinheit haben können.[396] Später begründete es die Bindung teilweise auch damit, dass es sich bei der Verhältnismäßigkeit um ein übergeordnetes Prinzip des Privatrechts handele, welches auch im Arbeitsrecht zur Anwendung komme.[397] Unverhältnismäßig sei ein Kampfmittel erst, wenn es sich „als unangemessene Beeinträchtigung gegenläufiger, ebenfalls verfassungsrechtlich geschützter Rechts-

389 BAG v. 10.06.1980 – 1 AZR 822/79, BAGE 33, 140, 164.

390 BAG v. 22.09.2009 – 1 AZR 972/08, BAGE 132, 140, 152.

391 BAG v. 22.09.2009 – 1 AZR 972/08, BAGE 132, 140, 154.

392 BVerfG v. 04.07.1995 – 1 BvF 2/86, BVerfGE 92, 365, 395.

393 BAG v. 28.01.1955 – GS 1/54, BAGE 1, 291, 306; BAG v. 21.04.1971 – GS 1/68, BAGE 23, 292, 306; BAG v. 10.06.1980 – 1 AZR 822/79, BAGE 33, 140, 174 ff.; zuletzt ausdrücklich: BAG v. 19.06.2007 – 1 AZR 396/06, BAGE 123, 134, 139; BAG v. 22.09.2009 – 1 AZR 972/08, BAGE 132, 140, 153; BAG v. 22. 9. 2009 – 1 AZR 972/08, NJW 2010, 631, 635.

394 BAG v. 19.06.2007 – 1 AZR 396/06, BAGE 123, 134, 136.

395 BAG v. 19.06.2007 – 1 AZR 396/06, BAGE 123, 134, 142 f.; BAG v. 22. 9. 2009 – 1 AZR 972/08, NJW 2010, 631, 635.

396 BAG v. 21.04.1971 – GS 1/68, BAGE 23, 292, 306; BAG v. 19.06.2007 – 1 AZR 396/06, BAGE 123, 134, 142.

397 BAG v. 10.06.1980 – 1 AZR 822/79, BAGE 33, 140, 176.

positionen darstellt."[398] Was genau Bezugspunkt der Verhältnismäßigkeitsprüfung sein soll, ist nicht klar ersichtlich.[399] Das BAG spricht insofern nur vom „Kampfziel",[400] auch wenn es unterschiedliche Konkretisierungsmöglichkeiten (v.a. die Arbeitskampfparität und das jeweilige Arbeitskampfziel) erkannte.[401] Eine Tendenz hin zu einem Abstellen auf die Herstellung der Kampfparität als dem Kampfziel ist jedoch erkennbar.[402]

I. Ultima-Ratio-Prinzip (Erforderlichkeit)

Das Ultima-Ratio-Prinzip ist wohl aus dem Verhältnismäßigkeitskriterium der Erforderlichkeit entstanden[403] und wird daher diesem zugeordnet.[404] Es besagt, dass ein Arbeitskampfmittel grundsätzlich erst als letztes Mittel eingesetzt werden darf, d.h. wenn eine Vereinbarung auf anderem Wege nicht mehr erreicht werden kann. Dies wird mit den zahlreichen schädlichen Auswirkungen begründet, welche mit Arbeitskampfmaßnahmen verbunden seien.[405] Mittlerweile muss sich das BAG jedoch eingestehen, dass das Ende der Verhandlungen, welches in der Regel als Schlusspunkt angesehen wurde, nicht objektiv feststellbar bzw. beweisbar ist. Daher müsse nun auf die nicht nachprüfbare Entscheidung der Kampfparteien abgestellt werden.[406] Der Ultima-Ratio-Grundsatz gilt mittlerweile ebenfalls für Warnstreiks,[407] nachdem diese zunächst privilegiert worden waren.[408] Allerdings lässt das BAG die Erklärung des Scheiterns, bzw. den Warnstreik selbst als konkludente Erklärung ausreichen.[409] Aufgrund der hieraus folgenden „Degradierung" zu einem Minimalerfordernis kommt er einer Missbrauchskontrolle gleich.[410]

Fraglich blieb hinsichtlich der noch zur Verfügung stehenden Mittel zunächst, ob das BAG ein dem Streik vorausgehendes Schlichtungsverfahren forderte, da es in dem Urteil des BAG vom 21.04.1971 heißt: Wegen des Ultima-Ratio-Grundsatzes sei „auch ein Schlichtungsverfahren erforderlich".[411] Anschließend führte das Gericht jedoch aus, dass die zu-

---

398 BAG v. 19.06.2007 – 1 AZR 396/06, BAGE 123, 134, 143; BAG v. 22. 9. 2009 – 1 AZR 972/08, NJW 2010, 631, 635.

399 Ähnlich: Kreuz, Verhältnismäßigkeit, S. 101.

400 BAG v. 22. 9. 2009 – 1 AZR 972/08, NJW 2010, 631, 635.

401 BAG v. 10.06.1980 – 1 AZR 822/79, BAGE 33, 140, 175.

402 Vgl.: BAG v. 12.03.1985 – 1 AZR 636/82, BAGE 48, 195, 207; BAG v. 11.05.1993 – 1 AZR 649/92, BAGE 73, 141, 150, ebenso: Engels, Verfassung und Arbeitskampfrecht, S. 124; weitergehende Ausführungen zur Rspr. des BAG unter § 9 A. II.

403 Vgl.: Kissel, AK, § 29, Rn. 28.

404 BAG v. 21.04.1971 – GS 1/68, BAGE 23, 292, 306.

405 BAG v. 28.01.1955 – GS 1/54, BAGE 1, 291, 300; auch: BAG v. 21.04.1971 – GS 1/68, BAGE 23, 292, 306.

406 BAG v. 21.06.1988 – 1 AZR 651/86, BAGE 58, 364, 380 f.

407 BAG v. 21.06.1988 – 1 AZR 651/86, BAGE 58, 364, 376 ff.

408 Vgl.: BAG v. 17.12.1976 – 1 AZR 605/75, BAGE 28, 295, 297 f.

409 BAG v. 21.06.1988 – 1 AZR 651/86, BAGE 58, 364, 380 f.

410 Vgl.: BAG v. 21.06.1988 – 1 AZR 651/86, BAGE 58, 364, 383; Engels, Verfassung und Arbeitskampfrecht, S. 129.

411 BAG v. 21.04.1971 – GS 1/68, BAGE 23, 292, 306.

nächst genannten Rechtmäßigkeitserfordernisse in Vereinbarungen zu regeln seien, da der vom Gesetzgeber freigelassene Raum im Interesse der Tarifautonomie durch verbindliche Regeln ausgefüllt werden müsse; demgemäß sei u.a. „ein Schlichtungsverfahren des näheren zu vereinbaren“.[412] Mangele es an einer solchen Vereinbarung, sei ausschließlich der Verhältnismäßigkeitsgrundsatz maßgeblich.[413] Hieraus, und da in den nachfolgenden Entscheidungen nicht mehr auf ein (nicht von den Kampfparteien vereinbartes) Schlichtungserfordernis eingegangen wurde,[414] ist zu schließen, dass das BAG dieses wohl nicht (mehr) als Rechtmäßigkeitskriterium ansieht.[415]

II. Proportionalität (Angemessenheit)

Im Rahmen der Proportionalität prüft das BAG (mehr oder weniger), ob die Arbeitskampfmaßnahme nicht außer Verhältnis zum erstrebten Ziel steht. Es werden widerstreitende verfassungsrechtliche Rechtspositionen von mittelbar oder unmittelbar betroffenen Dritten und des Kampfgegners miteinander abgewogen.[416] Hierbei sei jedoch zu berücksichtigen, dass Sinn des Arbeitskampfes die Druckerzeugung und damit auch die Zufügung von Schäden sei.[417] Zwar fehlen allgemeingültige Kriterien zur Ausfüllung des Abwägungsvorganges, was das BAG ebenfalls erkannte. Eine Kontrolle der Tarifforderung selbst auf ihre Angemessenheit hin könne jedoch nicht erfolgen, da dies einen unzulässigen Eingriff in die Tarifautonomie darstellen würde.[418] Vielmehr gehe es um die Überprüfung des Verfahrens des Arbeitskampfes.[419] Zu beachten seien jedenfalls eigene Opfer des Angreifers, Verteidigungsmöglichkeiten des Angegriffenen und die Arbeitskampfparität.[420] Ein Arbeitskampfmittel sei schließlich nur dann unverhältnismäßig i.e.S., wenn es sich „als unangemessene Beeinträchtigung gegenläufiger, ebenfalls verfassungsrechtlich geschützter Rechtspositionen darstellt“.[421]

H. Gemeinwohlbindung

In seiner zweiten großen Grundsatzentscheidung hat das BAG festgestellt, dass die Durchführung eines Arbeitskampfes nicht das Gemeinwohl offensichtlich verletzen dürfe und ferner

412 BAG v. 21.04.1971 – GS 1/68, BAGE 23, 292, 307.
413 BAG v. 21.04.1971 – GS 1/68, BAGE 23, 292, 308.
414 Vgl.: BAG v. 12.09.1984, BAGE 46, 322, 347; Konzen, in: FS 50 Jahre BAG; Gamillscheg, KollArbR I, S. 1151; Kissel, AK, § 30, Rn. 42, § 69, Rn. 22.
415 So auch: Kissel, AK, § 69, Rn. 28; Ricken, in: MüArbR, § 200, Rn. 50; Gamillscheg, KollArbR I, S. 1151; a.A.: Rüthers, in: Brox/Rüthers, Arbeitskampfrecht, Rn. 202.
416 BAG v. 19.06.2007 – 1 AZR 396/06, BAGE 123, 134, 143.
417 BAG v. 22.09.2009 – 1 AZR 972/08, BAGE 132, 140, 153 f.
418 BAG v. 10.06.1980 – 1 AZR 822/79, BAGE 33, 140, 176 ff.
419 Siehe: Ricken, MüArbR, § 200, Rn. 51.
420 BAG v. 22.09.2009 – 1 AZR 972/08, BAGE 132, 140, 154.
421 BAG v. 22.09.2009 – 1 AZR 972/08, BAGE 132, 140, 153 f.

die wirtschaftlichen Gegebenheiten zu berücksichtigen habe.[422] Eine ausschlaggebende Bedeutung erlangte diese Feststellung in nachfolgenden Entscheidungen jedoch nicht. Lediglich auf Ebene der Instanzgerichte wurde das Gemeinwohl in den letzten Jahren wieder vereinzelt angesprochen.[423]

J. Gebot fairer Kampfführung

Da der Arbeitskampf lediglich der Durchsetzung der erstrebten Ziele diene und nicht über das hinausgehen dürfe, was hierzu erforderlich sei, müsse er nach den Regeln eines fairen Kampfes geführt werden und insb. die Herstellung des Arbeitsfriedens nach seinem Ende ermöglichen. [424] Hieraus folge zum einen, dass ein Streik nicht die Vernichtung des Gegners bezwecken dürfe, da ansonsten kein Grund bestehe, warum überhaupt ein Tarifvertrag erstreikt worden sei.[425] Zum anderen wird von den Streikenden teilweise die Verrichtung ihrer üblichen Arbeit verlangt; unterschieden wird insofern zwischen Notstandsarbeiten und Notdienstarbeiten.[426] Während man unter dem ersten Begriff Arbeiten in einem Umfang versteht, welcher die Versorgung der Bevölkerung mit lebenswichtigen Gütern und Dienstleistungen garantiert, werden unter dem zweiten diejenigen Arbeiten verstanden, welche erforderlich sind, damit der Betrieb nach Ende des Streiks wieder aufgenommen werden kann. Es geht also um eine Instandhaltung der sachlichen Betriebsmittel. Sie werden daher auch als Erhaltungsarbeiten bezeichnet.[427]

422 BAG v. 21.04.1971 – GS 1/68, BAGE 23, 292, 306.

423 Vgl. oben bei § 4 E. I., II., IV.

424 BAG v. 21.04.1971 – GS 1/68, BAGE 23, 292, 307.

425 Vgl.: BAG v. 21.04.1971 – GS 1/68, BAGE 23, 292, 307.

426 Vgl.: BAG v. 14.12.1993 – 1 AZR 550/93, BAGE 75, 186, 194; BAG v. 30.03.1982 – 1 AZR 265/80, NJW 1982, 2835, 2836.

427 Siehe: BAG v. 30.03.1982 – 1 AZR 265/80, NJW 1982, 2835, 2836; Oetker, Erhaltungsarbeiten, S. 1.

2. Teil: Restriktion von Spartenstreiks: allgemeine Erwägungen

Wie sich aus den dargestellten Urteilen ergibt,[428] scheint der „Stein der Weisen"[429] bzgl. des Umganges mit Streiks durch Sparten- und insb. Funktionselitegewerkschaften noch nicht gefunden worden zu sein. Das Richterrecht in seiner bisherigen Handhabung wird der zunehmenden Erstarkung dieser Vereinigungen nicht gerecht. Daher sollen im Folgenden die alten Kriterien in neuem Licht betrachtet und ihnen zu neuer Durchsetzungskraft verholfen werden. Um hierbei ein möglichst strukturiertes Bild zu schaffen, wird ein abgewandelter Prüfungsaufbau gewählt und dieser samt allgemeinen Erörterungen skizziert, bevor im nächsten Teil konkrete Grenzen aufgezeigt werden.

§ 6 Abgewandelter Prüfungsaufbau

Mangels gesetzlicher Normierung des Arbeitskampfrechts obliegt es der Rechtsprechung, also vorrangig dem BAG, geeignete Rechtmäßigkeitskriterien insb. für den Streik zu formulieren. Das BAG wird daher angesichts der oben dargestellten,[430] von ihm herausgebildeten Prüfungspunkte teilweise als Ersatzgesetzgeber bezeichnet.[431] Bei der Herleitung von Anforderungen an rechtmäßige Arbeitskämpfe ist das Gericht jedoch nicht vollkommen frei; immerhin handelt es sich nicht um die Legislative dieses Landes. Vielmehr darf es die verfassungsrechtlichen Vorgaben lediglich rechtsfortbildend konkretisieren, also die verfassungsimmanenten Schranken nachzeichnen.[432] Angesichts des obigen Prüfprogrammes ist gerade hieran jedoch zu zweifeln. Selbst wenn die meisten Prüfungskriterien letztlich einen verfassungsrechtlichen Hintergrund haben, so lässt die gerichtliche Prüfpraxis doch meist eine grund-

---

428 S.o.: § 4 E.

429 Dessen Suche auslobend: Lehmann, in: FS Buchner, 529, 553.

430 Vgl.: § 5.

431 U.a.: Ricken, in: MüArbR, § 198, Rn. 1; Greiner, NZA 2007, 1023, 1024; Otto, RdA 2010, 135, 137 f.; Feudner, RdA 2008, 104, 107.

432 Siehe: BVerfG v. 26.06.1991 – 1 BvR 779/85, BVerfGE 84, 212, 226 ff („Höchstrichterliche Urteile sind kein Gesetzesrecht", S. 227); Greiner, NZA 2007, 1023, 1024; ders., Arbeitskampfpluralität, S. 457, 468; Konzen, SAE 1991, 335, 336; ähnlich: Kreuz, Verhältnismäßigkeit, S. 73. vgl.: Benecke, in: FS Buchner, 96, 104.

rechtsdogmatische Herleitung und Struktur vermissen.[433] Daher soll in dieser Arbeit auch der Versuch unternommen werden, das „geltende Arbeitskampfrecht" auf verfassungsrechtliche „Füße" zu stellen:

Grundrechte werden nach herkömmlichem Verständnis anhand eines dreistufigen Schemas geprüft: Schutzbereich, Eingriff, Rechtfertigung.[434] Um nichts anderes als ein Grundrecht handelt es sich auch bei der Koalitionsfreiheit des Art. 9 III S. 1 GG.[435] Folglich orientiert sich das hier vorgeschlagene Prüfmuster eines Streiks durch (Sparten-) Gewerkschaften an dieser Dreistufigkeit. Zunächst muss untersucht werden, welches Verhalten das Grundrecht der kollektiven Koalitionsfreiheit umfasst (Schutzbereich). Dies betrifft jedoch nicht nur die Verhaltensweise an sich (sachlicher Schutzbereich), sondern ebenfalls die Frage danach, wer überhaupt Träger des Grundrechts sein kann (persönlicher Schutzbereich).[436] Ein *Eingriff* in ein Grundrecht liegt vor, wenn seine Wahrnehmung (auch nur faktisch oder mittelbar) unmöglich oder erschwert wird.[437] Sowohl die Bejahung des Schutzbereiches als auch die des Eingriffs sagen jedoch noch nichts über die Verletzung des Grundrechts aus; sie bestimmen vielmehr lediglich die *grundsätzliche* Reichweite der Gewährleistung, ohne bereits sonstige Gesichtspunkte zu berücksichtigen.[438] Eine Verletzung kann schließlich erst auf der Ebene der *Rechtfertigung* im Rahmen der Abwägung aller im Einzelfall relevanten Belange und nach Herstellung einer Grundrechtskonkordanz[439] mit konkurrierenden Grundrechten Dritter festgestellt werden.[440]

Ausgehend von den etablierten Rechtmäßigkeitskriterien sollen diese in den grundrechtsdogmatischen Aufbau eingefügt und verfassungsrechtlich begründet werden. Soweit als möglich soll ihnen darüber hinaus „neues Leben" eingehaucht bzw. neue Ausgestaltungsformen gefunden werden, um mit den aktuellen Problemen der Spartenstreiks umgehen zu können. Dass das Arbeitskampfrecht hierfür flexibel genug ist, hat es bereits in den vergangenen Jahren gezeigt.[441]

Die nachfolgende Rechtmäßigkeitsprüfung beschreitet hierfür gedanklich einen umgekehrten Weg: Es werden nicht einzelne Anforderungen gestellt, sondern vielmehr der Streik als Eingriff in ein gedachtes Grundrecht angesehen.[442] Bei Rechtmäßigkeitsanforderungen an

---

433 Ähnlich kritisch auch: Kemper, in: vM/K/S, 5. Aufl., Art. 9 III, Rn. 86; Engels, Verfassung und Arbeitskampfrecht, S. 252; Otto, RdA 2010, 135, 138; Konzen, in: FS 50 Jahre BAG, 513, 533 (bzgl. Grundlage für Verhältnismäßigkeitsgrundsatz).

434 Siehe u.a.: Jarass, in: Jarass/ Pieroth, Vorb. Vor Art. 1, Rn. 14; Hufen, Staatsrecht II, § 1, Rn. 2.

435 So auch: Lieb R., Der Arbeitskampf im öffentlichen Dienst, S. 85.

436 Sachs, in: Sachs, Vor Art. 1, Rn. 77.

437 Vgl.: BVerfG v. 26.06.2002 – 1 BvR 670/91, BVerfGE 105, 279, 300 f.; BVerfG v. 24.05.2005 – 1 BvR 1072/01, BVerfGE 113, 63, 76 f.; Peine, in: Merten/ Papier, Grundrechte, § 57, Rn. 29 ff.; Pieroth/ Schlink, Rn. 253; Jarass, in: Jarass/ Pieroth, Vorb. vor Art. 1, Rn. 28 ff.; Sachs, in: Sachs, Vor Art. 1, Rn. 83; kritisch: Murswiek, NVwZ 2003, 1 ff.

438 Jarass, in: Jarass/Pieroth, Vorb. vor Art. 1, Rn. 37.

439 So auch: Lehmann, in: FS Buchner, 529, 533.

440 Vgl.: Hufen, Staatsrecht II, § 1, Rn. 2.

441 Auch: Dieterich, NZA-Beil. 2011, 84, 88; Jacobs, NZA 2008, 325, 330; ders., in: FS Buchner, 342, 350, 355.

442 Vgl. zur Frage der Grundrechtsbindung: § 10 B. IV.

Arbeitskämpfe geht es nämlich grundsätzlich gerade nicht um einen Eingriff in die Koalitionsfreiheit. Vielmehr geht es um die Grenzen des Arbeitskampfrechts und diese ergeben sich daraus, dass Arbeitskampfmittel in Rechte Dritter eingreifen.[443]

Damit der fiktive Eingriff in das Dritt-Grundrecht gerechtfertigt und der Streik somit rechtmäßig sein kann, muss er sich überhaupt erst einmal im Schutzbereich des Art. 9 III S. 1 GG bewegen.[444] Dieser ist möglichst abstrakt festzulegen, damit Ergebnisse voraussehbar sind und ein Grundrecht nicht vorschnell abgelehnt wird.[445] Art. 9 III S. 1 GG schützt nach seinem Wortlaut „das Recht, zur Wahrung und Förderung der Arbeits- und Wirtschaftbedingungen Vereinigungen zu bilden“. Weitergehende Ausführungen macht S. 1 nicht. Bereits an dieser Stelle ist auf den damit sehr beschränkten Inhalt der verfassungsrechtlichen Grundlage hinzuweisen, da diese Tatsache in Zeiten von ausufernden Interpretationen an unterschiedlichen Stellen der Arbeit von erheblicher Bedeutung sein wird. Wie bereits in den allgemeinen Ausführungen[446] dargestellt wurde, ist man sich inzwischen weitgehend einig darüber, dass das Arbeitskampfrecht und auch der Streik an sich grundsätzlich durch Art. 9 III S. 1 GG geschützt werden.[447] Einzelheiten sind jedoch nach wie vor umstritten. Daher soll im Folgenden erörtert werden, welche Anforderungen an die Gewerkschaften zu stellen sind und welche Voraussetzungen ein Spartenstreik um einen Tarifvertrag erfüllen muss, damit er in den Schutzbereich des Art. 9 III S. 1 GG fällt. Letztlich sind die kollidierenden Interessen im Rahmen der Verhältnismäßigkeit i.e.S. miteinander abzuwägen und es ist zu einer Einzelfallentscheidung zu kommen: Der fiktive Eingriff in die betroffenen Grundrechte muss danach geeignet, erforderlich und angemessen sein, um die Koalitionsfreiheit zu schützen.[448] Diese Unterteilung in abstrakten Schutzbereich und Einzelfallentscheidung im Rahmen der Verhältnismäßigkeit hat das BVerfG ebenso proklamiert.[449]

Für ein solches Vorgehen lässt sich mittlerweile ein gewisser Rückhalt in der jüngeren arbeitsgerichtlichen Rechtsprechung finden: Wie bereits ersichtlich, ist beim hier vertretenen Aufbau, wie auch beim verfassungsrechtlichen, dreistufigen Prüfungsmuster, die Verhältnismäßigkeit zentraler Prüfungspunkt oder anders ausgedrückt: Hier spielt die Musik.[450] Selbiges hat das BAG in seinen Entscheidungen zum Unterstützungsstreik[451] und zu Flashmob-Aktionen[452] erneut bekräftigt:[453] Die Zulässigkeit des Arbeitskampfmittels richte sich maß-

443 Vgl.: Maeßen, Arbeitskampfrecht, S. 224; Fischinger, RdA 2007, 99, 100; Engels, Verfassung und Arbeitskampfrecht, S. 231; ähnlich: Seiter, Streikrecht, S. 151; Lieb, Arbeitskampf, S. 211 f.; Mayer-Maly, ZfA 1980, 473, 481 f.; Richardi, NJW 1978, 2057, 2059.

444 Vgl. zur „umgekehrten Schutzbereichsprüfung“: Hufen, Staatsrecht II, § 9, Rn. 34.

445 Vgl.: Maeßen, Arbeitskampfrecht, S. 223.

446 § 2 B. I.

447 Vgl. stellvertretend.: Kemper, in: vM/K/S, Art. 9 III, Rn. 127; Höfling, in: Sachs, Art. 9, Rn. 94; ErfK/Dieterich, 10 GG, Art. 9, Rn. 102; Däubler, in: Däubler, AK, § 9, Rn. 4; Engels, Verfassung und Arbeitskampfrecht, S. 199 (m. w. N.).

448 Siehe: Hufen, Staatsrecht II, § 9, Rn. 34; vgl. auch zu dieser Prüfsystematik: BVerwG v. 18.06.1997 – 6 C 5/96, NVwZ 1998, 853 ff.

449 BVerfG v. 26.06.1991 – 1 BvR 779/85, BVerfGE 84, 212, 225.

450 Ähnlich: Jacobs, in: FS Buchner, 342, 355; Scholz, in: FS Buchner, 827, 833.

451 BAG v. 19.06.2007 – 1 AZR 396/06, BAGE 123, 134, 139.

452 BAG v. 22.09.2009 – 1 AZR 972/08, BAGE 132, 140, 151, 153.

geblich nach der Verhältnismäßigkeit. Hierbei sei zu prüfen, ob das Mittel offensichtlich ungeeignet, offensichtlich nicht erforderlich oder unangemessen sei. Die Angemessenheit hänge dann davon ab, ob es den richterrechtlichen Grundsätzen entspreche sowie von der Abwägung mit ebenfalls verfassungsrechtlich geschützten Rechtspositionen.[454] Die teils erhebliche Kritik an dieser Grundannahme[455] ist, jedenfalls hinsichtlich der zentralen Rolle des Verhältnismäßigkeitsgrundsatzes, verfehlt. Zwar kommt es durch diese umfassende Abwägung durchaus zu einer gewissen Rechtsunsicherheit, da das Ergebnis von zahlreichen Einzelfaktoren abhängt.[456] Die Rechtsunsicherheit liegt jedoch quasi im Wesen der Verhältnismäßigkeit, und diese ist nun mal der einzig effektive, verfassungsrechtliche Anknüpfungspunkt für Grenzen, die sich aus dem Grundgesetz ergeben.[457]

Die Rechtmäßigkeit im Einzelfall ist also Frage der Verhältnismäßigkeit und nicht bereits des Schutzbereiches. Der Verhältnismäßigkeitsgrundsatz und das Gebot der Herstellung praktischer Konkordanz bilden den zentralen Rechtmäßigkeitsmaßstab.[458]

---

453 Vgl.: BAG v. 21.04.1971 – GS 1/68, BAGE 23, 292, 306; BAG v. 22. 9. 2009 – 1 AZR 972/08, NJW 2010, 631, 635; auch: Ricken, in: MüArbR, § 200, Rn. 43; Lehmann, in: FS Buchner, 529, 553; Scholz, ZfA 1990, 377, 397.

454 Vgl.: BAG v. 22.09.2009 – 1 AZR 972/08, BAGE 132, 140, 153 f.

455 Siehe: Mösch, Verhältnismäßigkeit, passim, zusammenfassend: S. 149 f.; Schumann, in: Däubler, AK 2. Aufl., Rn. 199 ff.; kritisch auch: Däubler, in: Däubler, AK, § 14, Rn. 20 f.; ErfK/ Dieterich, 10 GG, Art. 9, Rn. 129 ff.

456 So auch BAG v. 22.09.2009 – 1 AZR 972/08, BAGE 132, 140, 153 f.; Lehmann, in: FS Buchner, 529, 542.

457 Vgl. zur Frage der Bindung an den Verhältnismäßigkeitsmaßstab unten: § 9 A. I.

458 Vgl.: BAG v. 21.04.1971 – GS 1/68, BAGE 23, 292, 306; BAG v. 19.06.2007 – 1 AZR 396/06, BAGE 123, 134, 139; BAG v. 22.09.2009 – 1 AZR 972/08, BAGE 132, 140, 151, 153; BAG v. 22. 9. 2009 – 1 AZR 972/08, NJW 2010, 631, 635; Ricken, in: MüArbR, § 200, Rn. 43; Lehmann, in: FS Buchner, 529, 553; Scholz, ZfA 1990, 377, 397.

§ 7 Persönlicher Schutzbereich: arbeitskampffähige Parteien

Die Vereinigungen, deren Bildung durch Art. 9 III S. 1 GG gewährleistet wird, werden zumeist als Koalitionen bezeichnet.[459] Welche Anforderungen an sie, insb. auch hinsichtlich ihrer Arbeitskampffähigkeit, zu stellen sind, ist bzgl. nahezu jedes einzelnen Kriteriums umstritten, da sich die Verfassung hierzu nicht weiter äußert.

A. Allgemeines zu den Anforderungen an eine Arbeitskampfpartei

So besteht schon Uneinigkeit bzgl. der Frage, ob jede Koalition im Sinne des Art 9 III S. 1 GG tariffähig ist, sie also anders formuliert bereits alle Anforderungen für eine Tariffähigkeit erfüllen muss, oder ob es sich bei der Tariffähigkeit vielmehr um eine spezielle Eigenschaft von Koalitionen in einem speziellen Tätigkeitsbereich (Abschluss von Tarifverträgen) handelt.[460] Mit gutem Grund differenziert die hM in Rspr. und Schrifttum, was die Anforderungen an (tariffähige) *Koalitionen im engeren Sinn*, also Vereinigungen, welche die Arbeits- und Wirtschaftsbedingungen insb. durch Tarifverträge zu wahren und zu fördern versuchen, einerseits und *Koalitionen im weiteren Sinn*, also Vereinigungen, welche sonstige Mittel zur Erreichung des verfassungsrechtlichen Koalitionszwecks anwenden, andererseits anbelangt.[461] Innerhalb der gegenteiligen Ansicht[462] vertritt v.a. *Nipperdey*, dass die Tariffähigkeit und Ta-

---

459 U.a.: BVerfG v. 02.03.1993 – 1 BvR 1213/85, BVerfGE 88, 103, 113; BAG v. 26.04.1988 – 1 AZR 399/86, BAGE 58, 138, 142; Höfling, in: Sachs, Art. 9 Rn. 53.

460 Vgl.: BVerfG v. 18.11.1954 – 1 BvR 629/52, BVerfGE 4, 96, 106; Dietlein, in: Stern, Staatsrecht IV/1, S. 2031.

461 In diesem Sinn: BVerfG v. 26.01.1995 – 1 BvR 2071/94, NJW 1995, 3377; BAG v. 09.07.1968 – 1 ABR 2/67, BAGE 21, 98, 102 f.; BAG v. 28.03.2006 – 1 ABR 58/04, BAGE 117, 308, 315; Peter, in: Däubler, TVG, § 2, Rn. 3; Jarass, in: Jarass/ Pieroth, Art. 9, Rn. 35; Höfling, in: Sachs, Art. 9, Rn. 60 ff. (der jedoch Anforderungen an die Tariffähigkeit als Eingriffe in Art. 9 III GG ansieht); ErfK/ Dieterich, 10 GG, Art. 9, Rn. 25 f.; Kempen/ Zachert/ Kempen, § 2 TVG, Rn. 4; Dütz, AuR 1976, 65, 67; Oetker, in: Jacobs/ Krause/ Oetker, TVG, § 2, Rn. 14 ff.; ders., in: Wiedemann, § 2, Rn. 212; BPSU, Teil 1, Rn. 70; Henssler, Soziale Mächtigkeit, S. 12 f.; Treber, in: Schaub, ArbR-Hdb, § 189, Rn. 13; Löwisch/ Rieble, in: MüArbR, § 155, Rn. 69; Doerlich, Tariffähigkeit, S. 140 f.; Geerds, Gewerkschaftsbegriff, S. 101; grundsätzlich auch: Gamillscheg, KollArbR I, S. 425 f., 522; Bauer, in: Dreier, Art. 9, Rn. 78 ff.

462 U.a.: Hueck/ Nipperdey, II/1, S. 102 ff.; 422; Koch, in Schaub, ArbR-Hdb 13. Aufl., § 187, Rn. 1 ff.; Mayer-Maly, AP Nr. 25 zu § 2 TVG.

rifwilligkeit immanente Bestandteile des Koalitionsbegriffes seien, was aus der historischen Entwicklung folge.[463] Eine Koalition, die nicht tariffähig sei, wäre wie „Kernobst ohne Kerne".[464]

Mit der hM ist jedoch zwischen der verfassungsrechtlichen Koalitionseigenschaft als solcher und der Tariffähigkeit als weitergehender Voraussetzung zu unterscheiden: Der Wortlaut des Art. 9 III S.1 GG ist, wie bereits angedeutet, inhaltlich nicht gerade ausschweifend. Ihm lassen sich keine erheblichen Restriktionen entnehmen.[465] Damit ist grundsätzlich von einem offenen Koalitionsbegriff auszugehen.[466] Einziger Anhaltspunkt ist der Koalitionszweck: Wahrung und Förderung der Arbeits- und Wirtschaftsbedingungen. Dafür, dass dieser Zweck ausschließlich durch den Abschluss von Tarifverträgen erreicht werden kann, was, angesichts der bedeutenden Funktion von diesen, u.U. eine weitergehende Restriktion hinsichtlich des Kreises derer, die diese abzuschließen ermächtigt sind legitimieren könnte, gibt es keine Anhaltspunkte. Vielmehr ist es gerade so, dass es den Koalitionen offen stehen soll, wie sie den Koalitionszweck erreichen wollen.[467] Zudem haben die Koalitionseigenschaft und die Tariffähigkeit unterschiedliche Zwecke: Während bzgl. der ersteren die Bildung und die Betätigung ganz generell ermöglicht werden sollen, geht es bei den Voraussetzungen für eine Tariffähigkeit kurz gesagt darum eine Kontrolle dahingehend sicherzustellen, dass weiterhin von einer Richtigkeitsgewähr von Tarifverträgen ausgegangen werden kann.[468] Schließlich lässt sich aus der Rechtsordnung entnehmen, dass der Gesetzgeber ebenso zwischen der Koalitionseigenschaft und der Tariffähigkeit unterscheiden will: § 11 II ArbGG differenziert nämlich zwischen selbständigen Vereinigungen von Arbeitnehmern mit sozial- und solchen mit berufspolitischer Zwecksetzung (Nr. 3), anders gesagt Koalitionen im Allgemeinen und Gewerkschaften (Nr. 4).[469]

Damit ist zwischen der Bejahung der Koalitionseigenschaft im Sinne des Art. 9 III GG und einer darüber hinausgehenden Tariffähigkeit zu unterscheiden. Hinsichtlich letzterer wird man davon auszugehen haben, dass es sich um einfachrechtliche Anforderungen handelt. Denn ohne den Details des sachlichen Schutzbereiches vorgreifen zu wollen, muss man sich doch Folgendes vor Augen führen: Der grundrechtliche Schutz der Tarifautonomie darf nicht gleich gesetzt werden mit unserem heutigen Verständnis des Tarifvertragswesens, wie es sich vor dem Hintergrund des geltenden TVG ergibt. Durch Art. 9 III S. 1 GG wird gerade nicht ein feststehendes Tarifvertragssystem, weder auf dem heutigen Stand, noch auf dem Stand des TVG bei Inkrafttreten des GG geschützt, sondern vielmehr die Tarifautonomie „ganz allgemein".[470] Dies hat zum einen eine Ausweitung des Schutzbereiches zur Folge: Nur das Be-

463 Hueck/ Nipperdey, II/1, S. 102 ff.; 422; auch: Koch, in Schaub, ArbR-Hdb 13. Aufl., § 187, Rn. 1 ff.

464 Mayer-Maly, AP Nr. 25 zu § 2 TVG.

465 Auch: Greiner, Arbeitskampfpluralität, S. 88 f.

466 Siehe: Wiedemann/ Oetker, § 2, Rn. 26, 210.

467 Siehe: BVerfG v. 01.03.1979 – 1 BvR 419/78, BVerfGE 50, 290, 376; BVerfG v. 04.07.1995 – 1 BvF 2/86, BVerfGE 92, 365, 394; Höfling, in Sachs, Art. 9, Rn. 68; vgl. auch: BAG v. 22.09.2009 – 1 AZR 972/08, BAGE 132, 140, 152.

468 Ähnlich: Wiedemann/ Oetker, § 2, Rn. 27.

469 Ähnlich: Gamillscheg, KollArbR I, S. 425.

470 So: BVerfG v. 19.10.1966 – 1 BvL 24/65, BVerfGE 20, 312, 317; Höfling, in: Sachs, Art. 9, Rn. 85; Däubler, in: Däubler, TVG, Einl., Rn. 75.

griffspaar der Wirtschafts- und Arbeitsbedingungen setzt Grenzen, sodass grundsätzlich alle Bedingungen, die die Leistung abhängiger Arbeit im Betrieb berühren, durch Tarifvertrag geregelt werden können.[471] Auf der anderen Seite muss jedoch richtigerweise festgestellt werden, dass es insb. gerade keine Garantie der *zwingenden* Wirkung der Tarifnormen gibt; vielmehr könnten die Arbeits- und Wirtschaftsbedingungen genauso durch dispositive Tarifnormen gefördert und gewahrt werden.[472] Auch das BAG formulierte: „Die Tarifvertragsparteien leiten ihre Befugnis zur Rechtsetzung aus der Ermächtigung des Tarifvertragsgesetzes her. Kraft eigenen Rechtes sind die Tarifvertragsparteien nicht zur normativen Regelung der Arbeitsverhältnisse der Tarifgebundenen befugt; sie leiten dieses Recht aus der ihnen durch Gesetz erteilten, aber in gleicher Weise durch Gesetz entziehbaren Ermächtigung her."[473] Man wird also davon auszugehen haben, dass verfassungsrechtlich nicht garantiert ist, dass Koalitionen dazu im Stande sind unmittelbar *und* zwingend wirkende Tarifnormen zu setzen. Um ihnen jedoch einen bedeutenden Bereich eigenverantwortlicher Tätigkeit zu gewähren, um also die ansonsten leere Hülle der Koalitionsfreiheit auszugestalten, ist der Gesetzgeber verpflichtet normative Voraussetzungen zu schaffen, damit die Koalitionen in eigener Verantwortung materielle Arbeitsbedingungen regeln können, welche verbindlich beachtet werden; dies bedeutet, dass sie jedenfalls unmittelbar (also nicht unbedingt *zwingend*) wirkende Tarifnormen setzen können müssen.[474] Selbst hieran könnte man zwar zweifeln, bedenkt man, dass die Arbeits- und Wirtschaftsbedingungen genauso z.B. durch einfache Gesamt- oder Kollektivvereinbarungen gefördert und gewahrt werden können.[475] Immerhin kann auch die Einhaltung schlicht zivilrechtlicher Vereinbarungen in einem Rechtstaat effektiv erreicht werden. Aufgrund der damit verbundenen erheblichen Umstände ist jedoch weiterhin am auxiliär leistungsrechtlichen Gehalt festzuhalten.[476]

Ihre Rechtsetzungsmacht erhalten die Koalitionen demnach nicht ausschließlich unmittelbar durch die Verfassung (Integrationslehre[477]), sondern, jedenfalls zu einem Teil, durch das einfache Recht (Delegationstheorie[478]). Da die Verfassung also gar nicht selbst von einer

471 Höfling, in: Sachs, Art. 9, Rn. 87.

472 Gegen Garantie der zwingenden Wirkung: Rieble, ZfA 2004, 1, 39; Höfling, in: Sachs, Art. 9, Rn. 93 a; Raab, ZfA 2004, 371, 392 ff.; wohl auch: Buchner, ZfA 2004, 229, 240; Oetker, in: Wiedemann, § 2, Rn. 212, der das Aufstellen weiterer Voraussetzungen für zulässig hält; Scholz, in: Isensee/ Kirchhof, HStR VI, § 151, Rn. 38; ders., in: Maunz/ Dürig, Art. 9, Rn. 300 f., der die normative Wirkung insgesamt als nicht garantiert ansieht; a.A.: Henssler, Soziale Mächtigkeit, S. 12; ErfK/Dieterich, 10 GG, Art. 9, Rn. 60; ders., RdA 2002, 1, 12; Gamillscheg, KollArbR I, S. 791; Konzen, NZA 1995, 913, 915.

473 BAG v. 23.03.1957 – 1 AZR 326/56, BAGE 4, 240, 251.

474 Siehe: BVerfG v. 18.11.1954 – 1 BvR 629/52, BVerfGE 4, 96, 106; Kemper, in: vM/K/S, Art. 9 III, Rn. 142 f.; Buchner, ZfA 2004, 229, 240; Höfling, in: Sachs, Art. 9, Rn. 92; Raab, ZfA 2004, 371, 393; wohl auch: Waltermann, in: FS Söllner, 1251, 1270.

475 Vgl.: BVerfG v. 18.11.1954 – 1 BvR 629/52, BVerfGE 4, 96, 106, welches den Schutz des normativen Charakters lediglich auf die historische Entwicklung zurückführt.

476 Vgl.: Raab, ZfA 2004, 371, 393.

477 Siehe: Biedenkopf, Tarifautonomie, S. 104 f.; Martens, Öffentlich als Rechtsbegriff, S. 164 f.; W. Weber, Koalitionsfreiheit, S. 24.

478 BAG v. 15.01.1955 – 1 AZR 305/54, BAGE 1, 258, 264; BAG v. 23.03.1957 – 1 AZR 326/56, BAGE 4, 240, 251; BAG v. 10.06.1980 – 1 AZR 822/79, BAGE 33, 140, 149; Peters/ Ossenbühl, Übertragung von

solch überragenden, zwingenden Bedeutung der Tarifnormen ausgeht bzw. nicht schon selbst das Recht zur Tarif*norm*setzung verleiht, sondern diese Aspekte erst durch das einfache Recht entstehen, kann auch nicht davon ausgegangen werden, dass sie besondere Anforderungen für diesen Fall regeln wollte, sondern dies ebenfalls dem einfachen Recht überlässt, sofern nicht die Unterschreitung eines absoluten Untermaßes eine Schutzpflicht aktiviert. Damit gibt es innerhalb des verfassungsrechtlichen, personellen Schutzbereiches keine Unterscheidung zwischen einfachen Koalitionen und tariffähigen Koalitionen. Es gibt nur einen verfassungsrechtlichen Typus von Koalition und diesem stehen alle in Art. 9 III S. 1 GG garantierten Rechte zu. Mit anderen Worten: Jede Koalition hat das Recht, im Rahmen eines zu errichtenden Tarifvertragssystems *Tarifverträge in einem allgemeinen Sinn*, also mit mindestens unmittelbarer Wirkung abzuschließen; lediglich kollusives Handeln zum Nachteil der Mitglieder wird im Rahmen der Verhältnismäßigkeit ausgeschlossen. Erst wenn es um den Sonderfall von zwingend geltenden Tarifnormen geht, setzt das § 2 I TVG konkretisierende einfache Richterrecht dem Kreis der zum Abschluss Berechtigten Grenzen. Da § 2 I TVG jedoch nicht auf diesen Sonderfall beschränkt ist, sondern ganz allgemein Tarifverträge und damit auch nach hiesigem Verständnis direkt von Art. 9 III S. 1 GG umfasste nur unmittelbare aber nicht zwingende Tarifverträge betrifft, stellt die einfachgesetzliche Regelung nicht nur ein Mehr gegenüber der verfassungsrechtlichen Garantie, sondern auch einen zu rechtfertigenden Eingriff in Art. 9 III S. 1 GG dar.[479] Schließlich kann die oben angeführte Entscheidung des BAG ebenso in diesem Sinne verstanden werden, wenn man den weiteren Inhalt des Urteils betrachtet: „Die Anforderungen *rechtfertigen*[480] sich aus der Funktion der Tarifautonomie."[481]; handelt es sich jedoch um eine *Rechtfertigung*, liegt der Schluss auf (in Art. 9 III S. 1 GG eingreifendes) einfachgesetzliches, § 2 I TVG ausgestaltendes Richterrecht nahe. Der Eingriff durch das TVG rechtfertigt sich jedoch aus der ihrerseits von Art. 9 III GG allgemein geschützten Funktionsfähigkeit der Tarifautonomie.[482]

Damit ist davon auszugehen, dass die Voraussetzungen der Tariffähigkeit nicht bereits unmittelbar aus der Verfassung folgen, sondern aus einer durch diese und den 2. Leitsatz der Generellen Leitsätze zur Sozialunion beeinflussten Konkretisierung von § 2 I TVG; also dem einfachen (Richter-) Recht.[483] Als solches haben diese Anforderungen keinen Einfluss auf den

öffentlich-rechtlichen Befugnissen, S. 15; Scheuner, in: Koalitionsfreiheit, 27 ff.; Säcker, Übermachtkontrolle, S. 267; grundsätzlich auch: Kemper, in: vM/K/S, Art. 9 III, Rn. 143.

479 Ähnlich: BAG v. 28.03.2006 – 1 ABR 58/04, BAGE 117, 308, 317; Höfling, in: Sachs, Art. 9, Rn. 62; Bayreuther, BB 2005, 2633, 2636; Geerds, Soziale Mächtigkeit, S. 94 ff., 101; Doerlich, Tariffähigkeit, S. 227; a.A.: Greiner, Arbeitskampfpluralität, S. 225 (Ausgestaltung).

480 Hervorhebung des Verfassers.

481 BAG v. 28.03.2006 – 1 ABR 58/04, BAGE 117, 308, 319.

482 BAG v. 22.09.2009 – 1 AZR 972/08, BAGE 132, 140, 152; zum Schutz der Funktionsfähigkeit der Tarifautonomie: BAG v. 10.06.1980 – 1 AZR 822/79, BAGE 33, 140, 177; BAG v. 24.04.2007 – 1 AZR 252/06, BAGE 122, 134, 156; Deinert, AuR 2004, 212, 213.

483 Für eine Herleitung aus einfachem Recht u.a. im Grunde ebenfalls: BVerfG v. 20.10.1981 – 1 BvR 404/78, BVerfGE 58, 233248;BAG v. 25.11.1986 – 1 ABR 22/85, BAGE 53, 347, 355; Oetker, in: Wiedemann, § 2, Rn. 212; ders., in: Jacobs/ Krause/ Oetker, TVG, § 2, Rn. 17; Peter, in: Däubler, TVG, § 2, Rn. 6; Herschel, AuR 1976, 225, 230, 241; Höfling, in: Sachs, Art. 9, Rn. 60, 92; Greiner, Arbeitskampf-

verfassungsrechtlichen Schutzbereich. Sie wären grundsätzlich im Rahmen der Einzelfallprüfung der Verhältnismäßigkeit zu berücksichtigen. Allein aus prüfungstaktischen Gründen kann eine Verortung bereits an dieser Stelle erfolgen.

Demnach lassen sich die Voraussetzungen an eine tariffähige Gewerkschaft wie folgt skizzieren: Hinsichtlich der Koalitionseigenschaft muss es sich um eine Vereinigung im Sinn des Art. 9 I, II GG, also einen *freiwilligen, privatrechtlichen Zusammenschluss* mit einer gewissen *Stabilität* und *körperschaftlichen Organisation* handeln, der des Weiteren *(gegner-) unabhängig* und *gegnerfrei* ist sowie den speziellen *Koalitionszweck* verfolgt.[484]

Soll es jedoch darum gehen, welche Koalition die Befugnis hat an Stelle des Staates Recht in Form von Tarifverträgen zu setzen, bedarf es weiterer Kriterien, um die Zuverlässigkeit und damit die Funktionalität der Tarifautonomie aufrechtzuerhalten. Eine Gewerkschaft muss über eine *demokratische Organisation* verfügen,[485] *tarifwillig* sein[486] und das *staatliche Tarif- und Arbeitkampfrecht anerkennen.*[487] Darüber hinaus wird eine *Bereitschaft zum Arbeitskampf,*[488] eine *soziale Mächtigkeit*[489] und eine *Überbetrieblichkeit*[490] gefordert.

---

pluralität, S. 84, 88; Zöllner/ Loritz/ Hergenröder, S. 358; Henssler, Soziale Mächtigkeit, S. 12 f.; Doerlich, Tariffähigkeit, S. 140 f.; Koop, Koalitionspluralismus, S. 109 f.

484 So umfassend grundsätzlich: Jarass, in: Jarass/ Pieroth, Art. 9, Rn. 33 ff.; Dietlein, in: Stern, Staatsrecht IV/1, S. 2025 ff.; Löwer, in: v. Münch/ Kunig, Art. 9, Rn. 87 ff.; Höfling. in: Sachs, Art. 9, Rn. 53 ff.; Bauer, in: Dreier, Art. 9, Rn. 73 ff.; ErfK/ Dieterich, 10 GG, Art. 9, Rn. 22 ff.; ähnlich u.a. auch: BVerfG v. 18.11.1954 – 1 BvR 629/52, BVerfGE 4, 96, 106 f .; Rieble/ Klumpp, in: MüArbR, § 164, Rn. 4; Scholz, in: Maunz/ Dürig, Art. 9, Rn. 193 ff.; Koop, Koalitionspluralismus, S. 59 ff.; Kemper, in: vM/K/S, Art. 9 III, Rn. 85 ff.

485 U.a.: Biedenkopf, Tarifautonomie, S. 53 f.; Peter, in: Däubler, TVG, § 2, Rn. 8; Oetker, in: Jacobs/ Krause/ Oetker, TVG, § 2, Rn. 74 f.; Hueck/ Nipperdey, II/1, S. 101 f., 432; Scheuner, in: Koalitionsfreiheit, 27, 66 ff.; Hanau/ Adomeit, Arbeitsrecht, Rn. 175; kritisch: Gitter, JZ 1965, 197, 198; Scholz, in: Maunz/ Dürig, Art. 9, Rn. 206.

486 U.a.: BAG v. 10.09.1985 – 1 ABR 32/83, BAGE 49, 322, 330;BAG v. 25.11.1986 – 1 ABR 22/85, BAGE 53, 347, 355; BAG v. 14.12.2004 – 1 ABR 51/03, BAGE 113, 82, 89; Kissel, AK, § 9, Rn. 10 f.; Hueck/ Nipperdey, II/1, S. 105 f., 433 f.: Peter, in: Däubler, TVG, § 2, Rn. 45 ff.; Zöllner/ Loritz/ Hergenröder, S. 360; ErfK/ Franzen, 600 TVG, § 2, Rn. 8; Oetker, in: Wiedemann, § 2, Rn. 366; a.A.: Nikisch, Arbeitsrecht II, S. 244, im Sinne einer Unterscheidung zwischen Arbeitnehmer- und Arbeitgebervereinigungen; E. R. Huber, Wirtschaftsverwaltungsrecht II, S. 446.

487 So. u.a. auch: BVerfG v. 06.05.1964 – 1 BvR 79/62, BVerfGE 18, 18, 28; BAG v. 10.09.1985 – 1 ABR 32/83, BAGE 49, 322, 330;BAG v. 25.11.1986 – 1 ABR 22/85, BAGE 53, 347, 356; BAG v. 14.12.2004 – 1 ABR 51/03, BAGE 113, 82, 89 (alle bzgl. Tarifrecht); Löwisch/ Rieble, TVG, § 2, Rn. 156; Hromadka/ Maschmann, § 12, Rn. 29; ErfK/ Franzen, 600 TVG, § 2, Rn. 10; Hueck/ Nipperdey, II/1, S. 105, 434 f.; Kissel, AK, § 9, Rn. 10; Rieble/ Klumpp, in: MüArbR, § 164, Rn. 24; Nikisch, Arbeitsrecht II, S. 14; a.A.: Peter, in: Däubler, TVG, § 2, Rn.50; Kempen/ Zachert/ Kempen, § 2 TVG, Rn. 73 ff.

488 So: (Zunächst:) BAG v. 18.01.1962 – 2 AZR 179/59, BAGE 12, 174, 190; BAG v. 06.07.1956 – 1 AZB 18/55, BAGE 4, 351, 352; Peter, in: Däubler, TVG, § 2, Rn. 26 ff.; Kempen/ Zachert/ Kempen, § 2 TVG, Rn. 50, 52; Biedenkopf, Tarifautonomie, S. 148 f.; Hueck/ Nipperdey, II/1, S. 109, 435; Reuß, in: Festgabe Kunze, 269, 281; Kissel, AK, § 9, Rn. 16 vgl. auch: Däubler, Tarifvertragsrecht, Rn. 49; a.A. grundsätzlich: Nikisch, Arbeitsrecht II, S. 13; Oetker, in: Wiedemann, § 2, Rn. 380 f.; ähnlich: Rieble/ Klumpp, in: MüArbR, § 164, Rn. 23; ErfK/ Franzen, 600 TVG, § 2, Rn. 10; nun wohl auch: BVerfG v. 06.05.1964 – 1 BvR 79/62, BVerfGE 18, 18, 26; BAG v. 15.03.1977 – 1 ABR 16/75, BAGE 29, 72, 79; BAG v. 25.11.1986 – 1 ABR 22/85, BAGE 53, 347, 355 f.; BAG v. 14.12.2004 – 1 ABR 51/03, BAGE 113, 82, 89; vgl.: Oetker, in: Wiedemann, § 2, Rn. 376.

Mit diesen allgemeinen (akademischen) Ausführungen soll es jedoch, was den persönlichen Schutzbereich betrifft, sein Bewenden haben. Wie bereits einleitend erwähnt, sind die meisten der aufgezählten Voraussetzungen umstritten und auch der Verfasser tendiert dazu, von dieser hM teilweise abzuweichen, z.B. bzgl. der Koalitionseigenschaft keine Dauerhaftigkeit zu fordern, da eine ausreichende Stabilisierung schon durch die körperschaftliche Struktur erreicht wird[491] (auch sog. Ad-hoc-Koalitionen würden vom Schutzbereich des Art. 9 III GG erfasst werden[492]) oder vom Erfordernis einer Gegnerunabhängigkeit und -freiheit abzusehen, da dieses Erfordernis bereits zu sehr auf den Spezialfall der Betätigung im Rahmen der Tarifautonomie abzielt.[493] Zudem erscheint es vorzugswürdig, die soziale Mächtigkeit in eine Durchsetzungsfähigkeit, bestehend aus den Belangen der Mitgliederstärke, des vergangenen Tarifverhaltens sowie eben doch einer grundsätzlichen Arbeitskampfbereitschaft, und eine organisatorische Leistungsfähigkeit, bestehend ebenfalls aus dem vergangenen Tarifver-

---

489 Siehe z.B. die Darstellung bei: Benecke, SAE 1998, 60, 62 f.; im Grunde dafür: : Däubler, Tarifvertragsrecht, Rn. 50 ff.; Dütz, AuR 1976, 65, 74 ff.; Treber, in: Schaub, § 198, Rn. 12 ff.; Kissel, AK, § 9, Rn. 25 ff.; Kempen, in: 50 Jahre BAG, 733, 751; ErfK/ Dieterich, 10 GG, Art. 9, Rn. 66; Rüthers/ Roth, AP Nr. 32 zu § 2 TVG; Ulber, RdA 2011, 353, 357 f.; Reuß, RdA 1972, 4, 7; Söllner, AuR 1976, 321 f.; Deinert, AuR 2004, 212, 213 f; Unterhinninghofen, AuR 2006, 7, 9 f.; Hagemeier, AuR 1988, 193, 196 f.; Herschel, AuR 1976, 225, 241 f.; Doerlich, Tariffähigkeit, S. 151 ff., 241.; Löwisch, ZfA 1970, 295, 309 ff.; Löwisch/ Rieble, TVG, § 2, Rn. 120 (die aber in Rn. 127 dann doch die relative Tariffähigkeit präferieren); kritisch: Kamanabrou, ZfA 2008, 241, 252; Buchner, ZfA 2004, 229, 243 ff.; Oetker, in: Wiedemann, § 2, Rn. 408; ders., in: Jacobs/ Krause/ Oetker, TVG, § 2, Rn. 96; Grunsky, JZ 1977, 470, 473 f.; Gamillscheg, KollArbR I, S. 436 f.; Kraft, SAE 1978, 43, 44f.; Zöllner/ Loritz/ Hergenröder, S. 96; Giere, Soziale Mächtigkeit, S. 182; letztlich für Missbrauchskontrolle: Bayreuther, BB 2005, 2633ff., 2637; Henssler, Soziale Mächtigkeit, S. 27 f., 56 ff., 74; für geringere Anforderungen: Franzen, RdA 2001, 1, 6 f.; ErfK/ ders.; 600 TVG, § 2, Rn. 12; zu alternativen Lösungsvorschlägen: Wank/ Schmidt, RdA 2008, 257, 262 f.

490 Grundsätzlich für ein Erfordernis: BVerfG v. 20.10.1981 – 1 BvR 404/78, BVerfGE 58, 233235; BAG v. 15.03.1977 – 1 ABR 16/75, BAGE 29, 72, 79; BAG v. 10.09.1985 – 1 ABR 32/83, BAGE 49, 322, 330; BAG v. 25.11.1986 – 1 ABR 22/85, BAGE 53, 347, 356; Kempen/ Zachert/ Kempen, § 2 TVG, Rn. 65 ff.; ders., in: 50 Jahre BAG, 733, 744 f ; Kissel, AK, § 9, Rn. 15, § 4, Rn. 14; Zöllner/ Loritz/ Hergenröder, S. 97; Gamillscheg, KollArbR I, S. 407; Hueck/ Nipperdey, II/1, S. 99 ff.; Nikisch, Arbeitsrecht, S. 11f.; Scholz, in: Maunz/ Dürig, Art. 9, Rn. 212; wohl auch: Richardi, in: Richardi, BetrVG, § 2, Rn. 46, der aber im Folgenden erklärt, dass die Überbetrieblichkeit nur das „Gebot der Koalitionsreinheit" sichert; grundsätzlich gegen ein Erfordernis: Stelling, NZA 1998, 920, 921 ff.; Oetker, in: Wiedemann, § 2, Rn. 347 ff.; ders., in: Jacobs/ Krause/ Oetker, TVG, § 2, Rn. 77; Peter, in: Däubler, TVG, § 2, Rn. 52; Rieble/ Klumpp, MüArbR, § 164, Rn. 17; Treber, in: Schaub, § 189, Rn. 21; ErfK/ Franzen, 600 TVG, § 2, Rn. 6; Geerds, Gewerkschaftsbegriff, S. 64 ff.; Höfling, RdA 1999, 182, 184; Löwisch/ Rieble, TVG, § 2, Rn. 133; Höfling, in: Sachs, Art. 9, Rn. 57; Bauer, in: Dreier, Art. 9, Rn. 78; Kemper, in: vM/K/S, Art. 9 III, Rn. 93.

491 In diese Richtung auch: Jarass, in: Jarass/ Pieroth, Art. 9, Rn. 33; Däubler, in: Däubler, TVG, Einl., Rn. 94; ders., in: Däubler, Tarifvertragsrecht, Rn. 48, Fußn. 4; Kemper, in: vM/K/S, Art. 9 III, Rn. 86; Koop, Koalitionspluralismus, S. 61; wohl auch: Kittner/ Schiek, AK-GG, Art. 9 III, Rn. 117; Löwisch/ Rieble, in MüArbR, § 155, Rn. 57; Bauer, in: Dreier, Art. 9, Rn. 74; a.A.: Gamillscheg, KollArbR I, S. 396; Höfling, in: Sachs, Art. 9, Rn. 53; Löwer, in: v. Münch/ Kunig, Art. 9, Rn. 91.

492 Ähnlich: Koop, Koalitionspluralismus, S. 61; Kemper, in: vM/K/S, Art. 9 III, Rn. 86; Löwisch/ Rieble, in MüArbR, § 155, Rn. 57.

493 I.Erg. auch: Greiner, Arbeitskampfpluralität, S. 82 ff.; bzgl. Gegnerfreiheit grundsätzlich auch: Kemper, in: vM/K/S, Art. 9 III, Rn. 92.

halten sowie einer ausreichenden finanziellen, personellen und sachlichen Ausstattung, aufzugliedern[494] und eine Gesamtbetrachtung ohne starren Vorrang einzelner Kriterien vorzunehmen.[495] Allerdings haben die Entscheidungen dieser Streitigkeiten keine konkreten Auswirkungen auf das Bestreben hin zu einer Restriktion von Streiks durch Funktionselitegewerkschaften. Aufgrund ihrer Schlüsselstellung gelten diese nämlich richtigerweise auch nach hM als tariffähige Gewerkschaften; insb. sind sie mit dem BAG als sozial mächtig anzusehen.[496]

B. Überbetrieblichkeit

Lediglich was das Erfordernis der Überbetrieblichkeit[497] betrifft, könnte es zu Einschränkungen hinsichtlich von Spartengewerkschaften kommen, da diese in vielen Fällen nur auf ein Unternehmen beschränkt sind und ihnen diese Voraussetzung somit fehlen würde.[498] Teilweise wird gerade auf sie bezogen die Überbetrieblichkeit verstärkt verlangt.[499]

Diese sollte ursprünglich verhindern, dass insb. Arbeitgeber sog. Werkvereine gründeten, die ausschließlich auf Unternehmensebene fungierten und den anderen Gewerkschaften nicht nur Konkurrenz machten, sondern auch die Mitglieder entzogen. Das Problem einer solchen auf nur ein Unternehmen beschränkten Vereinigung bestand darin, dass der Arbeitgeber deren Bestand, bedingt durch die Möglichkeit von Kündigungen, quasi in der Hand hatte (hierzu sogleich). Eine Ausnahme wurde für Spezialunternehmen in besonderen Wirtschaftszweigen, wie beispielsweise die Postgewerkschaft, gemacht. [500]

I. Argumente für die Notwendigkeit der Überbetrieblichkeit

Für ein solches Erfordernis wird zunächst angeführt, schon der allgemeine Sprachgebrauch hinsichtlich des Begriffs der Gewerkschaft fordere ein großes, überbetriebliches Auftreten.[501] Ferner sei die Überbetrieblichkeit immerhin im Staatsvertrag vorgesehen. Dieser fordere, dass

494 Siehe allgemein: BAG v. 14.12.2004 – 1 ABR 51/03, BAGE 113, 82, 89.

495 A.A. scheinbar, aber widersprüchlich: BAG v. 14.12.2004 – 1 ABR 51/03, BAGE 113, 82, 94 f. (abstellend auf die Mitgliederzahl); BAG v. 28.03.2006 – 1 ABR 58/04, BAGE 117, 308, 333 f. (abstellend auf das vergangene Tarifgeschehen); BAG v. 5. 10. 2010 – 1 ABR 88/09, NZA 2011, 300, 303 (nun wieder auf die Mitgliederzahl abstellend).

496 Soziale Mächtigkeit trotz geringer Mitgliederzahlen: BAG v. 14.12.2004 – 1 ABR 51/03, BAGE 113, 82, 94.

497 Richtigerweise orientiert sich dieses Merkmal nicht am Betrieb im Sinne des BetrVG, sondern am Unternehmen, siehe: Zöllner/ Loritz/ Hergenröder, S. 97; ErfK/ Franzen, 600 TVG, § 2, Rn. 6; Geerds, Gewerkschaftsbegriff, S. 57 f.

498 Vgl. zum Streit allgemein die Darstellung bei Stelling, NZA 1998, 920 ff.

499 Kempen/ Zachert/ Kempen, § 2 TVG, Rn. 43; a.A.: Peter, in: Däubler, TVG, § 2, Rn. 19.

500 Vgl.: Hueck/ Nipperdey, II/1, S. 99 ff.; Gamillscheg, KollArbR I, S. 406 f.

501 Siehe: Herschel, ZfA 1973, 183, 189.

eine Gewerkschaft „auf überbetrieblicher Grundlage organisiert“ sei.[502] Zudem hätte der Arbeitgeber bei einer nur auf ein Unternehmen beschränkten Gewerkschaft zu große Möglichkeiten, auf diese Einfluss zu nehmen:[503] Insb. könne er durch Kündigungen deren Organisationsgrad beeinflussen und unliebsame „Gewerkschaftler“ auf die Straße setzen.[504] In diesem Zusammenhang helfe selbst das KSchG nicht, da es zum einen immer mehr befristete Arbeitsverhältnisse gebe, was einen ständigen Mitgliederwechsel zur Folge habe. Zum anderen könne der Organisationsbereich durch die Mittel der Verschmelzung und Spaltung nach dem UmwG beliebig verändert werden.[505] Zu beachten sei weiter, dass die Wahrnehmung betrieblicher Interessen grundsätzlich dem Betriebsrat zustehe, welcher demokratisch legitimiert und besonders kündigungsrechtlich geschützt sei. Es drohe eine Erschwerung der Abgrenzung der Zuständigkeiten.[506] Schließlich erfordere der die Tarifautonomie legitimierende Zweck des Ausgleichs der strukturell unterlegenen Stellung der einzelnen Arbeitnehmer ebenfalls ein überbetriebliches Agieren der Gewerkschaft: Er könne nämlich nur erfüllt werden, wenn sie „beschäftigungspolitisch“ ausgerichtet sei, also auch ein Ausgleich der Interessen von Arbeitnehmern verschiedener Unternehmen erfolge, indem die Gesamtheit der wirtschaftlichen Belange berücksichtigt werde.[507] Ansonsten drohe „Betriebsegoismus“.[508]

II. Argumente gegen die Notwendigkeit der Überbetrieblichkeit

Dem wird entgegengehalten, das Merkmal der Überbetrieblichkeit sei in dieser Form nicht mehr erforderlich. Sein wesentliches Anliegen gehe vielmehr in der Gegnerunabhängigkeit auf und stelle ein Indiz für diese dar.[509] Gegen eine Möglichkeit der Einflussnahme durch Personalentscheidungen spreche sehr wohl der starke Schutz des Arbeitsverhältnisses durch das Kündigungsschutzrecht.[510] Hiernach bedürfen Kündigungen eines rechtfertigenden Grundes und seien, sofern dieser auf die gewerkschaftliche Betätigung hinausläuft, insb. wegen

---

502 So: Hanau, NZA 2003, 128, 129; Kempen/ Zachert/ Kempen, § 2 TVG, Rn. 65.

503 So: Nikisch, Arbeitsrecht, S. 11.

504 So: Kempen/ Zachert/ Kempen, § 2 TVG, Rn. 65.

505 So: Kempen/ Zachert/ Kempen, § 2 TVG, Rn. 65; bzgl. Stilllegung und „Umgründungen“ auch: Gamillscheg, KollArbR I, S. 407.

506 So: Zöllner/ Loritz/ Hergenröder, S. 97; Kissel, AK, § 4, Rn. 14; vgl.: Kempen/ Zachert/ Kempen, § 2 TVG, Rn. 65; ähnlich: Gamillscheg, KollArbR I, S. 407 f.; Hueck/ Nipperdey, II/1, S. 100 f.; Nikisch, Arbeitsrecht, S. 11 f.

507 Kempen/ Zachert/ Kempen, § 2 TVG, Rn. 66; ders., in: 50 Jahre BAG, 733, 744 f.; auch: Kissel, AK, § 4, Rn. 14; Zöllner/ Loritz/ Hergenröder, S. 97; Nikisch, Arbeitsrecht, S. 11.

508 Zöllner/ Loritz/ Hergenröder, S. 97; ähnlich: Gamillscheg, KollArbR I, S. 407.

509 Siehe: Stelling, NZA 1998, 920, 924; Oetker, in: Wiedemann, § 2, Rn. 349; ders., in: Jacobs/ Krause/ Oetker, TVG, § 2, Rn. 77; ErfK/ Franzen, 600 TVG, § 2, Rn. 6; ähnlich: Treber, in: Schaub, § 189, Rn. 21; Geerds, Gewerkschaftsbegriff, S. 66 ff. (Aufgehen in Gegnerunabhängigkeit und sozialer Mächtigkeit); Rieble/ Klumpp, MüArbR, § 164, Rn. 17; Kemper, in: vM/K/S, Art. 9 III, Rn. 93; Höfling, in: Sachs, Art. 9, Rn. 57; Bauer, in: Dreier, Art. 9, Rn. 78.

510 So: Stelling, NZA 1998, 920, 924; ErfK/ Franzen, 600 TVG, § 2, Rn. 6; ders., RdA 2001, 1, 6; anerkennend bzgl. Kündigungsschutz: Gamillscheg, KollArbR I, S. 407.

Art. 9 III S. 2 GG stets unwirksam.[511] Zudem stelle die Überbetrieblichkeit ein rein formelles Erfordernis dar, das jede Gewerkschaft allein durch eine entsprechende Satzungsanpassung leicht erreichen könne und das deshalb keine Aussagekraft besitze.[512] Im Hinblick auf die möglichen Überschneidungen im Bereich des BetrVG wird auf die ausreichende Trennung der Bereiche durch § 77 III BetrVG verwiesen.[513] Schließlich zeige gerade die Tariffähigkeit des einzelnen Arbeitgebers gem. § 2 I TVG, dass der Gesetzgeber davon ausgehe, auch der Firmentarifvertrag gewährleiste eine sinnvolle Ordnung der Arbeitsverhältnisse. Daraus folge weiter, dass nicht per se davon ausgegangen werden könne, die Beschränkung auf ein Unternehmen hätte eine Unfähigkeit zur Berücksichtigung umfassender wirtschaftlicher Belange zur Folge.[514]

III. Stellungnahme

Eine Überbetrieblichkeit als separates, unumstößliches Kriterium der Tariffähigkeit ist nicht erforderlich. Es handelt sich vielmehr um einen im Rahmen der Gegnerunabhängigkeit zu berücksichtigenden Aspekt.

Zwar ist den Befürwortern eines eigenständigen Kriteriums der Überbetrieblichkeit zuzugeben, dass gerade unternehmerische Gestaltungsmöglichkeiten nach dem UmwG und die Verlagerung der Produktion ins Ausland faktisch erhebliche Auswirkungen auf Gewerkschaften haben können, die auf ein Unternehmen fixiert sind. Dies ist, jedenfalls bezogen auf den Bestand der Gewerkschaft, allerdings das einzige stichhaltige Argument. Insb. wenn es sich nur um die Drohung mit einer solchen Maßnahme handelt, kann in dem dadurch entstehenden Druck bereits kein fundamentaler Unterschied zu einer Branchengewerkschaft mehr gesehen werden.[515]

Auch ansonsten überzeugt die erste Meinung nicht. Der Staatsvertrag dient als Auslegungshilfe, ist jedoch gerade kein feststehendes Recht. Ein wörtliches Festhalten an ihm ist daher nicht erforderlich.[516] Ein erhebliches Risiko des ständigen Mitgliederwechsels kann nicht erkannt werden. Das KSchG bietet einen sehr weitreichenden und vollkommen ausreichenden Schutz vor willkürlichen Kündigungen. Selbst wenn Gewerkschaftsmitglieder und -funktionäre keinem extra geregelten Kündigungsschutz vergleichbar dem von Betriebsratsmitgliedern unterliegen, ist der derzeitige Schutzumfang durch die allgemeinen Normen als ausreichend anzusehen.

Die Bedenken im Hinblick auf Überschneidungen mit der Tätigkeit des Betriebsrats sind ebenfalls zu vernachlässigen. § 77 III BetrVG schützt durch den Vorrang des Tarifvertrages die verfassungsrechtlich geschützte koalitionsmäßige Betätigung, d.h. einen weiten Bereich,

511 Geerds, Gewerkschaftsbegriff, S. 66 f.

512 Siehe: Franzen, RdA 2001, 1, 6.

513 Dieterich, RdA 2002, 1, 4 f.; Geerds, Gewerkschaftsbegriff, S. 65.

514 So: Oetker, in: Wiedemann, § 2, Rn. 349; ders., in: Jacobs/ Krause/ Oetker, TVG, § 2, Rn. 77; Stelling, NZA 1998, 920, 924.

515 Auch: Geerds, Gewerkschaftsbegriff, S. 68 f.

516 Ähnlich: Löwisch/ Rieble, TVG, § 2, Rn. 133.

der ausschließlich den Koalitionspartnern vorbehalten ist. Hierdurch wird klar festgelegt, welche Bereiche durch Tarifvertrag und welche durch Betriebsvereinbarung zu gestalten sind. Und Verletzungen dieser Grenzziehung können gerichtlich unterbunden werden.[517]

Ferner sind mögliche Bedenken hinsichtlich des Gebots der vertrauensvollen Zusammenarbeit (§ 2 I BetrVG) im Ergebnis unbegründet. Zwar ist in der Tat davon auszugehen, dass eine personelle Überschneidung von Gewerkschaftsfunktionären und Betriebsratsmitgliedern zu mehr Spannungen führen könnte. Ein spannungsloses Verhältnis von Arbeitgeber und Betriebsrat ist jedoch weder realisierbar noch im Gesetz angelegt – vertrauensvoll ist nicht gleichbedeutend mit spannungslos. Auf den ersten Blick einleuchtend erscheint der Hinweis auf den Unterschied bzgl. der zu berücksichtigenden Interessen. Wenngleich beide Typen von Vereinigungen, überbetriebliche und nicht überbetriebliche, aufgrund ihrer sozialen Mächtigkeit in der Lage sein sollten, grundsätzliche wirtschaftliche Gegebenheiten und Entwicklungen zu berücksichtigen, so kann man dennoch davon ausgehen, dass zweitere, jedenfalls fixiert auf das Unternehmen, vorwiegend die Interessen der dortigen Arbeitnehmerschaft vertreten werden. Das könnte in der Tat eine ordnende, ausgleichende Funktion des Tarifvertrages vermissen lassen. Allerdings kann hierin kein großer Unterschied zum Abschluss eines Firmentarifvertrages durch eine überbetriebliche Gewerkschaft gesehen werden. Zwar weist *Kempen* darauf hin, bei einem solchen würden immer noch die Interessen aller Mitglieder berücksichtigt.[518] In der Realität wird es jedoch meist darauf hinauslaufen, einen den besonderen Interessen im jeweiligen Unternehmen gerecht werdenden Tarifvertrag zu konstruieren, sodass auch hier eine Berücksichtigung der Interessen aller Arbeitnehmer der Branche eher fernliegend erscheint.

Und selbst wenn ein breiter gestreutes Interessenspektrum berücksichtigt werden sollte, rechtfertigt dies allein nicht, den Zugang zur Tariffähigkeit pauschal nur aufgrund der Beschränkung auf ein Unternehmen zu versagen. Ein so erheblicher Eingriff wäre angesichts der minimalen Vorteile nicht verhältnismäßig. Noch dazu handelt es sich bei den möglicherweise besser geschützten Interessen am Bestand der Koalition (bzgl. Verschmelzung und Verlagerung) und der größeren Allgemeinbezogenheit zwar um nachvollziehbare Bestrebungen. Ihr Erreichen kann jedoch der Entscheidung jeder Koalition überlassen werden. Ein richterrechtliches Einschreiten stellt hier hingegen einen unverhältnismäßigen Eingriff in die Betätigungsfreiheit dar, da er nicht aus dem Schutzgedanken der Tarifautonomie gerechtfertigt werden kann: Überbetrieblichkeit ist nicht zwingende Voraussetzung eines funktionierenden Tarifvertragssystems. Das diesbezüglich einzige anerkennenswürdige Anliegen des Überbetrieblichkeitskriteriums liegt vielmehr darin sicherzustellen, dass der Arbeitgeber keinen erheblichen Einfluss auf die Arbeitnehmervereinigung nehmen kann. Dies kann jedoch durch eine Gesamtbetrachtung[519] im Rahmen der Gegnerunabhängigkeit ausreichend berücksichtigt werden.

---

517 Auch: Geerds, Gewerkschaftsbegriff, S. 65.

518 Kempen/ Zachert/ Kempen, § 2 TVG, Rn. 66.

519 Siehe: Oetker, in: Jacobs/ Krause/ Oetker, TVG, § 2, Rn. 77.

Nachdem das BAG in ständiger Rspr. stets apodiktisch wiederholte eine Überbetrieblichkeit sei Voraussetzung der Tariffähigkeit,[520] ist auch hier ein Wandel absehbar: In der UFO-Entscheidung sprach es nach bisherigem, stetigem Ignorieren der kritischen Stimmen in der Literatur bereits den Streit an, konnte ihn aber letztendlich stehen lassen.[521]

C. Zusammenfassung zum persönlichen Schutzbereich

Art. 9 III S. 1 GG schützt in personeller Hinsicht Vereinigungen, die die Wahrung und Förderung der Arbeits- und Wirtschaftsbeziehungen zum Ziel haben. Sie werden gemeinhin als Koalitionen bezeichnet. Eine solche erfordert zunächst das Vorliegen einer Vereinigung im Sinn des Art. 9 I, II GG. Vorausgesetzt wird hierfür ein freiwilliger, privatrechtlicher Zusammenschluss mit einer gewissen Stabilität und körperschaftlichen Organisation, der (gegner-) unabhängig und gegnerfrei ist sowie den speziellen Koalitionszweck verfolgt.

Es ist jedoch zwischen der „einfachen" Koalitionseigenschaft und der darüber hinausgehenden Tariffähigkeit zu differenzieren: Da Art. 9 III S. 1 GG das Tarifvertragswesen zwar allgemein und damit an sich für alle Koalitionen, aber eben nicht umfassend in unserer heutigen konkreten, also unmittelbar und *zwingend* wirkenden Form schützt, muss das einfache Recht, so wie es überhaupt erst die zwingende Wirkung mit § 4 I S. 1 TVG installiert, dem Kreis der hierzu Berufenen Grenzen setzen. Daher ist zwischen *Koalitionen im engeren Sinn* (tariffähige Koalitionen), die die Arbeits- und Wirtschaftsbedingungen insb. durch Tarifverträge fördern (auf Arbeitnehmerseite Gewerkschaften i.S.v. § 2 TVG) und *Koalitionen im weiteren Sinn* (einfache Koalitionen), welche sich hierzu anderer Instrumente bedienen, zu unterscheiden. Nur Koalitionen, die zugleich Gewerkschaften i.S.v. § 2 I TVG sind, können Tarifverträge abschließen. Damit handelt es sich jedoch bei der Tariffähigkeit streng genommen nicht um eine Anforderung des Schutzbereichs, sondern nur um einen im Rahmen der Verhältnismäßigkeit zu berücksichtigenden, einfachrechtlichen Aspekt des in dieser Arbeit zu behandelnden Sonderfalles tariffähiger Koalitionen.

Für das Vorliegen einer tariffähigen Koalition, mit anderen Worten einer Gewerkschaft, werden darüber hinaus eine demokratische Organisation, eine Tarifwilligkeit, eine Anerkennung des staatlichen Tarif- und Arbeitkampfrechts, eine Bereitschaft zum Arbeitskampf und eine soziale Mächtigkeit verlangt. Zumindest des Kriteriums der Überbetrieblichkeit bedarf es entgegen der hM nicht als selbständiger Voraussetzung; der legitime Teil seines Anliegens kann ausreichend im Rahmen der Voraussetzung der Gegnerunabhängigkeit berücksichtigt werden.

---

520 BAG v. 15.03.1977 – 1 ABR 16/75, BAGE 29, 72, 79; BAG v. 10.09.1985 – 1 ABR 32/83, BAGE 49, 322, 330; BAG v. 25.11.1986 – 1 ABR 22/85, BAGE 53, 347, 356.

521 BAG v. 14.12.2004 – 1 ABR 51/03, BAGE 113, 82, 90.

§ 8 Sachlicher Schutzbereich: Funktionsfähigkeit der Tarifautonomie

Bzgl. der Frage, welche Handlungsformen, d.h. insb. welche konkreten Erscheinungsformen des Arbeitskampfes durch Art. 9 III S. 1 GG geschützt werden bzw. welche Anforderungen an diese zu stellen sind, herrscht weitgehende Uneinigkeit. Im Wesentlichen bestehen zwei Grundtendenzen: Während einerseits vertreten wird, dass grundsätzlich jedes Verhalten, welches auf die Wahrung und Förderung der Arbeits- und Wirtschaftbedingungen gerichtet und damit *koalitionsspezifisch* ist umfasst wird, verlangt man auf der anderen Seite eine Kampfmaßnahme, die *erforderlich* sein muss um die Funktionsfähigkeit der Tarifautonomie sicherzustellen. Je nachdem wie streng diese Erforderlichkeit beurteilt wird, könnte man auf den Gedanken kommen sie gerade im Fall von Spartenstreiks anzuzweifeln, sei es, weil durch die Übermacht einzelner Sparten die Kampfparität, eine der Grundlagen der Tarifautonomie, verschoben wird, oder weil eine ausreichende Interessenwahrnehmung durch *eine* (bereits) vorhandene, funktionstüchtige Tarifordnung ausreichend gesichert ist.[522] Im Folgenden werden daher nach allgemeinen Ausführungen zum sachlichen Schutzbereich zunächst die Haltung der Rechtsprechung, deren Entwicklung und anschließend die „konträren Meinungen" in der Literatur dargestellt, bevor ein eigener Ansatz aufgezeigt wird.

A. Allgemeines zum sachlichen Schutzbereich des Art. 9 III S. 1 GG

Ausgangspunkt ist der Wortlaut des Art. 9 III S. 1 GG: Geschützt ist „das Recht, zur Wahrung und Förderung der Arbeits- und Wirtschaftbedingungen Vereinigungen zu bilden". Eine weitergehende Beschreibung insb. einer konkret geschützten Tätigkeit wird nicht geboten. Es wird demnach zunächst nur das Recht Vereinigungen zu bilden, also sich mit anderen zu einer solchen Koalition zusammenzuschließen, sprich ein *Gründungsrecht* gewährleistet.[523] Hieraus wiederum folgt, dass der Einzelne sowohl einer solchen Vereinigung beitreten können muss

522 Tendenziell in diese Richtung: Bayreuther, BB 2005, 2633, 2641; Meyer, NZA 2006, 1387, 1390.

523 Vgl.: Höfling, in: Sachs, Art. 9, Rn. 63 ff.; Otto, RdA 2010, 135, 137; Buchner, BB 2007, 2520.

als auch das Recht hat, in dieser zu *verbleiben.*[524] Korrespondierend wird in negativer Hinsicht das Recht geschützt, sich keinem Verband anzuschließen und aus einem solchen auszutreten.[525]

Da das bloße Recht zur Gründung jedoch wenig Sinn ergibt, wenn darin nicht irgendein Nutzen liegt,[526] wird in einem weiteren Schritt gewährleistet, dass sich der Einzelne, aber auch die Koalition als solche betätigen können muss. Denn nur durch eine solche Betätigung kann eine Förderung und Wahrung der Arbeits- und Wirtschaftsbeziehungen erreicht werden.[527] Definitorisch kann nach hM zwischen dem Individualgrundrecht[528] und dem Kollektivgrundrecht[529] unterschieden werden. So stringent die bisherige Aufschlüsselung des Art. 9 III S. 1 GG in diese unterschiedlichen Gewährleistungen auch erscheinen mag, umso unklarer und schwerer erklärbar wird es jedoch bei der Frage, welche Betätigungsformen im Einzelnen geschützt sind. Als weitestgehend anerkannt können auf kollektiver Ebene, ohne bereits auf Einzelheiten einzugehen, grundsätzlich die Tarifautonomie, der Arbeitskampf, die koalitionsmäßige Werbung, ein Recht auf Selbstdarstellung, die Betätigung in den Betrieben (Wahlvorbereitung- und Durchführung), die Einrichtung von Sozialkassen, die außergerichtliche Beratung von Mitgliedern und die Vertretung dieser im gerichtlichen Verfahren angesehen werden.[530] Problematisch gerade in jüngerer Zeit erscheint die Behandlung von Erscheinungen wie Unterstützungsstreik und Flashmob.[531] Allerdings darf insoweit nicht nach Einzelfall-Lösungen gesucht werden, jedenfalls nicht im Bereich des Schutzbereiches eines Grundrechts, da dieser Allgemeingültigkeit besitzen muss.

---

524 BVerfG v. 01.03.1979 – 1 BvR 532/77; 533/77; 419/77; 1 BvL 21/78, BVerfGE 50, 290, 367; BVerfG v. 11.07.2006 – 1 BvL 4/00, BVerfGE 116, 202, 217.

525 Negative Koalitionsfreiheit nach ganz hM: BVerfG v. 01.03.1979 – 1 BvR 532/77, 533/77, 419/77, 1 BvL 21/78, BVerfGE 50, 290, 367; BVerfG v. 11.07.2006 – 1 BvL 4/00, BVerfGE 116, 202, 218; BAG v. 19.09.2006 – 1 ABR 2/06, BAGE 119, 275; Höfling, in: Sachs, Art. 9, Rn. 65; a. A.: Kempen/ Zachert/ Kempen, Grundlagen, Rn. 166 f.

526 Siehe: Gamillscheg, KollArbR I, S. 223; Otto, RdA 2010, 135, 137.

527 Vgl.: BVerfG v. 26.06.1991 – 1 BvR 779/85, BVerfGE 84, 212, 225; Bauer, in: Dreier, Art. 9, Rn. 82; Jarass, in: Jarass/ Pieroth, Art. 9, Rn. 38; Benecke, in: FS Buchner, 96; zur Diskussion siehe: Engels, Verfassung und Arbeitskampfrecht, S. 161 ff.

528 Vgl.: BVerfG v. 01.03.1979 – 1 BvR 532/77, 533/77, 419/77, 1 BvL 21/78, BVerfGE 50, 290, 367; BVerfG v. 11.07.2006 – 1 BvL 4/00, BVerfGE 116, 202, 217, 219; Gamillscheg, KollArbR I S. 128; ErfK/ Dieterich, 10 GG, Art. 9, Rn. 30; kritisch bzgl. koalitionszweckrealisierender Betätigung: Burkiczak, Grundgesetz und Deregulierung des Tarifvertragsrechts, S. 294 ff.

529 Vgl.: Vgl.: BVerfG v. 30.11.1965 – 2 BvR 54/62, BVerfGE 19, 303, 312; BAG v. 29.11.1967 – GS 1/67, BAGE 20, 175, 219; Biedenkopf, Tarifautonomie, S. 88; Bauer, in: Dreier, Art. 9, Rn. 69, 82; Jarass, in: Jarass/ Pieroth, Art. 9, Rn. 44 ff.; Löwisch/ Rieble, in: MüArbR, § 155 Rn. 4; Gamillscheg, KollArbR I, S. 181 f.; a. A.: Scholz, Koalitionsfreiheit, S. 135; Höfling, in: Sachs, Art. 9, Rn. 67, die auf Art. 19 III GG abstellen.

530 Siehe die Darstellung bei Höfling, in: Sachs, Art. 9, Rn. 68 m. w. N.

531 Siehe hierzu z. B.: Otto, RdA 2010, 135, 143 ff.

I. Die Entwicklung in der Rechtsprechung

Die Rechtsprechung war über Jahrzehnte hinweg durch die Kernbereichstheorie des BVerfG geprägt: Hiernach war lediglich ein Kernbereich der Koalitionsfreiheit bzw. der Koalitionsbetätigung geschützt.[532] Zur Ausgestaltung dieses Kernbereichs verfolgte das BVerfG die Unerlässlichkeitsformel: Die Betätigung musste zur Erhaltung und Sicherung der Existenz der Koalition oder zur Erreichung des Koalitionszwecks unabdingbar sein.[533] Insofern wurde eine restriktive Auslegung des Art. 9 III S. 1 GG vollzogen.

Was das Streikrecht anbelangt, führte das BVerfG noch am 26.06.1991 aus, dass zu den geschützten Arbeitskampfmitteln solche zählen, „die auf den Abschluß von Tarifverträgen gerichtet sind. Sie werden jedenfalls insoweit von der Koalitionsfreiheit erfaßt, als sie allgemein erforderlich sind, um eine funktionierende Tarifautonomie sicherzustellen."[534]

Mit seiner Entscheidung vom 14.11.1995 hat das BVerfG schließlich seine Kernbereichsrechtsprechung ausdrücklich aufgegeben. Wie es selbst sagt, handelte es sich hierbei jedoch nur um eine Klarstellung.[535] Demnach geht es davon aus, dass sich der Grundrechtsschutz auf alle Verhaltensweisen erstreckt, die *koalitionsspezifisch* sind, und gerade nicht nur auf den Bereich des Unerlässlichen.[536] Allerdings muss konstatiert werden, dass sich die nachfolgende Rechtsprechung nicht erheblich von der vorherigen unterscheidet;[537] insofern ist in der Tat von einer Klarstellung zu sprechen. So führte das BVerfG am 02.03.1993 nach wie vor aus: „Zu den geschützten Mitteln zählen jedenfalls die Arbeitskampfmaßnahmen, die erforderlich sind, um eine funktionierende Tarifautonomie sicherzustellen."[538] Und in der Entscheidung vom 10. 9. 2004 klingt es immer noch recht ähnlich: „Das Grundrecht schützt als koalitionsmäßige Betätigung auch Arbeitskampfmaßnahmen, die auf den Abschluss von Tarifverträgen gerichtet sind. Sie werden jedenfalls insoweit von der Koalitionsfreiheit erfasst, als sie erforderlich sind, um eine funktionierende Tarifautonomie sicherzustellen".[539] Anders sieht es bei der Betätigungsfreiheit als solcher aus. Hier ist zu konstatieren, dass das BVerfG nicht mehr auf einen begrenzten Kreis an möglichen Handlungsformen abstellt, sondern davon ausgeht, dass den Koalitionen ein „Betätigungsform-Findungsrecht" zusteht, denn „Die Wahl der Mittel, die die Koalitionen zur Erreichung dieses Zwecks für geeignet halten, überlässt Artikel 9 Absatz 3 GG grundsätzlich ihnen selbst."[540] Die entscheidende Frage, die sich im Rahmen der

532 Siehe: BVerfG v. 18.11.1954 – 1 BvR 629/52, BVerfGE 4, 96, 108; BVerfG v. 30.11.1965 – 2 BvR 54/62, BVerfGE 19, 303, 321.

533 BVerfG v. 14.04.1964 – 2 BvR 69/62, BVerfGE 17, 319, 333, 335; vgl.: Konzen, SAE 1991, 335, 338 f.

534 BVerfG v. 26.06.1991 – 1 BvR 779/85, BVerfGE 84, 212, 225; allerdings stellt das Urteil nicht explizit auf die Unerlässlichkeit ab.

535 BVerfG v. 14.11.1995 – 1 BvR 601/92, BVerfGE 93, 352, 360.

536 BVerfG v. 14.11.1995 – 1 BvR 601/92, BVerfGE 93, 352, 358 ff.

537 A.A.: Greiner, Arbeitskampfpluralität, S. 111, der von einer Aufgabe der funktionsbezogenen Schutzbereichsrestriktion ausgeht.

538 BVerfG v. 02.03.1993 – 1 BvR 1213/85, BVerfGE 88, 103.

539 BVerfG v. 10. 9. 2004 – 1 BvR 1191/03, NZA 2004, 1338, 1339.

540 BVerfG v. 10. 9. 2004 – 1 BvR 1191/03, NZA 2004, 1338, 1339; bereits ähnlich bei BVerfG v. 02.03.1993 – 1 BvR 1213/85, BVerfGE 88, 103; BVerfG v. 04.07.1995 – 1 BvF 2/86, BVerfGE 92, 365, 394.

Rspr. stellt, hat das BVerfG jedoch noch nicht geklärt: Was ist unter einer *koalitionsspezifischen Betätigung* zu verstehen?

Das BAG scheute sich lange Zeit davor, ein Streikrecht als von Art. 9 III S. 1 GG garantiert anzuerkennen. In seiner Rspr. folgte es weitgehend dem BVerfG und erkannte ein Streikrecht erst ab seiner Aussperrungsentscheidung als Teil des Kernbereichs an.[541] Allerdings wird dieses meist nicht ausdrücklich unmittelbar aus der Betätigungsgarantie, sondern vielmehr als mittelbares Recht anerkannt, welches dem Schutzbereich der Koalitionsfreiheit unterfalle: Wird die Tarifautonomie als garantiert angesehen, dann müsse auch ein Streikrecht bejaht werden, da ein Arbeitgeber wohl nicht freiwillig Tarifverträge abschließen wird und sich die Koalitionen ansonsten mit „kollektivem Betteln" begnügen müssten.[542] Beide „Neuerungen" durch die BVerfG-Rspr., also Betätigungsform-Findungsrecht und Abschied von der Kernbereichslehre, wurden vom BAG konsequent umgesetzt: „Dem Schutz des Artikel 9 Absatz 3 GG unterfällt nicht nur ein historisch gewachsener, abschließender numerus clausus von Arbeitskampfmaßnahmen. Vielmehr gehört es zur verfassungsrechtlich geschützten Freiheit der Koalitionen, ihre Kampfmittel an die sich wandelnden Umstände anzupassen, um dem Gegner gewachsen zu bleiben und ausgewogene Tarifabschlüsse zu erzielen."[543] Und weiter: „Die durch Art. 9 III GG geschützte Betätigungsfreiheit der Koalitionen erstreckt sich auf alle koalitionsspezifischen Verhaltensweisen. Dazu gehört auch der Streik. (...) Zentraler Maßstab für die Beurteilung von Arbeitskampfmaßnahmen ist der Grundsatz der Verhältnismäßigkeit. Eine Arbeitskampfmaßnahme ist dann rechtswidrig, wenn sie bezogen auf das Kampfziel offensichtlich ungeeignet, offensichtlich nicht erforderlich oder unangemessen ist. Hinsichtlich der Geeignetheit und der Erforderlichkeit hat die den Streik führende Gewerkschaft eine Einschätzungsprärogative."[544] Damit hat auch das BAG offen gelassen, was es unter einer koalitionsmäßigen Betätigung versteht; jedenfalls ist wohl der Streik hierunter zu fassen.

II. Ansichten in der Literatur:

1. Kriterium der Koalitionsspezifität

Der Rechtsprechung des BVerfG folgend geht ein Teil der Literatur davon aus, es seien diejenigen als geschützte Betätigungsformen anzusehen, die koalitionsspezifisch sind.[545] Allgemeingültige Ansätze, was unter einer koalitionsmäßigen oder -spezifischen Betätigung zu

541 BAG v. 10. 6. 1980 – 1 AZR 822/79, DB 1980, 1266, 1269.

542 BAG v. 10. 6. 1980 – 1 AZR 822/79, DB 1980, 1266, 1269.

543 BAG v. 19.06.2007 – 1 AZR 396/06, BAGE 123, 134, 140; BAG v. 22.09.2009 – 1 AZR 972/08, BAGE 132, 140, 150.

544 BAG v. 19.06.2007 – 1 AZR 396/06, BAGE 123, 134, 142 f.

545 So: Däubler, in: Däubler, AK, § 9, Rn 3, 8, 16; Jarass, in: Jarass/Pieroth, Art. 9, Rn. 38; ErfK/ Dieterich, 10 GG, Art. 9 Rn. 39, 271; Kittner/ Schiek, in: AK-GG, Art. 9 III, Rn. 124; grundsätzlich auch: Höfling, in: Sachs, Art. 9, Rn. 82, 105 und Engels, Verfassung und Arbeitskampfrecht, S. 250, 252 ff.

verstehen ist, insofern sei die Schwachstelle bereits vorweggenommen, fehlen jedoch auch hier weitgehend.[546]

Zur Begründung für dieses weite Schutzbereichsverständnis wird zunächst darauf verwiesen, dass der Wortlaut des Art. 9 III S. 1 GG offen formuliert sei.[547] Wie gezeigt, wird dort ausschließlich die Bildung der Vereinigungen garantiert. Gerade die Tatsache, dass jedoch keine Beschränkung auf einzelne Handlungen oder gar nur auf erforderliche Betätigungen oder einen Kernbereich vorgenommen wird, zeige, dass eine solche Restriktion abzulehnen sei. Vielmehr könne dem offenen Wortlaut nur entsprochen werden, wenn alle Handlungen, die in irgendeiner Weise auf den Koalitionszweck gerichtet sind, vom Schutzbereich erfasst würden.[548]

Auch sei mittlerweile anerkannt, dass Koalitionen ihren Zweck nicht nur durch Tarifverträge, sondern auch auf anderem Wege erreichen können. Da diese andersartigen Mittel jedoch ebenfalls effektiv durchgesetzt werden können müssen, kann sich die Betätigung nicht auf eine ausschließliche Hilfsfunktion für die Tarifautonomie beschränken;[549] ansonsten liefe alles auf ein „kollektives Betteln" in diesen übrigen Bereichen hinaus.[550]

Ein weites Verständnis folge zudem aus der Rechtsprechung des BVerfG, wenn es formuliert: „Zu den geschützten Mitteln zählen jedenfalls die Arbeitskampfmaßnahmen, die erforderlich sind, um eine funktionierende Tarifautonomie sicherzustellen."[551] Sprachlich zeige dies, dass weitere Formen von Arbeitskämpfen möglich sein müssen, da das Gericht ansonsten nicht die Einschränkung „jedenfalls" gebraucht hätte.[552] Außerdem könne aus der Abkehr des BVerfG von seiner Kernbereichsrechtsprechung gefolgert werden: Was für den Schutzbereich im Allgemeinen nicht mehr gilt (Beschränkung auf das Unerlässliche), könne nun auch nicht mehr für die Betätigung gelten.[553]

Zwar wird teilweise anerkannt, dass es einer handhabbaren Konkretisierung des Schutzbereiches bedarf. Allerdings wird insoweit das Kriterium der Koalitionsspezifität (in Form des Koalitionszwecks) als ausreichend angesehen.[554] Schließlich liege in der Abhängigkeit des Schutzbereiches von einer im Einzelfall bestehenden Erforderlichkeit der Betätigungshandlung ein Systemfehler: Dadurch komme es nämlich zu einer Vermengung von Schutzbereich und Schranken, da bereits auf Schutzbereichsebene Abwägungen vorgenommen würden. Eine

546 Ansätze, jedoch bezogen auf den Arbeitskampf immerhin zumindest bei: Höfling, in: Sachs, Art. 9, Rn. 105 und Engels, Verfassung und Arbeitskampfrecht, S. 252 ff.

547 Siehe: Däubler, in: Däubler, AK, § 9, Rn. 8, 16; ErfK/ Dieterich, 10 GG, Art. 9, Rn. 271; Scholz, in: Maunz/ Dürig, Art. 9, Rn. 316; Engels, Verfassung und Arbeitskampfrecht, S. 250; Kittner/ Schiek, in AK-GG, Art. 9 III, Rn. 130.

548 So: Höfling, in: Sachs, Art. 9, Rn. 104; Engels, Verfassung und Arbeitskampf, S. 250.

549 Vgl.: Kittner/ Schiek, in: AK-GG, Art. 9 III, Rn. 143.

550 So: Däubler, in: Däubler, AK, § 9, Rn. 16.

551 BVerfG v. 02.03.1993 – 1 BvR 1213/85, BVerfGE 88, 103.

552 Siehe: Kittner/ Schiek, in:: AK-GG, Art 9 III, Rn. 142; Däubler, in: Däubler, AK, § 9, Rn. 8.

553 So: Höfling, in: Sachs, Art. 9, Rn. 82; siehe auch: Greiner, Arbeitskampfpluralität, S. 110 f.

554 So zunächst Greiner, Arbeitskampfpluralität, S. 117.

Abwägung der im Einzelfall relevanten Belange habe jedoch klassischerweise erst im Rahmen der Schranken zu erfolgen.[555]

2. Kriterium der Erforderlichkeit

Ein beachtlicher Teil in der Literatur sieht hingegen (weiterhin) das Kriterium der Erforderlichkeit der Arbeitskampfmaßnahme für die Funktionsfähigkeit der Tarifautonomie als maßgeblich bei der Bestimmung der Reichweite des Schutzbereiches von Art. 9 III S. 1 GG an. Bedeutendstes Argument hierfür ist in der Regel der Funktionszusammenhang zwischen Tarifautonomie und Arbeitskampf: So wie auch die Betätigung selbst nur gewährleistet sei, weil ansonsten die Bildung einer Vereinigung keinen Sinn ergäbe, so sei auch der Arbeitskampf nur deshalb geschützt, da die Koalitionen ansonsten kein Druckmittel hätten, um zu einem Abschluss von Tarifverträgen zu kommen. Aus dieser Funktionalität folge jedoch, dass gerade nicht jeder Eingriff in das individuelle Arbeitsrecht zu gestatten sei, sondern nur solche Beeinträchtigungen geduldet werden können, die nötig sind, damit eine Parität[556] und somit die Möglichkeit zur Druckausübung zwischen den Tarifvertragsparteien erzeugt werden könne.[557] Auch wenn das BVerfG nun auf die „Koalitionsspezifität" abstelle, so ändere dies nichts daran, dass diese Spezifität eben funktionsspezifisch ausgelegt werde.[558] Denn immerhin habe das Kriterium der Koalitionsspezifität für sich alleine betrachtet nur einen unzureichenden Aussagegehalt. Es sei vollkommen unklar, was genau darunter verstanden werden könne; Lösungsansätze werden nur in sehr beschränktem Rahmen aufgezeigt.[559]

Insbesondere könne auch nicht aus der Abkehr von der Kernbereichstheorie geschlossen werden, das Erforderlichkeits-Kriterium hätte keine Gültigkeit mehr. Vielmehr bezog sich die Kernbereichstheorie auf den Schutzbereich allgemein; das Erforderlichkeits-Kriterium habe sich jedoch parallel dazu als spezielle Anforderung für Arbeitskämpfe entwickelt.[560] Des Weiteren wird angeführt, die Bejahung des Schutzbereiches könne nicht lediglich von der Zielsetzung einer Maßnahme abhängig gemacht werden. Dieses Ziel werde nämlich von der Gewerkschaft selbst festgelegt, sodass es ansonsten sie sei, die bestimmen könne, welches Verhalten koalitionsspezifisch wäre und welches nicht. Damit wäre der Prüfungspunkt der Eröffnung des Schutzbereiches quasi obsolet.[561]

555 Siehe: Däubler, in: Däubler, AK, § 9, Rn. 3; Greiner, Arbeitskampfpluralität, S. 117; Engels, Verfassung und Arbeitskampfrecht, S. 203.

556 BVerfG v. 04.07.1995 – 1 BvF 2/86, BVerfGE 92, 365; Jacobs, ZFA 2011, 71, 82.

557 So: Hufen, Staatsrecht II, § 37, Rn. 13; Hueck/ Nipperdey, II/2, S. 918; Kannengießer, in: Schmidt-Bleibtreu, GG, Art. 9, Rn. 26; Dietlein, in: Stern, Staatsrecht IV/1, S. 2061; Kemper, in: vM/K/S, Art. 9 III, Rn. 113, 123, 127; Otto, AK, § 4, Rn. 21; Konzen SAE 2008, 1, 7; Lieb/ Jacobs, Rn. 689; Kissel, AK, § 35, Rn. 35; Gamillscheg, KollArbR I, S. 939, 943; Löwisch/ Rieble, in: Löwisch, AK, S. 9; Lieb R., Der Arbeitskampf im öffentlichen Dienst, S. 63 f.; wohl auch: Scholz, in: Maunz/ Dürig, Art. 9, Rn. 298.

558 Siehe: Jacobs, ZFA 2011, 71, 82; Rieble, BB 2008, 1506, 1512.

559 Vgl.: Kemper, in: vM/K/S, Art. 9 III, Rn. 111, 115, 122; Zöllner, AöR 98, 71, 87.

560 Jacobs, ZFA 2011, 71, 82; Buchner, in: FS Hromadka, 39, 44.

561 So: Jacobs, ZFA 2011, 71, 82; ähnlich wohl auch: Otto, RdA 2010, 135, 137.

Würde man, der anderen Ansicht folgend, lediglich fordern, dass die Handlung dem Koalitionszweck dient, so wäre zudem jedes beliebige Verhalten geschützt, ganz egal, ob es tatsächlicher oder rechtsgeschäftlicher Natur ist, ob es rechtmäßig oder rechtswidrig ist; es würde somit eine allgemeine Freiheit geschaffen werden.[562] Auch hätte dieses weite Verständnis zur Folge, dass sich der Staat bei jeder gesetzlichen Regelung im Bereich der Arbeits- und Wirtschaftsbedingungen umfassend rechtfertigen müsste.[563]

III. Stellungnahme, eigener Ansatz

Beide „Ansichten" bringen wichtige Punkte vor, die es bei der Auslegung des Art. 9 III S. 1 GG zu berücksichtigen gilt. Allerdings kann keine Stellungnahme im Sinne einer Entscheidung zwischen den „beiden Ansichten" getroffen werden. Es gibt nämlich, wie sich bei näherer Betrachtung herausstellt, gar keine „zwei konträren Ansichten" zu einem strittigen Problem. Die Argumentation wird vielmehr auf unterschiedlichen Ebenen geführt: Bei der ersten Ansicht (Koalitionsspezifität) geht es um ein Kriterium, welches allgemein den Maßstab für einen Teil des Schutzbereiches, nämlich die Betätigungsfreiheit, bilden soll. Hiernach wäre also der Arbeitskampf unmittelbar als Betätigungsform geschützt, da er koalitionsspezifisch ist. Eines Bezugs zur Tarifautonomie bedürfte es damit nicht. Vielmehr befände sich diese wie auch der Arbeitskampf unmittelbar (und somit auf gleicher Stufe) im Schutzbereich. Bei der zweiten Ansicht (Erforderlichkeit) geht es streng genommen nicht darum, ob der Arbeitskampf eine Form der geschützten Betätigung ist. Vielmehr wird die Tarifautonomie als Betätigung anerkannt und dem Arbeitskampf erst in einem zweiten Schritt Schutz zuerkannt: Lediglich weil bzw. soweit er erforderlich ist für die Betätigungsform Tarifautonomie, wird auch der Arbeitskampf geschützt. Es geht also um einen Spezialfall, für den Spezialanforderungen (Erforderlichkeit) manifestiert werden, ohne allgemein zu bestimmen, welches Verhalten als Betätigung geschützt ist. Hierauf kommt es auch gar nicht an, da gerade nicht untersucht wird, ob der Arbeitskampf selbst eine Betätigungsform ist.

Beide Meinungen greifen daher zu kurz: Das Merkmal der Koalitionsspezifität als solches ist zu unbestimmt, als dass hierdurch allgemeinverbindliche und vorhersehbare Aussagen darüber getroffen werden können, welche Maßnahmen als Betätigung vom Schutzbereich erfasst werden. Das Kriterium der Erforderlichkeit bietet überhaupt keine allgemeingültige Aussage zur Bestimmung der Betätigungsformen, sondern bezieht sich nur auf den Spezialfall Arbeitskampf im Rahmen der Tarifautonomie. Richtigerweise ist daher zunächst zu klären, was unter der als geschützt angenommenen Betätigungsfreiheit zu verstehen ist und ob unter die gefundene Formel der Arbeitskampf fällt. Lediglich in einem weiteren Schritt kann dann, falls der Arbeitskampf nicht ohnehin schon als Betätigungsform angesehen werden darf, versucht werden, ihn als Annex zur Tarifautonomie zu schützen.

562 Siehe: Kemper, in: vM/K/S, Art 9 III, Rn. 111.

563 Siehe: Kemper, in: vM/K/S, Art 9 III, Rn. 111.

1. Ausgestaltung der Koalitionsspezifität

Das Merkmal der Koalitionsspezifität hat zu wenig Aussagekraft, als dass verlässliche, vorbestimmte Ergebnisse damit erreicht werden könnten.[564] Es bringt jedoch richtigerweise zum Ausdruck, dass gerade nicht jedwedes Verhalten geschützt sein kann. Vielmehr muss ein *spezifischer* Bezug zur Koalitionsfreiheit bestehen. Auch hat sich das Kriterium der Spezifität im Bereich anderer Grundrechte etabliert, wie z.B. bei der Parteienfreiheit.[565]

Aus diesem Grund muss versucht werden, dieses Kriterium in allgemeingültiger Weise näher auszugestalten. Eine lediglich beispielhafte Aufzählung von Fallgruppen[566] erscheint nur bedingt hilfreich, da die Koalitionsfreiheit als ein zukunftsoffener Grundrechtstatbestand anzusehen ist, der sich stets an die wandelnden Umstände anpassen muss, was u.U. auch zu neuen Betätigungsformen führen kann.[567] Daher soll zunächst allgemein zwischen offener und enger Grundrechtsinterpretation unterschieden werden, bevor zu Auslegungskriterien für die Betätigungsfreiheit im Speziellen zu gelangen ist.

a. Argumente für eine enge Schutzbereichsinterpretation

Als Argument für eine enge Schutzbereichsinterpretation wird angeführt, dass man sich am Wortlaut orientieren müsse: Da dieser im Bereich der Grundrechte meist kurz gefasst sei, dürfe sich kein Widerspruch aus dem geringen Text und einer ausschweifenden Interpretation ergeben.[568] Auch sei festzuhalten, dass es keine Regelvermutung für eine besonders weite Grundrechtsinterpretation gebe.[569] Vielmehr sei dem allgegenwärtigen Gedanken der Einheit der Rechtsordnung Rechnung zu tragen. Aus diesem folge jedoch, dass kein Recht isoliert für sich betrachtet werden dürfe, sondern stets im Gesamtzusammenhang zu sehen sei. Bei der Auslegung des Schutzbereiches von Grundrechten seien daher stets auch die anderen Grundrechte zu beachten, was zu einer eher engen Umschreibung führe.[570] Dies folge zudem daraus, dass in der Regel keines der Grundrechte einen Vorrang beanspruchen könne. Durch die ausschweifende Bejahung von Schutzbereichen würden ansonsten leichtfertig Rechte bejaht werden, obwohl sie im Ergebnis zu verneinen seien; es würde also zunächst ein Vorrang festgestellt werden, der faktisch nicht bestehe.[571]

---

564 Auch: Kemper, in: vM/K/S, Art. 9 III, Rn. 111, 115, 122; Zöllner, AöR 98, 71, 87.

565 Als grundrechtsähnliches Recht; vgl.: Ipsen, in: Sachs, Art. 21, Rn. 32.

566 U. a.: Jarass, in: Jarass/ Pieroth, Art. 9, Rn. 39 ff.

567 Vgl.: BVerfG v. 04.07.1995 – 1 BvF 2/86, BVerfGE 92, 365, 394; BAG v. 19.06.2007 – 1 AZR 396/06, BAGE 123, 134, 140; BAG v. 22.09.2009 – 1 AZR 972/08, BAGE 132, 140, 150; Scholz, in: Maunz/ Dürig, Art. 9, Rn. 194.

568 Vgl.: Gamillscheg, KollArbR I, S. 86; Burkiczak, Grundgesetz und Deregulierung des Tarifvertragsrechts, S. 119.

569 Siehe: Dreier, in: Dreier, Vor Art. 1, Rn. 121.

570 Vgl.: BVerfG v. 24.04.1996 – 1 BvR 712/86, BVerfGE 94, 268, 284.

571 Siehe: Bamberger, Verfassungswerte als Schranken vorbehaltloser Freiheitsgrundrechte, S. 53.; bzgl. Art. 8 I GG: OVG Münster v. 23. 3. 2001 – 5 B 395/01, NJW 2001, 2111; Battis/ Grigoleit, NVwZ 2001, 121 123 f.

Bei zu weit gefassten Schutzbereichen käme es des Weiteren zu einer unüberschaubaren Zahl von Grundrechtskollisionen, da nahezu jedes Verhalten unter irgendein Grundrecht subsumiert werden könne.[572] Dies hätte zudem zur Folge, dass jedes Handeln des Staates als potentieller Eingriff in Grundrechte den Weg nach Karlsruhe eröffnen und so zu einer Überbelastung des BVerfG und einer Veränderung des staatlichen Kompetenzgefüges führen würde.[573] Auch sei es nicht erstrebenswert, dass die gesamte Abwägung im Rahmen der Schranken erfolge. Würden nicht bereits gewisse Schranken auf Schutzbereichsebene gezogen, so könne dies dazu führen, dass es alleine dem entscheidenden Richter überlassen wäre, sämtliche Belange im Rahmen seiner Abwägung zu berücksichtigen. Es drohe die Gefahr einer richterlichen Beliebigkeit, zumal die Abwägung von Haus aus meist nicht so gut nachvollziehbar sei.[574]

Außerdem wird das neminem-laedere Gebot angeführt: Als notwendiger Grundsatz des Miteinanderlebens liege dieses der Rechtsordnung voraus und untersage grundsätzlich die Schädigung von Rechtsgütern Dritter. Somit müssten Grundrechte schon diesbezüglich eng ausgelegt werden.[575] Darüber hinaus wird angeführt, bei fehlender Restriktion von schädlichem Verhalten würde bereits auf Schutzbereichsebene zu Unrecht der Eindruck entstehen, es gäbe z.B. ein „Grundrecht auf Töten“[576]. Daher sei es erforderlich, unter Strafe stehende Verhaltensweisen aus dem Schutzbereich auszugrenzen.[577] Schließlich müsse ein unrealistisches Bild eines großen Schutzgehaltes bedingt durch einen umfassenden Schutzbereich vermieden werden. Ansonsten würde dem Bürger nur etwas vorgespielt werden, was nicht der Realität entspräche, da es zu massiven Einschränkungen im weiteren Verlauf der Prüfung komme.[578]

b. Argumente für eine weite Schutzbereichsinterpretation

Dem Argument, dass durch eine zu weite Interpretation eine unrealistische Vorstellung vom Schutzbereich entstünde, wird entgegengehalten, der Schutzbereich stelle nie einen vollumfänglich garantierten, unantastbaren Bereich dar. Vielmehr müsse man zwischen prima-facie gewährleistetem Recht, wie es sich aus dem weiten Schutzbereich ergebe, und dem effektiven Grundrechtsschutz unterscheiden. Dieser könne jedoch erst nach einer Abwägung im Rahmen der Schranken festgelegt werden.[579] Auch Vertreter einer weiten Schutzbereichsinterpretation rekurrieren auf den beschränkten Umfang der grundrechtlichen Normtexte. Gerade die offene

572 Siehe: Lepa, DVBl. 1972, 161 ff.
573 So: Starck, JuS 1981, 237, 246.
574 Siehe: Leisner, Der Abwägungsstaat, S. 117 ff.; Isensee, in: Isensee/ Kirchhof, HStR V 1. Aufl., § 111, Rn. 175.
575 Vgl.: Engels, Verfassung und Arbeitskampfrecht, S. 222.
576 Siehe: Starck, JuS 1981, 237, 246.
577 Siehe: Ipsen, JZ 1997, 473, 480; Starck, JuS 1981, 237, 245 f.
578 So: Isensee, Wer definiert die Freiheitsrechte, S. 31.
579 Alexy, Theorie der Grundrechte, S. 296 f.; Schwabe, Probleme der Grundrechtsdogmatik, S. 61 ff.

Formulierung zeige jedoch, dass ein möglichst großer Bereich an möglichen Handlungsformen abgedeckt werden soll, da eben nicht nur Einzelfälle im Wortlaut aufgelistet würden.[580]

Zudem sei zu berücksichtigen, dass der Staat quasi der natürliche Feind der Grundrechte sei.[581] Gerade weil jedoch ein möglichst lückenloser Schutz vor staatlichem Handeln bezweckt werde und es gelte den Grundsatz größtmöglicher Effektivität[582] der Grundrechte umzusetzen, müsse ein Grundrecht bereits im Schutzbereich so umfassend ausgelegt werden, dass es möglichst viele Lebensbereiche abdecke, ohne bereits kollidierende Grundrechte zu berücksichtigen.[583] Ansonsten liefe man Gefahr, durch ein vorschnelles Ablehnen des Schutzbereiches gar nicht mehr die Möglichkeit zu haben, kollidierende Rechtspositionen miteinander abzuwägen. Sei der Schutzbereich einmal verneint, so wäre die Prüfung schließlich sofort beendet.[584] Dies würde jedoch dem Gedanken von Grundrechten als natürlichen Freiheitsrechten nicht gerecht.[585] Zudem würde dadurch der Rechtsschutz des Betroffenen erheblich verkürzt werden.[586]

Dem Argument der Beliebigkeit oder Nichtnachvollziehbarkeit der Abwägung wird entgegengehalten, gerade durch die Aufteilung in weiten Schutzbereich und Schranken werde ein strukturiertes Prüfungsprogramm installiert, welches es erst möglich mache die Abwägung nachzuvollziehen:[587] Durch die Aufspaltung in mehrere Prüfungsschritte und eine ausführlichen Abwägung aller Belange im Rahmen der Schranken habe der Betroffene viel besser die Möglichkeit diese zu durchblicken, zumal so den Gerichten ein „systematisches Abarbeiten von Begründungslasten“ abverlangt werde.[588] Dies ermögliche daher eine bessere Kontrolle.[589] Bei einem engen Verständnis hingegen würde die Abwägung bereits auf Schutzbereichsebene vorgenommen bzw. vorweggenommen. Da hier jedoch meist keine sauber getrennten Prüfungsschritte erfolgen, sondern schlicht das Ergebnis präsentiert werde, bestehe dort aufgrund dieser Intransparenz die Gefahr der Beliebigkeit und Nichtnachvollziehbarkeit der Abwägung.[590] Ort für Abwägungen und Rechtmäßigkeitsüberlegungen sei daher der Bereich der Schranken.[591] Zudem bestehe die Gefahr, durch ein enges Schutzbereichsverständnis und die damit einhergehende bereits vorweggenommene Abwägung eine Art case law zu etablieren.[592] Demgegenüber könne durch eine weite Auslegung eine größere Einzelfallge-

---

580 Siehe: ErfK/ Dieterich, 10 GG, Art. 9, Rn. 271.

581 Kahl, Der Staat 2004, 167, 200 f.

582 Vgl.: BVerfG v. 17.01.1957 – 1 BvL 4/54, BVerfGE 6, 55, 72; BVerfG v. 20.02.2001 – 2 BvR 1444/00, BVerfGE 103, 142, 153.

583 Vgl.: BVerfG v. 13.10.1971 – 1 BvR 280/66, BVerfGE 32, 54, 72; Sachs, in: Sachs, Vor Art. 1 Rn. 60 f.; Däubler, in: Däubler, AK, § 9 Rn. 3; Engels, Verfassung und Arbeitskampfrecht, S 247, m. w. N.

584 Dreier, in: Dreier, Vor Art. 1, Rn. 120; Höfling, Offene Grundrechtsinterpretation, S. 175 f.

585 So: Dreier, in: Dreier, Vor Art. 1, Rn. 120; Volkmann, JZ 2005, 261, 263 f.

586 So: Engels, Verfassung und Arbeitskampfrecht, S. 250.

587 Siehe: Alexy, Theorie der Grundrechte, S. 294.

588 So: Dreier, in: Dreier, Vor Art. 1, Rn. 120; Volkmann, JZ 2005, 261, 263.

589 Siehe: Höfling, Offene Grundrechtsinterpretation, S. 173; Engels, Verfassung und Arbeitskampfrecht, S. 248.

590 So: Alexy, Theorie der Grundrechte, S. 290; Höfling, Offene Grundrechtsinterpretation, S. 173 ff.

591 Siehe: Kahl, Der Staat 2004, 190; Winkler, Kollisionen verfassungsrechtlicher Schutznormen, S. 181 ff.

592 Siehe: Kahl, Der Staat 2004, 167, 193.

rechtigkeit erreicht werden, da sich das Ergebnis erst aus der Abwägung aller im Einzelfall relevanten Belange ergebe.[593]

c. Stellungnahme zur allgemeinen Schutzbereichsinterpretation

Auch im Rahmen dieser Diskussion kann es keine einfache Entscheidung „dafür oder dagegen" geben. Eine solche wäre auch nicht zielführend, zumal aus einer Entscheidung für einen der beiden Ansätze noch keine definitiven Schlussfolgerungen gezogen werden können: Beispielsweise sagt eine enge Auslegung der Berufsfreiheit noch nichts über die Kriterien im Einzelnen aus. Sowohl weite als auch enge Schutzbereichsinterpretation bringen hingegen bedeutende und zu beachtende Argumente vor.

Den Befürwortern einer engen Interpretation ist zuzugeben, dass der Wortlaut nicht außer Acht zu lassen ist. Er bildet vielmehr die äußerste Grenze der Auslegung.[594] Nicht jedes Grundrecht kann daher so extensiv ausgelegt werden, dass im Ergebnis eine allgemeine Handlungsfreiheit aus ihm zu folgern ist; Art. 2 I S. 1 GG stellt insofern einen subsidiären Sonderfall da. Ausnahmen sind jedoch eng zu handhaben. Vielmehr müssen Grundrechte noch in ihrer Spezifität fassbar sein. Allerdings führen weder der Grundsatz der Einheit der Rechtsordnung noch die Tatsache, dass Grundrechte kollidieren dazu, dass derartige Belange bereits auf der Ebene des Schutzbereiches zu berücksichtigen sind. Zwar ist grundsätzlich der Aussage „Freiheit bis zu den Grenzen der Freiheit des Anderen" zuzustimmen. Die Berücksichtigung widerstreitender Interessen bereits auf Schutzbereichsebene würde jedoch zu einer nicht hinnehmbaren Grundrechtsverkürzung führen.[595]

Auch dem Vorwurf des unrealistischen Grundrechtsbildes, welches erst im weiteren Verlauf der Prüfung „demontiert" würde, ist entgegenzutreten: Es ist gerade Charakteristikum des gefestigten Grundrecht-Prüfprogrammes von Schutzbereich-Eingriff-Rechtfertigung, dass zunächst versucht wird die Prüfung für ein möglichst breites Handlungsfeld zu eröffnen und erst durch die Abwägung im Einzelfall zu sachgerechten Ergebnissen zu gelangen. Insofern ist in der Tat auf die Vorzüge dieses strukturierten Prüfungsprogrammes zu verweisen, welches die Abwägung jedenfalls nachvollziehbarer gestaltet, als dies bei Berücksichtigung widerstreitender Rechte bereits im Schutzbereich der Fall wäre.[596] Die Eröffnung des Schutzbereiches darf nicht schon von einer Abwägung abhängen, sondern muss vielmehr allgemeinverbindlich feststehen, da nur so die nötige Rechtssicherheit erreicht werden kann und nicht eine Grauzone des unmittelbaren Schutzes entsteht.[597]

Dem Vorwurf einer Überlastung des BVerfG durch weite Schutzbereiche kann ebenfalls entgegengetreten werden: Zwar ist es richtig, dass durch ein weites Schutzbereichsverständnis potentiell mehr Grundrechtsverletzungen und damit mehr Verfassungsklagen möglich sind.

---

593 So: Engels, Verfassung und Arbeitskampfrecht, S. 249.

594 Hufen, Staatsrecht II, § 6, Rn. 5.

595 So auch: Hufen, Staatsrecht II, § 6, Rn. 21; vgl.: Däubler, in: Däubler, AK, § 9, Rn. 3.

596 Vgl.: Volkmann, JZ 2005, 261, 263 f.

597 Ähnlich auch: Engels, Verfassung und Arbeitskampfrecht, S. 221; Isensee, in: Isensee/ Kirchhof, HStR V 1. Aufl., § 111, Rn. 54.

Allerdings stellt der Schutzbereich gerade nur einen prima-facie Schutz dar. Es nützt dem Einzelnen nichts, wenn er zwar klagen könnte, aber absehbar ist, dass der Eingriff gerechtfertigt ist. Insofern ist zu bezweifeln, dass die Möglichkeit, sich quasi allein die Schutzbereichseröffnung bestätigen zu lassen, zu einer größeren Zahl von Verfahren führt.[598] Einer Begrenzung durch die Herausnahme von allgemein verbotenen oder in Rechte Dritter eingreifenden Handlungen aus dem Schutzbereich ist ebenfalls nicht zu folgen. Ein solches Vorgehen würde zum einen eine große definitorische Missbrauchsgefahr bedeuten. Zum anderen hätte es ansonsten der einfache Gesetzgeber in der Hand, die Reichweite der Grundrechte zu bestimmen; dies missachtet jedoch die Vorrangstellung der Grundrechte.[599]

Vielmehr ist auf den Sinn und Zweck der Grundrechte abzustellen. Sie dienen dem Einzelnen oder Gruppen von Menschen dazu, sich vor Handlungen des Staates zu schützen. Bereits durch die Stellung am Anfang des Grundgesetzes wird die anthropozentrische, d.h. auf den Menschen bezogene Ausrichtung des Staates verdeutlicht. So formulierte schon der Vorentwurf zu Art. 1 (Herrenchiemsee): „Der Staat ist um des Menschen willen da, nicht der Mensch um des Staates willen."[600] Dementsprechend muss jedoch versucht werden Grundrechte eher weit auszulegen, da nur so zu erreichen ist, dass dem Staat effektiv Rechtfertigung für sein Handeln abverlangt werden kann. Denn es gilt: „Erlaubt ist, was nicht gesetzlich verboten ist – nicht umgekehrt: Es ist verboten, was nicht ausdrücklich erlaubt ist."[601] Damit ist im Sinne eines effektiven Grundrechtsschutzes von einem eher weiten Verständnis des Schutzbereiches auszugehen, welches jedoch den Wortlaut und den Telos des einschlägigen Grundrechts ausreichend berücksichtigt.

d. Kriterien für die Koalitionsspezifität

Vor dem Hintergrund solch einer eher weiten Schutzbereichsinterpretation ist nun ein allgemeingültiger Ansatz zur Konkretisierung der Koalitionsspezifität herauszubilden. Der Wortlaut des Art. 9 III S. 1 GG sagt nicht, was unter der Betätigung, geschweige denn unter einer koalitionsspezifischen Betätigung zu verstehen ist; er enthält nicht mal die Betätigung an sich. Der einzige Anhaltspunkt, den er liefert, ist der Koalitionszweck, nämlich die Wahrung und Förderung der Arbeits- und Wirtschaftsbedingungen.

In Betracht käme grundsätzlich eine historische Auslegung.[602] Wie oben dargestellt hat sich insb. das Arbeitskampfrecht über Jahrzehnte hinweg entwickelt. Insofern könnte man daran denken, die Koalitionsspezifität anhand einer Betrachtung der schon in der Vergangenheit aufgetretenen Betätigungsformen zu konkretisieren. Dies wäre auch technisch leicht möglich, da diese Formen dokumentiert sind. Außerdem würde ein solches Vorgehen der Rechtssicherheit dienen, da diese Dokumente grundsätzlich frei zugänglich sind. Allerdings wird das

598 Ähnlich: Alexy, Theorie der Grundrechte, S. 299.

599 Zur Berufsfreiheit: Mann, in: Sachs, Art. 12, Rn. 52 f.

600 Vgl.: Hufen, Staatsrecht II, § 1, Rn. 7.

601 Hufen, Staatsrecht II, § 1, Rn. 12.

602 So: angedeutet bei Kittner/ Schiek, AK-GG, Art. 9 III, Rn. 124; Engels, Verfassung und Arbeitskampfrecht, S. 254, bezogen auf den Arbeitskampf.

Kriterium der „historischen Anerkennung“ nicht der Zukunftsoffenheit des Grundrechts gerecht.[603] Das Grundgesetz muss sich den wandelnden Umständen anpassen und kann nicht auf den Schutzumfang eines Augenblickes abstellen.[604] Zudem hätten sich bei einem solchen Kriterium auch erst gar keine neuen Betätigungsformen entwickeln können dürfen, da es stets auf die Vergangenheit, also auf bereits einmal Dagewesenes gerichtet ist.[605] Die historische Entwicklung kann demnach zwar ein zu berücksichtigender Belang, jedoch nicht das eigentliche Auslegungskriterium sein.

Vertreten wird zudem, dass schlicht jedes Handeln, das dem Koalitionszweck entspricht, koalitionsspezifisch sei.[606] Zuzugeben ist diesem Ansatz, dass der Wortlaut eben nur hierzu Ausführungen macht. Auch entspräche dieser Ansatz einem grundsätzlich zu befürwortenden, weiten Verständnis des Schutzbereiches (siehe oben). Allerdings erscheint ein solches Verständnis dann doch zu weitgehend. Wie dargestellt, stellt nämlich neben dem Wortlaut auch der Sinn des Grundrechts eine bedeutende Grenze der Auslegung dar. Und selbst wenn der Wortlaut sich überhaupt nicht explizit zur Betätigung äußert, so heißt das nicht, dass hieraus gar keine Folgerungen zu ziehen sind, sondern dass dann vielmehr eher zurückhaltend ausgelegt werden muss. Würde man zudem schlicht jedes Verhalten, das in irgendeiner Art und Weise auf den Koalitionszweck gerichtet ist ausreichen lassen, käme dies einem solch ausufernden Grundrechtstatbestand wie dem der allgemeinen Handlungsfreiheit gleich.[607] Selbst das BVerfG hat festgestellt, Art 9 III GG gewährleiste nicht die „uneingeschränkte Befugnis, alle denkbaren Kampfformen einzusetzen“.[608] Auch würde dies den Koalitionen selbst die Möglichkeit geben zu bestimmen, welches Verhalten koalitionsspezifisch ist und welches nicht, da nahezu jedes Verhalten (jedenfalls vordergründig) auf irgendeinen Aspekt der (mittelbaren) Wahrung und Förderung der Arbeits- und Wirtschaftsbedingungen gerichtet werden kann.[609]

Der Rspr. des BVerfG ist eine solch weite Interpretation letztlich ebenfalls nicht zu entnehmen: Aus der Formulierung, dass Arbeitskämpfe „jedenfalls“ insoweit geschützt seien, als sie für die Funktionsfähigkeit der Tarifautonomie erforderlich seien, folgt nicht, dass diese einen Spezialfall bilden und somit grundsätzlich jede Art von Arbeitskampf geschützt ist.[610] Vielmehr wollte sich das Gericht schlicht nur mit dem befassten Fall auseinandersetzen und

603 Siehe auch: Höfling, in: Sachs, Art. 9, Rn. 55, 88.

604 Vgl.: BVerfG v. 04.07.1995 – 1 BvF 2/86, BVerfGE 92, 365, 394; BAG v. 19.06.2007 – 1 AZR 396/06, BAGE 123, 134, 140; BAG v. 22.09.2009 – 1 AZR 972/08, BAGE 132, 140, 150.

605 Vgl. auch: Hufen, Staatsrecht II, § 6, Rn. 5.

606 So wohl: BVerfG v. 10. 9. 2004 – 1 BvR 1191/03, NZA 2004, 1338, 1339; BAG v. 22. 9. 2009 – 1 AZR 972/08, NJW 2010, 631, 634 (beide jedoch leicht widersprüchlich, da in Bezug auf den Arbeitskampf relativierend: Dieser sei jedenfalls insoweit geschützt, als er erforderlich ist für eine funktionierende Tarifautonomie); Höfling, in: Sachs, Art. 9, Rn. 104; Engels, Verfassung und Arbeitskampfrecht, S. 250; Kittner/ Schiek, in: AK-GG, Art. 9 III, Rn. 124; Greiner, Arbeitskampfpluralität, S. 117.

607 Ähnlich: Kemper, in: vM/K/S, Art. 9 III, Rn. 111.

608 BVerfG v. 26.06.1991 – 1 BvR 779/85, BVerfGE 84, 212, 229; dies umso bemerkenswerter, als es zuvor noch feststellt, dass die Auswahl der Mittel „grundsätzlich den Koalitionen“ überlassen wird: BVerfG v. 26.06.1991 – 1 BvR 779/85, BVerfGE 84, 212, 224.

609 So auch: Jacobs, ZFA 2011, 71, 82.

610 In diese Richtung jedoch wohl Däubler, in: Däubler, AK, § 9, Rn. 8.

eine weitergehende Erörterung, ob der Arbeitskampf auch bzgl. anderer Ziele in Betracht kommt, vermeiden. Eine Aussage dazu ob Arbeitskämpfe geschützt werden, die nicht für die Funktionsfähigkeit der Tarifautonomie erforderlich sind, wird aber nicht getroffen. Gerade dadurch, dass das BVerfG auf ein „koalitionsspezifisches“[611] Verhalten abstellt, zeigt es: Nicht jedes Handeln, welches in irgendeiner Art und Weise dem Koalitionszweck entspricht, reicht aus um den Schutzbereich zu bejahen. Die Betätigung muss hingegen eine *spezifische Eigenart* aufweisen.

Betrachtet man die möglichen Folgen einer zu weit gefassten Koalitionsspezifität, muss die schrankenlose Gewährleistung des Art. 9 III GG beachtet werden.[612] Diese kann nur zugunsten kollidierenden Verfassungsrechts eingeschränkt werden. Im Gegensatz zur allgemeinen Handlungsfreiheit, bei welcher dem weiten Schutzbereich durch den gleichfalls weiten, allgemeinen Gesetzesvorbehalt Einhalt geboten werden kann, würde Art. 9 III GG geradezu eine herausragende Stellung unter den Grundrechten einnehmen, da er, wie aufgezeigt, so gut wie jedes Verhalten erfassen kann, aber nur in sehr beschränktem Rahmen einzugrenzen wäre.[613] Die Problematik eines zu weiten Verständnisses des Art. 9 III GG zeigt sich auch an folgenden Beispielen: Würde man beim politischen Streik nur auf die Zielsetzung abstellen, so müsste man den Schutzbereich als eröffnet ansehen, wenn z.B. Arbeitnehmer gegen ein Gesetz durch Arbeitsniederlegung protestieren, welches sich auf die aktuellen Arbeitsbedingungen negativ auswirken würde. Ihr Handeln würde dem Zweck dienen, die Arbeits- und Wirtschaftsbedingungen (aus ihrer Sicht) zu fördern und zu bewahren. Auch weitere Kriterien der Gegenmeinung, wie die Druckausübung auf den sozialen Gegenspieler, müssten bejaht werden,[614] da durch entsprechende Lobbyarbeit der Arbeitgeberverbände Einfluss auf die Politik genommen werden kann, sodass mögliches Ziel der Arbeitnehmer eben auch lediglich die Druckausübung auf den Arbeitgeber sein könnte, entsprechendes zu veranlassen. Dieses Ergebnis kann jedoch nicht gebilligt werden, da sich der Verfassungsgeber mit Art. 20 II S. 2 für eine repräsentative Demokratie entschieden hat,[615] sodass dem Volk auf Bundesebene gerade kein plebiszitäres Vorgehen zugebilligt werden kann.[616] Und auch der Fall, dass Arbeitnehmer das private Wohnhaus des Arbeitgebers blockieren, um ihn zu Zugeständnissen bei Arbeitsbedingungen zu bewegen, müsste zunächst als vom Schutzbereich erfasst angesehen werden.[617] Zwar kann gegen diese Beispiele grundsätzlich zu Recht vorgebracht werden, dass sie jedenfalls auf der nachfolgenden Schrankenebene keinen Bestand haben würden. Allerdings sei nochmals darauf hingewiesen, dass dies, vor dem Hintergrund der schrankenlosen Gewährleistung, einen erheblichen Begründungsaufwand mit sich brächte. Zudem erscheint es doch sehr fraglich, ob ein derartiges Verhalten als spezifisch, also als für jemanden bzw.

611 BVerfG v. 14.11.1995 – 1 BvR 601/92, BVerfGE 93, 352, 358.
612 U.a.: BPSU, Teil 1, Rn. 69, 72.
613 Ähnlich auch: Kemper, vM/K/S, Art. 9 III, Rn. 111.
614 A. A. wohl: Engels, Verfassung und Arbeitskampfrecht, S. 254.
615 Vgl.: Magiera, in: Sachs, Art. 38, Rn. 7.
616 Vgl.: Kaiser, Der politische Streik, S. 21; Krichel, NZA 1987, 297, 298.
617 Siehe: Jacobs, ZfA 2011, 71, 82.

etwas besonders charakteristisch, typisch, eigentümlich, ganz in der jemandem eigenen Art[618] anzusehen ist.

Daher sollte man versuchen ein engeres Kriterium zu finden. Ausgangspunkt muss dabei sein, dass dieses, einem grundsätzlich weiten Schutzbereichsverständnis folgend, zukunftsoffen und weit formuliert ist, keinen numerus clausus darstellt, aber andererseits zugleich nur einen engeren Bereich von Betätigungen umfasst, eben einen, der charakteristisch für Koalitionen ist. Eine Festlegung ausschließlich über die Art der Maßnahme würde dem nicht gerecht werden, da hierdurch nicht die sich wandelnden Umstände berücksichtigt werden können. Einziger Anhaltspunkt ist und bleibt damit der Koalitionszweck.[619] Zu einer Restriktion kann man allerdings gelangen, wenn man nicht gerade *jedes* Handeln ausreichen lässt, das in irgendeiner Art und Weise auf den Koalitionszweck gerichtet ist, sondern nur diejenigen Verhaltensweisen, welche dem Koalitionszweck *unmittelbar* dienen. Ähnlich formulierte auch das BVerfG: Die Betätigung sei geschützt, „soweit diese *gerade*[620] in der Wahrung und Förderung der Arbeits- und Wirtschaftsbedingungen" bestehe.[621] Hiernach ist folglich darauf abzustellen, ob gerade durch die konkrete Betätigungsform an sich schon die Arbeits- und Wirtschaftbedingungen gewahrt oder gefördert werden. Geschützt wäre somit nur das wirklich ureigenste, eben das koalitions*spezifische* Verhalten: Durch den Abschluss eines Kollektivvertrages beispielsweise werden unmittelbar Rechte und Pflichten begründet. Auch der Abschluss eines Tarifvertrages nach heutigem Verständnis, also i.S.v. § 1 TVG, führt dazu, dass unmittelbar auf die einzelnen Arbeitsbedingungen eingewirkt wird.[622] Wie bereits oben gesehen, wird zwar verfassungsrechtlich nur die historisch gewachsene, von der derzeitigen einfachgesetzlichen Regelung unabhängige *Tarifautonomie im Allgemeinen* garantiert. Ohne TVG bliebe damit an sich nur die Möglichkeit allgemeine Verträge bzw. Kollektivverträge abzuschließen. Um jedoch effektiv die Arbeits- und Wirtschaftsbedingungen wahren und fördern zu können, wird der Gesetzgeber durch Art. 9 III GG auch verfassungsrechtlich dazu verpflichtet ein System bereitzustellen, in dem jedenfalls unmittelbar (aber nicht unbedingt zwingend) wirkende Tarifverträge abgeschlossen werden können.[623] Darüber hinaus erstreckt sich der Schutz auf weitere Bereiche: Die Vertretung von Mitgliedern vor Gericht wahrt unmittelbar die bestehenden arbeitsvertraglichen Rechte und Pflichten. Die Einrichtung von Sozialkassen wirkt sich unmittelbar auf die Betroffenen aus. Auf der anderen Seite muss eine unmittelbare Förderung und Wahrung der Arbeits- und Wirtschaftbedingungen verneint werden, wenn es um die Mitgliederwerbung geht (insofern kommt jedoch ein Annex zur Be-

---

618 Duden, Deutsches Universalwörterbuch, S. 1640.

619 Ähnlich auch: BVerfG v. 26.06.1991 – 1 BvR 779/85, BVerfGE 84, 212, 224; für eine insgesamt funktionelle Bestimmung ebenfalls: Scholz, in: Maunz/ Dürig, Art. 9, Rn. 194.

620 Hervorhebung des Verfassers.

621 BVerfG v. 26.06.1991 – 1 BvR 779/85, BVerfGE 84, 212, 224. Dem folgt, zumindest in einem ersten Schritt, auch das BAG (v. 24. 4. 2007 – 1 AZR 252/06, NZA 2007, 987, 996; v. 22. 9. 2009 – 1 AZR 972/08, NJW 2010, 631, 634: „Betätigungen, sofern diese der Förderung der Arbeits- und Wirtschaftsbedingungen dienen").

622 Benecke, in: FS Buchner, 96: Abschluss von Tarifverträgen als koalitionsspezifische Betätigung.

623 Siehe oben: § 7 A.; auch: BVerfG v. 18.11.1954 – 1 BvR 629/52, BVerfGE 4, 96, 106; Kemper, in: vM/K/S, Art. 9 III, Rn. 142 f.; Buchner, ZfA 2004, 229, 240; Höfling, in: Sachs, Art. 9, Rn. 92; Raab, ZfA 2004, 371, 393; wohl auch: Waltermann, in: FS Söllner, 1251, 1270.

standsgarantie in Betracht).[624] Und auch der Arbeitskampf ist (vorerst) nur darauf gerichtet, dass ein Tarifvertrag abgeschlossen wird. Er ist also nicht unmittelbar auf den Koalitionszweck gerichtet, sondern dient diesem nur mittelbar. Er wird jedoch möglicherweise in bestimmtem Umfang als Annex ebenfalls gewährleistet. Politischer Arbeitskampf und Hausblockade fördern ebenfalls nicht unmittelbar den Koalitionszweck.

Zugegebenermaßen birgt dieser Standpunkt einen Hauch Revolutionäres in sich; auch Arbeitskampf und Werbung für die Koalition wurden meist unter die Betätigung subsumiert.[625] Dies war jedoch hauptsächlich dadurch bedingt, dass es schlicht an Alternativen zur Konkretisierung fehlte und entsprechende Urteile und Ausführungen recht allgemein gehalten wurden.[626] Durch den aufgezeigten Ansatz kann hingegen eine allgemeingültige, immer noch offene, aber nicht zu weitgehende Aussage darüber getroffen werden, was koalitionsspezifisch ist, ohne hierbei besonders auf den Arbeitskampf abzustellen. Auch kann damit eine Vermengung von Schutzbereich und Schranken vermieden werden, da eine unmittelbare Auswirkung im Sinne des Koalitionszweckes objektiv und für das jeweilige Kampfmittel generell, also unabhängig von Einzelfaktoren feststellbar ist. Zudem wird es der Überlegung gerecht, dass es gerade kein explizites *Grundrecht des Arbeitskampfes* gibt. Ein solches wurde bewusst nicht in das Grundgesetz aufgenommen.[627] Vielmehr war und ist das Grundgesetz so zu verstehen, dass der Arbeitskampf nur mittelbar, also in *dienender Funktion* geschützt ist. Dies widerspricht auch nicht der hier vertretenen Präferenz von einem weiten, möglichst unbeschränkten Schutzbereichsverständnis: Im Gegensatz zu den meisten anderen Grundrechten ist der Wortlaut des Art. 9 III S. 1 GG nämlich sehr knapp gehalten; er enthält gerade nur ein Gründungsrecht. Erst über eine weitergehende Auslegung, also nur über eine funktionale Herleitung gelangte man überhaupt zu einem Streikrecht.[628] Insofern unterscheidet sich die Koalitionsfreiheit, entgegen der Annahme des BVerfG,[629] dann eben doch von anderen Grundrechten.

624 Zwar bejaht das BVerfG (v. 14.11.1995 – 1 BvR 601/92, BVerfGE 93, 352, 358 ff.) den Schutz des Art. 9 III GG für die „Tätigkeit" Mitgliederwerbung; es fasst diese jedoch gerade nicht explizit unter den Begriff der koalitionsmäßigen Betätigung, sondern stellt im Weiteren vielmehr auf die Funktion der Werbung für die Sicherung des Fortbestandes ab. Daher muss kein Gegensatz zu der hier vertretenen Ansicht konstatiert werden; für einen beschränkten Schutz der Mitgliederwerbung auch: Otto, RdA 2010, 135, 139.

625 Vgl.: Höfling, in: Sachs, Art. 9, Rn. 68; Löwer, in: v. Münch/ Kunig, Art. 9, Rn. 101.

626 BVerfG v. 26.05.1970 – 2 BvR 664/65, BVerfGE 28, 295, 304 sagt zunächst die Werbung sei geschützte Betätigung. Anschließend wird jedoch ausgeführt, dass dies deshalb der Fall sei, da Art. 9 III GG den Bestand gewährleiste und die Werbung hierfür unerlässlich sei; siehe auch: Höfling, in: Sachs, Art. 9, Rn. 68.

627 Siehe: Otto, AK, § 2, Rn. 15; ders., RdA 2010, 135, 137.

628 Vgl.: Kemper, in: vM/K/S, Art. 9 III, Rn. 127; Otto, RdA 2010, 135, 137.

629 Nach Ansicht des BVerfG (v. 14.11.1995 – 1 BvR 601/92, NZA 1996, 381, 382) seien keine Einschränkungen auf Schutzbereichsebene zulässig, denn: „Insoweit gilt für Artikel 9 III GG nicht anderes als für die übrigen Grundrechte."

2. Mittelbarer Schutz für Hilfs-Betätigungsformen

Hieraus folgt jedoch nicht, dass der Arbeitskampf allgemein nicht grundgesetzlich geschützt ist; eine solche Schlussfolgerung würde in der Tat zu weit gehen. In Betracht kommt vielmehr ein Schutz als Annex für ein unmittelbar geschütztes Verhalten.[630] Bereits die ursprüngliche Herleitung des Arbeitskampfrechts durch das BVerfG ging davon aus, dass Art. 9 III S. 1 GG zunächst nur die Gründung gewährleistet und erst durch eine funktionale Betrachtung auch Bestand und Betätigung geschützt werden. Erst in einem zweiten bzw. dritten Schritt wurde der Arbeitskampf anerkannt, weil und soweit er für das Funktionieren der Tarifautonomie erforderlich ist.[631] Auch das BVerfG führt aus, dass Mittel wie der Arbeitskampf vom Schutz des Grundrechts umfasst werden, „*soweit* die Verfolgung des Vereinigungszwecks von dem Einsatz bestimmter Mittel *abhängt*".[632]

Diese Sichtweise des BVerfG ist grundsätzlich nach wie vor richtig und befindet sich im Einklang mit der hier vertretenen Auffassung: Wie gesehen ist der Arbeitskampf nicht als Betätigung geschützt. Unmittelbar geschützt sind nur diejenigen Betätigungen, welche *unmittelbar* den Koalitionszweck verwirklichen. Allerdings kann ein *mittelbarer* Schutz über eine funktionale Betrachtung entstehen: Sind die unmittelbar geschützten Betätigungsformen oder sonst geschützten Bereiche für sich alleine nur schwer oder gar nicht durchsetzbar, bei der Tarifautonomie müsste man wohl in der Tat von „kollektivem Betteln" sprechen,[633] müssen in einem vierten Schritt auch bestimmte „Hilfsbetätigungen" anerkannt werden, die *allgemein notwendig* sind, damit die unmittelbar geschützte Betätigung effektiv ausgeübt werden kann. Hierbei geht es nicht um eine konkrete Betrachtung z.B. des einzelnen Streiks etc., sondern vielmehr um eine generalisierende Einschätzung, ob das Mittel an sich allgemein notwendig ist, damit die garantierte Betätigung nicht ins Leere läuft.[634]

Nur diese abstrakte Betrachtung wird der Allgemeingültigkeit einer Grundrechtsauslegung gerecht und vermeidet eine Vermischung des Schutzbereiches mit den Schranken. Zudem ist begrifflich die Formulierung „allgemein notwendig" zu bevorzugen, da ansonsten die Gefahr einer Verwechslung mit dem strengeren „Erforderlichkeits"-Kriterium der Verhältnismäßigkeit besteht, welches konkret betrachtet, ob im Einzelfall nicht doch ein milderes Mittel angewendet werden kann.[635] Lediglich in einem Punkt muss, gewissermaßen klarstellend, von der ursprünglichen Rechtsprechung abgewichen werden: Der Arbeitskampf ist nicht

---

630 Wie hier grundsätzlich u.a. auch: Löwer, in: v. Münch/ Kunig, Art. 9, Rn. 101; Dietlein, in: Stern, Staatsrecht IV/1, S. 2061; Kannengießer, in: Schmidt-Bleibtreu, GG, Art. 9, Rn. 26; Dieterich, NZA-Beil. 2011, 84, 85; Otto, RdA 2010, 135, 137 f.; ders., AK, § 4, Rn. 21; Kemper, in: vM/K/S, Art. 9 III, Rn.127; Kissel, AK, § 35, Rn. 35; Gamillscheg, KollArbR I, S. 943; Lieb R., Der Arbeitskampf im öffentlichen Dienst, S. 63 f.; Konzen, in: FS 50 Jahre BAG, 513, 538; Ricken, in: MüArbR, § 200, Rn. 56; Wank, in: FS Kissel, 1225, 1234; wohl auch: Benecke, in: FS Buchner, 96, 104 f., 107; Rüthers, NZA 2010, 6, 7; Thüsing/ Hanau, in: Thüsing, Tarifautonomie, S. 59.

631 Siehe: Otto, RdA 2010, 135, 137; Buchner, BB 2007, 2520.

632 BVerfG v. 26.06.1991 - 1 BvR 779/85, BVerfGE 84, 212, 224 f.

633 Vgl.: BVerfG v. 26.06.1991 - 1 BvR 779/85, BVerfGE 84, 212, 229; BAG v. 10.06.1980 - 1 AZR 822/79, BAGE 33, 140, 151; ErfK/Dieterich, 10 GG, Art. 9, Rn. 112.

634 A. A. wohl: Kemper, vM/K/S, Art. 9 III, Rn. 128, der auf den konkret angestrebten Tarifvertrag abstellt.

635 Auch: Otto, AK, § 4, Rn. 21.

nur dann geschützt, wenn er für das Funktionieren gerade der Tarifautonomie notwendig ist. Dies ist vielmehr nur *ein* möglicher Anwendungsfall. Denkbar ist jedoch, dass Arbeitskampfmaßnahmen in Zukunft auch notwendig werden, um andere Betätigungsformen durchzusetzen.[636] Möglichen Kritikern kann bereits jetzt zugegeben werden, dass auch ein unbestimmtes Kriterium wie das der „allgemeinen Notwendigkeit" gewisse Unsicherheiten in sich birgt. Dies ist jedoch der Preis, wenn man ein zukunftsoffenes Merkmal formulieren will; nur wenn es einen gewissen unbestimmten Gehalt aufweist, kann es sich den wandelnden Umständen anpassen.

Verfassungsrechtlich gilt damit für den Arbeitskampf im Allgemeinen: Er ist zulässig, soweit er für die effektive Umsetzung der unmittelbar geschützten Bereiche *allgemein notwendig* ist.[637]

IV. Zwischenergebnis zum sachlichen Schutzbereich im Allgemeinen

Damit kann für den sachlichen Schutzbereich vorerst festgehalten werden: Art. 9 III S. 1 GG schützt ausweislich seines Wortlautes die Gründung von Koalitionen. In einem ersten (Auslegungs-) Schritt werden des Weiteren der Bestand und die Betätigung gewährleistet. Bei der Beurteilung, welche Handlungsformen unter einer Betätigung im Sinne des Art. 9 III S. 1 GG zu verstehen sind, ist grundsätzlich ein weites Verständnis von Schutzbereichen zugrunde zu legen, da nur so dem umfassenden Schutzgedanken der Grundrechte und ihrer Zukunftsoffenheit Rechnung getragen werden kann. Unter einer unmittelbar geschützten Betätigung muss mit der Rspr. daher in einem zweiten (Auslegungs-) Schritt jedes *koalitionsspezifische* Verhalten verstanden werden. Da das Merkmal der Koalitionsspezifität für sich betrachtet allerdings noch nicht weiterführend ist, bedarf es einer weiteren Konkretisierung. Einziger Ansatzpunkt in Anbetracht dessen, dass kein numerus clausus,[638] sondern eine zukunftsoffene Formulierung gefunden werden soll, ist der Koalitionszweck. Da dieser als einziges Kriterium jedoch zu weitreichend ist, also gerade nicht jedes irgendwie geartete Verhalten, welches ihn begünstigt, ausreichen kann, muss vielmehr in einem dritten (Auslegungs-) Schritt darauf abgestellt werden, dass die Handlung *unmittelbar* zur Wahrung und Förderung der Arbeits- und Wirtschaftsbedingungen führt. Eine solche unmittelbare Auswirkung ist zwar beispielsweise beim Tarifvertrag als solchem, nicht jedoch in Bezug auf den vorgeschalteten und damit nur mittelbar wirkenden Arbeitskampf zu bejahen.

Dieses leicht eingeschränkte Schutzbereichsverständnis ist nicht Ausdruck einer der Rspr. des BVerfG widersprechenden restriktiven Auslegung,[639] sondern vielmehr der Tatsache geschuldet, dass der Wortlaut des Art. 9 III S. 1 GG sehr beschränkt ist und sich der Schutz auch der Tarifautonomie erst seinerseits aus einer Auslegung ergibt. Da diese vom

636 So auch: Däubler, in: Däubler, AK, § 9, Rn. 16; ähnliche Tendenz bei: Benecke, in: FS Buchner, 96, 107; a. A.: Kissel, AK, § 35, Rn. 35.

637 Ähnlich auch: Otto, RdA 2010, 135, 138.

638 Vgl.: Kittner/ Schiek, AK-GG, Art. 9 III, Rn. 124; BAG v. 22. 9. 2009 – 1 AZR 972/08, NJW 2010, 631, 634.

639 Vgl.: BVerfG v. 14.11.1995 – 1 BvR 601/92, NJW 1996, 381, 382.

Zweck her definierten, unmittelbar geschützten Betätigungsformen jedoch teilweise nicht effektiv durchgeführt werden können, bedarf es in einem vierten (Auslegungs-) Schritt eines mittelbaren Schutzes von Handlungsformen, welche für die effektive Umsetzung der unmittelbar geschützten Bereiche (Gründung, Bestand, Betätigung) *allgemein notwendig* sind. Im Sinne einer grundsätzlich weiten und gleichzeitig abstrakten Schutzbereichsinterpretation ist das Merkmal der Notwendigkeit nicht einzelfall-, sondern vielmehr systembezogen, typisierend zu bestimmen; es geht um eine *allgemeine Notwendigkeit.*

Klarstellend ist noch auf Folgendes hinzuweisen: Der Arbeitskampf bezieht sich nicht ausschließlich auf die Tarifautonomie, auch wenn diese derzeit der Hauptanwendungsfall ist. Er kann ebenso notwendig werden, um die effektive Durchsetzung anderer, unmittelbar geschützter Handlungsformen zu ermöglichen.

B. Ausgestaltung der *allgemeinen Notwendigkeit* eines Streiks als Annex zur Tarifautonomie

Da diese Arbeit den Streik von Spartengewerkschaften um einen Tarifvertrag zum Gegenstand hat, ist nach obigem Ergebnis zu klären, ob bzw. wann ein solcher Streik *allgemein notwendig* ist, um seinen Bezugspunkt, also vorliegend die Funktionsfähigkeit der Tarifautonomie zu gewährleisten; ansonsten würde man es ebenfalls bei einer Leerformel belassen. Es ist jedoch darauf hinzuweisen, dass es sich im Folgenden also gerade nicht um allgemeine Voraussetzungen für einen Streik, sondern um die besonderen Voraussetzungen für einen Streik handelt, der auf den Abschluss eines Tarifvertrages gerichtet ist. Allerdings können selbst diese Ausführungen nur als Momentaufnahme getroffen werden, da sich der zeitoffene Begriff der *allgemeinen Notwendigkeit* nicht festschreiben lässt.

I. Kriterien aus dem funktionalen Bezug zur Tarifautonomie

Aus dem gegenständlich funktionalen Bezug folgt augenscheinlich, dass nur der Streik allgemein notwendig ist, der auf einen Tarifvertrag abzielt:[640] Die Herleitung, bzw. die Bejahung des Schutzbereiches erfolgte mit dem Argument, dass ein Streik jedenfalls dann rechtmäßig ist, wenn er für eine unmittelbar geschützte Betätigung, also vorliegend den Abschluss von Tarifverträgen, notwendig ist. Die Frage, ob der Inhalt des angestrebten Tarifvertrages rechtmäßig ist, gehört in den Bereich der Schranken, da es sich hierbei um eine Einzelfallbetrachtung handelt.[641] Da es teilweise sein kann, dass der Arbeitskampf in einem Betrieb nicht ausreicht, weil und soweit enge wirtschaftliche Beziehungen zwischen unterschiedlichen Arbeitgebern und somit die Gefahr einer „Marginalisierung“ besteht, muss wohl auch der Unterstüt-

640 Auch: Ricken, ZFA 2008, 283, 285; grundsätzlich auch: Benecke, in: FS Buchner, 96, 105.

641 Ähnlich: Kreuz, Der Grundsatz der Verhältnismäßigkeit im Arbeitskampfrecht, S. 117; vgl. die Ausführungen zum Prüfungsaufbau: § 6.

zungsstreit in gewissen Grenzen erfasst werden, sodass insoweit nicht Voraussetzung ist, dass der Tarifvertrag mit dem sozialen Gegenspieler abgeschlossen wird.[642]

II. Kriterien aus dem Gedanken der Arbeitskampfparität

Telos der hinter der Arbeitskampffreiheit stehenden Tarifautonomie ist u.a. das Erreichen einer Ausgleichs- und Befriedungswirkung durch einen inhaltlich ausgewogenen Tarifvertrag:[643] Strukturell ist davon auszugehen, dass der einzelne Arbeitnehmer bei Abschluss seines Arbeitsvertrages eine unterlegene Stellung innehat und daher keine so guten Arbeitsbedingungen aushandeln kann.[644] Dies soll durch den Tarifvertrag ausgeglichen werden: Die Koalitionen können durch ihre stärkere Stellung und insbesondere durch die Möglichkeit von Arbeitskämpfen in die Lage versetzt werden, in einem Zustand des Kräftegleichgewichtes für beide Seiten vernünftige Bedingungen auszuhandeln und so zu einem friedlichen Arbeitsklima beitragen. Gerade die Gewerkschaften sollen nicht auf „kollektives Betteln" verwiesen werden.[645] Da dies jedoch nur möglich ist, wenn annähernd gleiche Verhandlungschancen bestehen, muss erreicht werden, dass nicht die eine Partei der anderen ihre Bedingungen diktieren kann. Es ist also möglichst eine Parität, ein Gleichgewicht der Gegenspieler herbeizuführen, sodass es in der Folge zu einer Richtigkeitsgewähr des Tarifvertrages kommt.[646] Da der Arbeitskampf und damit auch der Streik hierbei eine wichtige Funktion übernehmen, da sie, wie gesehen, erst zu einem ungefähren Gleichgewicht führen, ist der Streik folglich insb. dann *allgemein notwendig*, wenn er zur Herstellung von Parität führt.

1. Verortung der Arbeitskampfparität

Allerdings ist nicht unumstritten, ob die Problematik der Arbeitskampfparität überhaupt im Rahmen des Schutzbereiches zu verorten ist, oder ob es sich um einen selbständigen Prüfungspunkt oder einen solchen der Verhältnismäßigkeit handelt.

642 Siehe u.a.: BAG v. 19.06.2007 – 1 AZR 396/06, BAGE 123, 134, 137; Kemper, in: vM/K/S, Art. 9 III, Rn. 169.

643 Vgl.: BVerfG v. 06.05.1964 – 1 BvR 79/62, BVerfGE 18, 18, 28; Treber, in: Schaub, § 197, Rn. 3 ff.

644 Siehe: BVerfG v. 26.06.1991 – 1 BvR 779/85, BVerfGE 84, 212, 229; BAG v. 28.03.2006 – 1 ABR 58/04, BAGE 117, 308, 319; BAG v. 22.09.2009 – 1 AZR 972/08, BAGE 132, 140, 152; Treber, in: Schaub, § 197, Rn. 3; Rieble/Klumpp, in: MüArbR, § 162, Rn. 25; Greiner, Arbeitskampfpluralität, S. 47.

645 Siehe: BVerfG v. 26.06.1991 – 1 BvR 779/85, BVerfGE 84, 212, 229; BAG v. 10.06.1980 – 1 AZR 822/79, BAGE 33, 140, 150 f.; ErfK/Dieterich, 10 GG, Art. 9, Rn. 112; Benecke, in: FS Buchner, 96.

646 Vgl.: BVerfG v. 26.06.1991 – 1 BvR 779/85, BVerfGE 84, 212, 229; BAG v. 21.04.1971 – GS 1/68, BAGE 23, 292, 308; Kemper, in: vM/K/S, Art. 9 III Rn. 153; Rüthers, in: Brox/ Rüthers, Arbeitskampfrecht, Rn. 166; Kissel, AK, § 32 Rn. 1; Otto, Arbeitskampf- und Schlichtungsrecht, § 2 Rn. 63; Greiner, Arbeitskampfpluralität, S. 437; allgemein zur Richtigkeitsgewähr: Enderlein, RdA 1995, 264 ff.

a. Arbeitskampfparität als Prüfungspunkt der Verhältnismäßigkeit

Einige Vertreter der Literatur sehen die Parität als einen Teil der Proportionalitätsprüfung an.

Hierfür wird angeführt, das Kriterium der Arbeitskampfparität sei ursprünglich überhaupt erst aus dem Grundsatz der Verhältnismäßigkeit hergeleitet worden; demnach handele es sich schlicht um eine Konkretisierung der Erforderlichkeit und Proportionalität.[647] Bei der im Rahmen der Proportionalität vorzunehmenden Abwägung sei zudem nicht stets den Rechtsgütern des vom Arbeitskampf Betroffenen pauschal der Vorrang zu gewähren; vielmehr müsse im Rahmen der Abwägung berücksichtigt werden, inwiefern die Beschränkung von Rechten hinzunehmen sei, weil und soweit nur so ein Verhandlungsgleichgewicht erzeugt werden könne.[648] Schließlich sei zu berücksichtigen, dass der Arbeitskampf lediglich einen Annex zur Tarifautonomie darstelle. Komme er jedoch nicht seiner Aufgabe die Funktionalität der Tarifautonomie zu gewährleisten nach oder beeinträchtigt er diese gar, verliere er seine Legitimation und werde unangemessen. Gerade dies sei jedoch der Fall, wenn keine Parität herrsche.[649]

b. Arbeitskampfparität als selbständiger Prüfungspunkt

Dem wird entgegengehalten, es handle sich um einen Prüfungspunkt mit eigener Funktion.[650] Auch das BAG kommt zu einer Differenzierung: Es unterscheidet zwischen dem "Arsenal zulässiger Arbeitskampfmittel", welches nach dem Paritätsgrundsatz zu bestimmen sei, und folgert die konkrete Zulässigkeit des im Einzelfall angewendeten Arbeitskampfmittels aus dem Verhältnismäßigkeitsprinzip.[651] Dem wird teilweise in der Literatur gefolgt: Die Parität bestimme über die *generelle Zulässigkeit* bestimmter Arbeitskampfmittel und gebe insofern einen allgemeinen Rahmen vor, wohingegen die Verhältnismäßigkeit die Beurteilung des *konkret* eingesetzten Mittels betreffe.[652] Zudem wird darauf verwiesen, dass Parität (in abstrakt-materieller Form) auch gegeben sein könne, wenn der Arbeitskampf im Übrigen als unverhältnismäßiger Eingriff zu betrachten sei. Damit scheide jedoch eine Verknüpfung der beiden Prüfungspunkte aus.[653]

647 So: Kreßel, NZA 1995, S. 1121, 1123 m. w. N.; Seiter, Streikrecht und Aussperrung, S: 172; Kreuz, Der Grundsatz der Verhältnismäßigkeit im Arbeitskampfrecht, S. 112 f.

648 Siehe: Kreuz, Der Grundsatz der Verhältnismäßigkeit im Arbeitskampfrecht, S. 113.

649 Siehe: Greiner, Arbeitskampfpluralität, S. 437; Kreuz, Der Grundsatz der Verhältnismäßigkeit im Arbeitskampfrecht, S. 113 f.

650 Vgl.: Hromadka/ Maschmann, § 14, Rn. 59, 70; Junker, Arbeitsrecht, Rn. 609, 621.

651 BAG v. 12.03.1985 – 1 AZR 636/82, BAGE 48, 195; auch: Kissel, AK, § 32, Rn. 5.

652 Siehe: Kissel, AK, § 32, Rn. 5; Wank, in: FS Kissel; v. Hoyningen-Huene, JuS 1987, 505, 507; Czerweny v. Arland, Arbeitskampfmittel, S. 56; ähnlich: Löwisch, ZfA 1971, 319, 335.

653 Siehe: Zöllner, DB 1985, 2450, 2457.

c. Stellungnahme

Letzterer Ansicht ist insofern zuzustimmen, als dass der Verhältnismäßigkeitsgrundsatz dazu bestimmt ist, die im Einzelfall betroffenen Rechtsgüter miteinander abzuwägen und zu einer Einzelfallentscheidung zu führen.[654] Dies entspricht gerade nicht der allgemeinen Bewertung im Rahmen des Schutzbereiches. Der ersten Ansicht ist zuzugeben, dass der Paritätsgedanke grundsätzlich Gesichtspunkte der Erforderlichkeit konkretisiert. Es geht gerade um die Frage was nötig, also untechnisch gesprochen *erforderlich* ist, um eine Parität herzustellen.

Allerdings handelt es sich zumindest nicht „nur" um Erforderlichkeitserwägungen der Verhältnismäßigkeit i. w. S., sondern vielmehr auch um solche im Sinne der hier vertretenen *allgemeinen Notwendigkeit* im Rahmen des Schutzbereichs: Für die Funktionsfähigkeit der Tarifautonomie, also damit es überhaupt zum Abschluss von ausgeglichenen, befriedenden Tarifverträgen kommt, ist ein „ungefähres Gleichgewicht (Parität)" zwischen den sozialen Gegnern erforderlich.[655] Dieses Gleichgewicht kann durch Arbeitskampfmaßnahmen hergestellt werden. Da diese gerade nur dann vom Schutzbereich des Art. 9 III S. 1 GG erfasst werden, wenn sie für die Funktionsfähigkeit der Tarifautonomie *allgemein notwendig* sind, muss eines der Kriterien hierfür jedenfalls die Parität sein. Nur wenn durch Arbeitskämpfe ein Zustand ungefährer Ausgeglichenheit hergestellt wird, sind sie überhaupt allgemein notwendig. Auch die nachfolgenden Erwägungen zum Prüfungsmaßstab der Parität stützen die Verortung im Rahmen des Schutzbereiches, da eine abstrakte Betrachtung Charakteristikum des Schutzbereichs ist.[656]

Damit ist die Parität im Sinne eines abstrakt-materiell bestehenden Verhandlungsgleichgewichts jedenfalls *auch* Teil der Notwendigkeits-Erwägungen und legt gemäß einem weiten Schutzbereichsverständnis die grundsätzlich in Betracht kommenden Arbeitskampfmittel fest.[657] Über eine weitere Aufgabe des Paritätsgrundsatzes im Rahmen der Verhältnismäßigkeit, dann in Form einer konkreten Betrachtung, ist damit jedoch noch nicht abschließend entschieden.[658]

2. Paritätsmodelle

Da der Begriff der Parität der Auslegung bedarf ist fraglich, was genau hierunter zu verstehen ist bzw. was diese voraussetzt. Hierzu gibt es eine Reihe von unterschiedlichen Ansätzen, u.a. auch die gerade angesprochene abstrakt-materielle Betrachtung, welche im Folgenden dargestellt werden sollen.

---

654 Vgl.: Däubler, in: Däubler, AK, § 9, Rn. 38 f.

655 BAG v. 19.06.2007 – 1 AZR 396/06, BAGE 123, 134, 140; siehe auch: BAG v. 21.04.1971 – GS 1/68, BAGE 23, 292, 308; Höfling, in: Sachs, Art. 9, Rn. 132.

656 Siehe: § 8 B. II. 2. e.

657 Bzgl. einer erneuten Relevanz im Rahmen der Verhältnismäßigkeit siehe die Ausführungen dort: § 9 B.

658 Insoweit geht es um die Bestimmung des Bezugspunktes der Verhältnismäßigkeit, hierzu unter: § 9, A., II., sowie Folgen für die Prüfung der Verhältnismäßigkeit allgemein; hierzu unter: § 11 C.

a. Der formelle Paritätsbegriff

Der formelle Paritätsbegriff beruht auf dem allgemeinen Gleichbehandlungsgrundsatz (Art. 3 I GG) und auf der staatlichen Neutralitätspflicht.[659] Nach dieser Ansicht sind die Arbeitskampfmaßnahmen als solche, d.h. losgelöst von ihrer konkreten Anwendung zu betrachten. Es kommt auch nicht auf sonstige Begleitumstände an; betrachtet werden ausschließlich die zur Verfügung stehenden Kampfmaßnahmen.[660] Angestrebt wird eine formelle Waffengleichheit, keine reale Chancengleichheit. Da es jedoch in der Natur der Sache liegt, dass die sozialen Gegner in einem Arbeitskampf nicht ganz identische Möglichkeiten haben – der Arbeitgeber kann nun mal z.B. nicht die Arbeitsleistung vorenthalten – sei vielmehr erforderlich, dass den gegnerischen Parteien jedenfalls formell gleichwertige und gleichartige Handlungsformen zur Verfügung stünden. Es könne also nicht der einen Seite ein lösendes und der anderen Seite nur ein suspendierendes Kampfmittel zugestanden werden.[661] Zudem wird gefordert, dass der Staat beide Seiten entsprechend formell gleich behandeln müsse. Es geht also darum, dass die Handlungsformen unabhängig von ihren tatsächlichen Auswirkungen von der Rechtsordnung als gleichgewichtig angesehen und auch so behandelt werden.[662] Dies wird für den Streik und die Aussperrung angenommen.[663]

b. Der normative Paritätsbegriff

Auch die Anhänger des normativen Paritätsbegriffs nehmen keine Rücksicht auf die tatsächlichen Kräfteverhältnisse. Dies sei nicht erforderlich, da ein Kräftegleichgewicht, insb. aufgrund der etablierten Arbeitskampfmittel, durch den Ersatzgesetzgeber Rechtsprechung festgelegt, also quasi normiert worden sei.[664] Werde nämlich durch die Verfassung die Tarifautonomie als solche garantiert, so zeige dies, dass der Verfassungsgeber von einem im Grunde bestehenden Gleichgewicht zwischen den Koalitionen ausgegangen sei.[665] Damit handele es sich auch nicht um eine Anforderung, sondern um eine Gegebenheit, eine Regelungsschranke als „Spiegelbild des Neutralitätsgebotes" gegenüber den Tarifpartnern, sodass der Gesetzgeber bei Eingriffen in diese Parität einer besonderen Legitimation bedürfe.[666] Erst wenn Parität evident nicht vorläge, sei der Staat daher zu Eingriffen berechtigt und dann auch verpflichtet.[667] Vom formellen Paritätsbegriff unterscheidet sich diese Ansicht in der Herleitung: Ausgangspunkt ist, wie gesehen, Art. 9 III GG und die Garantie der Tarifautonomie. Die rechtli-

659 So: Erbguth, Parität, S. 17.

660 Siehe: Scheuner, in: Koalitionsfreiheit, 27, 78 f.

661 Siehe: Seiter, Streikrecht, S. 161; Wolf, ZfA 1971, 151, 152.

662 Siehe: Nipperdey, DB 1963, 1613, 1614.

663 Vgl.: Rüthers, in: Brox/ Rüthers, Arbeitskampfrecht, Rn. 167.

664 Siehe: Richardi, NJW 1978, 2057, 2061; Mayer-Maly, DB 1979, 95, 98; wohl auch Konzen, AcP 177, 473, 527.

665 Siehe: Krejci, Aussperrung, S. 50; Richardi, NJW 1978, 2057, 2061.

666 So: Richardi, NJW 1978, 2057, 2061 f.

667 So: Scholz/ Konzen, Aussperrung, S. 180.

che Gleichbehandlung ist also Gegebenheit, wohingegen beim formellen Begriff diese erst Voraussetzung für die Parität ist. Damit kann wohl nicht nur von einer Spielart der formellen Parität gesprochen werden.[668]

c. Materielle Paritätsbegriffe

Ausgangspunkt materieller Paritätsbegriffe ist ebenfalls Art. 9 III GG. Dem Tarifvertrag könne hiernach nur dann eine Richtigkeitsgewähr zuerkannt werden, wenn bei seinem Entstehen ein tatsächliches Verhandlungsgleichgewicht vorgelegen habe.[669] Es müsse sichergestellt werden, dass gerade nicht eine Partei einseitig die Bedingungen diktieren könne, sondern beide Parteien gleichen, tatsächlichen Einfluss auf die Ergebnisse der Tarifverhandlungen hätten. Damit müsse die Rechtsordnung dafür sorgen, dass eine tatsächliche Chancengleichheit durch Berücksichtigung grundsätzlich aller Faktoren, die auf das Ergebnis Einfluss haben können, erreicht werde.[670] Es geht also um einen Regelungsauftrag an den Staat.[671] Eine rein formelle Gleichstellung reiche somit nicht. Vielmehr seien grundsätzlich alle sozioökonomischen Gegebenheiten, die unterschiedlichen Lebensumstände und die tatsächlichen Wirkungen der Kampfmittel zu berücksichtigen.[672] Innerhalb dieser Ansicht ist jedoch umstritten, welche der vielen Faktoren, die auf den Inhalt des Tarifvertrages Einfluss haben können, im Rahmen der Parität zu berücksichtigen sind.

aa. Der Begriff der Gesamtparität

Die größte Anzahl an Faktoren wird von dem Modell der Gesamtparität erfasst. Hiernach ist in der Tat eine umfassende sozioökonomische Gesamtbetrachtung vorzunehmen, innerhalb der alle erdenklichen Faktoren des Wirtschafts- und Verteilungsprozesses, einschließlich aller Faktoren der gesellschaftlichen und politischen Meinungs- und Willensbildung, wie z.B. Verpflichtungen gegenüber Lieferanten, Lage am Arbeitsmarkt, Möglichkeit der Produktionsdrosselung und Rückhalt in der Bevölkerung, berücksichtigt werden.[673]

---

668 So aber: Otto, in: MüArbR, 2. Aufl., § 282, Rn. 60.

669 Vgl.: Seiter, Streikrecht, S. 170; Rüthers, Jura 1970, 85, 107.

670 Siehe: Raiser, Aussperrung, S. 70 ff.; Seiter, Streikrecht, S. 161; Gamillscheg, KollArbR I, S. 970; vgl.: Benecke, in: FS Buchner, 96, 98.

671 So: Rüthers, Jura 1970, 85, 107.

672 Vgl. auch: BVerfG v. 26.06.1991 – 1 BvR 779/85, NJW 1991, 2549, 2551; Seiter, Streikrecht, S. 161.

673 Vgl.: Däubler, JuS 1972, 642, 645; Kempen, AuR 1982, 73, 76; Kittner, GMH 1973, 91,100 f.; Mayer, AuR 1980, 65, 71; Wohlgemut, BB 1979, 111, 113 ff.; Wolter, AuR 1979, S. 193, 197.

bb. Der Begriff der tarifbezogenen Parität

Der wohl überwiegende Teil der Literatur stellt demgegenüber auf das Modell der tarifbezogenen Parität ab: Da eine Berücksichtigung aller erheblichen Faktoren nicht möglich sei,[674] könnten nur solche Umstände von Relevanz sein, die einen direkten Bezug zur Tarifautonomie aufweisen.[675] Eine Welt zu schaffen, in der alle allgemein-gesellschaftspolitischen Interessen ausgeglichen werden, sei weder Aufgabe der Parität noch könne das überhaupt erreicht werden.[676] Entscheidend seien daher solche Faktoren, welche sich auf das Kräftegleichgewicht und die Kompromissbereitschaft bei Tarifverhandlungen auswirken.[677]

cc. Konkrete und abstrakte Betrachtung der Parität

Schließlich stellt sich beim materiellen Paritätsbegriff die Frage, ob eine Betrachtung der Parität, also der unterschiedlichen Faktoren, in jedem konkreten Einzelfall oder in generalisierender Weise erfolgen soll: Bei einer *konkreten Betrachtung* müsse jeder einzelne Arbeitskampf für sich betrachtet werden. Erst nach näherer Überprüfung aller relevanten Faktoren könne Parität festgestellt werden und nur, wenn diese gerade im Einzelfall zu bejahen seien, könne einem Tarifvertrag die Richtigkeitsgewähr zuerkannt werden.[678] Bei *abstraktem Verständnis* gehe es hingegen nicht darum, alle erdenklichen Besonderheiten des konkreten Einzelfalles zu berücksichtigen, sondern um eine „längerfristige, typisierende Beurteilung".[679] Eine solche sei notwendig, da im Sinne der Rechtssicherheit allgemeine Regelungen gelten müssen. Würde man hingegen alle erdenklichen Faktoren berücksichtigen, ginge die Vorhersehbarkeit der gerichtlichen Beurteilung verloren.[680]

d. Handhabung in der Rechtsprechung

Der Große Senat des BAG ist bei seiner Grundsatzentscheidung im Jahr 1955[681] zunächst dem formellen Paritätsbegriff gefolgt. Dies entsprach grundsätzlich auch der Haltung des Reichsarbeitsgerichts[682] und des Reichsgerichts.[683] Grundlage waren die Waffengleichheit

674 So: Rüthers, in: Brox/ Rüthers, Arbeitskampfrecht, Rn. 168; Seiter, JA 1979, 337, 344 f.

675 Siehe: Konzen, AcP 177, 473, 529; Krejci, Aussperrung, S. 49; Rüthers, in: Brox/ Rüthers, Arbeitskampfrecht, Rn. 168.

676 Siehe: Lieb, DB 1980, 2188, 2189; Rüthers, in: Brox/ Rüthers, Arbeitskampfrecht, Rn. 168.

677 Siehe: Konzen DB 1990, Beilage Nr. 6, 1, 8; Rüthers, in: Brox/ Rüthers, Arbeitskampfrecht, Rn. 168; Lieb R., Der Arbeitskampf im öffentlichen Dienst, S. 192 f.

678 Vgl.: Heenen, Kampfparität, S. 40 ff.; Wolf, ZfA 1971, 151 ff.

679 Rüthers, in: Brox/ Rüthers, Arbeitskampfrecht, Rn. 167; siehe auch: Gamillscheg, KollArbR I, S. 973; Kissel, AK, § 32 Rn. 18.

680 So: Kissel, AK, § 32, Rn. 18; Heenen, Kampfparität, S. 38 ff.; Konzen, AcP 177, 473, 527; Lieb R., Der Arbeitskampf im öffentlichen Dienst, S. 196; Seiter, Streikrecht, S. 163.

681 BAG v. 28.01.1955 – GS 1/54, BAGE 1, 291, 308 ff.

682 RAG v. 08.02.1928 – RAG 72/27, ARS 2, 122, 125 f.

und ein alleiniges Abstellen auf die Kampfmittel als solche. Seit seinen Entscheidungen aus den Jahren 1971[684] und 1980[685] hat sich das BAG jedoch mittlerweile dem materiellen Paritätsbegriff angeschlossen: Die Parität müsse aber „in generellen und abstrakt formulierten Regelungen ausgedrückt werden und kann deshalb nur Kriterien erfassen, die einer typisierenden Betrachtung zugänglich sind. Situationsbedingte Vorteile, die sich im konkreten Arbeitskampf sehr stark auswirken mögen, bleiben notwendigerweise unberücksichtigt."[686] Diese Haltung wurde vom BVerfG gebilligt: Es sei verfassungsrechtlich unbedenklich, wenn bei der gerichtlichen Beurteilung der Parität nicht alle denkbaren Einflussfaktoren des Wirtschafts- und Verteilungsprozesses einbezogen würden; die typisierende Betrachtung des BAG diene der Klarheit und Kalkulierbarkeit des Arbeitskampfrechts.[687]

e. Stellungnahme

Es ist dem abstrakt-materiellen Paritätsbegriff zu folgen. Dies entspricht zudem den getroffenen Feststellungen, wonach die allgemeine Notwendigkeit nicht im Einzelfall, sondern generalisierend festzustellen ist[688] und stützt die Entscheidung, dafür die Arbeitskampfparität jedenfalls *auch* im Rahmen des Schutzbereiches zu verorten.[689] Der abstrakt-materielle Paritätsbegriff wird als einziger Ansatz dem Erfordernis eines hinreichend effektiven und zugleich praktikablen Ausgleichs der Kräftedifferenz zwischen den Sozialpartnern gerecht: Sowohl der formelle als auch der normative Paritätsbegriff können die Aufgabe der Parität, d.h. dafür zu sorgen, dass letztlich ein richtiges Ergebnis, ein Tarifvertrag, welcher ausgeglichen ist und der damit zu einer Befriedung führt, nicht erreichen. Sie berücksichtigen nämlich nicht die tatsächlichen Verhältnisse, sondern beschränken sich auf eine rein formal-symmetrische Ausgestaltung.[690] Was nützt es jedoch den Arbeitnehmern, wenn zwar allgemein von Parität auszugehen ist, sie hiervon in ihrem konkreten Betrieb jedoch nichts merken. Das Modell der Gesamtparität ist demgegenüber zu weitgehend. Es missachtet den funktionalen Bezug und die Zielsetzung des Art. 9 III GG: Es ist nicht Aufgabe der Koalitionen einen allgemein-gesellschaftspolitischen Kräfte- und Interessenausgleich herbeizuführen, sondern vielmehr gezielt die Arbeits- und Wirtschaftsbedingungen zu wahren und zu fördern.[691] Zudem würde eine so weitgehende Betrachtung die Gefahr bergen, dass das Ergebnis einer gerichtlichen Kontrolle nicht mehr voraussehbar wäre; die Rechtssicherheit würde hierunter in der Tat un-

683 RG v. 26.03.1903 – VI 351/02, RGZ 54, 255, 258 f.
684 BAG v. 21.04.1971 – GS 1/68, BAGE 23, 292, 308.
685 BAG v. 10.06.1980 – 1 AZR 822/79, BAGE 33, 140, 162.
686 BAG v. 10.06.1980 – 1 AZR 822/79, BAGE 33, 140, 164.
687 BVerfG v. 26.06.1991 – 1 BvR 779/85, BVerfGE 84, 212, 230.
688 Siehe: § 8 A. III. 2.
689 Siehe oben: § 8 B. II. 1. c.
690 Auch: Lieb R., Der Arbeitskampf im öffentlichen Dienst, S. 187; Rüthers, in: Brox/ Rüthers, Arbeitskampfrecht, Rn. 168.
691 Auch: BAG v. 10. 6. 1980 – 1 AZR 822/79, BAGE 33, 140, 165 f.; Rüthers, in: Brox/ Rüthers, Arbeitskampfrecht, Rn. 168.

nötigerweise erheblich leiden.[692] Schließlich muss konstatiert werden, dass eine solch universelle Betrachtung wohl an ihren eigenen Anforderungen scheitern muss: Eine Einbeziehung aller sich irgendwie auswirkenden Faktoren und ihre korrekte Auswertung muss als unmöglich angesehen werden.[693] Aus diesem Grund ist im Rahmen des Schutzbereiches auch eine konkret-materielle Betrachtung abzulehnen. Wenngleich sie sich „nur" auf die tarifbezogenen Aspekte beschränkt, so gibt es auch hiervon noch eine kaum überschaubare Menge. Eine in jedem einzelnen Arbeitskampf vorzunehmende Abwägung und Überprüfung all dieser Faktoren würde einen erheblichen Aufwand erzeugen, zumal diese jederzeit veränderbar und flexibel sind.[694] Es würde somit auch einen Verlust von Rechtssicherheit bedeuten[695] und zudem der hier vertretenen Verortung im Rahmen des Schutzbereiches widersprechen, welcher abstrakt festlegen muss, welches Verhalten an sich geschützt ist.

Vielmehr ist eine längerfristige, typisierende Betrachtung zu vollziehen. Durch eine abstrakt-materielle Beurteilung muss zwar dennoch auf die realen Kräfteverhältnisse der sozialen Gegenspieler abgestellt werden; so weitgehend ist die Abstraktheit nämlich nicht. Allerdings sind eben nicht alle Besonderheiten des konkreten Einzelfalles zu berücksichtigen, sondern nur solche Faktoren, die dieser breiteren Betrachtung zugänglich sind. Es ist eine typisierende Betrachtung anzustellen, d.h. es kommt darauf an, ob ein Gleichgewicht im Prinzip gewährleistet ist.[696] Da ein Tarifvertrag nach derzeitiger Anschauung nicht ohne Druckmittel abgeschlossen werden kann, weil Arbeitgeber in den meisten Fällen nicht von sich aus Zugeständnisse machen werden und auch den Funktionselitegewerkschaften ihre starke Stellung insofern nichts nützt, muss der Streik somit das Ziel haben ‚Druck auf den sozialen Gegenspieler auszuüben.[697] Hierdurch erzeugt er grundsätzlich ein ungefähres Gleichgewicht, eine Parität, sodass die Rechtsprechung hauptsächlich neue Arbeitskampfmaßnahmen daraufhin untersuchen muss, ob sie zu einer „strukturellen Entwertung"[698] der Abwehrmöglichkeiten des Gegners führen können.[699]

3. Abstrakte Disparität durch Streik einer Funktionselitegewerkschaft?

Angesichts des enormen Druckpotentials von Spartenstreiks[700] muss jedoch überlegt werden, ob von dieser grundsätzlichen Annahme eines paritätischen Streiks eine Ausnahme zu machen ist, ob in diesem Fall nicht schon eine strukturelle Unterlegenheit der Arbeitgeberseite, jedenfalls bei Streiks durch Funktionselitegewerkschaften, droht. Anstatt einer wohl zu erwar-

---

692 Auch: Kissel, AK, § 32, Rn. 18; Seiter, Streikrecht, S. 163.
693 Ähnlich: Hromadka/ Maschmann, § 14, Rn. 75 f.; Greiner, Arbeitskampfpluralität, S. 440.
694 Auch: Lieb R., Der Arbeitskampf im öffentlichen Dienst, S. 187.
695 So auch: Kissel, AK, § 32, Rn. 18.
696 Siehe: Löwisch/ Rieble, in: Löwisch, AK, S. 24; Kissel, AK, § 32, Rn. 46.
697 So auch: Höfling, in: Sachs, Art. 9, Rn. 105.
698 BAG v. 13.07.1993 – 1 AZR 676/92, NZA 1993, 1135, 1137.
699 Auch: Hromadka/ Maschmann, § 14, Rn. 76.
700 Vgl. die Ausführungen hierzu unter: § 4 D. II.

tenden, langen Auseinandersetzung mit Paritätsgesichtspunkten,[701] kann die Antwort an dieser Stelle, d.h. bei der Frage nach Parität im Rahmen des Schutzbereichs des Art. 9 III GG, sehr kurz ausfallen: Auch Streiks durch Funktionselitegewerkschaften *sind* bei längerfristiger, typisierender Betrachtung jedenfalls *allgemein notwendig* zur Herstellung von Parität und damit der Durchsetzung von Tarifverträgen. Es geht nämlich in diesem Prüfungsschritt gerade noch nicht um die Feinjustierung der im Einzelfall noch zulässigen Mittel, d.h. ihres konkreten Umfangs. Vielmehr ist zu fragen, ob der Streik durch eine Funktionselitegewerkschaft notwendig ist, damit es überhaupt zum Abschluss von Tarifverträgen kommt. Würde man aber einer solchen Gewerkschaft ein Recht auf Streik bereits auf Schutzbereichsebene vorenthalten, hätte sie keine Möglichkeit, den Arbeitgeber zu Tarifverhandlungen zu veranlassen. Ein Streikrecht ist also zunächst einmal notwendig, um das strukturelle Defizit auf Arbeitnehmerseite auszugleichen. Die Frage nach dem zulässigen Umfang im Einzelfall, dann unter Berücksichtigung der Rechtsgüter des gegebenenfalls durch einen Spartenstreik stärker betroffenen Arbeitgebers, also des viel zitierten Ausschlagens des Pendels in die Gegenrichtung,[702] ist im Rahmen der Verhältnismäßigkeit zu klären.[703]

4. Zwischenergebnis zur Arbeitskampfparität

Damit kann, was die Schutzbereichseröffnung betrifft, bzgl. der Arbeitskampfparität Folgendes festgehalten werden: Arbeitskampfparität bedeutet an sich Chancengleichheit der Kampfgegner. Sie ist zumindest *auch* im Rahmen des Schutzbereiches als Konkretisierungsmerkmal der *allgemeinen Notwendigkeit* eines Arbeitskampfmittels zu verorten, da ein solches nur dann *allgemein notwendig* ist, wenn es der Herstellung eines ungefähren Kräftegleichgewichts dient: Nur bei einer solchen Ausgangslage kann von einer Richtigkeitsgewähr des Tarifvertrages ausgegangen werden. Allerdings sind bei der Herstellung von Parität nicht alle Besonderheiten des Einzelfalles zu berücksichtigen, da dies praktisch schlichtweg unmöglich wäre. Vielmehr muss im Rahmen einer grundsätzlich abstrakt-materiellen Betrachtung eine längerfristige, typisierende Bewertung anhand tarifbezogener Kriterien erfolgen, durch welche schließlich das „Arsenal zulässiger Kampfmittel" bestimmt werden kann. Eine Bewertung im Einzelfall erfolgt dann jedoch im Bereich der Verhältnismäßigkeit. Vor diesem Hintergrund sind Spartenstreiks *allgemein notwendig* zur Herstellung einer Parität, da ansonsten

---

701 In Betracht käme insb. der kürzlich vom BAG (v. 22. 9. 2009 – 1 AZR 972/08, NJW, 2010, 631, 636) ausgeführte Gedanke der Gefährdung der Parität durch das geringe eigene Risiko einer Seite und die gleichzeitig geringen Verhandlungsmöglichkeiten des Gegners. Vgl. auch: Greiner, NZA 2007, 1023 f.; Kamanabrou, ZfA 2008, 241, 262 ff., 280; v. Steinau-Steinrück/ Glanz, NZA 2009, 113, 114 und die Darstellung oben: § 4 D. II.

702 U.a.: Jacobs, NZA 2008, 325, 330 f.; v. Steinau-Steinrück/ Glanz, NZA 2009, 113, 114; Bayreuther, BB 2005, 2633, 2641.

703 Ähnlich im Sinne einer Auflösung der Disparität erst im Rahmen der Verhältnismäßigkeit: Kissel, AK, § 32, Rn. 46; Jacobs, NZA 2008, 325, 331; Kamanabrou, ZfA 2008, 241, 270; Greiner, NZA 2007, 1023, 1024 f.

selbst Funktionselitegewerkschaften nicht die Möglichkeit hätten, den Arbeitgeber zu Tarifverhandlungen zu bewegen.

III. Kriterien aus dem Ultima-Ratio-Grundsatz

Der Große Senat des BAG hat bereits in seiner ersten Grundsatzentscheidung festgestellt, dass Arbeitskampfmaßnahmen im Grunde unerwünscht seien, da sie insb. meist mit erheblichen Schäden für die Volkswirtschaft einhergingen. Daher seien sie nur als ultima ratio, also als letztes Mittel, insb. wenn ein Tarifvertrag nicht mehr durch Verhandlungen oder in sonstiger Weise erreicht werden kann einzusetzen.[704] So bedeutend diese Grundüberlegung klingen mag, zwei Aspekte müssen geklärt werden: Welche Bedeutung hat der Ultima-Ratio-Grundsatz heute noch? Und: Können aus ihm Schlussfolgerungen für die abstrakte (dann Schutzbereich) oder die konkrete Zulässigkeit (dann Verhältnismäßigkeit) von Streiks gezogen werden; d.h. an welcher Stelle der Prüfung ist das Ultima-Ratio-Prinzip zu verorten? Nach einer Darstellung der vertretenen Ansichten[705] wird anschließend eine einheitliche Stellungnahme zu beiden Fragestellungen gegeben.

1. Verortung des Ultima-Ratio-Prinzips

Umstritten ist, an welcher Stelle Gesichtspunkte aus dem Ultima-Ratio-Grundsatz geprüft werden müssen. Das BAG geht davon aus, dass es sich um „eine Ausformung des Grundsatzes der Erforderlichkeit“, also den zweiten Schritt im Rahmen der Verhältnismäßigkeitsprüfung i.w.S. handelt.[706] Dem haben sich einige Autoren angeschlossen.[707] Andere[708] sehen den Ultima-Ratio-Grundsatz als selbständiges Kriterium der Verhältnismäßigkeit i.w.S. an, da dieser nicht die *Erforderlichkeit* im Einzelfall, sondern vielmehr die generelle Zulässigkeit eines Arbeitskampfes betreffe.[709]

---

704 Vgl. u.a.: BAG v. 28.01.1955 – GS 1/54, BAGE 1, 291, 300; Däubler, in: Däubler, AK, § 14, Rn. 9.

705 Die teilweise noch vorhandene Differenzierung zwischen Erzwingungsstreik und Warnstreik in der Literatur wird aufgrund der Aufgabe der entsprechenden Rechtsprechung durch das BAG (v. 21.06.1988 – 1 AZR 651/86, BAGE 58, 364, 379; vgl.: Kissel, AK, § 41, Rn. 28) nicht beachtet.

706 BAG v. 21.06.1988 – 1 AZR 651/86, BAGE 58, 364, 383.

707 Vgl.: Gamillscheg, KollArbR I, S. 1147; Seiter, S. 513 f.; Däubler, in: Däubler, AK, § 14, Rn. 9; wohl auch: Czerweny v. Arland, Arbeitskampfmittel, S. 97 ff.; Rudkowski, Streik in der Daseinsvorsorge, S. 108.

708 Siehe: Ricken, in: MüArbR, § 200, Rn. 48; Kissel, AK, § 29, Rn. 28; wohl auch: Otto, AK, § 7, Rn. 19.

709 So: Kissel, AK, § 29, Rn. 28.

2. Mögliche Bedeutung des Ultima-Ratio-Prinzips

Angesichts der zunehmenden Entwertung[710] des Ultima-Ratio-Prinzips ist fraglich, ob dieser Grundsatz noch seine ehemals tragende Rolle innehat. Hierzu sollen zunächst die diskutierten Argumente bzgl. eines Zwangs zur Schlichtung und anschließend allgemein bzgl. seiner Bedeutung für den Beginn des Streiks aufgezeigt werden.

a. Schlichtungserfordernis

Eine sehr weitgehende Anforderung würde es darstellen, wollte man von den Koalitionen verlangen, vor Durchführung einer Arbeitskampfmaßnahme ein Schlichtungsverfahren obligatorisch durchzuführen. Allerdings kommt hierbei, wenn überhaupt, nur ein Zwang zu einer Schlichtung in Betracht, welche nicht mit einem von Haus aus zwingendem Schlichterspruch endet. Demgegenüber wäre eine derartige Zwangsschlichtung[711], wie auch das BVerfG in einem obiter dictum festgestellt hat, nicht mit dem geltenden Recht zu vereinbaren.[712] Bei der gegenständlich diskutierten Variante wäre demnach nur das Verfahren der Schlichtung verpflichtend, nicht das Ergebnis (Schlichtungszwang). Diese Verbindlichkeit würde nicht, wie technisch ebenfalls möglich, aus einer Vereinbarung der Tarifpartner folgen,[713] sondern aus dem Ultima-Ratio-Grundsatz selbst.

aa. Argumente für ein Schlichtungserfordernis

Ein Teil der Literatur spricht sich für ein Schlichtungserfordernis vor Durchführung einer Arbeitskampfmaßnahme aus.[714] Hierfür wird zunächst die bereits oben dargestellte[715] Rspr. des BAG in seinem Urteil vom 21.04.1971 angeführt.[716] Allerdings wurde schon dargelegt, dass das BAG diese Aussage nicht mehr bestätigt hat. Zudem verlange das Erfordernis *alle* Verständigungsmöglichkeiten auszuschöpfen gleichsam die Durchführung eines Schlichtungsverfahrens; schließlich könne nicht von vornherein ausgeschlossen werden, dass man bei

710 Vgl.: Henssler, RdA 2011, 65, 72; Rüthers, NZA 2010, 6, 10; Lehmann, in: FS Buchner, 529, 534; Enderlein, RdA 1995, 264, 279; Lieb, in: FS Hanau, 561, 564.

711 Siehe: Reim/ Nebe, in: Däubler, TVG, § 1, Rn. 148; Rüthers, in: Brox/ Rüthers, Arbeitskampfrecht, Rn. 202.

712 BVerfG v. 06.05.1964 – 1 BvR 79/62, NJW 1964, 1267, 1268.

713 Dann sowieso zwingend, da Vertragspflicht. Siehe hierzu: Reinfelder, in: Däubler, AK, § 15, Rn. 26, 30; Gamillscheg, KollArbR I, 1151.

714 So: Rüthers, in: Brox/ Rüthers, Arbeitskampfrecht, Rn. 202, 164; Löwisch/ Rieble, in: Löwisch, AK, S. 28 f.; Lieb, in: FS Hanau, 561, 565; Jacobs, in: FS Buchner, 342, 356 (allerdings relativierend, dass eine Schlichtung „auch durch die Arbeitsgerichte im Wege richterlicher Rechtsfortbildung aufgestellt werden" könne); ders., NZA 2008, 325, 331; wohl auch: Rüthers, NZA 2010, 6, 7, 12.

715 Siehe: § 5, G., I.

716 BAG v. 21.04.1971 – GS 1/68, BAGE 23, 292, 306; vgl.: Rüthers, NZA 2010, 6, 7.

nochmaligem Zusammentreffen doch zu einem Ergebnis gelange.[717] Des Weiteren werde die Diskussion insb. durch unabhängige Dritte versachlicht, was zu einer ernsthaften Auseinandersetzung im Rahmen einer Abkühlungsphase führe.[718] Nach erfolgtem Schlichterspruch würde es einer Gewerkschaft ferner nicht mehr so leicht fallen, eine von diesem erheblich abweichende, sehr hohe Forderung aufrechtzuerhalten; jedenfalls wäre der Rechtfertigungsdruck vor der Öffentlichkeit wesentlich erhöht.[719] Dadurch würde zusätzlich zur Deeskalation beigetragen sowie ein Streik und damit Schäden für den Arbeitgeber, aber auch für die Allgemeinheit, meist verhindert werden können.[720]

bb. Argumente gegen ein Schlichtungserfordernis

Demgegenüber lassen sich auch Argumente gegen einen Schlichtungszwang aus dem Ultima-Ratio-Grundsatz finden:[721] Für eine so bedeutende, weitgehende Anforderung sei eine gesetzliche Regelung vonnöten; immerhin gehe es um eine Einschränkung der auf der Tarifautonomie beruhenden Arbeitskampffreiheit.[722] Es obliege gerade den Tarifvertragsparteien eigenverantwortlich einzuschätzen, ob weitere Verhandlungen noch Sinn ergäben.[723] Ferner würden praktische Erwägungen gegen einen Schlichtungszwang sprechen: Schon den Koalitionen sei es in einem möglichen Anwendungsfall offensichtlich nicht leichtgefallen eine Lösung zu finden; entsprechend sei daher davon auszugehen, dass ein solches Schlichtungsverfahren lange andauern und damit die effektive Ausübung des Arbeitskampfmittels verzögern würde.[724] Zudem sei daran zu denken, dass die Länge des Verfahrens durchaus von den Koalitionen beeinflussbar sei.[725] Ein lange andauerndes Verfahren könne aber ebenfalls dazu führen, dass die Arbeitnehmer (teilweise bereits durch ihre Gewerkschaften aufgeheizt) das Ende nicht mehr abwarten und sich ein „Ventil“ suchen könnten: Wilde Streiks würden wieder häufiger vorkommen.[726] Andererseits wäre denkbar, dass die Interessenvertreter gar kein allzu großes Interesse mehr hätten sich einzubringen, da sie sich darauf beschränken könnten erst einmal den Schlichterspruch abzuwarten.[727] Außerdem wird darauf verwiesen, dass Schlich-

---

717 So: Löwisch/ Rieble, in: Löwisch, AK, S. 28 f.

718 Vgl.: Kissel, AK, § 69, Rn. 24; Jacobs, in: FS Buchner, 342, 356.

719 So: Jacobs, in: FS Buchner, 342, 356; auch: Picker, in: Arbeitskampfrecht, 275, 286 f.

720 So: Jacobs, in: FS Buchner, 342, 356.

721 U.a.: Gamillscheg, KollArbR I, S. 1150 f.; Kissel, AK, § 30, Rn. 42, § 69, Rn. 29; Otto, AK, § 7, Rn. 27; Ricken, in: MüArbR, § 200, Rn. 50; Treber, in: Schaub, ArbR-Hdb., § 196, Rn. 14; Bieback/ Wrobleski, in: Däubler, AK, § 17, Rn. 43; Picker, RdA 1982, 331, 333; Reinfelder, in: Däubler, AK, § 15, Rn. 32; Kamanabrou, ZfA 2008, 241, 276 (der jedoch über die Verhältnismäßigkeit teilw. zu einem Schlichtungszwang kommt).

722 So: Kissel, AK, § 30, Rn. 42, § 69, Rn. 23.

723 So: Enderlein, RdA 1995, 264, 279.

724 So: Kamanabrou, ZfA 2008, 241, 276; Gamillscheg, KollArbR I, S. 1151.

725 Siehe: Gamillscheg, KollArbR I, S. 1151.

726 So: Gamillscheg, KollArbR I, S. 1151.

727 Siehe: Enderlein, RdA 1995, 264, 278; Kamanabrou, ZfA 2008, 241, 276.

tungsverfahren, gerade wenn keine der Parteien einen Sinn darin sieht, zu einer bloßen Formsache verkommen würde.[728]

b. Beginn des Arbeitskampfes

Ausgehend von seiner ursprünglichen Idee hat der Ultima-Ratio-Grundsatz jedoch eine wesentliche Bedeutung für den zeitlichen Beginn des Arbeitskampfes. Soweit noch größtenteils Einigkeit darüber besteht, dass zunächst jedenfalls grundsätzlich alle Verhandlungs- und Verständigungsmöglichkeiten ausgeschöpft werden müssen, bevor ein Arbeitskampf begonnen werden darf,[729] so sehr gehen die Meinungen darüber, wann dies der Fall ist und wie dies festgestellt werden kann, auseinander. Insbesondere vertritt ein Großteil der Literatur eine andere Auffassung als mittlerweile in der Rspr. des BAG der Fall vorherrscht.[730]

aa. Entwicklung der Rechtsprechung

Wie sich bereits aus obigen Ausführungen ergibt,[731] hat der Ultima-Ratio-Grundsatz in der Rechtsprechung des BAG und in der Rechtspraxis an Bedeutung verloren. Vom ehemaligen „Kernstück des Verhältnismäßigkeitsprinzips“[732] ist nicht mehr viel übriggeblieben: Das BAG verlangt „nur“, dass die Verhandlungen gescheitert sind, bevor zu Arbeitskampfmitteln gegriffen werden darf. Für die Feststellung des Scheiterns stellt es jedoch auf die freie, nicht nachprüfbare Entscheidung der Tarifparteien ab.[733] Nicht einmal mehr das Erklären des Scheiterns hält es, gefolgt von Teilen der Literatur, für notwendig, dieses solle sich bereits aus der bloßen Aufnahme des Arbeitskampfmittels ergeben.[734] Hierfür wird angeführt, dass so die Verhandlungen, insb. durch die daraus resultierenden Warnstreiks, flexibler gestaltet werden könnten.[735] Außerdem sei ansonsten ein sehr früher Abbruch der Verhandlungen zu erwarten, um sich alle Möglichkeiten offen zu halten.[736] Letztlich sei die gegnerische Seite nicht

728 Vgl.: Ricken, in: MüArbR, §200, Rn. 50; ähnlich: Otto, AK, § 7, Rn. 27.

729 Vgl. u.a.: BAG v. 28.01.1955 – GS 1/54, BAGE 1, 291, 300; BAG v. 21.04.1971 – GS 1/68, BAGE 23, 292, 306; Rüthers, in: Brox/ Rüthers, Arbeitskampfrecht, Rn. 197; Gamillscheg, KollArbR I, S. 1147; Däubler, in: Däubler, AK, § 14, Rn. 9; Hueck/ Nipperdey, II/ 2, S. 1023 ff.; Ricken, in: MüArbR, § 200, Rn. 47; Otto, in: FS Konzen, 633, 672 f.; Kissel, AK, § 30, Rn. 2; Löwisch/ Rieble, in: Löwisch, AK, S. 28.

730 So auch: Kissel, AK, § 30, Rn. 14.

731 Siehe: § 5 G. I.

732 Kissel, AK, § 30, Rn. 3.

733 BAG v. 21.06.1988 – 1 AZR 651/86, BAGE 58, 364, 380 ff.

734 BAG v. 21.06.1988 – 1 AZR 651/86, BAGE 58, 364, 382; vgl.: Däubler, in: Däubler, AK, § 14, Rn. 9; Bieback/ Wrobleski, in: Däubler, AK, § 17, Rn. 60 ff.; Czerweny v. Arland, Arbeitskampfmittel, S. 102 f.; letztlich wohl auch: ErfK/ Dieterich, 10 GG, Art. 9, Rn. 133.

735 So: Bieback/ Wrobleski, in: Däubler, AK, § 17, Rn. 62; ähnlich: BAG v. 12.09.1984 – 1 AZR 342/83, BAGE 46, 322, 352 f.

736 Siehe: BAG v. 12.09.1984 – 1 AZR 342/83, BAGE 46, 322, 353.

schutzwürdig bzgl. überraschender Angriffe; die Friedenspflicht sei abgelaufen und damit müsse stets mit einsetzenden Kampfhandlungen gerechnet werden.[737]

Klarzustellen bleibt: Damit sind nicht schlechthin alle Verhandlungen im Rahmen des gesamten Arbeitskampfes gemeint, sondern es geht nur um das Erklären des Scheiterns streikloser Verhandlungen vor Aufnahme des Arbeitskampfes. Daher sind auch Verhandlungen nach Beginn des Streiks zulässig, da man ansonsten überhaupt nicht zu einem Ergebnis kommen könnte.[738]

bb. Ausdrückliches Erklären des Scheiterns

Demgegenüber verlangen weite Teile der Literatur das ausdrückliche Erklären des Scheiterns, selbst wenn dies nicht zwischen den Tarifparteien vereinbart worden ist.[739] Es handele sich um die „letzte Hemmschwelle, die noch einmal zur Besinnung rufen soll".[740] Dies wird zum Teil damit begründet, dass nur eine ausdrückliche Erklärung es dem Gegner ermögliche eine Einschätzung darüber zu treffen, ob es sich um eine zulässige oder unzulässige Kampfmaßnahme handele.[741] Zudem sei fraglich bzw. jedenfalls eine einzelfallabhängige Auslegungsfrage, welchen Erklärungswert man der Durchführungsmaßnahme alleine entnehmen könne, sodass sich eine pauschale Vermutung dahingehend, dass diese stets das Scheitern konkludent erkläre, verbiete.[742] Das Scheitern der Verhandlungen müsse vielmehr klar erkennbar sein:[743] Der Gegner müsse nämlich wissen, dass er definitiv von einer Arbeitskampfmaßnahme betroffen sei und nicht nur ein individuelles Handeln eines einzelnen Arbeitnehmers vorliege. Ansonsten wäre er zu eigenen Ermittlungen gezwungen und könnte sich nicht adäquat auf die Situation einstellen, d.h. insb. Gegenmaßnahmen ergreifen. Außerdem habe er ein schützenswertes Interesse zu erfahren, ab wann grundsätzlich Kampfmaßnahmen ergriffen würden.[744] Des Weiteren sei die klare Erkennbarkeit deshalb erforderlich, da man oft erst in einem letzten Schritt bis an die Grenzen seines Verhandlungsspielraumes gehe. Dies entfiele jedoch, wenn der Gegner unmittelbar einfach mit seiner Arbeitskampfmaßnahme beginnen könne.[745] Auch dem „Erklärenden" würden so nochmals die vorerst definitive Beendigung der Verhandlungen und damit die ihm drohenden Schäden vor Augen geführt werden.[746]

737 So: Bieback/ Wrobleski, in: Däubler, AK, § 17, Rn. 62.

738 Siehe: Kissel, AK, § 30; Rn.. 33.

739 U.a.: Gamillscheg, KollArbR I, S. 1052, Rüthers, in: Brox/ Rüthers, Rn. 201; Kempen, AuR 1990, 237, 245; Müller, Arbeitskampf, S. 232; Picker, DB 1989, Beil. 16, 1, 13 f.; Lieb, ZfA 1990, 357, 358; Otto, AK, § 7, Rn. 26; wohl auch: Löwisch/ Rieble, in: Löwisch, AK, S. 28; Kissel, AK, § 30, Rn. 24f. fordert jedenfalls eine „eindeutige" Verlautbarung.

740 Gamillscheg, KollArbR, S. 1152; ähnlich: Müller, Arbeitskampf, S. 232.

741 So: Reuther, SAE 1989, 101, 102.

742 Löwisch/ Rieble, JZ 1989, 91 f.

743 So auch jedenfalls: ErfK/ Dieterich, 10 GG, Art. 9, Rn. 133.

744 Siehe: Kempen, AuR 1990, 237, 245; Picker, DB 1989, Beil. 16, 1, 13 f.; a.A. wohl: Löwisch/ Rieble, JZ 1989, 92 mit Verweis darauf, dass auch der Gegner dann jederzeit das Scheitern erklären könne.

745 Siehe: Picker, DB 1989, Beil. 16, 1, 13 f.; ähnlich auch: Enderlein, RdA 1995, 264, 279.

746 So: Otto, AK, § 7, Rn. 26; Picker, DB 1989, Beil. 16, 1, 14.

Schließlich hätte ein Verzicht auf eine eindeutige Erklärung zur Folge, dass dadurch ein Vorteil des Angreifers entstünde, da er den Wissensvorsprung bzgl. des Kampfgeschehens taktisch einsetzen könne.[747] Er habe es zudem quasi in der Hand, aus einem mangels Ende der Verhandlungen rechtswidrigen Arbeitskampf einen rechtmäßigen zu machen.[748]

3. Stellungnahme

Selbst auf die Gefahr hin, dass, übertrieben formuliert, Traditionalisten bei folgender Feststellung „das Herz bluten wird", muss, das Ergebnis vorwegstellend, konstatiert werden: Der Ultima-Ratio-Grundsatz hat faktisch keine herausragende, eigenständige Bedeutung mehr, welche seine Nennung als Prinzip oder Grundsatz noch legitimieren könnte.[749] Es handelt sich lediglich um ein Relikt, ein „Überbleibsel", das eigentlich nicht mehr benötigt wird, da der Rest an Aussagekraft, welcher dem Ultima-Ratio-*Gedanken* noch entnommen werden könnte, fast vollständig in den übrigen Prüfungspunkten, insb. der *allgemeinen Notwendigkeit* im Rahmen des Schutzbereichs und v.a. der Verhältnismäßigkeit aufgeht. Gerade weil jedoch der wesentliche Teil damit von einer Abwägung im Einzelfall in der Verhältnismäßigkeitsprüfung abhängt, können aus ihm keine allgemeingültigen Sätze und Schlussfolgerungen mehr abgeleitet werden; die konkreten Anforderungen variieren von Fall zu Fall.

Auch der ehemalige Präsident des Bundesarbeitsgerichts *Kissel* sieht das Ultima-Ratio-Prinzip mittlerweile „als bedenklich"[750] an. Er stützt diese Einschätzung jedoch im Wesentlichen darauf, dass die ursprüngliche Legitimation des Ultima-Ratio-Grundsatzes, die angemessene Berücksichtigung der Interessen des Kampfgegners und von unbeteiligten Dritten, jedenfalls bezogen auf letztere, mangels praktischer Umsetzbarkeit und Nachprüfbarkeit nicht gegeben sei.[751] Vielmehr obliege die „Wertung, inwiefern die kampfweise Durchsetzung der eigenen Tarifvorstellungen auch unter Berücksichtigung derer der Gegenseite und der durch einen Arbeitskampf beeinträchtigten Drittinteressen zurückzutreten habe, [...] der tarifautonomen Entscheidung jeder Tarifvertragspartei".[752] Die Tarifvertragspartei soll also selbst bestimmen können, ob Drittinteressen nachrangig sein sollen? Dies erscheint doch ein wenig befremdlich, soll nicht der Bock zum Gärtner gemacht werden. Die Berücksichtigung der unterschiedlichsten Drittinteressen ist zwar in der Tat ein über die Maßen schwieriges Unterfangen. Indes jedoch kein aussichtsloses; auch in anderem Zusammenhang müssen Gerichte Drittinteressen berücksichtigen und miteinander abwägen, das macht die Methode der Herstellung praktischer Konkordanz nun mal aus. Obgleich dieser Begründung von *Kissel* daher nicht gefolgt werden kann, zeigt sie doch zweierlei: Eine grundsätzliche Diskussion um die Daseinsberechtigung des Ultima-Ratio-Prinzips ist erlaubt, wenn nicht sogar angezeigt, und es gibt namhafte Autoren, die von ihm bereits Abschied nehmen.

---

747 Vgl.: Picker, DB 1989, Beil. 16, 1, 14.
748 So: Lieb, ZfA 1990, 357, 358.
749 Ähnlich kritisch auch: Bieback/ Wrobleski, in: Däubler, AK, § 17, Rn. 56.
750 Kissel, AK, § 30, Rn. 55.
751 Kissel, AK, § 30, Rn. 46 ff.
752 Kissel, AK, § 30, Rn. 54.

Nun aber in medias res:

Zunächst zum *Schlichtungszwang*: Eine Pflicht ein Schlichtungsverfahren vor Durchführung einer Streikmaßnahme zu durchlaufen besteht meines Erachtens nach (leider) nicht. Den Verfechtern eines obligatorischen Schlichtungsverfahrens ist zwar insoweit beizupflichten, als, sollte es einen Grundsatz geben, nachdem eine Arbeitskampfmaßnahme nur das allerletzte Mittel sein darf, aus diesem wohl folgen würde, dass vor ihrer Durchführung noch versucht werden müsste, über ein Schlichtungsverfahren zu einem Erfolg zu kommen. Hierzu wird sogleich noch Stellung zu nehmen sein. Zudem kann in der Tat nicht ausgeschlossen werden, dass ein neutraler Schlichter einen beruhigenden, ausgleichenden und vor allem versachlichenden Einfluss auf die Verhandlungen haben kann.[753] Dass ein solches Schlichtungsverfahren immer zum Erfolg führen muss, hat niemand behauptet.[754] Und es wird in vielen Fällen nicht der Fall sein, da es durchaus vorstellbar und bereits Realität ist, dass Gewerkschaften auf ihren exorbitant hohen Forderungen[755] bestehen. Eine einhundertprozentige Erfolgsbilanz ist aber auch nicht nötig. Insgesamt dürfte wohl ein sich positiv auswirkendes und damit vorrangiges Mittel zur Verfügung stehen.

Dem steht der nicht von der Hand zu weisende Vorwurf entgegen, dass ein solches Verfahren zu erheblichen Verzögerungen führen würde; immerhin beansprucht nicht nur das Verfahren an sich wegen der Ergründung zahlreicher Aspekte eine gewisse Zeit, es dauert auch schon, bis dieses überhaupt begonnen werden kann, d.h. bis ein Schlichtungsorgan berufen und dieses handlungsfähig ist. Außerdem kann nicht ausgeschlossen werden, dass eine Partei, der daran gelegen ist die Arbeitskampfmaßnahme noch hinauszuzögern, alles versuchen wird, um die Schlichtung möglichst in die Länge zu ziehen. Schon die Einigung auf einen Schlichter (sofern eine solche erforderlich ist) könnte einen erheblichen Zeitaufwand mit sich bringen. Dass es deshalb jedoch vermehrt zu wilden Streiks kommen könnte, weil die Arbeitnehmer nicht das (verzögerte) Ende abwarten wollen, erscheint zwar nicht ausgeschlossen, aber letztlich doch eher weit hergeholt: Zum einen sind wilde Streiks rechtswidrig; sie hätten u.U. eine Kündigung oder Schadenersatzansprüche zur Folge.[756] Auch Arbeitnehmer haben hiervon (mittlerweile) Kenntnis. Außerdem muss beachtet werden, dass bereits heute ein Großteil der Beschäftigten ein Schlichtungsverfahren „erdulden" muss, da ihre Gewerkschaften ein solches tarifvertraglich vereinbart haben;[757] zu großartigen, wilden Streikaktionen ist es deshalb trotzdem nicht gekommen.[758] Der Vorwurf, dass es sich im Endeffekt um bloße „Förmelei"[759] handeln würde liegt durchaus zunächst scheinbar auf der Hand: Besteht keinerlei Interesse an dem Verfahren, müssten die Koalitionen es dennoch über sich „ergehen lassen".

753 Auch: Picker, in: Arbeitskampfrecht, 275, 286.

754 Im Falle des Tarifstreits am Fraport 2012 wurde der Schlichterspruch durch Fraport abgelehnt, siehe: Esslinger, Die Macht der 200, SZ 21.02.2012, S. 19.

755 Otto (RdA 2010, 135, 147) spricht von „maßlosen Forderungen".

756 Vgl.: Öğüt, in: Däubler, AK, § 22, Rn. 10 ff, 53 ff.

757 Rudkowski (Der Streik in der Daseinsvorsorge, S. 106) geht von etwa 65 Prozent der tariflichen Arbeitnehmer in den alten Bundesländern aus.

758 Auch: Rudkowski, Der Streik in der Daseinsvorsorge, S. 106.

759 So: Ricken, in: MüArbR, § 200, Rn. 50; ähnlich: Picker, in: Arbeitskampfrecht, 275, 286.

Gleichsam in Bezug auf das Argument der Verzögerung ist dem jedoch entgegenzuhalten, dass dann ein solches Verfahren schlicht besonders früh anzustoßen sei. Besteht wirklich keinerlei Interesse, kann man es über sich ergehen lassen;[760] es hat dann keinen Nutzen, aber (früh genug angestoßen) auch keinen großen Nachteil. Jedenfalls wäre es nicht sachgerecht einem Schlichtungsverfahren insgesamt seine Daseinsberechtigung abzusprechen, weil ein gewisser, wohl geringer Teil, zu überhaupt keiner Resonanz führen würde. In den meisten Fällen wird ein solches Verfahren durchaus einen Nutzen haben, selbst wenn es letztlich nicht zu einem Tarifvertrag führt: Die Parteien müssen ihre wirklichen Wünsche, Bedenken und vielfältigen Beweggründe in gesitteter Runde vortragen, sie müssen sich damit auseinandersetzen und sie bekommen eine unabhängige Einschätzung der Lage; damit ist oft schon viel geholfen.[761]

Somit überwiegen die positiven Aspekte einer Pflicht ein Schlichtungsverfahren durchzuführen. Fraglich bleibt jedoch: woher nehmen, wenn nicht stehlen?

Eine solche Pflicht könnte derzeit nur auf zwei Weisen erreicht werden: Entweder folgt sie aus einem Grundsatz, welcher durch gesetzesvertretendes Richterrecht installiert worden ist, oder eine Pflicht müsste sich unmittelbar aus verfassungsrechtlichen Wertungen ergeben.

Eine Pflicht ein Schlichtungsverfahren durchzuführen folgt nicht aus einem Grundsatz, den der Ersatzgeber BAG geschaffen hat. Wie gezeigt, hat das BAG ein Schlichtungs*verfahren* in seiner Entscheidung von 1971 angesprochen.[762] Soweit ersichtlich wurde in den Urteilen nach 1971 jedoch nie ein nicht durchgeführtes (nicht vereinbartes) Schlichtungsverfahren moniert.[763] Hieraus allein folgt in der Tat noch nicht, dass ein entsprechender Grundsatz nicht existiert: Das Gericht hätte sich bei seinen nachfolgenden Entscheidungen auch irren können; jedenfalls hätten die nachfolgenden, „falschen" (Senats-) Urteile keinen Einfluss auf das gesetzesvertretende Richterrecht gehabt, da es sich bei der Entscheidung vom 21.04.1971 um eine des Großen Senats gehandelt hat.[764] Allerdings liegt bei einem solchen Handeln des BAG die Annahme eines obiter dictums näher.[765] Zudem lässt sich der maßgeblichen Entscheidung des Großen Senats[766] entnehmen, dass ein Schlichtungsverfahren nicht „eiserne Voraussetzung" eines jeden Streiks ist. Zusammengefasst führt das BAG aus: Sowohl die Entscheidung ob Arbeitskämpfe allgemein eingeleitet und durchgeführt werden dürfen (Anlass und Beginn) als auch die Entscheidung in welchem Maße sie durchgeführt werden (Art der Durchführung) richte sich nach dem Verhältnismäßigkeitsgrundsatz. Hieraus folge u.a., dass Arbeitskämpfe allgemein nur als letztes Mittel angewendet werden dürfen; ein Schlichtungs*verfahren* sei daher erforderlich. Solange jedoch keine dieses regelnden Vereinbarungen bestünden, könne

---

760 Picker (in: Arbeitskampfrecht, 275, 286) spricht von „rein passiv über sich ergehen" lassen.

761 Ähnlich: Picker, in: Arbeitskampfrecht, 275, 286 f.

762 BAG v. 21.04.1971 – GS 1/68, BAGE 23, 292, 306; siehe oben: § 5 G. I.

763 Auch: Bieback/ Wrobleski, in: Däubler, AK, § 17, Rn. 43.

764 Vgl.: § 45 II ArbGG; ähnlich auch: Löwisch/ Rieble, in: Löwisch, AK, S. 90; Rüthers/Höpfner, Abschied vom Rechtsstaat?, FAZ 26.08.2011; a.A.: Bieback/ Wrobleski, in: Däubler, AK, § 17, Rn. 43 („rechtlich überholt").

765 So auch: Otto, AK, § 7, Rn. 27, Fußn. 78., § 69, Rn. 22; Bieback/ Wrobleski, in: Däubler, AK, § 17, Rn. 43; Gamillscheg, KollArbR I, S. 1150; Picker, RdA 1982, 331, 351, Fußn. 139; wohl auch: BAG v. 12.09.1984 – 1 AZR 342/83, NJW 1985, 85, 89.

766 BAG v. 21.04.1971 – GS 1/68, BAGE 23, 292, 306 ff.

keine pauschale Aussage getroffen werden, stattdessen müsse einzelfallabhängig die jeweilige Verhältnismäßigkeit bestimmt werden. Daraus ist zu folgern: Es gibt keinen Grundsatz, nach welchem immer eine Schlichtung erforderlich ist. Vielmehr *könnte* (wenn weitere Voraussetzungen erfüllt sind; dazu sogleich) eine solche im Einzelfall erforderlich sein, da ansonsten die konkrete Kampfmaßnahme nicht angemessen ist.

Wenn damit jedoch eine Schlichtung (einzelfallabhängig) erforderlich sein kann, hat dies das BAG dann bei seinen nachfolgenden Urteilen übersehen, oder war ein solches dort aufgrund der besonderen Umstände schlichtweg stets (im Einzelfall) nicht notwendig? Weder noch; der Grund für fehlende Relevanz ist darin zu sehen, dass ein solches Erfordernis nach derzeitiger Rechtslage nicht praktisch umsetzbar wäre. Es setzt nämlich voraus, dass überhaupt die Möglichkeit existiert, ein Schlichtungsverfahren durchzuführen. Das ist momentan nicht der Fall: Nur wenn die Parteien ein Schlichtungsverfahren vereinbart haben, könnte man aus dem Ultima-Ratio-Grundsatz eine Pflicht zur Einhaltung des dort geregelten Verfahrens ableiten. Diese folgt in diesem Fall jedoch bereits aus der vertraglichen Pflicht selbst (pacta sunt servanda).[767] Haben sie keine dahingehende Vereinbarung getroffen, wird teilweise auf das Kontrollratsgesetz Nr. 35[768] verwiesen.[769] Hierin liegt jedoch nicht die Lösung. Vielmehr ergibt sich aus dem Kontrollratsgesetz Nr. 35, dass es nicht ausreicht, wenn nur eine Partei das Verfahren in Gang setzen will (Artikel VIII). [770] Bestünde also eine Pflicht zur Schlichtung, könnte die angreifende Partei dieser gar nicht aus eigener Kraft entsprechen, wenn sich die Gegenseite verweigert. Und selbst wenn man aus verfassungsrechtlichen Erwägungen eine Pflicht des Gegners sich auf ein Verfahren einzulassen folgern würde, bedürfte es eines diese Pflicht konkretisierenden Verfahrens. Eine Lösung stellt das Kontrollratsgesetz Nr. 35 aber insoweit nicht dar. Es ist verfahrenstechnisch auf ein durch beide Parteien getragenes Verfahren ausgelegt: So muss z.B. der Vorsitzende von beiden Parteien zwingend gebilligt werden (Artikel IX).[771] Die Arbeitskampfmaßnahme wäre also in diesen Fällen stets rechtswidrig; das kann nicht sein.[772] Es bleibt dabei: Der Ausspruch des Gerichts ist als obiter dictum zu verstehen.

Schließlich sollen eigene Überlegungen bzgl. einer ganz anderen Interpretation des „Ausrufs" des BAG, dass „auch ein Schlichtungs*verfahren* erforderlich" sei,[773] nicht vorenthalten werden: Wäre es abwegig, würde man dem BAG wirklich etwas „in den Mund legen", wenn man unter dem für erforderlich proklamierten „Schlichtungsverfahren" nicht die im Einzelfall durchzuführende *Schlichtung*, sondern vielmehr ein die u.U. durchzuführende Schlichtung regelndes *Verfahren* verstehen würde, also in dem Sinne, dass ein Verfahren bereitgestellt

767 Siehe: Reinfelder, in: Däubler, AK, § 15, Rn. 31; Kissel, AK, § 30, Rn. 42.

768 Abgedruckt bei: Löwisch, AK, Anhang 1, S. 491 ff.

769 So: Lembke, RdA 2000, 223, 234; Rüthers, in: Brox/ Rüthers, Arbeitskampfrecht, Rn. 164; Löwisch/ Rieble, in: Löwisch, AK, S. 90.

770 So auch: Reinfelder, in: Däubler, AK, § 15, Rn.27; Czerweny v. Arland, Arbeitskampfmittel, S. 104; Rüthers, in: Brox/ Rüthers, Arbeitskampfrecht, Rn. 701; Bieback/ Wrobleski, in: Däubler, AK, § 17, Rn. 43; ähnlich: Kissel, AK, § 69, Rn. 17.

771 Vgl.: Löwisch/ Rumler, in: Löwisch, AK, S. 478.

772 Ähnlich: Kissel, AK, § 69, Rn. 19 f.

773 BAG v. 21.04.1971 – GS 1/68, BAGE 23, 292, 306.

werden muss, das die Schlichtung regelt? Es würde sich folgende abgewandelte Zusammenfassung und zugleich Interpretation des maßgeblichen Urteils ergeben: Anlass, Beginn und Art bzw. Maß der Arbeitskampfmaßnahme richten sich nach dem Verhältnismäßigkeitsgrundsatz. Aus diesem ergibt sich in der Regel, dass Arbeitskämpfe nur als letztes Mittel angewendet werden dürfen. Außerdem kann sich aus dem Verhältnismäßigkeitsgrundsatz ergeben, dass im Einzelfall die Durchführung einer *Schlichtung* erforderlich sein kann.[774] Diese setzt jedoch ein zu installierendes (tarifvertragliches oder gesetzliches) „Schlichtungs*verfahren*" voraus; ein solches ist hierfür „erforderlich".

Eine solche Interpretation erscheint jedenfalls nicht vollkommen ausgeschlossen. Damit gibt es keinen richterrechtlichen Grundsatz nach welchem stets ein Schlichtungsverfahren durchzuführen ist.

Desgleichen folgt auch aus verfassungsrechtlichen Erwägungen keine solche Pflicht. Der Schutzbereich mit seiner hier vertretenen *allgemeinen Notwendigkeit* muss einen Sachverhalt abstrakt erfassen können und darf nicht schon die Besonderheiten des Einzelfalles berücksichtigen. Es handelt sich um eine typisierende Betrachtung. Die von einigen für die Schlichtung handhabbargemachte Erforderlichkeit (siehe oben) betrachtet zwar die jeweilige Maßnahme für sich; es könnte also berücksichtigt werden, ob im konkreten Fall eine Schlichtung durchgeführt worden ist. Allerdings folgt aus ihr gerade nicht, dass immer nur das mildeste Mittel eingesetzt werden darf.[775] Diese Aussage stellt nur die halbe Wahrheit dar. Vielmehr muss das mildere Mittel gleich wirksam sein![776] Ein Streik, welcher unmittelbar zu erheblichen Schäden und damit zu erheblichem Druck beim Arbeitgeber führt, wird jedoch meist weitaus wirksamer sein als die Durchführung einer Schlichtung. Zudem kann erneut darauf verwiesen werden, dass aus der Einzelfallentscheidung der Erforderlichkeit nie ein fester Grundsatz entstehen kann, da sie eben in jedem konkreten Fall von unterschiedlichen Faktoren abhängt und damit anders ausfallen kann.[777] Gleiches gilt für die Verhältnismäßigkeit i.e.S.; aus ihr könnte ebenso lediglich eine im Einzelfall variierende Entscheidung folgen.[778] Selbst wenn man eine Pflicht beider Parteien sich auf eine Schlichtung *einzulassen* doch irgendwie konstruieren würde, bliebe es dabei, dass eine solche mangels Verfahrensregelungen nicht umgesetzt werden könnte.

Damit folgt aus dem Ultima-Ratio-Prinzip kein Erfordernis der Durchführung einer Schlichtung. Aufgrund der durchweg positiven Aspekte eines solchen Verfahrens (siehe oben) kann lediglich an den Gesetzgeber appelliert werden, ein solches einzuführen.

Bzgl. der *Feststellung des Scheiterns* kann festgehalten werden: Ein solches muss ausdrücklich erklärt werden. Eine Auseinandersetzung mit den dargelegten Argumenten kann jedoch

774 So auch: Bieback/ Wrobleski, in: Däubler, AK, § 17, Rn. 56.

775 So aber: Treber, in Schaub, ArbR-Hdb., § 193, Rn. 47 (jedenfalls missverständlich).

776 U.a.: BVerfG v. 14.07.1999 – 1 BvR 2226/94, 2420/95, 2437/95, BVerfGE 100, 313, 375; BVerfG v. 27.02.2008 – 1 BvR 370, 595/07, BVerfGE 120, 274, 321; Merten, in: Merten/ Papier, Grundrechte, § 68, Rn. 66; Stern, in: Stern, Staatsrecht III/2, S. 780; Sachs, in: Sachs, GG, Art. 20, Rn. 152; Schmidt R., Grundrechte, Rn. 176.

777 Ähnlich: ErfK/ Dieterich, GG10, Art. 9, Rn. 133 (bzgl. Erforderlichkeit).

778 Vgl.: Bieback/ Wrobleski, in: Däubler, AK, § 17, Rn. 56.

(vorerst) noch unterbleiben: Bei der Frage, ob vor der Durchführung eines Kampfmittels eine ausdrückliche Erklärung erfolgt ist, handelt es sich nämlich um eine Betrachtung des konkreten Einzelfalles. Insoweit scheidet die Annahme eines allgemeingültigen Grundsatzes ebenfalls aus. Vielmehr muss im Rahmen der Verhältnismäßigkeit Stellung bezogen werden.[779] Mangels eines allgemeingültigen Grundsatzes der Ultima-Ratio handelt es sich wohl eher um eine Anforderung aus dem Rechtsgedanken des Rechtsmissbrauchs,[780] welcher es erfordert, dass der Gegner überhaupt vom Kampfbeginn in Kenntnis gesetzt wird.

Was bleibt also noch vom Ultima-Ratio-*Gedanken* erhalten?

Im Ergebnis nicht viel: Grundsätzlich muss eine Forderung gestellt, diese nicht bereits akzeptiert und daher über sie verhandelt worden sein. Letzteres ist gleichfalls entbehrlich, wenn der Tarifpartner eine solche Verhandlung ablehnt.[781] Andererseits hätte er es in der Hand, den möglichen Beginn festzulegen. Allerdings gehen diese Gesichtspunkte im Gedanken des Rechtsmissbrauchs auf; auch sie stellen nämlich auf den Einzelfall ab, und müssen daher im Rahmen der Verhältnismäßigkeit berücksichtigt werden.[782] Ein letzter Rest an Aussagekraft kann jedoch im Rahmen der *allgemeinen Notwendigkeit* handhabbar gemacht werden:[783] Es geht um die Frage, *wie sehr* ein Arbeitskampfmittel notwendig sein muss. Darf es nur das allermildeste Arbeitskampfmittel sein? Oder ist jedes Mittel, das dem Abschluss eines Tarifvertrages, also der Herstellung von Parität dient, notwendig? Nach meinem Dafürhalten sollte der Schutzbereich so verstanden werden, dass den Kampfparteien ein Freiheitsraum und die Wahl der Mittel überlassen wird;[784] allerdings nicht unbegrenzt. Vielmehr folgt aus der Beschränkung auf das ultima ratio eine Konkretisierung im Hinblick auf die zeitliche Komponente bei der Paritätsfeststellung:[785] Den Kampfparteien müssen die historisch gefestigten Mittel zur Verfügung stehen. Neue Kampfmittel sind nur dann vom Schutzbereich erfasst, wenn sie sich gegenüber den historisch anerkannten Mitteln *milder auswirken* oder diese nicht mehr ausreichen, um zu einer ungefähren Parität zu führen.[786]

Selbst das BAG musste wohl anerkennen, dass es sich beim Ultima-Ratio-Grundsatz nur noch um ein formales Prinzip handelt, welches „Minimalanforderungen für die Zulässigkeit

779 Siehe unten: § 11 B.

780 Ähnlich: Bieback/ Wrobleski, in: Däubler, AK, § 17, Rn. 56.

781 So auch: BAG v. 21.06.1988 – 1 AZR 651/86, BAGE 58, 364, 383; Seiter, Streikrecht, S. 515 f.; Kissel, AK, § 30, Rn. 36 f.; Bieback/ Wrobleski, in: Däubler, AK, § 17, Rn. 56; ähnlich: Däubler, in: Däubler, AK, § 14, Rn. 9; Czerweny v. Arland, Arbeitskampfmittel, S. 102; Engels, Verfassung und Arbeitskampfrecht, S. 129; Koch, in: Schaub, ArbR-Hdb. 13. Aufl., § 193, Rn. 18; Enderlein, RdA 1995, 264, 279.

782 Siehe unten: § 11 B.; vgl.: Otto, in: FS Konzen, 663, 672 f.

783 Auch Kissel (AK, § 30, Rn. 47) unterscheidet zwischen Zulässigkeit eines Arbeitskampfmittels im Einzelfall anhand der Verhältnismäßigkeit und genereller Zulässigkeit eines Arbeitskampfes anhand des Ultima-Ratio-Prinzips.

784 Die Arbeitskampffreiheit ebenfalls betonend: Reinfelder, in: Däubler, § 15, Rn. 32.; auf die Eigenverantwortung abstellend auch: Kissel, AK, § 69, Rn. 27. Bzgl. Entscheidungsfreiheit: Picker, RdA 1982, 331, 333.

785 Siehe oben: § 8 B. II. 2. e.

786 Bezogen auf die Feststellung der Parität: Hromadka/ Maschmann, § 14, Rn. 76.

von Arbeitskampfmaßnahmen“ setzt und „mit einer begrenzten Mißbrauchskontrolle verbunden“ ist.[787]

4. Zwischenergebnis zum Ultima-Ratio-Grundsatz

Aus dem Ultima-Ratio-Grundsatz folgen damit im hiesigen Prüfungsaufbau keine so herausragenden, eigenständigen Auswirkungen mehr, welche seine Benennung als Prinzip oder Grundsatz legitimieren könnten. Lediglich ein inhaltlicher Restgehalt kann noch erahnt werden: Das Erfordernis einer ausdrücklichen Erklärung des Scheiterns ist, gleich der Frage, ob in Anbetracht der verletzten Rechte Dritter im Einzelfall nicht ein milderes Mittel genügt hätte, eine Frage der Verhältnismäßigkeit und geht in dieser auf. Ebenso verhält es sich mit den Erfordernissen, dass überhaupt eine Forderung gestellt, diese nicht bereits akzeptiert und deshalb über sie verhandelt wurde, sofern letzteres nicht bereits abgelehnt wurden. Ein Schlichtungszwang kann weder über bestehendes Richterrecht noch über seine verfassungsrechtliche Gebotenheit hergeleitet werden. Selbst wenn man aus der BAG-Entscheidung von 1971 einen solchen Grundsatz folgern wollte, ist dieser, mangels allgemeingültiger Verfahrensregelungen für die Durchführung einer Schlichtung, nicht praktisch umsetzbar. Zudem erscheint es nicht ausgeschlossen, die entsprechende Entscheidung insofern grundsätzlich anders zu verstehen, als das BAG nur die Einrichtung eines (tarifvertraglichen oder gesetzlichen) Schlichtungs*verfahrens* bzgl. der Durchführung einer Schlichtung fordert; nicht jedoch bereits diese selbst. Jedenfalls muss die Entscheidung des BAG von 1971 als obiter dictum verstanden werden. Dies folgt gleichsam aus der Handhabung in den nachfolgenden Urteilen. Ein Schlichtungserfordernis folgt auch nicht aus der Verfassung: Der Schutzbereich ist abstrakt zu bestimmen. Die Erforderlichkeit im Rahmen der Verhältnismäßigkeit i.w.S. erfordert ein milderes, aber gleich wirksames Mittel; gerade an letzterem fehlt es meist. Zudem betrifft sie eine Einzelfallentscheidung, kann also keinen Grundsatz postulieren. Würde sich ein Schlichtungszwang aus der Verhältnismäßigkeit herleiten, würde es sich ebenfalls um eine Einzelfallentscheidung handeln, welche keine generelle Pflicht ermöglichen würde. Auch dies ist jedoch (derzeit) aus dem Grund abzulehnen, dass es keine geeigneten Verfahrensregeln für die Durchführung einer Schlichtung gibt.

Ein Restgehalt des Ultima-Ratio-Grundsatzes ergibt sich für die allgemeine Notwendigkeit im Rahmen des Schutzbereiches aus einer Konkretisierung im Hinblick auf die Paritätsfeststellung: Neue Kampfmittel sind nur dann allgemein notwendig zur Herstellung der Kampfparität, wenn sie sich gegenüber den historisch anerkannten Mitteln milder auswirken oder diese nicht mehr ausreichen, um zu einer ungefähren Parität zu führen. Für die Arbeitnehmerseite bedeutet dies: Der Streik, also die kollektive Vorenthaltung der Erfüllung arbeitsvertraglicher Pflichten,[788] hat sich über die letzten Jahrzehnte als effektives Mittel zur Herstellung von Parität erwiesen. Er ist als historisch gewachsenes und bewehrtes Arbeits-

787 BAG v. 21.06.1988 – 1 AZR 651/86, BAGE 58, 364, 383; auch: Engels, Verfassung und Arbeitskampfrecht, S. 129, 134.

788 Vgl.: Höfling, in: Sachs, Rn. 105; Engels, Verfassung und Arbeitskampfrecht, S. 254.

kampfmittel anerkannt.[789] Da derzeit nicht ersichtlich ist, dass der Streik nicht mehr ausreicht, um die Funktionalität der Tarifautonomie effektiv zu gewährleisten, sind darüber hinausgehende, einschneidendere Maßnahmen nicht geschützt.[790]

C. Zusammenfassung zum sachlichen Schutzbereich

Art. 9 III S. 1 GG schützt nach seinem Wortlaut zunächst nur die *Gründung* von Koalitionen. Erst in einem ersten Auslegungs-Schritt werden *Bestand* und *Betätigung* der Koalitionen als geschützt angesehen. Im Sinne eines grundsätzlich allgemein weiten, zukunftsoffenen Schutzbereichsverständnisses ist unter einer Betätigung *jedes koalitionsspezifische Verhalten* zu verstehen (zweiter Auslegungsschritt). Um diesen Begriff für die Rechtspraxis handhabbar zu machen, bedarf es einer näheren Konkretisierung. Einziger, aber zu weitreichender Anhaltspunkt ist hierbei der in Art. 9 III S. 1 GG enthaltene Koalitionszweck. In Anbetracht des beschränkten Wortlauts und der Tatsache, dass sich die Betätigung selbst daher erst durch eine Auslegung ergibt, ist nicht jedes Verhalten, welches diesen Zweck irgendwie begünstigt koalitionsspezifisch, sondern nur ein solches, welches *unmittelbar* zur Wahrung und Förderung der Arbeits- und Wirtschaftsbedingungen führt (dritter Auslegungsschritt). Hierzu zählt z.B. der Abschluss von Tarifverträgen gem. § 1 TVG, da diese unmittelbar die Arbeitsverhältnisse beeinflussen. Verfassungsrechtlich garantiert ist die Tarifautonomie jedoch nur insoweit, als Art. 9 III S. 1 GG den Gesetzgeber dazu verpflichtet ein Tarifvertragssystem bereit zu stellen, welches den Abschluss von unmittelbar, aber nicht unbedingt zwingend wirkenden Tarifverträgen ermöglicht. Der Arbeitskampf wird nicht direkt geschützt, da er nur zu einer Druckerzeugung und daraus resultierend zu einer Parität führt, welche schließlich den Abschluss eines Tarifvertrages ermöglichen soll; er wirkt sich also nur mittelbar auf die Arbeitsbedingungen aus. In einem vierten Schritt werden jedoch ebenfalls solche Verhaltensweisen geschützt, welche für die effektive Umsetzung der unmittelbar geschützten Bereiche (Gründung, Bestand, Betätigung) *allgemein notwendig* sind (Annex). Hierbei handelt es sich um eine nicht einzelfall-, sondern vielmehr systembezogene, typisierende Bestimmung. Der Arbeitskampf kann daher prinzipiell für die effektive Umsetzung verschiedener Bereiche allgemein notwendig sein. Gegenstand der hiesigen Untersuchung ist der Streik um einen Tarifvertrag. In Betracht kommt demnach ein funktionaler Annex-Schutz über die Tarifautonomie: Das Arbeitskampfmittel muss somit *allgemein notwendig* sein für die effektive Umsetzung der Tarifautonomie.

Auch die allgemeine Notwendigkeit muss konkretisiert werden: Aus dem funktionalen Bezug folgt, dass das Ziel des Arbeitskampfmittels ein Tarifvertrag sein muss. Da von einer Richtigkeitsgewähr eines Tarifvertrages nur ausgegangen werden kann, wenn bei dessen

789 Siehe: Engels, Verfassung und Arbeitskampfrecht, S. 254.

790 Ähnlich: Löwer, in: v. Münch/ Kuning, Art. 9, Rn. 101. Vor diesem Hintergrund müssen Erscheinungen wie der Flashmob gleichsam als nicht vom Schutzbereich des Art. 9 III S. 1 GG erfasst angesehen werden; vgl. hierzu näher: Otto, RdA 2010, 135, 138; Rieble, NZA 2008, 796, 797; Rüthers/ Höpfner, JZ 2010, 261.

Aushandlung ein ungefähres Kräftegleichgewicht bestanden hat, ist die Arbeitskampfparität zunächst an dieser Stelle zu berücksichtigen. Im Rahmen einer abstrakt-materiellen Betrachtung muss hierzu eine längerfristige, typisierende Bewertung anhand tarifbezogener Kriterien erfolgen, durch welche das „Arsenal zulässiger Kampfmittel" bestimmt wird. Aus dem noch verbleibenden Sinngehalt des Ultima-Ratio-Prinzips folgt schließlich, dass neue Kampfmittel nur dann vom Schutzbereich erfasst werden, wenn sie sich gegenüber den historisch anerkannten Mitteln milder auswirken oder diese nicht mehr ausreichen, um zu einer ungefähren Parität zu führen.

Hiernach ist der Streik durch Sparten- und Funktionselitegewerkschaften, also allgemein die kollektive Vorenthaltung der Erfüllung arbeitsvertraglicher Pflichten, vom sachlichen Schutzbereich des Art. 9 III S. 1 GG erfasst: Er ist auf den Abschluss eines Tarifvertrages gerichtet. Und er ist *allgemein notwendig*, um zu einer annähernden *Parität* zu führen, welche für den Abschluss von Tarifverträgen erforderlich ist. Weder die Einordnung eines Streiks als solcher von Funktionseliten noch, und nur hierauf kommt es wenn überhaupt an, deren erhebliches Druckpotential durch die Besetzung von Schlüsselstellen ändert etwas an der Notwendigkeit zur Herstellung der Arbeitskampfparität. Denn ohne die drohende Möglichkeit der Durchführung des Streiks wird die strukturelle Unterlegenheit der Arbeitnehmer, welche selbst bei diesen Berufsgruppen anfänglich stets besteht, nicht hin zu einer Parität ausgeglichen; es würde vielmehr gar nicht erst zu Tarifverhandlungen kommen. Außerdem hat sich der Streik über die letzten Jahrzehnte als effektives Mittel zur Herstellung von Parität erwiesen. Er ist als *historisch gewachsenes* und bewehrtes Arbeitskampfmittel anerkannt.

§ 9 Ausgleich mit kollidierendem Verfassungsrecht (Verhältnismäßigkeit)

Nach Ausführungen zur grundsätzlichen Reichweite des durch Art. 9 III S. 1 GG geschützten Streikrechts geht es im Nachfolgenden um Anforderungen, die der konkrete Streik im Einzelfall erfüllen muss. Im Rahmen der Verhältnismäßigkeit, die zu Recht von der Rspr. und Teilen der Literatur als zentrales Rechtmäßigkeitskriterium angesehen wird,[791] sind alle im konkreten Fall relevanten Belange zu berücksichtigen. Insb. müssen konkurrierende verfassungsrechtlich geschützte Rechtsgüter in Ausgleich gebracht werden (Herstellung praktischer Grundrechtskonkordanz).[792] Nach allgemeinen Ausführungen zum Verhältnismäßigkeitsgrundsatz werden die einzelnen Prüfungsschritte dargestellt, bevor im nächsten Teil[793] eine Skizzierung konkreter Grenzen erfolgt.

A. Allgemeines zur Verhältnismäßigkeit

Bzgl. des Verhältnismäßigkeitsgrundsatzes ist zunächst zu klären, weshalb er überhaupt auf ein Handeln von Privatpersonen angewendet wird, und anschließend, was sein Bezugspunkt ist.

---

791 Vgl.: BAG v. 21.04.1971 – GS 1/68, BAGE 23, 292, 306; BAG v. 19.06.2007 – 1 AZR 396/06, BAGE 123, 134, 139; BAG v. 22.09.2009 – 1 AZR 972/08, BAGE 132, 140, 151, 153; BAG v. 22. 9. 2009 – 1 AZR 972/08, NJW 2010, 631, 635; Ricken, in: MüArbR, § 200, Rn. 43; Lehmann, in: FS Buchner, 529, 553; Scholz, ZfA 1990, 377, 397; Bieder, NZA 2008, 801; ErfK/ Dieterich, 10 GG, Art. 9, Rn. 129; kritisch u.a.: Schumann, in: Däubler, AK 2. Aufl., Rn. 199 ff.

792 Siehe u.a.: BAG v. 22.09.2009 – 1 AZR 972/08, BAGE 132, 140, 151.

793 Siehe unten: §§ 10, 11.

I. Herleitung der Anwendbarkeit des Verhältnismäßigkeitsgrundsatzes

Der Grundsatz der Verhältnismäßigkeit, basierend auf dem Rechtsstaatsprinzip,[794] ist an sich im öffentlichen Recht beheimatet und dient dort als allgemeine Schranke staatlichen Handelns.[795] Hiernach muss die Maßnahme zur Erreichung des angestrebten, legitimen Zwecks geeignet und erforderlich sein und der mit ihr verbundene Eingriff darf nicht außer Verhältnis zur Bedeutung der Sache stehen (Verhältnismäßigkeit i.e.S., oder auch: Angemessenheit, Proportionalität).[796] Seine Anwendbarkeit auf das Arbeitskampfrecht entbehrt einer „unmittelbaren, ausdrücklichen normativen Grundlage".[797] Wie im Zivilrecht allgemein steht hier grundsätzlich die Privatautonomie im Vordergrund.[798] Dennoch wird der Grundsatz der Verhältnismäßigkeit von vielen für das zentrale Kriterium bei der Beurteilung der Rechtmäßigkeit von Arbeitskämpfen gehalten.[799]

1. Argumente gegen die Anwendung des Verhältnismäßigkeitsgrundsatzes

Teile der Literatur bestreiten jedoch seine Anwendbarkeit im Arbeitskampfrecht.[800] Ausgehend von der grundrechtlich geschützten Koalitionsfreiheit wird angeführt, eine Kontrolle des Arbeitskampfes anhand des Verhältnismäßigkeitsgrundsatzes sei nicht möglich, da insb. das Streikrecht durch Art. 9 III GG schrankenlos gewährleistet sei. Hieraus folge ein grundsätzliches Verbot von Beschränkungen durch den Staat und damit gleichfalls einer Bindung an den Verhältnismäßigkeitsgrundsatz.[801] Zudem führe die Anwendung des Verhältnismäßigkeitsgrundsatzes zu einer „inhaltlichen Beliebigkeit", da Ergebnisse aufgrund der umfassenden

---

794 Siehe: BVerfG v. 05.03.1968 – 1 BvR 579/67, BVerfGE 23, 127, 133; BVerfG v. 09.03.1994 – 2 BvL 43/92 u.a., BVerfGE 90, 145, 173; Stern, in: Stern, Staatsrecht III/2, S. 771 ff.; Sachs, in: Sachs, Art. 20, Rn. 145; Jarass, in: Jarass/ Pieroth, Art. 20, Rn. 80; Wank, in: FS Kissel, 1225, 1232.

795 Vgl.: BVerfG v. 15.12.1965 – 1 BvR 513/65, BVerfGE 19, 342, 348; Lieb, Arbeitskampf, S. 199 f.; Kissel, AK, § 29, Rn. 2: Hensche/ Wolter, in: GS Zachert, 544, 554; Wolter, in: Streikfreiheit, 224, 237; Greiner, Arbeitskampfpluralität, S. 456.

796 Siehe z.B.: BVerfG v. 26.04.1995 – 1 BvL 19/94 u.a., BVerfGE 92, 262, 275; BVerfG v. 16.03.2004 – 1 BvR 1778/01, BVerfGE 110, 141, 164; BAG v. 21.04.1971 – GS 1/68, BAGE 23, 292, 306 f.; BAG v. 19.06.2007 – 1 AZR 396/06, BAGE 123, 134, 142; Däubler, in Däubler: AK, § 14, Rn. 1; Rüthers, in: Brox/ Rüthers, Rn. 193; allgemein: Höfling, in: Sachs, Art. 20, Rn. 149; Pieroth/ Schlink, Grundrechte, Rn. 289; Hufen, Staatsrecht II, § 9, Rn. 15; kritisch bzgl. Streik: Otto, AK, § 8, Rn. 3 ff.

797 Auf dieses Defizit hinweisend: Kissel, AK, § 29, Rn. 1; Greiner, Arbeitskampfpluralität, S. 457.

798 D.h. es erfolgt grundsätzlich nur eine Kontrolle anhand offener Normen wie §§ 138, 226, 612, 826 BGB; vgl.: Kissel, AK, § 29, Rn. 4.

799 Vgl.: BAG v. 21.04.1971 – GS 1/68, BAGE 23, 292, 306; BAG v. 19.06.2007 – 1 AZR 396/06, BAGE 123, 134, 139; BAG v. 22.09.2009 – 1 AZR 972/08, BAGE 132, 140, 151, 153; BAG v. 22. 9. 2009 – 1 AZR 972/08, NJW 2010, 631, 635; Ricken, in: MüArbR, § 200, Rn. 43; Lehmann, in: FS Buchner, 529, 553; Scholz, ZfA 1990, 377, 397; ErfK/ Dieterich, 10 GG, Art. 9, Rn. 129; kritisch u.a.: Schumann, in: Däubler, AK 2. Aufl., Rn. 199 ff.

800 Vgl. die Darstellung u.a. bei: Fischinger, RdA 2007, 99 ff.; Kreuz, Verhältnismäßigkeit, S. 73 ff.; Mösch, Verhältnismäßigkeit, passim, zusammenfassend: S. 149 f.

801 So: Schumann, in: Däubler, AK, 2. Aufl., Rn. 200; Pfarr/ Brandt, AuR 1981, 325, 329 f.

Abwägung nur schwer vorhersehbar seien. Es sei nicht absehbar, welche Belange zu berücksichtigen seien und welche nicht, und auch nicht, wie diese dann gewichtet würden.[802]

Betrachtet man die Funktion des Verhältnismäßigkeitsgrundsatzes, so wird dem BAG vorgeworfen es gehe von einer „grundrechtsdogmatisch unabgesicherten" Argumentation aus.[803] Der Verhältnismäßigkeitsgrundsatz sei nämlich nur Schranken-Schranke, setze also nur den freiheitsbegrenzenden staatlichen Eingriffen in Grundrechte Schranken. Werde jedoch das Arbeitskampfrecht unter den Vorbehalt der Verhältnismäßigkeit gestellt, so werde genau umgekehrt der grundrechtlichen Freiheit eine Grenze gesetzt; statt um Schutz gehe es also nun um eine Begrenzung des Grundrechts.[804] Außerdem setze der Verhältnismäßigkeitsgrundsatz ein Subordinationsverhältnis voraus. Ein solches Über-Unterordnungsverhältnis liege jedoch zwischen Gewerkschaft und Arbeitgeberseite nicht vor; wenn überhaupt, dann habe wohl der Arbeitgeber eine übergeordnete Stellung.[805]

Ferner treffe ein Vorbehalt der Verhältnismäßigkeit die Arbeitnehmerseite härter als ihre sozialen Gegenspieler, weswegen es zu einem Widerspruch zum Paritätsgrundsatz komme: Zwar betreffe das Erfordernis der Verhältnismäßigkeit formal beide Seiten. Da jedoch der Streik wesentlich häufiger eingesetzt werde als beispielsweise die Aussperrung, seien die Gewerkschaften viel stärker von dem aus ihm folgenden Damoklesschwert betroffen.[806]

Insbesondere könne der Streik nicht als Eingriff in andere (Grund-) Rechte angesehen werden. Schon begrifflich werde durch die Arbeitsniederlegung gerade keine zu beschränkende Gewalt ausgeübt; es liege nur „passiver Ungehorsam" vor.[807] Die durch ihn bedingten „tarif- und streikbedingten Belastungen [seien] hinzunehmen", wenn es sich nicht gerade um existenzvernichtende Eingriffe handele.[808] Es könne zudem nicht mal von einem Verstoß gegen arbeitsrechtliche Pflichten ausgegangen werden, da diese, gerade durch den Streik bedingt, suspendiert worden seien. Dies zeige ebenfalls der historische Vergleich: Vor Anerkennung der suspendierenden Wirkung mussten die Arbeitsverhältnisse gekündigt werden; dennoch wurde der Streik nicht am Verhältnismäßigkeitserfordernis gemessen. Selbiges müsse nun genauso gelten.[809] Schließlich weist *Däubler*, als einer der frühesten und vehementesten Kritiker der Anwendbarkeit des Verhältnismäßigkeitsgrundsatzes im Arbeitskampfrecht,[810] auf ein Erfordernis paralleler Handhabung wie im Gütermarkt hin: Dort sei nämlich

802 Siehe: Hensche/ Wolter, in: GS Zachert, 544; Greiner, Arbeitskampfpluralität, S. 466; ähnlich: Schumann, in: Däubler, AK, 2. Aufl., Rn. 202; Däubler, JuS 1972, 642; Bobke/ Grimberg, Warnstreik, S. 138; ErfK/ Dieterich, 10 GG, Art. 9, Rn. 130.

803 Säcker, GMH 1972, 287, 297.

804 So: Säcker, GMH 1972, 287, 297; Schumann, in: Däubler, AK, 2. Aufl., Rn. 201; Hensche/ Wolter, in: GS Zachert, 544, 546, 545; Pfarr/ Brandt, AuR 1981, 325, 330 f.; Däubler, ZfA 1973, 201, 203; Wolter, in: Streikfreiheit, 224, 237; Bobke/ Grimberg, Warnstreik, S. 135; Joachim, AuR 1973, 289, 292; Engels, Arbeitskampfrecht, S. 230 (bzgl. Anwendbarkeit der öffentlich-rechtlichen Variante).

805 Siehe: Wolter, in: Streikfreiheit, 224, 237 ff.; Däubler, JuS 1972, 642, 643; Bobke/ Grimberg, Warnstreik, S. 135; Joachim, AuR 1973, 289, 292.

806 Wolter, in: Streikfreiheit, 224, 239 f.

807 Hensche/ Wolter, in: GS Zachert, 544, 555.

808 Hensche/ Wolter, in: GS Zachert, 544, 557 f.

809 So: Hensche/ Wolter, in: GS Zachert, 544, 555.

810 Vgl.: Kreuz, Verhältnismäßigkeit, S. 78.

in keinster Weise vorstellbar, dass die Geschäftsverweigerung, also die Einstellung von Lieferungen, um einen höheren Preis zu erzielen, unter dem Vorbehalt der Verhältnismäßigkeit stünde. Insofern werde der Arbeitsmarkt diskriminiert.[811]

2. Argumente für die Anwendung des Verhältnismäßigkeitsgrundsatzes

Dem Vergleich mit dem Gütermarkt wird entgegengehalten, es handele sich um grundlegend divergierende Konstellationen: Zwar könne der Lieferant durchaus seine Lieferung unterlassen. Dies sei ihm jedoch nur möglich, wenn er seine bisherigen Verpflichtungen allesamt erfüllt habe und das (Dauer-) Schuldverhältnis (vorerst) beendet wurde. Sei dies nicht der Fall, könne der Abnehmer ansonsten seine Ansprüche gerichtlich durchsetzen. Demgegenüber bleibe das Arbeitsverhältnis während des Streiks bestehen; nur die Hauptleistungspflichten werden suspendiert. Der Arbeitgeber könne sich keinen neuen Arbeitnehmer, vergleichbar einem neuen Lieferanten, suchen.[812]

Was den Schutzumfang des Art. 9 III S. 1 GG angehe, sei es zwar richtig, dass die Koalitionsfreiheit nicht unter einem besonderen Vorbehalt stehe. Nichtsdestotrotz werde aber jedes Grundrecht durch eine Verhältnismäßigkeitsschranke begrenzt, da sich Grenzen jedenfalls durch die anderen Grundrechte ergeben würden. Mit diesen müsse im Rahmen der Angemessenheit ein gerechter Ausgleich (Grundrechtskonkordanz) gefunden werden.[813] Desgleichen seien die funktionalen Bedenken nicht überzeugend: Der Verhältnismäßigkeitsgrundsatz beschränke gerade nicht nur staatliches Handeln, wie sich ebenfalls an anderen zivilrechtlichen Normen, wie z.B. § 227 BGB, zeige.[814] Entscheidend für seine Anwendbarkeit sei vielmehr der Eingriff in den Rechtskreis von Dritten allgemein, also sowohl in den des unmittelbar beteiligten Gegners als auch in den von sonstigen, unbeteiligten Dritten. Insb. aus der Perspektive eines solch unbeteiligten Bürgers sei es nämlich belanglos wer seine Rechte beschränke; stets müsse der Eingriff kontrollierbar bleiben.[815] Der strukturellen Unterlegenheit, auf die die andere Seite im Rahmen eines für erforderlich gehaltenen Subordinationsverhältnisses anspiele, könne entgegengehalten werden, dass eine Schlechterstellung der Arbeitnehmer nur im

---

811 So: Däubler, JuS 1972, 642, 643 f.; ähnlich: Schumann, in: Däubler, AK, 2. Aufl., Rn. 203; allgemein zur Unbeschränktheit von Freiheitsrechten: Hensche/ Wolter, in: GS Zachert, 544, 546.

812 So: Seiter, Streikrecht, S. 148; Kreuz, Verhältnismäßigkeit, S. 79; Greiner, Arbeitskampfpluralität, S. 459; ähnlich: Fischinger, RdA 2007, 99, 100.

813 So: Greiner, Arbeitskampfpluralität, S. 457; Fischinger, RdA 2007, 99 f.; Kreuz, Verhältnismäßigkeit, S. 75 f.; Lieb, Arbeitskampfrecht, S. 212; Engels, Verfassung und Arbeitskampfrecht, S. 233; ähnlich: Löwisch, ZfA 1970, 319, 324; Müller, Arbeitskampf, S. 217; Gaul, RdA 2008, 13, 18; vgl. auch allgemein: BVerfG v. 09.02.1971 – 1 BvL 27/70, BVerfGE 30, 170, 193; BVerfG v. 26.06.1991 – 1 BvR 779/85, BVerfGE 84, 212, 228; Säcker, GMH 1972, 287, 296; Seiter, Streikrecht, S. 111; Alexy, Theorie der Grundrechte, S. 107.

814 So: Fischinger, RdA 2007, 99, 100; Kreuz, Verhältnismäßigkeit, S. 84; vgl.: Löwisch, ZfA 1970, 319, 325.

815 Siehe: Wank, in: FS Kissel, 1225, 1232; Greiner, Arbeitskampfpluralität, S. 457 f.; Fischinger, RdA 2007, 99, 100; Lieb, Arbeitskampf, S. 210; Kreuz, Verhältnismäßigkeit, S. 88 f.; ähnlich: Mayer-Maly, ZfA 1980, 473, 481 f.; Müller, Arbeitskampf, S. 210, 219.

individualarbeitsrechtlichen Verhältnis bestehe. Die Gewerkschaften würden hingegen gerade mit dem Ziel gebildet, eine ebenbürtige oder sogar stärkere Stellung gegenüber dem sozialen Gegenspieler einzunehmen.[816] Dies zeige sich besonders bei Streiks durch Funktionseliten; aufgrund ihrer immensen Wichtigkeit für das Unternehmen liege sogar eine dominierende Stellung nahe.[817] Außerdem könne auf die betroffenen Dritten abgestellt werden: In Bezug auf diese sei eine unterlegene Stellung stets anzunehmen, da sie keine Möglichkeit hätten, sich zur Wehr zu setzen.[818] Selbst wenn man aber nur von einer Gleichstellung der sich gegenüberstehenden Koalitionen ausgehe, würde dies nicht der Anwendbarkeit des Verhältnismäßigkeitsgrundsatzes widersprechen, da dieser ebenfalls im öffentlichen Recht auf zwei gleichgeordnete Hoheitsträger angewendet werde und somit gar kein Subordinationsverhältnis voraussetze.[819] Schließlich sei ein Paritätsverstoß abzulehnen: Würde man tatsächlich darauf abstellen, dass Streiks häufiger vorkommen, wären die Arbeitgeber faktisch von nun an dazu angehalten, sollten sie die Anwendbarkeit des Verhältnismäßigkeitsgrundsatzes aufrecht erhalten wollen, öfter selbst Arbeitskampfmaßnahmen durchzuführen. Die daraus folgenden negativen Auswirkungen für die Gewerkschaft und ihre Mitglieder seien jedoch nicht erwünscht.[820] Und auch ein Eingriff müsse sehr wohl bejaht werden: Ein Streik stelle nämlich an sich eine Verletzung arbeitsvertraglicher Pflichten dar, durch welche in die Unternehmerfreiheit eingegriffen werde. Zudem würden Rechte Dritter belangt.[821] Der Arbeitskampf stelle somit insofern eine Ausnahme vom staatlichen Gewaltmonopol dar.[822]

3. Stellungnahme

Die Argumente der zweiten Ansicht überzeugen. Der Arbeitskampf im Allgemeinen und der Streik im Speziellen müssen sich am Verhältnismäßigkeitsgrundsatz messen lassen. Ergänzend kann noch auf folgende Überlegungen hingewiesen werden: Der Verweis der Gegenauffassung auf den Gütermarkt ist nicht einschlägig; der auf das Gegengewichtsprinzip ausgelegte Arbeitsmarkt und der auf dem Wettbewerbsgedanken beruhende Gütermarkt unterscheiden sich strukturell und können nicht verglichen werden.[823] Insbesondere was Funktionselitegewerkschaften anbelangt, kann der Arbeitgeber gerade keine „Ersatzleistung“ durch andere

816 So: Kreuz, Verhältnismäßigkeit, S. 81; Greiner, Arbeitskampfpluralität, S. 458; ähnlich: Däubler, JuS 1972, 642, 644.

817 So: Greiner, Arbeitskampfpluralität, S. 458.

818 So: Mayer-Maly, ZfA 1980, 473, 482 f.

819 Siehe: Kreuz, Verhältnismäßigkeit, S. 84; i.Erg. auch: Fischinger, RdA 2007, 99, 100; vgl.: Hufen, Staatsrecht II, § 9, Rn. 16.

820 So: Kreuz, Verhältnismäßigkeit, S. 78.

821 So: Fischinger, RdA 2007, 99, 100; v. Hoyningen-Huene, JuS 1987, 505, 507; Engels, Verfassung und Arbeitskampfrecht, S. 231; Müller, Arbeitskampf, S. 219; ähnlich: Seiter, Streikrecht, S. 151; Lieb, Arbeitskampf, S. 211 f.; Mayer-Maly, ZfA 1980, 473, 481 f.; Richardi, NJW 1978, 2057, 2059; Buchner, BB 2007, 2520, 2521 (im Hinblick auf die Rechte Dritter); vgl.: BAG v. 10.06.1980 – 1 AZR 822/79, BAGE 33, 140, 174.

822 So: Lieb, Arbeitskampf, S. 210 f.; Loritz, ZfA 1985, 185, 206.

823 Auch: Kreuz, Verhältnismäßigkeit, S. 79.

Anbieter erlangen, wie dies auf dem Gütermarkt der Fall ist.[824] Die Idee der generellen Unbeschränkbarkeit der Koalitionsfreiheit läuft ins Leere: Es muss nämlich angenommen werden, dass jedes Grundrecht, also unabhängig von der konkreten Schranken-Ausgestaltung, mindestens durch andere Grundrechte einschränkbar ist.[825] Ein Subordinationsverhältnis ist nicht vonnöten; weder das öffentliche Recht noch andere zivilrechtliche Eingriffsbefugnisse setzen ein solches stets voraus. Eine inhaltliche Beliebigkeit erscheint zwar in Bezug auf das Verhältnismäßigkeitsgebot übertrieben; dennoch muss eingestanden werden, dass ein normativer Begriff wie der der Verhältnismäßigkeit schwerer zu fassen ist als ein deskriptives Tatbestandsmerkmal. Dies stellt jedoch kein Spezifikum des Arbeitskampfrechts dar, sondern gilt vielmehr überall dort, wo der Verhältnismäßigkeitsgrundsatz zum Einsatz kommt.[826] Zudem sorgt die relative Unbestimmtheit für eine erwünschte Zukunftsoffenheit; ansonsten müssten stets neue Kriterien geschaffen werden, um den sich rasch wandelnden Umständen noch die Stirn bieten zu können.[827]

Nähme man mit der gegenteiligen Auffassung an, der Arbeitskampf würde nicht durch den Verhältnismäßigkeitsgrundsatz beschränkt, hätte dies darüber hinaus unüberschaubare und in ihren Folgen unabsehbare Eingriffe in Güter des sozialen Gegenspielers und von unbeteiligten Dritten zur Folge. Ein ungezügeltes, rücksichtsloses Streben nach Mehr könnte sogar das gesamte Wirtschafts- und Gesellschaftsleben an den Rand des Exitus führen.[828] Diese gravierenden Auswirkungen können auch nicht auf andere Weise beschränkt werden, was die Eingriffe in Rechtsgüter von Unbeteiligten betrifft; diese haben keine sonstigen Abwehrmöglichkeiten.[829] Daher setzt ein funktionierendes Tarifvertragssystem geradezu eine Beschränkung der Eingriffe in Rechte Dritter auf ein angemessenes Maß voraus. Anhand einer solchen Folgenbetrachtung lässt sich desgleichen schnell der Vorwurf des Paritätsverstoßes durch eine ungleich stärkere Betroffenheit der Arbeitnehmerseite widerlegen: Würde das Erfordernis der Verhältnismäßigkeit wirklich einen solchen Verstoß darstellen, müssten auch alle sonstigen Rechtmäßigkeitskriterien als Widerspruch zum Paritätsgrundsatz angesehen werden, da die häufigere Durchführung von Streiks für diese genauso gilt; die Folge wäre wohl ebenfalls eine nicht hinnehmbare Schrankenlosigkeit.[830]

Damit ist zwar durchaus belegt, dass der Arbeitskampf grundsätzlich beschränkt werden muss und auch, dass dies durch den Verhältnismäßigkeitsgrundsatz geschehen *kann*. Die Frage *warum* dies jedoch ausgerechnet durch diesen geschieht, wo es sich doch um Privatsubjekte handelt, ist meines Erachtens hingegen noch nicht befriedigend beantwortet. Der Gegenmeinung ist insofern zuzustimmen, als es sich immerhin um ein Instrument handelt, das ursprünglich dem öffentlichen Recht zuzuordnen ist. Anzuerkennen ist ferner, dass die Verhältnismäßigkeit eigentlich dazu dient Eingriffe und nicht Freiheiten einzuschränken. Dies ist

824 Ähnlich: Müller, Arbeitskampf, S. 217 f.; Czerweny v. Arland, Arbeitskampfmittel, S. 49.
825 Vgl.: Dietlein, in: Stern, Staatsrecht IV/1, S. 2082 ff.
826 In diesem Sinn wohl auch: Ricken, in: MüArbR, § 200, Rn. 45 (keine „unlösbare Aufgabe für die Rechtsprechung").
827 Auch: Richardi, NJW 1978, 2057, 2060.
828 Auch: Kreuz, Verhältnismäßigkeit, S. 76.
829 Auch: Czerweny v. Arland, Arbeitskampfmittel, S. 50.
830 Ähnlich: Kreuz, Verhältnismäßigkeit, S. 77.

ebenso bei den sonstigen Anwendungsfällen im Zivilrecht, wie z.B. dem Notwehrrecht, zu beobachten. Dass diese, im Gegensatz zum Arbeitskampfrecht, gesetzlich geregelt sind ist unbeachtlich, denn Charakteristikum des Arbeitskampfrechts ist nun mal seine fehlende Kodifizierung. Da deshalb die Grenzen grundsätzlich ausschließlich aus der Verfassung zu entnehmen sind, spielt gerade der verfassungsrechtliche Verhältnismäßigkeitsgrundsatz eine erhebliche Rolle.[831] Entgegen der Prämisse der Gegenmeinung muss außerdem festgehalten werden: Es wird nicht (nur) Freiheit, sondern sehr wohl ein Eingriff beschränkt.[832] Allein die Tatsache, dass die Vorenthaltung von Arbeitsleistung lediglich als Passivität angesehen wird, rechtfertigt kein anderes Ergebnis. Der Arbeitgeber hat einen Anspruch auf Erbringung der Arbeitsleistung. Die Nichterbringung, also die Pflichtverletzung, wird lediglich kollektivrechtlich *gerechtfertigt*.[833] Zudem muss ein solcher Eingriff nicht mehr zielgerichtet erfolgen (moderner oder erweiterter Eingriffsbegriff).[834] Es genügt also grundsätzlich eine Verkürzung von Rechten als Nebenfolge. Daher muss letztlich ein Eingriff in die bestehende Vertragsordnung und jedenfalls die Rechte Dritter bejaht werden.[835]

Entscheidend ist nach meinem Dafürhalten noch ein weiterer Punkt: Die Arbeitskampfparteien greifen in *vergleichbarer Weise* in Grundrechte Dritter (sozialer Gegenspieler und Unbeteiligter) ein wie der Staat; daher sind sie weitgehend wie der Staat zu behandeln. Dies folgt nicht nur allein aufgrund der Tatsache, dass sie die Rechtspositionen der Dritten verkürzen; dies können auch Private faktisch. „Wie der Staat" ist insofern nicht auf die Intensität, sondern vielmehr auf die Qualität bezogen: Die Koalitionen handeln gerade anstelle des Staates.[836] Dies folgt zum einen aus einer Betrachtung der Legitimation zu einem solchen Handeln: Wird ein Privater zu Eingriffen in Rechte Dritter ermächtigt, so ist der Staat verpflichtet, dies zu kontrollieren und zu beschränken. Er kann nur zu verhältnismäßigen Eingriffen ermächtigen, da er selbst bei der Ermächtigung der Koalitionen ebenso an den Verhältnismäßigkeitsgrundsatz gebunden ist.[837] Außerdem ist auch der Staat bei eigenen Eingriffen auf ein erforderliches Mindestmaß beschränkt; selbiges muss erst recht gelten, wenn er seine Befugnis zu Eingriffen delegiert,[838] solange die Verfassung nicht ausdrücklich das Gegenteil proklamiert. Da letzteres bei der Eingriffsbefugnis der Koalitionen nicht der Fall ist, müssen sie ebenfalls an die Schranke der Verhältnismäßigkeit gebunden sein.[839] Zudem hat der Staat eine

831 Ähnlich: Greiner, Arbeitskampfpluralität, S. 457.

832 Auch: Müller, Arbeitskampf, S. 219.

833 In diese Richtung grundsätzlich auch: Mayer-Maly, ZfA 1980, 497 (Diskussionsbeitrag).

834 Vgl.: BVerfG v. 26.06.2002 – 1 BvR 670/91, BVerfGE 105, 279, 300 f.; BVerfG v. 24.05.2005 – 1 BvR 1072/01, BVerfGE 113, 63, 76 f.; Peine, in: Merten/ Papier, Grundrechte, § 57, Rn. 29 ff.; Pieroth/ Schlink, Grundrechte, Rn. 253; Jarass, in: Jarass/ Pieroth, Vorb. vor Art. 1, Rn. 28 ff.; Sachs, in: Sachs, Vor Art. 1, Rn. 83; kritisch: Murswiek, NVwZ 2003, 1 ff.

835 Ähnlich: v. Hoyningen-Huene, JuS 1987, 505, 507; Mayer-Maly, ZfA 1980, 497 (Diskussionsbeitrag).

836 Ähnlich: Czerweny v. Arland, Arbeitskampfmittel, S. 48; jedenfalls einen öffentlich Bezug bejahend ebenfalls: Müller, Arbeitskampf, S. 218; tendenziell auch: Mayer-Maly, ZfA 1980, 473, 482.

837 Ähnlich: Kreuz, Verhältnismäßigkeit, S. 89 f.; Murswiek, staatliche Verantwortung, S. 95, 99 f.; Seiter, Streikrecht, S. 148 f.

838 Zur Herleitung der Normsetzungsbefugnis zumindest auch aufgrund einer Delegation, siehe unten: § 10 B. IV 1. e.

839 Ähnlich: Loritz, ZfA 1985, 185, 206; Czerweny v. Arland, Arbeitskampfmittel, S. 48.

gewisse Schutzpflicht gegenüber den Dritten, die ihn dazu verpflichtet geeignete Schutzmaßnahmen zu ergreifen.[840]

Ferner lässt sich eine Bindung an den Verhältnismäßigkeitsgrundsatz zusätzlich bzw. darauf aufbauend mit der unmittelbaren Grundrechtsbindung der Tarifvertragsparteien untermauern.[841] Ob der Staat selbst handelt oder ob dies durch einen anderen geschieht, dessen Hilfe der Staat bewusst in Anspruch nimmt, muss egal sein. Der Staat hat im Bereich der Arbeits- und Wirtschaftsbedingungen bewusst einen Teil seiner Rechtsetzungsmacht an die Koalitionen übergeben, da diese die Interessen besser zu einem Ausgleich bringen können. Sie müssen aber bei ihrem Tun grundsätzlich den gleichen Schranken wie der Gesetzgeber unterliegen, da dieser ansonsten stets die eigenen Schranken durch den Umweg über Private umgehen könnte. Dadurch würde der Grundrechtsschutz ausgehöhlt und zu einer leeren Schale verkommen.[842] Somit müssen die kollidierenden Grundrechte zu einem Ausgleich gebracht werden; dies hat im Rahmen der Verhältnismäßigkeitsprüfung zu erfolgen.

Die hier vertretene Ansicht entspricht grundsätzlich dem vom BVerfG[843] gebilligten Standpunkt des BAG. Hiernach komme eine Rechtswidrigkeit nämlich „*nur*[844] in Betracht, wenn eine Arbeitskampfmaßnahme offensichtlich ungeeignet, nicht erforderlich oder unverhältnismäßig ist".[845]

II. Bestimmung des Bezugspunktes der Verhältnismäßigkeit

Nachdem die Anwendbarkeit des Verhältnismäßigkeitsgrundsatzes an sich bejaht wurde, muss noch geklärt werden, was sein richtiger Bezugspunkt ist. Die Verhältnismäßigkeit setzt zwei Größen in Relation zueinander. Das sind zum einen das Mittel, bzw. die Auswirkungen des Eingriffs, und zum anderen der angestrebte Zweck. Fraglich und nach wie vor weder höchstrichterlich noch im Schrifttum abschließend geklärt ist jedoch gerade, auf welchen Zweck hierbei im Rahmen des Arbeitskampfrechts abzustellen ist.[846] Erst nach Beantwortung dieser Frage kann überhaupt mit der Prüfung begonnen werden.[847]

---

840 Kreuz, Verhältnismäßigkeit, S. 90 f.; allgemein: Canaris, AcP 184, 201, 225 ff.

841 Hierzu unten: § 10 B. IV.

842 Ähnlich: Czerweny v. Arland, Arbeitskampfmittel, S. 48; Greiner, Arbeitskampfpluralität, S. 457; Kreuz, Verhältnismäßigkeit, S. 89 f.

843 BVerfG v. 26.06.1991 – 1 BvR 779/85, BVerfGE 84, 212, 230 f.; BVerfG v. 04.07.1995 – 1 BvF 2/86, BVerfGE 92, 365, 395.

844 Hervorhebung des Verfassers.

845 BAG v. 22.09.2009 – 1 AZR 972/08, BAGE 132, 140, 152; ähnlich: BAG v. 19.06.2007 – 1 AZR 396/06, BAGE 123, 134, 136.

846 Vgl. die Darstellungen bei: Buchner, in: Lieb/ v. Stebut/ Zöllner, Arbeitskampfrecht, 21, 27 ff.; Czerweny v. Arland, Arbeitskampfmittel, S. 51 ff.

847 Vgl.: BAG v. 10.06.1980 – 1 AZR 822/79, BAGE 33, 140, 175; Löwisch, ZfA 1971, 319, 326; Kreuz, Verhältnismäßigkeit, S. 98; Buchner, in: Lieb/ v. Stebut/ Zöllner, Arbeitskampfrecht, 21, 37; Hufen, Staatsrecht II, § 9, Rn. 19.

1. Die Haltung der Rechtsprechung

Der Rspr. des BAG lässt sich nicht klar entnehmen, welcher Zweck für Eingriffe in Rechte Dritter maßgeblich sein soll.[848] Das Gericht äußert sich meist nur sehr allgemein und vage bzw. überhaupt nicht zur Frage des maßgeblichen Zwecks, wie beispielsweise im Grundsatzurteil von 1955.[849] Im Urteil des Großen Senats von 1971 fordert es zumindest, dass Arbeitskämpfe „zur Erreichung rechtmäßiger *Kampfziele*[850] […] geeignet und sachlich erforderlich" sein müssen[851] bzw. stellt auf das „erstrebte Ziel" ab.[852] Erst 1980 setzte es sich mit den aktuellen unterschiedlichen Ansichten im Schrifttum auseinander. Allerdings handelte es sich hierbei mehr um einen Hinweis auf diese Ansichten; eine Entscheidung oder ein eindeutiges Bekenntnis blieb das Gericht, jedenfalls was den Streik anbelangt, ausdrücklich schuldig.[853] Es erklärte lediglich: „Daraus folgt jedoch nicht, daß auch die Frage der Parität unerheblich wäre. Hier besteht ein Unterschied zwischen dem Streik, der der Durchsetzung von Tarifforderungen dient, und der Abwehraussperrung, die nur ein Verhandlungsübergewicht der streikenden Gewerkschaft ausgleichen, also die Parität zurückgewinnen soll. […] Als geeignet, erforderlich und proportional können nur solche Abwehraussperrungen gelten, die die Herstellung der Verhandlungsparität bezwecken."[854] Anschließend kehrte das BAG wieder zu seiner allgemeinen Haltung zurück und stellte auf das *Kampfziel* ab, ohne dieses näher zu definieren.[855]

2. Das Meinungsspektrum in der Literatur

Nachdem sich als einer der Ersten *Löwisch*[856] und ihm zeitlich nachfolgend *Seiter*[857] mit der Problematik des maßgeblichen Zwecks von Arbeitskampfmitteln im Rahmen der Verhältnismäßigkeit auseinandergesetzt haben, gibt es mittlerweile eine breit gefächerte, aber meist nicht viel beachtete Diskussion über den richtigen Bezugspunkt der Verhältnismäßigkeitsprüfung.[858]

---

848 Ähnlich: Kreuz, Arbeitskampfrecht, S. 101; Maeßen, Arbeitskampfmittel, S. 225; a.A.: Fischinger, RdA 2007, 99, 101.

849 BAG v. 28.01.1955 – GS 1/54, BAGE 1, 291, 300.

850 Hervorhebung des Verfassers.

851 BAG v. 21.04.1971 – GS 1/68, BAGE 23, 292, 306.

852 BAG v. 21.04.1971 – GS 1/68, BAGE 23, 292, 307.

853 BAG v. 10.06.1980 – 1 AZR 822/79, BAGE 33, 140, 175 f.

854 BAG v. 10.06.1980 – 1 AZR 822/79, BAGE 33, 140, 176.

855 BAG v. 19.06.2007 – 1 AZR 396/06, BAGE 123, 134, 143; in diesem Urteil einen „Paradigmenwechsel" erkennend: Bieder, NZA 2008, 799 f.

856 ZfA 1971, 319, 326 ff., 334 ff.

857 Streikrecht, S. 172; ders., RdA 1981, 65, 75 f.

858 Vgl. die Darstellung bei: Buchner, in: Lieb/ v. Stebut/ Zöllner, Arbeitskampfrecht, S. 27 ff.; Czerweny v. Arland, Arbeitskampfmittel, S. 51 ff.

a. Bezugspunkt der Kampftaktik

Nach Ansicht von *Löwisch* muss der maßgebliche Zweck in der Kampftaktik gesehen werden. Es komme hiernach auf die Frage an, welche Kampftaktik welchen Eingriff rechtfertige, also „ob die Beeinträchtigung des Individualrechtskreises von der gewählten Kampftaktik gefordert war und in dem richtigen Verhältnis zu ihr stand."[859] Beispielsweise sei bei der Kampftaktik „Vorenthaltung der Möglichkeit der Arbeitserbringung" nur eine lösende Aussperrung,[860] hingegen bei den Kampftaktiken „Besetzung der Arbeitsplätze mit neuen Arbeitnehmern" oder „Stellenabbau" grundsätzlich eine lösende Aussperrung erforderlich.[861] Bei der Wahl der ausschlaggebenden Kampftaktik seien die Koalitionen frei. Nur durch ein Abstellen auf die frei gewählte Kampftaktik sei es möglich, eine Angemessenheitskontrolle der Tarifziele durch die Gerichte zu vermeiden.[862]

b. Bezugspunkt der Willensbeeinflussung

Nach anderer Auffassung soll es entscheidend auf die Willensbeeinflussung des Arbeitskampfgegners ankommen. Zu fragen wäre also, ob die Maßnahme geeignet, erforderlich und angemessen ist, um die Willensbildung des Gegners tatsächlich zu beeinflussen. Dies folge daraus, dass im öffentlichen Recht ebenfalls auf das Ziel der Maßnahme abzustellen sei und dieses bei Arbeitskampfmaßnahmen gerade darin bestehe, den Gegner zum Abschluss eines Tarifvertrages zu *veranlassen*; dies sei das unmittelbare Ziel.[863]

c. Bezugspunkt der Tarifforderung

Letzteres nehmen auch diejenigen Vertreter für sich in Anspruch, die auf die Tarifforderung bzw. den konkreten Tarifvertrag abstellen. Hiernach muss der Streik geeignet, erforderlich und angemessen sein, um die angestrebte Forderung durchzusetzen. Eigentliches Ziel des Arbeitskampfes sei nämlich bei genauerer Betrachtung nur die Durchsetzung des konkret angestrebten Tarifvertrages. Die Willensbeeinflussung als solche sei demgegenüber gerade kein Selbstzweck und die Parität diene nur als ein Unterkriterium der Proportionalitätsprüfung.[864] Zudem setze die Anwendbarkeit des Verhältnismäßigkeitsgrundsatzes gerade die Verfolgung von *rechtmäßigen* Zielen voraus; diene ein Verwaltungsakt keinem rechtmäßigen Zweck

859 Löwisch, ZfA 1971, 319, 327.
860 Löwisch, ZfA 1971, 319, 329 f.
861 Löwisch, ZfA 1971, 319, 331.
862 Insgesamt: Löwisch, ZfA 1971, 319, 326 ff., 334 ff.
863 So: v. Hoyningen-Huene, JuS 1987, 505, 507; Czerweny v. Arland, Arbeitskampfmittel, S. 59; Rüthers, ZfA 1987, 1, 42; in diese Richtung tendierend als Konkretisierung der Parität: Seiter, RdA 1981, 65, 76.
864 So: Fischinger, RdA 2007, 99, 100 f.; Kreuz, Verhältnismäßigkeit, S. 113 f.; Wank, in: FS Kissel, 1225, 1234; i.E.: Kissel, AK, § 29, Rn. 21.

könne schon gar nicht mehr geprüft werden, ob er verhältnismäßig sei. Daher könne auch nur eine rechtmäßige Forderung Ziel des Arbeitskampfes sein.[865]

d. Bezugspunkt der Arbeitskampfparität

Basierend insb. auf der von *Seiter* geäußerten Ansicht wird letztlich vertreten, es sei auf die Herstellung von Parität abzustellen. Der Arbeitskampf müsse also geeignet, erforderlich und angemessen sein, um ein ausgeglichenes Kräftegleichgewicht zwischen den Kampfgegnern herzustellen. Ausgehend von einem allgemeinen Bezugspunkt durch den Koalitionszweck, also der Wahrung und Förderung der Arbeits- und Wirtschaftsbedingungen, müsse insb. die Erforderlichkeit anhand der Parität konkretisiert werden. Aufgabe des Verhältnismäßigkeitsgrundsatzes sei es nämlich diejenigen Kampfmittel zur Verfügung zu stellen, welche zu ausgeglichenen Tarifverträgen führen. Da diese jedoch nur bei Bestehen eines annähernden Verhandlungs- und Kampfgleichgewichts angenommen werden können, müsse gerade die Parität Zweck des Arbeitskampfes sein.[866]

3. Stellungnahme, eigener Ansatz

Es ist gerade das Charakteristikum der Verhältnismäßigkeitsprüfung, welches zu der dargestellten Vielzahl an vertretenen Bezugspunkten führt: Im Bereich der Angemessenheitsprüfung sind nämlich alle relevanten Belange in die Abwägung mit einzubeziehen,[867] sodass je nachdem, auf welche Aspekte man den stärkeren Akzent setzt, andere Ergebnisse herauskommen. Um jedoch der Vielzahl an zu berücksichtigenden Interessen gerecht zu werden und nicht vorschnell eine Verengung auf einzelne Aspekte vorzunehmen, muss als Bezugspunkt ein eher generellerer Zweck des Arbeitskampfes gewählt werden.

Im Ergebnis ist daher keinem der verschiedenen Ansätze zu folgen, da zum einen erhebliche Bedenken gegen sie vorgebracht werden können und sich zum anderen aus dem Vergleich zum öffentlichen Recht eine abweichende Lösung ergibt.

---

865 So: Wank, in: FS Kissel, 1225, 1234 f.; Fischinger, RdA 2007, 99, 101; Kreuz, Verhältnismäßigkeit, S. 116 f.; in diese Richtung wohl auch: Maeßen, Arbeitskampfrecht, S. 229.

866 So: Seiter, Streikrecht, S. 172, 180; ders. RdA 1981, 65, 75 f.; Preis, Kollektivarbeitsrecht, § 117, S. 395; ähnlich: Buchner, in: Lieb/ v. Stebut/ Zöllner, Arbeitskampfrecht, 21, 28, 37; Konzen, SAE 1977, 235, 236 f.; Rebel, RdA 1979, 207, 211; i.Erg. auch: Greiner, NZA 2007, 1023, 1025; Müller, Arbeitskampf, S. 215 f.; kritisch bzgl. Abkehr der Rspr. vom Paritätsbezug: Bieder, NZA 2008, 800 f.

867 Vgl. u.a.: BAG v. 22.09.2009 – 1 AZR 972/08, BAGE 132, 140, 153; Hufen, Staatsrecht II, § 9, Rn. 24; Buchner, in: Lieb/ v. Stebut/ Zöllner, Arbeitskampfrecht, 21, 29.

a. Kritik an den bisherigen Lösungsansätzen

Der Ansatz von Löwisch, also das Abstellen auf die frei wählbare Kampftaktik, erscheint zu liberal. Einem möglichen Missbrauch würde leichtes Spiel bereitet, würde es jeder Gewerkschaft ermöglicht, ihren Kampfmaßnahmen ohne große Probleme zur Rechtmäßigkeit zu verhelfen: Da ihnen die Wahl des Kampfmittels frei steht, könnten sie durch eine entsprechende Wahl und Proklamation einer Kampftaktik selbst erhebliche Eingriffe rechtfertigen, da sich, korrespondierend mit einer gesteigerten Bedeutung der Kampftaktik, auch immer schärfere Kampfmaßnahmen rechtfertigen lassen.[868] Das ist gerade Sinn und Zweck der Herstellung einer Relation. Selbst schwerste Beeinträchtigungen, die im Einzelnen sicherlich als zu weitgehend betrachtet werden müssen, wie z.B. die gezielte Herbeiführung der Insolvenz des sozialen Gegners,[869] ließen sich so theoretisch legitimieren, da die durchgeführten schweren Eingriffe nicht außer Verhältnis zur gewählten Taktik stünden.[870]

Dem Abstellen auf die Willensbeeinflussung kann zu Recht entgegen gehalten werden, dass diese keinen Selbstzweck darstellt.[871] Immerhin reicht es nicht, aus nur den Willen des Kampfgegners bzw. Verhandlungspartners zu erreichen. Dieser muss auch noch den entsprechenden Realakt des Vertragsschlusses vornehmen. Zudem erscheint eine nachvollziehbare Überprüfung, ob die Maßnahme wirklich geeignet ist Einfluss auf den Willen zu nehmen, kaum erbringbar. Es handelt sich um einen inneren Vorgang, sodass man nur aus äußeren Indizien auf eine entsprechende Beeinflussung schließen könnte.

Der Mangel an nachvollziehbarer Überprüfbarkeit gilt ferner für die (konkrete) Kampfparität. Zur Feststellung einer solchen müssten Unmengen an Informationen erhoben und anschließend richtig gedeutet werden. Ein aussichtslos erscheinendes Unterfangen, zumal ein wirkliches Gleichgewicht nie erreicht werden könnte und auch gar nicht erreicht werden soll, da ansonsten eine Patt-Situation entstünde. Vor diesem Hintergrund fiel daher bereits oben die Entscheidung hinsichtlich der Bestimmung der Parität auf den abstrakt-materiellen Ansatz.[872] Zudem wird vorgebracht, die Parität beziehe sich nur auf die generelle Zulassung und sei daher nicht für die im Rahmen der Verhältnismäßigkeit erforderliche konkrete Beurteilung jeder Arbeitskampfmaßnahme geeignet.[873] Auch nach hiesiger Auffassung wurde die abstrakt-materielle Parität zunächst im Bereich der generellen Zulassung im Rahmen des Schutz-

868 Auch: Wank, in: FS Kissel, 1225, 1233; Kreuz, Verhältnismäßigkeit, S. 108 f.; Fischinger, RdA 2007, 99, 100; Ricken, in: MüArbR, § 200, Rn. 53; Buchner, in: Lieb/ v. Stebut/ Zöllner, Arbeitskampfrecht, 21, 28.

869 Vgl.: BAG v. 21.04.1971 – GS 1/68, BAGE 23, 292, 307; Seiter, Streikrecht, S. 532 ff.

870 Auch: Bieder, NZA 2008, 799, 801; Kreuz, Verhältnismäßigkeit, S. 109; Czerweny v. Arland, Arbeitskampfmittel, S. 54.

871 Siehe: Fischinger, RdA 2007, 99, 100 f.; Kreuz, Verhältnismäßigkeit, S. 113 f.; ähnlich: Wank, in: FS Kissel, 1225, 1234.

872 Siehe die weiteren Argumente oben: § 8 B. II. 2. e.

873 So: Löwisch, ZfA 1971, 319, 335; v. Hoyningen-Huene, JuS 1987, 505, 507; Zöllner, DB 1985, 2450, 2457; Czerweny v. Arland, Arbeitskampfmittel, S. 56; vgl.: BAG v. 21.04.1971 – GS 1/68, BAGE 23, 292, 308; kritisch bzgl. einer solch strikten Trennung: Fischinger, RdA 2007, 99, 101; Kreuz, Verhältnismäßigkeit, S. 111; Müller, Arbeitskampf, S. 215, der nur eine Trennung aus Gründen der Rechtsklarheit vornimmt.

bereiches verortet.[874] Dennoch handelt es sich bei der Verhältnismäßigkeitsprüfung, d.h. genauer gesagt bei der Prüfung der Angemessenheit, um eine *alle* relevanten Belange berücksichtigende Gesamtschau.[875] Damit sind richtigerweise Paritätserwägungen ebenfalls bei der Abwägung zu berücksichtigen.[876] Während im Bereich des Schutzbereiches eine abstrakt-materielle Betrachtung in Bezug auf das Kampfmittel an sich vorgenommen wird, ist im Bereich der Verhältnismäßigkeit eine Parität für den konkreten Arbeitskampf festzustellen. Stellt die Parität demnach jedoch nur einen von mehreren zu berücksichtigenden Belangen dar, kann sie nicht zugleich Bezugspunkt der Prüfung sein.[877]

Was die Tarifforderung anbelangt muss zwar konstatiert werden, dass diese in der Tat das unmittelbarste Ziel des Arbeitskampfes zu sein scheint. Immerhin streiken die Arbeitnehmer nicht um des Streikes willen, sondern letztlich einzig und allein, um einen bestimmten Tarifvertrag durchzusetzen; dieser stellt das anvisierte Endergebnis dar. Allerdings ist es nicht zwingend so, dass im Rahmen der Verhältnismäßigkeit auf den unmittelbarsten Zweck abgestellt werden müsste; dazu gleich mehr. Entscheidend gegen ein Abstellen auf die Tarifforderung spricht, dass dies auf eine inhaltliche Angemessenheitskontrolle der Forderung, also eine Tarifzensur hinausliefe. Die Forderung müsste in Relation zum konkreten Arbeitskampf gesetzt werden. Die Folge wäre eine inhaltliche Bewertung der Forderung, denn nur wenn diese einen, wie auch immer festzustellenden, bedeutenden, angemessenen Inhalt hätte, könnte sie die mit dem Eingriff zusammenhängenden Rechtsverletzungen rechtfertigen. Je gravierender der Eingriff wäre, umso bedeutender müsste die Forderung sein. Damit würde jedoch das gerichtliche Urteil an die Stelle der Einschätzung der Tarifparteien gestellt werden.[878] Zudem ist es zwar richtig, dass nur ein *legitimes* Ziel Gegenstand der Verhältnismäßigkeitsprüfung sein kann.[879] Dies ist jedoch nicht völlig deckungsgleich mit dem Rechtmäßigkeitserfordernis, geht es doch zunächst nur darum, ein an sich von der Verfassung gebilligtes allgemeines Ziel zu bestimmen. Jedenfalls die Frage der einfachgesetzlichen Rechtmäßigkeit kann sowieso nur im Rahmen der Abwägung eine Rolle spielen, da nicht das einfache Recht die Grenzen der Verfassung bestimmen kann.[880]

Schließlich wird den dargestellten Lösungsansätzen vorgeworfen, sie würden nicht die ebenfalls betroffenen Interessen unbeteiligter Dritter[881] bei der Prüfung einbeziehen kön-

---

874 Siehe: § 8 B. II. 1. c.

875 Vgl. u.a.: BAG v. 22.09.2009 – 1 AZR 972/08, BAGE 132, 140, 153; Hufen, Staatsrecht II, § 9, Rn. 24; Buchner, in: Lieb/ v. Stebut/ Zöllner, Arbeitskampfrecht, 21, 29.

876 Auch: Fischinger, RdA 2007, 99, 101, 102; Wank, in: FS Kissel, 1225, 1234; Kreuz, Verhältnismäßigkeit, S. 112 ff.

877 So auch: Kreuz, Verhältnismäßigkeit, S. 113 f.

878 Auch: v. Hoyningen-Huene, JuS 1987, 505, 508; Czerweny v. Arland, Arbeitskampfmittel, S. 52; Rebel, RdA 1979, 207, 211; vgl.: BVerfG v. 26.06.1991 – 1 BvR 779/85, BVerfGE 84, 212, 231; Buchner, in: Lieb/ v. Stebut/ Zöllner, Arbeitskampfrecht, 21, 27; Ricken, in: MüArbR, § 200, Rn. 55; Rüthers, in: Brox/ Rüthers, Arbeitskampfrecht, Rn. 195; diese Gefahr anerkennend: Kreuz, Verhältnismäßigkeit, S. 117; vgl. zur Zulässigkeit einer Tarifzensur unten: § 10 A. I.

879 Vgl.: Sachs, in: Sachs, Art. 20, Rn. 149.

880 Vgl.: Wolter, RdA 2002, 218, 219.

881 Zum Erfordernis von deren Einbeziehung: Rüthers, in: Brox/ Rüthers, AK, Rn. 194.

nen,[882] da sie einzig das Verhältnis von Kampfmittel und kampfbezogenem Ziel berücksichtigen würden. Dem ist jedoch nur bedingt zuzustimmen: Zunächst einmal kommt es maßgeblich darauf an, wie man die Angemessenheitsprüfung anreichert, welche verschiedenen Parameter also berücksichtigt werden. Auch bei einer Relationsbildung von Arbeitskampf und Tarifforderung könnte man daran denken, Interessen unbeteiligter Dritter zu berücksichtigen. Allerdings gibt der Bezugspunkt doch eine gewisse Richtung vor, und da die aufgezeigten Ansätze übermäßig auf den konkreten Tarifvertrag bzw. Arbeitskampf abstellen, muss zumindest anerkannt werden, dass eine Berücksichtigung von Interessen unbeteiligter Dritter schwerer fällt als bei einem offeneren Bezugspunkt. Da die Rechte von unbeteiligten Dritten aber genauso intensiv betroffen sein können wie die der Kampfparteien, bedarf es eines solch allgemeineren Ansatzes.

b. Eigener Ansatz aus der Parallele zum öffentlichen Recht

Betrachtet man demgegenüber die verfassungsrechtlichen Vorgaben und zieht die Parallele zum öffentlichen Recht, so kann man zu einem anderen Bezugspunkt kommen. Ein wesentlicher Aspekt ist dabei die Frage, was der wirkliche Zweck des Arbeitskampfes ist und was nur ein Zwischenziel darstellt.[883] Im öffentlichen Recht wird von vornherein gefordert, dass es sich bei dem Zweck um ein „legitimes Gemeinwohlziel" handeln müsse.[884] Eine Verortung in der Verfassung wird jedoch nicht zwingend vorausgesetzt.[885] Neben der Folgerung aus Staatszielbestimmungen, Kompetenzbestimmungen und Verfassungsgeboten kommen auch Belange wie z.B. eine funktionierende staatliche Ordnung,[886] ein funktionierender Rechtsverkehr[887] oder der Schutz des Mittelstandes[888] in Betracht.[889]

Allgemein gilt bei der Bestimmung des maßgeblichen Zwecks: Es ist zwischen einem Tätigwerden des Gesetzgebers und dem der ausführenden Gewalt zu unterscheiden. Die Legislative hat einen weitaus größeren Handlungsspielraum; sie kann grundsätzlich jeden *legitimen* Zweck verfolgen. Demgegenüber muss sich insb. die ausführende Gewalt an die sich aus dem jeweiligen, ihr Tätigwerden legitimierenden Gesetz ergebenden Zwecke halten.[890] Außerdem sollte der Zweck nicht zu eng gefasst werden. Die Verhältnismäßigkeitsprüfung erfolgt nämlich klassisch von einer weiten, also dem legitimen Zweck, hin zu einer immer engeren Betrachtung, also letztlich der Berücksichtigung aller relevanten Belange im Rahmen

882 Siehe: Fischinger, RdA 2007, 99, 100; Kreuz, Verhältnismäßigkeit, S. 109 (beide bzgl. der Kampftaktik); Kreuz, Verhältnismäßigkeit, S. 111, Fußn. 280 (bzgl. der Kampfparität).

883 Ricken, in: MüArbR, § 200, Rn. 53.

884 Hufen, Staatsrecht II, § 9, Rn. 19; auch: Stern, in: Stern, Staatsrecht III/2, S. 789; Merten D., in: Merten/ Papier, Grundrechte, § 68, Rn. 62; Kissel, AK, § 29, Rn. 3.

885 Vgl.: Hufen, Staatsrecht II, § 9, Rn. 19; Merten D., in: Merten/ Papier, Grundrechte, § 68, Rn. 59 ff.

886 Vgl.: BVerfG v. 07.03.1990 – 1 BvR 266/86 u.a., BVerfGE 81, 278, 292.

887 Vgl.: BVerfG v. 09.03.1988 – 1 BvL 49/86, BVerfGE 78, 77, 85.

888 Vgl.: BVerfG v. 21.02.1962 – 1 BvR 198/57, BVerfGE 14, 19, 23.

889 Vgl.: Merten D., in: Merten/ Papier, Grundrechte, § 68, Rn. 59 ff.

890 Siehe: Sachs, in: Sachs, Art. 20, Rn. 149.; Pieroth/ Schlink, Grundrechte, Rn. 290; vgl.: Michael, JuS 2001, 148; ders., JuS 2001, 654, 655; 764.

der Angemessenheit. Speziell im Arbeitskampfrecht sollte ein umfassenderer Ansatzpunkt gefunden werden, da bei einer zu engen Umschreibung des Bezugspunktes dieser ansonsten regelmäßig von Haus aus schon wenigstens geeignet und erforderlich sein wird: Lässt sich der Arbeitgeber nämlich nicht auf die Kampfforderung ein, wird man den Arbeitnehmern kaum Mittel auf diesen Ebenen abschlagen können.[891]

Vor diesem Hintergrund kann nun eine Parallele zum öffentlich-rechtlichen Vollzug von Normen gezogen werden. Zwar handeln die Koalitionen teilweise durchaus wie der Gesetzgeber, wenn sie durch ihre Tarifverträge Normen schaffen. Gerade beim Arbeitskampf handelt es sich aber um die Ausübung einer verliehenen Befugnis Gewalt auszuüben. Fraglich ist daher, ob dieser „Befugnisnorm" ein bestimmter, vorgegebener Zweck zu entnehmen ist. Hierzu muss das legitimierende Gesetz ausgelegt werden.[892] Insofern kann auf die Ausführungen zum sachlichen Schutzbereich des Art. 9 III S. 1 GG verwiesen werden:[893] Dort wurde herausgestellt, dass der Arbeitskampf als solcher nur eine Hilfsfunktion innehat. Das Recht einen Streik durchzuführen, also gegen die arbeitsvertraglichen Pflichten zu verstoßen, wird nur gewährt, soweit dies allgemein notwendig ist, um ein *Funktionieren der Tarifautonomie* zu gewährleisten.[894] Ist dies jedoch die Legitimation des Arbeitskampfes, so muss es sich gleichsam um den allgemeinen Zweck des Arbeitskampfes handeln; jedenfalls, wenn es um einen Tarifvertrag geht. Die Willensbeeinflussung, der einzelne Tarifvertrag, die angewendete Kampftaktik oder die Kampfparität haben zwar allesamt ebenfalls hiermit zu tun, sie beleuchten aber immer nur einzelne Aspekte und stellen nur daraus resultierende Zwischenziele bzw. Voraussetzungen dar. Der erforderliche allgemeine Bezugspunkt ist damit in der Sicherstellung der Funktionsfähigkeit der Tarifautonomie zu sehen.[895]

Auch wenn der gewählte Bezugspunkt immer noch den Schwerpunkt auf ein arbeitsrechtliches Spezifikum legt, können aufgrund der allgemeineren Ausrichtung die Rechte unbeteiligter Dritter wesentlich besser berücksichtigt werden. Zudem muss beachtet werden, dass sich eine Schranke zur Bestimmung von legitimen Zwecken aus der Verfassung ergeben kann: Wird in Grundrechte eingegriffen, so stellen diese an den diesen Eingriff legitimierenden Grund teilweise erhebliche Anforderungen. Insb. wenn es um schrankenlos gewährleistete Grundrechte geht, sind diese nur durch kollidierendes Verfassungsrecht zu rechtfertigen.[896] Hieran könnte man z.B. bei der Tarifforderung als solcher zweifeln. Die Funktionsfähigkeit der Tarifautonomie hingegen ist ein anerkanntes Verfassungsgut,[897] wodurch alle möglich erscheinenden Grundrechtsverletzungen im Grundsatz gerechtfertigt werden können. Schließlich kann in dieser Auffassung kein Widerspruch zur Rspr. des BAG erkannt werden. Selbst

891 So: Ricken, in: MüArbR, § 200, Rn. 55; vgl.: Bieder, NZA 2008, 799, 800.

892 Vgl.: Jarass, in: Jarass/ Pieroth, Art. 20, Rn. 83.

893 Siehe oben: § 8 A. III.

894 Vom Grundsatz her ähnlich: Seiter, RdA 1981, 65, 75.

895 In diese Richtung ansatzweise wohl auch: Rüthers, in: Brox/ Rüthers, AK, Rn. 195; Ricken, in: MüArbR, § 200, Rn. 56; ähnlich: Maeßen, Arbeitskampfrecht, S. 229, die grundsätzlich auf die Grundrechtsausübung abstellt.

896 Siehe: Michael, JuS 2001, 654, 655; ders., JuS 2001, 148, 149; Merten D., in: Merten/ Papier, Grundrechte, § 68, Rn. 61.

897 Zum Schutz der Funktionsfähigkeit der Tarifautonomie: BAG v. 10.06.1980 – 1 AZR 822/79, BAGE 33, 140, 177; BAG v. 24.04.2007 – 1 AZR 252/06, BAGE 122, 134, 156; Deinert, AuR 2004, 212, 213.

wenn manche Autoren dieser eine klare Tendenz für andere Ansätze entnehmen,[898] muss doch festgestellt werden, dass sich das BAG eigentlich nur einmal im Rahmen eines obiter dictums zu einer konkreten Aussage hat hinreißen lassen; dies jedoch auch nur bzgl. der Aussperrung. Ansonsten stellte es entweder auf den noch allgemeineren Koalitionszweck[899] oder das allgemeine Kampfziel ab.[900] Von dem Begriff des Kampfzieles auf den konkreten Tarifvertrag zu schließen erscheint aber unangebracht; dafür ist der Begriff zu allgemein, ist doch wie dargelegt die entscheidende Frage gerade, was nun das eigentliche Ziel sein soll. Daher ist davon auszugehen, dass sich das BAG noch nicht festgelegt hat.

III. Zwischenergebnis bzgl. der Verhältnismäßigkeit im Allgemeinen

Nach dem hiesigen Verständnis wird der Streik als Eingriff in Rechte Dritter betrachtet; seine Durchführung muss somit gerechtfertigt werden. Aus dieser umgedrehten Grundrechtsprüfung ergeben sich daher die Grenzen des Streiks. Zu Recht wird die Verhältnismäßigkeit von der Rspr. und weiten Teilen der Literatur als zentrales Rechtmäßigkeitskriterium angesehen.[901] Hierdurch kann eine sachgerechte Beurteilung der Zulässigkeit eines Arbeitskampfmittels unter Beachtung aller im Einzelfall relevanten Belange erfolgen und so ein ausgeglichenes Ergebnis sichergestellt werden. Zudem muss insb. beachtet werden, dass die Koalitionen mit der Durchführung von Arbeitskämpfen in Rechte Dritter, sowohl unmittelbar als auch mittelbar betroffener, eingreifen. Es handelt sich um eine Ausnahme vom staatlichen Gewaltmonopol, mithin um einen dem staatlichen Eingriff vergleichbaren Vorgang, was den Einsatz dieses aus dem öffentlichen Recht stammenden Instituts rechtfertigt. Sicherlich muss anerkannt werden, dass das Verhältnismäßigkeitsprinzip insb. aufgrund seiner Schwächen im Bereich der Rechtssicherheit mit Defiziten ausgestattet ist. Es gibt jedoch kein anderes Instrument, das es in vergleichbarer Weise schafft alle Belange zu berücksichtigen und ein ausgeglichenes System zu schaffen.

In Hinsicht auf den Bezugspunkt der Verhältnismäßigkeitsprüfung herrscht im Schrifttum keine Einigkeit, und auch die Rspr. hält sich mit konkreten Aussagen zurück. Nach der hier vertretenen Meinung ist auf die *Funktionsfähigkeit der Tarifautonomie* abzustellen. Sie

898 Nach Bieder (NZA 2008, 799 f., Fußn. 13) stellt die Entscheidung zum Unterstützungsstreik sogar einen „Paradigmenwechsel" dar, da nicht wie bisher die Parität, „sondern das von den Gewerkschaften frei wählbare Kampfziel" maßgeblich sei; nach Fischinger (RdA 2007, 99, 101) stellt das Gericht auf die konkrete Forderung ab; nach Preis (Kollektivarbeitsrecht, § 117, S. 395) stellt das BAG auf die Kampfparität ab (jedenfalls in BAG v. 12.03.1985 – 1 AZR 636/82, BAGE 48, 195; mittlerweile aber relativierend); so auch: Engels, Arbeitskampfrecht, S. 124.

899 Siehe: BAG v. 12.03.1985 – 1 AZR 636/82, BAGE 48, 195, 206.

900 Siehe: BAG v. 19.06.2007 – 1 AZR 396/06, BAGE 123, 134, 143; so auch: Maeßen, Arbeitskampfrecht, S. 225.

901 Vgl.: BAG v. 21.04.1971 – GS 1/68, BAGE 23, 292, 306; BAG v. 19.06.2007 – 1 AZR 396/06, BAGE 123, 134, 139; BAG v. 22.09.2009 – 1 AZR 972/08, BAGE 132, 140, 151, 153; BAG v. 22. 9. 2009 – 1 AZR 972/08, NJW 2010, 631, 635; Ricken, in: MüArbR, § 200, Rn. 43; Lehmann, in: FS Buchner, 529, 553; Scholz, ZfA 1990, 377, 397; Bieder, NZA 2008, 801; ErfK/ Dieterich, 10 GG, Art. 9, Rn. 129; kritisch u.a.: Schumann, in: Däubler, AK 2. Aufl., Rn. 199 ff.

begründet, jedenfalls was das Verlangen nach dem Abschluss eines Tarifvertrages anbelangt, das Recht auf Arbeitskampf, setzt diesem aber zugleich Grenzen.[902] Als verfassungsrechtlich anerkanntes Rechtsgut stellt die Funktionsfähigkeit der Tarifautonomie einen universell, also ebenso im Falle des Eingriffes in vorbehaltlose Grundrechte einsetzbaren, legitimen Zweck dar, durch welchen aufgrund seiner ausreichenden Abstraktheit zudem die Interessen (unbeteiligter) Dritter angemessen berücksichtigt werden können. Der Arbeitskampf muss damit geeignet, erforderlich und angemessen sein, um im konkreten Fall die Funktionsfähigkeit der Tarifautonomie sicherstellen zu können.

B. Verhältnismäßigkeitsprüfung

Die Prüfung der Verhältnismäßigkeit wird klassisch in drei Stufen vorgenommen: Das Mittel, also die Arbeitskampfmaßnahme, muss geeignet, erforderlich und angemessen sein, um den legitimen Zweck, also die Sicherstellung der Funktionsfähigkeit der Tarifautonomie, zu erreichen.[903] Wie bereits erörtert, handelt es sich bei der Sicherstellung der Funktionsfähigkeit der Tarifautonomie um einen legitimen Zweck.[904] Diese ist verfassungsrechtlich gewährleistet.[905]

I. Geeignetheit

Die Geeignetheit setzt nicht voraus, dass es sich um ein besonders sachdienliches Vorgehen handelt; es besteht kein Optimierungsgebot.[906] Vielmehr reicht es aus, wenn der Erfolg gefördert, also die Wahrscheinlichkeit seines Eintritts gesteigert wird.[907] Zudem spielt es an sich keine Rolle, ob sich das Mittel im Nachhinein als erfolgreich herausstellt;[908] es genügt die aus

902 Vgl.: Rüthers, in: Brox/ Rüthers, Arbeitskampfrecht, Rn. 138.

903 Vgl. allgemein z.B.: BVerfG v. 26.04.1995 – 1 BvL 19/94 u.a., BVerfGE 92, 262, 275; BVerfG v. 16.03.2004 – 1 BvR 1778/01, BVerfGE 110, 141, 164; BAG v. 21.04.1971 – GS 1/68, BAGE 23, 292, 306 f.; BAG v. 19.06.2007 – 1 AZR 396/06, BAGE 123, 134, 142; Däubler, in Däubler: AK, § 14, Rn. 1; Rüthers, in: Brox/ Rüthers, Rn. 193; Kissel, AK, § 29, Rn. 3; Maeßen, Arbeitskampfrecht, S. 224; allgemein: Höfling, in: Sachs, Art. 20, Rn. 149; Pieroth/ Schlink, Grundrechte, Rn. 289; Hufen, Staatsrecht II, § 9, Rn. 15.

904 Siehe oben: § 9 A. II.

905 Siehe: BAG v. 10.06.1980 – 1 AZR 822/79, BAGE 33, 140, 177; BAG v. 24.04.2007 – 1 AZR 252/06, BAGE 122, 134, 156; Deinert, AuR 2004, 212, 213.

906 So: BVerfG v. 18.07.2005 – 2 BvF 2/01, BVerfGE 113, 167, 234; Sachs, in: Sachs, Art. 20, Rn. 150; Jakobs M. C., Verhältnismäßigkeit, S. 60.

907 Siehe allgemein: BVerfG v. 16.03.1971 – 1 BvR 665/66, BVerfGE 30, 292, 319; BVerfG v. 12.12.2006 – 1 BVR 2576/04, BVerfGE 117, 163, 188 f.; Stern, in: Stern, Staatsrecht III/2, S. 776; Jarass, in: Jarass/ Pieroth, Art. 20, Rn. 84; Sachs, in: Sachs, Art. 20, Rn. 150; zum Arbeitsrecht: BAG v. 19.06.2007 – 1 AZR 396/06, BAGE 123, 134, 142 f.; Kissel, AK, § 29, Rn. 21; Däubler, in: Däubler, AK, § 14, Rn. 5; Engels, Arbeitskampfrecht, S. 125.

908 Zu dieser Problematik siehe: Kreuz, Verhältnismäßigkeit, ,S. 121 ff.

ex-ante-Sicht gegebene „Möglichkeit der Zweckerreichung".[909] Damit wird jedoch bereits aus diesen allgemeinen Erwägungen ersichtlich, dass nahezu jedes Verhalten als geeignet angesehen werden kann, da nur bei Extremfällen eine völlig fehlende Förderungswirkung von vornherein feststellbar sein wird.[910] Zudem muss aus Gründen der Rechtssicherheit für eine zumindest einigermaßen bestehende Vorhersehbarkeit gesorgt werden, da ansonsten immer erst ein anschließendes Gerichtsverfahren Gewissheit bringen wird.[911] Und schließlich muss auch die Wahlfreiheit der Koalitionen bzgl. der einzelnen zur Verfügung stehenden Mittel beachtet werden.[912] Daher ist den Koalitionen mit der Rspr. des BAG eine Art Einschätzungsprärogative „zuzugestehen", bzw. ergibt sich diese eben schon aus der offenen Ausgestaltung der Geeignetheit an sich; zu fordern ist eine *offensichtliche Ungeeignetheit*.[913]

Gerade in Bezug auf Streiks durch Funktionselitegewerkschaften könnte man, ausgehend von der Prämisse, dass diese vielfach zu einer Disparität, daher nicht zu ausgeglichenen Ergebnissen und somit letztlich nicht zur Funktionsfähigkeit der Tarifautonomie führen, an der Geeignetheit zweifeln. Sie gleichen nämlich u.U. nicht nur die strukturell schwächere Stellung der Arbeitnehmer aus, sondern schießen über das Ziel (Parität) hinaus, indem sie eine solch starke Stellung einnehmen, die den Arbeitgeber dazu verdammt abzuwarten und weiter durchzuhalten. Ihm verbleiben nämlich keine (effektiven) Mittel mehr, um noch in den Kampf eingreifen zu können.[914] Selbst wenn sich der Einzelfall derart gestalten würde, so müsste dennoch konstatiert werden, dass die Geeignetheit nur ein Fördern verlangt, und ein solches wäre in diesem Fall wohl gleichsam gegeben, da zumindest die zunächst gegebene unterlegene Stellung der Arbeitnehmer ausgeglichen werden würde.

Als einer der wenigen offensichtlichen Fälle kann bzw. muss jedoch bereits auf dieser Ebene der Fall der Existenzvernichtung als *offensichtlich ungeeignet* ausgeschlossen werden.[915] Ein Arbeitskampf darf nicht auf die Vernichtung des sozialen Gegenspielers gerichtet sein; das gilt sowohl für Betriebe (Art. 14 GG) als auch für Verbände (Art. 9 III GG).[916] Der Arbeitskampf würde in diesem Fall nicht zu einem Tarifvertrag führen können, denn „ohne Tarifgegner kein Tarifvertrag".[917] Da jedoch gerade der Tarifvertrag den Arbeitskampf überhaupt erst als Annex legitimiert, fehlt einem solchen Vorgehen offensichtlich die Geeignet-

909 BVerfG v. 18.07.2005 – 2 BvF 2/01, BVerfGE 113, 167, 234; ähnlich: Sachs, in: Sachs, Art. 20, Rn. 150; Jarass, in: Jarass/ Pieroth, Art. 20, Rn. 84; Kissel, AK, § 29, Rn. 21; Maeßen, Arbeitskampfrecht, S. 225.

910 Der Grundsatz der Geeignetheit wird deshalb auch z.T. für „praktisch bedeutungslos" gehalten; so: Buchner, in: Lieb/ v. Stebut/ Zöllner, Arbeitskampfrecht, 21, 29.

911 Auch: ErfK/ Dieterich, 10 GG, Art. 9, Rn. 130; Greiner, Arbeitskampfpluralität, S. 466.

912 Siehe: BAG v. 19.06.2007 – 1 AZR 396/06, BAGE 123, 134, 143 f.; Greiner, Arbeitskampfpluralität, S. 462.

913 Siehe: BAG v. 19.06.2007 – 1 AZR 396/06, BAGE 123, 134, 142 f.; ErfK/ Dieterich, 10 GG, Art. 9, Rn. 130 a; Däubler, in: Däubler, AK, § 14, Rn. 5.

914 In diese Richtung: Rüthers, ZfA 1987, 1, 46 f.; Greiner, Arbeitskampfpluralität, S. 468 f.

915 Auch: Kissel, AK, § 29, Rn. 22; a.A.: Däubler, in: Däubler, AK, § 14, Rn. 5 (für Ausschluss im Rahmen der Angemessenheit); allgemein: Hanau/ Thüsing, in: Thüsing, Tarifautonomie, S. 68.

916 Siehe allgemein u.a.: BAG v. 21.04.1971 – GS 1/68, BAGE 23, 292, 307; BAG v. 11.05.1993 – 1 AZR 649/92, BAGE 73, 141, 149; Rüthers, in: Brox/ Rüthers, Rn. 165; Kissel, AK, § 29, Rn. 22; v. Hoyningen-Huene, JuS 1987, 505, 508; Seiter, Streikrecht, 532 ff.; ders., Arbeitskamparität, S. 100; Gamillscheg, KollArbR I, S. 1164; Otto, AK, § 8, Rn. 41; Hanau/ Thüsing, in: Thüsing, Tarifautonomie, S. 68.

917 Hensche M., RdA 1996, 293, 305.

heit, um die Funktionsfähigkeit der Tarifautonomie sicherzustellen.[918] Hinzu kommt, dass aufgrund der Vernichtung gerade auch der Arbeitsplatz der Streikenden wegfällt, also noch nicht einmal allgemein von Förderung und Wahrung der Arbeits- und Wirtschaftsbedingungen (Art. 9 III S. 1 GG) gesprochen werden kann.[919] Demgegenüber reicht die bloß faktische Existenzgefährdung aufgrund der wirtschaftlichen Folgen des Streiks für sich grundsätzlich nicht aus.[920] Der Arbeitskampf ist gerade darauf angelegt dem Kampfgegner Schäden zuzufügen, um ihn so zu einem Nachgeben zu bewegen.[921] Etwas anderes muss aber dann angenommen werden, wenn „die ohne jeden vernünftigen Zweifel voraussehbare Vernichtung" sicher angenommen werden kann; sie also „zwangsläufig"[922] oder „evident"[923] ist.[924]

II. Erforderlichkeit

Die zweite Stufe der Verhältnismäßigkeitsprüfung bildet die Erforderlichkeit. Die Mittel des Arbeitskampfes dürfen nicht über dasjenige Maß hinausgehen, welches zur Erreichung des anvisierten Zieles erforderlich ist. Entgegen mancherorts auffindbarer „Ungenauigkeit" stellt die Erforderlichkeit nicht einfach nur darauf ab, ob „mildere Mittel zur Erreichung des Ziels [...] nicht zur Verfügung stehen."[925] Das Abstellen auf mildere Mittel stellt nur die „halbe Miete" dar. Es kommt nämlich entscheidend darauf an, dass diese *genauso wirksam* sind wie die eigentlich geplante Maßnahme,[926] d.h. der gleiche Erfolg muss durch weniger einschneidende Maßnahmen erzielbar sein.[927]

Zum Prüfprogramm gilt Vergleichbares wie bei der Geeignetheit. Auch hier gewährt die Rspr. eine Einschätzungsprärogative.[928] Aus Gründen der Rechtssicherheit, der Wahlfreiheit bzgl. der zur Verfügung stehenden Mittel und der Ausgestaltung der Erforderlichkeit ist daher

918 Auch: Kissel, AK, § 29, Rn. 22; Hensche M., RdA 1996, 293, 305.

919 Vgl.: BAG v. 21.04.1971 – GS 1/68, BAGE 23, 292, 317; Kissel, AK, § 29, Rn. 22.

920 Siehe: Hueck/ Nipperdey, II/2, S. 1031; Gamillscheg, KollArbR I, S. 1165; Seiter, Streikrecht, S. 534; Krause, Standortsicherung, S. 115; grundsätzlich auch: Kissel, AK, § 29, Rn 27.

921 Siehe: BAG v. 19.06.2007 – 1 AZR 396/06, BAGE 123, 134, 143; Kissel, AK, § 29, Rn. 24; Däubler, in: Däubler, AK, § 14, Rn. 12.

922 Seiter, Arbeitskampfparität, S. 100.

923 Otto, AK, § 8, Rn. 41; ders., in: FS Konzen, 663, 682.

924 Auch: Kissel, AK, § 29, Rn. 27.

925 So aber: BAG v. 19.06.2007 – 1 AZR 396/06, BAGE 123, 134, 143; die Rspr. in diesem Sinn interpretierend: Scholz/ Konzen, Aussperrung, S. 139 f.; ungenau auch: v. Hoyningen-Huene, JuS 1987, 505, 507; Däubler, in: Däubler, AK, § 14, Rn. 7.

926 Siehe: BVerfG v. 16.03.2004 – 1 BvR 1778/01, BVerfGE 110, 141, 164; BVerfG v. 18.07.2005 – 2 BvF 2/01, 113, 167, 252; Jarass, in: Jarass/ Pieroth, Art. 20, Rn. 85; Sachs in: Sachs, Art. 20, Rn. 152; Jakobs M. C., Verhältnismäßigkeit, S. 66 f.; Rüthers, ZfA 1987, 1, 37; Buchner, in: Lieb/ v. Stebut/ Zöllner, Arbeitskampfrecht, 21, 29; Ricken, in: MüArbR, § 200, Rn. 56; Kissel, AK, § 29, Rn. 29 f.; Maeßen, Arbeitskampfrecht, S. 226; Engels, Arbeitskampfrecht, S. 125; ähnlich: Fischinger, RdA 2007, 99, 101; Kreuz, Verhältnismäßigkeit, S. 131; kritisch bzgl. „Erforderlichkeitsprinzip": Seiter, Streikrecht, S. 516.

927 Auch: Kissel, AK, § 29, 30; vgl.: Classen, AÖR 122, 65, 99.

928 Siehe: BAG v. 19.06.2007 – 1 AZR 396/06, BAGE 123, 134, 143; ErfK/ Dieterich, 10 GG, Art. 9, Rn. 130 a; Däubler, in: Däubler, AK, § 14, Rn. 7.

ebenfalls eine zumindest liberalere Handhabung angebracht. Mildere Mittel wird es meist geben; allerdings wird man sich schwer tun solche zu finden, die auch genauso wirksam sind.[929] Daher kann die Erforderlichkeit nur verneint werden, wenn das Kampfmittel aus ex-ante-Perspektive *offensichtlich überflüssig* ist.[930] Eine solche offensichtlich nicht vorliegende Erforderlichkeit lässt sich z.B. bejahen, wenn sich der Kampfgegner bereits mit der Forderung einverstanden erklärt hat. In diesem Fall gäbe es bereits eine angemessene Regelung; der Arbeitskampf würde zur bloßen Schikane verkommen.[931] Nicht vorgenommene Verhandlungsversuche reichen hingegen nicht, da Verhandlungen kein gleich wirksames Mittel darstellen.[932]

In Bezug auf den oben dargestellten möglichen Mangel an Parität bei einem Streik durch eine Funktionselitegewerkschaft könnte man ebenso an der Erforderlichkeit zweifeln. Würde der Streik dieser systemrelevanten Arbeitnehmer zu ihren Gunsten in ein Kräfteungleichgewicht ausschlagen, ließe sich daran denken, den Streik und damit dessen Auswirkungen bereits auf dieser Ebene zu beschränken. Allerdings hätte ein milderes Mittel wiederum nicht mehr die gleiche Wirkung. Das verfassungsrechtliche Verständnis setzt also einer Handhabung gemäß dem eigentlich natürlichen Wortsinn Grenzen, der gegebenenfalls leichter zur Einsicht kommen würde, ein solches Agieren sei „nicht erforderlich". Dem Problem der Paritätsverschiebung muss daher im Rahmen der Gesamtabwägung der Angemessenheit begegnet werden.[933]

III. Angemessenheit und Herstellung praktischer Konkordanz

Die Angemessenheit, teilweise bezeichnet als Verhältnismäßigkeit i. e. S., Übermaßverbot oder Proportionalität,[934] soll sicherstellen, dass das eingesetzte Mittel nicht außer Verhältnis zum angestrebten Zweck steht.[935] Es muss sich im Rahmen einer Gesamtschau, die unter Gegenüberstellung der geförderten Belange und des angestrebten Nutzens einerseits und der beeinträchtigten Rechte sowie des Ausmaßes ihrer Verkürzung andererseits und unter Berücksichtigung aller erkennbaren Konsequenzen und aller für den Einzelfall relevanten Besonderheiten erfolgt, als angemessen[936] und für die Betroffenen zumutbar[937] erweisen.[938] Daraus

929 Vgl.: Maeßen, Arbeitskampfrecht, S. 226.

930 Vgl.: ErfK/ Dieterich, 10 GG, Art. 9, Rn. 130 f.; Greiner, Arbeitskampfpluralität, S. 462.

931 Siehe: Däubler, in: Däubler, AK, § 14, Rn. 7; Kissel, AK, § 29, Rn. 31.

932 A.A.: Däubler, in: Däubler, AK, § 14, Rn. 9 (jedenfalls im Zusammenhang mit dem Ultima-Ratio-Grundsatz).

933 S.u.: §§ 11 C.

934 Vgl.: Sachs, in: Sachs, Art. 20, Rn. 154; Jarass, in: Jarass/Pieroth, Art. 20, Rn. 86; Stern, in: Stern, Staatsrecht III/2, S. 782 f.; Kissel, AK, § 29, Rn. 33; Engels, Arbeitskampfrecht, S: 125.

935 Vgl.: BVerfG v. 06.02.1979 – 2 BvL 5/76, BVerfGE 50, 217, 227; BVerfG v. 18.07.2005 – 2 BvF 2/01, BVerfGE 113, 167, 260; BAG v. 11.05.1993 – 1 AZR 649/92, BAGE 73, 141, 149; Sachs, in: Sachs, Art. 20, Rn. 154; Stern, in: Stern, Staatsrecht III/2, S. 782; Jakobs M. C., Verhältnismäßigkeit, S. 13 f.; Kissel, AK, § 29, Rn. 33.

936 Siehe: BVerfG v. 18.07.2005 – 2 BvF 2/01, BVerfGE 113, 167, 260; BVerfG v. 12.12.2006 – 1 BvR 2576/04, 117, 163, 192 f.

folgt jedoch bereits, dass eine Entscheidung nur anhand des konkreten Falles möglich ist. Allgemeingültige Maßstäbe gibt es nicht.[939] Solche kann es auch gar nicht geben, da zu viele Faktoren eine Rolle spielen und zudem die Prüfmechanismen zukunftsoffen gestaltet sein müssen. Entscheidend kommt es auf die verfassungsrechtliche Gewichtung der zu berücksichtigenden Rechtsgüter an.[940] Generell kann jedoch damit begonnen werden, die Art und Schwere der Beeinträchtigung festzustellen. Zu berücksichtigen sind desgleichen die Anzahl der Betroffenen.[941] Anschließend ist das Ziel näher zu beleuchten: Welchen Rang hat es, wie intensiv war die Gefährdung?[942] Neben den im Vordergrund stehenden Grundrechten sind darüber hinaus sonstige Gegebenheiten und einfachrechtliche Wertungen, hinter denen in der Regel wiederum verfassungsrechtliche Gedanken stehen, zu berücksichtigen.

Was den Prüfumfang betrifft, wird eine Einschätzungsprärogative vom BAG, im Gegensatz zur Handhabung im Bereich der Geeignetheit und der Erforderlichkeit, ausdrücklich abgelehnt.[943] Dem kann zumindest begrifflich zugestimmt werden: Eine umfassende *Einschätzungsprärogative* steht z.B. dem Bundestag bei seiner Gesetzgebung zu. Dies legitimiert sich aus dem damit zusammenhängenden Prognosecharakter und daraus, dass er unmittelbar von den durch seine Akte potentiell Betroffenen legitimiert worden ist.[944] Zudem geht es beim Arbeitskampf an sich nicht um eine Tätigkeit als bzw. gleich dem Gesetzgeber, sondern zunächst einmal um die Ausübung von Gewalt bzw. die Vorenthaltung von vertraglich geschuldeten Leistungen. Schließlich legt der Begriff der Prärogative nahe, dass der Inhaber derselben ein Vorrecht zur Festlegung der Angemessenheit hätte;[945] es handelt sich jedoch grundsätzlich stets um eine Rechtsprüfung.[946] Nach hiesiger Ansicht ist den Koalitionen daher pauschal keine *Einschätzungsprärogative* zu gewähren. Allerdings muss man dem Umstand gerecht werden, dass im Arbeitskampf an dieser Stelle dennoch eine Prognose getroffen werden muss. Und es muss im Sinne der Rechtssicherheit möglich sein, eine bis ins kleinste Detail gehende Prüfung zu verhindern. Im Eilrechtsschutz ist eine solche sowieso nicht abschließend möglich, und ansonsten bliebe nur ein zeitlich nachfolgender Rechtsschutz samt den damit verbundenen Schadenersatzrisiken. Sowohl die Geeignetheit und Erforderlichkeit als auch die

---

937 Vgl.: BVerfG v. 18.07.2005 – 2 BvF 2/01, BVerfGE 113, 167, 260.

938 Sachs, in: Sachs, Art. 20, Rn. 154; ähnlich u.a.: BVerfG v. 16.03.1971 – 1 BvR 665/66, BVerfGE 30, 292, 316; BVerfG v. 18.07.2005 – 2 BvF 2/01, BVerfGE 113, 167, 260; BAG v. 22.09.2009 – 1 AZR 972/08, BAGE 132, 140, 153; Hufen, Staatsrecht II, § 9, Rn. 24; Stern, in: Stern, Staatsrecht III/2, S. 783; Buchner, in: Lieb/ v. Stebut/ Zöllner, Arbeitskampfrecht, 21, 29; ErfK/ Dieterich, 10 GG, Art. 9, Rn. 130 a.

939 Siehe: Sachs, in: Sachs, Art. 20, Rn. 155; Kissel, AK, § 29, Rn. 39; ErfK/ Dieterich, 10 GG, Art. 9, Rn. 130 a; Engels, Arbeitskampfpluralität, S. 125 f.

940 Siehe: Stern, in: Stern, Staatsrecht III/2, S. 785; ähnlich: Jakobs M. C., S. 24.

941 Vgl.: BVerfG v. 24.05.2005 – 1 BvR 1072/01, BVerfGE 113, 63, 80; BVerfG v. 14.07.1999 – 1 BvR 2226/94, 2420/95, 2437/95, BVerfGE 100, 313, 376; Jarass, in: Jarass/ Pieroth, Art. 20, Rn. 86a.

942 Vgl.: BVerfG v. 24.05.2005 – 1 BvR 1072/01, BVerfGE 113, 63, 80; Jarass, in: Jarass/ Pieroth, Art. 20, Rn. 86a.

943 BAG v. 19.06.2007 – 1 AZR 396/06, BAGE 123, 134, 143; vgl.: Däubler, in: Däubler, AK, § 14, Rn. 10.

944 Vgl.: Hufen, Staatsrecht II, § 35, Rn. 36; Schmidt R., Grundrechte, Rn. 172.

945 Vgl.: Rittershofer, Lexikon Politik, Staat, Gesellschaft, S. 547.

946 Siehe: BAG v. 19.06.2007 – 1 AZR 396/06, BAGE 123, 134, 143.

Angemessenheit müssen daher jedenfalls *deutlich erkennbar* sein.[947] Nur so kann ein zumindest minimaler Spielraum menschlichen Ermessens gewährleistet werden.

947 So auch allgemein: BVerfG v. 24.05.1977 – 2 BvR 988/75, BVerfGE 44, 353, 373; Sachs, in: Sachs, Art. 20, Rn. 157; bzgl. Arbeitskampf: Gamillscheg, Grundrechte, S. 103 („klarer Verstoß"); Maeßen, Arbeitskampfrecht, S. 228; in diese Richtung auch: Löwisch, ZfA 1996, 293, 301.

3. Teil: Restriktion von Spartenstreiks: konkrete Parameter

Im folgenden Teil sollen diejenigen Belange aufgezeigt werden, die in der Regel im Rahmen eines Arbeitskampfes von Bedeutung sein werden. Hierbei handelt es sich jedoch nicht um eine abschließende Liste, die Punkt für Punkt abgehackt werden kann. Eine solche wäre zwar wegen der aus ihr folgenden gesteigerten Rechtssicherheit grundsätzlich erstrebenswert. Aufgrund der Erforderlichkeit einer alle Besonderheiten des Einzelfalles berücksichtigenden Gesamtschau muss jedoch jeweils erneut überprüft werden, welche dieser Aspekte einschlägig sind oder ob neue Belange berührt werden. Unterteilen lassen sich die Kriterien in solche, die den Inhalt[948] betreffen und solche, die für die Durchführung[949] des Arbeitskampfmittels relevant sind.

§ 10 Anhaltspunkte im angestrebten Tarifvertrag – rechtmäßiger Inhalt

Nach ständiger Rspr. des BAG können Arbeitskämpfe ausschließlich zur Durchsetzung tariflich regelbarer Ziele durchgeführt werden.[950] Da Arbeitskämpfe nur ein Hilfsinstrument der Tarifautonomie darstellen, jedenfalls was die gegenständliche Betrachtung des Streiks um einen Tarifvertrag betrifft, müssen sie sich daher immer auf tariflich regelbare Inhalte beziehen.[951] Damit steht zunächst einmal fest, dass Belange der Verhältnismäßigkeit grundsätzlich ebenfalls dem Inhalt des angestrebten Tarifvertrages zu entnehmen sind. Was jedoch genau unter der *tariflichen Regelbarkeit* zu verstehen ist, wird noch näher zu beleuchten sein. Ihre Grenzen gehören zu den zentralen Fragen des Arbeitskampfrechts.[952] Insofern stehen sich die

948 S.u.: § 10.

949 S.u.: § 11.

950 BAG v. 05.03.1985 – 1 AZR 468/83, BAGE 48, 160, 168; BAG v. 07.06.1988 – 1 AZR 372/86, BAGE 58, 343, 348; BAG v. 10.12.2002 – 1 AZR 96/02, BAGE 104, 155, 169; BAG v. 24.04.2007 – 1 AZR 252/06, BAGE 122, 134, 156.

951 Siehe: Kissel, AK, § 24, Rn. 2; Gamillscheg, KollArbR I, S. 1071; Rüthers, ZfA 1987, 1, 42; ders., in: Brox/Rüthers, Rn. 138, 239.

952 Rüthers, in: Brox/Rüthers, Rn. 239.

scheinbar konträren Positionen „keine Übermaßkontrolle der Forderung“[953] und „es könne nur erstreikt werden was auch rechtmäßig sei“[954] gegenüber. Fraglich ist in diesem Zusammenhang zudem, welche Schlussfolgerungen aus dem vielzitierten Ausspruch des BVerfG „Bei einer Verhältnismäßigkeitsprüfung, die schon bei den Angriffskampfmitteln ansetzte, wäre eine gerichtliche Kontrolle der Tarifziele kaum zu vermeiden. Eine solche Kontrolle widerspräche aber dem Grundgedanken der Tarifautonomie“[955] wirklich zu ziehen sind.

A. Allgemeines zur Kontrolle des Inhalts

Eines der umstrittensten Probleme des Arbeitskampfrechts stellt die Frage dar, ob die Forderung bzw. das Forderungsvolumen im Speziellen durch die Gerichte überprüfbar ist. Die Annahme, dass eine *Tarifzensur* nie stattfinden könne, scheint „in Stein gemeißelt“ zu sein,[956] ohne dass jedoch ganz klar ist, wann eine solche anzunehmen ist. Wie es scheint versteht das BAG seine Beschränkung auf *tariflich regelbare Ziele* (mittlerweile) ebenso nur als eine Beschränkung auf an sich durch Tarifverträge *regelbare Materien* und will, dem Ausspruch des BVerfG[957] folgend, die Tarifforderung an sich unberücksichtigt lassen, da diese „keine rechtsgestaltende, für den Gegner verbindliche Wirkung“ habe.[958] Weiter führt es aus: „Streikforderungen einer Gewerkschaft, deren Gegenstand grundsätzlich tariflich regelbar ist, unterliegen keiner gerichtlichen Übermaßkontrolle. Eine solche verstößt gegen die durch Art. 9 Abs. 3 GG gewährleistete Koalitionsbestätigungsfreiheit der Gewerkschaften und stellt die Funktionsfähigkeit der Tarifautonomie in Frage.“[959] Daher muss, bevor eine Aussage insb. zu einer Relevanz der Grundrechte und diese konkretisierende Normen gemacht werden kann, untersucht werden, inwiefern eine Kontrolle der Forderung zulässig ist. Hierbei steht die speziellere Kontrolle des Forderungsvolumens im Mittelpunkt; ist sie zulässig, gilt selbiges in gleicher Weise für die generelle Kontrollzugänglichkeit der Forderung. Außerdem muss geklärt werden, auf welchen Forderungsinhalt im Rahmen der Kontrolle abgestellt werden kann.

953 Siehe: BAG v. 24.04.2007 – 1 AZR 252/06, BAGE 122, 134, 161.
954 Siehe: ErfK/ Dieterich, 10 GG, Art. 9, Rn. 115; Kissel, AK, § 24, Rn. 9; Fischinger, Standortverlagerung, S. 167; wohl grundsätzlich auch: Däubler, in: Däubler, AK, § 13, Rn. 16; Otto, AK, § 5, Rn. 5, 8; Krause, Standortsicherung, S. 112, 114.
955 BVerfG v. 26.06.1991 – 1 BvR 779/85, BVerfGE 84, 212, 231.
956 Otto, in: FS Konzen, 662.
957 BVerfG v. 26.06.1991 – 1 BvR 779/85, BVerfGE 84, 212, 231.
958 BAG v. 24.04.2007 – 1 AZR 252/06, BAGE 122, 134, 162.
959 BAG v. 24.04.2007 – 1 AZR 252/06, BAGE 122, 134, 161.

I. Zulässigkeit der Überprüfung des Forderungsvolumens – verbotene Tarifzensur?

1. Ablehnung einer Kontrolle des Forderungsvolumens

Die Verfechter eines absoluten Verbotes der Tarifzensur[960] stützen sich im Wesentlichen auf zwei Argumente: Zum einen verstoße eine staatliche Kontrolle der tarifautonom zustande gekommenen oder angestrebten Einigung gegen die Tarifautonomie der Koalitionen. Zum anderen sei eine solche praktisch nicht umsetzbar. Dem Richter sei es nämlich nicht möglich, eine Überprüfung sachgerecht durchzuführen. Ihm würden hierzu die geeigneten Maßstäbe fehlen, anhand derer er eine nachvollziehbare Entscheidung treffen könnte. Im Gegensatz zu den Koalitionen selbst fehle ihm zudem die fachliche Kompetenz. Gehe es darum zu ergründen, ob die Schäden angesichts der Forderung (gerade) noch angemessen seien, müssten erhebliche Mengen an Informationen bzgl. der Auswirkungen des Streiks erhoben und auch richtig ausgewertet werden. Hierbei zu richtigen Ergebnissen zu gelangen sei jedoch sogar für Ökonomen schwierig, wenn nicht sogar ein Ding der Unmöglichkeit, und würde in einem „Kampf der Wirtschaftsprüfer“ enden.[961] Die Folge wäre ferner eine erhebliche Rechtsunsicherheit, da man sich angesichts dieser wertenden Einschätzung des Gerichts nie sicher sein könne, ob das Volumen noch vertretbar sei oder schon über das Ziel hinausschieße. Die Frage was jedoch jeweils hoch, wesentlich oder angemessen sei, hänge immer von dem Standpunkt des Betrachters ab.[962] Außerdem habe dies die Gefahr von erheblichen Schadenersatzforderungen zur Folge, was die Handlungsfähigkeit der Koalitionen erheblich einschränken würde.[963] V.a. das BAG, welches ebenfalls nur dann eine Ausnahme vom Verbot der Forderungskontrolle macht, wenn der Arbeitskampf gezielt auf die Existenzvernichtung gerichtet ist,[964]

960 U.a. grundsätzlich: BAG v. 10.06.1980 – 1 AZR 822/79, BAGE 33, 140, 176; BAG v. 24.04.2007 – 1 AZR 252/06, BAGE 122, 134, 161; Kreft, BB-Beil. 4.2008, 14, 15; Hensche D., AuR 2004, 443, 445; Jacobs, in: FS Buchner, 342, 354; ders., NZA 2008, 325, 331; Paschke/ Ritschel, AuR 2007, 110, 113; Kühling/ Bertelsmann, NZA 2005, 1017, 1020 f.; Gaul, RdA 2008, 13, 19 f.; Bayreuther, NZA 2007, 1017, 1018; ErfK/ Dieterich, 10 GG, Art. 9, Rn. 117, 130; Hanau/ Thüsing, in: Thüsing, Tarifautonomie, S. 68; Mehrens, Sozialtarifverträge, S. 182 ff.; Rudkowski, Der Streik in der Daseinsvorsorge, S. 77 ff.; letztlich auch: Ricken, ZfA 2008, 283, 288 f.; ders., in: MüArbR, § 200, Rn. 51, allerdings unter dem Vorbehalt einer Rechtsmissbrauchskontrolle (Fußn. 148); unter einem solchen wohl auch Wank, RdA 2009, 1, 7.

961 Ricken, ZfA 2008, 283, 288; siehe auch: Krause, Standortsicherung, S. 114; bzgl. fehlender Handhabbarkeit auch: Seiter, Streikrecht, S. 177; Picker, ZfA 1986, 199, 223 f.; Hensche, AuR, 2004, 443, 445; Gaul, RdA 2008, 13, 19 f.; Bayreuther, NZA 2007, 1017, 1018; Singer, ZfA 1995, 611, 635; Hanau/ Thüsing, in: Thüsing, Tarifautonomie, S. 68; Mehrens, Sozialtarifverträge, S. 182; Rudkowski, Der Streik in der Daseinsvorsorge, S. 78.

962 Vgl.: Fischinger, Standortverlagerung, S. 164.

963 So: Gamillscheg, KollArbR I, S. 1067; ähnlich: Wank, in: FS Kissel, 1225, 1235; Mehrens, Sozialtarifverträge, S. 182.

964 Siehe u.a.: BAG v. 21.04.1971 – GS 1/68, BAGE 23, 292, 307; BAG v. 11.05.1993 – 1 AZR 649/92, BAGE 73, 141, 149; vgl.: Rüthers, in: Brox/ Rüthers, Rn. 165; Kissel, AK, § 29, Rn. 22; v. Hoyningen-

weist darauf hin, dass es sich bei der Forderung, auf welche sich der Arbeitskampf bezieht, um gar „keine rechtlich bedeutsame Größe“ handele.[965] Die Forderung sei noch nichts Verbindliches, sondern stelle erst einen Ausgangspunkt, teilweise als „Eingangsforderung“ bezeichnet,[966] für die Verhandlungen dar. Insb. zur Motivation der eigenen Mitglieder und wegen des zu erwartenden Widerstandes des sozialen Gegenspielers werde zunächst meist bewusst mehr verlangt, als die Gewerkschaft in Wirklichkeit erreichen möchte, damit sie noch auf Positionen des Arbeitgebers eingehen kann und zu Zugeständnissen in der Lage sei.[967] Daher könne gar keine sinnvolle Kontrolle der Norm stattfinden; diese existiere nämlich noch gar nicht. Vielmehr handele es sich, in Unkenntnis der nachfolgenden Entwicklung im „Tarifpoker“, nur um reine Spekulation.[968]

Es wird zudem angeführt, eine Kontrolle der Forderung sei gar nicht notwendig. Dies gelte insb. deshalb, weil nicht zu erwarten sei, dass überzogene Forderungen gestellt würden. Die Arbeitnehmer seien sich nämlich sehr wohl bewusst, dass sie nicht an dem Ast „auf dem sie sitzen“ sägen dürfen.[969] Übertriebene Forderungen bzw. deren Verwirklichung könnten jedoch den Wegfall ihres Arbeitsplatzes bedeuten.[970] Außerdem könne sich der Arbeitgeber, sollte er die Forderungen für zu hoch erachten, ausreichend zur Wehr setzen: Er besitze ebenfalls ein gewisses Verhandlungsgewicht, welches er der Gewerkschaft entgegenhalten könne.[971] Letztlich widerspreche eine Tarifzensur der verfassungsrechtlich verankerten Tarifautonomie:[972] Art. 9 III S. 1 GG gewährleiste die Freiheit, selbst die Mittel zur Erreichung des Koalitionszweckes zu wählen. Die Beschränkung der Höhe der Forderung würde einen unverhältnismäßigen Eingriff in die Koalitionsbetätigungsfreiheit darstellen.[973] Der mit Richtigkeitsgewähr ausgestattete Tarifvertrag soll nämlich im freien Spiel der Kräfte zustande kommen. Würde nun aber der Richter die Zweckmäßigkeit der Forderung beurteilen, würde seine subjektive Einschätzung an die Stelle des Ergebnisses des Willensbildungsprozesses der Tarifpartner treten.[974] Hierin sei „der erste Schritt in die Planwirtschaft“ zu sehen.[975]

Huene, JuS 1987, 505, 508; Seiter, Streikrecht, 532 ff.; ders., Arbeitskampfparität, S. 100; Gamillscheg, KollArbR I, S. 1164; Otto, AK, § 8, Rn. 41; Hanau/ Thüsing, in: Thüsing, Tarifautonomie, S. 68.

965 BAG v. 24.04.2007 – 1 AZR 252/06, BAGE 122, 134, 162.

966 Siehe: Gaul, RdA 2008, 13, 19 f.; Krist, Tarifsozialplan, S. 151.

967 Siehe: BAG v. 24.04.2007 – 1 AZR 252/06, BAGE 122, 134, 162; Bayreuther, NZA 2007, 1017, 1018; ErfK/ Dieterich, 10 GG, Art. 9, Rn. 117; Paschke/ Ritschel, AuR 2007, 110, 113; Kühling/ Bertelsmann, NZA 2005, 1017, 1021; Hensche, AuR, 2004, 443, 445; anerkennend: Krause, Standortsicherung, S. 113, 116; Krist, Tarifsozialplan, S. 153.

968 Vgl.: BAG v. 24.04.2007 – 1 AZR 252/06, BAGE 122, 134, 162; Kreft, BB-Beil. 4.2008, 14, 15.

969 Gamillscheg, KollArbR I, S. 1068.

970 So: Hensche D., AuR 2004, 443, 445, Fußn. 25.

971 Siehe: Paschke/ Ritschel, AuR 2007, 110, 113; Kühling/ Bertelsmann, NZA 2005, 1017, 1021; Ruch, Dreiseitige Vereinbarungen, S. 79.

972 So: BAG v. 24.04.2007 – 1 AZR 252/06, BAGE 122, 134, 161; vgl.: Gamillscheg, KollArbR I, S. 1067 f.; Kühling/ Bertelsmann, NZA 2005, 1017, 1021; Gaul, RdA 2008, 13, 19 f.; Mehrens, Sozialtarifverträge, S. 182.

973 BAG v. 24.04.2007 – 1 AZR 252/06, BAGE 122, 134, 162.

974 So: Seiter, Streikrecht, S. 177 f.; Fischinger, Standortverlagerung, S. 164; Hensche D., AuR 2004, 443, 445; Greiner, Arbeitskampfpluralität, S. 240; Czerweny v. Arland, Arbeitskampfmittel, S. 52 f.; ähnlich: Kühling/ Bertelsmann, NZA 2005, 1017, 1020 f.; Gamillscheg, KollArbR I, S. 1067 f.; Löwisch, ZfA

2. Zulassung einer Kontrolle des Forderungsvolumens

Eine zunehmend in der Literatur vertretene Ansicht, die bereits in mancher Rspr. ansatzweise Anklang gefunden hat,[976] kommt demgegenüber zu der Einsicht, dass tarifliche Forderungen bzgl. ihrer Höhe jedenfalls in rechtlicher Hinsicht überprüft werden können.[977] Abweichungen betreffen den Umfang der Kontrollmöglichkeit;[978] nach dem LAG Schleswig-Holstein etwa müsse der Forderung „augenscheinlich auf die Stirn geschrieben sein, dass sie den Kernbereich der Unternehmensautonomie verletzt".[979] Eine Tarifzensur und damit zugleich ein Verstoß gegen die Betätigungsfreiheit der Koalitionen liege nicht vor, da gerade nicht die Billigkeit oder Zweckmäßigkeit der Forderung, sondern nur ihre Rechtmäßigkeit überprüft werde, was kein Eingriff in die Koalitionsfreiheit sei.[980] Zudem sei eine solche Kontrolle mittlerweile sehr wohl vonnöten: So könne schon nicht sicher davon ausgegangen werden, dass die Arbeitnehmervertreter ausreichend verantwortlich genug vorgehen, um nicht die Arbeitsplätze zu gefährden. [981] Eine Kontrolle sei darüber hinaus geradezu unerlässlich, um den aktuellen Herausforderungen des Tarifrechts effektiv zu begegnen: Hingewiesen wird diesbezüglich auf die exorbitant hohen Forderungen bei den zuletzt abgeschlossenen Tarifsozialplänen und auf

---

1971, 319, 334 f.; Wank, in: FS Kissel, 1225, 1235; Picker, ZfA 1986, 199, 223 f.; Rüthers, in: Arbeitsrecht der Gegenwart, Bd. 10, 23, 32; v. Hoyningen-Huene, JuS 1987, 505, 508; Paschke/ Ritschel, AuR, 2007, 110, 113; Hanau/ Thüsing, in: Thüsing, Tarifautonomie, S. 68; Mehrens, Sozialtarifverträge, S. 182 ff.; Rudkowski, Der Streik in der Daseinsvorsorge, S. 78, 79 f.

975 Rüthers, in: Arbeitsrecht der Gegenwart, Bd. 10, 23, 32; auch: Rudkowski, Der Streik in der Daseinsvorsorge, S. 78.

976 Siehe: LAG Schleswig-Holstein v. 27. 3. 2003 – 5 Sa 137/03, NZA-RR 2003, 592, 595, das jedenfalls zunächst ausführt: „Damit kann die Tariffähigkeit einer Forderung und damit auch [...] Streiks letztlich auch von dem Forderungsumfang abhängig sein"; das Hessische LAG (v. 02.02.2006 – 9 Sa 915/05, AuR 2006, 120) schränkt die Kontrolle der Tarifforderung auch nur „grundsätzlich" ein; vgl.: Otto, in: FS Konzen, 663, 665 f.; Hensche D., AuR 2004, 443, 445.

977 So grundsätzlich: Fischinger, Standortverlagerung, S. 164 f.; Höfling, ZfA 2008, 1, 27 f.; Löwisch, DB 2005, 554, 558 f.; ders. in: Zukunft des Arbeitskampfes, 35, 43 f.; Nicolai, SAE 2004, 240, 244; Otto, in: FS Konzen, 663, 672 ff.; ders. in: Wiedemann, § 2, Rn. 406; ders., AK, § 8, Rn. 42 ff. (Ausschluss unverhältnismäßiger Forderungen); v. Steinau-Steinrück/ Glanz, NZA 2009, 113, 118; Sutschet, ZfA 2005, 581, 624 ff. (allerdings beschränkt auf das Vorliegen von Disparität); Wank, in: FS Kissel, 1225, 1235 (zumindest bzgl. offensichtlicher Fälle); Cherdron, Sozialplanvereinbarungen, S. 117; Krist, Tarifsozialplan, S. 154 ff (jedenfalls bzgl. Tarifsozialplan); teilweise in diese Richtung: Hueck G., AP Nr. 30 zu § 4 TVG Ausschlussfristen (Kontrolle von Extremen); Rieble, Verfassungsfragen der Tarifeinheit, § 4, Rn. 368 ff.; Bayreuther, BB 2005, 2633, 2637 (im Fall von schwachen Koalitionen); Buchner, in: Lieb/ v. Stebut/ Zöllner, Arbeitskampfrecht, 21, 38; Krause, Standortsicherung, S. 112 ff.; Rolfs/ Clemens, DB 2003, 1678, 1680 f.; Grau, NJW 2007, 3660, 3661; Canaris, AcP 184, 201, 244 („nicht ohne jeden Schutz"); Greiner, NZA 2007, 1023, 1028 (jedenfalls als „zweitbeste Lösung").

978 Vgl.: Krist, Tarifsozialplan, S. 152.

979 LAG Schleswig-Holstein v. 27. 3. 2003 – 5 Sa 137/03, NZA-RR 2003, 592, 595; vgl.: Otto, in: FS Konzen, 663, 666; Krist, Tarifsozialplan, S. 153.

980 Siehe: Fischinger, Standortverlegung, S. 164 f; Kissel, AK, § 10, Rn. 51; Sutschet, ZfA 2005, 581, 624 f.; Cherdron, Sozialplanvereinbarungen, S. 445; Krist, Tarifsozialplan, S. 157; in diese Richtung auch: Höfling, ZfA 2008, 1, 27 f.

981 Siehe: Fischinger, Standortverlagerung, S. 165.

ein zu befürchtendes bzw. schon begonnenes Lohndumping.[982] *Otto* spricht angesichts der selbst auferlegten beschränkten bzw. eigentlich überhaupt nicht vorhandenen Kontrollmöglichkeit der Rspr. von einem „Freibrief“ bei der Gestaltung der Forderungen.[983] Ferner würden diese Fälle zeigen, dass nicht mehr ohne Weiteres von einer Richtigkeitsgewähr der Tarifverträge auszugehen sei. Als Konsequenz daraus müssten sie sich einer Rechtmäßigkeitskontrolle stellen, denn die eingeschränkte Überprüfbarkeit von Tarifnormen rechtfertige sich gerade aus dieser Richtigkeitsgewähr.[984]

Eine Rechtmäßigkeitskontrolle sei darüber hinaus nicht wegen der aus ihr resultierenden Rechtsunsicherheit abzulehnen. Vielmehr entspreche diese gewisse Unbestimmtheit und Gestaltungsoffenheit gerade dem Naturell des Arbeitskampfrechts, welches insgesamt nicht kodifiziert sei. Daher seien der Gesetzgeber und die Gerichte dazu aufgerufen, entsprechende Maßstäbe herauszukristallisieren, was kein unmögliches Unterfangen darstelle. Die Grundrechte um des Rechtsfriedens willen zu opfern sei demgegenüber keine Alternative; genau das würde aber passieren, wenn man den Koalitionen freie Hand bei der Gestaltung ließe und damit der Koalitionsfreiheit faktisch eine Vorrangstellung einräumen würde.[985]

Zurückgewiesen wird der Vorwurf, es handele sich bei der Forderung um ein rechtliches Nullum, das überhaupt nicht sinnvoll bewertet werden könne. Vielmehr müsse bereits diese Eingangsforderung den Rechtmäßigkeitsgrenzen standhalten, da sie zunächst einmal das Einzige sei, woran man sich festhalten könne.[986] Würde man hingegen mit dem BAG auf die Üblichkeit der im Rahmen der Auseinandersetzung erfolgenden Anpassungen der Eingangsforderung abstellen, müssten ebenfalls offene Forderungen, wie z.B. die nach einer Standorterhaltung, zunächst akzeptiert werden, da auch in diesem Fall nicht sicher davon ausgegangen werden könne, dass diese Forderung noch angepasst werde.[987] Schließlich müsse an irgendeiner Stelle eine Begrenzung erfolgen, und eine solche im Bereich der Angemessenheit sei einer Beschränkung bereits auf Ebene des persönlichen Schutzbereiches vorzuziehen. Würde man nämlich mit *Bayreuther*[988] bereits in personeller Hinsicht eine Missbrauchskontrolle durchführen, würde viel erheblicher in die Tarifautonomie eingegriffen werden. Zudem könne eine Beschränkung in personeller Hinsicht nur kleinere Gewerkschaften aussortieren; große Gewerkschaften seien jedoch genauso in der Lage unverhältnismäßige Forderungen zu stellen.[989]

982 So: Otto, AK, § 8, Rn. 42; Zachert, in: FS Bauer, 1195, 1199; vgl.: v. Steinau-Steinrück/ Glanz, NZA 2009, 113, 118; anerkennend: Greiner, NAZ 2007, 1023, 1028.

983 Otto, RdA 2010, 135, 147.

984 Siehe: Otto, in: FS Konzen, 663, 682 f,; ders., AK, § 8, Rn. 42; v. Steinau-Steinrück/ Glanz, NZA 2009, 113, 118.

985 So: Krist, Tarifsozialplan, S. 161 (bzgl. der Kontrolle von Tarifsozialplänen).

986 Siehe: Sutschet, ZfA 2005, 581, 615; Krist, Tarifsozialplan, S. 162 f.; so wohl zunächst auch Gaul (RdA 2008, 13, 19), der anschließend jedoch eine Forderung nicht als Eingriff ausreichen lässt.

987 So: Krist, Tarifsozialplan, S. 162.

988 BB 2005, 2633, 2634 f.

989 Siehe: Otto, in: FS Konzen, 663, 668 f.

3. Stellungnahme

Eine Kontrolle der Höhe von Tarifforderungen wurde lange Zeit nahezu einhellig plakativ mit dem recht „pauschalen ‚Altargument' des Verbots einer Tarifzensur" abgelehnt.[990] Dennoch überzeugt die zweite Ansicht. Eine Kontrollmöglichkeit von Tarifforderungen ist nach hiesiger Auffassung grundsätzlich zu bejahen. Auf die Frage wann und in welchem Rahmen dies der Fall ist, wird einigen nach allgemeinen Ausführungen noch genauer eingegangen werden. Andererseits muss klar festgehalten werden: Eine freischwebende Billigkeits-, Angemessenheits- oder Zweckmäßigkeitskontrolle ist nicht zulässig. Eine solche würde gegen die verfassungsrechtlich garantierte Tarifautonomie der Koalitionen verstoßen. Dies wird grundsätzlich auch von niemandem ernsthaft bestritten.[991] Die beiden Aussagen widersprechen sich nicht. Der entscheidende und leider in der Diskussion oft zu kurz kommende Aspekt ist nämlich folgender: Es ist streng zu differenzieren zwischen der Tarifzensur in Form einer *Billigkeits- oder Angemessenheitskontrolle* und einer *Rechtskontrolle* der Forderung bzw. des Forderungsvolumens dahingehend, ob die Grenzen der Tarifautonomie oder zwingendes Gesetzesrecht missachtet werden.[992] Erstere ist entschieden abzulehnen.[993]

Damit stellt sich die Frage, was überhaupt unter einer Tarifzensur zu verstehen ist. Art. 9 III S. 1 GG garantiert die Tarifautonomie. Diese beinhaltet die Freiheit, dass Arbeitsbedingungen auf kollektiver Ebene durch das freie Spiel der Kräfte festgelegt werden. Durch Verhandlungen und das Ausüben von Druck und Gegendruck sollen die differierenden Interessen letztlich zu einem Ausgleich gebracht werden und daher im optimalen Fall ein Tarifvertrag entstehen, der eine Richtigkeitsgewähr bietet.[994] Dieses Verfahren der autonomen Findung von angemessenen Bedingungen würde gestört werden, wenn Dritte, also insb. der Staat, eingreifen und ihre eigenen Wertungen an die Stelle des vom Sachverstand der Koalitionen getragenen Konsensergebnisses setzen würden.[995] Der Staat darf also z.B. nicht selbstherrlich

---

990 Loritz, in: FS 50 Jahre BAG, 557, 574.

991 Vgl.: BVerfG v. 26.06.1991 – 1 BvR 779/85, BVerfGE 84, 212, 231; BAG v. 14.12.1982 – 3 AZR 251/80, BAGE 41, 163, 168; Canaris, AcP 184, 201, 244; Reim/ Nebe, in: Däubler, TVG, § 1, Rn. 151; Gamillscheg, KollArbR I, S. 695, 1067; Kissel, AK, § 10, Rn. 54; Otto, in: FS Konzen, 663 f.; Seiter, AK, S. 176 f.; Ricken, ZfA 2008, 283, 288; Rieble, Verfassungsfragen der Tarifeinheit, § 4, Rn. 372; Schumann, in: Däubler, AK 2. Aufl., Rn. 204b; Krause, in: Jacobs/ Krause/ Oetker, TVG, § 1, Rn. 110; Krause, Standortsicherung, S. 112; Cherdron, Sozialplanvereinbarungen, S. 114; a.A.: jedenfalls unglücklich formuliert: BAG in seiner Entscheidung vom 10.10.1989 – 3 AZR 200/88, BAGE 63, 100, 107 (in den Grenzen von Recht und Billigkeit"; Hervorhebung des Verfassers); Otto (in: FS Konzen, 663, 682), der erwägt das Verbot der Tarifzensur zu lockern, wohl aber beschränkt auf Rechtsmissbrauchskontrolle; dem wohl folgend: Ricken, in: MüArbR, § 200, Rn. 58.

992 Auch: Fischinger, Standortverlegung, S. 164 f; Nicolai, SAE 2004, 240, 244; Otto, in: FS Konzen, 663, 672; Kissel, AK, § 10, Rn. 51; Wank, RdA 2009, 1, 7; ders./ Schmidt, RdA 2008, 257, 264; Schliemann, in: FS Hanau, 577, 581; Cherdron, Sozialplanvereinbarungen, S. 116 f.; Krist, Tarifsozialplan, S. 157; Ruch, Dreiseitige Vereinbarungen, S. 83; ähnlich: Buchner, BB 2007, 2520, 2521.

993 Auch: BAG v. 14.12.1982 – 3 AZR 251/80, BAGE 41, 163, 168; Otto, in: FS Konzen, 663, 664; Schliemann, in: FS Hanau, 577, 581; vgl.: Cherdron, Sozialplanvereinbarungen, S. 114 ff.

994 Vgl.: BAG v. 13.07.1993 – 1 AZR 676/92, BAGE 73, 320, 329.

995 Siehe: Löwisch/ Rieble, TVG, Grundl., Rn. 201.

festlegen, für welchen Beruf welcher Lohn angemessen, also der *richtige* ist.[996] Dies würde eine unzulässige *Zensur* der Tätigkeit der Koalitionen darstellen.

Anders ist es zu beurteilen, wenn „schlicht" eine *Rechtmäßigkeitskontrolle* vorgenommen wird. Die Kompetenz Tarifverträge aufzustellen ist nicht grenzenlos gewährleistet.[997] Denn die Tatsache des verfassungsrechtlichen Schutzes der Koalitionsfreiheit und der Tarifautonomie ändert nichts daran, dass sich auch die Tarifvertragsparteien nicht außerhalb der Rechtsordnung bewegen dürfen.[998] Selbst wenn sich das BAG in letzter Zeit ziert eine Kontrolle der Forderungen vorzunehmen, so muss doch konstatiert werden, dass eine Rechtmäßigkeitskontrolle bisher nahezu ständige Rspr. war:[999] „Tarifverträge sind allein daraufhin zu untersuchen, ob sie gegen die Verfassung, anderes höherrangiges zwingendes Recht oder die guten Sitten verstoßen".[1000]

Selbst wenn die Grenzziehung zwischen diesen beiden Bereichen schwer ist, gerade wenn es um eine Kontrolle anhand offener Normen wie denjenigen der guten Sitten (§ 138 BGB) geht, muss daher zwischen einer *verbotenen Angemessenheitsüberprüfung* und einer grundsätzlich *gebotenen Rechtmäßigkeitskontrolle* unterschieden werden. Letztere könnte man tatsächlich unter den Bedeutungsgehalt des Wortes Zensur fassen, da eine Rechtskontrolle durchaus die Autonomie „beschränkt". Zur klaren Abgrenzung sollte der Begriff der Tarifzensur daher nur für das verbotene Phänomen der Angemessenheitskontrolle verwendet werden.[1001] Denn auch sonstige Anforderungen an die Gestaltung der Tarifverträge bewerten diese und beschränken die Autonomie, ohne als Zensur „deklassiert" zu werden.

Wie schon der Aufbau verdeutlicht, soll vorliegend gerade keine Angemessenheitskontrolle der Forderung erfolgen. Es ist nicht zu fragen, ob die Forderung angemessen ist in Bezug auf die vom einzelnen Arbeitnehmer geleistete Arbeit, selbst wenn gerade die Möglichkeit des Auseinanderdriftens von Leistungs- und Lohnniveau als eine Problematik im Zusammenhang mit Spartengewerkschaften festgestellt wurde.[1002] Vielmehr geht es darum, die Forderung auf ihre Rechtmäßigkeit hin zu überprüfen. Zwar hat diese in Bezug auf Verstöße gegen einfaches Recht keine absolute Aussagekraft im verfassungsrechtlichen Zusammenhang. Dennoch ist die Rechtmäßigkeit durchaus von sogar erheblicher Relevanz für die Angemessenheit des Streiks an sich. Die daraus resultierende Wertung kann nur sehr eingeschränkt im Rahmen der Abwägung übergangen werden. Ansonsten hätte dies zur Folge, dass exakt gleiche Forderungen in unterschiedlichen Arbeitskämpfen zu unterschiedlichen Ergeb-

---

996 Auch: Hanau/ Thüsing, in: Thüsing, Tarifautonomie, S. 68; Löwisch/ Rieble, TVG, Grundl., Rn. 193, 201.

997 Siehe: BAG v. 17.11.2000 - 1 AZR 175/00, AP Nr. 14 zu § 77 BetrVG 1972 Tarifvorbehalt.

998 So: Nicolai, SAE 2004, 240, 245; ähnlich: Wank, RdA 2009, 1, 7; Feudner, RdA 2008 104, 106; Gamillscheg, Grundrechte, S. 103; in diese Richtung auch: Löwisch/ Rieble, TVG, Grundl., Rn. 205.

999 Auch: Nicolai, SAE 2004, 240, 244; Schliemann, in: FS Hanau, 577, 581.

1000 BAG v. 04.09.1985 – 5 AZR 655/84, BAGE 49, 281, 287; BAG v. 06.09.1995 – 5 AZR 174/94, BAGE 81, 5, 13; vgl. auch: BAG v. 04.05.1955 – 1 AZR 493/54, BAGE 2, 75, 77; BAG v. 14.12.1982 – 3 AZR 251/80, BAGE 41, 163, 168; BAG v. 10.12.2002 – 1 AZR 96/02, BAGE 104, 155, 169; BAG v. 28.03.2006 – 1 ABR 58/04, BAGE 117, 308, 320 f.

1001 I.Erg. auch: Schliemann, in: FS Hanau, 577, 581.

1002 Siehe oben: § 4 D. VI.

nissen führen würden.[1003] Der Tarifvertrag ist an höherrangigeres Recht, also insb. an die Grundrechte, aber auch an zwingendes einfaches Gesetzesrecht gebunden.[1004] Er steht in der Normenhierarchie unterhalb des einfachen Gesetzesrechts.[1005] Und, um es mit den Worten des BAG's zu sagen: „Ein auf eine gesetzwidrige tarifliche Regelung gerichteter Arbeitskampf ist nicht erlaubt".[1006] Beispielsweise wurden die Verkürzung eines Urlaubsanspruches entgegen der zwingenden Regelung des § 13 BurlG[1007] sowie die Versagung der Erbringung einer vermögenswirksamen Leistung während der Mutterschutzfrist entgegen § 14 MuSchG für unzulässig gehalten.[1008] Ein anderes Ergebnis als die Bejahung einer Rechtmäßigkeitskontrolle erscheint abwegig, würde doch sonst der Kampf um eine rechtswidrige Forderung zunächst unter dem Schutz der Rechtsordnung stehen. [1009] Der Arbeitgeber müsste sich zunächst dem Streik und seinen Auswirkungen stellen und könnte erst nach Abschluss des Tarifvertrages die Erbringung der darin enthaltenen Leistungen verweigern.[1010] Der Arbeitskampf wäre also nur um seiner selbst willen geführt worden.

Für die Forderungshöhe im Speziellen darf nichts anderes gelten als für die Forderung an sich.

Insb. eine Überprüfung der Forderung im Hinblick auf einen Verstoß gegen die Unternehmerfreiheit stellt eine reine Rechtskontrolle dar.[1011] Daher bestehen bei einer Forderungskontrolle nicht die behaupteten überragenden praktischen Probleme wie im Falle einer, wohl vielfach von den ablehnenden Stimmen im Hinterkopf behaltenen, Angemessenheitsprüfung; es geht nicht darum, den sachlich im Einzelfall richtigen Lohn herauszufinden. Zugestanden werden muss zwar, dass bei normativen Begriffen wie dem der guten Sitten (§ 138 BGB) ebenfalls Schwierigkeiten entstehen können; eine Grenzziehung ist hier immer eine Gradwanderung. Dies ist jedoch keine Besonderheit des Arbeitskampf- oder Tarifrechts. Außerdem muss sich die gegenteilige Meinung und mit ihr das BAG von seiner Sichtweise lösen, dass die bloße Forderung an sich noch nicht aussagekräftig sei. Sie bietet vielmehr den einzigen kontrollierbaren Anhaltspunkt. Selbst wenn damit quasi ein „Systemwechsel" in dem Sinn verbunden ist, dass die Gewerkschaften bisher gezielt mit höheren Forderungen in die Verhandlungen starteten als sie letztendlich erreichen wollten: Es wird ihnen nichts anderes übrig bleiben, als sich in Zukunft zweimal zu überlegen, wie hoch ihre Forderungen ausfallen sollen, und dafür dann stärker auf diesen zu beharren. Denn anders herum müssen sie sich an

---

1003 Auch: Nicolai, SAE 2004, 240, 244.

1004 Gamillscheg, KollArbR I, S. 695, 1067; Nicolai, SAE 2004, 240, 244 f.; Kissel, AK, § 10, Rn. 14 f., 51 f.; Otto, in: FS Konzen, 663, 672; Reim/ Nebe, in: Däubler, TVG, § 1, Rn. 151; Wiedemann/ Wiedemann, Einl., Rn. 350; Löwisch/ Rieble, TVG, § 1, Rn. 509; Cherdron, Sozialplanvereinbarungen, S. 115, 438; grundsätzlich auch: Wank/ Schmidt, RdA 2008, 257, 264; Gamillscheg, KollArbR I, S. 1066; v. Hoyningen-Huene, JuS 1987, 505, 508; Schliemann, in: FS Hanau, 577, 579 f.

1005 So: Krause, in: Jacobs/ Krause/ Oetker, TVG, § 1, Rn. 96.

1006 BAG v. 10.12.2002 – 1 AZR 96/02, BAGE 104, 155, 169; auch: BAG v. 21.03.1978 – 1 AZR 11/76, BAGE 30, 189, 199; Bauer/ Krieger, NZA 2004, 1019, 1022.

1007 BAG v. 10.02.1987 – 8 AZR 529/84, BAGE 54, 184, 189.

1008 BAG v. 15.08.1984 – 5 AZR 47/83, BAGE 46, 174, 177.

1009 Auch: Ruch, Dreiseitige Vereinbarungen, S. 83.

1010 So: Nicolai, SAE 2004, 240, 245.

1011 Ruch, Dreiseitige Vereinbarungen, S. 83.

diesen auch festhalten lassen. Es gibt keinen Grundsatz, der das „alte“ Vorgehen, also die „Bazar-Methode“ festschreibt. An der Forderung ist die Rechtmäßigkeitsprüfung vorzunehmen. An ihr und nicht erst an dem fertigen Tarifvertrag wird z.B. auch bisher schon überprüft, ob gegen die Friedenspflicht verstoßen wird.[1012] Darüber hinaus sollte dieses „neue“ Vorgehen zugleich den Gewerkschaften in Bezug auf die Vermittelbarkeit des Streikergebnisses hinsichtlich ihrer Mitglieder in die Karten spielen: Wenn die Gewerkschaft öfter Errungenschaften verkünden kann, die näher am ursprünglich geforderten Ziel liegen, werden sich die Mitglieder bzgl. ihrer Rolle als Streikende und die Gewerkschaft als Verhandlungsführerin eher bestätigt sehen. In der Vergangenheit war es hingegen des Öfteren vorgekommen, dass die Mitglieder anhand von horrenden Forderungen zur Arbeitsniederlegung motiviert wurden,[1013] anschließend aber ein Tarifabschluss nur zu einem Bruchteil realisiert werden konnte.

Eine Kontrolle des Forderungsumfanges ist zudem geboten. Richtigerweise kann nicht davon ausgegangen werden, dass die Arbeitnehmer wirklich vor erheblichen Forderungen zurückschrecken, nur um ihre Arbeitsplätze nicht zu gefährden.[1014] Das mag zwar bei großen, die Belegschaft insgesamt repräsentierenden Gewerkschaften noch halbwegs realistisch erscheinen. Gerade bei Funktionselitegewerkschaften hat sich eine solche Zurückhaltung in der Vergangenheit jedoch nicht gezeigt.[1015] Diese müssen auch nur bedingt um ihren Arbeitsplatz fürchten: Zum einen stellen sie meist nur eine kleine Gruppe von Arbeitnehmern dar, sodass die vom Unternehmen absolut zu tragenden Mehraufwendungen oft noch einigermaßen verkraftet werden können. Zum anderen hat der Unternehmer die Möglichkeit, die steigenden Personalkosten durch Kürzungen in anderen Betriebsbereichen wieder auszugleichen.[1016] Und in der Regel handelt es sich bei den Mitgliedern um Leistungsträger, auf welche das Unternehmen nicht verzichten kann. Bei Ablehnung jeder Kontrolle der Höhe einer Forderung eröffnet man den Gewerkschaften ansonsten eine Möglichkeit, auf jede unternehmerische Entscheidung Einfluss zu nehmen. Der Fall der Tarifsozialpläne stellt hier vielleicht nur den Anfang dar. Die Gewerkschaften müssten nur an sich tarifierbare Forderungen, diese aber in exorbitanter Höhe stellen, und sie insgeheim solange aufrechterhalten, bis der Arbeitgeber zwar nicht auf diese eingeht, aber eine entsprechende Änderung hinsichtlich seiner unternehmerischen Auffassung vornimmt.[1017] Dies widerspricht jedoch der unter anderem vom BVerfG proklamierten Annahme, wonach dem Unternehmer jedenfalls ein Kernbereich an Autonomie verbleiben muss.[1018]

Schließlich stellt eine Forderungskontrolle keinen zu großen Eingriff in Koalitionsfreiheit dar. Die Gerichte sind an die Grenzen des kollidierenden Rechts gebunden und nicht frei in ihrer Entscheidung. Es ist darüber hinaus grundsätzlich „nur“ maximal mit einem Unterlas-

1012 Vgl.: BAG v. 19.06.2007 – 1 AZR 396/06, BAGE 123, 134, 139 f.

1013 Vgl. zur Mobilisierungsfunktion: Krause, Standortsicherung, S. 113.

1014 Auch: Fischinger, Standortverlagerung, S. 165; Ruch, Dreiseitige Vereinbarungen, S. 78 f.

1015 Siehe zu den letzten Fällen exorbitanter Forderungen oben: § 1 A.

1016 Siehe oben: § 4, D. I., II.

1017 Vgl.: Mehrens, Sozialtarifverträge, S. 181; Krist, Tarifsozialplan, S. 158.

1018 Vgl.: BVerfG v. 16.05.1961 – 2 BvF 1/60, BVerfGE 12, 341, 347 f.; BVerfG v. 14.10.1970 – 1 BvR 306/68, BVerfGE 29, 260, 266 f.; Wank, RdA 2009, 1, 7; in diese Richtung auch: Ruch, Dreiseitige Vereinbarungen, S. 80.

sungsanspruch zu rechnen. Der Arbeitgeber wird nämlich meist keinen Schadenersatzanspruch geltend machen können: Zum einen wird es an dem erforderlichen Verschulden fehlen, sofern der Forderung nicht die Rechtswidrigkeit „auf die Stirn geschrieben“[1019] steht. Und zum anderen stellt sich ein Nachweis des Schadens in der Praxis eines komplexen Wirtschaftsunternehmens meist als überaus schwierig dar.[1020] Demgegenüber ist die Zulassung der Überprüfung der Rechtmäßigkeit der Forderung das einzig effektive Verteidigungsmittel des Arbeitgebers: Mangels Schadenersatzanspruchs hat er regelmäßig nicht die Möglichkeit, sich im Nachhinein zu wehren. Ihm würde ansonsten nichts anderes übrigbleiben, als zunächst den rechtswidrigen Streik zu akzeptieren und erst anschließend die Erfüllung des Tarifvertrages wegen dessen Rechtswidrigkeit zu verweigern. Oftmals kann man nämlich an einer wirklichen Parität der Kampfkontrahenten zweifeln. Dies v.a. in Anbetracht der Tatsache, dass dem Arbeitgeber die von der Rechtsprechung entwickelten Instrumente der Aussperrung,[1021] der Betriebsstilllegung[1022] oder der Möglichkeit einer Verlagerung ins Ausland in unserer heutigen Zeit meist nicht weiterhelfen, zumindest nicht auf die Schnelle im konkreten Arbeitskampf. Immerhin müssen die Arbeitgeber den Betrieb um jeden Preis am Laufen halten, um ihren Vertragspflichten nachzukommen.[1023] Damit würden sie jedenfalls auf dem streikbedingten Schaden sitzen bleiben.[1024] Gerade diese Parität ist es jedoch, die von der Richtigkeitsgewähr vorausgesetzt wird. Nur wenn sich die Kontrahenten auf gleicher Höhe in die Augen sehen können, ist von ausgeglichenen Abschlüssen auszugehen, die nicht einen der beiden einseitig benachteiligen. Zu fordern, dass im Falle von Paritätsstörungen zunächst unmittelbar an diesem Problem selbst anzusetzen und nach Lösungen hierfür zu suchen ist, bevor andere Bereiche in den Dienst der Problemlösung gestellt würden, klingt zwar vernünftig, da es bei vorhandener Parität und daraus folgend einer Richtigkeitsgewähr keiner Überprüfung der Forderung bedürfte.[1025] Dieser Ansatz erscheint in der Praxis jedoch nicht durchgängig machbar. Die absolute Parität und die absolute Richtigkeitsgewähr stellen vielmehr ein grundsätzlich nicht erreichbares Idealbild dar. Wie gezeigt, haben die in ihren Lieferverträgen gebundenen Arbeitgeber in der aktuellen Situation von großflächiger Just-In-Time-Produktion nicht wirklich eine Möglichkeit ihre Kampfmacht auszuspielen, v.a. nicht was ihre Position gegenüber Funktionseliten betrifft. Daher erscheint es angezeigt, quasi als Korrektiv für den Fall einer nicht vorliegenden Parität eine Kontrolle der Forderungshöhe zuzulassen. Auch eine Richtigkeitsvermutung stellt immerhin nur eine Vermutung da;[1026] vermuten ist gut, Kontrolle ist besser! Letztlich geht auch die Befürchtung des „Schreckensszenarios“ Planwirtschaft fehl: Nach dem hier vertretenen Konzept soll gerade nicht der „gerechte“ vom Staat

1019 LAG Schleswig-Holstein v. 27. 3. 2003 - 5 Sa 137/03, NZA-RR 2003, 592, 595.

1020 Ähnlich: Nicolai, SAE 2004, 240, 245.

1021 Vgl. hierzu: BAG v. 28.01.1955 – GS 1/54, BAGE 1, 291, 309; ErfK/Dieterich, Art. 9, 10 GG, Rn. 236 ff.

1022 Vgl. hierzu: BAG v. 22.03.1994 – 1 AZR 622/93, BAGE 76, 196 ff.; Kissel, AK, § 14, Rn. 27.

1023 Auch: Jacobs, NZA 2008, 325, 331; ähnlich: Buchner, BB 2007, 2520, 2521 (bzgl. Aussperrung); Kamanabrou, ZfA 2008, 241, 264; Lehmann, in: FS Buchner, 529, 540; Rüthers, ZfA 1987, 1, 46 f.

1024 Ähnlich: Nicolai, SAE 2004, 240, 246.

1025 Hierauf bezogene Lösungsansätze werden noch dargestellt, vgl.: § 11 C.

1026 Ähnlich: Cherdron, Sozialplanvereinbarungen, S. 114.

vorgegebene Lohn, sondern nur dessen äußere durch die Rechtsordnung vorgegebene Grenzen abgesteckt werden. Dies hat nichts mit Planwirtschaft, sondern vielmehr mit Rechtstaatlichkeit zu tun.

Zurückkommend auf die hierzu (scheinbar) konträren Aussagen des BVerfG[1027] und des BAG[1028] ist wohl davon auszugehen, dass jedenfalls das höchste deutsche Gericht eine zu Recht abzulehnende, inhaltliche Kontrolle im Sinne einer Zweckmäßigkeits- und Billigkeitskontrolle vor Augen hatte.[1029] Genauso wenig differenzierend wird nämlich oft in der Literatur argumentiert. Die pauschale Verweigerung jeglicher Kontrolle von Streikforderungen des BAG geht indes, wie gezeigt, zu weit. Es sollte von solch pauschalen Verneinungen einer Kontrollmöglichkeit Abstand nehmen[1030] und sich wieder vermehrt auf eine sachlich nachvollziehbare Rechtmäßigkeitskontrolle konzentrieren.

II. Konkretisierung des Bezugspunktes: Prüfungsrelevanter Forderungsinhalt

Die Tarifvertragsparteien stellen in der Regel bei Beginn der Auseinandersetzungen um einen Tarifvertrag wesentlich höhere Forderungen, als sie dann letztendlich durchsetzen können. Dies hat (bisher), wie gesehen, v.a. taktische Gründe, ist doch altbekannt, dass man auf einem Bazar nicht gleich mit dem Limit in die Verhandlungen startet, sondern sich einen Spielraum behält, um noch nachgeben zu können.[1031] Will man jedoch ein Kriterium der Angemessenheit darin sehen, ob z.B. die anvisierte Lohnerhöhung nicht unangemessen ist, muss man sich zunächst überlegen, an welcher Forderung bzw. Vorstellung eine solche Kontrolle anzusetzen hat, d.h. ob grundsätzlich auf die offiziell gestellte Forderung oder auf den eigentlichen Willen des Fordernden, also mit (wie auch immer zu bestimmendem) bereits einkalkuliertem Abschlag, abzustellen ist.

1. Abstellen auf das tatsächlich angestrebte Ziel

Nachdem zunächst überwiegend auf den bekanntgegebenen Streikbeschluss der Gewerkschaft abgestellt worden war, ist v.a. im Zuge der Auseinandersetzungen um Tarifsozialpläne wieder Leben in diese Diskussion gekommen.[1032] Allerdings ist das Thema durchaus auch von allgemeiner Bedeutung – hier quasi zum Schutz insb. von Funktionselitegewerkschaften bei der Stellung von hohen Forderungen. Angesichts der Tatsache, dass bei den sog. Tarifsozialplänen häufig die Verhinderung der Standortverlagerung beabsichtigt und nur vordergründig

1027 BVerfG v. 26.06.1991 – 1 BvR 779/85, BVerfGE 84, 212, 231.

1028 BAG v. 24.04.2007 – 1 AZR 252/06, BAGE 122, 134, 161.

1029 Auch: Sutschet, ZfA 2005, 581, 625.

1030 Zu Recht ebenfalls kritisch: Otto, RdA 2010, 135, 147.

1031 Vgl.: BAG v. 24.04.2007 – 1 AZR 252/06, BAGE 122, 134, 162; ErfK/ Dieterich, 10 GG, Art. 9, Rn. 117; Kock, ZIP 2007, 1775, 1777; Paschke/ Ritschel, AuR 2007, 110, 113.

1032 Vgl. allgemein zur Problematik der Tarifsozialpläne: Treber, in: Schaub, § 193, Rn. 11 ff; BPSU-AKR, Rn. 31 ff.; Krist, Tarifsozialplan, S. 13 ff.; Cherdron, Sozialplanvereinbarungen, S. 31 ff.

offiziell exorbitant hohe Forderungen gestellt wurden, verwundert es daher nicht, dass v.a. in der jüngeren Literatur zunehmend vertreten wird, man müsse auf den wahren Willen abstellen.[1033] Gerade in Bezug auf das Problem der Tarifsozialpläne wird vorgebracht, es komme zu einer unzulässigen Umgehung, wenn vordergründig etwas anderes verlangt werde, als man eigentlich anstrebe.[1034] Insofern wird dem BAG teilweise „Realitätsverweigerung" vorgeworfen.[1035] Zudem sei zu befürchten, dass eine Nichtberücksichtigung des wahren Willens dazu führe, dass die Gewerkschaften unter dem Deckmantel von an sich legitimen Forderungen erheblichen Einfluss auf grundsätzlich alle Bereiche von unternehmerischen Grundsatzentscheidungen nehmen könnten.[1036] Es geht hier also beim Abstellen auf den wahren Willen um einen Schutz des Arbeitgebers.

Aber es bestehen auch grundsätzliche Bedenken: Gem. § 133 BGB seien Willenserklärungen nach dem wirklichen Willen des Erklärenden auszulegen. Dies gelte ebenso für Tarifforderungen.[1037] Zudem handele es sich bei der Beurteilung der Rechtmäßigkeit eines Streiks um eine Einzelfallentscheidung, also um eine Bewertung, welche alle Besonderheiten des Einzelfalles, insb. sonstige Äußerungen der Verhandlungsführer wie Presseerklärungen und Verhandlungsaufrufe gegenüber dem Arbeitgeber,[1038] zu berücksichtigen habe.[1039]

2. Abstellen auf die formal verkündete Forderung

Die Rspr.[1040] und ihr folgend ein Großteil des Schrifttums stellen demgegenüber auf den Forderungsinhalt ab, wie er sich aus dem offiziellen Streikbeschluss ergibt.[1041] Nur aus dieser

1033 U.a.: Grimm/ Pelzer, NZA 2008, 1321, 1325 f.; Nicolai, SAE 2004, 240, 241 f.; Rolfs/ Clemens, DB 2003, 1678, 1680; Wolf R., BB-Beil 4.2008, 16, 17; i.Erg. wohl auch: Cherdron, Sozialplanvereinbarungen, S. 435; Kock, ZIP 2007, 1775, 1777; Gaul, RdA 2008, 13, 19; ErfK/ Franzen, TVG 600, § 1, Rn. 74.

1034 So: Nicolai, SAE 2004, 240, 241 f.; wohl auch: Sutschet, ZfA 2005, 581, 615 f.

1035 Wolf R., BB-Beil 4.2008, 16, 17.

1036 Siehe: Grimm/ Pelzer, NZA 2008, 1321, 1326; ähnlich: Wolf R., BB-Beil 4.2008, 16, 17; Franzen, ZFA 2005, 315, 330, der dahingehend prüft, ob durch die offiziellen Forderungen die unternehmerische Entscheidung „torpediert wird"; in diese Richtung auch: Otto, AK, § 5, Rn. 15; Fischinger, Standortverlagerung, S. 162.

1037 So: Grimm/ Pelzer, NZA 2008, 1321, 1326; ähnlich auch: Nicolai, SAE 2004, 240, 241; Rolfs/ Clemens, DB 2003, 1678, 1680.

1038 Siehe: Gaul, RdA 2008, 13, 19; Rolfs/ Clemens, DB 2003, 1678, 1680; Grimm/ Pelzer, NZA 2008, 1321, 1325.

1039 So: Nicolai, SAE 2004, 240, 241; in diese Richtung auch: Sutschet, ZfA 2005, 581, 615 f.

1040 BAG v. 24.04.2007 – 1 AZR 252/06, BAGE 122, 134, 163; LAG Sachsen-Anhalt v. 12.03.1997 – 3 Sa 285/96, LAGE Nr. 67 zu GG Art. 9 Arbeitskampf; LAG Hessen v. 02.02.2006 – 9 Sa 915/05, LAGE Nr. 75 zu GG Art. 9 Arbeitskampf.

1041 Siehe: Wolter, RdA 2002, 218, 224; Kreft, BB-Beil. 4.2008, 14, 15; Fischinger, Standortverlagerung, S. 106; Otto, AK, § 5, Rn. 2; Ruch, Dreiseitige Vereinbarungen, S. 84; i.Erg. grundsätzlich auch: Gamillscheg, KollArbR I, S. 1065; Kissel, AK, § 42, Rn. 2; Kamanabrou, ZFA 2008, 241, 256; Hensche, AuR 2004, 243, 244; Däubler, in: Däubler, AK, § 13, Rn. 38; Buchner, AP Nr. 1 zu § 2 TVG Tariffähigkeit; Krause, Standortsicherung, S. 114; Schoof, AiB 2004, 571, 573. So zunächst auch: Ricken, in MüArbR, § 194, Rn. 6; ders., ZFA 2008, 283, 288; Krause, Standortsicherung, S. 110 f.; Krist, Tarifsozialplan, S. 147; Mehrens, Sozialtarifverträge, S. 175 ff.

Äußerung der dafür satzungsgemäß zuständigen Gremien könne mit einem gewissen Grad an Sicherheit darauf geschlossen werden, welches Ziel die Gewerkschaft verfolge.[1042] Und nur das unmittelbare Ziel sei rechtlich zu bewerten, nicht was die Gewerkschaft nebenher noch an politischen Zielen verfolge.[1043] Zudem müsse der Gewerkschaft zugestanden werden, sich in einer offenen Diskussion ihre Meinung bilden zu können, und dies nicht nur vor der Fassung eines Streikbeschlusses, sondern auch noch danach; Streikbeschlüsse können nämlich angepasst werden. Insofern könne nicht jede Äußerung berücksichtigt werden.[1044] Ferner sei die verkündete Streikforderung das einzig feststellbare Ziel überhaupt; dem Gericht stehe es nicht zu darüber zu entscheiden, ob die beschlossene Streikforderung tatsächlich die richtige Streikforderung sei.[1045] Schließlich sei es dem Arbeitgeber nicht zumutbar, alle Äußerungen von Gewerkschaftsfunktionären zu berücksichtigen und bei wechselnden oder differierenden Ansichten seine Reaktionen immer wieder anzupassen.[1046]

3. Stellungnahme

Den „Vertretern des wahren Willens" ist zunächst zuzugeben, dass der EuGH im Fall Viking ebenfalls auf das tatsächlich gewollte Ziel abstellte.[1047] Allerdings war es dort so, dass die Gewerkschaft in der Tat zunächst ausdrücklich die Unterlassung einer Standortverlagerung und erst später „lediglich" eine Beibehaltung der Beschäftigungsbedingungen wie im ursprünglich anwendbar gewesenen nationalen Recht verlangte. Insofern war die Umgehung dann doch offensichtlicher als in denjenigen Fällen, welche das BAG zu beurteilen hatte.[1048] Aber auch dieses hat in früheren Entscheidungen in Bezug auf die Auslegung von Tarifverträgen umfassend dargelegt, dass es zwar zunächst auf den Wortlaut ankomme, jedoch über diesen „hinaus der wirkliche Wille der Tarifvertragsparteien und der damit von ihnen beabsichtigte Sinn und Zweck der Tarifnormen mitzuberücksichtigen" seien. Insb. könne nur aus dem tariflichen Gesamtzusammenhang und der Entstehungsgeschichte auf den „wirklichen Willen der Tarifvertragsparteien geschlossen" werden.[1049] In der Tat sind Tarifnormen wie Gesetze auszulegen.[1050] Und an sich muss die Forderung der Gewerkschaft daher genauso ausgelegt werden, wie die späteren Inhalte des Tarifvertrages.[1051] Die Grenze bildet jedoch grundsätzlich der Wortlaut. Ist dieser eindeutig, bleibt in der Regel kein Raum für eine entge-

1042 So: BAG v. 24. 4. 2007 – 1 AZR 252/06, NZA 2007, 987, 997.

1043 Siehe: Ricken, in: MüArbR, § 194, Rn. 6; zunächst auch: Krause, Standortsicherung, S. 111.

1044 So: BAG v. 24. 4. 2007 – 1 AZR 252/06, NZA 2007, 987, 997; ähnlich: Wohlgemut, AuR 1980, 33, 39; Krist, Tarifsozialplan, S. 147; Wolter, RdA 2002, 218, 224; a.A. wohl: Mehrens, Sozialtarifverträge, S. 176.

1045 So: Kreft, BB-Beil 4.2008, 14, 15.

1046 Vgl.: Mehrens, Sozialtarifverträge, S. 176.

1047 EuGH v. 11.12.2007 – C-438/05, NZA 2008, 124, 126 ff.

1048 Siehe: Maeßen, Arbeitskampfrecht, S. 95.

1049 BAG v. 12.09.1984 – 4 AZR 336/82, NZA 1985, 160, 161.

1050 Vgl.: BAG v. 12.09.1984 – 4 AZR 336/82, AP Nr. 135 zu § 1 TVG Auslegung; Wiedemann/ Wank, § 1, Rn. 985 f.; Däubler, in: Däubler, TVG, Einl., Rn. 490.

1051 Ähnlich: Buchner, AP Nr. 1 zu § 2 TVG Tariffähigkeit.

genstehende Auslegung.[1052] Des Weiteren überzeugt das Argument des § 133 BGB nicht: Geht es um die Auslegung der Tarifnormen, und nur darauf hat sich das BAG bezogen, ist § 133 BGB nicht anwendbar, da es sich eben um die Auslegung von Normen und nicht um eine solche von Willenserklärungen handelt.[1053] Soll hingegen lediglich die Forderung beurteilt werden, handelt es sich zwar grundsätzlich zunächst um eine Willenserklärung; selbst eine solche ist jedoch nicht einseitig nach dem wirklichen Willen, sondern vielmehr nach dem objektiven Empfängerhorizont gem. §§ 133, 157 BGB auszulegen.[1054] Zudem ist auch hier, wie bereits angedeutet, eine Auslegung gleich der von Normen zu bevorzugen, da nicht ersichtlich ist, weshalb die zunächst im Raum stehende Forderung anders beurteilt werden soll als der anschließend daraus folgende Tarifvertrag. Dies stellt gerade die Besonderheit einer Normsetzung durch zwei private Kontrahenten dar.

Eine Berücksichtigung aller denkbaren begleitenden Umstände erscheint außerdem weder machbar noch zumutbar: Sowohl die Gewerkschaften als auch der Arbeitgeber sind schutzwürdig, was eine klare Feststellung des Streikzieles anbelangt. Der Gewerkschaft muss zugebilligt werden, dass sie sich eine Meinung bilden darf; dieser Prozess kann ebenso in öffentlicher Diskussion erfolgen. Nicht jede Äußerung führt hierbei zu einer Änderung der Meinung der Gewerkschaft an sich. Zudem muss beachtet werden, dass sie ihre Mitglieder u.U. nur durch zunächst leicht übertriebene Forderungen zur Arbeitsniederlegung bewegen kann. Gerade im Falle von exorbitant hohen Forderungen, wie sie von Funktionselitegewerkschaften oft gestellt werden, zeigt sich jedoch zunehmend die Schutzwürdigkeit der Arbeitgeber: Nach der hier vertretenen Ansicht der Kontrollierbarkeit des Forderungsvolumens[1055] kann sich die Gewerkschaft dann nicht darauf berufen, sie habe nur aus taktischen Gründen mit einer solch hohen Forderung den Kampf beginnen wollen, in Wahrheit aber immer ein geringeres Ergebnis vor Augen gehabt. Vielmehr muss sie sich an den Forderungen, die sie zunächst gestellt hat, festhalten lassen. Hierin liegt kein unüberbrückbares Hindernis; ein Nachgeben während der Verhandlungen ist keine in Stein gemeißelte Gesetzmäßigkeit. Vielmehr muss die Gewerkschaft in Zukunft auf ihren (angemessenen) Forderungen bestehen. Des Weiteren ist dem Arbeitgeber nicht zuzumuten, alle Äußerungen und Verlautbarungen ernst zu nehmen und zu berücksichtigen. Nicht nur, dass sich diese schnell ändern können, es ist vielmehr schon schwierig festzustellen, welche Äußerungen überhaupt für ihn relevant sind: Wer hat auf Gewerkschaftsseite eine Stellung inne, die ihm eine der Gewerkschaft zurechenbare Äußerung ermöglicht,[1056] ist es eine subjektive Äußerung oder repräsentiert sie den Willen der Gewerkschaft, soll lediglich rhetorisch die Streikbereitschaft gesteigert werden,[1057] gibt es in der Zwischenzeit schon wieder neue „Tendenzen“? Schließlich würde dies nicht

1052 Vgl.: Wiedemann/ Wank, § 1, Rn. 1015; Däubler, in: Däubler, TVG, Einl., Rn. 491; ähnlich: Fischinger (Standortverlagerung, S. 106 f.), der, wie das BAG (v. 12.09.1984 – 4 AZR 336/82, AP Nr. 135 zu § 1 TVG Auslegung), darauf abstellt, dass das Ergebnis der Auslegung seinen Niederschlag im Wortlaut finden muss.

1053 Für einen gleichen Beurteilungsmaßstab hingegen: Rolfs/ Clemens, DB 2003, 1678, 1680.

1054 Siehe: Roth, in: Staudinger, AT 4 b, § 157, Rn. 1 f.

1055 Vgl. oben: § 10 A. I. 3.

1056 Auch: Krause, Standortsicherung, S. 110.

1057 Auch: Mehrens, Sozialtarifverträge, S. 177.

gerade der Voraussehbarkeit möglicher Gerichtsentscheidungen dienlich sein, da nie ganz klar wäre, ob alles berücksichtigt wurde, was zu berücksichtigen war. Beispielsweise muss bezüglich der Feststellung, ob bzgl. einzelner Inhalte noch eine Friedenspflicht besteht klar und ersichtlich sein, was überhaupt gefordert wird. Dies ist jedoch nur anhand der im Streikbeschluss zum Ausdruck kommenden Forderung eindeutig feststellbar.[1058] Den „wirklich wahren Willen" herauszufinden, stellt eine wohl unlösbare Aufgabe dar.[1059]

Andererseits kann der Gedanke der Umgehung nicht ganz von der Hand gewiesen werden. Eine solche liegt vor, wenn ein vom Gesetz verbotener Erfolg durch Verwendung rechtlicher Gestaltungsmöglichkeiten, die für sich betrachtet nicht verboten sind, erreicht werden soll.[1060] Allerdings folgt aus der Qualifizierung eines Rechtsgeschäfts als Umgehungsgeschäft noch nicht pauschal dessen Unzulässigkeit. Es gibt keinen dahingehenden Rechtssatz. Vielmehr muss sich die Unzulässigkeit erst aus hinzutretenden besonderen Umständen ergeben.[1061]

Allerdings kann nicht völlig außer Acht gelassen werden, wenn die für Streikbeschlüsse zuständigen Organe ausdrücklich erklären, sie würden in Wahrheit ein eigentlich nicht tariflich regelbares Ziel verfolgen. Um die oben angesprochenen Probleme eines Abstellens auf den „wahren Willen" zu umgehen kann eine solche Divergenz jedoch nur berücksichtigt werden, wenn das Vorgehen rechtsmissbräuchlich i.S.v. § 242 BGB erscheint,[1062] d.h. wenn der eigentliche Wille offenkundig, er also allgemein- oder gerichtskundig ist.[1063] Was für jeden ersichtlich ist, muss genauso von einem Gericht berücksichtigt werden. Allerdings sind, wie gezeigt, im Interesse beider Kampfparteien strenge Maßstäbe anzulegen.

Damit ist grundsätzlich auf das Forderungsvolumen, wie es sich aus dem offiziellen Streikbeschluss ergibt, abzustellen. Genau so verfährt das BAG nämlich ebenfalls, wenn es um die Feststellung von Verstößen gegen die Friedenspflicht geht.[1064]

III. Zwischenergebnis

Die hiesige Darstellung lässt erkennen bzw. bestätigt, dass die Frage nach der Kontrollfähigkeit der Forderung und insb. des Forderungsvolumens zu einer der umstrittensten Fragen des Arbeitskampfrechts gehört. Festgehalten werden kann: Sowohl die Forderung als auch speziell die Forderungshöhe sind durch die Gerichte für Arbeitssachen in rechtlicher Hinsicht überprüfbar. Das BAG beschränkte ebenfalls stets die Regelungsmacht und damit die Er-

1058 Ähnlich auch: Buchner, AP Nr. 1 zu § 2 TVG Tariffähigkeit.

1059 Ähnlich: Krause, Standortsicherung, S. 110 f.; Krist, Tarifsozialplan, S. 146; Fischinger, Standortverlagerung, S. 107.

1060 Siehe: Sack/ Seibl, in: Staudinger, AT 4a, § 134, Rn. 145.

1061 Vgl.: RG v. 01.06.1937 – VII 15/37, RGZ 155, 138, 146; Sack/ Seibl, in: Staudinger, AT 4a, § 134, Rn. 144 ff.

1062 Auch: Krist, Tarifsozialplan, S. 147; Ähnlich: Ricken, ZfA 2008, 283, 287; ders., in: MüArbR, § 194, Rn. 6; Krause, Standortsicherung, S. 111; wohl auch Mehrens, Sozialtarifverträge, S. 177; die auf den wahren Willen abstellen, sofern er sich durch „greifbare Tatsachen" ergibt.

1063 Vgl. zu § 291 ZPO: Musielak, ZPO, § 291, Rn. 2.

1064 Auch: Ricken, ZfA 2008, 283, 288.

streikbarkeit auf *tariflich regelbare Ziele*. Seine in den letzten Jahren diesbezüglich zunehmend liberale Haltung hin zu einer bloßen Überprüfung, ob in Tarifverträgen *an sich regelbare Materien* Gegenstand der Forderungen sind, ist abzulehnen. Mit der „einstigen“ ständigen Rechtsprechung ist vielmehr daran festzuhalten: „Tarifverträge sind allein daraufhin zu untersuchen, ob sie gegen die Verfassung, anderes höherrangiges zwingendes Recht oder die guten Sitten verstoßen“.[1065]

Es ist nämlich zwischen einer *verbotenen Tarifzensur* und einer *gebotenen Rechtmäßigkeitskontrolle* zu unterscheiden. Trotz verfassungsrechtlichem Schutz der Koalitions- und Tarifautonomie dürfen sich die sozialen Gegenspieler nicht außerhalb der Verfassung bewegen. Daher ist eine allgemeine Zweckmäßigkeits- oder Billigkeitskontrolle, insb. bzgl. der Frage, ob der „richtige“, also der einer Tätigkeit angemessene Lohn der Forderung immanent ist, als Tarifzensur unzulässig. Solange eine Kontrolle jedoch anhand von kollidierendem Verfassungsrecht oder dieses konkretisierender, einfachgesetzlicher Normen geschieht, stellt sie keinen unverhältnismäßigen Eingriff in die Tarifautonomie dar. Hierdurch wird nicht grundsätzlich in das freie Spiel der Kräfte eingegriffen, es werden nur dessen *äußerste Grenzen* abgesteckt. Insb. die einfachgesetzlichen Wertungen haben eine wichtige Bedeutung bei der Abwägung im Rahmen der Angemessenheit. Eine solche Rechtmäßigkeitskontrolle widerspricht ferner nicht der Richtigkeitsvermutung von Tarifverträgen. Vielmehr stellt sie die „letzte Bastion“ dar, falls die die Richtigkeitsgewähr legitimierende Parität gestört ist. Gerade in der heutigen Zeit der Just-In-Time-Produktion und vor dem Hintergrund des Phänomens mächtiger Funktionselitegewerkschaften hat der Arbeitgeber oftmals keine reelle Möglichkeit zu ausgeglichenen Ergebnissen zu kommen. Die Rechtmäßigkeitskontrolle führt zwar ebenfalls nicht zu solchen, sie kann aber jedenfalls exorbitante Auswüchse unterbinden.

Abzustellen ist bei der Bewertung grundsätzlich auf die Forderung, wie sie sich aus dem offiziellen Streikbeschluss der dafür satzungsgemäß zuständigen Gremien ergibt. Es kann, gerade im Fall von hohen „Einstiegsforderungen“ durch Funktionselitegewerkschaften, nicht zu ihren Gunsten auf das von ihnen „wirklich angestrebte“, teilweise geringere Endergebnis abgestellt werden. Die Streikparteien haben sich an dem festhalten zu lassen, was sie offiziell fordern. Nur ein solches Vorgehen ermöglicht eine zuverlässige, voraussehbare Bewertung. Die Suchen nach dem „wirklich wahren Willen“ ist wie die Suche nach der berühmten Nadel im Heuhaufen. Hiervon ist nur eine Ausnahme zu machen, wenn ein entgegengesetzter Wille der zuständigen Gremien offenkundig, also allgemein- oder gerichtskundig ist.

B. Allgemeine Grenzen des Tarifvertragsinhalts

Aus der Verfassung und der Natur des Tarifvertrages ergeben sich erste Grenzen für die Normsetzungskompetenz.

1065 BAG v. 04.09.1985 – 5 AZR 655/84, BAGE 49, 281, 287; BAG v. 06.09.1995 – 5 AZR 174/94, BAGE 81, 5, 13; vgl. auch: BAG v. 14.12.1982 – 3 AZR 251/80, BAGE 41, 163, 168; BAG v. 10.12.2002 – 1 AZR 96/02, BAGE 104, 155, 169; BAG v. 28.03.2006 – 1 ABR 58/04, BAGE 117, 308, 320 f.

I. Tarifzuständigkeit

Tariffähige Koalitionen sind in der Lage, ihre Zuständigkeit und den Geltungsbereich eines Tarifvertrages selbst festzulegen. Diese Autonomie umfasst den geographischen Raum, die Branche und den erfassten Personenkreis. Dadurch legen sie den „maximalen Geltungsbereich" für Tarifverträge fest.[1066] Ein Tarifvertrag ist nach hM nur rechtmäßig, wenn er sich im Zuständigkeitsbereich der beiden Vertragsparteien befindet. Ansonsten tritt Teil- oder Totalnichtigkeit ein.[1067]

II. Tarifierbarer Inhalt, § 1 TVG

Der Arbeitskampf um einen Tarifvertrag muss denknotwendig *auf einen Tarifvertrag gerichtet* sein. Dies setzt jedoch weiter voraus, dass der angestrebte Inhalt überhaupt *tariflich regelbar* ist.[1068] Zu berücksichtigen ist zudem § 1 I TVG: Hiernach können die Tarifvertragsparteien Rechtsnormen vereinbaren, die den Inhalt, den Abschluss und die Beendigung des Arbeitsverhältnisses betreffen.[1069]

III. Kollusives Handeln

Wie bereits im Rahmen der Ausführungen zum Schutzbereich angesprochen, kann im Bereich der Angemessenheit kollusives Handeln ausgeschlossen werden.[1070] Unter dem aus dem Stellvertretungsrecht bekannten Begriff der Kollusion versteht man grundsätzlich das Phänomen, dass der Vertreter und der Geschäftspartner hinter dem Rücken und zum Nachteil des Vertretenen zusammenarbeiten.[1071] Umstritten ist, ob dieses Zusammenwirken zur Unwirk-

1066 Siehe: Löwisch/ Rieble, TVG, § 2, Rn. 176 f.

1067 Siehe u.a.: BAG v. 27.11.1964 – 1 ABR 13/63, BAGE 16, 329, 333; ErfK/ Franzen, 600 TVG, § 2, Rn. 38; Hueck/ Nipperdey, II/1, S. 445; Kissel, AK, § 7, Rn. 32; Löwisch/ Rieble, TVG, § 2, Rn. 271; Peter, in: Däubler, TVG, § 2, Rn. 172; Wiedemann/ Oetker, § 2, Rn. 52, 54 m.w.N.; kritisch: Däubler, Tarifvertragsrecht, Rn. 89 ff.; Gamillscheg, KollArbR I, S. 536 f.

1068 Siehe: Rüthers, in: Brox/Rüthers, Rn. 239; Nicolai, SAE 2004, 240, 246; Ricken, in: MüArbR, § 200, Rn. 29; Otto, AK, § 5, Rn. 2; Gaul, RdA 2008, 13, 18.

1069 Vgl.: BAG v. 24.04.2007 – 1 AZR 252/06, BAGE 122, 134, 156 f.; Rüthers, in: Brox/Rüthers, Rn. 240; Otto, AK, § 5, Rn. 6; Gaul, RdA 2008, 13, 18; Fischinger, Standortverlagerung, S. 163.

1070 Siehe oben: § 7 A.

1071 MüKoBGB/ Schramm, § 164, Rn. 107; MüKoBGB/ Armbruster, § 138, Rn. 96; Sack/ Fischinger, in: Staudinger, AT 4a, § 138, Rn. 444 f.; Schilken, in: Staudinger, AT 5, § 167, Rn. 93; Soergel/ Leptien, § 177, Rn. 21.

samkeit des Rechtsgeschäfts gem. § 138 BGB[1072] oder zur Anwendung der §§ 177 ff. BGB führt.[1073]

Der Gedanke, dass ein solches Verhalten nicht toleriert werden kann, ist im Falle des Tarifvertrages ebenfalls handhabbar zu machen. Zwar handelt es sich bei dem Abschluss von Tarifverträgen nicht um Stellvertretung, sondern vordergründig um Normsetzung. Auch hier sind aber die Mitglieder vor einem Missbrauch der faktischen Möglichkeiten ihrer Koalition zu schützen. Die Folge eines kollusiven Zusammenwirkens der Gewerkschaft mit der Arbeitgeberseite kann in diesem Fall nur die Unwirksamkeit des Tarifvertrages sein. Dies gebietet zum einen seine Eigenschaft als Normenvertrag: Als gesetzesgleiches Werk muss eindeutig feststehen, ob er anwendbar und wirksam ist oder nicht. Die Rechtssicherheit und die praktischen Notwendigkeiten gebieten, dass es nicht auf den Willen der „Vertretenen" ankommt. Außerdem muss man zu diesem Ergebnis unter Berücksichtigung einer koalitionsspezifischen Argumentation gelangen: Art. 9 III S. 1 GG gewährleistet die Betätigung nur, um die Arbeits- und Wirtschaftsbedingungen zu fördern und zu wahren. Handeln die Tarifvertragsparteien jedoch zum Nachteil ihrer Mitglieder, wird dieser Verfassungsauftrag nicht mehr ausgeführt. Sie handeln also außerhalb ihrer Kompetenz.[1074] Um jedoch keine umfassende Bewertung des Tarifvertrages und damit eine verbotene Tarifzensur zuzulassen, muss die Kontrolle auf evidente Fälle beschränkt werden.[1075]

IV. Grundrechtsbindung

Zwar wurde bereits ausgeführt, dass die Forderungskontrolle insb. anhand von kollidierenden Grundrechten im Rahmen einer Rechtmäßigkeitsprüfung erfolgt.[1076] Nichtsdestotrotz gehört die Frage, welcher *Art von Grundrechtsbindung* die Tarifparteien unterliegen, gleichfalls zu den „umstrittensten Fragen des kollektiven Arbeitsrechts".[1077] Relevanz hat das Problem in zweierlei Hinsicht: Zum einen ergeben sich daraus u.U. unterschiedlich starke Grenzen im Rahmen der Verhältnismäßigkeitsprüfung. Zum anderen könnte durch ein positives Ergebnis die Anwendbarkeit des Verhältnismäßigkeitsgrundsatzes an sich[1078] untermauert werden, denn bei einer unmittelbaren Bindung der Tarifvertragsparteien an die Grundrechte, also

1072 So u.a.: BGH v. 14. 6. 2000 – VIII ZR 218/99, NJW 2000, 2896, 2897; BGH v. 30. 1. 2002 – IV ZR 23/01, NJW 2002, 1497, 1498; BGH v. 5. 11. 2003 – VIII ZR 218/01, NJW-RR 2004, 247, 248; Soergel/ Leptien, § 177, Rn. 21; MüKoBGB/ Schramm, § 164, Rn. 107; MüKoBGB/ Armbruster, § 138, Rn. 96; Schilken, in: Staudinger, AT 5, § 167, Rn. 93.

1073 So u.a.: Sack/ Fischinger, in: Staudinger, AT 4a, § 138, Rn. 446; Bork, AT BGB, Rn. 1575; Mock, JuS 2008, 486 f.

1074 Ähnlich grundsätzlich auch: Greiner, Arbeitskampfpluralität, S. 241 f.; allerdings mit dem Ergebnis der Versagung der Tariffähigkeit, vgl. auch S. 84.

1075 Auch: Greiner, Arbeitskampfpluralität, S. 242.

1076 Siehe oben: § 10 A. I. 3.

1077 Däubler, in: Däubler, TVG, Einl., Rn. 124 a; ähnlich: Schwarze, ZTR 1996, 1; Höfling, in: Sachs, Art. 1, Rn. 95.

1078 Siehe oben: § 9 A. I. 3.

gleich oder jedenfalls vergleichbar der des Gesetzgebers, müssten diese auch durch dieselben Mechanismen zu einem Ausgleich gebracht werden.[1079]

1. Art der Grundrechtsbindung der Tarifvertragsparteien

Nachdem die Frage bzgl. der Art der Grundrechtsbindung zwischenzeitlich schon nahezu gewohnheitsrechtlich anerkannt und mit einer unmittelbaren Bindung bejaht wurde,[1080] mehren sich seit dem Aufkommen der Schutzpflichten-Dimension der Grundrechte[1081] die kritischen Stimmen. Hierbei wird einerseits eine dem Gesetzgeber gleiche, also unmittelbare, andererseits eine (im Rahmen der Schutzpflichtlehre) nur mittelbare Grundrechtsgebundenheit vertreten.[1082]

a. Relevanz des Streits

Die Frage, ob sich die Prüfungsmaßstäbe nach beiden Ansichten denn nicht entsprächen, haben der 3. und 6. Senat des BAG in jüngerer Zeit bejaht.[1083] In der Folge wird der Streit im Schrifttum ebenfalls teilweise als solcher von „lediglich akademischer Natur“ behandelt und seine Entscheidung offengelassen.[1084] Dem kann jedoch im Ergebnis nicht gefolgt werden, da die Schutzintensität differiert:[1085] Bei der unmittelbaren Grundrechtsgebundenheit liegt ein Eingriff vor, der grundsätzlich zu unterlassen ist, aber u. U. gerechtfertigt werden kann.[1086] Bei der Schutzpflichtlehre hingegen können die Gerichte erst dann schützend eingreifen, wenn der Gesetzgeber gegen das weit gefasste Untermaßverbot[1087] verstoßen hat, wobei ihm eine große Einschätzungsprärogative,[1088] auch bzgl. der Frage, ob überhaupt Handlungsbedarf besteht,[1089] zukommt. Damit besteht im Bereich der Schutzpflichtlehre aber ein größerer Frei-

1079 Auch: Waltermann, in: FS 50 Jahre BAG, 913, 924.

1080 Vgl. Gamillscheg, KollArbR I, S. 668; Schiek, in: Däubler, Einl., Rn. 169; Wiedemann, RdA 1997, 297, 301.

1081 Siehe: BVerfG v. 07.02.1990 – 1 BvR 26/84, BVerfGE 81, 242, 254 ff.; BVerfG v. 19.10.1993 – 1 BvR 567/89 u.a., BVerfGE 89, 214, 229 f.

1082 Vgl. insgesamt die Darstellung bei: Wiedemann/ Wiedemann, Einl., Rn. 182 ff.; Singer, ZfA 1995, 611, 616 ff.; Dieterich, in: FS Schaub, 117 ff.; Krist, Tarifsozialplan, S. 67 ff.

1083 Siehe: BAG v. 27.05.2004 – 6 AZR 129/03, BAGE 111, 8, 13 (bezogen auf Art. 3 I GG); BAG v. 12. 10. 2004 – 3 AZR 571/03, NZA 2005, 1127, 1129 (grundsätzlich allgemein, aber bezogen auf BAGE 111, 8).

1084 Boemke, in: FS 50 Jahre BAG, 613; 626; auch: Hanau/ Thüsing, in: Thüsing, Tarifautonomie, S. 12; Waltermann, RdA 1990, 138, 141 (allerdings mit Tendenz hin zur unmittelbaren Bindung); früher auch noch: Löwisch/ Rieble, TVG 1. Aufl., § 1, Rn. 156; kritisch dagegen: Dieterich, in: FS Schaub, 117, 119 f.

1085 Vgl.: Burkiczak, RdA 2007, 17, 18 f.; Hümmerich/ Welslau, NZA 2005, 610, 616.

1086 Vgl.: Schmidt R., Grundrechte, Rn. 154; Dieterich, RdA 2001, 112, 115.

1087 Grundlegend: Canaris, AcP 184, S. 201, 228; Jarass, AÖR 110, 363, 383, 395.

1088 Vgl.: BVerfG v. 29.10.1987 – 2 BvR 624/83, BVerfGE 77, 170, 214 f.; Burkiczak, RdA 2007, 17, 19; Dieterich, RdA 2001, 112, 115.

1089 Vgl.: Classen, AÖR 122, 65, 82 f. allgemein.

raum.[1090] Selbst das BAG hatte zunächst stets festgestellt, dass für die Gerichte somit unterschiedliche Handlungsmöglichkeiten bestehen.[1091] Wie *Boemke* richtig bemerkt, beruht die Annahme, der Streit habe keine große Relevanz, hauptsächlich auf einer bisher mangelnden Unterscheidung der Prüfungsmaßstäbe v.a. durch die Gerichte, für die es (scheinbar jedenfalls) nur darauf ankommt, dass überhaupt irgendeine Art von Grundrechtsbindung besteht.[1092] Die übrigen Senate des BAG haben sich der v.a. auf den Gleichheitsgrundsatz gemünzten Ansicht des 3. und 6. Senats (noch) nicht angeschlossen.[1093]

Nimmt man also den eigentlichen Sinn einer unmittelbaren bzw. einer nur mittelbaren Grundrechtsbindung ernst, bestehen erhebliche Unterschiede.[1094] Daher bedarf es im Folgenden einer Klärung dieser Frage.

b. Die Haltung der Rechtsprechung

Das BAG hat seit seinem Lohngleichheitsurteil aus dem Jahr 1955[1095] stets die unmittelbare Grundrechtsgebundenheit der Tarifvertragsparteien apodiktisch und ohne große Begründung bejaht. Diese Haltung galt als ständige, quasi unumstößliche Rspr.[1096] Durch zwei entgegengesetzte Entscheidungen des 7. Senats wurde jedoch (scheinbar) ein Wechsel eingeläutet bzw. jedenfalls diese einheitliche Sichtweise aufgegeben.[1097] Der 3.[1098] und 5. Senat[1099] hielten zunächst dennoch an der unmittelbaren Bindung fest. Zu einer intensiveren Auseinandersetzung mit der Problematik an sich kam es im Jahr 2000 durch den 4. Senat. Er schloss, bezogen auf Art. 3 GG und eine Festlegung des persönlichen Anwendungsgebietes des Tarifvertrages, eine unmittelbare Bindung aus, stellte jedoch im Übrigen fest, dass die Frage der Grundrechtsgebundenheit „nicht für alle Fallgestaltungen und alle Grundrechte gleichermaßen beantwortet werden“ könne.[1100] Letztlich ließen der 6.,[1101] der 5[1102] und der 3.[1103] Senat eine Entscheidung dahinstehen, weil sie eine solche aufgrund der fehlenden Auswirkung auf das Prüfprogramm

---

1090 Auch: BAG v. 30.08.2000 – 4 AZR 563/99, BAGE 95, 277, 285.

1091 Siehe: BAG v. 30.08.2000 – 4 AZR 563/99, BAGE 95, 277, 285; ErfK/ Dieterich/ Schmidt, 10 GG, Einl., Rn. 50; Burkiczak, RdA 2007, 17, 18 ff.; Krist, Tarifsozialplan, S. 73 ff.

1092 Auch: Boemke, in: FS 50 Jahre BAG, 613, 626; Darstellung an verschiedenen Fällen in den S. 621 ff.; ähnlich: Dieterich, in: FS Wiedemann, 229, 248; Krist, Tarifsozialpläne, S. 73.

1093 Vgl.: BAG v. 30.08.2000 – 4 AZR 563/99, BAGE 95, 277, 285, in dem ein Unterschied bzgl. des Kontrollmaßstabes festgestellt wird.

1094 Auch: Dieterich, RdA 2001, 112, 115.

1095 BAG v. 15.01.1955 – 1 AZR 305/54, BAGE 1, 258, 262.

1096 Siehe u.a.: Schwarze, ZTR 1996, 1; Schliemann, in: FS Hanau, 577, 582; Burkiczak, RdA 2007, 17.

1097 BAG v. 25.02.1998 – 7 AZR 641/96, BAGE 88, 118, 123 f.; BAG v. 11.03.1998 – 7 AZR 700/96, BAGE 88, 162, 168 f.

1098 BAG v. 4. 4. 2000 – 3 AZR 729/98, NZA 2002, 917, 918, jedenfalls was den Gleichheitssatz anbelangt; BAG v. 20.04.2010 – 3 AZR 370/08, BAGE 134, 71, 81.

1099 Vgl.: BAG v. 5. 7. 2000 – 5 AZR 883/98, NZA 2001, 394, 395.

1100 BAG v. 30.08.2000 – 4 AZR 563/99, BAGE 95, 277, 282 ff.

1101 BAG v. 27.05.2004 – 6 AZR 129/03, BAGE 111, 8, 13.

1102 BAG v. 13.10.2010 – 5 AZR 378/09, AP Nr. 18 zu § 1 TVG Tarifverträge Verkehrsgewerbe.

1103 BAG v. 12. 10. 2004 – 3 AZR 571/03, NZA 2005, 1127, 1129.

(jedenfalls was Art. 3 GG betrifft) für nicht erforderlich hielten. In ihren Begründungen ließen sie eine Tendenz weg von der unmittelbaren Grundrechtsbindung erkennen. Eine Tendenz ist jedoch noch keine endgültige Entscheidung, zumal keine definitiven Aussagen der für Tarifsachen zuständigen Senate vorliegen.[1104] Das BVerfG hat eine Entscheidung zur Grundrechtsgebundenheit bislang dahinstehen lassen.[1105]

c. Mittelbare Grundrechtsbindung

Gegen eine unmittelbare Anwendung der Grundrechte und damit für die Anwendung lediglich der Schutzpflichtlehre, also die Berücksichtigung der Grundrechte bei der Ausgestaltung der Privatrechtsordnung insb. im Rahmen der Interpretation unbestimmter Rechtsbegriffe und Generalklauseln,[1106] wird angeführt, dass es eine unmittelbare Grundrechtsbindung zwischen Privaten grundsätzlich nicht gebe.[1107] Eine unmittelbare Bindung komme vielmehr ganz allgemein grundsätzlich nur in Betracht, wenn das GG eine solche selbst anordne[1108], wie dies z. B. in Art. 9 III 2 GG geschieht. Da im GG jedoch nichts über eine Bindung der Tarifvertragsparteien im Speziellen zu finden sei,[1109] müsste deren „Rechtsetzung" unter den Begriff „Gesetzgebung" im Sinne des Art. 1 III GG subsumiert werden können. Hiergegen spreche bereits aus systematischer Sicht die Aufzählung der Grundrechtsgebundenen in Art. 1 III GG, welche sich augenscheinlich auf die drei Staatsgewalten und somit lediglich auf die *staatliche Gesetzgebung* beziehe.[1110] Demgegenüber handele es sich bei Koalitionen um Grundrechtsträger, was ausschließe, dass sie zugleich Grundrechtsadressaten seien.[1111] Doch auch ansonsten unterscheide sich der Tarifvertrag deutlich von Gesetzen: So bedürfe es bei ihm keiner Bekanntmachung,[1112] seiner Wirkung könne unschwer durch den Austritt aus der jeweiligen

---

1104 In diese Richtung auch: Krist, Tarifsozialplan, S. 71 ff.; a.A. wohl: Cherdron, Sozialplanvereinbarungen, S. 185.

1105 Siehe: BVerfG v. 22.02.1994 – 1 BvL 21/85, 4/92, BVerfGE 90, 46, 58.

1106 Vgl.: BVerfG v. 15.01.1958 – 1 BvR 400/51, BVerfGE 7, 198, 206; Stern, Staatsrecht III/1, S. 1543; ErfK/ Dieterich/ Schmidt, 10 GG, Einl., Rn. 80; Cherdron, Sozialplanvereinbarungen, S. 194.

1107 Vgl.: Jarass, in: Jarass/ Pieroth, Art. 1, Rn. 42; Rüfner, in: Bonner Kommentar (1992), Art. 3, Rn. 191; Pieroth/ Schlink, Grundrechte, Rn. 181; Höfling/ Burkiczak, RdA 2004, 263, 264 f.; Cherdron, Sozialplanvereinbarungen, S. 186.

1108 Vgl.: Dieterich, RdA 2001, 112, 114; Herdegen, in: Maunz-Dürig, Art. 1 III, Rn. 99; Pieroth/ Schlink, Grundrechte, Rn. 191; Kempen/Zachert/Kempen, Grundl. Rn. 190.

1109 So: Pieroth/ Schlink, Grundrechte, Rn. 181; Cherdron, Sozialplanvereinbarungen, S. 186.

1110 Vgl. : Höfling, in: Sachs, Art. 1 Rn. 96; ders., JA 1995, 431, 435; ders./ Burkiczak, RdA 2004, 263, 265; Stern, Staatsrecht III/1, S. 1277; Pieroth/ Schlink, Grundrechte, Rn. 181; Schiek, in: Däubler, TVG, Einl., Rn. 175; Schwarze, ZTR 1996, 1; Singer ZfA 1995, 611, 616; Waltermann, RdA 1990, 138, 141; ders., in: FS Söllner, 1251, 1274; Wiedemann/ Wiedemann, Einl., Rn. 184; Krist, Tarifsozialplan, S. 78; wohl auch: Dieterich, RdA 2001, 112, 114; Herdegen, in: Maunz-Dürig, Art. 1 III, Rn. 100; ausdrücklich a.A.: BAG v. 15.01.1955 – 1 AZR 305/54, BAGE 1, 258, 262; Hueck/ Nipperdey, II/1, S. 28, 373.

1111 U.a.: Löwisch/ Rieble, TVG, Grundl., Rn. 22; Dieterich, in: FS Schaub, 117, 120; grundsätzlich auch: Rieble, ZfA 2000, 5, 6 f.

1112 So: Kempen/ Zachert/ Kempen, Grundl., Rn. 194.

Gewerkschaft entgangen werden[1113] und sein Inhalt werde von den Parteien ausgehandelt.[1114] Ferner sei eine Herleitung über den Gedanken einer Delegation staatlicher Rechtsetzungsmacht abzulehnen: In Bereichen, in denen der Gesetzgeber gar keine Rechtsetzungsmacht habe, könne er nichts delegieren; wie Art. 9 III S. 1 GG zeige, sei dies bei der Aufstellung von Tarifvereinbarungen der Fall, da bereits die Verfassung die Normsetzungskompetenz übertrage.[1115]

Betrachte man zudem die Auswirkung einer angenommenen unmittelbaren Grundrechtsbindung, käme es durch eine dann erforderliche vollständige Verhältnismäßigkeitskontrolle zu einer faktischen Tarifzensur. Dies widerspreche aber dem Sinn des Art. 9 III GG, da so das „labile Gleichgewicht des Gebens und Nehmens“[1116] der Tarifvertragsparteien erheblich gestört würde.[1117] Außerdem wird pauschal angeführt, dass Art. 9 III GG ansonsten grundsätzlich allen anderen Grundrechten nachrangig wäre, müssten sich doch seine Adressaten stets an diese halten.[1118] Gegen eine unmittelbare Bindung spreche zudem ein Vergleich mit den ansonsten unter Art. 1 III GG subsumierten, ebenfalls nicht-formellen Gesetzen: Sie unterliegen, im Gegensatz zum Tarifvertrag, einer staatlichen Aufsicht (siehe Art. 80 GG), was ihre nähere Verbindung zum Staat verdeutliche.[1119] Als entscheidendes Argument wird auf die Legitimation des Tarifvertrages durch die ausgeübte, kollektive Privatautonomie hingewiesen:[1120] Aufgrund der freien Möglichkeit des Ein- und Austritts in die bzw. aus der Gewerkschaft und der von dieser geforderten demokratischen Struktur,[1121] durch welche die Arbeitnehmer aktiv am Gewerkschaftsleben und somit auch am Tarifvertrag mitwirkten können,[1122] handele es sich nicht um eine gesetzesgleiche Fremdbestimmung, sondern vielmehr um Selbstbestimmung.[1123] Zwar wird eingeräumt, dass es zu „Defiziten der innerverbandlichen Demokratie“ komme.[1124] Davon lässt sich u.a. *Schiek* jedoch nicht beirren, für ihn ist entscheidend, dass bei der Gestaltung des Tarifvertrages jedenfalls immer noch mehr Selbstbe-

---

1113 So: Schiek, in: Däubler, TVG, Einl., Rn. 205; Canaris, AcP 184, 201, 244; Krist, Tarifsozialplan, S. 83.

1114 Siehe: Canaris, AcP 184, 201, 244.

1115 Siehe: Gamillscheg, KollArbR I, S. 668, Waltermann, in: FS 50 Jahre BAG, 913, 914; ders., in: FS Söllner, 1251, 1257; Krist, Tarifsozialplan, S. 77; ähnlich: Wiedemann/ Wiedemann, Einl., Rn. 185; Kempen/ Zachert/ Kempen, Grundl., Rn. 194; jedenfalls i.Erg. auch: Richardi, ZfA 1990, 211, 221; Greiner (Arbeitskampfpluralität, S. 99) verneint Legitimation der Normsetzung alleine durch eine Delegation, da der Gesetzgeber aufgrund der verfassungsrechtlich geschützten Privatautonomie gar nicht ständig die einzelnen Vertragsbedingungen regeln dürfe.

1116 Krause, in: Jacobs/ Krause/ Oetker, TVG, § 1, Rn. 39.

1117 Ähnlich: Dieterich, in: FS Schaub, 117, 122 f.; Singer, ZfA 1995, 611, 629.

1118 Siehe: ErfK/Dieterich, 10 GG, Einl., Rn. 51.

1119 Vgl.: Starck, in: vM/K/S, Art. 1 III Rn. 255; kritisch: Gamillscheg, KollArbR I, S. 557.

1120 U. a.: Canaris, AcP 184, 201, 244; Starck, in: vM/K/S, Art. 1 III, Rn. 255; Singer, ZfA 1995, 611, 617; Krause, in: Jacobs/ Krause/ Oetker, TVG, § 1, Rn. 39; Kempen/ Zachert/ Kempen, Grundl., Rn. 194; Rieble, ZfA 2000, 5, 23 f.; Löwisch/ Rieble, TVG, § 1, Rn. 582; Schliemann in: FS Hanau, 577, 585 f., 599, Dieterich, in: FS Schaub, 117, 121; Stern, Staatsrecht III/1, S. 1277.

1121 Siehe: Canaris, AcP 184, 201, 244; ähnlich: Dieterich, RdA 2001, 112, 116; Schliemann, in: FS Hanau, 577, 587.

1122 Insgesamt: Schiek, in: Däubler, TVG, Einl., Rn. 205 ff.

1123 Vgl.: Dieterich, in: FS Schaub, 117, 121.

1124 Schiek, in: Däubler, TVG, Einl., Rn. 207.

stimmung möglich sei als bei formellen Gesetzen.[1125] Angesichts dessen wird es als naheliegend angesehen, den Tarifvertrag eher dem Individualvertrag als der Gesetzgebung zuzuordnen.[1126] Hierfür spreche des Weiteren, dass dieser ebenfalls gerichtlich durchsetzbar sei bzw. gerade eines gerichtlichen Verfahrens zu seiner Durchsetzung bedürfe.[1127]

Gegen eine zu enge Kontrolle der Tarifverträge könne zudem ihre fehlende Erforderlichkeit angeführt werden: Aufgrund der am Vertragsschluss beteiligten gleichstarken Antagonisten komme es zu ausgeglichenen Ergebnissen,[1128] d.h. zur grundsätzlichen Richtigkeitsgewähr von Tarifverträgen.[1129] Einseitige bzw. allgemein unrichtige oder unangemessene Ergebnisse seien daher nicht zu erwarten. Außerdem sei es auch im Rahmen der Schutzpflichtlehre möglich, eine weite Kontrollbefugnis zuzulassen.[1130] Doch selbst, wenn man dennoch eine Schutzbedürftigkeit der Mitglieder annähme, müsse ihr freiwillig und privatautonom erfolgter Entschluss sich dem Tarifvertrag zu „unterwerfen“ berücksichtigt werden; die Selbstbestimmung liege im Vordergrund.[1131]

d. Unmittelbare Grundrechtsbindung

Die v.a. durch die Staatsrechtslehre[1132] gescholtene Gegenmeinung beruht ursprünglich auf der vom BAG geprägten Delegationstheorie,[1133] wonach die Normsetzungsbefugnis der Tarifvertragsparteien auf eine Übertragung durch den Gesetzgeber zurückzuführen sei. Dieser delegiere seine Normsetzungskompetenz durch § 1 TVG auf die Tarifvertragsparteien. Da er selbst gem. Art. 1 III GG an die Grundrechte gebunden sei, müsse selbiges genauso für den Adressaten der Delegation gelten.[1134] Ansonsten führe die Delegierung zu einem grundrechtlichen Schutzverlust; der Staat könnte sich aus der Verantwortung ziehen, indem er seine Kompetenzen an Private delegiere.[1135] Außerdem seien die Tarifvertragsparteien gem. Art. 1

1125 Schiek, in: Däubler, TVG, Einl., Rn. 207 f.

1126 I. E.: Canaris, AcP 184, 201, 243 f.

1127 Siehe: Gamillscheg, KollArbR, S. 668.

1128 Vgl.: Dieterich, in: FS Schaub, 117, 121; Gamillscheg, Grundrechte, S. 104.

1129 Siehe: Canaris, AcP 184, 201, 244.

1130 Siehe: Rieble, ZfA 2000, 5, 25; Cherdron, Sozialplanvereinbarungen, S. 198.

1131 So: Dieterich, RdA 2001, 112, 116; Singer, ZfA 1995, 611, 626 f.

1132 Siehe: Dreier, in: Dreier, Art. 1 III, Rn. 41; Herdegen, in: Maunz/Dürig, Art. 1 Abs. 3 Rn. 100; Höfling, in: Sachs, Art. 1 Rn. 95; Starck, in: vM/K/S, Art. 1 III, Rn. 255; Jarass, in: Jarass/ Pieroth, Art. 1, Rn. 42, der aber durchaus eine der unmittelbaren Grundrechtsbindung nahe Beschränkung fordert; a.A. wohl: Rüfner, in: Bonner Kommentar (1992), Art. 3, Rn. 194; vgl.: Burkiczak, RdA 2007, 17.

1133 Grundlegend: BAG v. 15.01.1955 – 1 AZR 305/54, BAGE 1, 258, 264;BAG v. 23.03.1957 – 1 AZR 326/56, BAGE 4, 240 250 f.; BAG v. 10.06.1980 – 1 AZR 822/79, BAGE 33, 140, 149; vgl.: Gamillscheg, KollArbR I, S. 557 f.; Waltermann, in: FS Söllner, S. 1251, 1274 f.; Peters/ Ossenbühl, Übertragung von öffentlich-rechtlichen Befugnissen, S. 15; Scheuner, in: Koalitionsfreiheit, 27 ff.; Säcker, Übermachtkontrolle, S. 267; Nikisch, Arbeitsrecht, S. 45; grundsätzlich auch: Kemper, in: vM/K/S, Art. 9 III, Rn. 143.

1134 U. a.: Buchner, in: FS 25 Jahre Grundgesetz, 5, 23; Küchenhoff, in: FS Nipperdey II, 317, 341; Hueck/ Nipperdey, II/1, S. 28.

1135 Siehe: Belling, ZfA 1999, 547, 576.

III GG an die Grundrechte gebunden:[1136] Ausgehend vom Wortlaut des Art. 1 III GG lasse sich für eine Subsumtion argumentieren, dass die Tarifparteien objektives Recht setzen[1137] und die Tarifverträge materielle Gesetze darstellen,[1138] die ebenso unmittelbar und zwingend wirken wie die sonstigen Gesetze.[1139] Dem korrespondiere desgleichen die Terminologie des § 1 TVG, welche von „Rechts*normen*" als dem Inhalt von Tarifverträgen spreche.[1140] Zugleich zeige der systematische Vergleich mit dem benachbarten Rechtsgebiet der Betriebsverfassung, dass dort gezielt auf den Begriff der *Norm* verzichtet werde.[1141] Daher lasse die Verneinung der unmittelbaren Grundrechtsgebundenheit bzgl. der Betriebsvereinbarung durch das BVerfG[1142] keinen Rückschluss auf den Tarifvertrag zu.[1143] Darüber hinaus sei § 1 TVG selbst an die Grundrechte gebunden und könne daher keine weitergehenden Rechte verleihen.[1144] Betrachte man des Weiteren, was grundsätzlich Rechtsnormen als solche ausmache, müsse festgestellt werden, dass sich diese durch Generalität und Heteronomität, d.h. die Wirkung auf eine Vielzahl von Fällen, unabhängig vom Willen des Einzelnen, auszeichnen würden. Genau dies sei jedoch bei Tarifverträgen ebenfalls festzustellen.[1145]

Aus historischer Sicht könne für eine unmittelbare Grundrechtsbindung angeführt werden, dass die Tatsache des „Aushandelns" der Tarifverträge nicht zwingend gegen eine Normsetzung spreche, da bereits die Reichsgesetze auf einem Vertrag zwischen dem Kaiser und den Ständen beruhten.[1146] Aus der Entstehungsgeschichte des Grundgesetzes lasse sich bzgl. des Willens des Gesetzgebers zudem entnehmen, dass die Tarifvertragsparteien, aus der Sicht der Parlamentarier, zwingend an die Grundrechte gebunden sein sollten.[1147]

Systematisch betrachtet wird für eine Subsumtion unter Art. 1 III GG die Einheit der Rechtsordnung angeführt: Auch in Art. 97 GG, § 1 GVG und Art. 2 EGBGB werde unter „Gesetzen" allgemein der Tarifvertrag verstanden.[1148] Des Weiteren handele es sich z.B. bei

---

1136 U.a.: BAG v. 15.01.1955 – 1 AZR 305/54, BAGE 1, 258, 262; Hueck/ Nipperdey, II/1, S. 373; Gamillscheg, KollArbR I, S. 668 m. w. N.

1137 Siehe: BAG v. 15.01.1955 – 1 AZR 305/54, BAGE 1, 258, 262; begrifflich grundsätzlich auch: Waltermann, in: FS Söllner, 1251, 1260.

1138 So: BVerfG v. 24.05.1977 – 2 BvL 11/74, BVerfGE 44, 322, 341; Hueck/ Nipperdey, II/1, S. 28, 373.

1139 Siehe: BAG v. 23.03.1957 – 1 AZR 326/56, BAGE 4, 240 250; Belling, ZfA 1999, 547, 579; Hueck/ Nipperdey, II/1, S. 28; Biedenkopf, Tarifautonomie, S. 73; ähnlich: Küchenhoff, in: FS Nipperdey II, 317, 342 (Fußn. 98); Junker, Arbeitsrecht, Rn. 51.

1140 Siehe: Löwisch, RdA 2000, 312, 313; Belling, ZfA 1999, 547, 591; kritisch: Kempen/ Zachert/ Kempen, Grundl., Rn. 194; vgl.: Däubler, Tarifvertragsrecht, Rn. 411.

1141 So: Löwisch, RdA 2000, 312, 313.

1142 Vgl.: BVerfG v. 23.04.1986 – 2 BvR 487/80, BVerfGE 73, 261, 268 f.

1143 Auch: Löwisch, RdA 2000, 312, 313, der das Urteil vielmehr als Bestätigung der Unterschiedlichkeit ansieht; a.A.: BAG v. 30.08.2000 – 4 AZR 563/99, BAGE 95, 277, 284.

1144 Vgl.: BAG v. 23.03.1957 – 1 AZR 326/56, BAGE 4, 240, 251; Gamillscheg, Grundrechte, S. 103.

1145 Siehe hierzu: Belling, ZfA 1999, 547, 579 f.

1146 Vgl.: Belling, ZfA 1999, 547, 581.

1147 Vgl. bzgl. Gleichstellung: Selbert, in: Verhandlungen des HA, 539, 541; ähnlich: Biedenkopf, Tarifautonomie, S. 73.

1148 So: BAG v. 15.01.1955 – 1 AZR 305/54, BAGE 1, 258, 262 f.

der Rechtsetzung der Gebietskörperschaften ebenfalls nicht um formelle Gesetze, ohne dass man an der Grundrechtsbindung zweifeln würde.[1149]

Ausgehend vom Telos wird für den Fall der nicht unmittelbaren Bindung der Tarifvertragsparteien ein Leerlaufen insb. des allgemeinen Gleichheitssatzes befürchtet, da es gerade die Tarifpartner seien, die die Arbeitsbedingungen im Einzelnen und somit z. B. gleiches Entgelt für Männer und Frauen regeln müssten.[1150]

Einer der Haupteinwände gegen die Anwendung der Schutzpflichtlehre folge daraus, dass diese ihren Ursprung beim Individualvertrag habe. Im Gegensatz zu diesem handele es sich beim Tarifvertrag jedoch eher um Fremd- als Selbstbestimmtheit,[1151] da die eigenen Interessen des Öfteren, z. B. arbeitskampfbedingt, geopfert werden müssten[1152] und die Arbeitnehmer ihm genauso „ausgeliefert" seien wie den formellen Gesetzen.[1153] Außerdem würden Rechtsverhältnisse der Mitglieder zu Dritten geregelt, was mittels Privatautonomie nicht möglich sei.[1154] Gegen eine völlige Angleichung an den Einzelvertrag spreche des Weiteren die ihm übergeordnete Stellung des Tarifvertrages in der Normenhierarchie, weshalb es einer Unterscheidung bedürfe.[1155]

Ein zweiter Haupteinwand liegt in der sozialen Macht der Koalitionen:[1156] Sie seien in der Lage, normativ geltende Regeln aufzustellen. Die Arbeitnehmer würden die Gewerkschaften daher als Gegengewicht zum faktisch stärkeren Arbeitgeber benötigen und hätten spätestens mit der Verdichtung zu allumfassenden Branchengewerkschaften keine wirklichen Auswahlmöglichkeiten mehr.[1157] Die Koalitionen würden quasi statt des Gesetzgebers handeln[1158] und ihre „Gesetze" hätten weitreichenden Einfluss.[1159] Deshalb seien die Tarifvertragsparteien denselben Schranken wie der Staat zu unterwerfen.[1160] Gegen den Ansatz der nur mittelbaren Geltung der Grundrechte könne aus Gesichtspunkten der Logik ebenfalls noch angeführt werden, dass durch sie Wertungswidersprüche entstünden: Aufgrund von Allgemeinverbindlicherklärungen (§ 5 IV TVG) oder Betriebsnormen (§ 3 II TVG) könnten Anders- oder Nichtorganisierte (allgemein im Folgenden: Außenseiter) in den Geltungsbereich von Tarifverträgen gelangen. In diesem Fall müssten auch nach der anderen Ansicht die Grundrechte unmittelbar wirken, da die Tarifvertragsinhalte auf deren Arbeitsverhältnis per Gesetz Einfluss hät-

---

1149 So: BAG v. 15.01.1955 – 1 AZR 305/54, BAGE 1, 258, 263.

1150 Ähnlich: BAG v. 15.01.1955 – 1 AZR 305/54, BAGE 1, 258, 264.

1151 So: Däubler, in: Däubler, TVG, Einl., Rn. 124 c.

1152 Siehe: Löwisch, RdA 2000, 312, 313.

1153 Däubler, in: Däubler, TVG, Einl., Rn. 124 c; vgl.: Schwarze, ZTR 1996, 1, 7; Waltermann, RdA 1990, 138, 141; Wiedemann, RdA 1997, 297, 302.

1154 So: Fastrich, in: FS Richardi, 127, 129; vgl.: Käppler, NZA 1991, 745, 749; Wiedemann, RdA 1997, 297, 301.

1155 Siehe: Küchenhoff, in: FS Nipperdey II, 317, 342; Säcker/ Oetker, Tarifautonomie, S. 242 f.

1156 U. a.: Gamillscheg, KollArbR I, S. 669; ders., Grundrechte, S. 105; Belling ZfA 1999, 547, 575; Hueck/ Nipperdey, II/1, S. 374; grundsätzlich auch: Waltermann, RdA 1990, 138, 141; Cherdron, Sozialplanvereinbarungen, S. 198; in diese Richtung, aber differenzierend: Däubler, Tarifvertragsrecht, Rn. 414.

1157 Zu allem: Schwarze, ZTR 1996, 1, 7.

1158 So: Säcker/ Oetker, Tarifautonomie, S. 245 f.

1159 So: BAG v. 15.01.1955 – 1 AZR 305/54, BAGE 1, 258, 263 f.

1160 Siehe: BAG v. 23.03.1957 – 1 AZR 326/56, BAGE 4, 240, 251; i.Erg. auch: Löwisch/ Rieble, TVG, § 1, Rn. 581; vgl.: Schwarze, ZTR 1996, 1, 5.

ten.[1161] Damit käme es jedoch bzgl. der Grundrechtsgebundenheit ein und derselben Norm unabhängig vom Inhalt nur auf den einzelnen Arbeitnehmer an. Eine solche Handhabung würde aber zudem zu einer Diskriminierung von Gewerkschaftszugehörigen führen, da sich diese eben nicht im Geltungsbereich der unmittelbaren, umfassenderen Wirkung befänden und daher weniger geschützt wären.[1162]

e. Stellungnahme

Wie oben dargestellt, bedeutet es richtigerweise eine Ausnahme, wenn Grundrechte zwischen Privaten gelten sollen.[1163] Da Ausnahmen jedoch eng zu handhaben sind, darf nicht vorschnell der zweiten Meinung gefolgt werden, selbst wenn ihre Argumente ansonsten bis auf wenige Ausnahmen überzeugen. So erscheint der Schluss von § 1 TVG auf eine Begriffseinheit innerhalb der Rechtsordnung zu formal[1164] und lässt sich mit Verweis auf Art. 76 GG oder Art. 100 GG bereits widerlegen, welche nicht die Tarifverträge umfassen.[1165] Ferner legt nicht das einfache Recht das Grundgesetz aus, sondern umgekehrt. Zudem ließe sich gegen eine Delegation von Rechtssetzungsmacht neben dem Verweis auf die kollektive Privatautonomie weiter anführen, eine solche Delegation sei gar nicht vonnöten: Eine Übertragung von Rechtsetzungsmacht erfolge (jedenfalls teilweise) schon durch Art. 9 III GG.[1166]

Damit ist der Lehre von der unmittelbaren Grundrechtsbindung jedoch noch nicht endgültig „der Boden unter den Füßen entzogen". Denn es ist bereits zweifelhaft, inwiefern die Rechtssetzungsmacht wirklich unmittelbar von Art. 9 III GG übertragen wird oder dieser lediglich den Staat zur Übertragung verpflichtet; [1167] hierzu sogleich. Selbst wenn man eine unmittelbare Übertragung annimmt, kommt diese aber nicht von ungefähr, sondern musste durch den Verfassungsgeber erfolgen, der die Normsetzung der Tarifpartner ebenfalls nicht von der Grundrechtsbindung freistellen wollte.[1168] Schließlich ist fraglich, in welchem Umfang Rechtsetzungsmacht durch das Grundgesetz übertragen wurde. Ergänzend zu den Argumenten der zweiten Meinung kann daher noch auf folgenden Aspekt hingewiesen werden: Für den Willen des Gesetzgebers in Bezug auf eine unmittelbare Grundrechtsbindung spricht, dass das TVG seit seinem Inkrafttreten zahlreiche Novellierungen erfuhr, der Gesetzgeber es

1161 So: Schiek, in: Däubler, TVG, Einl., Rn. 235; ErfK/ Dieterich, 10 GG, Einl., Rn. 23; Höfling, JA 1995, 431, 435; Höfling/ Burkiczak, RdA 2004, 263, 264 f.; Fastrich, in: FS Richardi, 127, 131 f.; Cherdron, Sozialplanvereinbarungen, S. 187.

1162 Ähnlich: Däubler, in: Däubler, TVG, Einl., Rn. 124 d; Löwisch, RdA 2000, 312, 314; in diese Richtung auch: Kissel, AK, § 35, Rn. 10 f.

1163 Siehe: Classen, AÖR 122, 65, 66; Waltermann, in: FS Söllner, 1251, 1275.

1164 Vgl.: Kempen/ Zachert/ Kempen, Grundl., Rn. 194.

1165 Siehe die Ausführungen des BAG v. 15.01.1955 – 1 AZR 305/54, BAGE 1, 258, 263, das diese Normen jedoch als Negativbeispiele anbringt.

1166 Vgl.: Gamillscheg, KollArbR I, S. 668, Waltermann, in: FS 50 Jahre BAG, 913, 914; Krist, Tarifsozialplan, S. 77; ähnlich: Starck, in: vM/K/S, Art. 1 III, Rn. 255.

1167 So: Buchner, in: FS 25 Jahre Grundgesetz, 5, 22 f.; vgl.: Waltermann, in: FS Söllner, 1251, 1258 f.

1168 Ähnlich: Biedenkopf, Tarifautonomie, S. 73; vgl. auch: Belling, ZfA 1999, 547, 588: durch den Staatswillen abgeleitet, begrenzt und kontrolliert.

jedoch trotz Gegenwärtigkeit des herrschenden Streits und der bisher eindeutigen Stellung des BAG nicht für notwendig erachtete, etwas an der praktizierten, unmittelbaren Grundrechtsbindung zu ändern.[1169] Diese lang anhaltende Praktizierung des BAG kann zudem dem Argument der Rechtsunsicherheit entgegengehalten werden, da sich hierbei eine gefestigte Rechtsprechung etabliert hat, durch welche handhabbare Maßstäbe entwickelt wurden.[1170] Außerdem gibt es gefestigte Maßstäbe bereits ganz allgemein für den Bereich der unmittelbaren Grundrechtsbindung.[1171] Solche fehlen jedoch bzgl. der Schutzpflichtenlehre, bei der völlig unklar ist wie groß ein Freiheitsverlust sein muss, bis eine solche Schutzpflicht eingreift.[1172] Die Abkehr mancher Senate von der bisherigen ständigen Rspr. ist allerdings bezüglich der Rechtssicherheit nicht besonders förderlich.

Den dargestellten Wertungswidersprüchen bzgl. der Außenseiter versucht die erste Meinung zwar zu entgehen, indem sie bei Betriebsnormen und Allgemeinverbindlicherklärungen die Grundrechte auf alle Arbeitnehmer unmittelbar anwendet.[1173] Hierin ist aber bereits ein erneuter Widerspruch zu erkennen: Ein solches Vorgehen zeigt doch deutlich, dass bei Tarifverträgen im Grunde jedenfalls ebenso eine Schutzbedürftigkeit besteht,[1174] während man sich andererseits auf einen angeblich ausgeglichenen Vertragsabschluss beruft und von Richtigkeitsgewähr spricht. In dieselbe Richtung zeigt das Argument der fehlenden staatlichen Aufsicht, die gegen eine Titulierung als Gesetzgebung angeführt wird, denn gerade die fehlende Aufsicht macht deutlich, dass es umso wichtiger ist, dann zumindest eine effektive inhaltliche Kontrolle aufweisen zu können.[1175] Ferner vermögen die angeführte Tarifzensur und der Vorwurf einer angeblichen Nachrangigkeit des Art. 9 III GG gegenüber allen sonstigen Grundrechten nicht zu überzeugen, da bei aufeinanderprallenden Grundrechten im Rahmen der Verhältnismäßigkeit eine praktische Konkordanz herzustellen ist, anstatt dem Problem schon im Vorhinein aus dem Weg zu gehen.[1176] Hierdurch verbleibt den Tarifvertragsparteien zugleich ein ausreichender Gestaltungsspielraum.[1177] Dass die Koalitionsfreiheit, wie alle Grundrechte, nicht schrankenlos gewährleistet ist und deshalb eine Rechtskontrolle keine unzulässige Tarifzensur darstellt, wurde bereits ausführlich erörtert.[1178]

Farbe bekennen muss die Gegenmeinung zudem, wenn es um die Gleichheitsrechte geht: Hier wird eine unmittelbare Bindung auch von vielen ihrer Vertreter angenommen, da es sich

1169 Auch: Löwisch, RdA 2000, 312, 313.
1170 Auch: Däubler, in: Däubler, TVG, Einl., Rn. 124 e; Gamillscheg (KollArbR I, S. 668) spricht von „Gewohnheitsrecht“.
1171 Auch: Waltermann, RdA 1990, 138, 141.
1172 Siehe: Däubler, in: Däubler, TVG, Einl., Rn. 124 e; anerkennend auch: Dieterich, RdA 2001, 112, 116.
1173 Siehe: Schiek, in: Däubler, TVG, Einl., Rn. 235; Krause, in: Jacobs/ Krause/ Oetker, TVG, § 1, Rn. 42; Höfling, in: Sachs, Art. 1, Rn. 96.
1174 Siehe: Singer, ZfA 1995, 611, 638.
1175 Ähnlich: Hueck/ Nipperdey, II/1, S. 374.
1176 Ähnlich: Däubler, in: Däubler, TVG, Einl., Rn. 124 a.
1177 Vgl.: Waltermann, in: FS 50 Jahre BAG, 913, 926; ähnlich: Krause, in: Jacobs/ Krause/ Oetker, TVG, § 1, Rn. 41 (bzgl. Gleichheitsrechten).
1178 Siehe oben: § 10 A. I.

um fundamentale Rechtsprinzipien handele.[1179] Dies leuchtet schon deshalb nicht ein, weil es im Umkehrschluss bedeuten würde, die Freiheitsrechte wären keine solchen fundamentalen Rechtsgrundsätze.[1180] Eine unterschiedliche Beurteilung, je nachdem um welches Grundrecht es sich handelt, erscheint zudem wenig praktikabel.[1181] Auch Art. 1 III GG sieht eine solche nicht vor.[1182] Daher kann bzgl. der grundsätzlichen Frage nach der Art der Grundrechtsbindung nicht auf die Besonderheiten des jeweiligen Grundrechts abgestellt werden. Diese sind vielmehr im Rahmen der Abwägung zu berücksichtigen.

Ausgehend von der eigentlichen Ursprungsidee für die Geltung der Grundrechte, nämlich dem grundsätzlich vermuteten Subordinationsverhältnis zwischen Staat und Bürger,[1183] ist die hier wohl entscheidende Frage, ob es sich wirklich um eine kollektive Privatautonomie handelt oder ob die Machtstellung[1184] der Koalitionen zu bedrohlich ist, sodass keine Selbst-, sondern nur noch eine Fremdbestimmung und somit eine vergleichbare Lage wie gegenüber dem Gesetzgeber besteht.[1185] Die Antwort auf diese Frage ist nicht leicht, stellt der Tarifvertrag doch gerade eine Mischung aus privatautonomem Vertrag und fremdbestimmter, einseitiger Norm dar. Zwar wird von der ersten Meinung die demokratische Struktur der Verbände sowie die Ein- und Austrittsmöglichkeiten angeführt, welche gegen eine unmittelbare Grundrechtsbindung sprechen sollen. Sie verkennt jedoch, überspitzt gesagt, die Realität, denn nicht erheblich weniger abstrakt und damit schwach argumentiert wäre ein Verweis auf den demokratischen Aufbau des Staates, bei dem deswegen trotzdem niemand die Grundrechtsbindung anzweifelt.[1186] Entscheidend ist doch vielmehr, welche Möglichkeiten wirklich für den Einzelnen bestehen: Gegen das Argument des freien Ein- und Austritts lässt sich anführen, dass dem Arbeitnehmer meist nichts anderes übrig bleibt, als einer Gewerkschaft beizutreten, will er in den Genuss eines angemessenen Vertragsgefüges kommen.[1187] Ferner nützt es ihm eigentlich nichts aus der Gewerkschaft auszutreten, da nach dem TVG Nachwirkung und Nachbindung zum Tragen kommen (§ 3 III, 4 V TVG) bzw. der Tarifvertrag qua Bezugnahme weiterhin wirkt.[1188] Zudem befinden sich, wie gezeigt, auch die Außenseiter, v.a. im Fall von Betriebsnormen und durch arbeitsvertragliche Bezugnahme, meist unfreiwillig in deren Geltungsbereich; sie haben den Inhalt jedoch weder beeinflussen können noch sonst wie legiti-

---

1179 Vgl.: BAG v. 27.05.2004 – 6 AZR 129/03, BAGE 111, 8, 13 f.; Schiek, in: Däubler, TVG, Einl., Rn. 222; Krause, in: Jacobs/ Krause/ Oetker, TVG, § 1, Rn. 41.

1180 Ähnlich: Fastrich, in: FS Richardi, 127, 133.

1181 Siehe: HK-ArbR/ Hensche, Art. 9 GG, Rn. 94.

1182 Auch: Höfling, in: Sachs, Art. 1, Rn. 95.

1183 Vgl.: Canaris, AcP 184, 201, 205 f.; Schwarze, ZTR 1996, 1, 4.

1184 Diese wird grundsätzlich auch von der Gegenmeinung anerkannt: Singer, ZfA 1995, 611, 617.

1185 Ebenfalls als entscheidend herauskristallisiert: Käppler, NZA 1991, 745, 749; Krist, Tarifsozialplan, S. 80, 81; allerdings mit anderem Ergebnis: S. 83.

1186 Ähnlich: Gamillscheg, KollArbR I, S. 669.

1187 Ähnlich: Reuter, ZfA 1990, 535, 551 f.; die Mängel der „Zustimmung" ebenfalls anerkennend: Singer, ZfA 1995, 611, 618; Rieble, ZfA 200, 5, 26 (bzgl. eines Verzichts auf Kontrolle des Tarifvertrages).

1188 Auch: Däubler, in: Däubler, TVG, Einl., Rn. 124 c; Waltermann, in: FS Söllner, 1251, 1269; bzgl. letzterem: Rieble, ZfA 2000, 5, 26.

miert.[1189] Dabei hilft es relativ wenig einzuwenden, jedenfalls die Bezugnahme in einem Arbeitsvertrag beruhe (teilweise) auf der ausgeübten Privatautonomie des einzelnen Arbeitnehmers; er habe doch den Vertrag samt Bezugnahmeklausel akzeptiert.[1190] Es dürfte allgemein bekannt sein, dass ein Arbeitnehmer in der Regel nicht derjenige ist, der entscheidet, welchen Inhalt der Arbeitsvertrag hat. Damit erscheint diese Argumentation in der Tat als „völlig fiktiv".[1191]

Da das durchschnittliche Gewerkschaftsmitglied im Ergebnis wenig mit der konkreten Ausgestaltung der Regelungen des Tarifvertrages zu tun hat und die Übergehung von Minderheiten durch Mehrheitsentscheidungen nichts Ungewöhnliches ist,[1192] muss an der Effektivität der „demokratischen Struktur" gezweifelt werden.[1193] Stattdessen wird dem einzelnen Mitglied in der Praxis meist ein „geschnürtes Paket" voller Kompromisse vorgesetzt, in dem er nur vereinzelt seine Interessen wiedererkennen kann.[1194] Der „Versuch" der Belegung der bestehenden Möglichkeiten des Einzelnen hinsichtlich seines Austrittsrechts mit dem zunehmenden Mitgliederschwund[1195] erscheint daher nur wie ein letzter Strohhalm. Er knickt jedoch, da dieses Phänomen wohl eher auf finanziellen Erwägungen der Arbeitnehmer beruht bzw. genauso gut wohl eher als Beleg für enorme Demokratiedefizite angeführt werden kann. Selbst wenn es um die Mitwirkungsrechte in einer Koalition aufgrund der kleineren Organisation immer noch besser bestellt ist als im Staatsgefüge, entspricht doch der Tarifvertrag, dem die Arbeitnehmer ausgeliefert sind, eher der Fremdbestimmtheit durch den Gesetzgeber als einer wirklichen kollektiven Privatautonomie. Darüber können auch modern wirkende Formulierungen wie die von *Schiek*[1196] bemühten voice- oder exit-options nicht hinwegtäuschen.[1197] Somit erscheint es, um auf den Hintergrund der ursprünglichen Legitimation der Grundrechte zurückzukommen, v. a. in Anbetracht der Machtstellung der Koalitionen[1198] und der enormen Bedeutung der Tarifverträge für die Außenseiter, die sich diesen nahezu nicht entziehen kön-

---

1189 Ähnlich: Waltermann, in: FS Söllner, 1251, 1269; Wiedemann, RdA 1997, 297, 301; HK-ArbR/ Hensche, Art. 9 GG, Rn. 94.

1190 So jedoch: Hümmerich/ Welslau, NZA 2005, 610, 616; wohl auch: Schiek, in: Däubler, TVG, Einl., Rn. 235.

1191 Däubler, in: Däubler, TVG, Einl., Rn. 124 c (bzgl. Effektivität der Austrittsmöglichkeit).

1192 Auch: Belling, ZfA 1999, 547, 577; Löwisch, ZfA 1996, 293, 301; Singer, ZfA 1995, 611, 627; Waltermann, RdA 1990, 138, 141; ders., in: FS Söllner, 1251, 1275; ähnlich: Dieterich, in: FS Schaub, 126; Reuter, ZfA 1990, 535, 551.

1193 Siehe: Däubler, in: Däubler, TVG, Einl., Rn. 124 c; HK-ArbR/ Hensche, Art. 9 GG, Rn. 94; Wiedemann, RdA 1997, 297, 302; in diese Richtung auch: Biedenkopf, Tarifautonomie, S. 73 („die anderen ‚werden koordiniert'").

1194 Ähnlich: Belling, ZfA 1999, 547, 576 f.; Löwisch, RdA 2000, 312, 314; vgl.: Waltermann, RdA 1990, 138, 141; ders., in: FS Söllner, 1251, 1268; „Störungen des kollektiven Vertragsmechanismus"; Wiedemann, RdA 1997, 297, 301; anerkennend: Dieterich, RdA 2001, 112, 116.

1195 So: Schiek, in: Däubler, TVG, Einl., Rn. 208, Dieterich, RdA 2001, 112, 116.

1196 Schiek, in: Däubler, TVG, Einl., Rn. 205.

1197 Grundsätzlich ähnlich: Reuter, ZfA 1990, 535, 551 f.; Löwisch, ZfA 1996, 293, 300 f.; ders., RdA 2000, 312, 313 f.; Greiner, Arbeitskampfpluralität, S. 102.

1198 So: Wiedemann, RdA 1997, 297, 302; Belling, ZfA 1999, 547, 575; Gamillscheg, KollArbR I, S. 669; ders., Grundrechte, S. 105; Küchenhoff, in: FS Nipperdey II, 317, 341.

nen,[1199] gerechtfertigt, die Grundrechte unmittelbar über bzw. analog Art. 1 III GG anzuwenden.

Dies entspricht zudem der getroffenen Entscheidung bzgl. der Zulässigkeit einer Kontrolle der Forderung an geltendem Recht. Wären die Koalitionen nicht an die Grundrechte gebunden, dürften sie aufgrund ihrer schrankenlosen Gewährleistung konsequenterweise nicht ohne Weiteres an einfaches Recht gebunden sein.[1200] Eine unhaltbare Unkontrollierbarkeit von Tarifverträgen wäre die Folge. Vielmehr kann schon allein aus der Tatsache, dass es sich beim Tarifvertrag durch § 4 I TVG um Normen handelt, unabhängig von der Frage der Anwendbarkeit des Art. 1 III GG, eine unmittelbare Bindung deshalb bejaht werden, weil sich Normen stets in die Normenhierarchie einsortieren müssen und eben an höheren Normen zu messen sind.[1201]

Schließlich kann man nach wie vor auf den Grundgedanken der Delegationstheorie abstellen. *Waltermann* moniert zwar zunächst, dass bei unmittelbarer Grundrechtsgebundenheit das „ureigenste, historisch gewachsene Handlungssystem" der Koalitionen, nämlich das Recht des freien Aushandelns der Arbeits- und Wirtschaftsbedingungen, verloren ginge.[1202] Hierin zeigt sich jedoch ein grundlegend fragwürdiges Verständnis, was den meisten Kritikern der Delegationstheorie ebenfalls zum Verhängnis wird. Denn das Grundgesetz garantiert nicht den Tarifvertrag in unserem heutigen Verständnis oder in der Form, wie er zum Zeitpunkt des Inkrafttretens der Verfassung begriffen wurde.[1203] Ihnen ist zwar zuzugeben, dass die Behauptung, das Recht der Tarifautonomie sei durch einfaches Gesetzesrecht, nämlich § 1 TVG delegiert worden, falsch ist. Eine so verstandene Delegationstheorie greift aber zu kurz. Vielmehr ist zu unterscheiden zwischen dem, was bereits verfassungsrechtlich gewährleistet ist und dem, was erst das einfache Recht ermöglicht: Wie bereits in den Ausführungen zum Schutzbereich dargestellt,[1204] gewährleistet das Grundgesetz die Tarifautonomie. Dies allerdings nicht im Sinne des heutigen Tarifvertragsgesetzes, sondern im Sinne einer *Tarifautonomie im Allgemeinen*: Art. 9 III S. 1 GG oktroyiert dem Gesetzgeber die Pflicht auf ein Tarifvertragssystem zu schaffen, durch welches *unmittelbar* wirkende Tarifverträge abgeschlossen werden können. Nicht verfassungsrechtlich geschützt ist aber jedenfalls die *zwingende* Wirkung von Tarifverträgen.[1205] Die Befugnis *zwingend* wirkende Tarifverträge abzuschließen wurde vielmehr durch das TVG und damit einfaches Recht auf die Tarifvertragsparteien *delegiert*.[1206] Sie handeln anstelle des Gesetzgebers, der sich aus diesem Bereich zurückgezo-

---

1199 Vgl.: Gamillscheg, Grundrechte, S. 104 f.; Kissel, AK, § 35, Rn. 11 ff.

1200 Ähnlich: Löwisch, RdA 2000, 312, 314.

1201 Auch: Säcker/ Oetker, Tarifautonomie, S. 242 f.

1202 Waltermann, RdA 1990. 138, 140 f.

1203 Auch: BVerfG v. 19.10.1966 – 1 BvL 24/65, BVerfGE 20, 312, 317; Höfling, in: Sachs, Art. 9, Rn. 85; Däubler, in: Däubler, TVG, Einl., Rn. 75.

1204 Siehe oben: § 7 A.

1205 Siehe: BVerfG v. 18.11.1954 – 1 BvR 629/52, BVerfGE 4, 96, 106; Kemper, in: vM/K/S, Art. 9 III, Rn. 142 f.; Buchner, ZfA 2004, 229, 240; Höfling, in: Sachs, Art. 9, Rn. 92; Raab, ZfA 2004, 371, 393; wohl auch: Waltermann, in: FS Söllner, 1251, 1270.

1206 Ähnlich im Grundsatz: BAG v. 23.03.1957 – 1 AZR 326/56, BAGE 4, 240, 251; Waltermann, in: FS Söllner, 1251, 1264; Sodan, JZ 1998, 421, 425, der von „Normqualifikation" durch das TVG spricht.

gen hat.[1207] Auch das Modell der kollektiven Privatautonomie kann hierüber nicht hinweghelfen: Zwar können die einzelnen Arbeitnehmer die Gewerkschaft damit beauftragen, für sie zu sprechen oder ihnen untechnisch gesprochen „Vollmacht" erteilen, für sie Verträge auszuhandeln. Sie sind es jedoch, die nichts privatautonom delegieren können, worüber sie nicht durch Verfügungen imstande sind, also insb. nicht die Befugnis *zwingend* wirkende *Normen* zu setzen.[1208] Zudem wäre jedenfalls alleine durch die kollektive Privatautonomie nicht erklärbar, warum in Tarifverträgen von grundsätzlich zwingenden gesetzlichen Bestimmungen abgewichen werden kann.[1209] Daher ist zunächst zwar sehr wohl ein Zusammenschluss der Arbeitnehmer bzw. ein legitimierender Beitritt des Einzelnen nötig, um überhaupt erklären zu können, warum die Bedingungen für die Mitglieder geregelt werden dürfen. Es bedarf jedoch darüber hinaus der staatlichen Delegation, um die in der Normsetzung zum Ausdruck kommenden, über das normale Handeln von Privatpersonen hinausgehenden Kompetenzen der Koalitionen zu erklären.[1210]

Die Normsetzungskompetenz lässt sich somit aus der Kombination staatlicher Delegation und privatautonomer Legitimation erklären. Handeln die Tarifvertragsparteien daher quasi anstelle oder jedenfalls wie der Gesetzgeber, müssen sie grundsätzlich ähnlichen Schranken unterworfen werden.[1211] Die Besonderheit, dass sie sich bei ihrem Handeln selbst auf eine Grundrechtsausübung berufen können, kann ausreichend bei der Abwägung der widerstreitenden Grundrechte berücksichtigt werden.[1212]

2. Beispiele einschlägiger Grundrechte

Wie gesehen, stellt jede Bewertung von Tarifklauseln im Rahmen der Angemessenheit insb. anhand der Grundrechte eine Einzelfallentscheidung dar. Pauschale Aussagen sind daher wenig weiterführend, kommt es doch auf alle Umstände des konkreten Falles an. Eine Darstellung aller denkbaren Konstellationen und Tarifvertragsklauseln erscheint kaum möglich und aufgrund der Relativität der Ausführungen ebenfalls wenig weiterführend. Exemplarisch sollen im Folgenden einige Themen angesprochen und exponiert die Problematik der Differenzierungsklauseln in der gebotenen Kürze dargestellt werden. Im Übrigen wird insb. auf die Übersicht möglicher Klauseln bei *Löwisch/ Rieble* verwiesen.[1213]

1207 Auch: Säcker/ Oetker, Tarifautonomie, S. 245 f.

1208 So i.Erg. wohl auch: Waltermann, in: FS Söllner, 1251, 1268.

1209 Auch: Greiner, Arbeitskampfpluralität, S. 102.

1210 Greiner (Arbeitskampfpluralität, S. 99 ff.) erklärt die Normsetzungskompetenz ebenfalls über eine ähnliche „Kombinationsthese".

1211 I.Erg. auch: Buchner, in: FS 25 Jahre Grundgesetz, 5, 23; Löwisch/ Rieble, TVG, § 1, Rn. 581; siehe demgegenüber zur Gemeinwohlbindung unten: § 11 D.

1212 Ähnlich: Waltermann, in: FS 50 Jahre BAG, 913, 926; Löwisch, ZfA 1996, 293, 301.

1213 Ausführliche Darstellung bei: Löwisch/ Rieble, TVG, Rn. 581 ff.; Schiek, in: Däubler, TVG, Einl., Rn. 237 ff.; siehe auch: HK-ArbR/ Hensche, Art. 9 GG, Rn. 96 ff.

a. Allgemeiner Überblick

Art. 3 I GG schließt Ungleichbehandlungen aus, sofern diese nicht durch einen sachlichen Grund gerechtfertigt sind. Damit werden z.B. unterschiedlich lange Kündigungsfristen für Arbeiter und Angestellte für grundsätzlich unzulässig gehalten.[1214] Aufgrund der spezifischen Diskriminierungsverbote sind insb. Ungleichbehandlungen von Frauen und Männern grundsätzlich unzulässig, wie z.B. bei einem unterschiedlichen Eintrittsalter bzgl. der betrieblichen Altersvorsorge.[1215] Derartige geschlechtsspezifische Ungleichbehandlungen können nur gerechtfertigt werden, wenn sie zur „Lösung von Problemen, die ihrer Natur nach nur entweder bei Männern oder bei Frauen auftreten können, zwingend erforderlich sind".[1216] Zu denken ist hierbei z.B. an die Schutzbedürftigkeit von werdenden Müttern.[1217]

Bei Freiheitsrechten ist an nachvertragliche Konkurrenzklauseln zu denken, welche insb. aufgrund von Art. 12 GG einer strengen Prüfung zu unterziehen sind.[1218] Im Hinblick auf die Berufsfreiheit sind zudem Nebentätigkeitsverbote in der Regel unwirksam.[1219] Die Religionsfreiheit (Art. 4 GG) steht an sich einem Verbot religiöser Symbole (Kruzifix, Kopftuch) am Arbeitsplatz entgegen.[1220] Eine Zölibatsklausel stellt einen Eingriff in das Grundrecht auf Ehe und Familie (Art. 6 GG),[1221] eine Residenzpflicht einen in das Grundrecht der Freizügigkeit (Art. 11 GG) dar.[1222]

Gerade was den Schutz des Arbeitgebers anbelangt, sind Maßnahmen wie Tarifsozialpläne bzw. allgemein Eingriffe in unternehmerische Entscheidungen auf ihre Vereinbarkeit mit der Unternehmerfreiheit aus Art. 12 GG (i.V.m. Art. 14 GG) zu überprüfen.[1223] Zwar ist, wie dargelegt,[1224] nicht nur grundsätzlich, sondern auch in diesen Fällen auf die Forderung, wie sie im Streikbeschluss zum Ausdruck kommt, abzustellen. Selbst wenn damit meist eine Kontrolle des „heimlichen Zieles", beispielsweise die Verhinderung einer Standortverlagerung, nicht möglich ist, *kann* sich eine Rechtswidrigkeit der darauf abzielenden, extrem hohen Forderungen grundsätzlich daraus ergeben, dass schon diese objektiven Forderungen faktisch zu einem Eingriff in unternehmerische Grundentscheidungen führen, dem Unternehmer also beispielsweise eine geplante Standortverlagerung faktisch unmöglich wird, sofern er sich der Forderung beugt.[1225] Ein Kernbereich unternehmerischer Entscheidungsfreiheit muss nämlich

1214 Siehe: BVerfG v. 30.05.1990 – 1 BvL 2/83 u.a., BVerfGE 82, 126, 146 ff., 153 f.

1215 Siehe: BAG v. 31.08.1978 – 3 AZR 313/77, BAGE 31, 67, 71 ff.

1216 BVerfG v. 28.01.1992 – 1 BvR 1025/82 u. a., BVerfGE 85, 191, 207.

1217 Vgl.: HK-ArbR/ Hensche, Art. 9, Rn. 96.

1218 Vgl.: BVerfG v. 07.02.1990 – 1 BvR 26/84, BVerfGE 81, 242, 253 ff.

1219 BAG v. 24.06.1999 – 6 AZR 605/97, AP Nr. 5 zu BGB § 611 Nebentätigkeit.

1220 Siehe: BAG v. 10.10.2002 – 2 AZR 472/01, BAGE 103, 111, 118 ff.

1221 BAG v. 10.05.1957 – 1 AZR 249/56, BAGE 4, 274, 276.

1222 Schiek, in: Däubler, TVG, Einl., Rn. 293; dennoch für rechtmäßig gehalten im Falle eines Hausmeisters: BAG v. 07.06.2006 – 4 AZR 316/05, BAGE 118, 232, 239.

1223 Vgl. hierzu ausführlich: Krist, Tarifsozialplan, S. 67 ff.; Cherdron, Sozialplanvereinbarungen, S. 204 ff.; siehe auch: BAG v. 03.04.1990 – 1 AZR 123/89, BAGE 64, 284, 295 f.

1224 Siehe oben: § 10 A. II.

1225 I.Erg. wohl a.A.: BAG v. 24.04.2007 – 1 AZR 252/06, BAGE 122, 134, 164 f.

gewahrt werden.[1226] Es kann daher nicht plakativ darauf verwiesen werden, es handele sich offiziell „nur" um tarifierbare Forderungen. Wird faktisch erreicht was offiziell nicht durchgesetzt werden könnte, muss dies berücksichtigt werden. Erforderlich ist aber, dass die Abwägung von Koalitionsfreiheit und Unternehmerfreiheit zugunsten letzterer ausfällt. Da es sich hierbei klassisch um ein Problem im Rahmen der Thematik der Tarifsozialpläne handelt, wird insofern auf die dortige Literatur verwiesen.[1227]

b. Differenzierungsklauseln als Verstoß gegen Art. 9 III S. 1 GG?

Ein praktisches Beispiel der Auswirkung der Grundrechtsbindung soll anhand der Differenzierungsklauseln gegeben werden. Diese gibt es in verschiedenen Ausgestaltungen.[1228] Im Folgenden werden lediglich die beiden „problematischsten Fälle" behandelt: *Ausschlussklauseln* bestimmen, dass die tariflichen Leistungen den Gewerkschaftsmitgliedern vorzubehalten sind. *Abstands-* oder *Spannsicherungsklauseln* schließen Außenseiter nicht generell aus, gewährleisten aber, dass den Mitgliedern immer der tarifliche Vorteil, also eine bestimmte „Spanne", vor den Außenseitern gewährt werden muss.[1229] In Betracht kommt ein Verstoß gegen die individuelle, negative Koalitionsfreiheit (Art. 9 III GG).

aa. Schutzbereich der individuellen Koalitionsfreiheit

Art. 9 III GG schützt als positive Koalitionsfreiheit die Möglichkeit eine Koalition zu bilden, ihr beizutreten oder in ihr zu verbleiben und als deren „Kehrseite", d.h. als negative Koalitionsfreiheit, eine Koalition nicht gründen zu müssen, einer bestehenden fernbleiben oder aus einer solchen austreten zu können.[1230]

1226 Siehe: BVerfG v. 14.10.1970 – 1 BvR 306/68, BVerfGE 29, 260, 266 f.; LAG Hamm v. 31. 5. 2000 – 18a Sa 858/00, NZA-RR 2000, 535 ff.; Biedenkopf, 46. DJT, Bd. 1, 97, 119, 156 ff.; Gamillscheg, KollArbR I, S. 339 ff.; Hanau/ Thüsing, ZTR 2001, 49, 52 f.; Kissel, AK, § 35, Rn. 23; Löwisch/ Rieble, TVG, § 1, Rn. 695; Wiedemann/ Wiedemann, Einl., Rn. 450; bzgl. Standortverlagerung offen gelassen von: BAG v. 24.04.2007 – 1 AZR 252/06, BAGE 122, 134, 164 f.; vgl. die teils kritischen Darstellungen bei: Hensche/ Heuschmid, in: Däubler, TVG, § 1, Rn. 939 ff.; Däubler, in: Däubler, AK, § 13, Rn. 36 ff.

1227 U.a.: Fischinger, Standortverlagerung, S. 160 ff.; Krause, Standortsicherung, S. 93 ff.

1228 Vgl.: Leydecker, AuR 2006, 11 f.; Hueck, Tarifausschlussklausel, S. 13 ff.

1229 Siehe: Schiek, in: Däubler, TVG, Einl., Rn. 283.

1230 Vgl.: BVerfG v. 01.03.1979 – 1 BvR 532/77, 533/77, 419/77, 1 BvL 21/78, BVerfGE 50, 290, 367; BVerfG v. 11.07.2006 – 1 BvL 4/00, BVerfGE 116, 202, 218; BAG v. 19.09.2006 – 1 ABR 2/06, BAGE 119, 275; Höfling, in: Sachs, Art. 9, Rn. 65; Bauer, in: Dreier, Art. 9, Rn. 81; a. A.: Kempen/ Zachert/ Kempen, Grundlagen, Rn. 166 f.

bb. Grundsätzliche Zulässigkeit von Differenzierungsklauseln

Die Beurteilung der Wirksamkeit solcher Differenzierungsklauseln, die in letzter Zeit immer wieder auftraten,[1231] kann im Folgenden einheitlich erfolgen, da beide Klauselarten dem Arbeitgeber jedenfalls in der Praxis keine einzelvertraglichen Abweichungen erlauben, selbst wenn solche bei den nur schuldrechtlich vereinbarten Abstandsklauseln rein rechtlich möglich wären.[1232]

(a) Verneinung grundsätzlicher Zulässigkeit

Zunächst einmal spräche gegen eine Zulässigkeit von Differenzierungsklauseln, dass dem Außenseiter bei gleicher Leistung Vorteile vorenthalten würden, weswegen sich dieser nicht mehr völlig frei entscheiden könne, ob er der Gewerkschaft beitreten möchte oder nicht.[1233]

Zudem wird angeführt, der Schutzbereich des Art. 9 III GG enthalte ebenso die Freiheit nicht von einem Tarifvertrag erfasst zu werden[1234] und somit selbständig seine Arbeitsbedingungen aushandeln zu können,[1235] was durch den mittelbaren Einfluss solcher Klauseln zunichte gemacht werde. Dem Art. 9 III S. 2 GG selbst sei zu entnehmen, dass in die Koalitionsfreiheit eingreifende Akte bereits dann nichtig seien, wenn sie diese „zu behindern suchen". Damit wäre also schon der *Versuch* ausreichend.[1236] Gerade die Bestandssicherung und die „Mitglieder-Rekrutierung" seien jedoch die logischen Ziele dieser Klauseln;[1237] dies würde aber genau das Gegenteil von dem darstellen, was Art. 9 GG schützte.[1238] Außerdem müssten die Gewerkschaften ihrer sozialen Macht gerecht werden und die Arbeitsverhältnisse aller im Auge behalten. Dem widerspreche die gezielte Benachteiligung von Außenseitern.[1239]

(b) Bejahung grundsätzlicher Zulässigkeit

Dem Gesagten wird entgegenhalten, schon rein faktisch reiche nicht jede Art von Druck aus, um einen Außenseiter in die „Arme der Gewerkschaft" zu treiben und somit einen Eingriff in den Schutzbereich von Art. 9 III GG bejahen zu können. Vielmehr sei eine gewisse Stärke dieses wenn auch mittelbaren, aber dennoch willenbeugenden Drucks[1240] im Gegensatz zum

---

1231 Vgl. zur Aktualität: Schiek, in: Däubler, TVG, Einl., Rn. 283.

1232 Anders: Leydecker, Tarifvertrag, S. 173.

1233 Vgl.: Rieble/ Klumpp, MüArbR, § 169, Rn. 45; i.Erg. auch: Rüthers, in: Brox/ Rüthers, Arbeitskampfrecht, Rn. 263.

1234 So: Bauer/ Arnold, NZA 2005, 1209, 1211.

1235 Vgl.: Biedenkopf, Tarifautonomie, S. 95; Bauer/ Arnold, NZA 2005, 1209, 1211.

1236 So: Hueck, Tarifausschlussklausel, S. 38.

1237 Vgl.: BAG v. 29.11.1967 – GS 1/67, AP Nr. 13 zu GG Art. 9, Bl. 11.

1238 Vgl.: Bötticher, Tarifvertragsparteien, S. 108; ähnlich: Giesen, NZA 2004, 1317, 1318 f.

1239 Vgl.: Zöllner, Differenzierungsklauseln, S. 49 f.

1240 Anerkennend: Scholz, in: Maunz-Dürig, Art. 9, Rn. 231.

bloßen Anreiz erforderlich.[1241] Ein gewisser Grad an Druck sei dem Einzelnen daher durchaus zumutbar.[1242] Würde bereits jeder Anreiz ausreichen, widerspräche dies zudem der Wertung des § 3 I TVG: Hiernach sollen die Tarifnormen grundsätzlich nur für die Mitglieder gelten und der Arbeitgeber die Außenseiter damit schlechter behandeln dürfen als die Organisierten, ohne dass ein Verstoß gegen deren Koalitionsfreiheit vorliege.[1243] Insofern seien die Klauseln vielmehr als eine Effektivierung dieses Grundsatzes zu verstehen.[1244] Eine prinzipielle Zulässigkeit solch eines Vorgehens sei ferner dem Willen des Gesetzgebers zu entnehmen, da dieser ein explizites Verbot eines Zwangs zum Beitritt noch aus dem Entwurf des Art. 9 GG gestrichen habe.[1245] Außerdem könnten der negativen Koalitionsfreiheit in einem zweiten Schritt kollidierende Interessen entgegengehalten werden: Einerseits müssten die Mitglieder durch ihre Beiträge und sonstigen Leistungen „Opfer" bringen, um überhaupt den Abschluss von Tarifverträgen möglich zu machen.[1246] Andererseits seien die Koalitionen selbst gezwungen für ihren Fortbestand sorgen:[1247] Sie müssten versuchen ihre Mitgliederzahl aufrechtzuerhalten, welche jedoch stetig abnehme und noch mehr abnehmen würde, wenn man als Außenseiter dieselben Vorteile wie die Mitglieder hätte.[1248] Daher sei aus ihrer Sicht zu versuchen, den „Trittbrettfahrern" Einhalt zu gebieten.[1249]

(c) Stellungnahme

Betrachtet man die Differenzierungsklauseln aus Sicht einer Grundrechtsprüfung, so bedarf es zunächst eines Eingriffes. Dieser liegt mit dem Bundesverfassungsgericht dann vor, wenn „Zwang oder Druck auf die Nichtorganisierten ausgeübt wird, einer Organisation beizutreten".[1250] D.h. jedoch, dass sich der Arbeitnehmer zu einem Beitritt veranlasst sehen muss, was ersichtlich nicht der Fall sein kann, wenn er z. B. als Differenzierungsobjekt einen Kugelschreiber bekommt, den er in jedem Laden für 5 Euro erwerben kann, im Gegenzug aber 100 Euro als Beitrag zahlen müsste.[1251]

Das Argument, die Gewerkschaft solle zusätzlich Verantwortung für alle Außenseiter-Arbeitsverhältnisse übernehmen, ist zu positivistisch gedacht. Ihm ist nicht zu folgen, handelt

1241 So: Säcker, Koalitionsfreiheit, S. 126, Fußn. 315; Leydecker, Tarifvertrag, S. 170.

1242 Siehe: BVerfG v. 19.10.1966 – 1 BvL 24/65, BVerfGE 20, 312, 322; BVerfG v. 20.07.1971 – 1 BvR 13/69, BVerfGE 31, 297, 302; Däubler, BB 2002, 1643, 1645.

1243 Siehe: Krause, in: Jacobs/ Krause/ Oetker, TVG, § 1, Rn. 52; Schiek, in: Däubler, TVG, Einl., Rn. 284; Gamillscheg, NZA 2005, 146, 147; vgl.: Giesen, NZA 2004, 1317.

1244 Vgl.: Schiek, in: Däubler, TVG, Einl., Rn. 284; Biedenkopf, Tarifautonomie, S. 96.

1245 Vgl.: Matz, in: Jahrbuch des öffentlichen Rechts I, 1, 122.

1246 So: Gamillscheg, NZA 2005, 146, 147; in diese Richtung auch: Kittner/Schiek, in: AK-GG, Art. 9 III, Rn. 110; Schiek, in: Däubler, TVG, Einl., Rn. 284.

1247 Siehe: Leydecker, Tarifvertrag, S. 179.

1248 Vgl.: Schiek, in: Däubler, TVG, Einl., Rn. 284; Leydecker, AuR 2006, 11, 14.

1249 Vgl.: Franzen, RdA 2006, 1; ErfK/ Dieterich, 10 GG, Art. 9, Rn. 34.

1250 BVerfG v. 20.07.1971 – 1 BvR 13/69, BVerfGE 31, 297, 302.

1251 Ähnlich: Däubler, BB 2002, 1643, 1647; Kempen/Zachert/Wendeling-Schröder, § 3, Rn. 257.

es sich bei den Gewerkschaften doch immer noch um Interessenvertreter ihrer Mitglieder. Eine „Überwachung" ihrer Machtstellung erfolgt anhand der unmittelbaren Bindung an die Grundrechte, einer weitergehenden Berücksichtigung der Außenseiterbelange bedarf es nicht. Zwar erscheint der Verweis auf Art. 9 III S. 2 GG zunächst einleuchtend, da bereits der Versuch der Behinderung der Koalitionsfreiheit für rechtswidrig erklärt wird, eine Beeinträchtigung also gar nicht vorliegen muss. Er verkennt jedoch, dass nicht die bloße Absicht Mitglieder zu „rekrutieren" für einen Eingriff ausreicht, sondern gerade ein Eingriff, d. h. die Beugung des Willens versucht werden muss. Dies ist jedoch aufgrund der vorgenannten Erwägungen nicht generell zu bejahen, sondern hängt vielmehr von der Höhe der Differenzierung ab.

cc. Höhe der zulässigen Differenzierung

Daher ist fraglich, ab welcher Intensität ein solcher Eingriff zu bejahen ist.

(a) Sozialadäquanz

Hierzu stellt das BAG entscheidend auf die Sozialadäquanz der Druckausübung ab und nimmt damit keine quantitative, sondern eine qualitative Bewertung vor.[1252] Diese wird zudem mittels des Gerechtigkeitsempfindens der Außenseiter mit Inhalt belebt, wonach aber dennoch selbst lediglich ausgleichende Regelungen sozialinadäquat seien, wenn sie nicht klar auf ihre ausgleichende Wirkung hinweisen würden.[1253]

(b) Orientierung am Gewerkschaftsbeitrag

Eine zweite Ansicht orientiert sich an dem Mitgliedschaftsbeitrag, den der Organisierte zu bezahlen hat, und bewertet den ausgeübten Druck somit quantitativ.[1254] Hierfür wird angeführt, dass ein Druck auf den Außenseiter erst dann regelmäßig ausgeübt werde, wenn die Nachteile eines Beitritts, also im Wesentlichen der Mitgliedsbeitrag, durch die Vorteile aufgefangen würden, da er ansonsten ja „draufzahlen" müsste.[1255] Den sonstigen Vorteilen wie Prozessvertretung, Streikprämien etc. komme jedoch kein besonders großes Gewicht zu, da

1252 Siehe: BAG v. 29.11.1967 – GS 1/67, AP Nr. 13 zu GG Art. 9, Bl. 24 f.; auch: Scholz, in: Maunz-Dürig, Art. 9, Rn. 231.

1253 Siehe: BAG v. 29.11.1967 – GS 1/67, AP Nr. 13 zu GG Art. 9, Bl. 21, 25.

1254 So: Leydecker, AuR 2006, 11, 15; ErfK/ Dieterich, 10 GG, Art. 9, Rn. 34; Hromadka/ Maschmann, § 13, Rn. 176; i.Erg. wohl auch: BVerfG v. 20.07.1971 – 1 BvR 13/69, BVerfGE 31, 297, 302.

1255 U. a.: Franzen, RdA 2006, 1, 4; Krause, in: Jacobs/ Krause/ Oetker, TVG, § 1, Rn. 52.

sie keinen Beitrittsanreiz ausüben würden, wie schon das Bundesverfassungsgericht teilweise festgestellt habe.[1256]

Gegen das Abstellen auf den Begriff der „Sozialadäquanz“ wird eingewandt, es handle sich bei diesem um einen sehr unbestimmten und sehr vagen Terminus,[1257] der ursprünglich aus dem Arbeitskampfrecht stamme,[1258] mittlerweile jedoch an Bedeutung verloren habe[1259] und von dem eigentlich keine „Entscheidungsmaximen“ ableitbar seien.[1260] Dasselbe gelte für das sog. „Gerechtigkeitsempfinden“.[1261] Außerdem gehe durch diese Begriffe die Objektivität der Beurteilbarkeit verloren, da die Auslegung weitestgehend ausschließlich von der Einschätzung des über sie im Streitfall zu urteilenden Richters abhänge.[1262]

(c) Stellungnahme, eigener Ansatz

Der zweiten Ansicht ist grundsätzlich zu folgen. Sie überzeugt, da sie mit dem leicht bezifferbaren Gewerkschaftsbetrag klarere Anhaltspunkte für einen Eingriff in die Koalitionsfreiheit liefert anstatt an „schwammigen“ Begriffen[1263] festzuhalten. Zudem kann in der Ansicht des BAG eine Art Zirkelschluss festgestellt werden: Es begründet die Rechtswidrigkeit mit dem Rechtsgefühl. Dieses kann aber nur dann (richtigerweise) verletzt sein, wenn ein Geschehen wirklich rechtswidrig ist, da sich der Empfindende ansonsten in einem Rechtsirrtum befindet, welcher jedoch bekanntermaßen „Erlaubtes nicht zu Unerlaubtem macht“.[1264] Daher ist als Ausgangspunkt der zu leistende Beitrag zu wählen.[1265] Von diesem müssen jedoch richtigerweise die weiteren Vorteile einer Mitgliedschaft (siehe oben) abgezogen werden, da diese durchaus einen festen Wert darstellen, was z. B. ein Vergleich mit den Kosten einer Rechtsschutzversicherung zeigt.[1266] Hiergegen kann selbst der Verweis der Verfechter der Wertlosigkeit solcher Vorteile auf eine Entscheidung des Bundesverfassungsgerichts nicht helfen. Dieses entschied lediglich, ob in der Prozessvertretung an sich ein Verstoß gegen die negative Koalitionsfreiheit gesehen werden kann.[1267] Damit dürfte eine Nicht-Berücksichtigung kaum belegbar sein, da die Prozessvertretung *allein* auch nach der hier vertretenen Auffassung im Ergebnis grundsätzlich nicht ausreichen würde, ausschlaggebenden Druck zu erzeugen. Lediglich wenn die Differenzsumme den Gewerkschaftsbeitrag abzüglich sonstiger Vorteile

---

1256 So: Leydecker, AuR 2006, 11, 15 mit Verweis auf BVerfG v. 20.07.1971 – 1 BvR 13/69, BVerfGE 31, 297, 302; ähnlich: Gamillscheg, KollArbR I, S. 359; Säcker, Koalitionsfreiheit, S. 127, Fußn. 315.

1257 U. a.: Bauer/ Arnold, NZA 2005, 1209, 1211; ErfK/Dieterich, 10 GG, Art. 9, Rn. 34.

1258 Vgl. insoweit: BAG v. 28.01.1955 – GS 1/54, BAGE 1, 291, 300.

1259 Vgl.: Leydecker, Tarifvertrag, S. 116 f.

1260 Allgemein: Hueck/ Nipperdey, II/2, S. 1000, Fußn. 34 c (S. 1002).

1261 Siehe: Leydecker, AuR 2006, 11, 14.

1262 Siehe: Kempen/ Zachert/ Kempen, Grundl., Rn. 165; Leydecker, Tarifvertrag, S. 154.

1263 Bzgl. Unbestimmtheit auch: Bauer/ Arnold, NZA 2005, 1209, 1210 f.; ErfK/ Dieterich, 10 GG, Art. 9, Rn. 34; Däubler (BB 2002, 1643, 1648) sieht hierin gar die Gefahr einer Tarifzensur.

1264 Auch: Gamillscheg, NZA 2005, 146, 147.

1265 Grundsätzlich auch: Leydecker, AuR 2006, 11, 15.

1266 Vgl.: Hueck, Tarifausschlussklausel, S. 44 ff.

1267 Vgl.: BVerfG v. 20.07.1971 – 1 BvR 13/69, BVerfGE 31, 297, 299 f., 302.

übersteigt und somit ein Eingriff bejaht werden kann, ist in einem zweiten Schritt im Rahmen der Verhältnismäßigkeitsprüfung zu untersuchen, inwiefern dieser Eingriff durch einen Ausgleich der individuellen und kollektiven Koalitionsfreiheit gerechtfertigt werden kann, was jedoch wiederum von den Umständen des Einzelfalles abhängt.[1268]

V. Zwischenergebnis

Die Tarifvertragsparteien müssen sich an gewisse allgemeine Grenzen bei der inhaltlichen Gestaltung der Tarifverträge halten. Zunächst kann der Anwendungsbereich des Tarifvertrages nur dem Zuständigkeitsbereich der beiden Vertragspartner entsprechend gewählt werden. Gegenstand können nur Rechtsnormen sein, die den Inhalt, den Abschluss und die Beendigung des Arbeitsverhältnisses betreffen. Und es darf kein kollusives Handeln der Tarifvertragspartner zum Nachteil ihrer Mitglieder vorliegen. Ein solches verfolgt nicht den verfassungsrechtlichen Koalitionszweck.

Die Koalitionen sind unmittelbar an die Grundrechte gebunden. Die Frage der Grundrechtsgebundenheit ist nicht nur ein Streit von akademischer Natur; eine nur mittelbare Grundrechtsbindung ermöglicht nämlich, bei konsequenter Umsetzung, einen größeren Gestaltungsfreiraum. Eine unmittelbare Bindung lässt sich, beschränkt auf das Wesentliche, in zweifacher Hinsicht begründen: Der Gedanke der Delegationstheorie ist nach wie vor berücksichtigungswürdig. Art. 9 III S. 1 GG verpflichtet den Gesetzgeber nur ein Tarifvertragssystem zu schaffen, durch welches die Tarifvertragsparteien *unmittelbar* wirkende Tarifverträge abschließen können. Die *zwingende* Wirkung wird nicht gewährleistet. Damit reicht die Begründung der Normsetzungskompetenz durch die kollektive Privatautonomie nicht aus. Die Individuen können alleine keine Normsetzungskompetenz legitimieren. Diese basiert zwar zunächst auf dem autonomen Zusammenschluss der Mitglieder, erhält aber letztlich ihre normative, d.h. zwingende Wirkung durch eine Delegation staatlicher Rechtsetzungsmacht in Form des TVG, also des einfachen Rechts. Außerdem steht der Tarifvertrag der fremdbestimmten Gesetzgebung näher als dem selbstbestimmten Individualvertrag. Arbeitnehmer können sich in der Regel nicht vor der Einwirkung eines Tarifvertrages wehren, sei es, weil dieser qua Bezugnahme gilt, die ihnen im Arbeitsvertrag einseitig oktroyiert wurde, oder weil sie einer Mitgliedschaft nicht realistisch entgehen können, hierbei jedoch keine wirklichen Einflussmöglichkeiten auf den konkreten Vertragsinhalt haben. Jedenfalls eine analoge Anwendung des Art. 1 III GG erscheint daher möglich. Wer *wie* der Gesetzgeber handelt muss ähnlichen Schranken unterworfen werden.

Daher sind beispielsweise Differenzierungsklauseln an der individuellen, negativen Koalitionsfreiheit zu messen. Sie verstoßen grundsätzlich gegen diese, wenn der Differenzbetrag den Gewerkschaftsbeitrag abzüglich der sonstigen Vorteile einer Mitgliedschaft übersteigt. In diesem Fall entsteht ein unzulässiger Druck auf das Nicht-Mitglied, der Koalition beizutreten.

1268 Vgl.: Leydecker, AuR 2006, 11, 14.

C. Konkretisierung der Grenzen anhand des einfachen Rechts: § 138 BGB

Neben den aufgezeigten allgemeinen Grenzen, insb. aus der unmittelbaren Grundrechtsbindung, lassen sich jedoch ebenso dem einfachen Recht Paramater bzgl. des Inhalts des Tarifvertrages entnehmen, die im Rahmen der Angemessenheitsprüfung zu berücksichtigen sind. Zwar stellt das einfache Recht in der Regel „nur" die (verfassungskonforme) Konkretisierung der grundrechtlichen Wertungen dar. Allerdings ist es darüber hinaus das Resultat von Gestaltungsspielräumen des einfachrechtlichen Gesetzgebers und erleichtert durch seinen höheren Konkretisierungsgrad zudem eine Beurteilung des Einzelfalles. Exemplarisch soll im Folgenden eine Grenzziehung anhand des Sittenwidrigkeitstatbestandes des § 138 BGB entwickelt werden. Diesbezüglich wird beispielsweise vertreten, dass die soeben an der negativen Koalitionsfreiheit (Art. 9 III S. 1 GG) überprüften Differenzierungsklauseln vielmehr einen Verstoß gegen § 138 BGB darstellen würden.[1269]

Auch bzgl. der gegenständlichen Betrachtung von Spartenstreiks und den damit verbundenen hohen Forderungen insb. von Funktionselitegewerkschaften ist an eine Überprüfung anhand des Sittenwidrigkeitstatbestandes des § 138 BGB zu denken. Wie gesehen, darf hierbei selbstverständlich nicht der „angemessene" Lohn festgelegt und alle Abweichungen hiervon als sittenwidrig bezeichnet werden; dies liefe auf eine unzulässige Tarifzensur hinaus.[1270] Vielmehr geht es darum in Fällen, in denen (zufällig) kein ungefähres Gleichgewicht der Tarifvertragspartner vorherrscht und so die Richtigkeitsgewähr bedroht ist, das Machtgefälle durch Ausgleichsmechanismen abzumildern. § 138 BGB stellt insofern nur eine Missbrauchskontrolle dar, die extreme Abweichungen nach unten oder oben korrigieren kann, welche dann entstehen können, wenn die eine Seite „dem Diktat der stärkeren Vertragspartei" unterlegen ist.[1271]

I. Anwendbarkeit auf Tarifverträge

Fraglich, und daher mitnichten so „selbstverständlich" wie *Otto* meint,[1272] ist jedoch bereits, ob § 138 BGB überhaupt bei der Inhaltskontrolle eines anvisierten Tarifvertrages zur Anwendung kommen kann.

1. Argumente gegen eine Anwendbarkeit

Verschiedentlich kann man lesen, das BAG stünde einer Anwendung des § 138 BGB ablehnend gegenüber.[1273] Wie bereits dargestellt hat es jedoch grundsätzlich stets ausgeführt: „Ta-

1269 So: Löwisch/ Rieble, TVG, § 1, Rn. 1179.

1270 Siehe oben: § 10 A. I. 3.

1271 Lakies, in: Däubler, TVG, Anh. 1 zu § 5 TVG, Rn. 108; grundsätzlich für eine Beschränkung auch: Otto, AK, § 8, Rn. 43.

1272 Otto, in: FS Konzen, 663, 675.

rifverträge sind allein daraufhin zu untersuchen, ob sie gegen die Verfassung, anderes höherrangiges zwingendes Recht oder die guten Sitten verstoßen".[1274] Auch in seinem Urteil vom 24.03.2004 hat es nicht die Anwendbarkeit abgelehnt, sondern eine Entscheidung dahinstehen lassen und die Tarifverträge an den u.a. in § 138 BGB zum Ausdruck kommenden, elementaren Gerechtigkeitsanforderungen der Art. 2 I GG und 20 I GG überprüft.[1275] Allerdings hat es in diesem Zusammenhang zugleich ausgeführt, gegen eine Anwendbarkeit des § 138 BGB auf Tarifverträge könnten grundsätzlich der Wortlaut, der nur von *Rechtsgeschäften* spreche, wohingegen es sich beim Tarifvertrag um normative Regelungen handele, sowie die systematische Stellung angeführt werden.[1276] Zudem wird in der Literatur argumentiert, eine Gleichstellung mit Rechtsgeschäften durch Private würde die Normsetzungskompetenz außer Acht lassen. Dies würde zu ihrer Entwertung führen, da so der einfache Richter quasi über die Zulässigkeit einer Norm befinden könne.[1277]

Würde man es zulassen, dass der Richter bestimmen dürfte bzw. müsste, was der gerechte Lohn oder Wert der Arbeitsleistung sei, um anschließend die von diesem ausgehende noch zulässige Unterschreitung zu bestimmen, käme dies einer Zwangsschlichtung gleich, da die Überzeugung des Richters an die Stelle der Einigung der Tarifvertragsparteien trete.[1278] Ferner wäre der ansonsten notwendig zum Ausdruck kommende Vorwurf eines *sittenwidrigen Handelns* eine „mißliche Sache"; ein solcher Vorwurf habe wenig mit der bedeutenden Aufgabe der koalitionsmäßigen Tätigkeit zu tun.[1279] Angeführt wird weiter das Problem einer Lohnspirale nach unten, wenn sich Arbeitnehmer wohlhabender, prosperierender Unternehmen mit solchen kleinerer Wettbewerber vergleichen müssten.[1280] Außerdem sei eine vergleichende Betrachtung schon von Haus aus gar nicht durchführbar. Hierfür bräuchte es eines „gegenwärtig vorhandenen Vergleichsobjekts". Eine nahe Vergleichbarkeit in allen Aspekten, also insb. bzgl. der einzelnen Arbeitnehmer und eines vergleichbaren Betriebs, läge aber meist nicht vor. Darüber hinaus könne der Abschluss in einem großen Unternehmen wohl nur schwer mit dem in einem kleinen verglichen werden. Zudem gebe es Berufszweige, in denen gar keine passenden Vergleichsobjekte vorhanden seien.[1281] Ein allgemeingültiger Maßstab

---

1273 So: Ruch, Dreiseitige Vereinbarungen, S. 95.

1274 BAG v. 04.09.1985 – 5 AZR 655/84, BAGE 49, 281, 287; BAG v. 06.09.1995 – 5 AZR 174/94, BAGE 81, 5, 13; vgl. auch: BAG v. 14.12.1982 – 3 AZR 251/80, BAGE 41, 163, 168; BAG v. 10.12.2002 – 1 AZR 96/02, BAGE 104, 155, 169; BAG v. 28.03.2006 – 1 ABR 58/04, BAGE 117, 308, 320 f.

1275 Siehe: BAG v. 24.03.2004 – 5 AZR 303/03, BAGE 110, 79, 84 f.; vgl. auch: Kempen/ Zachert/ Kempen, Grundl., Rn. 269.

1276 So: BAG v. 24.03.2004 – 5 AZR 303/03, BAGE 110, 79, 85; BAG v. 25.03.1981 – 4 AZR 1012/78, AP Nr.42 zu BAT 1975 §§ 22, 23; auch: Hamann, EzA Nr. 2 zu § 138 BGB 2002, Bl. 11, 14; Schmitt, SAE 2005, 201, 202; in diese Richtung wohl ebenfalls: Palandt/ Ellenberger, § 138, Rn. 11.

1277 Siehe: Hamann, EzA Nr. 2 zu § 138 BGB 2002, Bl. 11, 14.

1278 So: Hanau/ Thüsing, in: Thüsing, Tarifautonomie, S. 68; Rudkowski, Der Streik in der Daseinsvorsorge, S. 79.

1279 So: Canaris, AcP 184, 201, 244, der aber i.Erg. eine sogar noch weitergehende Kontrolle für erforderlich hält.

1280 So: Rudkowski, Der Streik in der Daseinsvorsorge, S. 78.

1281 So: Rudkowski, Der Streik in der Daseinsvorsorge, S. 78.

sei daher kaum vorstellbar.[1282] Schließlich sei eine Kontrolle nicht nötig: Zum einen komme es bei Ablehnung einer Anwendbarkeit des § 138 BGB zu den gleichen Ergebnissen, da die Rspr. dieselben Maßstäbe bei einer Bewertung anhand von Art. 2 I und Art. 20 I GG verwende.[1283] Zum anderen wird darauf verwiesen, eine Beschränkung nach oben erfolge über ein funktionierendes Arbeitskampfsystem und nach unten bedürfe es einer solchen nicht, da sich die Arbeitnehmer mit derlei Regelungen nicht arrangieren würden.[1284]

2. Argumente für eine Anwendbarkeit

Ein beachtlicher Teil der Literatur spricht sich dennoch für eine Kontrollmöglichkeit anhand von § 138 BGB aus.[1285] Dies wird meist als Selbstverständlichkeit angesehen, denn, wie ebenfalls *Krause* bemerkt, sucht man eine Begründung oft vergebens[1286] oder es wird pauschal auf die Bindung an höheres Recht verwiesen.[1287]

Es gibt jedoch durchaus einen argumentativen Hintergrund: Angeführt wird zunächst, es handle sich bei dem Tarifvertrag sehr wohl um ein Rechtsgeschäft, da er von Privatpersonen abgeschlossen werde und im Kern einen Vertrag darstelle.[1288] Zwar sei es richtig, dass er desgleichen normativ wirke. Dies stehe einer Einordnung (auch) als Rechtsgeschäft jedoch nicht im Wege, wie sich am Beispiel von Vereinssatzungen zeige.[1289] Zudem sei der Übergang zwi-

1282 So: Hanau/ Thüsing, in: Thüsing, Tarifautonomie, S. 68; Rudkowski, Der Streik in der Daseinsvorsorge, S. 78.

1283 Hamann, SAE 2005, 201, 202.

1284 Siehe: Hanau/ Thüsing, in: Thüsing, Tarifautonomie, S. 68; Rudkowski, Der Streik in der Daseinsvorsorge, S. 78 f.

1285 Siehe: BAG v. 04.09.1985 – 5 AZR 655/84, BAGE 49, 281, 287; BAG v. 06.09.1995 – 5 AZR 174/94, BAGE 81, 5, 13; vgl. auch: BAG v. 14.12.1982 – 3 AZR 251/80, BAGE 41, 163, 168; BAG v. 10.12.2002 – 1 AZR 96/02, BAGE 104, 155, 169; BAG v. 28.03.2006 – 1 ABR 58/04, BAGE 117, 308, 320 f.; Otto, in: FS Konzen, 663, 675 ff.; MüKoBGB/ Armbrüster, § 138 Rn. 9; Däubler, Tarifvertragsrecht, Rn. 368, 381; Gamillscheg, KollArbR I, S. 687, 695; Greiner, Arbeitskampfpluralität, S. 240, 452; Jacobs, NZA 2008, 325, 331; Kissel, AK, § 10, Rn. 52; Krause, in: Jacobs/ Krause/ Oetker, TVG, § 1, Rn. 112; Mayer-Maly, AP Nr.42 zu §§ 22, 23 BAT 1975; Reinfelder, in: Däubler, AK, § 15, Rn. 54 (bzgl. § 826 BGB) Ruch, Dreiseitige Vereinbarungen, S. 95; Sack/ Fischinger, in: Staudinger, AT 4a, § 138, Rn. 11, 509; Schiek, in: Däubler, TVG, Einl., Rn. 321, 323; Wiedemann/ Wiedemann, Einl. Rn. 355, § 1, Rn. 245; grundsätzlich auch: Junker, ZfA 1996, 383, 393; Löwisch/ Rieble, TVG, Grundlagen, Rn. 205, § 1 Rn. 518; Kempen/ Zachert/ Kempen, TVG, Grundl. Rn. 269; Seiter, Streikrecht, S. 536; letztlich wohl auch: Reim/ Nebe, in: Däubler, TVG, § 1, Rn. 187; jedenfalls im Sinne einer Exzesskontrolle: Lieb/ Jacobs, Arbeitsrecht, Rn. 604; Jacobs, in: FS Buchner, 342, 354; ders., NZA 2008, 325, 331.

1286 Krause, in: Jacobs/ Krause/ Oetker, TVG, § 1, Rn. 112.

1287 U.a.: Schiek, in: Däubler, TVG, Einl., Rn. 321; Kempen/ Zachert/ Kempen, TVG, Grundl. Rn. 269; Kissel, AK, § 10, Rn. 52; Wiedemann/ Wiedemann, Einl. Rn. 355; Gamillscheg, KollArbR I, S. 695.

1288 So grundsätzlich: Sack/ Seibl, in: Staudinger, AT 4a, § 134, Rn. 12; Sack/ Fischinger, in: Staudinger, AT 4a, § 138, Rn. 11; Löwisch/ Rieble, TVG, § 1, Rn. 510; Otto, in: FS Konzen, 663, 676.

1289 So: Otto, in: FS Konzen, 663, 676, Fußn. 69, mit Verweis bzgl. der Anwendbarkeit des § 138 BB auf Vereinssatzungen auf Sack/ Seibl, in: Staudinger, AT 4a, § 134, Rn. 11.

schen normativem und schuldrechtlichem Teil fließend, was zu Rechtsunsicherheit führe bzgl. der Frage, ob der im konkreten Fall relevante Teil an § 138 BGB zu messen sei oder nicht.[1290]

Allgemein müsse gelten: Stehe eine Regelung außerhalb der Rechtsordnung, könne sich dies nicht schlicht dadurch ändern, dass sie Gegenstand eines Tarifvertrages werde.[1291] Vielmehr sei es die Funktion des § 138 BGB jeder autonomen Rechtsgestaltung Grenzen zu setzen, falls sie sich in Widerspruch zur Rechts- und Sittenordnung setze.[1292] In ihm kämen elementare Gerechtigkeitsanforderungen zum Ausdruck, „die der ganzen Rechtsordnung zugrunde liegen".[1293] Schließlich sei eine Kontrolle anhand von § 138 BGB sehr wohl vonnöten: Im Gegensatz zu reinen Gesetzen gebe es nämlich für Tarifverträge kein Normenkontrollverfahren.[1294] Es könne jedoch nicht sein, dass die Tarifunterworfenen schutzlos Grundrechtseinschränkungen ausgeliefert seien.[1295]

3. Stellungnahme

Die Stellungnahme zur Anwendbarkeit des § 138 BGB auf Tarifverträge könnte grundsätzlich recht kurz ausfallen: Eine Entscheidung wurde eigentlich schon getroffen, indem oben mit der (bisherigen) Rspr. angenommen wurde, „Tarifverträge sind allein daraufhin zu untersuchen, ob sie gegen die Verfassung, anderes höherrangiges zwingendes Recht oder die guten Sitten verstoßen".[1296] Daraus folgt konsequenterweise, dass der Tarifvertrag grundsätzlich an § 138 BGB als höherrangigerem zwingendem Recht zu messen ist bzw. allgemeiner gehalten ganz grundsätzlich eine Überprüfung zumindest anhand des Rechtsgedankens der guten Sitten vorzunehmen ist. Das Ergebnis steht im Grunde also fest. Insofern kann dem BAG hinsichtlich seines Abstellens auf die verfassungsrechtliche Grundlage der guten Sitten mit Art 2 I, 20 I GG[1297] kein Vorwurf gemacht werden.

Es bleibt jedoch die Frage, ob nur auf diese allgemeine Grundlage abgestellt werden darf oder die einfachrechtliche Ausgestaltung ebenso Anwendung finden kann. Insofern hat das BAG mit seinem Hinweis auf Wortlaut und Systematik des § 138 BGB den Finger in die Wunde gelegt; es geht um die Frage, ob es sich beim Tarifvertrag um ein Rechtsgeschäft im

---

1290 So: Sack/ Fischinger, in: Staudinger, AT 4a, § 138, Rn. 11; Sack/ Seibl, in: Staudinger, AT 4a, § 134, Rn. 12.

1291 So: Mayer-Maly, AP Nr.42 zu BAT 1975 §§ 22, 23; Wiedemann/ Wiedemann, § 1, Rn. 245 (allerdings mit der Möglichkeit eines geänderten Bewertungsmaßstabes); Ruch, Dreiseitige Vereinbarungen, S. 95; in diese Richtung auch: Löwisch/ Rieble, TVG, § 1, Rn. 518; Otto, in: FS Konzen, 663, 677.

1292 Siehe: Ruch, Dreiseitige Vereinbarungen, S. 96.

1293 So: Däubler, Tarifvertragsgesetz, Rn. 381.

1294 So: MüKoBGB/ Armbrüster, § 138 Rn. 9; Mayer-Maly, AP Nr.42 zu BAT 1975 §§ 22, 23; Ruch, Dreiseitige Vereinbarungen, S. 95.

1295 So: Canaris, AcP 184, 201, 244; Sack/ Fischinger, in: Staudinger, AT 4a, § 138, Rn. 11 mit Verweis darauf, dass die Arbeitnehmer nicht direkt an der Ausgestaltung beteiligt seien.

1296 BAG v. 04.09.1985 – 5 AZR 655/84, BAGE 49, 281, 287; BAG v. 06.09.1995 – 5 AZR 174/94, BAGE 81, 5, 13; vgl. auch: BAG v. 14.12.1982 – 3 AZR 251/80, BAGE 41, 163, 168; BAG v. 10.12.2002 – 1 AZR 96/02, BAGE 104, 155, 169; BAG v. 28.03.2006 – 1 ABR 58/04, BAGE 117, 308, 320 f.

1297 BAG v. 24.03.2004 – 5 AZR 303/03, BAGE 110, 79, 84 f.

Sinne dieser Vorschrift handelt, denn auch höherrangigeres Recht kann nur angewendet werden, wenn seine Tatbestandsvoraussetzungen erfüllt sind. Wird angeführt, es handle sich beim Tarifvertrag um kein Rechtsgeschäft, weil dieser normativ wirke, greift diese Argumentation zu kurz. Sie lässt die auch vom Verfasser vertretene Auffassung einer Doppelnatur des Tarifvertrages außer Acht:[1298] Zwar steht der Tarifvertrag, was seine Auswirkungen betrifft, also auf Ebene der einzelnen Mitglieder, der einseitigen Gesetzgebung näher und zudem ist die Verleihung oder Delegation jedenfalls einer zwingenden Wirkung durch den Gesetzgeber notwendig. Wie bereits ausgeführt, bedarf es aber dennoch der kollektiven Privatautonomie: Die Legitimation erfolgt durch den Zusammenschluss oder den Beitritt.[1299] Betrachtet man des Weiteren das eigentliche Zustandekommen des Tarifvertrages, so entspricht dieses dem Zustandekommen eines Vertrages im Sinne des BGB: Es geht, wohlgemerkt auf Ebene der Koalitionen, nicht um einseitig hoheitliches Handeln, selbst wenn es sich für die Mitglieder im Nachhinein oft so anfühlen mag, sondern um das Verhandeln, das Feilschen um einzelne Vertragsbedingungen.[1300] Daher kann der Tarifvertrag unter Berücksichtigung seiner Doppelnatur durchaus unter den Begriff des Rechtsgeschäfts subsumiert werden.

Darüber hinaus spricht für eine Anwendbarkeit des § 138 BGB die dadurch erreichbare größere Rechtssicherheit: In der Tat ist eine Abgrenzung zwischen normativem und schuldrechtlichem Teil des Tarifvertrages vereinzelt schwierig. Eine einheitliche Handhabung lässt eine derartige, ansonsten erforderliche Differenzierung jedoch obsolet werden. Zudem erscheint eine Kontrolle anhand der guten Sitten im Rahmen von § 138 BGB nachvollziehbarer, kann diese Norm doch auf eine lange Entwicklung und Konkretisierung durch Lit. und Rspr. zurückblicken, wohingegen eine Argumentation über Art. 2 I, 20 I GG zumindest abstrakter erscheint.[1301] Des Weiteren darf der Vorwurf der drohenden Zwangsschlichtung zwar nicht vorschnell beiseitegeschoben werden. Immerhin muss sich das Gericht in der Tat zunächst Gedanken machen, was der *Wert* für die geleistete Arbeit ist. Im Gegensatz zu einer einseitigen Festsetzung dieses Wertes als „richtigem Lohn" geht es aber bei einer Sittenwidrigkeitskontrolle darum lediglich Extremfälle, also Ausreißer nach oben und unten auszuschließen. Daher und da die Sittenwidrigkeit nur im Rahmen der Angemessenheit Berücksichtigung findet, verbleibt ein Abwägungsspielraum. Es wird den sozialen Gegenspielern nicht ein „richtiger" Lohn vorgegeben, sondern es werden nur diejenigen Löhne ausgeschlossen, die in keinem Fall als nachvollziehbar angemessen betrachtet werden können. Es entsteht also ein breiter Korridor, der den Koalitionen einen großen Spielraum bei der Gestaltung der Tarifverträge belässt.

Ferner ist dem Vorwurf, die Sittenwidrigkeitsbezeichnung würde einen nicht hinnehmbaren Makel darstellen, welcher der wichtigen Aufgabe der Koalitionen nicht gerecht werde, nicht zu folgen. Immerhin ist es nicht der erkennende Richter, der für eine solche Bewertung verantwortlich ist, sondern es sind die verantwortenden Koalitionen selbst, indem sie sich

1298 Ähnlich auch: Hamann, EzA Nr. 2 zu § 138 BGB 2002, Bl. 11, 14.

1299 Siehe oben: § 10 B. IV. 1. e.

1300 In diese Richtung auch: Sack/ Seibl, in: Staudinger, AT 4a, § 134, Rn. 12; Hamann, EzA Nr. 2 zu § 138 BGB 2002, Bl. 11, 14.

1301 Auch: Schmitt, SAE 2005, 201, 202.

anmaßen derartige erheblich ungerechte Inhalte zu vereinbaren, dass quasi jeder Person mit gesundem Menschenverstand das krasse Missverhältnis auffallen oder, um es mit den Worten des BAG zu sagen, ins Auge springen muss.[1302] Das Argument der Lohnspirale nach unten ist ebenfalls nicht nachvollziehbar. Genauso gut könnten sich Geringverdiener auf den Lohn von Besserverdienenden berufen. Das generelle Problem einer Spiralbildung darf jedoch nicht geleugnet werden. Es besteht aber in den meisten Fällen, in denen Vergleiche angestellt werden.

Desgleichen kann das Problem des zu verwendenden Vergleichsmaßstabes nicht geleugnet werden; es stellt wohl die zentrale Schwierigkeit bei der Anwendung des § 138 BGB dar. Ein Problem zu erkennen heißt jedoch nicht, vor ihm davonzulaufen. Vielmehr müssen Parameter entwickelt werden, damit eben doch ein allgemeingültiger Maßstab etabliert werden kann; hierzu sogleich. Schließlich ist eine Kontrolle anhand des § 138 BGB schlichtweg notwendig. Eine Kontrolle nach unten durch „rebellierende" Mitglieder findet nicht in jedem Fall statt, wie das Beispiel der Arbeitnehmerüberlassung oder ein tariflicher Grundstundenlohn im Falle von Friseuren von 3,82 Euro zeigen.[1303] Und eine Kontrolle nach oben anhand eines funktionierenden Arbeitskampfsystems kann nicht immer gewährleistet werden. Doch genau darum geht es: Grundsätzlich soll ein Arbeitskampfsystem etabliert werden, das zu ausgeglichenen Ergebnissen führt. § 138 BGB dient damit als letzte, ebenfalls für Tarifvertragsparteien nicht zu überschreitende Grenze, mit deren Hilfe rechtsmissbräuchliches Handeln ausgeschlossen werden kann, wenn es, trotz aller Bemühungen, doch einmal zu Problemen in der Funktionsweise des Arbeitskampfsystems kommt. Der angestrebte Tarifvertrag muss rechtmäßig sein.[1304] Dumping-Löhne und weit überzogene Forderungen sind dies, jedenfalls in extremen Ausformungen, jedoch nicht. In diesen Fällen hilft sogar der allgegenwärtig ins Feld geführte Rekurs auf die Koalitionsfreiheit samt umfassender Gestaltungsfreiheit nicht. Bei solch niedrigen oder extrem hohen Forderungen ist nämlich stark daran zu zweifeln, ob überhaupt noch der Koalitionszweck verfolgt wird, also die Arbeits- und Wirtschaftsbedingungen gefördert und gewahrt werden.[1305]

An einer Kontrolle durch § 138 BGB sollte daher festgehalten werden, selbst wenn eine Überprüfung anhand der guten Sitten, gerade wegen der hier vertretenen unmittelbaren Grundrechtsbindung,[1306] ebenso über Art. 2 I, 20 I GG möglich erscheint.

II. Inhaltliche Ausgestaltung

Nach Bejahung der generellen Anwendbarkeit des § 138 BGB auf Tarifverträge muss geklärt werden, wann eine Forderung als sittenwidrig eingestuft werden kann. Hierbei handelt es sich

1302 BAG v. 22.04.2009 – 5 AZR 436/08, BAGE 130, 338, 341.

1303 Siehe: Lakies, in: Däubler, TVG, Anh. 1 zu § 5 TVG, Rn. 86.

1304 Vgl.: BAG v. 21.03.1978 – 1 AZR 11/76, BAGE 30, 189, 199; BAG v. 10.12.2002 – 1 AZR 96/02, BAGE 104, 155, 169; Ricken, in: MüArbR, § 200, Rn. 30; Kissel, AK, § 10, Rn. 14 f.; § 24, Rn. 9; ErfK/Dieterich, 10 GG, Art. 9, Rn. 115.

1305 Ähnlich: Greiner, Arbeitskampfpluralität, S. 452, bzgl. einer Beschränkung nach oben.

1306 Siehe oben: § 10 B. IV. 1. e.

ebenfalls um eine Einzelfallbewertung. Im Sinne einer besseren praktischen Handhabbarkeit sollen jedoch letztlich, nach einer Annäherung über allgemeine Erwägungen, Richtwerte entwickelt werden.

1. Ausgestaltung durch die Rechtsprechung

Ausführliche Erläuterungen zu § 138 BGB in Bezug auf den Inhalt von Tarifverträgen gibt es in der Rechtsprechung nur wenige. Nach einem Urteil des BAG vom 24.03.2004 bedürfe es sowohl bzgl. Abs. 1 als auch bzgl. Abs. 2 des § 138 BGB eines auffälligen Missverhältnisses zwischen Leistung und Gegenleistung.[1307] Daher müsse zunächst der objektive Wert der Arbeitsleistung bestimmt werden. Ausgangspunkt hierfür sei der Tariflohn des jeweiligen Wirtschaftszweiges, wenn im „Wirtschaftsgebiet üblicherweise der Tariflohn gezahlt wird". Liege die verkehrsübliche Vergütung darunter, müsse auf das *allgemeine Lohnniveau im Wirtschaftsgebiet* abgestellt werden.[1308] Eine Entscheidung, ab wann ein auffälliges Missverhältnis vorliege, ob insb. auf die, jedenfalls faktisch, vom BGH gebilligte Zweidrittel-Grenze[1309] abzustellen sei, lässt das BAG ausdrücklich dahinstehen.[1310] Insb. könne zudem weder auf den Sozialhilfesatz noch auf die Pfändungsfreigrenze des § 850 c ZPO abgestellt werden, da es bei § 138 BGB als Referenz auf den Wert der Arbeit ankomme, der für verschiedene Arbeiten ganz unterschiedlich sei, wohingegen es sich bei diesen Grenzen um feste Größen handele, die sich an anderen Parametern, wie den wirtschaftlichen Bedürfnissen, orientieren würden.[1311] Im Rahmen seiner Ausführungen zu Art. 2 I, 20 I GG formuliert das Gericht vielmehr allgemein, es sei „festzustellen, ob das tarifliche Arbeitsentgelt für die nach dem Tarifvertrag jeweils geschuldete Arbeitsleistung dem Anstandsgefühl aller billig und gerecht Denkenden widerspricht."[1312] Da insb. die Löhne jedoch aufgrund des Grundrechts der Koalitionsfreiheit autonom durch die Tarifvertragsparteien auszuhandeln seien und dem Ergebnis grundsätzlich Richtigkeitsgewähr zukomme, könne eine Sittenwidrigkeit (im Rahmen von Art. 2 I und Art. 20 I GG) nur bejaht werden, wenn das Entgelt angesichts der Tätigkeit einen „Hungerlohn" darstelle.[1313]

Ähnliche Ausführungen finden sich ferner bzgl. der allgemeinen Frage des Lohnwuchers in Arbeitsverträgen: In dem Urteil vom 23.05.2001 erklärt das BAG, dass bzgl. der Werterrmittlung grundsätzlich von dem „allgemeinen Lohnniveau im Wirtschaftsgebiet auszugehen"

1307 BAG v. 24.03.2004 – 5 AZR 303/03, BAGE 110, 79, 82.

1308 BAG v. 24.03.2004 – 5 AZR 303/03, BAGE 110, 79, 83.

1309 In der Entscheidung des BGH v. 22.04.1997 – 1 StR 701/96, BGHSt 43, 53, 60 wird die landgerichtliche Bejahung des Vorliegens eines Lohnwuchers bei einer im konkreten Fall gezahlten Vergütung von Zweidritteln des tariflichen Stundenlohns bestätigt; vgl.: Lakies, in: Däubler, TVG, Anh. 1 zu § 5 TVG, Rn. 120.

1310 BAG v. 24.03.2004 – 5 AZR 303/03, BAGE 110, 79, 84.

1311 BAG v. 24.03.2004 – 5 AZR 303/03, BAGE 110, 79, 83 f.

1312 BAG v. 24.03.2004 – 5 AZR 303/03, BAGE 110, 79, 85; allerdings im Hinblick auf Art 2 I und Art. 20 I GG.

1313 BAG v. 24.03.2004 – 5 AZR 303/03, BAGE 110, 79, 86.

sei.[1314] Es ließ jedoch ebenfalls eine Entscheidung hinsichtlich konkreter Grenzen offen. Die wohl letzte in diesem Zusammenhang bedeutende Entscheidung erfolgte mit Urteil vom 22.04.2009.[1315] Neben dem zeittechnischen Hinweis, dass es bei der Beurteilung nicht auf den Tag des Vertragsschlusses, sondern auf den jeweils zu bewertenden Zeitraum ankomme[1316] führte es aus, ein auffälliges Missverhältnis sei gegeben, „wenn es einem Kundigen, gegebenenfalls nach Aufklärung des Sachverhalts, ins Auge springt".[1317] Weiter legte sich das BAG nun auf einen Richtwert für „ein auffälliges Missverhältnis zwischen Leistung und Gegenleistung" fest: Ein solches sei zu bejahen, wenn „die Arbeitsvergütung nicht einmal zwei Drittel eines in der betreffenden Branche und Wirtschaftsregion üblicherweise gezahlten Tariflohns" erreiche; allerdings nur mangels „einer spezifischen Rechtfertigung".[1318] Eine solche könnte beispielsweise in einer besonders einfachen Tätigkeit oder in Leistungsdefiziten des Arbeitnehmers gesehen werden.[1319] Stelle der Tariflohn demgegenüber nicht die „verkehrsübliche Vergütung" dar, müsse nach wie vor vom „allgemeinen Lohnniveau im Wirtschaftsgebiet" ausgegangen werden.[1320] Die *Verkehrsüblichkeit* könne grundsätzlich „angenommen werden, wenn mehr als 50 % der Arbeitgeber eines Wirtschaftsgebiets tarifgebunden sind oder wenn die organisierten Arbeitgeber mehr als 50 % der Arbeitnehmer eines Wirtschaftsgebiets beschäftigen."[1321] Diese Parameter wurden durch Urteil vom 16.05.2012 bestätigt.[1322]

2. Normzweck

Telos des § 138 BGB ist letztendlich sein Auffangcharakter: Der Gesetzgeber weiß, dass er nicht alle erdenklichen Fallgestaltungen im Einzelnen regeln kann. Daher muss er eine Generalnorm bereitstellen, die dem Richter einen gewissen Freiraum verschafft und es ihm somit ermöglicht, dennoch grundsätzlich allen Arten von Missbräuchen der Vertragsfreiheit Einhalt zu gebieten, d.h. insb. wenn die Voraussetzungen für ein freies Spiel der Kräfte, eine ungefähre Parität, erheblich gestört sind.[1323]

Es soll also erreicht werden entsprechende Missbräuche auszuschließen (Eliminationszweck), andere von ähnlichen Gestaltungen abzuhalten (Abschreckungszweck) und eine Anpassung an sich wandelnde Umstände zu ermöglichen (Transformationszweck).[1324] Das

1314 BAG v. 23.05.2001 – 5 AZR 527/99, AuR 2001, 509, 510.

1315 Siehe: BAG v. 22.04.2009 – 5 AZR 436/08, BAGE 130, 338 ff.; vgl.: Lakies, in: Däubler, TVG, Anh. 1 zu § 5 TVG, Rn. 131.

1316 BAG v. 22.04.2009 – 5 AZR 436/08, BAGE 130, 338, 340.

1317 BAG v. 22.04.2009 – 5 AZR 436/08, BAGE 130, 338, 341.

1318 BAG v. 22.04.2009 – 5 AZR 436/08, BAGE 130, 338, 340, 341.

1319 BAG v. 22.04.2009 – 5 AZR 436/08, BAGE 130, 338, 342.

1320 BAG v. 22.04.2009 – 5 AZR 436/08, BAGE 130, 338, 341.

1321 BAG v. 22.04.2009 – 5 AZR 436/08, BAGE 130, 338, 344; vgl.: Sack/ Fischinger, in: Staudinger, AT 4a, § 138, Rn. 503.

1322 BAG v. 16.05.2012 – 5 AZR 268/11, DB 2012, 2048, 2049.

1323 Siehe: NK-BGB/ Looschelders, § 138, Rn. 1; Sack/ Fischinger, in: Staudinger, AT 4a, § 138, Rn. 1 f.

1324 Vgl.: MüKoBGB/ Armbrüster, § 138, Rn. 1 ff.

Rechtsgeschäft soll nicht „in den Dienst des Unsittlichen gestellt werden“.[1325] Dem liegt die Annahme zugrunde, dass grundlegende Wertvorstellungen, die in der Gesellschaft vorherrschen, unerlässlich für ein gedeihliches Zusammenleben seien. Diese sind jedoch nicht in jeder Hinsicht empirisch zu ermitteln, sondern es geht vielmehr um „normative Wertungsfragen“, bei deren Entwicklung die Rechtsordnung und insbesondere die Grundrechte berücksichtigt werden müssen.[1326] Hierbei wird die allgemeine Alternative des Abs. 1 durch den Wuchertatbestand des Abs. 2 konkretisiert. Wird letzterer verneint, ist ein Rückgriff auf Abs. 1, insb. in Form des wucherähnlichen Geschäfts möglich, wenn sonstige sittenwidrigkeitsrelevante Umstände hinzutreten.[1327]

3. Begriff der guten Sitten – sachliche und örtliche Orientierung

Es bleibt jedoch die, aufgrund der zukunftsoffenen Gestaltung nie abschließend zu beantwortende Frage, was unter den guten Sitten zu verstehen ist. Eine Annäherung kann in sachlicher und örtlicher Hinsicht erfolgen: Die guten Sitten verweisen auf die Maßstäbe der Ethik, der Moral und der Sittlichkeit.[1328] Es ist auf die herrschende Rechts- und Sozialmoral abzustellen. Hierzu gehören alle Normen, die einen gerechten Ausgleich herbeiführen wollen.[1329] Die guten Sitten werden zudem gemeinhin als das *Anstandsgefühl aller billig und gerecht Denkenden* „konkretisiert“.[1330] Bereits diese Formulierung verdeutlicht, dass es zum einen nicht auf die subjektiven Anschauungen des einzelnen Richters[1331] und zum anderen nicht auf das Anstandsgefühl *aller* ankommt.[1332] Aufgrund der Weite dieser Formulierung und der Unklarheit, welche Personen zum ausschlaggebenden Kreis gehören, erscheinen aber allgemeingültige, wirkliche Konkretisierungen als sehr schwierig.[1333] Dennoch lässt sich daraus jedenfalls ein gewisser Rahmen entnehmen.[1334] Es ist auf die Wertvorstellung in der Gesellschaft im Ganzen, gefiltert durch den Maßstab der Billigkeit und Gerechtigkeit, abzustellen.[1335] In räumli-

---

1325 Medicus, BGB AT, Rn. 680; vgl.: NK-BGB/ Looschelders, § 138, Rn. 4.

1326 NK-BGB/ Looschelders, § 138, Rn. 2 f.

1327 Vgl.: BGH v. 19.01.2001 – V ZR 437/99, BGHZ 146, 298, 301; MüKoBGB/ Armbrüster, § 138, Rn. 142; NK-BGB/ Looschelders, § 138, Rn. 2.

1328 Siehe: Sack/ Fischinger, in: Staudinger, AT 4a, § 138, Rn. 23.

1329 Siehe: Sack, NJW 1985, 761, 768; ders./ Fischinger, in: Staudinger, AT 4a, § 138, Rn. 22; ähnlich: Soergel/ Hefermehl, § 138, Rn. 3.

1330 Siehe: RG v. 15.10.1912 – VII 231/12, RGZ 80, 219, 221; BGH v. 09.07.1953 – IV ZR 242/52, BGHZ 10, 228, 232; BGH v. 06.02.2009 – V ZR 130/08, NJW 2009, 1346, 1347; vgl.: MüKoBGB/ Armbrüster, § 138, Rn. 14; Soergel/ Hefermehl, § 138, Rn. 4; Sack, NJW 1985, 761; ders./ Fischinger, in: Staudinger, AT 4a, § 138, Rn. 14; Reinfelder, in: Däubler, AK, § 15, Rn. 54; kritisch: Heldrich, AcP 186, 74, 93 f. (da leerformelhaft).

1331 Siehe: BGH v. 02.12.1998 – IV ZB 19/97, BGHZ 140, 118, 129; Soergel/ Hefermehl, § 138, Rn. 4.

1332 Ähnlich: Sack, NJW 1985, 761, 763; Soergel/ Hefermehl, § 138, Rn. 4.

1333 Ähnlich: Soergel/ Hefermehl, § 138, Rn. 5; NK-BGB/ Looschelders, § 138, Rn. 34 f.; Sack/ Fischinger, in: Staudinger, AT 4a, § 138, Rn. 16.

1334 Auch: NK-BGB/ Looschelders, § 138, Rn. 38: Sack/ Fischinger, in: Staudinger, AT 4a, § 138, Rn. 18.

1335 Auch: NK-BGB/ Looschelders, § 138, Rn. 36 f.

cher Hinsicht ist grundsätzlich auf das Gebiet der Bundesrepublik abzustellen.[1336] Sofern aber z.B. europarechtliche Normen auf nationales Recht Einfluss haben, sind diese ebenfalls zu berücksichtigen.[1337]

4. Merkmale der guten Sitten

Die Sittenwidrigkeit lässt sich anhand eines beweglichen Systems verschiedener, sich mittlerweile herausgebildeter Kriterien[1338] nachvollziehbarer veranschaulichen bzw. näher konkretisieren. Es ist auf den „aus der Zusammenfassung von Inhalt, Beweggrund und Zweck zu entnehmenden Gesamtcharakter" abzustellen.[1339] Die Bejahung einzelner Kriterien führt also nicht zwangsläufig zur Sittenwidrigkeit, sondern ergibt sich oft erst aus einer Kombination von ihnen. Im Hinblick auf die Kontrolle von (überhöhten) Spartentarifverträgen kommen prinzipiell die folgenden Kriterien in Betracht:

a. Absicherung anerkannter Ordnungen

Die guten Sitten sollen anderen anerkannten Normensystemen, wie z.B. dem Standesrecht oder Statutarrecht, weitergehende Bedeutung verschaffen. Hierzu zählen ebenfalls die Grundrechte und sonstige Verfassungsprinzipien, die zwischen Privaten normalerweise nur mittelbar über Generalklauseln wie §§ 138, 242 BGB wirken.[1340] Da nach hiesiger Auffassung die Tarifvertragsparteien bereits unmittelbar grundrechtsgebunden sind, kann dieses Kriterium grundsätzlich vernachlässigt werden. Ansonsten bedürfte es an dieser Stelle der Prüfung des Ausgleiches der widerstreitenden Grundrechte.[1341]

b. Abwehr von Freiheitsbeschränkungen

Die Beschränkung von Freiheiten gehört regelmäßig zu den Charakteristiken eines Verpflichtungsgeschäfts und stellt insofern nichts Ungewöhnliches dar. Gerade die Beispiele von Bierlieferungsverträgen, Wettbewerbsverboten und Knebelungsverträgen zeigen jedoch, dass diese Bindungen durchaus so erheblich sein können, dass ein Umschlagen in Sittenwidrigkeit

1336 So: MüKoBGB/ Armbrüster, § 138, Rn. 16; in diese Richtung wohl auch: Sack/ Fischinger, in: Staudinger, AT 4a, § 138, Rn. 654.

1337 Vgl. allgemein: BGH v. 05.02.1998 – I ZR 211/95, BGHZ 138, 55, 59 ff. (richtlinienkonforme Auslegung); MüKoBGB/ Armbrüster, § 138, Rn. 16.

1338 Siehe: MüKoBGB/ Armbrüster, § 138, Rn. 27 ff.; vgl.: Ruch, Dreiseitige Vereinbarungen, S. 96; allgemein grundlegend: Wilburg, AcP 163, 346 ff.

1339 BGH v. 21.12.1960 – VIII ZR 1/60, BGHZ 34, 169, 176; ähnlich: BGH v. 19.01.1989 – IX ZR 124/88, BGHZ 106, 269, 272.

1340 Siehe: MüKoBGB/ Armbrüster, § 138, Rn. 40.

1341 Auch: Ruch, Dreiseitige Vereinbarungen, S. 96.

möglich wird, insb. wenn sie einer besonders langen Laufzeit unterliegen oder zu einem weitgehenden Verlust der Selbständigkeit führen.[1342] Gerade letzteres könnte auch in Bezug auf überhöhte Forderungen in Arbeitskämpfen einschlägig sein: Werden so hohe Forderungen gestellt, dass dadurch Einfluss auf grundlegende Unternehmensentscheidungen genommen wird bzw. drängen sich solche in unabänderbarer Form dem Arbeitgeber auf, bleibt ihm also gar keine andere Wahl, könnte darin eine solche Freiheitsbeschränkung gesehen werden. Dies scheint jedenfalls dann der Fall zu sein, wenn der Arbeitgeber seine geschäftliche Selbständigkeit völlig verliert.[1343] Bejaht wurde ein solch gravierender Verlust der Selbständigkeit z.B., als ein Autor ohne entsprechende Gegenleistung alle künftigen Werke einem Verlag anbieten musste[1344] oder bei einer vollständigen Unterwerfung unter künftige Wünsche des Vertragspartners.[1345]

c. Abwehr der Ausnutzung von Machtpositionen

Gerade in Bezug auf Sparten- bzw. Funktionselitegewerkschaften kommt zudem das Kriterium des Ausnutzens einer Machtposition in Betracht. Eine solche Machtposition kann durch eigene Stärke erzeugt werden, also wenn durch eine Vormachtstellung überhöhte Gegenleistungen durchgesetzt werden.[1346] Auch die Schwäche des Gegners kann zu einer Machtposition führen, wenn der Vorteil vorwiegend aus fremder Bedrängnis gezogen wird. Zu diesem Kriterium werden u.a. der Monopolmissbrauch und die Ausnutzung der Arbeitgeberstellung gezählt.[1347] Erstere wird teilweise dann angenommen, wenn sich aufgrund einer Vormachtstellung für den Vertragspartner ein Zwang ergibt, sich unbilligen Bedingungen zu unterwerfen.[1348] Ähnliches kann jedoch insb. bei Funktionselitegewerkschaften beobachtet werden: Ihre „Ware", also die zu erbringende Arbeit, kann der Unternehmer nicht kurzfristig auf andere Weise erlangen. Gerade dies zeichnet diesen Typus von Gewerkschaft aus. Und bei entsprechend starker Stellung der Gewerkschaft ist es denkbar, dass diese letztlich einseitig extrem hohe, in keinem Verhältnis zur erbrachten Leistung stehende Forderungen durchsetzen kann, da dem Arbeitgeber nichts anderes übrig bleibt als diesen zuzustimmen, um seinen Betrieb überhaupt wieder zum Laufen zu bringen.[1349]

Ferner wird die Arbeitgeberstellung grundsätzlich als potentielle Quelle der Ausnutzung einer Machtstellung angesehen. Dies verwundert nicht, baut doch insb. die Tarifautonomie darauf auf, dass der einzelne Arbeitnehmer bei Vertragsschluss dem „arbeit-spendenden" Ar-

1342 Siehe: MüKoBGB/ Armbrüster, § 138, Rn. 34, 68.
1343 So: Ruch, Dreiseitige Verträge, S. 96; MüKoBGB/ Armbrüster, § 138, Rn. 34, 71.
1344 Siehe: BGH v. 14.12.1956 – I ZR 105/55, BGHZ 22, 347, 355 f.
1345 Siehe: RG v. 27.05.1913 – II 625/12, RGZ 82, 308, 313 f.
1346 Vgl. schon: RG v. 08.01.1906 – I 320/05, RGZ 62, 264, 266.
1347 Siehe: MüKoBGB/ Armbrüster, § 138, Rn. 35, 86.
1348 So: BGH v. 18.11.1955 – V ZR 162/54, BGHZ 19, 85, 94.
1349 Siehe oben: § 4 D. II. u. VI.

beitgeber strukturell unterlegen ist.[1350] Dieses traditionelle Verständnis hat sich jedoch teilweise gewandelt; gerade was in Arbeit befindliche Mitglieder einer Funktionselitegewerkschaft betrifft: Diese haben häufig eine so starke Stellung im Unternehmen inne, dass nun sie es sind, die grundsätzlich dem Arbeitgeber die Bedingungen diktieren können.[1351] Daher ist ihre Stellung in gewisser Weise vergleichbar mit der des Arbeitgebers, jedenfalls was das Aushandeln von Vertragsbedingungen im Rahmen von Tarifverhandlungen angeht.

d. Abwehr der Schädigung Dritter

Eine unterlegene Stellung ist des Weiteren oft bei der Abwehr der Schädigung Dritter von Belang bzw. bildet deren Hintergrund. Hierbei geht es um andere Vertragspartner der (unterlegenen) Partei, welche durch den Vertrag in ihren Rechtstellungen beeinträchtigt werden, also z.B. Gläubiger, die keine guten Aussichten mehr auf eine Erfüllung ihrer Forderungen haben. Werden aber bereits erworbene oder zukünftige Rechtspositionen dieser Dritten beeinträchtigt oder gefährdet, kann dies auf einen Verstoß gegen die guten Sitten hindeuten, wenn sich darin ein rücksichtsloses Verhalten manifestiert. Hierzu gehören im Verhältnis zwischen Privaten grundsätzlich ebenfalls die Fälle der Kollusion oder des Verleitens zum Vertragsbruch.[1352]

Vorliegend könnte man in diesem Zusammenhang zunächst an die durch den Arbeitskampf hervorgerufenen Schäden bei Dritten denken, also beispielsweise an Abnehmer, die ihre Produkte nicht rechtzeitig bekommen oder an unbeteiligte Arbeitnehmer, deren Betriebsteil streikbedingt stillgelegt wurde.[1353] Allerdings geht es hierbei nicht um eine Schädigung durch den abzuschließenden Vertrag, sondern um tatsächliche Auswirkungen des Kampfgeschehens. In Betracht kommt jedoch von der Idee her zumindest die Berücksichtigung einer mittelbaren Auswirkung von exorbitant hohen Löhnen für Mitglieder von Funktionselitegewerkschaften auf das sonstige Lohngefüge. Als ein mögliches zukünftiges Problem wurde nämlich skizziert, dass Arbeitnehmergruppen mit schlechter strategischer Stellung, insb. solche, die bereits jetzt „nur“ Hilfstätigkeiten verrichten, immer geringere Gehälter erhalten könnten: Steht dem Unternehmen nur ein bestimmter Lohntopf zur Verfügung, muss er, bedingt durch Mehrausgaben im Rahmen von Spartentarifverträgen, am anderen Ende, d.h. an den Ausgaben für diese Berufsgruppen sparen.[1354] Dadurch würde der Tarifvertragsabschluss dazu führen, dass es zu Verschlechterungen bei anderen Arbeitnehmern kommt.

Dieser Gedanke sollte nicht unberücksichtigt bleiben. Allerdings steht er wohl nicht im Vordergrund: Zum einen handelt es sich um ein schwer nachweisbares Problem. Zum anderen wird nicht ein bestehender Anspruch beeinträchtigt: Ginge es darum, dass der Unternehmer

1350 Vgl.: BVerfG v. 26.06.1991 – 1 BvR 779/85, BVerfGE 84, 212, 229; BAG v. 28.03.2006 – 1 ABR 58/04, BAGE 117, 308, 319; BAG v. 22.09.2009 – 1 AZR 972/08, BAGE 132, 140, 152; Treber, in: Schaub, § 197, Rn. 3; Rieble/Klumpp, in: MüArbR, § 162, Rn. 25; Greiner, Arbeitskampfpluralität, S. 47.

1351 Siehe oben: § 4 D. II.

1352 Siehe: MüKoBGB/ Armbrüster, § 138, Rn. 36, 96.

1353 Vgl.: ErfK/ Dieterich, 10 GG, Art. 9, Rn. 217.

1354 Siehe oben: § 4 D. I. 3.

andere Löhne faktisch nicht mehr voll zahlen kann und nur die Löhne seiner „Eliten“ ohne Einschnitte bedient, läge die Sache freilich anders. In dem geschilderten Szenario erhalten die Arbeitnehmer mit strategisch schlechter Stellung hingegen nach wie vor den geschuldeten Lohn; nur dass dieser u.u. bei deren nächster Tarifrunde eben nicht erhöht oder sogar gesenkt wird. Eine Verringerung von Tariflöhnen ist zwar selten, aber dennoch zulässig. In krassen Fällen, die eindeutig in dieser Form erkennbar sind, kann jedoch ein solcher Zusammenhang Berücksichtigung finden.

e. Abwehr von schweren Äquivalenzstörungen

Leistung und Gegenleistung sind in vielen Fällen von Austauschverhältnissen nicht völlig gleichwertig bzw. wäre es wohl auch gar nicht möglich, eine exakte Wertgleichheit festzustellen, da der Wert einer Sache oder Dienstleistung von sehr vielen Faktoren abhängt. Es handelt sich hierbei also um ein „normales“ Phänomen. Erst wenn der Wertunterschied Züge eines *auffälligen* oder *groben* Missverhältnisses annimmt, kann an Sittenwidrigkeit gedacht werden. Umstritten ist, ob zusätzliche Kriterien hinzukommen müssen. Die Rspr. verlangt dies zumindest im Falle des auffälligen Missverhältnisses: Erforderlich sind hiernach das Vorliegen eines der besonderen Tatbestandsmerkmale des § 138 II BGB oder eines subjektiven Moments, wie z.B. eine verwerfliche Gesinnung.[1355] Aus diesen beiden Alternativen resultiert die sprachliche und rechtstechnische Unterscheidung in *Wucher* (in den Fällen des Abs. 2) und *wucherähnlichem Geschäft* (im Falle des Abs. 1).[1356] In diesen Zusammenhang ist ebenso das Problem des (angesichts der geleisteten Arbeit) zu geringen und daher sittenwidrigen arbeitsvertraglichen Entgelts einzusortieren.[1357]

Doch dieses Phänomen gibt es gleichfalls mit umgekehrten Vorzeichen, was das Handeln von Spartengewerkschaften betrifft: Auf die Problematik des Auseinanderfallens des Lohn- und Leistungsniveaus wurde bereits hingewiesen: Es erscheint jedenfalls möglich, dass das Entgelt eines Mitglieds einer Funktionselitegewerkschaft nicht mehr von seiner Leistung oder Bildung abhängt, sondern nur noch von seiner streiktechnischen Stellung im Unternehmen, also davon, ob und inwieweit er bzw. seine Berufsgruppe systemrelevant ist.[1358] Sollte ein solches Szenario jedoch eintreten, kommt zumindest an sich ein Missverhältnis zwischen dem Wert der Leistung, also der erbrachten Arbeit, und der Gegenleistung, also dem erhaltenen Lohn in Betracht. Wie gesehen, muss dieses aber zudem auffällig sein, um als sittenwidrig zu gelten. Wann dies der Fall ist, wird bei der Festlegung fester Richtwerte zu klären sein.

1355 Vgl.: BGH v. 12.03.1981 – III ZR 92/79, BGHZ 80, 153, 158 ff.; BGH v. 16.02.1994 – IV ZR 35/93, BGHZ 125, 135, 137; NK-BGB/ Looschelders, § 138, Rn. 355; Sack/ Fischinger, in: Staudinger, AT 4a, § 138, Rn. 501; a.A. hinsichtlich verwerflicher Gesinnung: MüKoBGB/ Armbrüster, § 138, Rn. 117.

1356 Siehe: MüKoBGB/ Armbrüster, § 138, Rn. 37, 112.

1357 Siehe hierzu: Sack/ Fischinger, in: Staudinger, AT 4a, § 138, Rn. 501; und auch die oben dargestellte Rechtsprechung: § 10 C. II. 1.

1358 Siehe oben: § 4 D. VI.

f. Durchkreuzung verwerflicher Gesinnung

Ein weiteres Kriterium stellt schließlich die Betätigung einer verwerflichen Gesinnung dar, die jedenfalls im Zusammenhang mit anderen Kriterien zu einer Sittenwidrigkeit führen kann.[1359] Wie gesehen, spielt sie v.a. im Zusammenhang mit einem auffälligen Leistungsmissverhältnis eine Rolle.

III. Grenzen für das Forderungsvolumen nach oben und unten – Richtwerte

Nach diesen allgemeinen Ausführungen stellt sich nun die Frage, wie konkrete Grenzen für die Gestaltung von Tarifverträgen aussehen können und wer die Kompetenz besitzt, diese festzulegen.

1. Kompetenz zur Festlegung der guten Sitten

Ein erster Ansatzpunkt für die Bestimmung von Grenzen einer Lohnerhöhung könnte die allgemeine Teuerungsrate sein. In dieser wird nachgezeichnet, um wie viel Prozent teurer das Leben in der Bundesrepublik im Vergleich zum Vorjahr durchschnittlich geworden ist. Eine Anlehnung der Löhne hieran würde zu einer moderaten, ausgewogenen Anpassung an die sonstige Preisentwicklung führen. Die Löhne würden in gleicher und damit „gerechter" Weise steigen, so wie die Preise für Produkte und Dienstleistungen auch. Diese Überlegung missachtet jedoch, dass der Preis für eine Ware oder Dienstleistung nicht von der allgemeinen Marktentwicklung, sondern in einer Marktwirtschaft immer noch von Angebot und Nachfrage bestimmt wird. Selbst die Teuerungsrate stellt nur einen Durchschnittswert da; die einzelnen Produkte unterliegen also sehr wohl ebenfalls einer unterschiedlichen Preissteigerung; von daher erscheint schon der Ansatz verfehlt. Zudem würden so stets alle Löhne in den verschiedensten Wirtschaftsbereichen in ähnlichem Maße steigen oder fallen. Auf Besonderheiten von einzelnen Branchen oder neue Entwicklungen könnte keine Rücksicht genommen werden. Damit scheidet ein solcher Ansatzpunkt aus.

Des Weiteren könnte man sich an vorangegangenen Tarifabschlüssen konkurrierender Mehrheitsgewerkschaften orientieren. Dadurch würde erreicht werden, dass insbesondere Funktionselitegewerkschaften nicht mehr „so egoistisch" nur auf ihren eigenen Vorteil bedacht agieren könnten. Immerhin müssten sie sich an dem Abschluss einer alle Interessen berücksichtigenden Mehrheitsgewerkschaft festhalten lassen. Zu Recht wurde ein solcher Ansatz aber bereits in der ALEB-Entscheidung abgelehnt.[1360] Der Tarifvertrag einer großen Branchengewerkschaft ist nicht mit dem vergleichbar, was eine kleine Spartengewerkschaft

1359 Siehe: BGH v. 24.10.1968 – II ZR 214/66, BGHZ 51, 141, 144; MüKoBGB/ Armbrüster, § 138, Rn. 38, 124.

1360 BAG v. 10.09.1985 – 1 ABR 32/83, BAGE 49, 322, 332 f., dort in Bezug auf die Tariffähigkeit einer Gewerkschaft; Vgl.: Greiner, Arbeitskampfpluralität, S. 240.

erreichen will. Dass sie bessere Bedingungen für sich und ihre Mitglieder anstrebt, ist ihr nicht zu verwehren; solange dieses Streben in Maßen erfolgt. Ansonsten bedürfte es keiner Gewerkschaftspluralität; von Art. 9 III GG vorgesehen, soll gerade ein Wettbewerb der Gewerkschaften erreicht werden. Außerdem ist ein solcher Vergleich schon technisch nicht möglich: Bereits eine geringe Zeit zwischen den Tarifabschlüssen kann ausreichend sein, um zu völlig anderen (wirtschaftlichen) Rahmenbedingungen zu führen. Was heute noch Mangelware ist, kann morgen schon im Überfluss vorhanden sein. Auch wenn es am Arbeitsmarkt meist etwas ruhiger und langsamer zugeht, unterliegt der Wert der „Ware“ Arbeitsleistung auch hier stetigen Schwankungen. Zudem wäre ein solches System sehr anfällig für Manipulationen, indem Zugeständnisse an eine Gewerkschaft gezielt genutzt werden könnten, um eine „unliebsame Gewerkschaft faktisch auszuschalten“.[1361]

Schließlich wird vorgeschlagen, es sei auf das Votum des Sachverständigenrates abzustellen.[1362] Ein solcher wurde mit Verabschiedung des „Gesetzes über die Bildung eines Sachverständigenrates zur Begutachtung der gesamtwirtschaftlichen Entwicklung“ vom 14.08.1963 installiert.[1363] Gem. §§ 1 und 2 dieses Gesetzes soll er eine periodische Begutachtung vornehmen und die „gesamtwirtschaftliche Lage und deren absehbare Entwicklung darstellen.“ Für eine Anlehnung der Sittenwidrigkeitsgrenzen an diese Richtwerte spricht zunächst, dass es sich um die Ergebnisse einer ausgiebigen, wissenschaftlichen Auswertung verschiedenster wirtschaftlicher Daten durch Personen mit besonderem Sachverstand handelt.[1364] Daher wird vertreten, diese Grenzwerte seien als Rahmen für Lohnbewegungen geeignet.[1365] Mehr noch: Sie würden Höchstwerte für das „gewerkschaftliche Fordern-Dürfen“ darstellen.[1366] Dieser Ansatz ist aber im Ergebnis ebenso abzulehnen. Selbst das Gesetz geht davon aus, dass es sich lediglich um unverbindliche Empfehlungen handelt.[1367] Dem Sachverständigenrat wird noch nicht einmal das Recht zuerkannt, Empfehlungen für wirtschafts- oder sozialpolitische Maßnahmen auszusprechen.[1368] Außerdem muss beachtet werden, welch erhebliche Bedeutung dieses Votum dann hätte: Es würde quasi verbindlich einen Richtwert für Lohnerhöhungen darstellen und damit einen erheblichen Eingriff in die verfassungsrechtliche Lohngestaltungsfreiheit der Koalitionen darstellen. Für eine solch weitreichende Kompetenz fehlt dem Gremium jedoch die demokratische Legitimation.[1369] Zudem erscheint das Votum als zu allgemein. Es berücksichtigt nicht die branchen- und arbeitsplatzspezifischen Beson-

---

1361 Greiner, Arbeitskampfpluralität, S. 240 f.

1362 Diese Argumentation bezieht sich aber grundsätzlich auf eine Konkretisierung des „Gemeinwohls“.

1363 BGBl. I, S. 685; vgl.: Bulla, in: FS Nipperdey II, 79, 87 (mit abgedruckten Textauszügen in Fußn. 21 a).

1364 So: Knebel, Koalitionsfreiheit, S. 141; Bulla, in: FS Nipperdey II, 79, 100.

1365 Siehe: Bulla, in: FS Nipperdey II, 79, 100; jedenfalls in diese Richtung auch: Rasch, BB 1974, 1217 ff.; Biedenkopf, BB 1968, 105, 108 f. (bzgl. konzertierter Aktion); Säcker, Koalitionsfreiheit, S. 54 (bzgl. Orientierungsdaten nach § 3 StabilitätsG als zu berücksichtigender Aspekt); Reuter, ZfA 1990, 535, 550 f.; Zöllner/ Loritz/ Hergenröder, S. 404 (bzgl. grober Missachtung der Orientierungsdaten bzgl. der konzertierten Aktion).

1366 Bulla, in: FS Nipperdey II, 79, 100.

1367 Siehe: Kissel, AK, § 10, Rn. 39; Gamillscheg, KollArbR I, S. 322; Kempen/ Zachert/ Kempen, Grundl., Rn. 173.

1368 Anerkennend auch: Bulla, in: FS Nipperdey II, 79, 87.

1369 Auch: Knebel, Koalitionsfreiheit, S. 142.

derheiten und kann auf aktuelle Geschehnisse nicht adäquat reagieren. Des Weiteren bestünde die Gefahr der politischen Einflussnahme,[1370] sodass letztendlich doch ein staatsgetragenes Lohngefüge entstehen könnte, obgleich das Grundgesetz die Aufgabe der Lohnfindung bewusst dem größeren Sachverstand der Koalitionen überantwortet hat.[1371] Schließlich birgt auch das Votum eines Sachverständigenrates keine Richtigkeitsgewähr, sodass letzten Endes doch wieder der Richter kontrollieren müsste, ob dem Votum überhaupt gefolgt werden kann.[1372]

Damit bleibt es dem Richter überlassen festzusetzen, wann ein Lohn oder eine Lohnerhöhung gegen die guten Sitten verstößt; es handelt sich um eine Rechtskontrolle. Festzuhalten ist jedoch nochmals, dass es nicht darum geht den „richtigen" Lohn zu finden. Vielmehr sollen nur Extremfälle anhand einer Missbrauchskontrolle ausgeschieden werden.

2. Eigener Ansatz

Im Folgenden soll versucht werden einen Ansatz zu finden, der es ermöglicht Missbrauchsfälle von exorbitanten Lohnforderungen ebenso wie von Lohndumping zu unterbinden.

Wie gesehen steht das BAG, was Tarifverträge betrifft, (noch) auf dem Standpunkt ein tariflicher Lohn sei sittenwidrig, wenn er gegen das Anstandsgefühl aller billig und gerecht Denkenden verstößt; dies könne jedoch aufgrund der mit der Koalitionsfreiheit zusammenhängenden Richtigkeitsgewähr erst bejaht werden, wenn es um „Hungerlöhne" gehe. Eine einheitliche, allgemeingültige Untergrenze gebe es nicht.[1373] Dem ist insofern zuzustimmen, als „Hungerlöhne" ausgeschlossen werden müssen. Auch die Annahme ein Lohn sei sittenwidrig, wenn er dem Anstandsgefühl aller billig und gerecht Denkenden widerspricht ist und bleibt richtig. Abgesehen von diesen beiden Kernaussagen erscheint der Standpunkt des BAG jedoch widersprüchlich, selbst wenn dies nur auf einer sprachlichen Ungenauigkeit beruhen sollte: Beide Aussagen betreffen nämlich, wie es scheint entgegen der Ansicht des BAG, unterschiedliche Grenzen der Lohngestaltung: Der Begriff „Hungerlohn" legt seinem natürlichen Sprachgebrauch nach nahe, dass es um einen Lohn geht, bei dem, bildlich gesprochen, der Arbeitnehmer nicht satt wird, er also Hunger leidet. Damit kann jedoch nur eine allgemeine absolute Lohngrenze, die für jeden gleich ist und die gerade nicht vom Wert der jeweiligen Arbeit abhängt gemeint sein, denn seinen Hunger kann jeder Mensch ab etwa dem gleichen zur Verfügung stehenden Lohn nicht mehr stillen; egal, ob er Straßenkehrer oder Manager ist. Dies steht allerdings im Widerspruch zur grundsätzlichen Verneinung einer solch absoluten, für jeden gleichen Untergrenze.[1374] Andererseits hängt die Wertung eines billig und gerecht Denkenden, dass ein Lohn sich nicht mit seinem Anstandsgefühl verträgt, doch gerade davon

1370 Ähnlich: Gamillscheg, KollArbR I, S. 322.

1371 Auch: Kempen/ Zachert/ Kempen, Grundl., Rn. 173; Seiter, Streikrecht, S. 560; Löwisch/ Rieble, in: MüArbR, § 158, Rn. 30; ähnlich: dies., TVG, Grundl., Rn. 201, 216.

1372 Vgl.: Seiter, Streikrecht, S. 559.

1373 Siehe oben: § 10 C. II. 1.

1374 Deshalb ebenfalls kritisch bzgl. des Begriffes des „Hungerlohnes": Löwisch/ Rieble, TVG, § 1, Rn. 521; Otto, in: FS Konzen, 663, 677; Krause, in: Jacobs/ Krause/ Oetker, TVG, § 1, Rn. 112.

ab, welche Tätigkeit der Arbeitnehmer ausübt; eine Beschränkung auf „Hungerlöhne" ist also nicht angebracht. Das Anstandsgefühl muss vielmehr zu unterschiedlichen Ergebnissen gelangen, wenn sowohl eine Putzfrau als auch ein Chefarzt einen Stundenlohn von beispielsweise acht Euro bekommen. Da nützt selbst die Richtigkeitsgewähr nichts, denn es geht gerade darum Missbrauchsfälle auszuschließen, in denen diese eben nicht mehr vollends vorliegt. Daher muss es konsequenterweise beides geben: Neben einer absoluten Untergrenze bedarf es zusätzlich einer relativen, vom Wert der jeweiligen Arbeit abhängenden Unter- und Obergrenze.[1375]

Ausgangspunkt bei der Bestimmung derartiger Grenzen sind „die guten Sitten". Sittenwidrigkeit ist zu bejahen, wenn der Lohn gegen die herrschende Rechts- und Sozialmoral bzw. das Anstandsgefühl aller billig und gerecht Denkenden verstößt. Die Bestimmung wann dies der Fall ist, ist schwierig und hängt von allen im Einzelfall relevanten Tatsachen ab.[1376] Zur Konkretisierung gibt es jedoch ein bewegliches System bestehend aus verschiedenen Kriterien, von denen die möglicherweise in Bezug auf Tarifverträge einschlägigen oben vorgestellt wurden.[1377] Aus einem oder mehreren dieser Kriterien kann sich ergeben, dass der Lohn nicht mehr dem Anstandsgefühl aller billig und gerecht Denkenden entspricht. Hierbei ist eine Gesamtschau anzustellen. Insbesondere bzgl. zwei dieser Kriterien erscheint es möglich, gewisse Richtwerte zu ihrer Feststellung aufzustellen: Das ist zum einen die Absicherung anerkannter Ordnungen. Aus ihr lässt sich, wie im Folgenden zu zeigen sein wird, die Grenze für einen „Hungerlohn", also eine absolute Untergrenze, unabhängig von einem Referenzwert bestimmen. Zum anderen geht es um die Abwehr von schweren Äquivalenzstörungen, die den meisten Fällen der einschlägigen Rechtsprechung zugrunde liegen dürfte. Hieraus folgen relative Grenzen der *Lohnhöhe* sowie der *Lohnerhöhung*, die vom Wert der Arbeitsleistung abhängen.

Zur Feststellung eines notwenigen Missverhältnisses müssen zwei Werte in Beziehung gesetzt werden: die Leistung und die Gegenleistung. Damit bedarf es zunächst der Bestimmung dieser beiden Parameter. Hierin und in der Bezifferung eines anzusetzenden Richtwertes für den Differenzbetrag liegen die Hauptproblemfelder im Bereich der Äquivalenzstörung.[1378]

Der Wert des vereinbarten Lohnes ist mit seinem Nennwert zu beziffern.

Wesentlich schwerer fällt die Festlegung des Wertes der Arbeitsleistung. Dabei sollte der Richter nicht frei „den richtigen" Lohn bestimmen, da dies die Gefahr einer unzulässigen Tarifzensur in sich bergen würde. Empfehlenswerter erscheint das Abstellen auf Werte, die der Markt selbst offeriert. Immerhin basieren diese auf dem objektiven Prinzip von Angebot und

1375 Auch: Lakies, in: Däubler, TVG, Anh. 1 zu § 5 TVG, Rn. 143.

1376 Auch: Reinecke, NZA-Beil. 2000/3, 23, 31; Sack/ Fischinger, in: Staudinger, AT 4a, § 138, Rn. 504; NK-BGB/ Looschelders, § 138, Rn. 361.

1377 § 10 C. II. 4.

1378 Vgl.: Peter, AuR 2001, 510, 511.

Nachfrage. Das BAG stellt mittlerweile primär auf den Tariflohn ab,[1379] nachdem es zunächst auf das allgemeine Lohnniveau rekurrierte.[1380] Der richtige *Ausgangspunkt* ist indes in der Tat nach wie vor das allgemeine Lohnniveau.[1381] Es soll bzw. muss grundsätzlich der objektive, also tatsächliche Wert der Arbeitsleistung bestimmt werden.[1382] Da nützt es wenig, auf einen fiktiven Wert wie den des grundsätzlich nur für eine Gruppe von Arbeitnehmern wirkenden Tarifvertrags abzustellen.[1383] Noch dazu, wo dieser in der Regel nicht den „Marktwert", sondern einen „überteuerten" Preis darstellen wird.[1384] Das muss sich wohl ebenfalls das BAG eingestehen, wenn es seine Aussage dahingehend relativiert, dass auf den Tariflohn nur abgestellt werden könne, wenn er der verkehrsüblichen Vergütung entspreche.[1385] Auch die oben dargestellten Werte zur Feststellung einer Üblichkeit sind nicht weiterführend, stellen sie doch nur einen Teilaspekt des objektiven Wertes der Arbeitsleistung dar. Genauso wie ein Tariflohn an sich sagt eine Bindung der Mehrheit der Arbeitgeber oder Arbeitnehmer nur beschränkt etwas über den objektiven Wert der Arbeit aus. Diese Tatsachen sind zwar durchaus bei der Gesamtbetrachtung zu berücksichtigen; sie stellen aber nicht „den Wert der Arbeit" dar.[1386]

Vielmehr ist festzustellen, wie viel am *Gesamtmarkt* für die konkrete Leistung bezahlt wird.[1387] Der *freie*, also von Tarifverträgen unabhängige Markt zeigt hierbei zunächst einmal an, wie hoch das übliche arbeitsvertragliche Entgelt im Durchschnitt ist; es entsteht durch die Gesetze des freien Marktes, also Angebot und Nachfrage, und muss daher Ausgangspunkt für einen objektiven Wert sein.[1388] Allerdings wird dieser Wert in vielen Fällen durch eine strukturell stärkere Stellung des Arbeitgebers „manipuliert", der den arbeitsvertraglichen Lohn vielfach zu drücken versucht. Auf den am freien Markt erzielbaren Lohn kann also nicht ausschließlich abgestellt werden. Die unterlegene Stellung von Arbeitnehmern kann aber durch die Berücksichtigung eines passenden *Tarifvertrages* ausgeglichen werden. Jedenfalls stellt u.a. die ausgleichende Funktion von Tarifverträgen gerade die Legitimation für ihre Existenz

---

1379 BAG v. 24.03.2004 – 5 AZR 303/03, BAGE 110, 79, 83; BAG v. 22.04.2009 – 5 AZR 436/08, BAGE 130, 338, 340.

1380 BAG v. 23.05.2001 – 5 AZR 527/99, AuR 2001, 509, 510.

1381 Auch: BAG v. 11.01.1973 – 5 AZR 322/72, AP Nr. 30 zu BGB § 138 (lehnte explizit eine Heranziehung von vergleichbaren Tariflöhnen ab); NK-BGB/ Looschelders, § 138, Rn. 363; Richardi/ Buchner, in: MüArbR 1, § 34, Rn. 16; Peter, AuR 2001, 510, 511.

1382 Auch das BAG stellt grundsätzlich auf den „objektiven Wert" ab: BAG v. 24.03.2004 – 5 AZR 303/03, BAGE 110, 79, 83; BAG v. 22.04.2009 – 5 AZR 436/08, BAGE 130, 338, 340; BAG v. 23.05.2001 – 5 AZR 527/99, AuR 2001, 509, 510; auch: MüKoBGB/ Armbrüster, § 138, Rn., 113; NK-BGB/ Looschelders, § 138, Rn. 361.

1383 Auf Abweichungen des Marktwertes ebenfalls hinweisend: Reinecke, NZA-Beil. 2000/3, 23, 32; bzgl. Relativität der Repräsentanz eines Tariflohnes auch: Sack/ Fischinger, in: Staudinger, AT 4a, § 138, Rn. 503.

1384 Vgl.: Loritz, in: FS Buchner, 582, 595.

1385 BAG v. 24.03.2004 – 5 AZR 303/03, BAGE 110, 79, 83; BAG v. 22.04.2009 – 5 AZR 436/08, BAGE 130, 338, 341.

1386 Ähnlich: NK-BGB/ Looschelders, § 138, Rn. 363.

1387 Siehe: Sack/ Fischinger, in: Staudinger, AT 4a, § 138, Rn. 502.

1388 Auch Loritz (in: FS Buchner, 582, 587, 590 ff.) erwägt grundsätzlich ein stärkeres Abstellen auf den freien Markt.

dar. Da es jedoch auch bei der Ermittlung des Tariflohnes zu einer Manipulation durch streiktaktisch stärkere Gewerkschaften kommen kann,[1389] bedarf es beider Grenzen; des nach unten tendierenden Werts, welcher am freien Markt erreicht wird, und des u.U. nach oben tendierenden Tarifwerts. Es ist der *Durchschnittswert* dieser beiden Größen herzustellen. Lediglich wenn das tarifliche Niveau unterhalb des Marktwertes für ungebundene Arbeitnehmer liegt, ist einseitig auf den am Markt erreichbaren Wert abzustellen, da in diesen Fällen von einer Manipulation des Tarifvertrages auszugehen ist und der Tarifvertragswert insofern nicht mehr das erwünschte Korrektiv zum Arbeitsvertrag darstellt.

Durch ein solches Vorgehen wird verhindert, dass der Richter den für die konkrete Tätigkeit „angemessenen Lohn" festlegt. Vielmehr wird auf den Markt und die Gesetzmäßigkeit von Angebot und Nachfrage abgestellt. Um dennoch der Gefahr von sonstigen Manipulationen aus dem Weg zu gehen und zu einem tragfähigen, angemessenen Durchschnittswert zu gelangen, müssen verschiedene Gesichtspunkte beachtet werden, die letztlich zu einem *individualisierten Durchschnittslohn* führen: Abzustellen ist einerseits auf den am Markt an tariflich ungebundene Arbeitnehmer gezahlten Lohn und andererseits auf den tariflichen Lohn. Eine Berücksichtigung dieser Werte entsprechend der jeweils darunterfallenden Anzahl von Arbeitnehmern (Durchschnitt) hätte aber zur Folge, dass es bei einem deutlich höheren Tariflohn möglicherweise zu einem „Run" auf die Gewerkschaften käme, in dessen Folge ungebundene Arbeitnehmer weitgehend als Vergleichsmaßstab und damit als Korrektiv des Marktwertes fehlen würden. Daher ist vielmehr darauf abzustellen, ob es sich bei den Vertretern dieser beiden Werte um eine *repräsentative Gruppe* handelt; dies wird man wohl ab einem Wert von zehn Prozent der Arbeitnehmer in dieser Sparte annehmen können. Ist dies der Fall, so sind die verschiedenen Werte grundsätzlich in gleichem Maße zu berücksichtigen, d.h. unabhängig von der konkreten Verteilung der Arbeitnehmer. Andernfalls muss ggf. auf einen größere Kreis von Betroffenen abgestellt oder diese Tatsache wertend berücksichtigt werden.

Der auf dem freien Markt erzielbare Lohn für die Arbeitsleistung ergibt sich demnach zunächst aus den durchschnittlich in Arbeitsverträgen festgelegten Löhnen für die konkrete Tätigkeit. Sowohl hier als auch in Bezug auf den tarifvertraglichen Wert sind grundsätzliche örtliche Abweichungen angemessen zu berücksichtigen.

Bei Bestimmung „des Tariflohns" ist zunächst auf den sachnähesten, also einen speziell für die entsprechend Berufsgruppe und die konkrete Tätigkeit konzipierten Tarifvertrag abzustellen. Gibt es hiervon mehrere ist ein Durschnitt zu bilden. Mangels eines solch einschlägigen Tarifvertrages (oder wenn der Tarifwert unterhalb des Marktwertes liegt) bzw. auch als Kontrollmaßstab für den ermittelten Wert sollte ein Vergleich mit Tarifverträgen verwandter Berufsgruppen angestellt werden.

Schließlich (bzw. generell, wenn selbst derartige Tarifverträge verwandter Berufsgruppen fehlen) sind die gefundenen Ergebnisse einer Kontrolle hinsichtlich offensichtlicher Fälle von Missbräuchen (der Arbeitgeberstellung oder der Tarifmacht) zu unterziehen. Die Durchschnittslöhne sind daraufhin zu untersuchen, ob sie ganz generell offensichtlich nicht dem allgemeinen Lohnniveau entsprechen. Hierfür müssen sie auf die konkrete Tätigkeit hin indi-

1389 Vgl.: Loritz, in: FS Buchner, 582, 595.

vidualisiert werden. Auf diese Weise können einzelfallbedingte, unternehmensbezogene Besonderheiten berücksichtigt und der Durchschnittslohn bei Bedarf angepasst werden. Hierbei sind die folgenden, nicht abschließend aufgezählten Aspekte zu berücksichtigen: die Art und Qualität der Ausbildung, Abweichungen im Berufsbild, Unterschiede der zu erbringenden Arbeitsleistung (also z.B. Dauer, Grad der körperlichen oder geistigen Beanspruchung, Bedingungen unter denen gearbeitet wird, die zu tragende Verantwortung), persönliche Defizite, berufliche Erfahrung, sonstige Qualifikationen, regionale Unterschiede, sowie die Größe des Unternehmens (d.h., falls es in der konkreten Brache Unterschiede in den Gehaltsstrukturen gibt, die von der Größe des Unternehmens abhängen).[1390] In dieselbe Richtung weist ebenfalls ein Urteil des BAG aus dem Jahr 1973, nach dem „in aller Regel auf die Arbeitsleistung als solche, auf deren Dauer und Schwierigkeitsgrad, auf die körperliche und geistige Beanspruchung, die Arbeitsbedingungen schlechthin (Hitze, Kälte, Lärm) abzustellen" sei.[1391]

Der so ermittelte *individualisierte Durchschnittslohn* stellt den am *Gesamtmarkt* erzielbaren Wert der Arbeitsleistung dar bzw. kommt diesem am nächsten. Er ist in Relation zum gezahlten Entgelt zu setzen.

Im Folgenden sollen nun Richtwerte skizziert werden, da sie von großer praktischer Wichtigkeit sind: Ergibt sich anlässlich eines Rechtsstreits bzgl. der Rechtmäßigkeit einer Arbeitskampfmaßnahme nach langen Verhandlungen und dem Durschreiten aller Instanzen letztlich, dass die schwierige Einzelfallwertung zulasten der Gewerkschaft ausfällt, nützt dies dem Unternehmen meist nichts mehr. Der Arbeitskampf ist längst vorbei und ein grundsätzlich in Betracht kommender Schadenersatzanspruch kann in der Praxis meist nicht realisiert werden: Gerade weil die Entscheidung über die Rechtmäßigkeit von vielen Einzelfaktoren abhängt und daher schlecht voraussehbar ist, wird man nämlich dem rechtswidrig handelnden Teil regelmäßig kein Verschulden nachweisen können, wie sich jüngst im Falle eines Streiks der Fluglotsen gezeigt hat.[1392] Aufgrund dieser Schwierigkeiten wird aber auch ein Richter im Verfahren des einstweiligen Rechtsschutzes den Streik meist nicht untersagen. Daher ist es umso wichtiger feste Anhaltspunkte zu haben, anhand derer die Richter an den Arbeitsgerichten einfacher zu einer sachgerechten Bewertung des Geschehens gelangen können.[1393] Denn in der Regel ist die Streikvermeidung der einzig effektive Weg mit diesem umzugehen.[1394]

1390 Vgl. auch: BAG v. 24.03.2004 – 5 AZR 303/03, BAGE 110, 79, 85; BAG v. 22.04.2009 – 5 AZR 436/08, BAGE 130, 338, 341 f.; Hanau, EWiR 2002, 419, 420; MüKoBGB/ Armbrüster, § 138, Rn. 123; Richardi/ Buchner, in: MüArbR 1, § 34, Rn. 16; Sack/ Fischinger, in: Staudinger, AT 4a, § 138, Rn. 504.

1391 BAG v. 11.01.1973 – 5 AZR 322/72, AP Nr. 30 zu § 138 BGB (bzgl. eines arbeitsvertraglichen Lohnes).

1392 ArbG Frankfurt a. M. v. 27.08.2012 – 10 Ca 3468/11, BeckRS 2012, 67886; ähnlich wie hier auch: Reichold, in: FS Buchner, 721, 723.

1393 Vgl.: Otto, AK, § 8, Rn. 10; auf die Problematik von fehlenden „klaren" Maßstäben ebenfalls verweisend: Reichold, in: FS Buchner, 721, 722.

1394 Ähnlich: Otto, AK, § 8, Rn. 44.

a. Grenze der Lohnhöhe nach oben und unten

Richtwerte für eine *relative Grenze* der Lohnhöhe nach oben und unten lassen sich aus dem Gedanken der Abwehr schwerer Äquivalenzstörungen folgern. Beide Absätze des § 138 BGB setzen zunächst einmal ein *auffälliges* Missverhältnis voraus; der Wuchertatbestand des Abs. 1 darüber hinaus weitere sittenwidrige Umstände. Wie dieses Missverhältnis zu bestimmen ist wurde gerade skizziert. Fraglich ist daher, ab welcher Differenz zwischen dem Wert der Arbeitsleistung und dem vereinbarten Lohn ein solch *auffälliges* Missverhältnis bejaht werden kann. Bisher anerkannt waren derartig feste Grenzen z.B. was die Belastung bei Kreditgeschäften anbelangt: Sie wird hier bei 100 Prozent des Schwerpunktzinses bzw. bei einem absoluten Zinsunterschied von 12 Prozentpunkten gesehen.[1395] Und bei Mietverträgen wird Sittenwidrigkeit grundsätzlich ab einer Überschreitung der üblichen Miete um mehr als 50 Prozent bejaht.[1396] Wie gesehen stellt das BAG mittlerweile, jedenfalls bei arbeitsvertraglichen Lohnvereinbarungen auf einen Grenzwert von zwei Drittel des üblichen Lohnes ab.

Bei diesen Werten handelt es sich um gegriffene Größen. Sie haben keinen sachlich unumstößlichen Hintergrund. Daher erscheint es wenig ergiebig, sich länger mit der konkreten Höhe auseinanderzusetzen. Der Wert von zwei Drittel erscheint aber durchaus realistisch.[1397] Er lässt einen gewissen Spielraum, ohne zu große Abweichungen zu gestatten und damit ins Leere zu laufen.[1398] Selbst ein Richtwert von 50 Prozent wäre wohl noch angemessen, angesichts der strukturellen Unterschiede von Arbeits- und Tarifvertrag: Auch wenn es bei der Kontrolle im Rahmen von § 138 BGB insb. darum geht Fälle, in denen die Richtigkeitsgewähr des Tarifvertrages ausnahmsweise nicht besteht zu sanktionieren, könnte doch berücksichtigt werden, dass Tarifverträge in der Regel jedenfalls immer noch eine höhere Richtigkeitschance haben als Arbeitsverträge.[1399] Im Sinne einer nicht zu vielfältigen Grenzwertbildung sollte aber am Wert von zwei Drittel des üblichen Lohnes festgehalten werden. Damit ergibt sich ein Korridor möglicher tarifvertraglicher Lohngestaltung im Bereich von einem Drittel über und einem Drittel unterhalb des konkret festzustellenden individualisierten Durchschnittslohnes. Es bleibt jedoch nach wie vor bei einer Gesamtbetrachtung, sodass einzelfallbedingte Besonderheiten zu berücksichtigen und einzurechnen sind.

Zusätzlich zu diesen relativen Grenzen ergibt sich, entgegen der Ansicht des BAG, nach meinem Dafürhalten eine *absolute Untergrenze*. Eine Anlehnung an den Tariflohn oder den üblichen Lohn nützt nämlich nichts, wenn diese schon erdrückend niedrig sind.[1400] Das BAG

1395 Vgl.: BGH v. 24.03.1988 – III ZR 30/87, BGHZ 104, 102, 105 f. (letztlich noch offen gelassen); BGH v. 13.03.1990 – XI ZR 252/89, BGHZ 110, 336, 338 ff.; MüKoBGB/ Armbrüster, § 138, Rn. 119; Peter, AuR 2001, 510, 511.

1396 Vgl.: BGH v. 23.04.1997 – VIII ZR 212/96, BGHZ 135, 269, 277; BGH v. 08.12.1981 – 1 StR 416/81, BGHSt 30, 280, 281; Palandt/ Ellenberger, § 138, Rn. 67; NK-BGB/ Looschelders, § 138, Rn. 363; Peter, AuR 2001, 510, 511.

1397 Auch: Otto, in: FS Konzen, 663, 676; Reinecke, NZA-Beil. 2000/3, 23, 33.

1398 Ähnlich: Peter, AuR 2001, 510, 511.

1399 In diese Richtung grundsätzlich auch: Löwisch/ Rieble, TVG, Grundl., Rn. 205.

1400 Siehe: Lakies, in: Däubler, TVG, Anh. 1 zu § 5 TVG, Rn. 142; Sack/ Fischinger, in: Staudinger, AT 4a, § 138, Rn. 505.

verneint einen solchen, sich insb. an die Sozialhilfesätze oder die Pfändungsfreigrenze orientierenden „Mindestlohn", da es hinsichtlich der Äquivalenzstörung ausschließlich auf das Verhältnis von Leistung und Gegenleistung, also eine bewegliche Relation ankomme. Dem wird im Schrifttum meist zugestimmt.[1401] Da sich die hiesige Arbeit mit den Problemen resultierend aus dem Phänomen der Sparten- und Funktionselitegewerkschaften auseinandersetzt, bei welchen es jedoch in der Regel nicht um zu niedrige, sondern zu hohe Forderungen geht, soll zu diesem „heißen Eisen" nur in gebotener Kürze Stellung bezogen und ein Denkanstoß geliefert werden:[1402]

Auch nach der hier vertretenen Ansicht bezieht sich das Kriterium der Äquivalenzstörung ausschließlich auf das Verhältnis von individualisiertem Durchschnittslohn und vereinbartem Entgelt. Daher ist es nur folgerichtig, und insofern ist dem BAG zu folgen, dass hieraus keine absolute Untergrenze entstehen kann. Der zur Verfügung stehende Lohnkorridor hängt immer vom Referenzwert der Arbeitsleistung ab. Wie gesehen, definieren sich die guten Sitten aber nicht nur über ein auffälliges Leistungsmissverhältnis. Vielmehr stellt dieses nur eines von mehreren Kriterien dar. Ausgangspunkt muss somit, zunächst ebenfalls ganz allgemein, das Anstandsgefühl aller billig und gerecht Denkenden sein. Es ist meines Erachtens nur allzu gut nachvollziehbar wenn man ganz davon ausgeht, dass dieses Anstandsgefühl ab einem bestimmten Stundenlohn verletzt sein muss: Erbringt ein Mensch die rechtlich zulässige, maximale Leistung „bei Anstrengung all seiner Kräfte", dann muss es ihm nach diesem Anstandsgefühl doch möglich sein, ein zumindest halbwegs normales Leben zu bestreiten bzw. überhaupt zu überleben, dies jedoch nicht nur auf der Grundlage eines „Hungerlohnes".[1403] Dem kann zudem nicht entgegengehalten werden, niedrige Tariflöhne würden oft vor noch niedrigeren arbeitsvertraglichen Löhnen schützen.[1404] Immerhin ist die Rechtsprechung zur Sittenwidrigkeit arbeitsvertraglicher Löhne mittlerweile relativ gefestigt, sodass in dieser Hinsicht ausreichender Schutz besteht.

Dieses allgemeine Verständnis bejahend stellt sich dann die Frage nach der Begründbarkeit. Sie kann ebenfalls bejaht werden: Bei der absoluten Untergrenze geht es nämlich gar nicht um die Frage eines Leistungsmissverhältnisses, sondern um das ebenfalls anerkannte Kriterium der Absicherung anerkannter Ordnungen. Zu diesen gehört u.a. das Grundgesetz, und Art. 1 I GG proklamiert: „Die Würde des Menschen ist unantastbar." Hierdurch soll jedenfalls „die Mindestvoraussetzung für ein menschenwürdiges Dasein" gesichert werden.[1405] Daher ist jeder Träger eines „Grundrechts auf Gewährleistung eines menschenwürdigen Existenzminimums".[1406] Unabhängig von einer Entscheidung über die umstrittene Einordnung des

1401 Siehe: Löwisch/ Rieble, TVG, § 1, Rn. 524; Sack/ Fischinger, in: Staudinger, AT 4a, § 138, Rn. 505.

1402 Vgl. zur Problematik des „Mindestlohnes": Lakies, in: Däubler, TVG, Anh. 1 zu § 5 TVG, Rn. 90 ff.

1403 Grundsätzlich auch: Lakies, in: Däubler, TVG, Anh. 1 zu § 5 TVG, Rn. 143 ff.; dies anerkennen zunächst: Sack/ Fischinger, in: Staudinger, AT 4a, § 138, Rn. 505.

1404 Schmitt, SAE 2005, 201, 202.

1405 BVerfG v. 18.06.1975 – 1 BvL 4/74, BVerfGE 40, 121, 133; BVerfG v. 26.01.1994 – 1 BvL 12/86, BVerfGE 89, 346, 353; BVerfG v. 25.02.2009 – 1 BvR 120/09, BVerfGK 15, 133, 136.

1406 Jedenfalls i.V.m. dem Sozialstaatsprinzip: BVerfG v. 09.02.2010 – 1 BvL 1, 3, 4/09, BVerfGE 125, 175, 222; vgl. auch bzgl. Existenzminimum allgemein: BVerfG v. 07.06.2005 – 1 BvR 1508/96, BVerfGE 113, 88, 108 f.; BVerfG v. 30.06.2009 – 2 BvE 2, 5/08 u.a., BVerfGE 123, 267, 362 f.; Höfling, in: Sachs, Art. 1, Rn. 31; Kunig, in: v. Münch/ Kunig, Art. 1, Rn. 30.

Art. 1 GG als Grundrecht[1407] und der Frage, ob insb. aus der Gesamtschau der S. 1 und 2 des Art. 1 I GG nicht nur eine Bindung rein staatlicher Stellen folgt, muss doch jedenfalls gefolgert werden, dass der Staat verpflichtet ist die Menschenwürde positiv zu schützen.[1408] Daher ist sie ebenso von den Arbeitsgerichten bei der Konkretisierung der guten Sitten zu beachten und ein „Hungerlohn" zu verhindern.

Wie das BVerfG in seinem Hartz IV-Urteil erklärt,[1409] umfasst dieses Existenzminimum jedoch nur „diejenigen Mittel, die zur Aufrechterhaltung eines menschenwürdigen Daseins unbedingt erforderlich sind." Es beinhaltet daher „die physische Existenz des Menschen, also Nahrung, Kleidung, Hausrat, Unterkunft, Heizung, Hygiene und Gesundheit [...] als auch die Sicherung der Möglichkeit zur Pflege zwischenmenschlicher Beziehungen und zu einem Mindestmaß an Teilhabe am gesellschaftlichen, kulturellen und politischen Leben". Zur Bezifferung dieses Existenzminimums kann man sich derzeit durchaus an die Mindestsätze nach dem SGB II anlehnen. Sie stellen zwar nicht zwingend das „minimale" Existenzminimum dar, da der Gesetzgeber durchaus mehr als dieses leisten darf. In der jetzigen Fassung können sie aber grundsätzlich als ausreichend und einem Existenzminimum nahekommend angesehen werden.[1410] Demnach ist dieses derzeit[1411] mit dem Regelsatz gem. § 20 I, II SGB II (382 Euro, i.V.m. BekRBH vom 18.10.2012, in Kraft ab 01.01.2013) sowie gem. § 22 I, S. 1 SGB II den Kosten für die Unterkunft und Heizung (378 Euro Bruttowarmmiete am Beispiel Berlin[1412]) zu veranschlagen.[1413]

Daher sollte eine absolute Grenze für sittenwidrige Löhne mindestens dazu führen, dass einem Menschen, der nach deutschem Recht seine Arbeitskraft in zulässiger Weise maximal einsetzt, dieses Existenzminimum verbleibt.[1414] Entsprechend wären also mindestens noch die Krankenkassenbeiträge und die Lohnsteuer zu addieren,[1415] wobei letztere wegen des ebenfalls von Art. 1 I GG beeinflussten Steuerfreibetrages[1416] grundsätzlich nicht zu erheben sein wird; insofern spiegelt sich auch hierin das Existenzminimum. Dies entspräche demnach derzeit in etwa 4 Euro brutto bzw. 3,65 Euro netto.[1417] Ein im wahrsten Sinne des Wortes sog.

1407 Vgl. nur: Höfling, in: Sachs, Art. 1, Rn. 5; Jarass, in: Jarass/ Pieroth, Art. 1, Rn. 3; Kunig, in: v. Münch/ Kunig, Art. 1, Rn. 3; a.A.: Dreier, in: Dreier, Art. 1 I, Rn. 127 ff.

1408 So: BVerfG v. 11.03.2003 – 1 BvR 426/02, BVerfGE 107, 275, 284; BVerfG v. 09.02.2010 – 1 BvL 1, 3, 4/09, BVerfGE 125, 175, 222.

1409 BVerfG v. 09.02.2010 – 1 BvL 1, 3, 4/09, BVerfGE 125, 175, 223.

1410 Vgl. die Darlegung bei BVerfG v. 09.02.2010 – 1 BvL 1, 3, 4/09, BVerfGE 125, 175, 227 ff.

1411 Im Folgenden stets bezogen auf eine alleinstehende, kinderlose Person.

1412 Siehe die Ausführungsvorschrift gem. § 22 SGB II: http://www.berlin.de/sen/soziales/berliner-sozialrecht/land/av/av_wohnen.html (Quelle zuletzt eingesehen: 30.01.2013).

1413 Vgl. auch die Berechnung bei: Schulten, WSI-Tarifarchiv 2011, S. 4, der jedoch ebenso wie Lakies (in: Däubler, TVG, Anh. 1 zu § 5 TVG, Rn. 148) zu anderen Ergebnissen gelangt, da sie den Wert berechnen, den ein Arbeitnehmer verdienen dürfte, um aus der ALG II-Förderung zu fallen, also unter Berücksichtigung der Freibeträge nach SGB II.

1414 Ähnlich: Schiek, in: Däubler, TVG, Einl., Rn. 323.

1415 Vgl. auch die Berechnung bei: Schulten, WSI-Tarifarchiv 2011, S. 4.

1416 Siehe: Höfling, in: Sachs, Art. 1, Rn. 32.

1417 Umgerechnet auf die nach dem ArbZG im Durchschnitt maximal monatlich zulässigen 208 Stunden; Lakies, in: Däubler, TVG, Anh. 1 zu § 5 TVG, Rn. 148 setzt nur die einer 40 Stundenwoche entsprechen-

„Hungerlohn", der diese Werte unterschreitet, ist jedenfalls mit dem Anstandsgefühl des Verfassers, ohne dass eine Geltung als repräsentativ für das „der billig und gerecht Denkenden" beansprucht würde, nicht zu vereinbaren.

b. Grenze der Erhöhung des Lohnes

Aus dem Gedanken der Abwehr schwerer Äquivalenzstörungen lässt sich aber noch eine zweite Schranke folgern. Das Problem an der relativen, vom individualisierten Durchschnittseinkommen abhängigen Bewertung liegt darin, dass hierdurch an sich noch keine extremen Lohnsteigerungen ausgeschlossen werden können. Solange sich die Lohnforderung innerhalb des relativ großen Korridors bewegt, gibt es grundsätzlich keine Grenze für die jährliche Steigerungsrate. Dies erscheint v.a. dann problematisch, wenn es um kleinere, wirtschaftlich schwächere Unternehmen geht, die sich bzgl. ihres Lohnniveaus derzeit am unteren Ende dieses Spektrums bewegen. Zwar besteht in derlei Fällen durchaus meist ein sachlich vertretbares „Nachholbedürfnis". Andererseits wird es einen Grund dafür gegeben haben, dass das Unternehmen bisher nicht die sonstigen Spitzenlöhne zahlen konnte. In einem solchen Fall könnten (zumindest in den ersten Jahren) daher nach wie vor exorbitant hohe Forderungen gestellt werden. Dem kann man durch ein Ansetzen nicht nur an der Lohnhöhe an sich, sondern vielmehr kumulativ durch ein Ansetzen an der Lohn*erhöhung* begegnen.[1418] Man sollte also, ähnlich der zweiten Grenze hinsichtlich von Kreditgeschäften, auch bei Tariflöhnen eine solche durch eine Beschränkung der Steigerungsrate des Lohnes vornehmen.

Ausgangspunkt ist wiederum das Anstandsgefühl aller billig und gerecht Denkenden: Der bisherige Lohn stellt ein zuverlässiges Indiz für einen angemessenen, weil bisher akzeptierten Lohn dar. Soll dieser nun beispielsweise um 30 Prozent gesteigert werden, ist das für einen „normalen Menschen" nur schwer nachvollziehbar,[1419] es sei denn, und so viel sei bereits vorweggenommen, es liegen besondere Umstände vor, die dies rechtfertigen. Die argumentative Begründung folgt nicht allein aus einer Äquivalenzstörung. Vielmehr spielen die übrigen, oben dargestellten Kriterien bei diesem Problem gleichfalls eine Rolle: Der Gedanke der Äquivalenzstörung kommt zunächst insoweit zum Tragen, als dass der aktuelle Lohn bisher akzeptiert worden ist und daher zunächst einmal grundsätzlich als der für den konkreten Betrieb und die konkrete Tätigkeit gerechte Lohn angesehen werden kann. Kommt es nun zu einem sprunghaften Anstieg, kann dieser grundsätzlich nicht mehr mit der gleichbleibenden Arbeitsleistung begründet werden, gibt es doch keinen einleuchtenden Grund für diese Wertsteigerung, abgesehen von der üblichen Inflation. Eine Rolle spielt ferner die Einflussnahme auf wirtschaftliche und damit dem Unternehmer vorbehaltene Entscheidungen, auf welche durch extrem hohe Forderungen leicht Einfluss genommen werden kann. Des Weiteren ist das

den 173,33 Stunden an, will demgegenüber dann aber noch entsprechend des allgemeinen relativen Grenzwertes ein Drittel abziehen.

1418 Auch Otto (AK, § 8, Rn. 43) spricht sich für eine Beschränkung aus, wenn die Forderungen „unverhältnismäßig hoch sind".

1419 In diese Richtung auch: Loritz, in: FS Buchner, 582, 595.

Ausnutzen einer erheblichen Machtstellung zu berücksichtigen: Exorbitant hohe Forderungen können nur Gewerkschaften stellen, die sich streiktaktisch bedingt in einer überaus mächtigen Position befinden. Ansonsten hätten sie keine Aussicht auf Erfolg und würden ihr Gesicht verlieren. Schließlich geht es darum, die mittelbaren Schäden für streiktaktisch schlechter gestellte Arbeitnehmer zu verringern. Diese Gründe werden jeder für sich betrachtet in der Regel nicht ausreichen um es zu rechtfertigen, pauschal von einer Sittenwidrigkeit auszugehen. In ihrer Gesamtheit legen sie es jedoch nahe auch eine Begrenzung der (jährlichen) Erhöhung vorzunehmen. In dieser Hinsicht erscheint es gleichfalls wichtig gewisse Richtwerte zu generieren, die eine verlässlichere Vorhersage der gerichtlicheren Beurteilung bzw. überhaupt erst eine Entscheidung, v.a. im einstweiligen Rechtsschutz, ermöglichen.

Soll eine derartige Grenze festgelegt werden, geht es genauso wie oben um eine gegriffene Größe. Allerdings lassen sich hierfür doch eher Anhaltspunkte ausmachen. Blickt man auf in der Vergangenheit übliche Tarifabschlüsse zurück, so bewegten sich diese meist in Bereichen einer Lohnsteigerung von zwei bis fünf Prozent; selten über sechs Prozent. Um einen ersten Vorschlag in diese Richtung zu machen, könnte man an einen Wert von zehn Prozent denken.[1420] Zehn Prozent sind eine runde Zahl, die grundsätzlich bereits das oberste Ende eines für billig und gerecht Denkende nachvollziehbaren Lohnanstieges darstellt. Wer mehr als zehn Prozent Lohnsteigerung gegenüber dem Vorjahr fordert, muss zum damaligen Zeitpunkt wohl an Minderwertigkeitskomplexen gelitten haben, oder warum konnte er bisher mit diesem Lohnniveau leben? Selbst wenn andererseits Lohnerhöhungen von zehn Prozent bereits eine erhebliche Gefahr für das Unternehmen und die übrigen Mitarbeiter darstellen können, muss jedoch beachtet werden, dass es im Rahmen des § 138 BGB nun mal nur um die Einhaltung der äußersten Grenzen geht. Damit erscheint ein höherer Wert nicht angemessen. Ein weit geringerer aber aufgrund der Eigenschaft als reine Missbrauchsvermeidung ebenfalls nicht.

Unabhängig von der konkreten Prozentzahl muss jedoch folgendes klar sein: Liegen sachliche, objektiv feststellbare Gründe für einen höheren Lohnanstieg vor, dann steht die Zehn-Prozent-Marke, oder wie hoch sie auch immer angesetzt werden mag, dem nicht entgegen. Sollte es z.B. zu einer immensen Inflation kommen, so wäre dies ebenso zu berücksichtigen wie gravierende Änderungen am Markt oder der arbeitstechnischen Rahmenbedingungen. Auch ein gezielter, ausdrücklicher Verzicht im Vorjahr, beispielsweise aufgrund schlechter Konjunktur, wäre, zwar nicht eins zu eins, aber doch zu berücksichtigen. Dass desgleichen Änderungen hinsichtlich der zu erbringenden Arbeitsleistung derlei Gründe darstellen können, sollte selbstverständlich sein. Nach wie vor hängt die Entscheidung von den konkreten Umständen ab. Es handelt sich nur um einen Richtwert. Daraus würde sich also ergeben: Bis zu einer Lohnerhöhung von zehn Prozent gilt die Vermutung, dass diese (aber nicht automatisch die Lohnhöhe an sich; das ist eine andere Frage) nicht sittenwidrig ist. Oberhalb einer solchen Grenze müsste die Sittenwidrigkeit hingegen zunächst vermutet werden, könnte jedoch durch entsprechende sachliche Gründe widerlegt werden.

Die so geschaffene Kombination aus absolutem „Mindestlohn", einer von der konkreten Arbeitsleistung abhängigen Begrenzung der Lohnhöhe und einer Schranke, was die Erhöhung

1420 Als Beispiel ebenfalls den Wert von zehn Prozent in den Raum stellend: Loritz, in: FS Buchner, 582, 595.

des Lohnes an sich betrifft, scheint ein handhabbares, effektives Mittel zu sein, um ungezügeltem Streben nach überhöhten Forderungen, jedenfalls was Extremfälle betrifft, Einhalt zu gebieten.

IV. Zwischenergebnis

Neben einer Überprüfung an den Grundrechten muss auf einfachgesetzliche Wertungen abgestellt werden; ihre höhere Konkretisierung führt zu nachvollziehbareren und für den Richter erleichterten Abwägungsentscheidungen. Die Tarifvertragsparteien sind u.a. an das Sittenwidrigkeitsverbot des § 138 BGB gebunden. Hierbei geht es nicht darum, den für die konkrete Tätigkeit „angemessenen" oder „richtigen" Lohn zu finden, sondern vielmehr um eine Missbrauchskontrolle für Fälle, in denen (zufälligerweise) kein ungefähres Gleichgewicht der Tarifvertragspartner vorherrscht, also die Richtigkeitsgewähr bedroht ist. Es sollen extreme Abweichungen nach unten oder oben korrigiert werden. Die Anwendung auf Tarifverträge ist jedoch umstritten. Das BAG hat jüngst zu einer Kontrolle anhand gleicher Maßstäbe ausschließlich über Art. 2 I, 20 I GG tendiert.[1421] Selbst wenn damit in der Sache keine gravierenden Unterschiede bei der Bewertung zu befürchten und zu erkennen sind, erscheint es richtiger eine unmittelbare Anwendbarkeit von § 138 BGB, wie man sie meines Erachtens schon der früheren Rechtsprechung entnehmen konnte, anzunehmen.[1422] Hierfür lässt sich v.a. die Bindung der Tarifvertragsparteien an höherrangigeres Recht, aber ebenso die Einordnung des Tarifvertrages als „Rechtsgeschäft" im Sinne des § 138 BGB anführen: Zwar wurde auf die normative Wirkung und das teils einseitige, der Gesetzgebung vergleichbar erscheinende Verfahren hingewiesen. Allerdings muss die Ambivalenz des Tarifvertrages beachtet werden. Seine Anwendbarkeit beruht zu einem gewissen Anteil auf dem privatautonom gefassten Beschluss des Einzelnen und sein Inhalt wird von den Parteien ausgehandelt.

In welchen Fällen Sittenwidrigkeit bejaht werden kann, ist eine Einzelfallentscheidung. Grundsätzlich gilt: Ein Rechtsgeschäft ist sittenwidrig, wenn es gegen die herrschende Rechts- und Sozialmoral verstößt bzw. dem Anstandsgefühl aller billig und gerecht Denkenden widerspricht. Zur Frage wann dies der Fall ist, hat sich ein bewegliches System verschiedener Kriterien entwickelt. Vorliegend ist insb. auf zwei davon abzustellen: Aus der *Abwehr schwerer Äquivalenzstörungen* lassen sich Beschränkungen der relativen, vom Wert der erbrachten Arbeit abhängigen Lohn*höhe* nach unten und oben sowie Beschränkungen für die jährliche Lohn*steigerung* folgern.

Zur Feststellung des Leistungsmissverhältnisses muss der Wert der Arbeitsleistung bestimmt und in Relation zum vereinbarten Entgelt gesetzt werden. Da es hierbei um den objektiven Wert geht kann nicht einseitig auf einen vergleichbaren Tarifvertrag abgestellt werden, sondern es muss grundsätzlich auf das allgemeine Lohnniveau, d.h. auf den am Gesamtmarkt

1421 BAG v. 24.03.2004 – 5 AZR 303/03, BAGE 110, 79, 84 f.

1422 Siehe: BAG v. 04.09.1985 – 5 AZR 655/84, BAGE 49, 281, 287; BAG v. 06.09.1995 – 5 AZR 174/94, BAGE 81, 5, 13: „Tarifverträge sind allein daraufhin zu untersuchen, ob sie gegen die Verfassung, anderes höherrangiges zwingendes Recht oder die guten Sitten verstoßen".

erzielbaren Durchschnittslohn, abgestellt werden: Auszugehen ist hierbei von dem am freien Markt (einzelarbeitsvertraglich) erzielbaren Lohn. Die strukturell unterlegene Stellung des einzelnen Arbeitnehmers wird durch die Berücksichtigung eines vergleichbaren Tariflohnes ausgeglichen, sofern dieser bessere Bedingungen gewährt als der allein durch Angebot und Nachfrage zustande gekommene Wert. Dieser Durchschnittswert ist auf die konkret zu beurteilende Leistung, also die konkreten Bedingungen zu *individualisieren*. Dem Anstandsgefühl widerspricht die so ermittelte Relation, wenn sie ein auffälliges Missverhältnis darstellt und die sonstigen Tatbestandsmerkmale des § 138 II BGB oder eine verwerfliche Gesinnung vorliegen. Zudem kann aus dem Gedanken der *Absicherung anerkannter Ordnungen*, vorliegend der Menschenwürdegarantie des Art. 1 I GG, das Lohnniveau in *absoluter Hinsicht*, d.h. unabhängig von der erbrachten Arbeitsleistung, nach unten begrenzt werden; nur auf diese absolute Grenze unterschreitende Entgelte trifft der von der Rspr. verwendete Begriff der „Hungerlöhne" zu. Ein nach dem geltenden Recht seine Arbeitskraft maximal einsetzender Arbeitnehmer muss sein Existenzminimum erwirtschaften können.

Zur Bestimmung von *Richtwerten* wann diese Grenzen erreicht sind, kann insb. nicht auf die allgemeine Teuerungsrate oder das Votum des Sachverständigenrates abgestellt werden; sie ermöglichen keine arbeitsplatzbezogene Einzelfallgerechtigkeit. Vielmehr obliegt es der Rechtsprechung, derlei Größen zu entwickeln. Sie sind deshalb notwendig, weil sie eine Entscheidung im einstweiligen Rechtsschutz meist erst ermöglichen. Dieser stellt jedoch eine bedeutende Abwehrmaßnahme dar, weil eine der Arbeitskampfmaßnahme folgende Schadenersatzklage aufgrund mangelnden Verschuldens häufig keinen Erfolg zeitigen wird. In Betracht kommen bzgl. der Lohn*höhe* ein Korridor von einem Drittel über und unterhalb des individualisierten Durchschnittslohnes sowie eine absolute Untergrenze, die sich an den Mindestsätzen nach dem SGB II orientiert. Die jährliche Lohn*steigerung* sollte auf zehn Prozent beschränkt sein. Von diesen Richtwerten kann jedoch aufgrund sachlicher Gründe des Einzelfalles abgewichen werden.

D. Zusammenfassung zur Inhaltskontrolle des angestrebten Tarifvertrages

Damit kann bzgl. der Kontrolle des angestrebten Inhalts des Tarifvertrages insgesamt festgehalten werden: Ein Arbeitskampf kann nur geführt werden, wenn das Ziel, also vorliegend jedenfalls der angestrebte Tarifvertrag, rechtmäßig ist. Er darf, wie es das BAG ursprünglich formulierte, nicht „gegen die Verfassung, anderes höherrangiges zwingendes Recht oder die guten Sitten" verstoßen.[1423] Abzustellen ist hierbei auf die formal im Streikbeschluss gestellte Forderung, solange ein abweichender Wille der zuständigen Gremien nicht offenkundig ist. Daher kann richtigerweise die Forderung und speziell auch die Höhe der Forderung überprüft werden, solange es sich um eine Rechtskontrolle handelt, denn die Tarifvertragsparteien dürfen sich in dieser Hinsicht, wie auch sonst, nicht außerhalb der Verfassung bewegen. Eine

1423 BAG v. 04.09.1985 – 5 AZR 655/84, BAGE 49, 281, 287; BAG v. 06.09.1995 – 5 AZR 174/94, BAGE 81, 5, 13; vgl. auch: BAG v. 14.12.1982 – 3 AZR 251/80, BAGE 41, 163, 168; BAG v. 10.12.2002 – 1 AZR 96/02, BAGE 104, 155, 169; BAG v. 28.03.2006 – 1 ABR 58/04, BAGE 117, 308, 320 f.

solche Rechtskontrolle ist von der verbotenen allgemeinen Zweckmäßigkeits- oder Billigkeitskontrolle zu unterscheiden; damit scheidet eine Überprüfung dahingehend aus, ob es sich um den angesichts der erbrachten Leistung angemessenen Lohn handelt. Es geht also nur darum, die äußersten Grenzen des rechtlich Zulässigen abzustecken.

Aus der Natur des Tarifvertrages folgt zunächst, dass sein Anwendungsbereich nur dem Zuständigkeitsbereich der beiden Vertragspartner entsprechend gewählt werden darf. Gegenständlich wird der Inhalt durch § 1 I TVG beschränkt. Ein kollusives Handeln zum Nachteil der Mitglieder entspricht nicht dem verfassungsrechtlichen Koalitionszweck. Die Tarifvertragsparteien sind darüber hinaus unmittelbar an die Grundrechte gebunden. Dies folgt im Wesentlichen aus einer dem Gesetzgeber vergleichbaren Tätigkeit der Normsetzung, kann aber nach wie vor ferner dem Gedanken der Delegation entnommen werden, da der Tarifvertrag eine Doppelnatur hat: Er legitimiert sich sowohl aus dem privatautonomen Zusammenschluss als auch durch die Delegation der zwingenden, normativen Wirkung. Die Auswirkungen einer solch unmittelbaren Bindung zeigen sich beispielsweise anhand von Differenzierungsklauseln, die gegen das Grundrecht der individuellen, negativen Koalitionsfreiheit (Art. 9 III S. 1 GG) verstoßen, wenn der Differenzbetrag größer ist als der um die sonstigen Vorteile einer Mitgliedschaft geminderte Gewerkschaftsbeitrag.

Im Rahmen der Angemessenheit sind jedoch ebenfalls Wertungen des einfachen Gesetzgebers zu berücksichtigen. Was die Problematik der Spartengewerkschaften anbelangt, lässt sich dies anhand von § 138 BGB verdeutlichen: Hierdurch sollen Missbrauchsfälle ausgeschlossen werden, die insb. dann entstehen, wenn bei Vertragsschluss kein ungefähres Gleichgewicht zwischen den Vertragsparteien bestand und daher eine Richtigkeitsgewähr nicht mehr ohne Weiteres gegeben ist. Die Anwendbarkeit des § 138 BGB auf Tarifverträge ist zu bejahen und dem vom BAG zuletzt vorgeschlagenen „Umweg" über Art. 2 I, 20, I GG vorzuziehen. Die normative Wirkung eines Tarifvertrages steht aufgrund der beschriebenen Doppelnatur einer Einordnung als „Rechtsgeschäft" i.S.v. § 138 BGB nicht im Wege. Ein Rechtsgeschäft ist sittenwidrig, wenn es gegen die herrschende Rechts- und Sozialmoral verstößt bzw. dem Anstandsgefühl aller billig und gerecht Denkenden widerspricht; erforderlich ist eine Gesamtbetrachtung. Um festzustellen wann dies der Fall ist, kann grundsätzlich auf ein bewegliches System von verschiedenen Kriterien abgestellt werden. Aus dem Gedanken des Schutzes anerkannter Ordnungen, d.h. aus der Menschenwürdegarantie des Art. 1 I GG (i.V.m. Art. 20 I GG), folgt eine absolute, von der Art der Tätigkeit unabhängige Untergrenze: Ein Mensch, der seine Arbeitskraft in gesetzlich maximal zulässiger Weise einsetzt, muss sein Existenzminimum erwirtschaften können und darf nicht mit „Hungerlöhnen" abgespeist werden. Hierbei kann auf die Regelsätze nach dem SGB II abgestellt werden. Die meist einzig im Zusammenhang mit Löhnen von der Rspr. thematisierte Äquivalenzstörung führt zu weiteren Grenzen der Lohn*höhe* sowie der Lohn*erhöhung*. Zur Feststellung eines Leistungsmissverhältnisses muss der objektive Wert der Arbeitsleistung bestimmt werden. Auch hier legt der Richter nicht den „angemessenen" Lohn fest. Vielmehr richtet sich der Wert nach dem am Gesamtmarkt erzielbaren Lohn, also nach einem Durchschnitt von am freien, tarifungebundenen Arbeitsmarkt erzielbaren Löhnen und vergleichbaren Tariflöhnen, der auf die konkrete Tätigkeit zu individualisieren ist. Es handelt sich damit um eine durch den Markt vorgegebene

Größe. Ein auffälliges Missverhältnis ist zu bejahen, wenn dieser objektive Wert um mehr als ein Drittel übertroffen oder unterschritten wird. Bzgl. der Lohnsteigerung ist der maßgebliche Anhaltspunkt zur Bestimmung des Wertes der Arbeitsleistung der letztjährige Tarifabschluss. Bei einer jährlichen Steigerung von mehr als zehn Prozent ist die Sittenwidrigkeit des Lohnes zu vermuten, unterhalb seine Rechtmäßigkeit. Sachliche Gründe können zu anderen Ergebnissen führen.

Durch diese richterrechtlich einzuführenden Richtwerte wird die Entscheidung im Einzelfall vorhersehbarer. Somit kann der inhaltlichen Gestaltungsfreiheit effektiv Einhalt geboten werden, wenn diese die äußersten Grenzen der Rechtmäßigkeit überschreiten sollte.

§ 11 Anhaltspunkte aus der Durchführung des Kampfmittels

Schließlich ist zu den Grenzen zu kommen, die unmittelbar an der Arbeitskampfmaßnahme selbst, also vorliegend dem Streik von Spartengewerkschaften ansetzen. Die Handlung der Arbeitsniederlegung stellt grundsätzlich einen Verstoß gegen die vertragliche Pflicht dar, seine Arbeitsleistung zu erbringen. Sie greift daher v.a. in den Rechtskreis des Arbeitgebers, aber auch in den von unbeteiligten Dritten ein, die durch die Maßnahmen (mittelbar) betroffen werden. Diese Eingriffe können jedoch gerechtfertigt sein, wenn sie im Rahmen einer rechtmäßigen Kampfmaßnahme geschehen. Bzgl. der Durchführung gibt es daher ebenfalls verschiedene Anforderungen, die bei der Gesamtabwägung im Rahmen der Angemessenheit zu berücksichtigen sind.

A. Friedenspflicht durch Verbandsmitgliedschaft des Arbeitgebers

Eine erste Grenze für Arbeitskampfmaßnahmen in zeitlicher Hinsicht stellt die Friedenspflicht dar. Sie ist Inhalt des schuldrechtlichen Teils eines Tarifvertrages, muss aber nicht gesondert vereinbart werden, sondern ist grundsätzlich jedem Tarifvertrag als „Friedensordnung" immanent.[1424] Sie hat eine erhebliche Bedeutung für die Tarifautonomie, da sie während der Laufzeit von Tarifverträgen Arbeitskämpfe untersagt, die diese beseitigen oder abändern wollen (relative Friedenspflicht).[1425] Unzulässig sind demnach Arbeitskämpfe aller Art, also gleichfalls Warnstreiks.[1426] Dadurch erlangt der Arbeitgeber während der vereinbarten Laufzeit eine Kalkulierbarkeit seiner Produktionskosten und die Arbeitnehmer dauerhaft gleiche

1424 BAG v. 21.12.1982 – 1 AZR 411/80, BAGE 41, 209, 219; BAG v. 19.06.2007 – 1 AZR 396/06, BAGE 123, 134, 139; vgl. die ganz hM: ErfK/ Franzen, 600 TVG, § 1, Rn. 81; Hueck/ Nipperdey, II/1, S. 308 f.; Kissel, AK, § 26, Rn. 102; Löwisch/ Rieble, TVG, § 1, Rn. 1001; Otto, AK, § 7, Rn. 4; Reim/ Ahrendt, in: Däubler, TVG, § 1, Rn. 1096; Reinfelder, in: Däubler, AK, § 15, Rn. 4; Rüthers, in: Brox/Rüthers, Arbeitskampfrecht, Rn. 218; Wiedemann/ Thüsing, § 1, Rn. 867; Kempen/ Zachert/ Zachert, § 1, Rn. 677 stellt auf einen Vertragswillen der Parteien ab.

1425 Siehe: BAG v. 19.06.2007 – 1 AZR 396/06, BAGE 123, 134, 139 f.; Gamillscheg, KollArbR I, S. 1078; Reim/ Ahrendt, in: Däubler, TVG, § 1, Rn. 1095; Reinfelder, in: Däubler, AK, § 15, Rn. 3; vgl. auch oben: § 5 E.

1426 Siehe: Otto, AK, § 7, Rn. 6; Seiter, Streikrecht, S. 259.

Arbeitsbedingungen.[1427] Die Friedenspflicht beginnt mit dem Abschluss des Tarifvertrages und endet mit dem Erreichen seiner vereinbarten Laufzeit, sofern nichts anderes verabredet wurde.[1428]

Da es sich um eine schuldrechtliche Pflicht handelt, besteht diese nur zwischen den vertragsschließenden Parteien. Daher werden insb. konkurrierende Gewerkschaften, die nicht am Vertragsabschluss beteiligt waren, nicht erfasst.[1429] Gläubiger der Friedenspflicht sind hingegen aufgrund des Charakters eines Vertrages zugunsten Dritter ebenfalls die einzelnen Mitglieder der vertragsschließenden Verbände.[1430] Damit ist es de lege lata jedoch nicht möglich, das bedeutende Problem von zeitlich aufeinanderfolgenden Arbeitskämpfen *unterschiedlicher* Gewerkschaften in einem Betrieb[1431] anhand der Grenze der Friedenspflicht zu bekämpfen. Modelle wie eine zeitliche Synchronisation wären demgegenüber eine so erhebliche Neuerung, dass hierfür ein Akt des Gesetzgebers oder zumindest eine Entscheidung des Großen Senats erforderlich wäre.[1432]

B. Rechtsmissbrauch § 242 BGB

Genauso, wie im Rahmen der Missbrauchskontrolle bereits sittenwidrige Inhalte eines Tarifvertrages ausgeschlossen wurden, müssen über das Verbot des venire-contra-factum-proprium klar widersprüchliche, rechtsmissbräuchliche Verhaltensweisen, die dem Grundsatz von Treu und Glauben widersprechen, ausgeschlossen werden.[1433] Das BAG spricht meist allgemein von dem Gebot der „fairen" Kampfführung, welches sich jedenfalls teilweise damit überschneidet.[1434] Im Folgenden geht es um bereits weiter oben angesprochene Fragen wie das Erfordernis eines Streikbeschlusses oder vorhergehender Verhandlungen sowie der Feststellung des Zeitpunkts ihres Scheiterns. Sie konnten bisher noch nicht abschließend bewertet werden, da es sich um Ausführungen zum Schutzbereich, mithin also gerade nicht um eine Einzelfallbetrachtung gehandelt hat. Neben diesen ursprünglich aus dem Ultima-Ratio-Grundsatz abgeleiteten Erfordernissen können gleichsam die Notstands- und Erhaltungsarbeiten unter dem Aspekt der Rechtsmissbräuchlichkeit geprüft werden.[1435]

Festgehalten werden kann zunächst: Es ist grundsätzlich erforderlich, dass die Tarifvertragsparteien über den anvisierten Vertrag bereits *verhandelt* haben. Primär geht es nämlich darum,

1427 Siehe: Reim/ Ahrendt, in: Däubler, TVG, § 1, Rn. 1095.

1428 Siehe: Otto, AK, § 7, Rn. 10.

1429 Vgl.: Jacobs, NZA 2008, 325, 330; Peter, in: Däubler, TVG, § 2, Rn. 142 a; Reim/ Ahrendt, in: Däubler, TVG, § 1, Rn. 1102; Reinfelder, in: Däubler, AK, § 15, Rn. 8; grundsätzlich auch: Franzen, RdA 2008, 193, 204.

1430 Siehe: Otto, AK, § 7, Rn. 2.

1431 Siehe oben: § 4 D. I. 1.

1432 Vgl.: Greiner, Arbeitskampfpluralität, S. 448 ff.; Schliemann, in: FS Hromadka, 359, 378, die zu einer gesetzgeberischen Lösung tendieren.

1433 Vgl.: Otto, in: FS Konzen, 663, 674; ders., AK, § 8, Rn. 8.

1434 Vgl.: BAG v. 11.05.1993 – 1 AZR 649/92, BAGE 73, 141, 149.

1435 Siehe: Kissel, AK, § 43, Rn. 4.

zu einem ausgeglichenen Tarifvertrag zu kommen. Der Arbeitskampf ist nur für den Fall gedacht, dass die Parteien nicht ohne unmittelbare Anwendung von Druck zu einer Einigung gelangen. Es wäre also überzogen gleich die „Keule“ des Streiks auszupacken, wenn noch gar nicht klar ist, ob der Gegner vielleicht auf die Forderungen eingehen wird. Außerdem können so in ruhiger Atmosphäre zunächst Argumente ausgetauscht und die Lage insgesamt sondiert werden. Demgegenüber handelt es sich um ein rechtsmissbräuchliches Vorgehen, „wenn es des ergriffenen Kampfmittels zur Erreichung des Ziels offensichtlich nicht bedarf“.[1436] Lediglich, wenn die eine Seite das Angebot der anderen Seite in Verhandlungen zu treten ausschlägt, kann von dem Erfordernis vorheriger Verhandlungen abgesehen werden; ansonsten wäre es der sich verweigernden Partei möglich den Beginn des Arbeitskampfes hinauszuzögern, indem sie einfach nicht mit den Verhandlungen beginnt.[1437]

Zeitlich dem Stadium der Verhandlungen nachfolgend bleibt die Frage zu klären, ob es vor Durchführung eines Arbeitskampfmittels der *ausdrücklichen Erklärung des Scheiterns* der Verhandlungen bedarf oder ob vielmehr, wie dies ebenfalls vom BAG angenommen wird, der schlichte Beginn mit der Durchführung des Arbeitskampfes ausreicht, das Scheitern zu proklamieren. Die diesbezüglich konträren Argumentationen wurden bereits oben dargestellt.[1438] Da es sich um eine konkrete Einzelfallentscheidung handelt ist nun im Folgenden Stellung zu beziehen: Dem BAG kann insofern Recht gegeben werden, als das Scheitern der Verhandlungen grundsätzlich nicht objektiv feststellbar ist;[1439] es handelt sich immerhin um einen subjektiven Entschluss. Allerdings gibt es gute Gründe für eine Objektivierung dieses Momentes des Scheiterns zu sorgen: Die Tarifvertragsparteien haben eine wichtige Funktion in unserer Gesellschaft inne, weswegen von ihnen ein verantwortungsvolles Handeln erwartet werden kann. Könnte die eine Seite stets zu einem beliebigen Zeitpunkt während der Verhandlungen mit den Arbeitskampfmaßnahmen beginnen, hätte sie es in der Hand den Gegner zu überrumpeln und damit einen taktischen Vorteil zu erlangen. Die Kontrahenten könnten sich zudem nie ganz sicher sein wann die erste Attacke des anderen erfolgt und müssten daher stets in Habachtstellung verweilen, um nicht durch einen überraschenden Angriff vollkommen überfordert zu sein. Dies würde aber einer offenen, auf ein angemessenes Ergebnis zielenden Verhandlung schaden. Eine daraus resultierende Zunahme von Arbeitskämpfen wäre zu befürchten. Daher bedarf es einer klaren Trennung der (anfänglichen) Verhandlungs- und der Kampfphase, soll ein widersprüchliches Verhalten ausgeschlossen werden. Andernfalls könnte es passieren, dass z.B. ein Streik völlig überraschend begonnen wird, während die Unterhändler

1436 Vgl.: BAG v. 22.09.2009 – 1 AZR 972/08, BAGE 132, 140, 153; Däubler, in: Däubler, AK, § 14, Rn. 9.

1437 Siehe grundsätzlich: BAG v. 21.06.1988 – 1 AZR 651/86, BAGE 58, 364, 383; Seiter, Streikrecht, S. 515 f.; Kissel, AK, § 30, Rn. 36 f.; Bieback/ Wrobleski, in: Däubler, AK, § 17, Rn. 56; ähnlich: Däubler, in: Däubler, AK, § 14, Rn. 9; Czerweny v. Arland, Arbeitskampfmittel, S. 102; Engels, Verfassung und Arbeitskampfrecht, S. 129; Koch, in: Schaub, ArbR-Hdb. 13. Aufl., § 193, Rn. 18; Enderlein, RdA 1995, 264, 279.

1438 Siehe oben: § 8 B. III. 2. b.

1439 BAG v. 21.06.1988 – 1 AZR 651/86, BAGE 58, 364, 380 ff.

noch nichts ahnend am Verhandlungstisch sitzen, weil ihnen von der streikenden Partei nach wie vor Verhandlungsbereitschaft vorgegaukelt wird.[1440]

Diese Trennung wird, wie gezeigt, nicht durch den faktischen Beginn der Kampfhandlungen erreicht; die eine Seite würde erst wesentlich später von dem Entschluss erfahren und hätte eine erheblich schlechtere taktische Position inne. Daher ist eine vorgeschaltete Handlung notwendig, die zu einer objektiven Wahrnehmbarkeit des Entschlusses bzgl. des Scheiterns führt; und zwar rechtzeitig für beide Kontrahenten. Der effektivste Weg erscheint hierbei eine schlichte Erklärung des Scheiterns. Eine solche erfordert keinen großen Aufwand und besticht durch ihre klare, einfache Aussage. Des Weiteren wird auf diese Weise der Partei, die das Scheitern erklärt, in der Tat noch einmal vor Augen geführt, dass damit der Verhandlungsweg, vorerst, verlassen wird, mit all den negativen Auswirkungen, die damit stets für beide Seiten zwangsläufig verbunden sind. Auch dies kann dazu beitragen, dass nicht leichtfertig mit dem Arbeitskampf begonnen wird.[1441] Somit ist entgegen dem BAG ein ausdrückliches Erklären des Scheiterns zu fordern.

Hiervon zu trennen ist die *Bekanntgabe des Kampfbeschlusses*. Vor Beginn eines Streiks muss ein wirksamer Streikbeschluss durch die hierfür zuständigen Organe, meist den Vorstand der Gewerkschaft, gefasst worden sein. Er muss allgemein beinhalten wer die Erklärung abgibt, um welchen Arbeitskampf es geht, wer davon betroffen ist und ab wann die Kampfmaßnahmen beginnen bzw. enden.[1442] Darüber hinaus muss dieser Beschluss der Gegenseite bekanntgegeben werden;[1443] erforderlich ist eine Bekanntmachung gegenüber dem unmittelbar zu bestreikenden Arbeitgeber oder dem hinter ihm stehenden Verband. Die Argumentation für ein Erfordernis der Bekanntmachung ist ähnlich zu der hinsichtlich der Erklärung des Scheiterns der Verhandlungen: Die Gegenseite muss wissen woran sie ist, damit sie sich auf die Kampfmaßnahme einstellen kann.[1444] Hierbei sind öffentliche Verlautbarungen als ausreichend anzusehen, wenn sie die elementaren Bestandteile des Beschlusses beinhalten.[1445] Richtigerweise müssen derartige Verlautbarungen aber vom eigentlichen Adressaten zur Kenntnis genommen worden sein.[1446] Eine bloße „Möglichkeit“ der Kenntniserlangung kann entgegen *Dieterich*[1447] nicht ausreichen. Wann sollte eine solche Möglichkeit typischerweise vorliegen; welche TV- oder Radio-Sender, welche Zeitungen oder welche Internetseiten muss der Arbeitgeber ständig verfolgen, um auf eine entsprechende Verlautbarung aufmerksam zu wer-

1440 Ähnlich: Auktor, Der Wellenstreik, S. 46 f.

1441 Ähnlich: Müller, Arbeitskampf, S. 232.

1442 Siehe: BAG v. 23.10.1996 – 1 AZR 269/96, NZA 1997, 397, 398 f.; Kissel, AK, § 42, Rn. 2; Otto, AK, § 7, Rn. 38.

1443 BAG v. 23.10.1996 – 1 AZR 269/96, NZA 1997, 397, 398; Kissel, AK, § 42, Rn. 15; Löwisch/ Krauß, AR-Blattei SD 170.3.1, Rn. 14.

1444 Siehe: Wolter, in: Däubler, AK, § 16, Rn. 9.

1445 BAG v. 23.10.1996 – 1 AZR 269/96, NZA 1997, 397, 399; auch Flugblatt: BAG v. 19.06.2012 – 1 AZR 775/10, DB 2012, 2640.

1446 So auch: BAG v. 23.10.1996 – 1 AZR 269/96, NZA 1997, 397, 399; Löwisch/ Krauß, AR-Blattei SD 170.3.1, Rn. 16; Otto, AK, § 7, Rn. 39; Wolter, in: Däubler, AK, § 16, Rn. 11.

1447 ErfK/ Dieterich, 10 GG, Art. 9, Rn. 139; großzügiger noch Otto, EzA Nr. 126, Art. 9 GG Arbeitskampf, 9, 15, der auf den Zugang im Sinn des BGB abstellt.

den?[1448] Der Beschluss hat weitreichende Folgen und verlangt in den meisten Fällen ein Reagieren des Betroffenen. Da die Sicherstellung des Zuganges dieser Erklärung keine großen Schwierigkeiten bereitet, muss es dem Erklärenden angelastet werden, wenn der Zugang scheitert, weil er sich auf eine öffentliche Verlautbarung verlassen hat. Ob zudem eine Urabstimmung zu erfolgen hat, hängt ausschließlich vom gewerkschaftsinternen Verbandsrecht ab.[1449]

Schließlich kann die Einhaltung der Pflicht zu *Notstands- und Erhaltungsarbeiten* unter dem Begriff des Rechtsmissbrauches im Rahmen der Angemessenheit geprüft werden. Was hierunter zu verstehen ist, wurde bereits ausgeführt.[1450] Für die Herleitung einer solchen Pflicht gibt es neben der Begründung über das Gebot fairer Kampfführung durch die Rspr.[1451] verschiedene Ansätze: So wird vertreten, dass sie aus dem Verhältnismäßigkeitsgrundsatz folge,[1452] gewohnheitsrechtlich anerkannt sei[1453] oder dem Grundsatz der Erforderlichkeit entstamme.[1454]

Eigentlicher Hintergrund, und insofern sind sich die meisten Autoren einig, ist jedoch der Telos des Arbeitskampfes: Zur Erreichung von angemessenen Arbeits- und Wirtschaftsbedingungen kann insb. gestreikt werden. Nach dem Ende des Streiks soll die Arbeit jedoch wieder aufgenommen werden, damit die erreichten neuen Bedingungen wirken können. Dies ist jedoch nur möglich, wenn der Betrieb überhaupt fortgeführt werden kann, d.h. wenn die Betriebsmittel noch funktionsfähig sind.[1455] Von dieser Begründung ausgehend kann man zumindest die Erhaltungsarbeiten guten Gewissens im Rahmen des § 242 BGB prüfen: Es wäre widersprüchlich, wenn man Arbeitskämpfe um bessere Bedingungen führt, diese aber nicht zur Anwendung kommen könnten, weil eine Aufnahme des Betriebes nicht mehr möglich ist. Da bei den Notstandsarbeiten die Herstellung praktischer Konkordanz mit den Grundrechten Dritter im Vordergrund steht und es bei § 242 BGB ebenfalls um die mittelbare Einwirkung von Grundrechten geht (auch hinsichtlich der Erhaltungsarbeiten wirkt Art. 14 GG zugunsten des Arbeitgebers), können durchaus beide Ausformungen an dieser Stelle geprüft werden. Genauso wäre ihre Verortung im Rahmen einer Grundrechtsabwägung möglich oder im Falle der Notstandsarbeiten wohl noch naheliegender. Jedenfalls handelt es sich um eine Frage der Verhältnismäßigkeit. Inwiefern die Erhaltungs- und Notstandsarbeiten gleichsam in Zukunft

---

1448 Ähnlich: BAG v. 23.10.1996 – 1 AZR 269/96, NZA 1997, 397, 399; Wolter, in: Däubler, AK, § 16, Rn. 11.

1449 Siehe: ErfK/ Dieterich, 10 GG, Art. 9, Rn. 137; Gamillscheg, KollArbR I, S. 1153; Reinfelder, in: Däubler, AK, § 15, Rn. 33; Wolter, in: Däubler, AK, § 16, Rn. 12.

1450 Siehe oben: § 5 J.

1451 Vgl.: BAG v. 14.12.1993 – 1 AZR 550/93, BAGE 75, 186, 194; BAG v. 30.03.1982 – 1 AZR 265/80, NJW 1982, 2835, 2836.

1452 So: Reinfelder, in: Däubler, AK, § 15, Rn. 37 f.; Oetker, Erhaltungsarbeiten, S. 5 ff.; wohl auch: Brox, in: Brox/ Rüthers, Arbeitskampfrecht, Rn. 291.

1453 So: Gamillscheg, KollArbR I, S. 1166.

1454 So: Löwisch/ Rieble, in: Löwisch, AK, S. 115.

1455 Brox, in: Brox/ Rüthers, Arbeitskampfrecht, Rn. 290; Löwisch/ Rieble, in: Löwisch, AK, S. 115; Oetker, Erhaltungsarbeiten, S. 6; Otto, AK, § 8, Rn. 27; wohl auch: Reinfelder, in: Däubler, AK, § 15, Rn. 37.

noch von Bedeutung sein werden, bleibt jedenfalls angesichts der noch darzustellenden vorgeschlagenen zahlenmäßigen Beschränkung des Streikrechts abzuwarten.[1456]

C. Arbeitskampfparität – „Streikarithmetik"[1457]

Gedanklich vor einer Lösung von Problemen wie beispielsweise überhöhten Forderungen anhand der Grenze der Sittenwidrigkeit sollte versucht werden, deren Wurzeln zu ergründen, diese zu eliminieren und damit derlei „Auswüchse" von vornherein zu unterbinden.[1458] Im Vordergrund steht hierbei das Kräftegleichgewicht zwischen den Tarifvertragsparteien. Dieses ist Voraussetzung für ausgeglichene Verhandlungen und daraus resultierend für ausgeglichene, sachgerechte Ergebnisse. Nur wenn eine solche Parität nicht vorliegt kann es eigentlich überhaupt erst dazu kommen, dass, allgemein gesprochen, „unangemessene" Forderungen gestellt werden. Denn nur wenn die eine Seite der anderen deutlich überlegen ist, wird sie sich ein solches Vorgehen anmaßen. Gibt es also ein Paritätsproblem, muss eine Lösung zunächst an diesem ansetzen. Das Paritätserfordernis wurde bereits im Rahmen des sachlichen Schutzbereiches zur Konkretisierung der *allgemeinen Notwendigkeit* herangezogen. Bzgl. allgemeiner Ausführungen wird insoweit nach oben verwiesen.[1459] Nach der hier vertretenen Auffassung handelt es sich um eine abstrakt-materielle Parität, also um eine typisierende Betrachtung. Hieraus folgen Anhaltspunkte dafür, welche Maßnahmen zum *grundsätzlichen* „Arsenal zulässiger Arbeitskampfmittel" gehören; diese konkretisieren die allgemeine Notwendigkeit im Rahmen des sachlichen Schutzbereiches.[1460]

Da die Parität jedoch gleichfalls einen bedeutenden Anteil an der Funktionsfähigkeit der Tarifautonomie und damit dem Bezugspunkt der Verhältnismäßigkeit hat,[1461] muss bei der Abwägung, in nach wie vor typisierender Weise, ebenso das Kräfteverhältnis der sozialen Gegner berücksichtigt werden.[1462] Oder wie es das BAG ausdrückt: „Das Prinzip der Verhältnismäßigkeit betrifft also nicht nur Zeitpunkt und Ziel, sondern auch die *Art der Durchführung* und die *Intensität* des Arbeitskampfes."[1463] Dies geschieht nun, im Gegensatz zur Handhabung im Rahmen des Schutzbereiches, nicht losgelöst vom Einzelfall, sondern bezogen auf die konkreten Gegebenheiten.[1464] In dieselbe Richtung geht das BAG in seiner Entscheidung zum Tarifsozialplan: „Nach der Rechtsprechung des Bundesarbeitsgerichts sind insoweit die *realen Kräfteverhältnisse*[1465] maßgebend, ohne dass alle Besonderheiten des Arbeitskampfs berücksichtigt werden müssten. Der Grundsatz der Parität kann nur Kriterien erfassen,

1456 Siehe zur zahlenmäßigen Beschränkung des Streikrechts unten: § 11 C.

1457 Jacobs, in FS Buchner, 342, 356.

1458 Ähnlich: Hanau/ Thüsing, in: Thüsing, Tarifautonomie, S. 68.

1459 § 8 B. II.

1460 Siehe oben: § 8 B. II. 2. e.

1461 Siehe oben: § 9 A. II. 3.

1462 Auch: Greiner, Arbeitskampfpluralität, S. 438.

1463 BAG v. 21.04.1971 – GS 1/68, BAGE 23, 292, 307; vgl.: Feudner, RdA 2008, 104, 105.

1464 Vgl.: Feudner, RdA 2008, 104, 107; Greiner, Arbeitskampfpluralität, S. 464.

1465 Hervorhebung des Verfassers.

die einer typisierenden Betrachtung zugänglich sind. Situationsbedingte Vorteile bleiben notwendigerweise unberücksichtigt".[1466] Daher sind nicht alle irgendwie relevanten Faktoren zu berücksichtigen, sondern nur solche, die einer typisierenden Betrachtung zugänglich sind. Es ist im konkreten Einzelfall aber dennoch sicherzustellen, dass im Grundsatz nicht die eine Seite der anderen die Bedingungen diktieren kann.

I. Konkrete Disparität durch Streik einer Funktionselitegewerkschaft?

Zu klären ist daher zunächst, ob im konkreten Einzelfall bei typisierender Betrachtung eine Disparität auszugleichen ist. Wie gesehen, ist grundsätzlich von einer strukturell unterlegenen Stellung des Arbeitnehmers bei Abschluss des Arbeitsvertrages auszugehen.[1467] Die unterlegene Stellung der Arbeitnehmer wird durch den Tarifvertrag und die zu seinem Abschluss zur Verfügung stehenden Arbeitskampfmittel ausgeglichen. Daher wird bisher auch überwiegend angenommen, eine Parität liege im Falle des Streiks stets vor.[1468]

Im Einzelfall kommt jedoch mittlerweile ein Ausschlagen des Pendels in die Gegenrichtung in Betracht,[1469] d.h. es erscheint möglich, dass insb. eine Funktionselitegewerkschaft eine so starke Stellung durch die Gewährung des Streikrechts erreicht, dass sie eine dem Arbeitgeber überlegene Position einnimmt. Die Ursachen für ein solches Ungleichgewicht können ganz unterschiedlich sein: Insb. dadurch, dass Funktionselitegewerkschaften meist nur wenige streikende Mitglieder ausreichen, den ganzen Betrieb lahmzulegen und ihnen somit, gerade im Vergleich zu umfassenden Streiks durch Branchengewerkschaften, nur sehr geringe Kosten entstehen, aber v.a. auch dadurch, dass der Arbeitgeber auf ihre Tätigkeit nicht verzichten kann, er also nahezu jeder Forderung nachgeben muss und die Gewerkschaften daher die Bedingungen quasi diktieren können, kann eine Disparität entstehen. Zudem tragen die übrigen oben dargestellten Aspekte wie z.B. die Vervielfältigung von Streiks an sich ebenfalls zu einer zunehmenden Verstärkung des Ungleichgewichts der Kräfte bei.[1470] Festgehalten werden kann aber, dass es sich hierbei nicht um eine Disparität handelt, die ausschließlich mit dem Phänomen der Spartenstreiks verbunden ist, jedenfalls nicht vollumfänglich.[1471] Vielmehr handelt es sich um ein strukturelles Problem unser „schnelllebigen Gesellschaft", in der Produktionsausfälle bei Just-In-Time-Produktionen oder das Stehenbleiben von Massenbeförde-

1466 BAG v. 24.04.2007 – 1 AZR 252/06, BAGE 122, 134, 154.

1467 Siehe: BVerfG v. 26.06.1991 – 1 BvR 779/85, BVerfGE 84, 212, 229; BAG v. 28.03.2006 – 1 ABR 58/04, BAGE 117, 308, 319; BAG v. 22.09.2009 – 1 AZR 972/08, BAGE 132, 140, 152; Treber, in: Schaub, § 197, Rn. 3; Rieble/Klumpp, in: MüArbR, § 162, Rn. 25; Greiner, Arbeitskampfpluralität, S. 47, 467 („Ur-Disparität").

1468 Siehe: Rüthers, in: Brox/ Rüthers, Arbeitskampfrecht, Rn. 183; Hromadka/ Maschmann, § 14, Rn. 77; vgl.: Ricken, in: MüArbR, § 200, Rn. 38.

1469 U.a.: Jacobs, NZA 2008, 325, 330 f.; v. Steinau-Steinrück/ Glanz, NZA 2009, 113, 114; Bayreuther, BB 2005, 2633, 2641; Konzen/ Scholz, DB 1980, 1593, 1594; für eine grundsätzliche Grenzziehung im Rahmen der Kampfparität auch: Ricken, in: MüArbR, § 200, Rn. 38.

1470 Vgl. die obige Darstellung möglicher Auswirkungen des Phänomens Spartenstreik: § 4 D.; im Sinne einer Gesamtschau auch: Greiner, Arbeitskampfpluralität, S. 442 ff.

1471 In diese Richtung grundsätzlich auch: Bayreuther, NZA 2008, 12, 15.

rungsmitteln verheerende Auswirkungen haben. Immerhin können grundsätzlich auch Branchengewerkschaften Mitglieder streiken lassen, die sich in Schlüsselpositionen befinden, sofern sie über solche verfügen. Da sich Spartengewerkschaften jedoch meist in diesen Bereichen entwickeln, kommen bei ihnen derlei Auswirkungen schlicht häufiger vor; sie stellen insofern quasi die Spitze des Eisberges dar.

In einem funktionierenden Arbeitskampfsystem sollte eine solche Schieflage der Kräfteverhältnisse grundsätzlich durch Abwehrmittel des Arbeitgebers ausgeglichen werden.[1472] Solche stehen ihm jedoch, jedenfalls bezogen auf die Problematik der Spartenstreiks, in effektiver Form nicht zur Verfügung: Mittel wie die Aussperrung, die Betriebsstilllegung oder die Möglichkeit einer Verlagerung ins Ausland sind mittlerweile aus oben genannten Gründen unbrauchbar. Die Arbeitgeber müssen ihren Vertragspflichten nachkommen und deshalb alles versuchen, um den Betrieb am Laufen zu halten. Bei einer zusätzlichen Produktionsverringerung würden sie sich „ins eigene Fleisch schneiden".[1473] Lediglich was die Problematik von zeitlich verzögerten Streiks unterschiedlicher Gewerkschaften in einem Betrieb betrifft,[1474] könnte eine gewisse zeitliche Synchronisierung durch die Zuerkennung eines Rechts auf Angriffsaussperrung erfolgen.[1475] Selbst dies ist jedoch fragwürdig, v.a. vor dem Hintergrund unterschiedlich langer Laufzeiten und der damit zusammenhängenden Friedenspflichten. Ansonsten zeitigt die Aussperrung keine effektive Wirkung: Mit ihr soll an sich erreicht werden, dass der Finanzaufwand der Gewerkschaft steigt und sie so zu einem rascheren Ende der Kampfmaßnahme bewegt werden kann. Dies ist im Falle von Spartenstreiks jedoch regelmäßig nicht der Fall, da es sich meist nur um kleinere Verbände handelt, weswegen in der Regel sowieso schon alle Mitglieder beteiligt sind und außerdem die Aussperrung der Außenseiter, also meist der überragenden Mehrheit der Belegschaft, keinerlei Pflicht zur Streikunterstützung durch die Spartengewerkschaft hervorruft. Dies ist der Unterschied zu einem Streik durch eine den Großteil der Belegschaft in einem Unternehmen repräsentierende Branchengewerkschaft; ruft sie nur einen kleinen Teil ihrer Mitglieder auf und sperrt der Arbeitgeber dann weitere aus, muss sie diese ebenfalls unterstützen.[1476]

Damit ist insgesamt davon auszugehen, dass insb. Spartenstreiks und v.a. Streiks von Funktionseliten derzeit zu Disparität führen bzw. führen können.[1477]

1472 Auch: Greiner, Arbeitskampfpluralität, S. 474.

1473 Auch: Jacobs, NZA 2008, 325, 331; ders., in: FS Buchner, 342, 347; Loritz, in: FS Buchner, 582, 591 f.; ähnlich: Bayreuther, NZA 2008, 12, 16; Buchner, BB 2007, 2520, 2521 (bzgl. Aussperrung); Kamanabrou, ZfA 2008, 241, 264; Lehmann, in: FS Buchner, 529, 540; Rüthers, ZfA 1987, 1, 46 f.; anerkennend zunächst auch: Greiner, Arbeitskampfpluralität, S. 450.

1474 Siehe oben: § 4 D. I. 1.

1475 So: Greiner, Arbeitskampfpluralität, S. 450.

1476 Vgl.: Bayreuther, NZA 2008, 12, 16; Greiner, NZA 2007, 1023, 1026 f.

1477 So: Hunold, NZA 2007, 1037, 1038; Jacobs, in FS Buchner, 342, 346 f.; Rieble, ZfA 2005, 245, 249 ff.; grundsätzlich auch: Bayreuther, BB 2005, 2633, 2641; Greiner, Arbeitskampfpluralität, S. 442 ff.; teilweise: Franzen, RdA 2008, 193, 202 f.

II. Herstellung von Parität

Es stellt sich daher die Frage, wie die Gerichte mit derartigen Fällen umzugehen haben, in denen eine Disparität erkennbar ist.[1478] Im Folgenden sollen jedoch nicht alle irgendwie möglichen Lösungsansätze, sondern nur die paritätsspezifischen Optionen dargestellt werden.

1. Liberalisierung des Rechts zur Aussperrung

Greiner schlägt weitergehende Änderungen hinsichtlich der Aussperrung vor: Zunächst sollte eine *selektive Aussperrung* wieder zugelassen werden.[1479] Allerdings wird nicht ganz klar wozu dies dienlich sein soll, da die Aussperrung an sich ein wenig hilfreiches Instrument ist, wie soeben gezeigt wurde. Er selbst führt zur Aussperrung allgemein kurz zuvor aus, eine Ausweitung des Arbeitskampfes mittels Aussperrung könne „keinerlei wirksamen Druck" auf die Spartengewerkschaft ausüben.[1480] Das ändert sich aber ebenso wenig bei einer selektiven Aussperrung signifikant: Charakteristikum des Problems der Spartengewerkschaften ist gerade, dass es sich um meist kleinere Koalitionen handelt. Daher haben sie nur die Kosten für die ausfallenden Löhne ihrer wenigen Mitglieder auszugleichen. Zwar könnte durch eine selektive Aussperrung von Mitgliedern der streikenden Gewerkschaft, welche sich bisher (noch) nicht an diesem Streik beteiligten, in der Tat eine höhere finanzielle Belastung erreicht werden. Dies würde aber voraussetzen, dass nicht schon alle Mitglieder an der Kampfmaßnahme teilnehmen.[1481] Und selbst dann würde dadurch kein überaus großer Druck erzeugt werden, da die absolute Belastung bei einer geringen Mitgliederzahl überschaubar bleibt. Letztlich dürfte dieser Ansatz ebenfalls an seiner praktischen Umsetzbarkeit scheitern, da der Arbeitgeber richtigerweise regelmäßig nicht die Arbeitnehmer den einzelnen Gewerkschaften zuordnen kann.[1482]

Zudem wird vorgeschlagen, der Aussperrung „wieder" eine *lösende Wirkung* zuzuerkennen.[1483] Diese „Idee" der Paritätsherstellung durch Anerkennung der lösenden Aussperrung, als welche sie teilweise in der Literatur aufgeführt wird,[1484] entpuppt sich jedoch bei genauerem Hinsehen übertrieben gesprochen als „alter Hut": *Greiner* will der Aussperrung nämlich gar nicht pauschal bzw. stets im Falle von Spartenstreiks eine lösende Wirkung beimessen. Er beschränkt diese vielmehr auf „die Sondersituation des lang andauernden firmenbezogenen

1478 Siehe die Ausführungen zur Lösung des Paritätsproblems durch die Gewerkschaftspluralität insgesamt bei : Greiner, Arbeitskampfpluralität, S. 447 ff.

1479 Greiner, Arbeitskampfpluralität, S. 476.

1480 Greiner, Arbeitskampfpluralität, S. 475.

1481 Auch dies wird letztlich eingeräumt: Greiner, Arbeitskampfpluralität, S. 477.

1482 Siehe: Franzen, RdA 2008, 193, 202; Meyer, NZA 2006, 1387, 1390.

1483 Greiner, Arbeitskampfpluralität, S. 477 ff.; grundsätzlich in diese Richtung auch: Loritz, in: FS Buchner, 582, 593 ff., der aber i.Erg. eine Liberalisierung der Kündigungsmöglichkeiten fordert.

1484 So: Bayreuther, NZA 2008, 12, 16; Franzen, RdA 2008, 193, 202 f.; v. Steinau-Steinrück/ Glanz, NZA 2009, 113, 116.

Streiks".[1485] So weit ist die Rspr. des BAG aber schon länger:[1486] Bereits in der Entscheidung aus dem Jahr 1971 wird die Möglichkeit der lösenden Aussperrung angenommen, wenn der Streik eine „besondere Intensität" entwickelt, was insb. bei einem „länger dauernden Streik" angenommen werden könne.[1487] Aber es sprechen auch sachliche Gründe gegen die Reaktivierung dieses Instruments bzw. eine weitergehende Liberalisierung: Zum einen haben die (lösend) ausgesperrten Arbeitnehmer grundsätzlich einen Wiedereinstellungsanspruch nach Ende des Arbeitskampfes.[1488] Selbst wenn dieser ins Leere laufen sollte, weil der Arbeitsplatz mittlerweile anderweitig vergeben oder rationalisiert wurde, werden doch in aller Regel Wiedereinstellungsklauseln und Maßregelungsverbote im neuen Tarifvertrag vereinbart werden. Außerdem ist es gerade bei Funktionselitegewerkschaften eine typische Erscheinung, dass die Arbeitnehmer überhaupt nicht kurzfristig ersetzt werden können. Der Arbeitgeber würde sich also bei einer lösenden Aussperrung in besonderem, gegenüber der suspendierenden Aussperrung gesteigertem Maße selbst schädigen.[1489] Es bleibt damit lediglich bei einem sehr eingeschränkten, „ gewissen psychologische Druck" durch die Möglichkeit der lösenden Aussperrung.[1490] Auch sie führt daher nicht zur Wiederherstellung von Parität.

2. Beschränkung des Streikrechts

Mangels Alternativen wird eine unterschiedlich ausgestaltete und teils unterschiedlich verortete *Beschränkung* des Streikrechts diskutiert. Hiernach dürfe ein Streik allgemein gesagt nur „zahlenmäßig, zeitlich und räumlich begrenzt" durchgeführt werden.[1491]

a. Ausschluss des Streikrechts bei vorhandener Tarifordnung

Vertreten wird, ein Streik sei unverhältnismäßig, wenn im Unternehmen bereits ein Tarifwerk existiere; also quasi eine „Beschränkung auf Null". Sei dies der Fall, könne sich der schutzsuchende Arbeitnehmer dieser Gewerkschaft anschließen und somit in den Genuss der unmittelbaren Tarifbindung gelangen.[1492] Ein völliges Streikverbot würde in der Tat zu einer Vermeidung ständiger Arbeitskämpfe von unterschiedlichen, konkurrierenden Gewerkschaften führen und hätte aus Arbeitgebersicht den „Vorteil", dass es wohl bei einer sehr monistischen

1485 Greiner, NZA 2007, 1023, 1027; ders., Arbeitskampfpluralität, S. 478.

1486 BAG v. 21.04.1971 – GS 1/68, BAGE 23, 292, 313 f.; vgl.: Gamillscheg, KollArbR I, S. 1042; kritisch: Kissel, AK, § 52, Rn. 57; Otto, AK, § 8, Rn. 16.

1487 BAG v. 21.04.1971 – GS 1/68, BAGE 23, 292, 314.

1488 BAG v. 21.04.1971 – GS 1/68, BAGE 23, 292, 316 ff.

1489 Siehe insgesamt: Bayreuther, NZA 2008, 12, 16; Jacobs, in: FS Buchner, 342, 347; Loritz, in: FS Buchner, 582, 593 f.; ähnlich: Franzen, RdA 2008, 193, 203; Scholz, in: FS Buchner, 827, 836 f.

1490 Bayreuther, NZA 2008, 12, 16.

1491 Jacobs, NZA 2008, 325, 331; ders., in: FS Buchner, 342, 355; v. Steinau-Steinrück/ Glanz, NZA 2009, 113, 115; ähnlich: Feudner, RdA 2008, 104, 106; Konzen, in: FS 50 Jahre BAG, 515, 548; für eine grundsätzliche Beschränkbarkeit des Streikrechts: Hanau/ Thüsing, in: Thüsing, Tarifautonomie, S. 68.

1492 In diese Richtung: Bayreuther, BB 2005, 2633, 2641; ihm folgend: Meyer, NZA 2006, 1387, 1390.

Gewerkschaftsstruktur bleiben und damit zu ausgewogeneren Ergebnissen kommen würde. Eine solche Lösung ist aber nicht mit Art. 9 III GG zu vereinbaren. Wie vielfach erwähnt, sieht dieser in seiner derzeitigen Auslegung gerade eine plurale Gewerkschaftslandschaft vor. Die Vorenthaltung eines Streikrechts für konkurrierende Gewerkschaften wäre ein jedenfalls nicht durch Richterrecht möglicher Eingriff in die Koalitionsfreiheit.[1493]

b. Gestuftes Arbeitskampfmodell

Eine weitere Möglichkeit zu Parität durch Einschränkung des Streikrechts zu gelangen wird in einem gestuften Kampfmodell gesehen, das teilweise als „Eskalationsleiter“[1494] bezeichnet wird. Im Rahmen einer, wie auch hier vertretenen, grundsätzlich strengeren Verhältnismäßigkeitsprüfung wird verlangt, dass der Streik zunächst auf „kleiner Flamme“ beginnen müsse, also „begrenzt zu führen ist, bevor er ausgeweitet wird“.[1495] Hiernach würde der Streik in sehr begrenztem Umfang beginnen und dürfte sich erst nach bestimmten Zeitabständen und erfolglos gebliebenen Verhandlungen schrittweise ausdehnen.[1496] Ein solches Vorgehen hätte zur Folge, dass der Arbeitgeber nicht gleich die volle Wucht der arbeitnehmerseitigen Macht zu spüren bekäme. Zudem würde so das Kampfmittel der Arbeitnehmer nicht vollends auf ein bestimmtes, absolutes Maß verringert, was seinerseits die Gefahr in sich bergen würde, dass der Arbeitgeber den Streik einfach aussitzen könnte. Dennoch kann dieser zeitlichen Staffelung nicht gefolgt werden. Ein solches Vorgehen würde dazu führen, dass der Arbeitskampf nur unnötig in die Länge gezogen[1497] und der Betrieb zwar nur beschränkt, aber dafür mehr oder weniger dauerhaft lahmgelegt wird. Zudem würde es wohl zu einem standardisierten, routinemäßigen Durchlaufen der verschiedenen Stadien kommen.[1498] Schließlich führt eine solche zeitliche Beschränkung jedenfalls im speziellen Fall von Funktionselitegewerkschaften nicht weiter: Charakteristisch ist doch gerade das Ausreichen der Arbeitsniederlegung von nur wenigen Arbeitnehmern. Und gerade dies bzw. allgemein das Streiken nur einer begrenzten Zahl von Arbeitnehmern kann sich aus wirtschaftlichen Gründen (Streikunterstützung) eher positiv für die Gewerkschaft darstellen.[1499] Eine zeitliche Staffelung hätte daher keine besonderen Auswirkungen in diesen Konstellationen. Entscheidend muss daher die Beschränkung an sich sein, nicht eine zeitliche Staffelung.

1493 Auch: Greiner, Arbeitskampfpluralität, S. 465; Jacobs, NZA 2008, 325, 330.

1494 Greiner, Arbeitskampfpluralität, S. 465.

1495 Jacobs, NZA 2008, 325, 331, ders., in: FS Buchner, 342, 355.

1496 Siehe: Jacobs, NZA 2008, 325, 331; v. Steinau-Steinrück/ Glanz, NZA 2009, 113, 115, 118.

1497 Auch: Rieble, Verfassungsfragen der Tarifeinheit, § 4, Rn. 377; Seiter, Streikrecht, 517.

1498 Vgl.: Rüthers, ZfA 1987, 1, 37: „ritualisierendes Eskalationsmodell“.

1499 So: Greiner, Arbeitskampfpluralität, S. 466.

c. Eigener Ansatz: „Streikarithmetik“[1500]

Die tendenziell richtige Richtung für einen Lösungsweg gibt der allgemeine Ansatz der Beschränkung in zahlenmäßiger, zeitlicher und räumlicher Hinsicht[1501] im Endeffekt dennoch vor, dazu sogleich. Allerdings bleibt es in der Literatur meist bei diesen allgemeinen Aussagen; die Autoren hüten sich weitgehend davor, Richtwerte oder gar feste Grenzen aufzustellen.[1502]

Wie gesehen, ist eine wirksame Abwehr (funktionselite-) gewerkschaftlicher Forderungen aus Arbeitgebersicht nicht mehr möglich.[1503] Die Arbeitgeber haben nicht nur kein effektives Verteidigungsmittel, sondern in vielen Fällen nicht einmal mehr die Möglichkeit des Aussitzens des Arbeitskampfes, da der finanzielle Aufwand für derartige Spartengewerkschaften sehr gering ist, sie also ohne größere Probleme lange „durchhalten“ können.[1504] Demgegenüber ist der Druck durch vertragliche Bindungen, konkurrierende Anbieter, öffentliche Einflüsse und Produktionsausfälle für die Arbeitgeber so immens, dass ihnen eigentlich nur die Möglichkeit bleibt, die Forderung abzunicken; ihnen werden also quasi die Bedingungen einseitig diktiert. Dieses Paritätsproblem stellt die eigentliche, grundlegende Ursache für die gegenwärtig bereits begonnene und zukünftig zu erwartende Krise des Arbeitskampfrechts dar: Können die Tarifvertragsparteien nicht auf ungefährer Augenhöhe miteinander verhandeln und sich ebenbürtig bekämpfen, kann es nicht zu einem Kräftegleichgewicht und damit nicht zu ausgeglichenen Tarifregelungen kommen; der Tarifvertrag verliert seine Richtigkeitsgewähr.

Folgt man dem, so erscheint die Lösung vorgegeben: Kann die Arbeitgeberseite nicht durch stärkere Kampfmittel wieder auf eine annähernd gleiche Augenhöhe gehoben werden,[1505] so müssen zwangsläufig die Rechte der Gewerkschaften beschränkt werden.[1506] Die Arbeitgeberseite muss in die Lage versetzt werden, nicht jede Forderung akzeptieren zu müssen; sie ist „vor einem Diktat der Tarifinhalte durch den Tarifpartner“ zu schützen.[1507] Damit bleibt „lediglich“ zu klären, wie dies effektiv erreicht werden kann. Die Lösung muss allgemein gesagt darin gesehen werden, den Aufwand für die Streikenden zu erhöhen (so ja die Idee der Aussperrung) oder bzw. und zugleich auf Seiten des Arbeitgebers den Druck durch den Streik zu verringern. Ansatzpunkt sollte daher sein, dass der Betrieb zu einem gewissen

---

1500 Diesen Terminus ebenfalls verwendend: Jacobs, in: FS Buchner, 342, 356.

1501 Siehe: Feudner, RdA 2008, 104, 106; Jacobs, NZA 2008, 325, 331; ders., in: FS Buchner, 342, 355; Konzen, in: FS 50 Jahre BAG, 515, 548; v. Steinau-Steinrück/ Glanz, NZA 2009, 113, 115.

1502 Vgl.: Rinck/ Kaufmann, RdA 2012, 187, 188.

1503 Buchner, ZfA 2004, 229, 232.

1504 So: Jacobs, in FS Buchner, 342, 347.

1505 Dies annehmend: Loritz, in: FS Buchner, 582, 591.

1506 Ähnlich: Feudner, RdA 2008, 104, 107; für die Möglichkeit einer Beschränkung grundsätzlich auch: Jacobs, NZA 2008, 325, 331; ders., in: FS Buchner, 342, 355; Kissel, AK, § 29, Rn. 42; Konzen, in: FS 50 Jahre BAG, 515, 548; ders./ Scholz, DB 1980, 1593, 1594; Lieb, DB 1980. 2188, 2191 f.; Scholz, in: FS Buchner, 827, 836; 837 (insb. Notdienste); v. Steinau-Steinrück/ Glanz, NZA 2009, 113, 115; Greiner, Arbeitskampfpluralität, S. 468 f., aber beschränkt auf enge Ausnahmefälle (S. 473), da er insb. die lösende Aussperrung als vorrangig ansieht (S. 477 ff.).

1507 Loritz, in: FS Buchner, 582, 591.

Teil weiterlaufen,[1508] der Arbeitgeber also jedenfalls in beschränktem Umfang seinen Verpflichtungen nachkommen kann.

Bisher kam es nur zu zahlenmäßigen Einschränkungen von Arbeitskampfmitteln der Arbeitgeberseite.[1509] Am prominentesten sind die teilweise als „Aussperrungsarithmetik" bezeichneten festen Aussperrungsquoten, die das BAG im Wege seiner Konkretisierung des Verhältnismäßigkeits- und Paritätsgrundsatzes 1980 installierte.[1510] Sie geben dem Arbeitgeber vor, wie viele Arbeitnehmer er zusätzlich zu den am Streik beteiligten aussperren darf. Diese Rspr. wurde v.a. deshalb (zu Recht) kritisiert, weil dadurch starre Grenzen festgelegt werden, die jedoch dem Prinzip der Einzelfallentscheidung gerade im Bereich der Verhältnismäßigkeit zuwiderlaufen.[1511]

Im Rahmen einer Beschränkung des Streikrechts müssen verschiedene Aspekte geklärt werden: *Was* genau soll beschränkt werden, *wovon* soll diese Beschränkung abhängen und *welche Richtwerte* gelten letztlich?

Bzgl. der Frage nach dem *„was"* könnte man zunächst an eine *zahlenmäßige* Beschränkung, parallel zur Aussperrungsarithmetik, denken.[1512] Abhängig von einem bestimmten Referenzwert dürfte dann nur noch eine bestimmte Anzahl von Arbeitnehmern streiken. Vorgeschlagen wird auch eine Beschränkung in der Hinsicht, dass eine Außenseiterbeteiligung am Streik nicht mehr zulässig sei.[1513] Derlei Ansätze sind jedoch nicht zielführend, was den Streik anbelangt. Dies verdeutlicht ganz besonders das Thema dieser Arbeit: Gerade bei Arbeitskämpfen von Sparten- oder Funktionselitegewerkschaften kann es, überspitzt formuliert, für eine vollständige Lahmlegung des Betriebes ausreichen, wenn ein einziger Arbeitnehmer, quasi das Genie der Firma, seine Leistung verweigert. Dem kann eine zahlenmäßige Limitierung nicht Rechnung tragen; sie läuft ins Leere.

Die Lösung für diese Frage folgt vielmehr aus dem oben formulierten Ziel, wie die Parität wieder hergestellt werden kann: Der Betrieb muss zu einem gewissen Teil weiterlaufen. Dies kann im Rahmen einer abstrakten Festlegung in der Art erreicht werden, dass die Beschränkung nicht an den *Beteiligten*, sondern vielmehr an den *Auswirkungen* des Arbeitskampfmittels anzusetzen hat.[1514] Schließlich stellen nicht die streikenden Arbeitnehmer an sich das Problem des Arbeitgebers dar, jedenfalls nicht ausschließlich, sondern vielmehr der Umfang der Auswirkungen, also die Folgen des Streiks. Werden jedoch genau diese beschränkt, so hat dies zur Folge, dass der Arbeitgeber jedenfalls in eingeschränktem Umfang

1508 Der Streik darf „nicht schon zu Beginn eines Arbeitskampfes auf die völlige Lahmlegung" des Betriebes gerichtet sein, so Rüthers (ZfA 1987, 1, 39 f.; 58) bzgl. des Bereiches des Luftverkehrs.

1509 Nicolai, RdA 2006, 33, 38.

1510 BAG v. 10.06.1980 – 1 AZR 822/79, BAGE 33, 140, 180 f.; vgl.: Däubler, in: Däubler, AK, § 7, Rn. 13; Ricken, in: MüArbR, § 201, Rn. 8.

1511 So: Kissel, AK, § 53, Rn. 12; Otto, RdA 1981, 285, 291 f.; Ricken, in: MüArbR, § 201, Rn. 8; Rüthers, in: Brox/ Rüthers, Arbeitskampfrecht, Rn. 211 f.; vgl.: Seiter, RdA 1981, 65, 84.

1512 Bzgl. Gleichbehandlung von Aussperrung und Streik: Konzen/ Scholz, DB 1980, 1593, 1594; Lieb, DB 1980, 2188, 2191 f.; Czerweny v. Arland, Arbeitskampfmittel, S. 131 ff., aber letztlich ablehnend.

1513 In diese Richtung: Boemke, ZfA 2009, 131, 142 f.

1514 In diese Richtung wohl grundsätzlich auch: Otto, AK, § 8, Rn. 61.

weiterhin seinen Verpflichtungen nachkommen kann. Der auf ihn ausgeübte Druck wird verringert. Hierbei sollten jedoch nicht alle irgendwie erdenklichen, potentiellen Auswirkungen berücksichtigt werden, da dies auf einen „Krieg der Wirtschaftsprüfer" hinauslaufen würde. Vielmehr sollte eine generalisierende Betrachtung angestellt und in erster Linie auf den Betriebsablauf abgestellt werden. In diesem Sinn kann grundsätzlich auch die vielfach geforderte, allgemeine Restriktion auf einen „zahlenmäßig, zeitlich und räumlich begrenzt"[1515] geführten Streik verstanden werden: Entscheidend ist lediglich, dass eben nicht auf die Arbeitnehmer, sondern auf die Auswirkungen abzustellen ist. Damit geht es gerade nicht nur um eine Beschränkung von einem dieser Aspekte, sondern quasi um das Resultat aus deren Verbindung; beschränkt man die Auswirkungen, nimmt man im Grunde eine zahlenmäßige, zeitliche *und* räumliche Restriktion vor.

Für die Antwort auf die Frage, von welchem *Referenzparameter* der Umfang der Auswirkungen abhängen soll, gibt es grundsätzlich verschiedene Ansatzpunkte:

Zunächst könnte man daran denken auf den *(betrieblichen) Organisationsgrad* der Gewerkschaft abzustellen.[1516] Die Gewerkschaft dürfte also beispielsweise den Betrieb nur in Höhe des gleichen (oder doppelten, etc.) Prozentsatzes lahmlegen, der ihrem Organisationsgrad entspräche. Ein solcher Ansatz hätte den Vorteil, dass es zunächst einmal nicht mehr auf die zufällige, streiktaktisch günstigere Stellung von einzelnen Berufsgruppen ankäme: Eine Funktionselitegewerkschaft mit einem Organisationsgrad von nur einem Prozent dürfte den Betrieb jedenfalls nicht mehr vollständig zum Erliegen bringen, selbst wenn ihr das ohne Probleme nur durch den Streik ihrer Mitglieder schon möglich wäre, sondern eben nur in einem angemessenen Verhältnis zu ihrem Organisationsgrad. Außerdem hat im Gegensatz dazu eine Branchengewerkschaft oft Schwierigkeiten, den Betrieb überhaupt in erheblich größerem Ausmaß zu beeinträchtigen, als es ihrer Mitgliederstärke entspricht; es käme also zu einer Angleichung der taktischen Ausgangslage. Des Weiteren könnte so das finanzielle Risiko der Gewerkschaften berücksichtigt werden: Eine große Branchengewerkschaft hat im Fall der Fälle für den Großteil der Belegschaft den Lohnausfall zu kompensieren und wird deshalb auch darauf bedacht sein, den Streik nicht allzu lange andauern zu lassen. Daher erscheint es gerechtfertigt, wenn sie einen Großteil des Betriebes lahmlegen darf. Demgegenüber hat eine kleine Spartengewerkschaft, wie bereits gezeigt, dieses Risiko nicht; sie kann den Streik über längere Zeit aufrechterhalten, hat den „längeren Atem". Vor einer solch dauerhaften Blockierung seiner Wirtschaftsgüter muss der Arbeitgeber jedoch geschützt werden. Gegen diesen ersten Ansatz spricht jedoch die mangelnde praktische Umsetzbarkeit: Dem Arbeitgeber wird es nicht möglich sein, den Organisationsgrad einer Gewerkschaft zuverlässig zu bestimmen. Da er jedoch vor Gericht die (unterlassungs-) anspruchsbegründenden Tatsachen zu beweisen bzw. glaubhaft zu machen hat, kann er trotz gegebenenfalls bestehender Rechtswidrigkeit

---

1515 Jacobs, NZA 2008, 325, 331; ders., in: FS Buchner, 342, 355; v. Steinau-Steinrück/ Glanz, NZA 2009, 113, 115; ähnlich: Feudner, RdA 2008, 104, 106; Konzen, in: FS 50 Jahre BAG, 515, 548.

1516 So grundsätzlich: Jacobs, in: FS Buchner, 342, 356; diesen Ansatz im Sinne einer Zulässigkeit des Streiks erst ab einem bestimmten Prozentsatz im Betrieb oder in der Branche andenkend auch: Hunold, NZA 2007, 1037, 1038.

diese nicht feststellen lassen. Einen Ausweg würde wohl nur eine Beweislastumkehr bringen, die z.B. ab einer Lahmlegung von 30 Prozent denkbar wäre.

Alternativ könnte man auf den *Streikaufruf* abstellen. Dies wurde teilweise ebenso in Bezug auf die Aussperrungsarithmetik, jedenfalls bzgl. des Aussperrungsbeschlusses, so vertreten.[1517] Der Grad der Lahmlegung würde also von der Anzahl der zum Streik aufgerufenen Arbeitnehmer im Verhältnis zur Gesamtbelegschaft abhängen. Da davon auszugehen ist, dass sich nur solche Arbeitnehmer an einem Streik beteiligen, die von der Gewerkschaft (aufgrund verbandlicher Verpflichtung oder auf freiwilliger Basis) unterstützt werden, würde so ein Gleichlaufen der Auswirkungen mit der finanziellen Belastung für die Gewerkschaft erreicht werden. Es käme zu einer Annäherung an die Ausgangslage von großen Branchengewerkschaften. Da der Streikaufruf nicht an die Gewerkschaftsmitgliedschaft anknüpft und leicht objektiv feststellbar ist, würde es zudem grundsätzlich nicht zu derartigen praktischen Problemen kommen wie im Falle des Abstellens auf den Organisationsgrad. Ein solches Vorgehen läge im Sinne der Rechtssicherheit. Allerdings mangelt es hierbei an der inhaltlichen Richtigkeit: Schon im Rahmen der Aussperrung, und selbiges gilt ebenfalls bzgl. des Streiks, spiegelt nun mal der bloße Streikaufruf nicht die tatsächlich wirkenden Kräfte wider; ein Aufruf muss immerhin nicht befolgt werden. Eine finanzielle Belastung kommt erst durch die Teilnahme des Einzelnen zustande.[1518] Ferner könnte dann eine Gewerkschaft schlicht alle Arbeitnehmer zur Streikteilnahme aufrufen und dürfte in der Folge grundsätzlich den ganzen Betrieb lahmlegen, unabhängig davon, wie viele Arbeitnehmer dem Aufruf folgen.[1519] Daher muss diese Vorgehensweise ebenfalls ausscheiden.

Solange keine Beweislastumkehr bzgl. des Organisationsgrades installiert wurde, ist der richtige Ansatzpunkt daher vielmehr die *tatsächliche Teilnehmerzahl* des Streiks. Wie sich aus dem zuvor Dargestellten ergibt, wird dies sowohl dem Gedanken der Rechtssicherheit als auch dem der Sachrichtigkeit gerecht. Die in der Regel eine finanzielle Belastung der Gewerkschaft auslösende Suspendierung des Arbeitsverhältnisses tritt nicht schon mit dem Kampfaufruf der Gewerkschaft ein. Vielmehr bedarf es darüber hinaus von jedem Arbeitnehmer einer einseitig empfangsbedürftigen Willenserklärung, am Streik teilnehmen zu wollen. Selbst wenn diese in konkludenter Form durch die Nichterbringung der Arbeitsleistung erfolgen kann,[1520] stellt die dennoch feststellbare Teilnahme des Einzelnen einen in der Praxis umsetzbaren, zuverlässigen Anhaltspunkt dar.

Allerdings hat dieser Ansatz (scheinbar) gleichsam seine Schwächen: Zum einen muss beachtet werden, dass mit der Teilnahme nicht zwangsläufig eine finanzielle Belastung der

---

1517 Siehe: BAG v. 10.06.1980 – 1 AZR 822/79, BAGE 33, 140, 180, 182 (hier noch maßgeblich der „Streikbeschluß“ und der „Aussperrungs-Beschluß“); BAG v. 12.03.1985 – 1 AZR 636/82, BAGE 48, 195, 208 f. (nun maßgeblich die „tatsächliche Zahl der Streikenden“, aber ebenfalls noch der „Aussperrungsbeschluss“); Kissel, AK, § 53, Rn. 8 f.; 18; Ricken, in: MüArbR, § 201, Rn. 8; vgl.: Gamillscheg, KollArbR I, S. 1144 f.; Otto, RdA 1981, 265, 290 f.; kritisch: Rüthers, in: Brox/ Rüthers, Arbeitskampfrecht, Rn. 215; Seiter, RdA 1981, 65, 86.

1518 Auch: Otto, AK, § 8, Rn. 61; Rüthers, in: Brox/ Rüthers, Arbeitskampfrecht, Rn. 215; Seiter, RdA 1981, 65, 86; grundsätzlich auch: Gamillscheg, KollArbR I, S. 1144.

1519 Für den umgedrehten Fall bei der Aussperrung ebenfalls: Rüthers, in: Brox/ Rüthers, Arbeitskampfrecht, Rn. 215.

1520 Siehe insgesamt: Hromadka/ Maschmann, § 14, Rn. 99.

streikenden Gewerkschaft verbunden ist, besteht doch eine Pflicht zur Streikunterstützung grundsätzlich nur gegenüber den Mitgliedern.[1521] Allerdings sind hierbei die geänderten tatsächlichen Verhältnisse zu beachten: Gerade bei dem Versuch exorbitant hohe Forderungen in egoistischer Weise durchzusetzen werden sich diese Gewerkschaften schwer tun, eine große Schar von sie freiwillig unterstützenden Nicht-Mitgliedern zu finden. Die Entsolidarisierung wirkt sich nämlich insofern einem Bumerang gleich negativ für sie aus.[1522] Damit sollte es in den meisten Fällen bei einer beschränkten Teilnahme nur der jeweiligen Mitglieder bleiben, weswegen so quasi faktisch das Problem der Bestimmung der Mitgliedseigenschaft umgangen werden kann. Daher sprechen auch die bereits hinsichtlich der Ausführungen zum ersten Ansatzpunkt (Mitgliedschaft) herausgestellten positiven Aspekte für eine Relation von tatsächlicher Teilnehmerzahl und Umfang der Betriebslahmlegung. Selbst wenn es doch gelingen sollte zusätzliche Außenseiter zu einer Streitbeteiligung zu bewegen, wäre dies wohl nur durch entsprechende freiwillige finanzielle Anreize durch die streikende Gewerkschaft oder eine ihr wohlgesonnene weitere Gewerkschaft möglich. Dann würde eine größere Blockademöglichkeit aber wiederum durch die höhere finanzielle Gesamtbelastung gerechtfertigt sein.

Zunächst erscheint das Modell bei einem Durchdenken der praktischen Umsetzung widersprüchlich: Eine Funktionselitegewerkschaft müsste sich zunächst bemühen möglichst alle Mitglieder zur Streikteilnahme zu bewegen, um anschließend einen hohen Grad an Betriebs-Lahmlegung rechtfertigen zu können. Gerade von der Teilnehmerzahl hängt jedoch seinerseits ab, wer letztlich überhaupt zum Streik berechtigt ist, da kein zu großer Teil des Betriebs lahmgelegt werden darf; ein Zirkelschluss? Dies hängt von der Konstruktion der praktischen Umsetzung ab: Würden wie bei den Notdienstarbeiten diejenigen Mitglieder, die trotz Streikbereitschaft weiterhin arbeiten müssen, von vornherein aus dem Kreis der Streikberechtigten ausgeschlossen werden,[1523] käme dies einem Zirkelschluss nahe. Geht man jedoch so vor, dass vor der letztendlichen Beurteilung des zulässigen Grades der Lahmlegung des Betriebes die einseitig empfangsbedürftigen Erklärungen bzgl. der Streikteilnahme abzuwarten sind und erst anschließend das durch diese Erklärungen bereits suspendierte Arbeitsverhältnis durch die Benennung der weiterhin zur Erbringung der Arbeitsleistung Verpflichteten (jedenfalls teilweise) wieder die üblichen Vertragspflichten begründet, würden sich keine logischen Probleme ergeben. Beispielsweise würden am Morgen alle 100 Piloten einer Fluggesellschaft ihre Teilnahme am Streik melden. Anschließend müssten dann aber 80 von ihnen dennoch in ihre Flugzeuge steigen, weil der Betrieb nach Auswertung der Anzahl der Teilnehmenden nur zu maximal 20 Prozent lahmgelegt werden darf. Aber auch ansonsten muss beachtet werden, dass gerade nicht die Zahl der zum Streik Berechtigten von der Teilnehmerzahl abhängt, sondern vielmehr „nur“ die letztlich aus dem Streik resultierenden Auswirkungen. Die bloße Teilnahmeerklärung alleine macht den Streik noch nicht rechtswidrig, selbst wenn einige der

1521 Vgl.: Gamillscheg, KollArbR I, S. 1142; Hromadka/ Maschmann, § 14, Rn. 82.

1522 Im Rahmen der Tarifauseinandersetzung am Fraport 2012 kam es bereits zu Differenzen zwischen der streikenden GdF einerseits sowie dem Betriebsrat und Verdi andererseits: Esslinger, Können Sie folgen?, SZ 28.02.2012, S. 3.

1523 Siehe: Kissel, AK, § 43, Rn. 48.

zunächst Teilnehmenden anschließend doch ihre Arbeit antreten müssen. Es kommt darauf an, in welchem Umfang der Betrieb letztlich („am Ende des Tages“) lahmgelegt wurde.

Die Gewerkschaft sollte dennoch im eigenen Interesse jedenfalls zunächst nur von einer Teilnehmerzahl ausgehen, die sie sicher erreichen kann bzw. sich am unteren Rand der im Folgenden darzustellenden Pauschalbeträge bewegen und entsprechend schon für eine reibungslose Arbeitsaufnahme nach und trotz erklärter Streikteilnahme sorgen. Hilfreich wäre zudem, wenn ihr die Teilnahmeerklärungen möglichst frühzeitig, also z.B. schon am Vortag vorliegen würden. Ein solches zeitliches Vorgehen stellt kein unüberwindbares Hindernis dar.

Damit überwiegen die positiven Aspekte dieses Ansatzes deutlich.

Nachdem nun geklärt wurde, dass die Herstellung von Parität durch eine Beschränkung des Streiks in Form einer Limitierung der Auswirkungen zu erfolgen hat, also der Betriebsablauf nur zu einem bestimmten Teil lahmgelegt werden darf und dieses Maß von der Zahl der tatsächlich am Streik Teilnehmenden abhängt, bedarf es noch der Festlegung, in welchem *Verhältnis* diese Parameter stehen, also letztlich konkreter Richtwerte. Hier handelt es sich, wie ebenfalls schon bei der Festlegung im Rahmen der Aussperrungsarithmetik, um gegriffene Größen. Diese sind durch die Literatur und die Rechtsprechung zu entwickeln. Angestrebt werden sollte ein Mittelweg zwischen den Extrempositionen einer zu großen Restriktion, indem man z.B. den Teilnehmeranteil, also den Anteil der Streikenden an der Gesamtbelegschaft, mit dem Grad der Einschränkung des Betriebsablaufes gleichstellt, also praktisch gesprochen bei einem Teilnehmeranteil von fünf Prozent nur eine Lahmlegung von fünf Prozent ermöglicht,[1524] und einer vollkommenen Offenheit dahingehend, dass dem Arbeitgeber „möglichst viele Kosten auferlegt werden, damit er möglichst schnell einem Tarifvertrag zustimmt, der weitgehend den eigenen Interessen entspricht“, wie es das BAG formulierte.[1525] Denn das BAG räumt an anderer Stelle selbst ein, dass die Art der Kampfführung „nicht zu einer Verschiebung der Kampfparität führen“ darf:[1526] „Die Grenze muß insgesamt dort gezogen werden, wo die legitime Reaktion aufhört. Was nicht mehr der Sicherung des Verhandlungsgleichgewichts dient, ist übermäßige Reaktion.“[1527]

Ziel muss daher sein eine Grenze zu finden, die einerseits die Auswirkungen von kleinen Gewerkschaften beschränkt, andererseits aber auch für sie eine effektive Wahrnehmung der Tarifautonomie gewährleistet, also eine ausreichende Druckerzeugung ermöglicht. Zwei mögliche Ansätze werden zur Diskussion gestellt:

Bei dem ersten handelt es sich um die „Dreistufige Pauschalierung“. Hierbei kann der Betrieb zu 30, 60 oder 90 Prozent lahmgelegt werden. Das einschlägige Ausmaß ergibt sich aus der Auffüllung des Teilnehmeranteils bis zur jeweils nächst höheren Grenze: Legen neun Prozent der Belegschaft ihre Arbeit nieder, dürfen 30 Prozent des Betriebes lahmgelegt werden. Selbiges gilt, wenn 29 oder 30 Prozent ihre Arbeit niederlegen. Streiken 62 Prozent oder

1524 So wohl grundsätzlich Jacobs, in: FS Buchner, 342, 356, der aber zeitlich gestaffelt dann eine Ausweitung zulässt.

1525 BAG v. 11.05.1993 – 1 AZR 649/92, BAGE 73, 141, 149 f.

1526 BAG v. 11.05.1993 – 1 AZR 649/92, BAGE 73, 141, 149 f.

1527 BAG v. 12.03.1985 – 1 AZR 636/82, NZA 1985, 537, 539.

sogar alle Arbeitnehmer, dürfte der Betrieb zu 90 Prozent eingeschränkt werden. Bei diesem Ansatz handelt es sich um ein gröberes Raster, das es v.a. kleineren Gewerkschaften ermöglicht, den Betrieb zu einem erheblichen Teil einzuschränken.

Denkbar wäre ferner das „Zehner plus Zehn"-Modell. Hierbei wird der Teilnehmeranteil bis zur nächsten Zehnerzahl aufgerundet und anschließend weitere zehn Prozentpunkte addiert: Streiken also neun Prozent der Belegschaft dürfen sie insgesamt 20 Prozent, streiken zwölf Prozent dürfen sie 30 Prozent des Betriebes lahmlegen. Augenscheinlich handelt es sich um ein enger am jeweiligen Teilnehmeranteil ansetzendes Modell. Da dennoch stets 20 Prozent des Betriebes lahmgelegt werden können, verschafft es kleineren Gewerkschaften ebenfalls eine noch effektive Druckausübung. Auch hier sollte maximal eine Betriebseinschränkung von 90 Prozent ermöglicht werden; aus Gründen des Schutzes des Arbeitgebers und unbeteiligter Dritter erscheint es angemessen, den Betrieb stets zu zehn Prozent am Laufen zu halten, also quasi als erweiterte Notstandsarbeiten.

Bei beiden Ansätzen geht es um eine gleichmäßige Verteilung des „Lahmlegungs-Kontingentes" über den gesamten Betrieb, sodass dieser grundsätzlich wie auch sonst weiterlaufen kann, nur eben in einem gleichmäßig verteilten, geringeren Umfang. Selbst wenn derartige Pauschalierungen gewisse Schwächen aufweisen und stets v.a. diejenigen Gruppen benachteiligen, die einen Teilnehmeranteil aufweisen, der sich knapp unterhalb der nächsten Stufe befindet, so kann doch annähernd ein angemessener Ausgleich der Vor- und Nachteile eines Arbeitskampfes und zudem eine Zunahme an Rechtssicherheit erreicht werden.[1528] Allerdings muss berücksichtigt werden, dass es sich bei den vorgeschlagenen Richtwerten nicht um starre, unabänderliche Grenzen handelt, sondern vielmehr um Indizien und grobe Raster[1529] im Rahmen der Abwägung im Einzelfall; Richtwerte stellen nun mal keine absoluten Größen dar. Besondere Umstände können daher in Ausnahmefällen ein Abweichen rechtfertigen,[1530] wie z.B. die besondere Betroffenheit von Dritten. Zudem sollte aufgrund der Eigenschaft als grobes Raster und der im Einzelfall sicher nicht immer ganz leichten Einschätzbarkeit, durch welche Maßnahmen der Betrieb in welchem Maße eingeschränkt wird, eine generalisierende Bewertung erfolgen. Es bedarf einer besonnenen Gesamtbetrachtung.

Eine solche Beschränkung des Streikrechts wird man auch als mit Art. 9 III S. 1 GG vereinbar ansehen dürfen. Zwar muss zunächst ein Eingriff bejaht werden. Dieser ist jedoch gerechtfertigt: Wie schon das BVerfG erklärte, gewährleistet Art. 9 III GG nämlich „nicht die uneingeschränkte Befugnis, alle denkbaren Kampfformen einzusetzen." Vielmehr kommt es auf „die Verhandlungsstärke der sozialen Gegenspieler beim Aushandeln von Tarifverträgen" an, da die „Arbeitskampfmaßnahmen der Herstellung eines Verhandlungsgleichgewichts bei Tarifauseinandersetzungen (Verhandlungsparität) dienten und an diesem Zweck zu messen

1528 Bzgl. Aussperrung: Kissel, AK, § 53, Rn. 12, 15; Seiter, RdA 1981, 65, 83.

1529 So zur Aussperrung: Ricken, in: MüArbR, § 201, Rn. 8; ähnlich: Rüthers, in: Brox/ Rüthers, Arbeitskampfrecht, Rn. 212.

1530 So zur Aussperrung: Gamillscheg, KollArbR I, S. 1144; Kissel, AK, § 53, Rn. 12; allgemein: Jacobs, in: FS Buchner, 342, 355 f.

seien.“[1531] Daher ist es Aufgabe der Gerichte, für ein ungefähres Gleichgewicht zu sorgen. Diesem legitimen Zweck dient die Beschränkung des Streikrechts.[1532]

III. Zwischenergebnis

Wie schon im Rahmen der Inhaltskontrolle gesehen, kann man z.B. exorbitante Forderungen bis zu einem gewissen Grad durch Instrumentarien wie § 138 BGB in den Griff bekommen. Allerdings stellen derlei Schranken nur die äußersten Grenzen des Arbeitskampfrechts dar. Vorzuziehen ist eine Bekämpfung der Wurzeln der negativen Auswirkungen von Spartenstreiks. Diese liegen v.a. in der mittlerweile vielfach verschobenen Parität. Zwar bedarf es immer noch des Mittels des Streiks, um die Arbeitgeber überhaupt zu Verhandlungen zu veranlassen; gerade im Falle von Funktionselitegewerkschaften schlägt das Pendel der Parität jedoch in die andere Richtung aus und die Arbeitnehmerseite kann sogar in die Position gelangen, dem sozialen Gegner einseitig die Bedingungen zu diktieren.

Da der Arbeitgeberseite allerdings kein geeignetes Gegen- oder Verteidigungsmittel zur Verfügung steht bleibt nichts anderes übrig, als das Streikrecht zu beschränken und auf diese Weise wieder zu einem Kräftegleichgewicht zu gelangen. Eine zeitliche Staffelung scheidet aufgrund der Gefahr einer Ritualisierung und des unnötigen Hinausziehens aus. Vielmehr bedarf es einer Streikarithmetik, also einer Kombination aus zahlenmäßiger, zeitlicher und räumlicher Beschränkung. Da eine Restriktion lediglich der *Anzahl der Streikenden* gerade bei Sparten- und in besonderem Maße bei Funktionselitegewerkschaften nur eine sehr begrenzte Auswirkung hätte – immerhin reicht es bei diesen in der Regel aus, wenn sehr wenige ihre Arbeit niederlegen – ist der richtige Ansatzpunkt in den *Auswirkungen* des Streiks zu sehen. Diese und nicht der Streik an sich sind das maßgebliche Kriterium, das beim Arbeitgeber und Dritten zu Einschränkungen ihrer Rechte und Rechtsgüter führt. Daher muss der Grad der Lahmlegung des Betriebes beschränkt werden.

Referenzwert zur Bestimmung dieses Grades ist, mangels praktischer Umsetzbarkeit, weder der (betriebliche) Organisationsgrad, noch, mangels Sachrichtigkeit, der Streikaufruf, sondern die tatsächliche Teilnehmerzahl des Streiks. Sie liefert einen nachvollziehbaren Wert und trägt damit zur Rechtssicherheit bei. Außerdem spiegelt sie zu einem gewissen Grad den (finanziellen) Verantwortungsbereich der streikenden Gewerkschaft wieder. Der zufällige Vorteil einer systemrelevanten Stellung kann auf diese Weise reduziert werden. Damit entscheidet sich quasi erst nachdem alle die Streikteilnahme begründenden Erklärungen der Arbeitnehmer eingegangen sind, in welchem Ausmaß der Betrieb lahmgelegt werden darf. Es obliegt der Gewerkschaft sicherzustellen, dass der Betrieb in ausreichendem Maße aufrechterhalten wird, indem v.a. systemrelevanten Leistungsträgern die Teilnahme am Streik (teilweise) wieder vorenthalten wird.

In welcher Relation der Grad der Lahmlegung zu der Teilnehmerzahl steht, ist eine noch ungeklärte Frage, welche durch die Rspr. und die Lit. zu beantworten ist. Hierbei liegt die

---

1531 BVerfG v. 26.06.1991 – 1 BvR 779/85, BVerfGE 84, 212, 229 f.

1532 I.Erg. ähnlich: Feudner, RdA 2008, 104, 106.

Festlegung von gewissen Pauschalsätzen nahe. Denkbar wäre v.a. das „Zehner plus Zehn"-Modell, wonach die Prozentzahl des Anteils der Streikenden an der Belegschaft auf die nächste Zehnerzahl aufgerundet und nochmals zehn Prozentpunkte hinzuaddiert werden. Zu beachten ist jedoch, dass es sich hierbei nur um Indizien, um grobe Raster im Rahmen der Gesamtabwägung handelt, von denen in Ausnahmesituationen abgewichen werden kann und die einer besonnenen Gesamtbetrachtung unterliegen.

D. Beeinträchtigung von Gemeinwohlbelangen

In den instanzgerichtlichen Urteilen hinsichtlich des Lokführerstreiks 2007 wurde darüber hinaus teilweise auf *„das Gemeinwohl"* als effektive Schranke von (Sparten-) Streiks abgestellt.[1533] Fraglich ist daher, ob es eine solche, in der Literatur teilweise als ständige Rechtsprechung bezeichnete[1534] Gemeinwohlbindung der Tarifparteien tatsächlich gibt. Zu unterscheiden ist zwischen einer Bindung im Rahmen der Inhaltskontrolle des Tarifvertrages, die wegen des Verbots der Tarifzensur schon grundsätzlich bedenklich ist, und einer Bindung bzgl. der Durchführung des Arbeitskampfes.[1535] Insbesondere ein gruppenegoistisches Verhalten von Spartengewerkschaften mit den daraus folgenden negativen Auswirkungen u.a. auf streiktaktisch schlechter gestellte Berufsgruppen, aber ebenso auf unbeteiligte Dritte und damit die Allgemeinheit,[1536] könnte bei Maßgeblichkeit eines solchen Kriteriums in großem Maße zu ihrer Rechtswidrigkeit führen.[1537]

I. Die Haltung der Rechtsprechung

Überblickt man die Rspr. zu dieser Thematik, so könnte man zunächst den Eindruck gewinnen, dass diese nahezu durchgängig eine Bindung an die Interessen der Allgemeinheit befürwortet: Schon das BVerfG hat früh festgestellt, dass eine Gewerkschaft „bei allen ihren Aktivitäten *das gemeine Wohl*[1538] berücksichtigen" müsse.[1539] Und das BVerwG führt allgemein aus, Grundrechte dürften nur in Anspruch genommen werden, wenn dadurch die für den Bestand der *Gemeinschaft* notwendigen Rechtsgüter nicht gefährdet werden.[1540] Dem steht das BAG nicht nach und verkündete: „Arbeitskämpfe müssen deshalb unter dem obersten Gebot

1533 Siehe oben: § 4 E.; vgl.: Däubler, in: Däubler, AK, § 14, Rn. 19; Greiner, Arbeitskampfpluralität, S. 471; ders., NZA 2007, 1023, 1028.

1534 So: Scholz, in: FS Buchner, 827, 833.

1535 Siehe: Kissel, AK, § 27, Rn. 1.

1536 Siehe oben: § 4 D. I. 3., IV.

1537 Siehe: Wiedemann/ Wiedemann, Einl., Rn. 346.

1538 Hervorhebung des Verfassers.

1539 BVerfG v. 18.12.1974 – 1 BvR 430/65, 259/66, BVerfGE 38, 281, 307; vgl. auch: BVerfG v. 27.04.1999 – 1 BvR 2203/93, 897/95, BVerfGE 100, 271, 283.

1540 BVerwG v. 15.12.1953 – I C 90/53, BVerwGE 1, 48, 52; BVerwG v. 11.10.1956 – I C 84.55, BVerwGE 4, 95, 96; vgl.: Engels, Verfassung und Arbeitskampfrecht, S. 245.

der Verhältnismäßigkeit stehen. Dabei sind die wirtschaftlichen Gegebenheiten zu berücksichtigen, und *das Gemeinwohl*[1541] darf nicht offensichtlich verletzt werden."[1542]

Allerdings ergeben sich bei näherer Betrachtung dieser Rspr. durchaus Zweifel an der zunächst scheinbaren Eindeutigkeit des Befundes: Es fällt auf, dass die Gerichte zu ihren Einsichten nahezu ohne eine inhaltliche Diskussion gelangen;[1543] und dies, obgleich es in der Literatur an namhaften kritischen Stimmen nicht mangelt.[1544] Ein mögliches Indiz dafür, dass die Gerichte ihrer Aussage u.U. gar nicht die Bedeutung zumessen, welche ihr von manch anderen Autoren beigemessen wird? Jedenfalls deuten darauf spätere Urteile des BVerfG hin: Es wird nämlich entweder nur noch eine Rechtfertigung des Eingriffs in die Koalitionsfreiheit speziell „durch Grundrechte Dritter und andere mit Verfassungsrang ausgestattete Rechte" anerkannt[1545] oder das Gericht beruft sich zwar zunächst noch allgemein auf das Gemeinwohl, begründet aber die Beschränkung dann anhand von konkreten, entgegenstehenden Rechtsgütern mit Verfassungsrang.[1546] Auch hieraus lässt sich ein Anzeichen dafür erkennen, dass es bei den Schranken für die Arbeitskampf- und Tarifvertragsparteien vornehmlich um solche durch konkrete, konkurrierende Grundrechte Dritter und verfassungsrechtlich geschützte Rechtsgüter im Rahmen der Verhältnismäßigkeit geht. Jedenfalls könnte bei näherer Betrachtung die zitierte Passage aus dem Urteil des BAG ebenfalls so verstanden werden: Das Gemeinwohl wird nämlich nicht als separate Schranke verwendet, sondern es sei nur „dabei", d.h. als einer der bei der Gesamtabwägung zu berücksichtigenden Aspekte, zu beachten. Immerhin scheint sich das Gericht später nicht mehr ganz sicher zu sein: „Die hier angenommene *generelle Verantwortlichkeit*[1547] der Tarifvertragsparteien erscheint indessen schon im Grundsatz zweifelhaft, da sie nach geltendem Recht eine Rechtsetzungsbefugnis nur für ihre beiderseitigen Mitglieder besitzen".[1548]

II. Argumentation in der Literatur

Die Literatur ist bzgl. der Frage einer Gemeinwohlbindung der Koalitionen uneins.[1549] Im Folgenden sollen daher zunächst die breitgefächerten Argumente dargestellt und anschließend zu dieser Streitfrage Stellung genommen werden.

1541 Hervorhebung des Verfassers.

1542 BAG v. 21.04.1971 – GS 1/68, BAGE 23, 292, 306.

1543 BVerfG v. 18.12.1974 – 1 BvR 430/65, 259/66, BVerfGE 38, 281, 307; vgl. auch: BVerfG v. 27.04.1999 – 1 BvR 2203/93, 897/95, BVerfGE 100, 271, 283; Wiedemann/ Wiedemann, Einl., Rn. 336.

1544 Siehe unten: § 11 D. II. 2.

1545 BVerfG v. 26.06.1991 – 1 BvR 779/85, BVerfGE 84, 212, 228.

1546 BVerfG v. 27.04.1999 (– 1 BvR 2203/93, 897/95, BVerfGE 100, 271, 283 f.) stützt die Einschränkung auf das verfassungsrechtlich geschützte Ziel der Bekämpfung der Massenarbeitslosigkeit, welches im Sozialstaatsprinzip (Art. 20 I GG) sowie in Art. 1 I GG und Art. 2 I GG zum Ausdruck komme.

1547 Hervorhebung des Verfassers.

1548 BAG v. 29.01.1986 – 4 AZR 465/84, BAGE 51, 59, 84 f.

1549 Vgl. insgesamt die Darstellungen bei: Wiedemann/ Wiedemann, Einl., Rn. 336 ff.; Mösch, Verhältnismäßigkeit, S. 12 ff.

1. Gemeinwohlbelange als Grenze der Arbeitskampfparteien

Ein beachtlicher Teil der Literatur bejaht eine Gemeinwohlbindung.[1550] Ausgangspunkt hierfür ist grundsätzlich die Tatsache, dass nicht nur die Mitglieder der jeweiligen Koalitionen von einem Arbeitskampf betroffen werden, sondern in der Regel sogar in besonderem Maße unbeteiligte Dritte. Da deren Interessen jedoch nicht bereits bei der Findung der Kompromisse im Rahmen der Tarifverhandlungen berücksichtigt werden – dort stehen für gewöhnlich die Belange der Mitglieder im Vordergrund – bedürfe es der Schranke des Gemeinwohls.[1551] In der Tat trifft z.B. ein Streik von Piloten zwar auch den Arbeitgeber; in Mitleidenschaft werden aber ebenfalls bzw. v.a. die Reisenden gezogen, die vergeblich auf ihre Beförderung warten. Die Auswirkungen auf unbeteiligte Dritte und letztlich insgesamt die Allgemeinheit können zudem ganz generell gesehen in noch viel breiterem Umfang eintreten, wie bereits oben gezeigt wurde, also z.B. in Form einer lahmenden Wirtschaft oder einer Zunahme von Arbeitslosigkeit.[1552] Des Weiteren bestätige ein Blick auf die Rechtsordnung, dass eine solche Pflicht zur Rücksichtnahme auf andere nicht nur dem Staat obliege: Insb. Fälle des zivilrechtlichen Notstandes (§ 228 BGB) oder der unter Strafe gestellten unterlassenen Hilfeleistung (§ 323 c StGB) würden belegen, wie üblich es durchaus allgemein sei, dass Private ebenfalls zurückstecken müssten, falls sich ihr Verhalten ansonsten schädlich für die Allgemeinheit auswirken würde.[1553] Außerdem könne nicht schon die Eigenschaft des Rechts Tarifverträge abzuschließen und Arbeitskämpfe durchzuführen als grundrechtliche Freiheit gegen eine Gemeinwohlbindung angeführt werden: Keine Freiheit existiere nämlich grenzenlos und insofern sei es nicht zu dulden, dass sich die Inhaber dieser Freiheit gegen das System und die Rechtsordnung richten.[1554] Könnten die Koalitionen ungestraft in Rechte anderer eingreifen, würde dies eine nichthinnehmbare Privilegierung der Koalitionsfreiheit bedeuten: Diese würde quasi über der Verfassung stehen.[1555]

Die Tatsache, dass es sich bei dem Gemeinwohl um einen unbestimmten Rechtsbegriff handle, spreche zudem nicht gegen seine praktische Umsetzbarkeit. Immerhin seien unbestimmte Rechtsbegriffe und Generalklauseln genauso an anderen Stellen der Rechtsordnung

---

1550 So: Rüthers, in: Brox/ Rüthers, Arbeitskampfrecht, Rn. 194; Bulla, in: FS Nipperdey II, 79, 83; Gamillscheg, KollArbR I, S. 317 ff., 1173 f.; Rüfner, RdA 1985, 193, 194 (mangels gesetzlicher Regelung aber nur, „soweit über Minimalforderungen des Gemeinwohls Konsens besteht"); Sodan, JZ 1998, 421, 425; Seiter, Streikrecht, S. 543 ff., 554 ff., jedoch kritisch bzgl. Inhaltskontrolle: S. 559 ff.; Otto, AK, § 2, Rn. 92 ff.; Thüsing, in: FS 50 Jahre BAG, 889, 899 ff.; Zöllner/ Loritz/ Hergenröder, S. 404, 439; Zöllner, Tarifnormen, S. 35 f.; grundsätzlich wohl auch: Badura, AöR 104 (1979), 246, 254, 260 f.; Lehmann, in: FS Buchner, 529, 535 ff.; Müller, Arbeitskampf, S. 213; jedenfalls für den Arbeitskampf: Scholz, in: Maunz-Dürig, Art. 9, Rn. 274; Wiedemann/ Wiedemann, Einl., Rn. 341, jedenfalls als „Orientierungsgebot (Rn. 346).

1551 Siehe: Gamillscheg, KollArbR I, S. 1175; Rüfner, RdA 1985, 193, 194; Scholz, in: Maunz-Dürig, Art. 9, Rn. 274; Seiter, Streikrecht, S. 545, 554 f.

1552 Siehe oben: § 4 D. V.

1553 So: Hanau/ Thüsing, in: Thüsing, Tarifautonomie, S. 61.

1554 So: Scholz, in: Maunz-Dürig, Art. 9, Rn. 275.

1555 Siehe: Scholz, in: Maunz-Dürig, Art. 9, Rn. 275.

vorhanden.[1556] Vielmehr sei die Unbestimmtheit als eine Aufforderung an die Rspr. und die Lit. zu verstehen, sich mit der Thematik des Gemeinwohls auseinanderzusetzen und geeignete Definitionen und Parameter zu finden.[1557] Letztlich könne die vorbehaltlose Gewährleistung der Koalitionsfreiheit im Grundgesetz nicht gegen eine Beschränkung anhand des Gemeinwohls angeführt werden: Es sei zwar richtig, dass Art. 9 III GG keinem Gesetzesvorbehalt unterliege. Allerdings handele es sich bei der Pflicht zur Orientierung an Belangen der Allgemeinheit um eine verfassungsimmanente Schranke „jeder Grundrechtsausübung".[1558]

2. Keine Bindung an „das Gemeinwohl"

Auch für die gegenteilige Ansicht einer zu verneinenden Bindung an „das Gemeinwohl" werden zahlreiche Argumente vorgebracht:[1559] Zunächst einmal könne eine solche Bindung schon gar nicht begründet werden. Hierfür fehle es nämlich an einer Rechtsgrundlage; diese könne weder normativ, noch argumentativ erzeugt werden:[1560] Der Wortlaut des Art. 9 III GG enthalte weder eine derartige Rücksichtnahmepflicht noch ergebe sich eine solche aus dem übrigen Verfassungstext.[1561] Vielmehr handle es sich um ein vorbehaltlos gewährleistetes Grundrecht, weswegen eine Einschränkung nur durch kollidierende Grundrechte und andere Rechtsgüter von Verfassungsrang möglich sei. Demgegenüber könne eine solch allgemeine Schranke nicht aus dem Nichts erscheinen.[1562] Eine Bindung an das Gemeinwohl würde ferner dem Sinn und Zweck der Koalitionsfreiheit widersprechen: Durch die Vereinigungen sollen gerade die Interessen der jeweiligen Mitglieder in gebündelter Form effektiv zur Geltung gebracht und möglichst weitgehend umgesetzt werden. Die Koalitionen sind also dem Interesse ihrer Mitglieder und nicht dem der Allgemeinheit verpflichtet.[1563] Vielmehr sei es Aufgabe

---

1556 Siehe: Gamillscheg, KollArbR I, S. 320; Thüsing, in: FS 50 Jahre BAG, 889, 901 f.; Lieb R., Der Arbeitskampf im öffentlichen Dienst, S. 164; Rudkowski, Der Streik in der Daseinsvorsorge, S. 20.

1557 So: Hanau/ Thüsing, in: Thüsing, Tarifautonomie, S. 62; ähnlich: Gamillscheg, KollArbR I, S. 1174 f.; Huber, DÖV 1956, 135, 136; Säcker, Übermachtkontrolle, S. 277 f.

1558 Gamillscheg, KollArbR I, S. 319.

1559 Grundsätzlich gegen eine solche Bindung: Däubler, in: Däubler, AK, § 14, Rn. 19; ErfK/ Dieterich,10 GG, Art. 9, Rn. 80 f., 126 ff.; Dietlein, in: Stern, Staatsrecht IV/ 1, S. 2003 f.; Dütz, JA 1987, 405, 413; Hensche, in: Däubler, AK, § 18, Rn. 5; Höfling, in: Sachs, Art. 9, Rn. 127, 138; Isensee, in: Isensee/ Kirchhof, HStR III 1. Aufl., § 57, Rn. 127; Jarass, in: Jarass/ Pieroth, Art. 9, Rn. 49; Kempen/ Zachert/ Kempen, Grundl., Rn. 172 ff.; Kemper, in: vM/K/S, Art. 9 III, Rn. 83; ders., Koalitionsfreiheit, S. 110 f.; Löwisch/ Rieble, TVG, Grundl., Rn. 194 ff.; Richardi, ZfA 1990, 211, 220 f.; Rieble, ZfA 2004, 1, 10 ff.; Schumann, in: Däubler, AK 2. Aufl., Rn. 204e; Söllner, NZA-Beil. 2000/24, 33 f.; i.Erg. auch: Greiner, NZA 2007, 1023, 1028; Ricken, in: MüArbR, § 200, Rn. 58 ff.; kritisch ebenfalls: Treber, in: Schaub, ArbR-Hdb, § 193, Rn. 54 f.

1560 Vgl.: Däubler, in: Däubler, AK, § 14, Rn. 19; Höfling, in: Sachs, Art. 9, Rn. 127; Isensee, in: Isensee/ Kirchhof, HStR III 1. Aufl., § 57, Rn. 127.

1561 So: Bieback, in: Däubler, AK 2. Aufl., Rn. 496.

1562 Siehe: Höfling, in: Sachs, Art. 9, Rn. 138; ähnlich: Kemper, in: vM/K/S, Art. 9 III, Rn. 83.

1563 So: Richardi, ZfA 1990, 211, 220 f.; Junker, ZfA 1996, 383, 392, 393; Dietlein, in: Stern, Staatsrecht IV/ 1, S. 2003 f.; Greiner, Arbeitskampfpluralität, S. 471; Wiedemann/ Wiedemann, Einl., Rn. 341; in diese Richtung (bezogen auf die Rechtsetzungsmacht) grundsätzlich auch: BAG v. 29.01.1986 – 4 AZR 465/84, BAGE 51, 59, 84 f.; Kempen/ Zachert/ Kempen, Grundl., Rn. 172; Rieble, ZfA 2000, 5, 19 f.

des Gesetzgebers, Allgemeininteressen zu identifizieren und entsprechend für deren Umsetzung zu sorgen. Schließlich fehle es den Koalitionen an einer entsprechenden demokratischen Legitimation. Nur der demokratisch legitimierte Gesetzgeber, wenn überhaupt jemand, könne in demokratischer Weise annähernd festlegen, was „das Gemeinwohl“ sei.[1564] Gerade dadurch, dass sich der Gesetzgeber aber aus dem Gebiet der Arbeitsbedingungen zurückgezogen habe, da er zu der Erkenntnis gelangt sei eine sinnvolle Regelung werde am ehesten durch die gleichstarken Tarifparteien erreicht, bringe er zum Ausdruck, dass das Gemeinwohl im Sinne einer sinnvollen Ordnung des Arbeitslebens durch diese autonome Regelung der Bedingungen erreicht werde. Das Gemeinwohl komme also quasi schon im gefundenen Kompromiss zum Ausdruck.[1565] Das einmal gewährte Recht der autonomen Rechtsetzung könne daher nun nicht durch die Hintertür wieder beschnitten werden. Es handele sich um die Ausübung einer grundrechtlichen Freiheit, und als solche sei sie zu schützen, nicht zu beschränken.[1566]

Zudem sei eine allgemeine Bindung an „das Gemeinwohl“ faktisch nicht umsetzbar: Es handle sich nicht um eine rechtlich verbindliche Größe,[1567] sodass es an der Justiziabilität fehle.[1568] Daher bestehe die Gefahr einer missbrauchsanfälligen, einflussnehmenden Konkretisierung durch den jeweils zur konkreten Anwendung Berufenen.[1569] Weiter spreche eine systematische Betrachtung gegen eine Gemeinwohlbindung: Art. 9 III S. 3 GG zeige, dass der Staat dem Arbeitskampf nicht einmal im Notstandsfall entgegentreten dürfe. Dies dürfe dann erst recht nicht über den Umweg einer Bindung an das gemeine Wohl in Friedenszeiten er-

1564 Ähnlich: Däubler, in: Däubler, AK, § 14, Rn. 19; ErfK/ Dieterich, 10 GG, Art. 9, Rn. 127; Engels, Verfassung und Arbeitskampfrecht, S. 246; Löwisch/ Rieble, TVG, Grundl., Rn. 197; Rieble, ZfA 2004, 1, 8 f.; Richardi, ZfA 1990, 211, 220; anerkennend: Badura, AöR 104 (1979), 246, 255.

1565 Siehe: Kemper, in: vM/K/S, Art. 9 III, Rn. 83; ders., Koalitionsfreiheit, S. 110; Scholz, in: Isensee/ Kirchhof, HStR VI 1. Aufl., § 151, Rn. 33; Schumann, in: Däubler, AK 2. Aufl., Rn. 204e; Söllner, NZA-Beil. 2000/24, 33.

1566 So: Kemper, in: vM/K/S, Art. 9 III, Rn. 83; in diese Richtung auch: Badura, AöR 104 (1979), 246, 253; Dütz, JA 1987, 405, 413; Löwisch/ Rieble, TVG, Grundl., Rn. 194; Wiedemann/ Wiedemann, Einl., Rn. 341.

1567 So: Hensche, in: Däubler, AK, § 18, Rn. 5; a.A.: Lieb, Der Streik im öffentlichen Dienst, S. 163 bzgl. StabG.

1568 So: Cherdron, Sozialplanvereinbarungen, S. 161; ErfK/ Dieterich, 10 GG, Art. 9, Rn. 81; Dütz, JA 1987, 405, 413; Kempen/ Zachert/ Kempen, Grundl., Rn. 172; ders., AuR 1990, 237, 239; Lerche, Verfassungsrechtliche Zentralfragen des Arbeitskampfes, S. 29 f.; Reuß, AuR 1975, 289, 291; Löwisch/ Rieble, TVG, Grundl., Rn. 197; Ricken, in: MüArbR, § 200, Rn. 59, 63; Rieble, ZfA 2004, 1, 10; Schumann, in: Däubler, AK 2. Aufl., Rn. 204e; Söllner, NZA-Beil. 2000/24, 33; grundsätzlich auch: Lehmann, in: FS Buchner, 529, 539; das Problem der Unbestimmtheit teilweise anerkennend: Badura, AöR 104 (1979), 246, 254; Gamillscheg, KollArbR I, S. 319 f.; Rüfner, RdA 1985, 193, 196; Scholz, in: FS Buchner, 827, 833; Kissel, AK, § 10, 33 ff., § 27, Rn. 1; Müller, Arbeitskampf, S. 213; Thüsing, in: FS 50 Jahre BAG, 889, 890; Lieb, Der Streik im öffentlichen Dienst, S. 164, 168; Zöllner/ Loritz/ Hergenröder, S. 404, der daher zu justiziablen Folgerungen nur kommt, wenn „die Grenzen des Gemeinwohls eindeutig überschritten“ werden; nur bzgl. Extremfällen handhabbar: Junker, ZfA 1996, 383, 393; bzgl. dem Fehlen einer „allgemein akzeptierten Werteordnung“: Biedenkopf, Tarifautonomie, S. 69, und allgemein: S. 215.

1569 So: Löwisch/ Rieble, TVG, Grundl., Rn. 197 f.; Reuß, AuR 1975, 289, 291; in diese Richtung auch: Kempen/ Zachert/ Kempen, Grundl., Rn. 172; anerkennend: Badura, AöR 104 (1979), 246, 248; Scholz, in: Maunz-Dürig, Art. 9, Rn. 274; ders., in: Isensee/ Kirchhof, HStR VI 1. Aufl., § 151, Rn. 33.

möglicht werden.[1570] Vielmehr müsse der Fokus auf das eigentliche Problem gelegt werden: Es gehe um die Vereinbarkeit des Arbeitskampfes mit konkret betroffenen Rechten Dritter. Diese Frage sei jedoch, wie auch bei sonstigen Grundrechten, im Rahmen der Herstellung praktischer Konkordanz zu klären.[1571]

III. Stellungnahme

Im Grundsatz kann beiden Ansichten gefolgt werden. Das vermag zunächst für Verwunderung sorgen, sind ihre Schlussfolgerungen doch scheinbar diametral. Allerdings ergibt sich die richtige Antwort auf die Frage der Gemeinwohlbindung aus einer Symbiose der dargestellten Argumente; und auch die Ergebnisse liegen nicht so weit auseinander, wie es zunächst den Anschein hat. Der ersten Ansicht ist insofern Recht zu geben, als Tarifverträge weitreichende Auswirkungen haben und Arbeitskämpfe in den meisten Fällen unbeteiligte Dritte betreffen. Daher besteht in der Tat ein erhebliches tatsächliches Bedürfnis, die Rechte grundsätzlich aller Betroffenen im Rahmen des umfassenden Abwägungsvorganges der Angemessenheit zu berücksichtigen.

Dennoch muss im Ergebnis eine Bindung an *„das Gemeinwohl"* als eine feststehende Größe abgelehnt werden: Zwar ist der ersten Ansicht noch insofern Recht zu geben, als nicht die *Unbestimmtheit* an sich das eigentliche Problem einer Gemeinwohlbindung ist. Mit ihr können und müssen Juristen im Rahmen von Generalklauseln und unbestimmten Rechtsbegriffen leben, wie u.a. die Beispiele der „guten Sitten", der „Verhältnismäßigkeit" oder der „Angemessenheit" zeigen.[1572] Das eigentliche Problem sind vielmehr die derzeitige *Unbestimmbarkeit* des Gemeinwohls, also die Tatsache, dass eine Konkretisierung in Form einer abstrakten Definition nicht möglich erscheint, sowie die fehlende rechtliche Grundlage, was im Folgenden noch genauer verdeutlicht werden soll. Außerdem bedarf es einer Gemeinwohlbindung gar nicht: Die hiesige Arbeit hat bewusst den Aufbau einer allgemeinen Grundrechtsprüfung gewählt; und dabei bleibt es: Es handelt sich um eine „schlichte Grundrechtsprüfung", und diese richtet sich nicht nach aus dem Nichts kommenden Grenzen, sondern schafft vielmehr einen Ausgleich von widerstreitenden Interessen durch die Herstellung von praktischer Konkordanz, denn die Arbeitskampfparteien sind, wie oben gezeigt,[1573] mit gutem Grund schon allgemein an die Grundrechte gebunden. Die Koalitionsfreiheit hat sich daher nicht mit dem „nebulösen Gemeinwohl" zu messen, sondern muss zu einem Ausgleich v.a. mit den konkret betroffenen Grundrechten Dritter gebracht werden.[1574] Nur so ergibt sich eine

1570 So: Kempen/ Zachert/ Kempen, Grundl., Rn. 175; in diese Richtung auch: Bieback, in: Däubler, AK 2. Aufl., Rn. 449a f.

1571 So: Ricken, in: MüArbR, § 200, Rn. 62.

1572 Hierauf sich berufend: Gamillscheg, KollArbR I, S. 320; Thüsing, in: FS 50 Jahre BAG, 889, 901 f.; Lieb R., Der Arbeitskampf im öffentlichen Dienst, S. 164.

1573 § 10. B. IV.

1574 So grundsätzlich auch: Greiner, NZA 2007, 1023, 1028; Höfling, in: Sachs, Art. 9, Rn. 128 ff.; im Sinne einer Berücksichtigung im Rahmen der Verhältnismäßigkeit: Wiedemann/ Wiedemann, Einl., Rn. 337; in

nachvollziehbare Prüfung und ein akzeptables Ergebnis. Zwar geht eine allumfassende Bindung an sämtliche Interessen der Allgemeinheit weiter als eine reine Bindung an kollidierende Grundrechte und Rechtsgüter von Verfassungsrang. Allerdings besteht doch eine große Schnittmenge, was die letzten beiden betrifft. Was darüber hinausgeht, ist sowieso zu vage. Sofern also Allgemeininteressen hinreichend konkret sind, werden diese selbst im Falle einer Ablehnung der Gemeinwohlbindung ausreichend im Rahmen der Herstellung praktischer Konkordanz berücksichtigt.

Letztlich untermauert eine systematische Betrachtung zusätzlich zu den ansonsten überzeugenden Argumenten der zweiten Meinung die hier vertretene Ansicht: Zum einen hat der Staat bewusst auf eine Inhaltskontrolle von Tarifverträgen verzichtet. Dies kommt in § 310 IV BGB deutlich zum Ausdruck. Dann kann aber auch eine Kontrolle über den Umweg des Gemeinwohls (jedenfalls inhaltlicher Art) nicht gewollt gewesen sein.[1575] Zum anderen hat der Verfassungsgeber ausdrücklich eine Gemeinwohlbindung z.B. in Art. 14 II S. 2 GG festgeschrieben. E contrario muss davon ausgegangen werden, dass er eine solche hinsichtlich der Koalitionsfreiheit nicht vorgesehen hat.[1576] Schließlich hätte eine allgemeine Bindung an die Rechtsordnung zur Folge, dass der einfache Gesetzgeber die Grenzen der Koalitionsfreiheit bestimmen könnte. Dies widerspricht jedoch ihrer schrankenlosen Gewährleistung, die dadurch umgangen werden würde.[1577] Nun aber zu den Hauptkritikpunkten einer Gemeinwohlbindung: Die fehlende Rechtsgrundlage und die Unbestimmbarkeit.

1. Keine Rechtsgrundlage für eine Bindung an das Gemeinwohl

Wie die Vertreter der zweiten Ansicht jedenfalls im Ergebnis zu Recht monieren, fehlt es schon von vornherein an einer Rechtsgrundlage für eine Gemeinwohlbindung. Zwar erscheinen das Wortlautargument und ebenso der Verweis auf die vorbehaltlose Gewährleistung der Koalitionsfreiheit nicht zwingend; immerhin haben auch sonstige vorbehaltlose Grundrechte Schranken. Insofern könnte sich eine Gemeinwohlbindung noch als verfassungsimmanente Grenze aus dem Grundgesetz ergeben.[1578] Dennoch ist auch eine solche Herleitung nicht ersichtlich:[1579]

Bereits angesprochen wurde die Möglichkeit eines Gemeinwohlvorbehalts als allgemeine *Schranke jeder Wahrnehmung grundrechtlicher Freiheiten*. Hiernach wäre also die Gemeinwohlschranke jeder Grundrechtsausübung immanent. Verwiesen wird dabei darauf, dass jeder nur ein Teil des gesamten, einheitlichen Staatsgefüges sei und sich daher an der allgemeinen Ordnung orientieren, diese einhalten und damit einen „Teilbeitrag zum ‚Gemeinwohl‘ leisten“

diese Richtung teilweise auch: Lieb, Der Streik im öffentlichen Dienst, S. 169 ff., letztlich aber umgedreht, d.h. Grundrechte zur Konkretisierung des Gemeinwohls.

1575 Auch: Löwisch/ Rieble, TVG, Grundl., Rn. 198; a.A.: Thüsing, in: FS 50 Jahre BAG, 889, 905 f.

1576 In diese Richtung auch: Kempen, AuR 1990, 237, 239.

1577 So auch: Kemper, Koalitionsfreiheit, S. 108.

1578 Vgl.: Söllner, NZA-Beil. 2000/24, 33, 36.

1579 Siehe auch die Darstellungen bei: Kemper, Koalitionsfreiheit, S. 98 ff.; Mösch, Verhältnismäßigkeit, S. 36 ff.

müsse.[1580] Teilweise wird durch die „Sozialpflichtigkeit des einzelnen gegenüber dem Gemeinwesen" zum gleichen Ergebnis gelangt.[1581] Diesem Ansatz kann aber zu Recht entgegengehalten werden, dass es auf die konkrete Ausgestaltung der Vorbehalte eines Grundrechts durch die Verfassung ankommt. Handelt es sich um ein vorbehaltloses Grundrecht, wie vorliegend bei der Koalitionsfreiheit, so darf dieses nicht durch eine allgemeine Klausel, wie die der Rücksicht auf die Rechtsordnung, eingeschränkt werden.[1582]

Auch eine Herleitung unter der Prämisse einer *staatlich verliehenen Gestaltungsmacht* ist letztlich nicht zielführend. So wird argumentiert, die staatlich verliehene Kompetenz zu sozialer *Selbstverwaltung* schließe als Gegenleistung eine Verpflichtung zu sozialer Selbstverantwortung ein. Immerhin sei das Recht zur Selbstverantwortung quasi delegiert worden.[1583] Oder es wird in ähnlicher Richtung auf die *Delegation staatlicher Rechtsetzungsmacht* verwiesen. Sei der Gesetzgeber als Delegat an das Gemeinwohl gebunden, müsse dies in gleichem Maße für den Delegatar, also die Tarifvertragsparteien gelten. Denn allgemein könne eine Rechtsetzung nicht ohne eine Bindung an die Belange der Gesamtheit erfolgen.[1584] Diesen auf dem Delegationsgedanken beruhenden Begründungen liegt ein fragwürdiges Verständnis der Herleitung der Tarifautonomie zugrunde. Zwar muss, wie oben dargestellt, bis zu einem bestimmten Grad eine Delegation durch den Gesetzgeber bejaht werden, da es den Tarifvertragsparteien ansonsten jedenfalls nicht möglich wäre, *zwingende* Tarif*normen* zu setzen. U.a. aus diesem Grund war auf eine unmittelbare Grundrechtsbindung zu schließen.[1585] Von Bedeutung ist vorliegend jedoch die zweigliedrige Begründung der Rechtsetzungsmacht: Neben der Delegation dieser zwingenden Normwirkung speisen sich die Befugnis, Tarifnormen zu setzen und das Recht, sich selbst zu verwalten nämlich ebenso aus dem Gedanken der kollektiven Privatautonomie und aus einer unmittelbaren Garantie der Verfassung hinsichtlich der Tarifautonomie im Allgemeinen und damit dem Recht, jedenfalls unmittelbar wirkende Tarifverträge abzuschließen.[1586] Die so lediglich verbleibende „Teildelegation" führt daher nicht soweit, dass die Tarifvertragsparteien jeder Einschränkung *genau gleich* dem Gesetzgeber unterliegen. Dies ließe gerade die zweigliedrige Begründung außer Acht.[1587] Daher muss es dabei bleiben: Die Bestimmung des Gemeinwohls ist Sache des demokratisch legitimierten

1580 Bulla, in: FS Nipperdey II, 70, 83 ff., 90; ähnlich: Gamillscheg, KollArbR I, S. 319.

1581 Siehe den Ansatz bei: Huber, DÖV 1956, 200, 202.

1582 Siehe: Mösch, Verhältnismäßigkeit, S. 44 f.; BVerfG v. 24.02.1971 – 1 BvR 435/68, BVerfGE 30, 173, 193 bzgl. Art. 5 III S. 1 GG.

1583 So: Bulla, in: FS Nipperdey II, 79, 82; zunächst auch: Rüfner, RdA 1985, 193, 194.

1584 So allgemein: Biedenkopf, Tarifautonomie, S. 68; vgl.: Zöllner, Tarifnormen, S. 35 f.; Säcker, Übermachtkontrolle, S. 278; Thüsing, in: FS 50 Jahre BAG, 889, 904.

1585 Siehe hierzu die Ausführungen oben: § 10. B. IV. 1. e.

1586 Siehe oben: § 10. B. IV. 1. e.

1587 In diese Richtung auch: Mösch, Verhältnismäßigkeit, S. 38 ff.; Kemper, Koalitionsfreiheit, S. 108. Für einen Gleichlauf von Gemeinwohlbindung und Bindung an die Grundrechte: Thüsing, in: FS 50 Jahre BAG, 889, 904.

Gesetzgebers; nur er kann annähernd die unterschiedlichen Interessen aller berücksichtigen.[1588]

Ein weiterer Ansatzpunkt wäre der besondere *öffentliche Status* der Tarifparteien. Diese Herleitung stellt auf die einflussreiche Bedeutung des Handelns der Koalitionen durch ihre Tarifverträge ab. Durch diese spezifische Stellung im öffentlichen Leben aufgrund der erheblichen Breitenwirkung, insb. durch die arbeitsvertragliche Bezugnahme auf Tarifverträge, die Möglichkeit der Allgemeinverbindlicherklärung und die teilweise Befugnis von Gesetzesrecht abzuweichen und damit des Wirkens weit über den eigenen Mitgliederbereich hinaus, bedürfe es einer dem Gesetzgeber vergleichbaren sozialen Verantwortung gegenüber der Allgemeinheit. Die Öffentlichkeitswirkung führe also quasi zu einem öffentlichen Status.[1589] Auch dieser Gedankengang vermag nicht zu überzeugen. Der so umschriebene öffentliche Status würde die Koalitionen als einen Teil des Staatsapparates darstellen. Sowohl die Begründung ihrer Befugnisse über die kollektive Privatautonomie als auch die Tatsache, dass es sich bei ihrem Tätigwerden um die Ausübung ihres freiheitlichen Grundrechts handelt, sprechen gegen eine solche Einordnung. Bei der ausgeübten öffentlichen Macht handelt es sich daher nicht um eine staatliche, sondern vielmehr um eine gesellschaftliche;[1590] jedenfalls überwiegend, siehe oben.

Schließlich ergibt sich aus dem Grundgesetz ebenfalls keine Rechtsgrundlage: Eine solche folgt nicht aus *Art. 9 II GG*. Die systematischen Bedenken gegen eine Interpretation der Koalitionsfreiheit als Unterfall der allgemeinen, den Schranken des Abs. 2 unterliegenden Vereinigungsfreiheit sind zu groß.[1591] Ebenfalls systematische Gründe sprechen gegen eine analoge Übertragung der in *Art. 14 II S. 2 GG* enthaltenen Gemeinwohlbindung[1592] oder der Schranke der allgemeinen Gesetze des *Art. 5 II GG* als allgemeiner Vorbehalt aller Kommunikationsgrundrechte.[1593] Der abgestuften Schrankensystematik des verfassungsrechtlichen Grundrechtskatalogs ist nämlich die Wertung zu entnehmen, dass jedes Grundrecht nur den in seinem Wortlaut vorgesehenen Schranken unterliegt. Eine allgemeine Schranke aus dem Nichts würde zu einer unzulässigen Grundrechtsverkürzung führen.[1594]

1588 I.Erg. ähnlich: Däubler, in: Däubler, AK, § 14, Rn. 19; ErfK/ Dieterich, 10 GG, Art. 9, Rn. 127; Engels, Verfassung und Arbeitskampfrecht, S. 246; Löwisch/ Rieble, TVG, Grundl., Rn. 197; Rieble, ZfA 2004, 1, 8; anerkennend: Badura, AöR 104 (1979), 246, 255.

1589 Siehe: Badura, RdA 1974, 129, 137 (allerdings anschließend wieder relativierend, 138); grundsätzlich auch (jedenfalls als Grenze der Tarifautonomie): Wiedemann/ Wiedemann, Einl., Rn. 341; in diese Richtung zunächst auch: Lerche, Verfassungsrechtliche Zentralfragen des Arbeitskampfes, S. 28 f.

1590 So: Kemper, Koalitionsfreiheit, S. 102.

1591 Wie hier: Höfling, in: Sachs, Art. 9, Rn. 127; Jarass, in: Jarass/ Pieroth, Art. 9, Rn. 49; grundsätzlich auch: Seiter, Streikrecht, S. 116; kritisch: Lerche, Verfassungsrechtliche Zentralfragen des Arbeitskampfes, S. 29; a.A.: Bauer, in: Dreier, Art. 9, Rn. 93; Kemper, in: vM/K/S, Art. 9 III, Rn. 195 f.

1592 So aber grundsätzlich: Scholz, in: Maunz/ Dürig, Art. 9, Rn. 350; jedenfalls bzgl. Analogie der Sozialbindung des Eigentums und der Koalitionen: Rüfner, RdA 1985, 193, 194.

1593 So: Lerche, Verfassungsrechtliche Zentralfragen des Arbeitskampfes, S. 34 ff.; Scholz, in: Maunz/ Dürig, Art. 9, Rn. 349.

1594 Siehe: BVerfG v. 16.01.1957 – 1 BvR 253/56, BVerfGE 6, 32, 37 („abgestufte Gesetzesvorbehalte"); Kemper, Koalitionsfreiheit, S. 109 f.; ders., in: vM/K/S, Art. 9 III, Rn. 203; Engels, Verfassung und Arbeitskampfrecht, S. 246 f.; bzgl. Art. 5 II im Ansatz allgemein auch: Konzen, AcP 177, 473, 508.

Nach hiesiger Auffassung führt die teilweise Begründung der Normsetzungsbefugnis der Tarifparteien mit einer Delegation staatlicher Macht somit zwar zu einer Grundrechtsgebundenheit; die Nähe zum Staat ist jedoch nicht so groß, als dass es zu einer in allen Belangen identischen Schranken-Unterwerfung und damit der Gemeinwohlbindung kommt.

Damit fehlt es schon an einer Rechtsgrundlage für eine umfassende Bindung an die Belange der Allgemeinheit.

2. „Das Gemeinwohl" als unbestimmbarer Begriff

Selbst wenn man eine Rechtsgrundlage für eine Gemeinwohlbindung finden könnte, wäre eine solche nicht umsetzbar. *„Das Gemeinwohl"* ist nämlich nicht nur unbestimmt, sondern jedenfalls in abstrakter Form unbestimmbar; eine allgemeingültige Definition, ein *Gemeinwohl als solches* lässt sich nicht finden.[1595]

Das Lexikon versteht unter Gemeinwohl „Das öffentliche Interesse und Wohl der Allgemeinheit" bzw. „allgemeine Ziele, Werte und Gesamtinteressen". Nicht nur, dass diese Ausführungen für sich schon einen sehr beschränkten Aussagewert haben; auch das Lexikon selbst muss konstatieren, dass eine objektive Feststellung „problematisch und umstritten ist".[1596] Man kann bzw. muss aber sogar noch einen Schritt weitergehen: Die Formulierung einer Definition ist ohne (gesetzgeberische) Anhaltspunkte bzgl. der inhaltlichen Ausgestaltung überhaupt nicht möglich. Zunächst einmal ist schon unklar, wessen Interessen maßgeblich für die Ansicht der Allgemeinheit, *welche Personen* also zu berücksichtigen sind. Dies muss als erstes geklärt werden, da ansonsten keine wertende Abwägung der verschiedenen Belange möglich ist. Es ist nämlich nicht davon auszugehen, dass es eine einheitliche Meinung gibt. Vielmehr ist in einer durch Interessenpluralität gekennzeichneten und von dieser lebenden Gesellschaft von einer Vielzahl gegensätzlicher Ansichten auszugehen, die es unmöglich erscheinen lassen, einen einheitlichen Willen festzustellen. Wer also sind die das Gemeinwohl repräsentierenden Personen? Auch Formulierungen wie die Belange „des Volksganzen"[1597] sind nicht weiterführend. Zwar deutet das konkrete Beispiel an, die gesamte Bevölkerung sei maßgeblich. Hieraus würde sich aber konsequenterweise die Frage ergeben, von welchem Volk die Rede ist; dies geht so weit, dass sogar daran gezweifelt wird, ob hier lebende Ausländer dazu gezählt werden können.[1598] Außerdem ist zweifelhaft, ob eine solche Eingrenzung nicht einerseits zu weit in der Hinsicht ist, dass damit grundsätzlich alle Personen erfasst würden und nicht nur diejenigen, deren Interessen durch eine Kampfhandlung irgendwie berührt werden; andererseits ist sie möglicherweise zu eng, da Arbeitskämpfe in unserer heutigen, globalisierten Zeit leicht erhebliche Auswirkungen über die Grenzen unseres

1595 So konsequent ebenfalls: Reuß, ZfA 1970, 319, 320; ders., AuR 1975, 289, 291.

1596 Siehe: Rittershofer, Lexikon Politik, Staat, Gesellschaft, S. 270.

1597 Bulla, in: FS Nipperdey II, 79, 83.

1598 Siehe: Mösch, Verhältnismäßigkeit, S. 18.

Landes hinaus haben können.[1599] Schon die Frage nach dem Personenkreis kann daher mangels konkreter Anhaltspunkte nicht befriedigend beantwortet werden.

Selbst wenn man aber einen Personenkreis abstrakt festlegen könnte, bleibt fraglich, wie die verschiedenen Interessen zu einem *Ausgleich* gebracht werden könnten. Die Möglichkeit eines allseits konsensfähigen Gemeinwohls erscheint nämlich in unserer mündigen Gesellschaft so gut wie ausgeschlossen, denn hierbei geht es nicht darum die *„richtige Ansicht“* bzgl. des Wohles der Allgemeinheit zu finden. Und es geht noch nicht einmal um einen jedenfalls beschränkten Personenkreis, wie beispielsweise den der billig und gerecht Denkenden. Vielmehr haben unterschiedliche Menschen unterschiedliche Ansichten und Bedürfnisse; was für den einen ein Wohl bedeutet, kann von einem anderen als das Gegenteil angesehen werden. Einen Konsens zu finden mit dem alle leben können, erscheint daher überaus schwierig.[1600] Und eine demokratische Beurteilung nach Mehrheitsverhältnissen hilft hierbei ebenso nicht weiter: Die Ansicht einer *Mehrheit*, mag sie auch noch so groß sein, ist in den meisten Fällen nie mit derjenigen der *Allgemeinheit* kongruent.[1601] Zudem dürfte wohl nicht allein auf die Anzahl der jeweiligen Befürworter, sondern auch darauf abzustellen sein, wie sehr die Einzelnen hinter ihrer Meinung stehen. Hinzu kommt, dass eine alle Beteiligten berücksichtigende, objektive, empirische Feststellung schon praktisch nicht durchführbar erscheint.[1602] Andere Methoden sind nicht ersichtlich. Es fehlt also an einer umsetzbaren Feststellung der maßgeblichen Interessen.

Schließlich müsste das Gericht die *Vereinbarkeit* der Maßnahme mit dem Gemeinwohl überprüfen. Dies erscheint ebenfalls nahezu nicht handhabbar: Die wirtschaftlichen Auswirkungen einer Maßnahme sind, da das Ergebnis von zahlreichen Faktoren abhängt, so schwer zu beurteilen, dass selbst unter Zuhilfenahme zahlreicher Sachverständiger ein großes Spektrum an möglichen Deutungen verbleiben würde.[1603]

Auch das Stabilitätsgesetz (StabG)[1604] mit seinem Rekurs auf das gesamtwirtschaftliche Gleichgewicht in § 3 I S. 1, § 1 S. 1 StabG führt nicht zu einer näheren Konkretisierung des Gemeinwohls. Es handelt sich hierbei lediglich um unverbindliche Orientierungsdaten und v.a. wird das StabG nicht mehr praktiziert.[1605]

Damit muss festgestellt werden: Eine Definition für „das Gemeinwohl“ existiert nicht. Es fehlen handhabbare, allgemeingültige Merkmale zu seiner Bestimmung. Es wäre also Aufgabe des Gesetzgebers, wenigstens ansatzweise eine Konkretisierung zu leisten, um den Gerichten überhaupt erst die Möglichkeit zu eröffnen, anhand von justitiablen Kriterien ein Merkmal

---

1599 Siehe: Mösch, Verhältnismäßigkeit, S. 17 f.

1600 Siehe: Reuß, ZfA 1970, 319, 320.

1601 I.Erg. auch: Reuß, ZfA 1970, 319, 320.

1602 Auch: Mösch, Verhältnismäßigkeit, S. 19.

1603 Siehe: Mösch, Verhältnismäßigkeit, S. 20 f.

1604 Gesetz zur Förderung der Stabilität und des Wachstums der Wirtschaft vom 08.06.1967 (BGBl. I S. 582), zuletzt geändert durch Art. 135 Neunte ZuständigkeitsanpassungsVO vom 31. 10. 2006 (BGBl. I S. 2407).

1605 Auch: Wiedemann/ Wiedemann, Einl., Rn. 338; Reuß, ZfA 1970, 319, 332 ff.; bzgl. rechtlicher Unverbindlichkeit der Orientierungsdaten: Dütz, JA 1987, 405, 413; Otto, AK, § 2, Rn. 95; Säcker, Koalitionsfreiheit, S. 54; Badura, RdA 1974, 129, 138.

wie das des Gemeinwohles (in Bezug auf die Koalitionsfreiheit) ausfüllen zu können;[1606] dies erscheint (jedenfalls teilweise) derzeit nur z.B. in Form des § 138 BGB möglich.[1607] Solange eine solche Konkretisierung jedoch nicht bzgl. des Gemeinwohl als solchem vorgenommen und, gedanklich davor, keine Rechtsgrundlage für eine umfassende Bindung an die Interessen der Allgemeinheit geschaffen wird, bleibt es bei der vollkommen ausreichenden Bindung an das Gemeinwohl in Form der Herstellung praktischer Konkordanz durch die Abwägung der konkret betroffenen Rechtsgüter mit Verfassungsrang und der Grundrechte Dritter.[1608] „Das Gemeinwohl“ als solches gibt es nicht; jedenfalls nicht als konkrete Grenze. Es ist vielmehr als eine allgemeine „moralische Verpflichtung“ zu verstehen.[1609]

IV. Zwischenergebnis

Nach hiesiger Auffassung ist eine Bindung an „das Gemeinwohl“ als eine feststehende Größe abzulehnen. Zwar gibt es sehr wohl ein praktisches Bedürfnis den Tarifparteien die Pflicht aufzuerlegen, die Belange unbeteiligter Dritter zu berücksichtigen. Insofern ist aber wohl eher der Wunsch Vater des Gedankens. Eine Gemeinwohlbindung scheitert v.a. an einer fehlenden Rechtsgrundlage für eine derartige Schranke und an der fehlenden Justitiabilität des Begriffes „Gemeinwohl“. Was das Gemeinwohl ist kann nicht in einer allgemeingültigen Definition festgelegt werden. Es bedürfte daher einer näheren Konkretisierung durch den Gesetzgeber.

E. Sonstige Grundrechte des Arbeitgebers und unbeteiligter Dritter

Mit dem zuletzt anzusprechenden Prüfungspunkt schließt sich gewissermaßen der Kreis des übrigen Prüfprogrammes: Auch was die Durchführung anbelangt, müssen die Arbeitskampfparteien die Grundrechte des Arbeitgebers und unbeteiligter Dritter beachten.[1610] Da die Grundrechte jedoch gewissermaßen hinter allen in der vorliegenden Arbeit dargestellten (einfach-) rechtlichen Wertungen und Vorgaben stehen (müssen), könnte die Verortung einzelner Prüfungspunkte ebenfalls erst an dieser Stelle stattfinden; es handelt sich bei ihnen also in der Regel um Konkretisierungen der allgemeinen, unmittelbaren Grundrechtsgebundenheit der Tarifparteien.[1611] Schranken können sich grundsätzlich aus allen Grundrechten und sonstigen Rechten mit Verfassungsrang ergeben;[1612] eine abschließende, umfassende Erörterung würde

1606 Auch: Reuß, ZfA 1970, 319, 322.

1607 138 BGB als Beispiel für offensichtliche Extremfälle der Gemeinwohlschädlichkeit : Junker, ZfA 1996, 383, 393; Dütz, JA 1987, 405, 413.

1608 Auch: Greiner, Arbeitskampfpluralität, S. 471.

1609 Kissel, AK, § 27, Rn. 1; „allgemeine Verpflichtung“: Lerche, Verfassungsrechtliche Zentralfragen des Arbeitskampfes, S. 30; „Rechtsprinzip“: Badura, RdA 1974, 129, 138.

1610 So: Kissel, AK, § 35, Rn. 30; Ricken, in: MüArbR, § 200, Rn. 45; vgl. zur Begründung der Grundrechtsgebundenheit oben: § 10. B. IV.

1611 Siehe: Kissel, AK, § 35, Rn. 40 bzgl. Ultimo-Ratio-Prinzip und Institut der Notdienste.

1612 Allgemein: BVerfG v. 26.06.1991 – 1 BvR 779/85, BVerfGE 84, 212, 228; Ricken, in: MüArbR, § 200, Rn. 45; Engels, Arbeitskampfrecht, S. 306.

den Rahmen daher sprengen. Exemplarisch sollen im Folgenden aktuelle und prominente Beispiele überblicksartig dargestellt werden.[1613]

Beachtet werden muss allerdings, dass sich konkrete Grenzen, abgesehen von Extremfällen, nicht bestimmen lassen bzw. der Versuch ihrer annähernden Benennung bereits im Rahmen der zuvor dargestellten Schranken vorgenommen wurde. Bei den Grenzen durch andere Grundrechte geht es nämlich meist nicht um alles-oder-nichts-Entscheidungen. Vielmehr bedarf es der Herstellung von praktischer Konkordanz. Diese „fordert, dass nicht eine der widerstreitenden Rechtspositionen bevorzugt und maximal behauptet wird, sondern alle einen möglichst schonenden Ausgleich erfahren."[1614] Damit hängt das Ergebnis von den konkreten Umständen des Einzelfalles im Rahmen einer umfassenden Abwägung ab und es kommt häufig nicht zu einer kompletten Versagung des Streikrechts, sondern nur zu einer Einschränkung.[1615]

Geht es um den Schutz von Rechtsgütern Dritter, so ist zunächst an den unmittelbar Beteiligten, also den *Arbeitgeber als Kampfgegner* zu denken. Immerhin ist er es, den die Auswirkungen des Streiks am stärksten treffen sollen und dies in der Regel auch tun.

Er kann sich ganz allgemein auf *Art. 12 GG (meist i.V.m. Art. 14 GG)* berufen. Dieser schützt ihn in verschiedener Hinsicht: Die schlichte Vorenthaltung der Arbeitsleistung betrifft die Aufrechterhaltung der Produktion und damit sein *Recht auf Fortführung des Betriebes*. Da es sich hierbei jedoch quasi um die natürliche Folge des Streiks handelt[1616] und der Verfassungsgeber durch die Anerkennung eines Streikrechts bereits eine grundsätzliche Zulassung der Schädigung Dritter akzeptiert, muss Art. 12 GG in den meisten Fällen zurücktreten. Ansonsten würde das Streikrecht nur auf dem Papier bestehen.[1617] Hiervon kann es aber, gerade weil es sich bei der Herstellung praktischer Konkordanz um eine Abwägung handelt, Ausnahmen geben, in denen das Pendel möglicherweise doch zur anderen Seite hin ausschlägt: Dies beginnt bei Auswirkungen, die nicht mehr nur allein Folge der Arbeitsverweigerung sind, wie z.B. bei Blockaden, Betriebsbesetzungen und Exzessen von Streikposten.[1618]

Außerdem könnte man daran denken, allgemein eine Begrenzung des streikbedingten Schadens auf diesem Weg zu erreichen. Dem wird zunächst die grundsätzliche Prämisse entgegengehalten, dass es gerade Wesen des Streiks sei, einen möglichst hohen Schaden zu verursachen und dieser daher nicht berücksichtigt werden könne.[1619] Andererseits erscheint es

---

1613 Vgl. auch die umfassende Auseinandersetzung bzgl. des Bereiches der Daseinsvorsorge bei: Rudkowski, Der Streik in der Daseinsvorsorge, passim; und auch bei Gamillscheg, KollArbR I, S. 1076 ff. allerdings bzgl. der Schranke des Gemeinwohls.

1614 BVerfG v. 16.05.1995 – 1 BvR 1087/91, BVerfGE 93, 1, 21; vgl.: Kissel, AK, § 35, Rn. 2, 30.

1615 Kritisch bzgl. der arbeitsgerichtlichen Kompetenz zu dieser Schrankenziehung: Höfling/ Engels, NJW 2007, 3102, 3103.

1616 Siehe: BAG v. 19.06.2007 – 1 AZR 396/06, BAGE 123, 134, 143; Kissel, AK, § 29, Rn. 24; Däubler, in: Däubler, AK, § 14, Rn. 12.

1617 Siehe: Kissel, AK, § 35, Rn. 37.

1618 So: Kissel, AK, § 35, Rn. 33, 37; siehe die ausführliche Auseinandersetzung bei: Otto, AK, § 11, Rn. 4 ff.

1619 Siehe: BAG v. 11.05.1993 – 1 AZR 649/92, BAGE 73, 141, 149 f.; BAG v. 19.06.2007 – 1 AZR 396/06, BAGE 123, 134, 143; BAG v. 22.09.2009 – 1 AZR 972/08, BAGE 132, 140, 153 f.; Kissel, AK, § 29, Rn. 24; Däubler, in: Däubler, AK, § 14, Rn. 12.

aber fraglich, den Arbeitskampf übertrieben gesprochen über alles zu stellen und v.a. ohne jede Grenze. Daher ist zu klären, ob nicht doch die *Relation von Schaden und erstrebtem Vorteil* berücksichtigt werden muss: Gegen eine solche Annahme[1620] wird zusätzlich vorgebracht, dass es so zu einer „Tarifzensur anhand tariffremder Maßstäbe" käme.[1621] Die Schädigung des Gegners gehöre nun mal zum Streik dazu und das Ausmaß müsse den Kampfparteien überlassen werden. Daher komme es auf die Höhe des Schadens nicht an.[1622] Ansonsten bestehe letztlich die Gefahr, dass über diesen Umweg doch „die Berechtigung der Kampfforderung kontrolliert wird".[1623] Ferner sei eine solche Relation nicht zielführend: Würde der Umfang des zulässigen Schadens von der Forderung der Gewerkschaft abhängen, könnte diese einfach die zu Beginn gestellte Forderung erhöhen. Sie hätte es damit also in der Hand den möglichen Schadensumfang zu bestimmen. Zusätzlich würde ein solches Vorgehen verhindern, dass sich die Tarifparteien in Verhandlungen allmählich annähern, da die Ausgangspositionen zu weit entfernt wären; es sei mit verhärteten Fronten zu rechnen.[1624] Dem wird ein grundsätzliches Bedürfnis einer wirtschaftlichen Betrachtung des Arbeitskampfes entgegengehalten; jedenfalls sei es erforderlich, wirtschaftliche Schäden angesichts einer umfassenden Abwägung nicht völlig außer Acht zu lassen, solle ein tragfähiges Tarifwesen etabliert werden.[1625] Zudem wird darauf verwiesen, dass die Arbeitskampffreiheit ebenfalls nicht schrankenlos gewährleistet sein.[1626] Daher müssten dem Kampfmittel jedenfalls dann, „wenn der wirtschaftliche Schaden jedes vernünftige Maß übersteigt", Grenzen aufgezeigt werden.[1627] *Gamillscheg* nimmt dergleichen an, wenn die Auswirkungen so erheblich sind, dass „ganze Industriezweige ins Schleudern" geraten.[1628] Es sei also sehr wohl erforderlich, eine Relation der Volumina von Schäden und angestrebten Streikzielen herzustellen und kritisch zu bewerten.[1629]

Nach meinem Dafürhalten kann durchaus der zweiten Ansicht gefolgt werden. Der ersten Ansicht ist insofern zuzustimmen, als es keine Tarifzensur geben darf, d.h. der Richter darf nicht den seiner subjektiven Meinung nach „richtigen", angemessenen Lohn als Obergrenze (und Untergrenze) festlegen. Allerdings ist nicht ganz nachvollziehbar, weshalb eine solche Tarifzensur im Falle einer Relation von angestrebtem Vorteil und verursachten Schäden angenommen werden sollte. Es wird gerade nicht bewirkt, dass vermeintlich zu hohe Forderungen beschnitten werden. Im Gegenteil: Es ist in der Tat gerade zu befürchten, dass Gewerkschaften im Falle der Maßgeblichkeit einer solchen Relation zu höheren Forderungen tendie-

1620 Grundsätzlich gegen eine Relation: Däubler, in: Däubler, AK, § 14, Rn. 12; Hueck/ Nipperdey, II/2, S. 1030 f.; ihm folgend: Reuß, AuR 1975, 289, 292; Otto, AK, § 8, Rn. 7.

1621 Ricken, in: MüArbR, § 200, Rn. 55; ähnlich: Otto, AK, § 8, Rn. 7; Rüthers, in: Brox/ Rüthers, Rn. 195.

1622 BAG v. 30.03.1982 – 1 AZR 285/80, BAGE 38, 207, 216; Kissel, AK, § 43, Rn. 4.

1623 So: Seiter, Streikrecht, S. 539; in diese Richtung auch: Hanau/ Thüsing, in: Thüsing, Tarifautonomie, S. 67 f.

1624 Seiter, Streikrecht, S. 540.

1625 Siehe allgemein: Loritz, in: FS 50 Jahre BAG, 557, 569 ff.

1626 So: Loritz, in: FS 50 Jahre BAG, 557, 569; auch Däubler (in: Däubler, AK, § 14, Rn. 12) erkennt eine Grenze jedenfalls bei einem „Übermaß" an.

1627 So: Gamillscheg, KollArbR I, S. 1173 (bzgl. einer Gemeinwohlverletzung); ihm folgend: Jacobs, in: FS Buchner, 342, 356.

1628 Gamillscheg, KollArbR I, S. 1173.

1629 So: Feudner, RdA 2008, 104, 105 f.

ren werden. Das Einzige was beschränkt wird, ist der mit dem Streik verbundene Schaden. Wenn überhaupt geht es also um eine „Arbeitskampfmittelzensur“ in dem Sinn, dass die Gewerkschaft nicht völlig frei bestimmen kann, in welchem Umfang sie ihr Streikrecht ausübt. Die Beschränkung des Streikrechts ist jedoch gerade das, um was es bei der Herstellung praktischer Konkordanz geht. Gegen eine solche Relation könnte man aber dennoch einwenden, dass es zu einer verminderten Durchsetzungskraft kleiner Gewerkschaften kommen könnte: Gewerkschaften mit einer sehr kleinen Mitgliederzahl würden selbst bei prozentual gesehen erheblichen Lohnsteigerungsforderungen in absoluten Zahlen gesprochen nur ein eher geringes Vorteilsvolumen erreichen. Daher wären sie nur zu einer vergleichsweise geringen Schadensverursachung berechtigt. Der Arbeitgeber könnte sich deshalb dazu entschließen, diesen Schaden „aus der Portokasse“ zu bezahlen und den Streik auszusitzen. Zwar ließe sich dem (je nachdem, wie die Relation konkret ausgestaltet wird) entgegenhalten, ein solches Vorgehen wäre unter betriebswirtschaftlichen Gründen erheblich nachteilhaft. Dennoch kann es für die Inkaufnahme solcher Konsequenzen durchaus Gründe geben, wie beispielsweise eine kurzfristige Beschönigung der Bilanz oder allgemein gesagt, um strategische Ziele verwirklichen zu können (z.B. im Hinblick auf langfristige Verbindlichkeiten oder die Verhinderung eines Präzedenzfalles).

Entscheidend ist in diesem Zusammenhang wohl aber die Ausgestaltung der Relation. Bei einem entsprechend hohen Multiplikator wird es nicht mehr vertretbar sein, einen Streik aus taktischen Gründen auszusitzen. Gerade von dieser Prämisse wird man sich daher bei der Festlegung eines Relationswertes leiten lassen müssen. Auch das Totschlagargument der mangelnden praktischen Umsetzbarkeit aufgrund der Möglichkeit der Gewerkschaft „einfach“ ihre Forderungen zu erhöhen, kann entkräftet werden. Es führt zwar zunächst in der Tat die geforderte Abhängigkeit von Forderungs- und Schadenshöhe ad absurdum, da die Rahmenbestimmung in der Hand der Gewerkschaft läge. Allerdings gilt dies nur auf Basis der derzeit gebräuchlichen Arbeitskampfgrenzen. Anders stellt sich die Situation dar, wenn man, wie in dieser Arbeit vorgestellt, eine Beschränkung der Höhe des geforderten Lohnes und insb. der Lohnerhöhung an sich vornimmt; für die Berechtigung hohe Forderungen stellen zu dürfen, müssten erst einmal herausragende Gründe angeführt werden können.[1630] Es wäre einer Gewerkschaft also in der Regel gerade gar nicht möglich, eine illusorische, exorbitant hohe Forderung zu stellen, um damit der verursachten, sachlich unangemessenen Schadenshöhe künstlich gerecht zu werden. Eine Relation von Forderungs- und Schadenshöhe ergänzt also vielmehr die hier vertretene Schrankenkonzeption bzw. kann als zusätzlicher „Sicherungsriegel“ angesehen werden.[1631]

Für die Bildung einer Relation zwischen Schaden und Vorteil spricht letztlich, dass ohne eine solche die äußerste Grenze in der Existenzgefährdung des bestreikten Unternehmens bestehen würde.[1632] Dies ist jedoch keine praxistaugliche Lösung. Zwar ist es durchaus vorstellbar, dass ein Arbeitgeber entsprechende Gutachten vorlegt, welche die bevorstehende Exis-

---

1630 Siehe oben: § 10 C. III. 2.

1631 Letzteres, da insofern auch schon eine korrespondierende Beschränkung der Auswirkungen im Rahmen der Parität vorgenommen wurde, siehe oben: § 11 C. II. 2. c.

1632 So: Hanau/ Thüsing, in: Thüsing, Tarifautonomie, S. 68 f.

tenzgefährdung veranschaulichen. In der Sekunde, in welcher er dies jedoch tatsächlich macht, hat er üblicherweise sein Schicksal schon besiegelt: Sämtliche Geldgeber werden bei Offenlegung einer drohender Insolvenz auf dem schnellsten Wege ihre „Geldhähne" zudrehen, sodass es unweigerlich zum Exitus kommen muss. Es muss also verhindert werden, dass wegen jeder Forderung exorbitant hohe, bis hin zur Existenzbedrohung führende Schäden verursacht werden dürfen; jedenfalls, wenn dem kein „berechtigtes Interesse", also ein in Relation stehender Nutzen gegenüber steht. Gerade in sensiblen Bereichen wie z.B. dem Luft- oder Bahnverkehr können nämlich durch die Lahmlegung des Betriebes (volkswirtschaftliche-) Schäden in Höhe von mehreren hundert Millionen Euro pro Tag entstehen.[1633] Mit gutem Grund hat daher ebenfalls schon das Reichsgericht gefordert, dass der angestrebte Vorteil in einem angemessenen Verhältnis zum zugefügten Nachteil stehen müsse.[1634]

Als weitere „äußerste Grenze" verstanden und in Anbetracht der grundsätzlich Anerkennung des Streikrechts samt der mit ihm zwangsläufig verbundenen Schäden durch das Grundgesetz und im Hinblick gerade auf Kleinstgewerkschaften sollte der maßgebliche Multiplikator bzgl. der jährlichen Schadenshöhe wohl mindestens beim Zehnfachen des sich aus der Forderung ergebenden Gesamtvolumens (auf ein Jahr gesehen) liegen.[1635] Die „Investition" des in Kauf genommenen Schadens würde sich damit rechnerisch erst in zehn Jahren „rentieren". Allerdings würde durch die Wiederholung des Begehrens jedes Jahr aufs Neue ein vergleichbarer Schaden entstehen, sodass an der Gesamtrentabilität zu zweifeln ist. Und gerade letzteres muss das Ziel sein: Genauso wenig, wie es der Gewerkschaft zugestanden werden darf unüberschaubare Schäden zu verursachen, darf sich die Inkaufnahme des Schadens durch den Arbeitgeber nicht als „rentable Investition" darstellen. Aufgrund der praktischen Schwierigkeiten bei der Ermittlung der Schadenshöhe sind jedoch nur solche Schadenspositionen zu berücksichtigen, die offensichtlich sind und in einfacher Weise festgestellt werden können; also beispielsweise die zurückzuzahlenden Ticketpreise bei Flugausfällen, im Grunde jedoch kein dadurch eintretender, schwer fassbarer Renommee-Verlust. Allerhöchstens bei einem Multiplikator von einhundert ist auf jeden Fall anzunehmen, dass das Recht des Unternehmers auf Betriebsfortführung im Verhältnis zur Arbeitskampfautonomie offensichtlich überwiegt. Ein so erheblicher Schaden lässt sich in keinster Weise mehr rechtfertigen.

Darüber hinaus setzen die Grundrechte noch weitere Grenzen: Gerade wenn es um den *Bestand des Unternehmens* geht, kann sich aus Art. 12, 14 GG eine Modifikation des erlaubten Streikgeschehens ergeben. Wie bereits oben angesprochen,[1636] geht es hierbei zunächst um eine Beschränkung im Sinne einer Pflicht Erhaltungsarbeiten durchzuführen, um die Existenz der sachlichen Betriebsmittel zu gewährleisten.[1637] Das Interesse am Bestand des Unternehmens kann aber durchaus soweit gehen, dass der Streik vollends untersagt werden muss. Dies ist, wie ebenfalls schon gesehen,[1638] im evidenten Fall der Existenzvernichtung gege-

1633 Auch: Feudner, RdA 2008, 104, 105 f.

1634 RG v. 06.04.1922 – VI 456/21, RGZ 104, 327, 330; RG v. 20.12.1927 – III 104/27, RGZ 119, 291, 294; vgl.; Hanau/ Thüsing, in: Thüsing, Tarifautonomie, S. 67; Seiter, Streikrecht, S. 151.

1635 Diese Grenze nennend: Feudner, RdA 2008, 104, 106.

1636 Im Rahmen der Rechtsmissbrauchs-Kontrolle: § 11 B.

1637 So: Däubler, in: Däubler, AK, § 14, Rn. 14 f.

1638 Im Rahmen der Geeignetheits-Prüfung: § 9 B. I.

ben.[1639] Richtigerweise muss bereits im Falle der eindeutigen Erkennbarkeit einer solchen Folge der Streik (jedenfalls teilweise) ausgesetzt werden.[1640] Und dasselbe wird man aufgrund der absoluten Folgen auch annehmen müssen, wenn es sich nicht um den eigenen Arbeitgeber, sondern um ein anderes Unternehmen handelt, welches z.B. von den Produkten des bestreikten Betriebes abhängt.[1641]

Schließlich steht dem Arbeitgeber das Recht der *unternehmerischen Entscheidungsfreiheit* zu.[1642] Zu denken ist in diesem Zusammenhang an die Problematik des Kampfes allein ausgerichtet auf die Erhaltung des Standortes oder an gezielt überhöhte Forderungen, um auf Unternehmerentscheidungen Einfluss zu nehmen bzw. solche überhaupt erst zu initiieren. Die Grenzen dieses Kernbereiches der Unternehmensautonomie sind jedoch umstritten.[1643]

Allein auf die *Eigentumsfreiheit* des *Art. 14 GG* kann sich der Unternehmer berufen, wenn es ausschließlich um seine betrieblichen Mittel geht. Beispielsweise müsste daher ein Mindestmaß an Tätigkeit durch Rettungskräfte wie Polizei und Feuerwehr gewährleistet werden.[1644]

Außerdem können die Tarifparteien noch den in der Koalitionsfreiheit wurzelnden Gedanken der *Funktionsfähigkeit der Tarifautonomie* für sich beanspruchen, *Art. 9 III GG.*[1645] Der Gesetzgeber hat sich aus dem Regelungsbereich der Arbeits- und Wirtschaftsbedingungen zurückgezogen, da er der Ansicht ist, dass die Tarifparteien zu besseren Ergebnissen gelangen. Diese Annahme steht jedoch unter dem Vorbehalt von inhaltlich „richtigen", ausgeglichenen Tarifverträgen, was wiederum eine Parität voraussetzt.[1646] Damit lassen sich letztlich ebenfalls die obigen Paritätserwägungen[1647] auf verfassungsrechtliche „Beine stellen".[1648]

Blickt man zudem auf von Streikmaßnahmen betroffene *unbeteiligte Dritte*, lassen sich weitere kollidierende Grundrechte feststellen: *Art. 1, 2 I GG* garantieren i.V.m. dem Sozialstaatsprinzip ein Recht auf *menschenwürdiges Dasein.*[1649] Hieraus folgen zahlreiche Belange, die es zu berücksichtigen gilt: Zunächst sollte sichergestellt werden, dass insb. Menschen, die auf den pünktlichen Empfang z.B. von Renten oder Sozialhilfe angewiesen sind, diese Mittel zu-

1639 Siehe: Däubler, in: Däubler, AK, § 14, Rn. 14; Kissel, AK, § 29, Rn. 22; § 35, Rn. 37; Greiner, Arbeitskampfpluralität, S. 140.

1640 Siehe oben: § 9 B. I.

1641 So: Greiner, Arbeitskampfpluralität, S. 473.

1642 Vgl. allgemein: Hanau/ Thüsing, in: Thüsing, Tarifautonomie, S. 8 ff.; Gamillscheg, KollArbR I, S. 1069 f.

1643 Siehe oben: § 10. B. IV. 2. a.

1644 Siehe: Hensche, in: Däubler, § 18, Rn. 32; allgemein: Höfling, in: Sachs, Art. 9, Rn. 133.

1645 Zum Schutz der Funktionsfähigkeit der Tarifautonomie: BAG v. 10.06.1980 – 1 AZR 822/79, BAGE 33, 140, 177; BAG v. 24.04.2007 – 1 AZR 252/06, BAGE 122, 134, 156; Deinert, AuR 2004, 212, 213.

1646 Siehe oben: § 8 B. II., insb. 1. c.

1647 Siehe oben: § 11 C.

1648 Siehe: BAG v. 21.04.1971 – GS 1/68, BAGE 23, 292, 308; Höfling, in: Sachs, Art. 9, Rn. 132; teilweise kritische Darstellung bei: Engels, Verfassung und Arbeitskampfrecht, S. 237 ff. (allerdings basierend auf einer abweichenden Schutzbereichsbestimmung).

1649 Siehe: BVerfG v. 29.05.1990 – 1 BvL 20/84, BVerfGE 82, 60, 85 (allgemein); Hensche, in: Däubler, § 18, Rn. 33; Höfling, in: Sachs, Art. 1, Rn. 31 f.; Jarass, in: Jarass/ Pieroth, Art. 1, Rn. 14 f., Art. 20, Rn. 114 ff.

verlässig erhalten. Entsprechend müsste ein Streik bei Rentenkassen oder Sozialämtern in der Form beschränkt werden, dass jedenfalls die laufenden Zahlungen vorgenommen werden.[1650] Zum menschenwürdigen Dasein gehört des Weiteren v.a. die Versorgung der Bevölkerung mit Wasser und Energie, da in diesen Bereichen ein Ausweichen auf andere Quellen nahezu unmöglich ist, sie andererseits aber zum mittlerweile absoluten Mindeststandard unserer heutigen Gesellschaft gehören.[1651] Da jedoch eine zeitweise Vorenthaltung den Betroffenen im Einzelfall durchaus zumutbar erscheint, den in den entsprechenden Branchen tätigen Arbeitnehmern das Streikrecht aber möglichst nicht vollends vorenthalten werden soll, darf es nicht zu einer vollständigen Untersagung des Streiks kommen. Vielmehr erscheinen „spürbare Unterbrechungen, verbunden mit jeweils angesagten Lieferphasen" als angemessen.[1652] Abweichungen können sich allerdings z.B. jahreszeitbedingt ergeben: Ein Streik in der Wärmeversorgung wird im Herbst und Frühling in größerem Umfang angemessen sein als im Winter; etwas anderes kann wiederum gelten, wenn es bereits im Herbst dauerhaft Minus-Temperaturen hätte.

Schranken können sich ebenfalls aus den Grundrechten der *Meinungs-, Presse- und Rundfunkfreiheit* ergeben. Beispielsweise wäre es mit *Art. 5 GG* unvereinbar, wenn die Streikenden verhindern würden, dass einzelne arbeitskampfbezogene Beiträge in einer Zeitungsausgabe veröffentlicht würden, indem sie die entsprechenden Stellen schlicht weiß ließen.[1653] Auch der Extremfall einer vollständigen Vorenthaltung jeglicher Informationsmöglichkeit für die Bevölkerung wäre kaum mit diesen Grundrechten zu vereinbaren.[1654]

Was Streiks an *schulischen Einrichtungen* anbelangt, so kann grundsätzlich *Art. 2 GG* bzgl. der allgemeinen und *Art. 12 GG* bzgl. der berufsbezogenen Ausbildung herangezogen werden, was die Lehrtätigkeit als solche betrifft. Sind die Arbeitsniederlegungen jedoch nicht von extremer Länge oder in unmittelbarer zeitlicher Nähe zu Prüfungen, wird man Art. 9 III GG den Vorrang gewähren.[1655]

Ferner stellt der *Umweltschutz (Art. 20 a GG)* ein Rechtsgut von Verfassungsrang dar. Es handelt sich zwar nicht um ein subjektives Recht, aber doch um ein Staatsziel. Als solches verkörpert es nicht nur eine unverbindliche Wertung, sondern stellt eine objektive Verpflichtung des Staates dar.[1656] Arbeitskampfbezogen kann der Umweltschutz insb. bei der Abfallentsorgung zum Tragen kommen. Zwar ist eine quantitative Beschränkung (Entleerung nur der halben Abfalltonne) technisch kaum vorstellbar, zumal dies für die Arbeitnehmer denselben Arbeitsaufwand bedeuten würde. Solange aber nicht mit gesundheitlichen oder um-

---

1650 Auch: Hensche, in: Däubler, § 18, Rn. 34; ähnlich: Kissel, AK, § 43, Rn. 146.

1651 So: Kissel, AK, § 43, Rn. 134; Hensche, in: Däubler, § 18, Rn. 34; Oetker, Erhaltungsarbeiten, S. 42; siehe auch: Seiter, Streikrecht, S. 551.

1652 So: Hensche, in: Däubler, § 18, Rn. 34.

1653 Siehe: Löwisch/ Rieble, in: Löwisch, AK, S. 121 f.; allgemein: Hensche/ Wolter, in: GS Zachert, 544, 558.Höfling, in: Sachs, Art. 9, Rn. 133; Greiner, Arbeitskampfpluralität, S. 140.

1654 So: Lieb R., Der Arbeitskampf im öffentlichen Dienst, S. 102 f.; i.Erg. auch: Gamillscheg, KollArbR I, S. 1080; in diese Richtung wohl auch: BAG v. 12.03.1985 – 1 AZR 636/82, BAGE 48, 195, 205.

1655 Siehe: Hensche, in: Däubler, § 18, Rn. 35; Kissel, AK, § 43, Rn. 143; Oetker, Erhaltungsarbeiten, S. 52 f.; allgemein: Hensche/ Wolter, in: GS Zachert, 544, 558; Gamillscheg, KollArbR I, S. 1079 f.

1656 Siehe: BVerwG v. 03.03.1998 – 9 C 3/97, NVwZ 1998, 1080, 1081; Höfling, in: Sachs, Art. 20 a, Rn. 12 f.

weltgefährdenden Schäden zu rechnen ist, was insb. von der Länge des Streiks abhängen wird, muss man ein umfassendes Streikrecht annehmen.[1657] Bei länger angelegten Aktionen käme wohl zunächst eine Vergrößerung der Intervalle der Leerung in Betracht.

Ein prominentes Segment, in dem regelmäßig eine große Anzahl von Unbeteiligten betroffen wird, stellt der Bereich der *Infrastruktur* dar. Werden der Bahn- oder Flugverkehr oder sonstige (Massen-) Beförderungsmittel bestreikt, hat das meist erhebliche Auswirkungen. Mag es möglich sein bei kurzen Strecken auf alternative Fortbewegungsmöglichkeiten wie das Fahrrad oder die eigenen Füße „umzusteigen", so wird ein Erreichen des Zieles bei längeren Distanzen gänzlich unmöglich bzw. für manche Menschen jedenfalls unerschwinglich. Ein praktisches Bedürfnis für eine Einschränkung von Streiks in diesen sensiblen Bereichen besteht also. Fraglich ist jedoch, ob eine solche überhaupt anhand von Grundrechten erfolgen kann oder ob es sich bei den betroffenen Belangen nicht vielmehr „nur" um solche handelt, die man gemeinhin unter den Begriff des „Gemeinwohls" subsumieren würde, welches jedoch als Schranke ausscheidet.[1658] *Art. 11 GG* schützt die *Freizügigkeit*. Nach Ansicht des BVerfG wird hierunter „das Recht an jedem Ort innerhalb des Bundesgebietes Aufenthalt und Wohnsitz zu nehmen" verstanden.[1659] Er bezieht sich also auf den Bereich des Ortswechsels.[1660] Damit betrifft er jedoch nicht wirklich das Phänomen des täglichen Pendelns. Vielmehr geht es insoweit wohl eher um das Grundrecht der körperlichen Bewegungsfreiheit, welches durch Art. 2 II S. 2 GG geschützt wird.[1661] Unabhängig von der Zuordnung zu einem der beiden Grundrechte wird aber durch einen Streik das Aufsuchen des anvisierten Ortes nicht an sich beschränkt, sodass im Ergebnis beide Grundrechte nicht einschlägig sind.[1662] Vielmehr fehlt den Betroffenen lediglich das sonst übliche Fortbewegungsmittel; es steht dem Einzelnen jedoch frei auf andere Weise dorthin zu gelangen. Die Schaffung oder Aufrechterhaltung von Fortbewegungsmitteln wird, im Gegensatz zum französischen Recht,[1663] allerdings nicht verfassungsrechtlich geschützt.[1664] Daher wird eine (grundrechtsbezogene) Einschränkbarkeit im Bereich der Infrastruktur teilweise vollständig abgelehnt.[1665] Andere fordern demgegenüber jedenfalls „ein Mindestangebot an Beförderungsmöglichkeiten".[1666] Doch woher nehmen, wenn nicht stehlen?

1657 Siehe: Kissel, AK, § 43, Rn. 135.

1658 Siehe oben: § 11 D. III.

1659 BVerfG v. 07.05.1953 – 1 BvL 104/52, BVerfGE 2, 266, 273; BVerfG v. 17.03.2004 – 1 BvR 1266/00, BVerfGE 110, 177, 190 f.

1660 So: Höfling, in: Sachs, Art. 12, Rn. 31.

1661 Siehe: Gusy, in: vM/K/S, Art. 11, Rn. 65; Höfling, in: Sachs, Art. 12, Rn. 31.

1662 I.Erg. auch: Scherer, Daseinsvorsorge, S. 124.

1663 „La continuité du service public", Conceil Constitutionnel, Dec. v. 16.08.2007, n° 2007-556 DC, vgl.: Rudkowski, Der Streik in der Daseinsvorsorge, S. 219.

1664 So: BVerfG v. 06.06.1989 – 1 BvR 921/85, BVerfGE 80, 137, 150; Jarass, in: Jarass/Pieroth, Art. 11, Rn. 2, 9; Kunig, in: v. Münch/ Kunig, Art. 11, Rn. 17; Hensche, in: Däubler, § 18, Rn. 36; Rudkowski, Der Streik in der Daseinsvorsorge, S. 231.

1665 So: Hensche, in: Däubler, § 18, Rn. 36; Scherer, Daseinsvorsorge, S. 124.

1666 Kissel, AK, § 43, Rn. 136; ähnlich: Gamillscheg, KollArbR I, S. 1079.

Eine Lösung könnte darin liegen auf die *mittelbar betroffenen Rechtsgüter* abzustellen,[1667] also beispielsweise auf die Berufsfreiheit bei vollständiger Verhinderung der Berufsausübung eines Berufspendlers, das Eigentum bei Verhinderung der Inanspruchnahme eines Pauschalreiseanspruches oder bei Verschlechterung der zu transportierenden Ware und die körperliche Unversehrtheit, wenn ein Patient nicht rechtzeitig seinen Arzt aufsuchen kann. In gewisser Weise ließe sich wohl ebenfalls noch der Gedanke des Umweltschutzes handhabbar machen.[1668] Daher bedarf es auch im Bereich der Infrastruktur aufgrund kollidierender Grundrechte sehr wohl eines sich an den üblichen Auslastungen der einzelnen Strecken orientierenden Mindestmaßes an Beförderungsleistungen.[1669] Zu beachten ist, dass sich – z.T. selbst innerhalb einer Art von Fortbewegungsmitteln – u.U. unterschiedliche Schutzbedürfnisse ergeben können. Je nachdem was befördert wird und in welcher Weise dies geschieht, wäre also jedenfalls im Ergebnis eine unterschiedliche Behandlung des Nah-, Fern- und Güterverkehrs grundsätzlich möglich.[1670]

Ein weiteres sehr bedeutendes Grundrecht stellt *Art. 2 II GG,* das Recht auf *Leben und körperliche Unversehrtheit* dar. Dieses spielt in verschiedenen Bereichen ein Rolle, in denen es um das „Lebensnotwendige" geht: Bzgl. medizinischer Einrichtungen (Krankenhaus, Ärzte, Blutbanken, Medikamentenversorgung etc.) muss eine Versorgung von unaufschiebbaren Fällen gewährleistet bleiben.[1671] Dies wiederum kann auf angeschlossene Unternehmen ausstrahlen: Zu denken ist z.B. an die Wasserversorgung des städtischen Krankenhauses.[1672] Andere Bereiche sind, wie bereits eben gesehen, der Transport Kranker (Rettungsflieger),[1673] allgemein der Transport lebensnotwendiger Güter,[1674] die Organe der Gefahrvermeidung und Gefahrbeseitigung (Polizei, Feuerwehr),[1675] die Versorgung mit Wasser und Energie[1676] und die Müllbeseitigung, wenn durch zu langes Lagern giftige Substanzen entstehen.[1677]

1667 Anerkennend bzgl. der Betroffenheit grundrechtlicher Rechtsgüter im Rahmen eines Bahnstreiks: Höfling/ Engels, NJW 2007, 3102, 3103.

1668 Im Sinne einer höheren Belastung der Umwelt, wenn alle Pendler auf ihre PKW's umsteigen müssen; ähnlich (insb. bzgl. Art. 20 a GG und auch Art. 2 I, 12, 14 GG): Rudkowski, Der Streik in der Daseinsvorsorge, S. 218 f., 231.

1669 Orientierung im Sinn einer gleichmäßigen Herabsetzung; ähnlich auch : Rudkowski Der Streik in der Daseinsvorsorge, S. 232 ff; allgemein: Hensche/ Wolter, in: GS Zachert, 544, 558.

1670 Ähnlich: Bayreuther, NZA 2008, 12, 14; Rudkowski Der Streik in der Daseinsvorsorge, S. 232 ff.

1671 Siehe: Däubler, in: Däubler, AK, § 14, Rn. 18; Gamillscheg, KollArbR I, S. 1178 f.; Hensche, in: Däubler, § 18, Rn. 31; ders./ Wolter, in: GS Zachert, 544, 558; Höfling, in: Sachs, Art. 9, Rn. 133; Kissel, AK, § 43, Rn. 133; Oetker, Erhaltungsarbeiten, S. 43 f.; Seiter, Streikrecht, S. 549 f.; Scherer, Daseinsvorsorge, S. 120 f.; Greiner, Arbeitskampfpluralität, S. 140; Rudkowski, Der Streik in der Daseinsvorsorge, S. 16, 174 ff.; allgemein: Lieb R., Der Arbeitskampf im öffentlichen Dienst, S. 102.

1672 So: Hensche, in: Däubler, § 18, Rn. 31.

1673 Ähnlich: Gamillscheg, KollArbR I, S. 1079.

1674 Kissel, AK, § 43, Rn. 138.

1675 Siehe: Höfling, in: Sachs, Art. 9, Rn. 133; Oetker, Erhaltungsarbeiten, S. 54; Scherer, Daseinsvorsorge, S. 121 f.; i.Erg. auch: Gamillscheg, KollArbR I, S. 1078.

1676 So: Scherer, Daseinsvorsorge, S. 119 f.; i.Erg. auch: Gamillscheg, KollArbR I, S. 1078.

1677 So: Kissel, AK, § 43, Rn. 135; Scherer (Daseinsvorsorge, S. 124) beruft sich insofern auf das Rattenproblem; so auch: Gamillscheg, KollArbR I, S. 1079.

Letztlich sind das *besondere Arbeitskampfverbot* für Beamte gem. *Art. 33 V GG* sowie die Schranke des *Art. 101 GG* (kein Arbeitskampf zur Entscheidung eines Rechtsstreits) und des *Art. 140 GG i.V.m. Art. 137 I WRV* (kirchliche Autonomie) zu beachten.[1678]

Die Koalitionsfreiheit und mit ihr die Tarifautonomie und eben auch das Recht Arbeitskämpfe durchzuführen sind verfassungsrechtlich gewährleistet. Diese Entscheidung des Gesetzgebers mit der damit zwingend zusammenhängenden Konsequenz von Beschränkungen grundrechtlicher Freiheiten Dritter ist zu akzeptieren. Die Arbeitskampffreiheit steht allerdings nicht über der Verfassung. Vielmehr ist, unter gebührender Rücksichtnahme dieser gesetzgeberischen Entscheidung,[1679] ein Ausgleich mit den hier dargestellten und sonstigen, im Einzelfall relevanten Grundrechten im Sinne der Herstellung einer praktischen Konkordanz vorzunehmen. Diese wichtige, elementare Pflicht wurde bisher durch die Gerichte in zu geringem Maße berücksichtigt. Selbst wenn eine Abwägung aller im Einzelfall relevanten Belange zu einem Verlust an Vorhersehbarkeit führen kann, liegt hierin doch der Schlüssel zu ausgewogenen, sachgerechten, auf den Einzelfall zugeschnittenen und sich stets dem Wandel der Zeit[1680] anpassenden Ergebnissen.

F. Zusammenfassung zur Beurteilung der Durchführung des Kampfmittels

Wie gesehen, ergeben sich auch in Bezug auf die konkrete Durchführung des Streiks zu berücksichtigende, effektive Schranken. In zeitlicher Hinsicht bedarf es der Berücksichtigung der jedem Tarifvertrag innewohnenden (relativen) *Friedenspflicht*. Während der Laufzeit von Tarifverträgen sind Arbeitskämpfe, gerichtet auf im aktuellen Tarifvertrag geregelte oder mit solchen in sachlichem Zusammenhang stehende Materien, zu unterlassen. Die Friedenspflicht erstreckt sich jedoch nur auf die Parteien des jeweiligen Tarifvertrages.

Die Kampfparteien dürfen zudem nicht gegen das Verbot des *venire-contra-factum-proprium* verstoßen (§ 242 BGB). Ein widersprüchliches Verhalten kann in mehreren Fällen bejaht werden: Bevor Mittel des Arbeitskampfes ergriffen werden dürfen, müssen die sozialen Gegner miteinander *verhandelt* haben, sofern nicht eine der beiden Parteien dies von vornherein offiziell ablehnt. Im Falle des *Scheiterns* der Verhandlungen ist selbiges ausdrücklich zu erklären. Entgegen der Ansicht des BAG reicht hierfür nicht schon das schlichte Beginnen mit Kampfhandlungen aus. Ansonsten hätte diejenige Partei, welche zuerst die Verhandlungen als gescheitert ansieht und zu Kampfmaßnahmen greift, stets den Vorteil des Überraschungsmomentes für sich. Schließlich muss der durch die hierfür zuständigen Gremien gefasste *Streikbeschluss* dem Kampfgegner *bekanntgegeben* werden. Inhaltlich bedarf es der Darstellung wer die Erklärung abgibt, um welchen Arbeitskampf es geht, wer davon betroffen ist und

1678 Siehe: Höfling, in: Sachs, Art. 9, Rn. 134 ff.; Lieb R., Der Arbeitskampf im öffentlichen Dienst, S. 105 ff.; bzgl. kirchlicher Autonomie: Greiner, Arbeitskampfpluralität, S. 140; das BAG hält die kirchliche Autonomie im Rahmen einer Güterabwägung jedenfalls dann für nach wie vor vorrangig, wenn der sog. Zweite oder Dritte Weg offen stehen: BAG v. 20.11.2012 – 1 AZR 179/11, DB 2012, M 19; BAG v. 20.11.2012 - 1 AZR 611/11, DB 2012, M 19 f. (jew. nachrichtliche Kurzfassung).

1679 Auch: BAG v. 22.09.2009 – 1 AZR 972/08, BAGE 132, 140, 153.

1680 Auch: Seiter, Streikrecht, S. 551.

wann die Kampfmaßnahmen beginnen bzw. enden. Nur so kann sich die andere Seite adäquat auf den Angriff einstellen und entsprechend reagieren. Öffentliche Verlautbarungen können prinzipiell genügen; erforderlich ist aber die tatsächliche Kenntnisnahme durch den Kontrahenten. Hierfür hat der Bekanntgebende Rechnung zu tragen. Letztlich kann auch die Einhaltung der Pflicht zu *Notstands- und v.a. Erhaltungsarbeiten* unter der Überschrift des Rechtsmissbrauchs geprüft werden. Es wäre insbesondere widersprüchlich zunächst einen Tarifvertrag zu erstreiken, der jedoch anschließend nicht zur Anwendung kommen könnte, da die Betriebsmittel nicht mehr existent sind. Die Pflicht zu Notstandsarbeiten folgt im Wesentlichen aus den kollidierenden Grundrechten Dritter.

Da der Streik generell der Funktionsfähigkeit der Tarifautonomie und damit insb. der *Herstellung einer Parität* dient, muss er sich an diesem Ziel messen lassen. Durch die Herstellung von Parität, also eines Gleichgewichts zwischen den sozialen Gegnern, kann nämlich die Wurzel für viele aktuelle Probleme des Streikrechts beseitigt werden: Stehen sich die Kampfparteien auf gleicher Augenhöhe gegenüber, wird es sich wohl auch eine Funktionselitegewerkschaft nicht erlauben können, Forderungen in Höhe von bis zu 70 Prozent zu stellen. Ein solches Kräftegleichgewicht ist vorrangig durch die Gewährung und Vorenthaltung von Arbeitskampfmitteln zu bewerkstelligen. Allen Arten von Gewerkschaften muss ein Streikrecht zuerkannt werden, da es ansonsten bei der strukturellen Unterlegenheit des einzelnen Arbeitnehmers bleibt und sich der Arbeitgeber nicht zu Verhandlungen bereit erklären wird. V.a. im Fall von Funktionselitegewerkschaften schlägt hierdurch aber das Pendel in die andere Richtung aus: Durch ihre streiktaktisch günstige Stellung ist ihnen der Arbeitgeber im Extremfall quasi schutzlos ausgeliefert. Abwehrmittel wie die Aussperrung, die Betriebsstilllegung oder die Möglichkeit einer Verlagerung ins Ausland sind unbrauchbar. Die Arbeitgeber müssen in Zeiten zunehmender just-in-time-Produktion ihren Vertragspflichten nachkommen und deshalb alles versuchen, um den Betrieb am Laufen zu halten. Bei einer zusätzlichen Produktionsverringerung würden sie sich „ins eigene Fleisch schneiden“.[1681] Daher bleibt nichts anderes übrig, als das Angriffsmittel seinerseits zu beschränken; es bedarf einer *„Streikarithmetik“*. Hierbei nützt eine Restriktion der Anzahl der streikenden Arbeitnehmer (vergleichbar der Aussperrungsarithmetik) nichts. Im Extremfall kann es bei einer besonders streiktaktisch günstigen Stellung zur Lahmlegung des ganzen Betriebes ausreichen, wenn ein einziger Arbeitnehmer seine Arbeit niederlegt. Dem Arbeitgeber kann vielmehr effektiv dadurch geholfen werden, indem man eine Restriktion auf derjenigen Ebene vornimmt, die ihm wirklich Probleme bereitet: Limitiert werden müssen die Auswirkungen des Streiks; der Betrieb muss also in gewissem Umfang am Laufen gehalten werden. Maßgeblicher Referenzwert kann hierfür mangels praktischer Umsetzbarkeit nicht der (betriebliche) Organisationsgrad und mangels Sachrichtigkeit nicht der Streikaufruf, sondern nur die tatsächliche Teilnehmerzahl des Streiks sein. Sie spiegelt zu einem gewissen Grad den (finanziellen) Verantwortungsbereich der streikenden Gewerkschaft wieder und kann, bedingt durch die erforderliche Erklärung

1681 Auch: Jacobs, NZA 2008, 325, 331; ders., in: FS Buchner, 342, 347; Loritz, in: FS Buchner, 582, 591 f.; ähnlich: Bayreuther, NZA 2008, 12, 16; Buchner, BB 2007, 2520, 2521 (bzgl. Aussperrung); Kamanabrou, ZfA 2008, 241, 264; Lehmann, in: FS Buchner, 529, 540; Rüthers, ZfA 1987, 1, 46 f.; anerkennend zunächst auch: Greiner, Arbeitskampfpluralität, S. 450.

jedes einzelnen Arbeitnehmers, nachvollziehbar festgestellt werden. Die Gewerkschaft hat dafür Sorge zu tragen, dass die Grenzen eingehalten werden; notfalls muss sie Streikteilnehmer wieder an die Arbeit schicken. Für die Relation des Grades der Betriebslahmlegung und der Streikteilnehmer wird das „Zehner plus Zehn"-Modell vorgeschlagen. Hierbei ist der Anteil der Streikenden im Hinblick auf die Gesamtbelegschaft zu bestimmen. Der hieraus resultierende Prozentsatz ist auf die nächsthöhere Zehnerzahl aufzurunden und es sind weitere zehn Prozentpunkte zu addieren. Auch bei derartigen Regeln handelt es sich aber nur um Indizien, um grobe Raster im Rahmen der Gesamtabwägung, von denen in Ausnahmesituationen abgewichen werden kann und die einer besonnenen Gesamtbetrachtung unterliegen.

Demgegenüber kann eine effektive Beschränkung nicht über eine Bindung der Kampfparteien an „das Gemeinwohl" als solchem erfolgen. Zwar sollen sie vergleichbaren Schranken unterworfen werden wie der Gesetzgeber. Eine vollständige Angleichung wäre aber zu weitgehend und ließe die duale Begründung der Normsetzungsbefugnis außer Acht. Zudem fehlt es sowohl an einer konkreten Rechtsgrundlage für eine derartig weitreichende Bindung als auch an der Justiziabilität des „Gemeinwohls". Es handelt sich nicht „nur" um einen unbestimmten, sondern, ohne vorherige Konkretisierung durch den Gesetzgeber, vielmehr um einen unbestimmbaren Terminus.

Schließlich sind die Grundrechte des Arbeitgebers und unbeteiligter Dritter auch bei der Durchführung des Streiks zu berücksichtigen. Sie bilden quasi den Hintergrund aller übrigen Schranken. Hieraus folgt u.a. richtigerweise das Erfordernis der Herstellung einer Relation von offensichtlich verursachtem Schaden und erstrebtem Vorteil. Zwar muss durchaus zugestanden werden, dass eine Schadensverursachung zum Wesen des Streiks gehört und insofern von der Verfassung akzeptiert wird. Das Streikrecht ist jedoch nicht grenzenlos gewährleistet. Daher müssen Extremfälle auch in dieser Hinsicht ausgeschlossen werden. Ab einem gewissen Missverhältnis überwiegt daher das Recht des Arbeitgebers an der Betriebsfortführung, Art. 12 GG (i.V.m. Art 14 I GG). Dies ist in jedem Fall bei einem Multiplikator von 100 der Fall; bereits bei einem Schaden, der dem zehnfachen des angestrebten (auf ein Jahr hochgerechneten) Vorteils entspricht, wird man aber an der Angemessenheit des Streiks zweifeln können. Bei der Konkretisierung dieses Faktors muss im Vordergrund stehen, dass sich ein Aussitzen des Streiks für den Arbeitgeber nicht rentieren darf und es andererseits der Gewerkschaft verwehrt bleiben muss, exorbitant hohe Schäden zu verursachen, die in keinerlei Verhältnis zu ihren Zielen stehen.

Auf dieser Grundlage ergeben sich daher effektive Schranken im Hinblick auch auf die Art und Weise der Durchführung des konkreten Streiks.

4. Teil: Veranschaulichung der Ergebnisse und zusammenfassende Betrachtung

§ 12 Anwendung der skizzierten „neuen" Parameter auf ein Fallbeispiel

Zur Veranschaulichung der vorliegend gefundenen Ergebnisse und skizzierten möglichen Grenzen eines Streiks durch Spartengewerkschaften sollen diese Erkenntnisse zunächst anhand eines Fallbeispiels dargestellt werden. Hierbei ist die Wahl der im Folgenden zu behandelnden Sparte auf diejenige der Vorfeldaufsicht, genauer gesagt die Fahrer der sog. Follow-me-Fahrzeuge auf einem Flughafen gefallen (im Folgenden: Follow-me-Fahrer).

Vorweg ist Folgendes klarstellend festzuhalten: Das im Fall bemühte Berufsbild des Fahrers eines Follow-me-Fahrzeuges soll keinesfalls an den Pranger gestellt werden. Selbstverständlich haben auch diese Arbeitnehmer eine wichtige Funktion in unserer Gesellschaft inne; ansonsten würden sie gar nicht als Beispiel infrage kommen. Es handelt sich jedoch um eine Sparte, die im Rahmen des Tarifkonflikts am Flughafen Frankfurt am Main im Februar 2012 von sich Reden gemacht hat und die ein anschauliches Beispiel für ein Auseinandergehen des Lohn- und Leistungsniveaus darstellt.

Des Weiteren handelt es sich bei den im Fall näher dargestellten Berufsbildern und anderen Details wie Gehälter und Arbeitsbedingungen um zwar an die Realität angelehnte, aber dennoch fiktive Angaben. Schließlich muss auf die begrenzte Aussagekraft eines solchen Beispielsfalles hingewiesen werden: Wie in dieser Arbeit festgestellt wurde, ist das entscheidende Prüfungskriterium dasjenige der Verhältnismäßigkeit. Innerhalb dieser sind alle für den Einzelfall relevanten Belange zu berücksichtigen und miteinander abzuwägen. Ein fiktiver, konstruierter und stark vereinfachter Fall wie der nachstehend geschilderte lässt demgegenüber eine solche Vielfalt an unterschiedlichsten Facetten vermissen. Und das mit gutem Grund: Es geht hierbei nämlich nicht darum einen konkreten Fall samt all seiner komplexen Besonderheiten zu beurteilen, sondern vielmehr um eine überblicksartige Veranschaulichung, in welcher ganz grundsätzlichen Weise die gewonnenen Ergebnisse angewendet werden müssten.

Zum Sachverhalt:

Die Flughafen-S.-GmbH (FS-GmbH) betreibt in der Stadt S. in Brandenburg den Flughafen S mit einem Umsatz von ca. 500 Mio. Euro, ca. 3000 Arbeitnehmern und ca. 200.000 Starts und Landungen jährlich. Sie ist bislang nicht tariflich gebunden; sie ist kein Mitglied eines Arbeitgeberverbandes. In Ihren Arbeitsverträgen wird größtenteils auf den Tarifvertrag für den öffentlichen Dienst (TVöD) verwiesen. Am 15.01.2012 tritt die Gewerkschaft für Vorfeldsicherheit (GVS) an sie heran. Die GVS beabsichtigt den Abschluss eines Tarifvertrages für die Follow-me-Fahrer. Hierzu soll ein Haustarifvertrag mit der FS-GmbH abgeschlossen werden; diese beschäftigt 21 Follow-me-Fahrer. Die GVS fordert ein Einstiegsgehalt von jährlich 49.500 Euro sowie eine Arbeitszeitverkürzung um 10 % (34,8 Stunden die Woche). Bisher erhielten diese Arbeitnehmer gem. TVöD ein Entgelt von brutto 35.100 Euro bei 38 Stunden die Woche.[1682]

Das Berufsbild des Follow-me-Fahrers stellt sich wie folgt dar: Voraussetzung für eine Tätigkeit als Follow-me-Fahrer sind eine abgeschlossene Schulausbildung, die Fähigkeit sehr gut in deutscher Sprache zu kommunizieren (Wort und Schrift), befriedigende Englischkenntnisse, eine mehrjährige Vorfelderfahrung, ein fundiertes luftfahrtspezifisches Wissen, ein Rollfeldführerschein sowie eine sechsmonatige Ausbildung. Aufgabe des Follow-me-Fahrers ist es in erster Linie, die ankommenden Flugzeuge vom Rollfeld zu ihren Parkpositionen und umgekehrt zu geleiten, sowie die Beaufsichtigung des Einrollens der Flugzeuge in (Warte-) Schlangen des Flugzeugverkehrs. Bei diesen Aufgaben fährt der Follow-me-Fahrer in seinem Pkw vor dem Flugzeug her und weist ihm so den Weg. Darüber hinaus kontrolliert der Follow-me-Fahrer die Positionen und Rollwege auf ihren ordnungsgemäßen Zustand hin, sperrt und koordiniert Baustellen und nimmt (Verkehrs-)Unfälle auf.

Bzgl. vergleichbarer Einstiegsgehälter kann Folgendes festgehalten werden: Rein arbeitsvertraglich vereinbarte Gehälter von 23 Follow-me-Fahrern in Ostdeutschland liegen bei durchschnittlich 28.000 Euro und die von 29 Fahrern in Westdeutschland bei 31.200 Euro. Bundesweit arbeiten 80 weitere (d.h. zusätzlich zu denjenigen am Flughafen S.) Follow-me-Fahrer zu den Bedingungen des TVöD; davon 30 in Ostdeutschland. Es gibt bereits durch die GVS abgeschlossene Haustarifverträge in Westdeutschland mit den Betreibergesellschaften der Flughäfen in den Städten M. (Umsatz: ca. 1,1 Mrd. Euro; 400.000 Starts und Landungen jährlich; 36 Follow-me-Fahrer bei einem Entgelt von 41.500 Euro) und F. (Umsatz: ca. 2,3 Mrd. Euro; 500.000 Starts und Landungen jährlich; 91 Follow-me-Fahrer bei einem Entgelt von 42.000 Euro), jeweils zu 38 Wochenstunden. Die Gesamtzahl der Follow-me-Fahrer im Bundesgebiet beläuft sich damit auf 280 Arbeitnehmer.

Zu verwandten Tätigkeitsformen ist Folgendes festzustellen: Laut Bericht des statistischen Landesamtes Brandenburg liegt der durchschnittliche Jahres-Bruttoverdienst vollzeitbeschäftigter Arbeitnehmer im Bereich Verkehr und Lagerei insgesamt bei 30.900 Euro. Der

1682 Gehaltsangaben im Folgenden beziehen sich, sofern keine näheren Angaben gemacht werden, auf eine 38-Stunden-Woche und stellen das Brutto-Entgelt eines Berufsanfängers dar.

Unterschied zwischen Ost- und Westdeutschland kann dabei mit zehn Prozent veranschlagt werden. Das durchschnittliche arbeitsvertragliche Entgelt eines Weichenwärters in Ostdeutschland beträgt jährlich 22.900 Euro. Dieser ist für das Bedienen von Weichen und Signalen im Bahnbetrieb zuständig; bzgl. der Hauptsignale jedoch nur in besonderen Fällen. Damit bestimmt er faktisch den Weg der Züge. Rangierfahrten darf er selbständig veranlassen; allerdings nur auf Nebengleisen. Die Tätigkeit setzt einen Schulabschluss und eine zweimonatige Ausbildung voraus. Ein Seelotse verdient durchschnittlich 50.000 Euro. Seine Aufgabe besteht darin, den Kapitän insb. bei der Ein- und Ausfahrt in Häfen beratend zu unterstützen. Er empfiehlt den günstigsten Kurs und sorgt dafür, dass Hindernisse umfahren und der Verkehr geordnet wird. Allerdings sind die Anforderungen hoch: Es ist zunächst die Ausbildung zum Kapitän zu durchlaufen, und erst nach zweijähriger Berufserfahrung mit Kapitänspatent ist es einem möglich, sich als Lotse zu bewerben. Darüber hinaus wird eine gute Fähigkeit hinsichtlich der deutschen und englischen Sprache sowie ein besonderes Wissen hinsichtlich der örtlichen Gegebenheiten verlangt. Die Seelotsen arbeiten freiberuflich. Daneben bedarf es im Hafengebiet der Schlepper-Führer: Hierbei handelt es sich um Kapitäne, welche insb. große Schiffe durch ihre kleinen Schlepp-Schiffe in den Hafen ziehen und diese damit aktiv bewegen. Sie benötigen ebenfalls die Ausbildung zum Kapitän, Berufserfahrung und ausreichende Kenntnisse der deutschen und englischen betrifft und verdienen arbeitsvertraglich im Durchschnitt 32.000 Euro.

Nach ersten Verhandlungen zwischen der FS-GmbH und der GVS Ende Januar und Anfang Februar 2012 sind keine konkreten Ergebnisse ersichtlich. Die FS-GmbH gibt an, als vergleichsweise kleiner Flughafen zu keinen wesentlichen finanziellen Zugeständnissen in der Lage zu sein. Daraufhin erklärt die GVS ihr gegenüber die Verhandlungen für gescheitert. Nach ordnungsgemäßem Streikbeschluss durch die zuständigen Gremien ruft sie am 15.02.12 ihre Mitglieder am Flughafen S. dazu auf, ab 16.02.12 ihre Arbeit für zwei Tage niederzulegen. Dies teilt sie der FS-GmbH per eigenhändig vor Zeugen übergebenem Schriftsatz mit, der die erforderlichen Angaben enthält. Am 16.02.12 erscheinen alle Follow-me-Fahrer am Flughafen S. Da sie jedoch ausnahmslos Mitglieder der GVS sind, nimmt keiner von ihnen seine Arbeit auf. Die FS-GmbH kann verhindern, dass alle Flüge gestrichen werden müssen: Zum einen setzt sie ehemalige Follow-me-Fahrer, die sich mittlerweile in gehobeneren Positionen befinden, wie beispielsweise in der Vorfeldkontrolle, wieder in ihren alten Positionen ein. Zum anderen können einige Flugzeuge, bedingt durch das notgedrungen geringere Aufkommen, durch eine Navigation allein vom Tower aus geleitet werden. Dennoch muss die Anzahl der Starts und Landungen aus sicherheitstechnischen Gründen drastisch gekürzt werden: Lediglich 40 Prozent der sonst üblichen Flugbewegungen können an den beiden Streiktagen jeweils durchgeführt werden. Der FS-GmbH entsteht alleine aufgrund von Einnahmeausfällen ein Schaden in Höhe von drei Mio. Euro. Auch Dritten entstehen Schäden: Die Gesamtschadenssumme der anwesenden Fluguntemehmen beläuft sich alleine durch Einnahmeausfälle auf zehn Mio. Euro.

Rechtliche Bewertung:

Bei einer rechtlichen Bewertung dieses fiktiven Falles ist zu dem Ergebnis zu gelangen, dass der durchgeführte Arbeitskampf aus mehreren Gründen rechtswidrig ist.

Die streikweise Arbeitsniederlegung stellt grundsätzlich einen Verstoß gegen die Pflichten aus dem Arbeitsvertrag dar. Dieser kann dadurch gerechtfertigt sein, dass ein rechtmäßiger Streik durchgeführt wird. Ein Streik ist rechtmäßig, wenn er in den persönlichen und sachlichen Schutzbereich des Art. 9 III GG fällt und sich als verhältnismäßig darstellt. Vorliegend ist zwar der Schutzbereich eröffnet; es fehlt jedoch an der Verhältnismäßigkeit der Arbeitskampfmaßnahme.

A. Der Streik am 16.02.12 und 17.02.12 fällt sowohl in den persönlichen als auch in den sachlichen Schutzbereich des Art. 9 III GG. Dieser schützt „das Recht zur Wahrung und Förderung der Arbeits- und Wirtschaftsbedingungen Vereinigungen zu bilden".

I. Der persönliche Schutzbereich ist eröffnet. Bei der GVS handelt es sich unstrittig um eine Koalition i.S.v. Art 9 III GG: Sie stellt einen freiwilligen, privatrechtlichen Zusammenschluss mit einer gewissen Stabilität und körperschaftlichen Organisation dar, die (gegner-) unabhängig und gegnerfrei ist und den speziellen Koalitionszweck verfolgt. Darüber hinaus sind die einfachgesetzlichen Anforderungen an die Tariffähigkeit erfüllt: Die GVS verfügt über eine demokratische Organisation, sie ist tarifwillig, erkennt das staatliche Tarif- und Arbeitskampfrecht an, ist erkennbar zum Arbeitskampf bereit und verfügt über eine soziale Mächtigkeit. Der Streit bzgl. des Erfordernisses einer Überbetrieblichkeit kann dahingestellt bleiben, da die GVS auch in anderen Unternehmen vertreten und aktiv ist (jedenfalls Flughäfen M. und F.).

II. Ferner ist der sachliche Schutzbereich eröffnet. Art. 9 III GG schützt die Gründung von Koalitionen. Weiter ist daraus auf die Rechte des Bestands und der Betätigung zu schließen. Zu den bedeutungsvollsten Bereichen der Betätigung zählt die Tarifautonomie; sie wird unmittelbar geschützt, da sie unmittelbar die Arbeits- und Wirtschaftsbedingungen fördert und wahrt und damit koalitionsspezifisch ist. Mittelbar ist darüber hinaus der Streik geschützt: Er ist historisch anerkannt, auf den Abschluss eines Tarifvertrages gerichtet und allgemein notwendig um zu einer annähernden Parität zu führen, welche für den Abschluss von Tarifverträgen erforderlich ist. Denn ohne die Möglichkeit der Streikdurchführung wäre ein Arbeitgeber kaum zu Verhandlungen mit einer Gewerkschaft zu bewegen; dies gilt selbst im Fall von Sparten- und Funktionselitestreiks.

B. Der Streik vom 16. und 17.02.12 war aber nicht verhältnismäßig. Er war zwar geeignet und erforderlich, um die Funktionsfähigkeit der Tarifautonomie zu gewährleisten. Er war jedoch nicht angemessen. Zur Beurteilung der Angemessenheit bedarf es der Abwägung aller im konkreten Fall relevanten Belange. Die fehlende Angemessenheit folgt sowohl aus dem Inhalt des angestrebten Tarifvertrages als auch aus der Art und Weise seiner Durchführung. Insofern muss das verfassungsrechtlich gewährleistete Recht auf koalitionsspezifische Betätigung in

Form der Annexkompetenz zur Durchführung eines Arbeitskampfes zurücktreten und der Unternehmerfreiheit weichen (Art. 12 I, 14 II GG).

I. Die von der GVS aufgestellten inhaltlichen Forderungen sind rechtswidrig. Zwar ist bei Tarifverträgen grundsätzlich von einer Richtigkeitsgewähr auszugehen. Tarifverträge sind dennoch daraufhin zu untersuchen, ob sie gegen die Verfassung, anderes höherrangiges zwingendes Recht oder die guten Sitten verstoßen. Hierbei ist zwischen einer verbotenen Tarifzensur und einer gebotenen Rechtmäßigkeitskontrolle zu unterscheiden. Daher ist eine allgemeine Zweckmäßigkeits- oder Billigkeitskontrolle, insb. bzgl. der Frage, ob der „richtige", also der einer Tätigkeit angemessene Lohn in der Forderung verlangt wird, als Tarifzensur unzulässig. Solange eine Kontrolle jedoch anhand von kollidierendem Verfassungsrecht oder dieses konkretisierenden einfachgesetzlichen Normen geschieht, stellt sie keinen unverhältnismäßigen Eingriff in die Tarifautonomie dar. Hierdurch werden lediglich die äußersten Grenzen abgesteckt. Bei der Bewertung ist abzustellen auf die Forderung, wie sie sich aus dem offiziellen Streikbeschluss der dafür satzungsgemäß zuständigen Gremien ergibt.

1. Zwar war die GVS tarifzuständig und es wurde ein Tarifvertrag angestrebt, dessen Inhalt prinzipiell regelbar ist; bei Fragen der Entgelthöhe und der Arbeitszeit handelt es sich um die Regelung des Inhalts des Arbeitsverhältnisses, § 1 I TVG.

2. Der angestrebte Inhalt stellt indessen einen Verstoß gegen § 138 BGB dar. Dieser ist auf Tarifverträge anwendbar. Gegen die guten Sitten verstößt eine Regelung, wenn sie gegen die herrschende Rechts- und Sozialmoral verstößt, bzw. dem Anstandsgefühl aller billig und gerecht Denkenden widerspricht. Hierbei ist eine Gesamtbetrachtung anzustellen. Sowohl bzgl. Abs. 1 als auch bzgl. Abs. 2 des § 138 BGB wird ein auffälliges Missverhältnis zwischen Leistung und Gegenleistung verlangt. Darüber hinaus muss entweder einer der besonderen Tatbestände des Abs. 2 oder, im Rahmen des wucherähnlichen Rechtsgeschäfts des Abs. 1, weitere sittenwidrige Umstände wie z.B. eine verwerfliche Gesinnung gegeben sein. Vorliegend sind sowohl die geforderte Lohnhöhe als auch die Lohnsteigerung gegenüber dem Vorjahr sittenwidrig.

a. Zunächst steht die geforderte Lohnhöhe in einem auffälligen Missverhältnis zum Wert der geleisteten Arbeit. Ein auffälliges Missverhältnis ist anzunehmen, wenn der geforderte Lohn um mehr als ein Drittel vom Wert der Leistung (nach oben oder nach unten) abweicht. Die GVS fordert ein Gehalt von 49.500 Euro bei einer 34,8-Stunden-Woche. Der objektive Wert der Arbeit eines Follow-me-Fahrers liegt, heruntergerechnet auf eine 34,8-Stunden-Woche, bei 29.589 Euro. Damit ist ein Abweichen von mehr als einem Drittel gegeben.

aa. Der Wert der Forderung ergibt sich aus ihrem Nennwert, also 49.500 Euro.

bb. Zur Festlegung des objektiven Werts der Arbeitsleistung ist auf den am *Gesamtmarkt* erzielbaren Lohn abzustellen.

Zunächst ist der *Durchschnittswert* für die jeweilige Tätigkeit zu bestimmen:

Auszugehen ist hierbei vom *arbeitsvertraglichen Lohn*. Dieser liegt in Ostdeutschland bei durchschnittlich ca. 28.100 Euro (23 Follow-me-Fahrer) und in Westdeutschland bei 31.200 Euro (29 Fahrer). Grundsätzlich ist auf den örtlich spezielleren Wert abzustellen. Da die Gruppe von Follow-me-Fahrern, die ihren Lohn noch ausschließlich nach dem Arbeitsvertrag bestimmen, jedoch in Ostdeutschland nicht einmal zehn Prozent der Follow-me-Fahrer im Bundesgebiet (280) erreicht und damit nicht als repräsentative Gruppe angesehen werden kann, müssen gleichfalls die Löhne der Kollegen aus Westdeutschland herangezogen werden. Aufgrund des nach wie vor bestehenden Gehalts-Unterschiedes zwischen West und Ost sind diese allerdings pauschal um zehn Prozent zu reduzieren (28.080 Euro). Daraus ergibt sich ein arbeitsvertraglicher Durchschnittswert von 28.088 Euro.

Als Korrektiv ist der durchschnittliche *Tariflohn* heranzuziehen; der sachnäheste ist hierbei v.a. in örtlicher Hinsicht der TVöD: Bzgl. der aktuell 51 tarifgebundenen Follow-me-Fahrer in Ostdeutschland liegt er bei ca. 35.100 Euro. Dieser Wert ist jedoch zu korrigieren: In Westdeutschland liegt er bzgl. 127 Fahrern für die identische Tätigkeit immerhin bei ca. 41.858 Euro (Tarifverträge der GVS) und bzgl. 50 Fahrern bei 35.100 Euro (TVöD). Damit ergibt sich eine erhebliche, sich nicht aus der geografischen Unterscheidung rechtfertigende Differenz. Die geografische Besonderheit ist erneut durch einen zehn-prozentigen Abzug im Hinblick auf die Tarifverträge der GVS zu berücksichtigen (37.672 Euro). Daraus ergibt sich ein tariflicher Wert von 36.532 Euro.

Die Höhe des *Durchschnittswerts* errechnet sich schließlich vorliegend durch eine 1:1-Relation von arbeitsvertraglichem und tarifvertraglichem Durchschnittslohn. Nur so kann man der Eigenschaft der arbeitsvertraglichen Entgelthöhe als objektivem Wert, entstanden durch Angebot und Nachfrage, und damit als Ausgangspunkt bei der Wertbestimmung gerecht werden. Der Durchschnittswert der Arbeit eines Follow-me-Fahrers in Ostdeutschland liegt daher bei 32.310 Euro und in Bezug auf eine 34,8-Stunden-Woche bei 29.589 Euro.

In einem letzten Schritt ist dieses sehr objektiv bestimmte Ergebnis einer Kontrolle in Bezug auf offensichtliche Missbrauchsfälle hin zu unterziehen; der festgestellte Durchschnittslohn ist auf die konkrete Tätigkeit hin zu individualisieren. Anhaltspunkte können sich aus dem Arbeits- und aus dem Tarifvertrag ergeben. Eine tiefergehende Betrachtung von Aspekten der Ausbildung und des Schwierigkeitsgrades der Tätigkeit muss vorliegend unterbleiben, da sich sowohl arbeitsvertraglicher, als auch tarifvertraglicher Durchschnittslohn ermitteln ließen. Zudem ergeben sich aus einer oberflächlichen Betrachtung keine Anhaltspunkte dafür, dass diese Werte offensichtlich unangemessen sind. Der ermittelte Durchschnittswert liegt lediglich 4,6 Prozent über dem durch das statistische Landesamt Brandenburg mitgeteilten Durchschnittsverdienst für die Bereiche Verkehr und Lagerei. Die geografische Lage wurde bereits ausreichend berücksichtigt. Bei dem Flughafen S. mag es sich zwar um einen kleineren Flughafen als den in F. oder M. handeln. Allerdings handelt es sich nicht um einen wirklichen Klein-Flughafen; er zählt in Deutschland zu den größeren Airports. Hinsichtlich der konkreten Art der Tätigkeit ergibt sich ebenfalls kein Korrekturbedarf: Die wesentlichen Parameter wurden aus den speziellen, fachlich einschlägigen Werken (Arbeitsverträgen und Tarifverträgen) für Follow-me-Fahrer entnommen; insofern gibt es hinsichtlich der Tätigkeit auf dem Flughafen S. keine erheblichen Abweichungen in der Berufsausübung. Zwar stellt die Tätigkeit des Follow-me-Fahrers an sich weder eine über die Maßen geistige oder körperlich schwierige Arbeit dar und auch die Ausbildung erscheint eher unkompliziert, da sie v.a. in kurzer Zeit absolviert werden kann. Andererseits muss die Verantwortung beachtet werden, die die Fahrer zu schultern haben. Ein Vergleich mit verwandten Berufsgruppen scheitert zudem bereits vielfach an der Vergleichbarkeit: Zwar weisen auch Seelotsen den großen Schiffen ihren Weg und haben enorme Verantwortung. Diese ist bei ihnen jedoch größer als im Falle von Follow-me-Fahrern, bei welchen die tragenden Entscheidungen im Tower gefällt werden. Zudem ist die Tatsache der Freiberuflichkeit der Seelotsen zu beachten. Ferner werden an diese u.a. im Hinblick auf Erfordernisse großer Erfahrung und eines Kapitänspatents wesentlich höhere Anforderungen gestellt. Selbiges gilt, jedenfalls in Bezug auf das Erfordernis eines Kapitänspatentes, für die Tätigkeit als Schlepper-Führer (29.000 Euro). Allerdings handelt es sich hier bei der Tätigkeit der Follow-me-Fahrer um eine verantwortungsvollere Arbeit; die Schlepper-Führer befolgen größtenteils nur die Anweisungen des Lotsen. Vergleichbar ist ferner der Beruf des Weichenwärters (22.900 Euro): Er gibt durch die Betätigung der Weichen den Weg vor, führt hierbei aber ebenfalls nur Anweisungen von Dritten aus. Er befindet sich jedoch nicht in einer ähnlichen Gefahrensituation wie der Follow-me-Fahrer auf dem Rollfeld. Zudem ist dieser anderen Witterungsbedingungen ausgesetzt und hat, wenn auch in geringem Umfang, höheren Anforderungen zu genügen. In Anbetracht dessen erscheint die Grenze eines offensichtlichen Missbrauchsfalles noch nicht überschritten zu sein.

Es verbleibt daher bei dem am Gesamtmarkt erzielbaren objektiven Wert von 29.589 Euro.

b. Des Weiteren ist ein auffälliges Missverhältnis gegeben, was die Lohnsteigerung gegenüber dem Vorjahr anbelangt. Bisher gab es im Betrieb der FS-GmbH am Flughafen S. eine Bindung an einen Tarifvertrag. Da dieser von den Arbeitnehmern akzeptiert worden war, stellt er den objektiven Wert der erbrachten Arbeit dar. Zwar scheint dieser Schluss vorliegend nicht ganz so naheliegend zu sein, da bisher kein eigenständiger, von den Follow-me-Fahrern als Mitglieder getragener Tarifvertrag, sondern nur eine arbeitsvertragliche Bezugnahme existierte. Dieser Tatsache kann jedoch durch eine etwas großzügigere nachfolgende Betrachtung Rechnung getragen werden. Außerdem nahmen die Arbeitnehmer auf diese Weise immerhin an der allgemeinen Tarifentwicklung der letzten Jahre teil. Auf diese Weise soll zudem verhindert werden, dass durch vordergründig exorbitant hohe Forderungen auf Unternehmer-Entscheidungen Einfluss genommen wird. Da die Forderung der GVS eine Steigerung von 41 Prozent und unter Berücksichtigung der kürzeren Arbeitszeit sogar von knapp 54 Prozent bedeuten würde, ist dies in keinem Fall mehr mit dem Anstandsgefühl aller billig und gerecht Denkenden zu vereinbaren. Rechtfertigende Aspekte, wie ausgefallene Tarifrunden oder erhebliche Änderungen der zu erbringenden Leistung, sind nicht ersichtlich. Auch eine gesteigerte Bedeutung der Tätigkeit an sich ist, jedenfalls in dem Maße, nicht erkennbar.

c. In subjektiver Hinsicht ist davon auszugehen, dass die GVS sich der Umstände des Ausnutzens der schutzlosen Position des Arbeitgebers bewusst ist und sich diese vorsätzlich zunutze macht. Ohne ihr erpresserisches Potential könnte sie es sich nicht leisten, derartige Forderungen zu stellen.

II. Auch die Art und Weise der Durchführung der Streikmaßnahme ist rechtswidrig; sie verstößt gegen die Grundsätze der Streikarithmetik.

1. Ein Verstoß gegen die Friedenspflicht liegt nicht vor. Die Kampfparteien standen in keinen (tarif-) vertraglichen Beziehungen zueinander. Des Weiteren haben die Kampfparteien bereits vor Durchführung der Kampfmaßnahme über den angestrebten Tarifvertrag verhandelt. Anschließend wurden die Verhandlungen durch die GVS ausdrücklich für gescheitert erklärt. Letztlich hat sie der FS-GmbH den ordnungsgemäßen Streikbeschluss zukommen lassen.

2. Zulasten der GVS sind die Grundrechte von durch die Streikmaßnahme betroffenen unbeteiligten Dritten zu beachten: Den Fluggesellschaften, welche normalerweise in den Streiktagen den Flughafen S. angeflogen hätten, ist ein offensichtlicher Schaden von zehn Mio. Euro entstanden. Insofern ist deren Unternehmerfreiheit betroffen (Art. 12 I, 14 I GG). Allerdings gehört es zum Wesen des Streiks, Schäden hervorzurufen. Durch Anerkennung eines verfassungsrechtlichen Streikrechts hat der Verfassungsgeber dies ebenfalls anerkannt. Daher können wirtschaftliche Schäden alleine im Grunde nicht zur Rechtswidrigkeit führen. Eine Existenzgefährdung ist vorliegend nicht ersichtlich. Allerdings können die doch erheblichen Schäden, quasi als Randnotiz, im Rahmen der Abwägung insgesamt berücksichtigt werden und führen ggf. an anderer Stelle zu einer restriktiveren Schrankenziehung. Selbiges gilt für Grundrechtseingriffe in Folge der Mobilitätseinschränkung der Reisenden und der Verspätung von Warenlieferungen. Mit Durchführung von ca. 40 Prozent des üblichen täglichen Flugpensums war ein (noch) ausreichendes Mindestmaß des Beförderungsmittels Flugzeug gegeben.

3. Die FS-GmbH selbst kann sich vorliegend nicht auf ein Überwiegen ihres Grundrechts auf Unternehmerfreiheit und Eigentum berufen. Der entstandene Schaden steht (noch) nicht außer Verhältnis zum angestrebten Vorteil. Richtigerweise ist der Schaden in Relation zum Vorteil zu setzen. Das Streikrecht ist nicht grenzenlos gewährleistet. Der Schaden darf nicht jedes vernünftige Maß übersteigen. Hieran kann beim Zehnfachen des auf ein Jahr gesehenen Vorteiles aus der Tarifforderung gezweifelt werden; beim Hundertfachen ist davon auszugehen. Vorliegend geht es um eine Lohnerhöhung von 14.400 Euro sowie eine Arbeitszeitverkürzung im Wert von mindestens 3.000 Euro.[1683] Damit ergibt sich, bezogen auf die 21 Follow-me-Fahrer ein Gesamt-Jahresvorteil in Höhe von mindestens 365.400 Euro. Der Schaden der FS-GmbH liegt mit drei Mio. Euro unter dem Zehnfachen. Da der Abstand noch deutlich ist, kann auch nicht an ein anderes Abwägungsergebnis, insb. aufgrund einer Berücksichtigung der Schäden bei Dritten, gedacht werden. Vielmehr wird man bei derlei kleinen Gewerkschaften mit im Ergebnis in absoluten Zahlen gesprochen eher geringen Schadensvolumina wohl an einen höheren Multiplikator denken müssen. Allerdings hat die GVS damit ihr „Streikbudget“ für das Jahr 2012 dennoch bereits in erheblichem Maße aufgebraucht.

1683 3.000 Euro bereits im Hinblick auf das aktuelle Entgelt aus dem TVöD.

4. Die FS-GmbH kann sich aber zu Recht auf den in der Koalitionsfreiheit wurzelnden Gedanken der Funktionsfähigkeit der Tarifautonomie stützen. Im gegenständlichen Arbeitskampf war keine annähernde Parität zwischen den Kampfparteien vorhanden. Da ein mit Richtigkeitsgewähr ausgestatteter Tarifvertrag ein solches ungefähres Gleichgewicht im Sinne einer abstrakt-materiellen Parität jedoch voraussetzt, ist der Arbeitskampf auch aus diesem Grunde rechtswidrig. Maßgeblich sind die realen Kräfteverhältnisse. Die FS-GmbH hatte nicht die Möglichkeit, angemessen auf den Streik zu reagieren. Das (Verteidigungs-) Mittel der Aussperrung hätte nichts bewirkt, da bereits alle Mitglieder der GVS streikten. Eine Steigerung der finanziellen Belastung der GVS war damit nicht möglich. Ferner war eine Betriebsstilllegung zu Zwecken der Kostenverringerung nicht weiterführend: Das Betreiben eines Flughafens stellt ein störungsanfälliges Unterfangen dar, bei welchem in kürzester Zeit erhebliche Schäden entstehen können, selbst wenn nur kleine Behinderungen auftreten. Alleine das Ausfallen von 60 Prozent der täglichen Starts und Landungen an nur zwei Tagen verursachte vorliegend einen offensichtlichen Schaden in Höhe von drei Mio. Euro bei der FS-GmbH und in Höhe von zehn Mio. Euro bei den anfliegenden Fluggesellschaften. Der tatsächliche Schaden dürfte diese Summen noch um ein Vielfaches übersteigen. Daher musste die FS-GmbH alles in ihrer Macht Stehende versuchen, um den Betrieb so weit als möglich aufrecht zu erhalten und ist nun, will sie sich nicht um ihre eigene Existenz Sorgen machen, dazu gezwungen, sich die Tarifbedingungen diktieren zu lassen. Gerade um dies zu verhindern, hätte der Streik nicht in diesem Ausmaße durchgeführt werden dürfen. Im Sinne der Streikarithmetik müsste die GVS dafür sorgen, dass der Betrieb am Flughafen S. zu 80 Prozent aufrechterhalten wird. Dies hat sie jedoch unterlassen.

a. Der Referenzwert zur Bestimmung des Grades der Lahmlegung des Betriebes bestimmt sich nach dem Anteil der am Streik teilnehmenden Arbeitnehmer an der Belegschaft. Vorliegend erklärten 21 Arbeitnehmer am Morgen des 16.02.12 konkludent durch Verweigerung der Arbeitsaufnahme, sich am Streik zu beteiligen. Dies entspricht in etwa 0,7 Prozent der Belegschaft.

b. Allerdings sind Gewerkschaften bei der Lahmlegung eines Unternehmens nicht auf einen genau dem Anteil der Streikenden an der Belegschaft entsprechenden Grad beschränkt. Dies würde seinerseits dem Funktionieren der Tarifautonomie widersprechen. Nach dem „Zehner plus Zehn"-Modell wird der erreichte Prozentsatz auf die nächste Zehnerzahl aufgerundet und weitere zehn Prozentpunkte hinzu addiert. Demnach hätte die GVS den Flughafen S. zu 20 Prozent lahmlegen dürfen. Sie wäre also gezwungen gewesen, nachdem feststand, dass sich nur die eigenen Mitglieder am Streik beteiligen würden, einen Teil der Follow-me-Fahrer wieder an ihre Arbeit zu schicken.

III. Die Herstellung eines Ausgleiches der widerstreitenden Grundrechte fällt damit zulasten der GVS aus. Auch eine umfassende Gesamtschau der Gegebenheiten und Ereignisse rechtfertigt kein anderes Ergebnis. Die Streikmaßnahme war insgesamt unverhältnismäßig und damit rechtswidrig.

§ 13 Schlussbetrachtung und Zusammenfassung der wesentlichen Ergebnisse

Auch wenn das BAG mit seinen Urteilen aus der jüngeren Vergangenheit sein gesamtes „Kartenhaus" des Arbeitskampfrechts nicht vollends zum Einsturz gebracht hat, so waren deren Auswirkungen doch erheblich und sind es immer noch. Gerade nach dem Wegfall des Grundsatzes der Tarifeinheit im Falle der Tarifpluralität glichen die Rechtsgelehrten Goethes Zauberlehrling, der die von ihm selbst gerufenen Geister nicht mehr loswerden konnte. Speziell im Fall der dieser Arbeit zugrunde liegenden Sparten- und v.a. der Funktionselitegewerkschaften zeigt sich, dass die traditionellen Regeln des Arbeitskampfrechts, jedenfalls in Form ihrer bisherigen Handhabung, nicht mehr ausreichen, um den aktuellen Erscheinungsformen des Streiks gerecht zu werden.

Ziel des Verfassers war es dennoch nicht, auf ein Tätigwerden des Gesetzgebers zu vertrauen und diesem Vorschläge für eine normative Lösung zu unterbreiten. Vielmehr sollte der Versuch unternommen werden, auf der Grundlage des überkommenen richterrechtlichen Arbeitskampfrechts dieses auf „verfassungsrechtliche Beine" zu stellen, es den aktuellen Gegebenheiten anzupassen und ihm so „neues Leben einzuhauchen". Wie sich aus dem Dargestellten ergibt, erscheint dies durchaus machbar.

Dass es sich bei dem Phänomen von Spartengewerkschaften nicht um eine revolutionäre, neuartige Erscheinung des 21. Jahrhunderts, sondern eher um das Standardmodell der gewerkschaftlichen Entstehungszeit handelt, hat der historische Überblick verdeutlicht. Erste Zusammenschlüsse der üblicherweise nach dem Berufsverbandsprinzip organisierten Gewerkschaften erfolgten erst ab der Zeit der Weimarer Republik bzw. in der heute gängigen Form des Industrieverbandsprinzips nach Ende des Zweiten Weltkrieges. Schließlich erlebte die Ausrichtung auf die einzelnen Berufsgruppen und damit die Sparten eines Unternehmens im Zeitraum um die Wende vom 20. zum 21. Jahrhundert eine Renaissance. Dies war v.a. dadurch bedingt, dass sich einzelne Berufsgruppen der Branchengewerkschaften in deren ausgleichenden Gesamtwerken nicht mehr hinreichend von diesen vertreten fühlten.

Begrifflich ist zwischen Spartengewerkschaften und Funktionselitegewerkschaften zu unterscheiden. Während erstere schlicht auf den Tätigkeitsbereich der Mitglieder abstellen und somit stets anzunehmen sind, wenn eine Gewerkschaft ausschließlich die Interessen einer Berufsgruppe oder eines abgrenzbaren Organisationsbereiches vertritt, stellen die Funktionselitegewerkschaften insofern quasi die speziellere Erscheinungsform dar, als sie nur derlei Berufsgruppen vertreten, die eine für das Unternehmen systemrelevante Position innehaben. Systemrelevant in dem Sinn, dass ohne sie ein Aufrechterhalten des Betriebes (nahezu) nicht möglich erscheint. Für letztere kommt es also gerade nicht auf eine spezielle intellektuelle oder fachliche Qualifikation an, sondern einzig und allein auf ihre streiktaktische Stellung im Unternehmen.

Damit wohnt v.a. den Funktionselitegewerkschaften ein erhebliches Druckpotential inne. Die möglichen bzw. bereits realisierten Auswirkungen ihrer mächtigen Stellung sind enorm: Arbeitgeber werden sich wohl nicht mehr nur den Folgen *eines* (jährlichen) Streiks ausgesetzt sehen, sondern jede der unterschiedlichen Gewerkschaften wird separate Arbeitsniederlegungen durchführen. Die im Betrieb unverzichtbare Stellung wird dazu führen, dass diese Gewerkschaften in die Lage versetzt werden, nur auf den Vorteil ihrer Klientel bedacht exorbitant hohe Forderungen zu stellen. Zudem wird das Durchführen bzw. Durchhalten eines hierauf gerichteten Arbeitskampfes, selbst über längere Zeit hinweg, kein Problem für sie darstellen; immerhin haben sie aufgrund der beschränkten Mitgliederzahl nur eine geringe finanzielle Last zu tragen. Durch ein solches, teilweise als egoistisches Verhalten bezeichnetes Vorgehen ist ein Auseinanderdriften der Lohnschere innerhalb des Betriebes, aber auch innerhalb einer Berufsgruppe zwischen organisierten und nicht- bzw. andersorganisierten Arbeitnehmern zu befürchten. Der Betriebsfriede scheint gefährdet. (Gesamt-) Wirtschaftlich negative Auswirkungen sind zu befürchten. Letztlich würde die vom Einzelnen erbrachte Arbeit nicht mehr von seiner Leistung oder seiner Ausbildung, sondern nur noch einzig und allein von seiner streiktaktischen Stellung abhängen.

Das beschriebene „Schreckensszenario" kann jedoch weitgehend verhindert werden. Erforderlich ist hierfür eine stringente, strenge Grundrechtsprüfung. Eine Grundrechtsprüfung deshalb, da es sich beim Streikrecht eben um ein grundsätzlich nur durch kollidierende Grundrechte einschränkbares Grundrecht handelt: Art. 9 III S. 1 GG schützt zunächst nur das Recht, eine Vereinigung „zur Wahrung und Förderung der Arbeits- und Wirtschaftsbedingungen" zu bilden. Erst durch einen ersten Auslegungsschritt werden auch der Bestand und die Betätigung als geschützt angesehen. Quasi in einem zweiten (Auslegungs-) Schritt kommt man dazu, unter die geschützten Betätigungsformen alle *koalitionsspezifischen* Betätigungen zu fassen. Da es auf die Frage was hierunter zu verstehen ist so gut wie keine befriedigenden Antworten gibt, war ein neuer Ansatz zu finden: Ein Verhalten ist dann koalitionsspezifisch, wenn es *unmittelbar* dem Koalitionszweck dient (dritter Auslegungs-Schritt). Erfasst ist also z.B. die Tarifautonomie, da der Tarifvertrag *unmittelbar* auf die Arbeitsverhältnisse einwirkt. Nicht (unmittelbar) erfasst ist hingegen der Arbeitskampf, da er die Arbeitsverhältnisse nur mittelbar über den angestrebten Tarifvertrag fördert. Sein verfassungsrechtlicher Schutz wird erst auf einer vierten Stufe als Annex zur Tarifautonomie erreicht: Geschützt werden nämlich (*mittelbar*) auch solche Verhaltensweisen, die *allgemein notwendig* sind für eine effektive Ausübung der unmittelbar geschützten Betätigungsformen; im Kontext dieser Arbeit also im Hinblick auf die Tarifautonomie. Allgemein notwendig ist ein Streik in diesem Bezug daher, wenn er auf einen Tarifvertrag gerichtet ist und er sich im Rahmen einer abstrakt-materiellen Betrachtung bei einer längerfristigen, typisierenden Bewertung anhand tarifbezogener Kriterien als paritätsfördernd darstellt. Dies ist selbst in Bezug auf den Streik einer Funktionselitegewerkschaft grundsätzlich zu bejahen, da diese den Arbeitgeber ebenfalls nicht zu Verhandlungen veranlassen können, wenn sie kein Druckmittel in der Hand haben. Zudem lassen sich ausgeglichene, mit Richtigkeitsgewähr ausgestattete Tarifnormen nur bei einem annähernd ausgeglichenen Kräfteverhältnis erreichen. Der Streik ist damit vom sachlichen Schutzbereich des Art. 9 III S. 1 GG (mittelbar) erfasst. Es handelt sich um ein Grundrecht ohne besonderen Schrankenvorbehalt. Damit können Eingriffe nur durch andere Grundrechte oder Rechtsgüter von Verfassungsrang gerechtfertigt werden.

Da der Streik in Grundrechte des Kampfgegners, aber auch in solche von unbeteiligten Dritten eingreift, ergeben sich die Schranken des Streikrechts aus einer umgedrehten Grundrechtsprüfung: Es geht nicht um potentielle Eingriffe in das Streikrecht durch die einzelnen einfachgesetzlichen, richterrechtlichen Anforderungen an rechtmäßige Streiks. Vielmehr sind die angesprochenen Eingriffe durch den Streik selbst zu überprüfen. Um diese zu legitimieren, muss die konkrete Streikmaßnahme verfassungsrechtlich geschützt sein: Der sachliche Schutzbereich muss ihn umfassen (was wie gesehen der Fall ist). Die kampfführende Gewerkschaft muss dem persönlichen Schutzbereich entsprechen. Und letztlich bedarf es der Rechtfertigung; der Streik muss angemessen sein. Es ist eine praktische Konkordanz mit den konkurrierenden Grundrechten Dritter herzustellen.

Der persönliche Schutzbereich des Art. 9 III S. 1 GG setzt ausschließlich voraus, dass es sich um eine Koalition im Sinne des Art. Art. 9 I GG handelt. Daher muss ein freiwilliger, privatrechtlicher Zusammenschluss mit einer gewissen Stabilität und körperschaftlichen Organisation vorliegen, der (gegner-) unabhängig und gegnerfrei ist und den speziellen Koalitionszweck verfolgt. Weitergehendere Anforderungen an eine tariffähige Gewerkschaft ergeben sich aus einer durch die Verfassung und den 2. Leitsatz der Generellen Leitsätze zur Sozialunion beeinflussten Konkretisierung von § 2 I TVG und damit dem einfachen Recht.[1684] Art. 9 III S. 1 GG schützt die Tarifautonomie nämlich nicht in unserem heutigen Verständnis, sondern vielmehr in einem allgemeinen. Insb. die zwingende Wirkung hat der Tarifvertrag erst einer Delegation durch das TVG zu verdanken. Daher folgen diese weiteren Voraussetzungen nicht bereits aus der Verfassung. Das TVG erweitert vielmehr einerseits die Handlungsmöglichkeiten, stellt aber andererseits auch höhere Anforderungen. Der mit diesen insofern verbundene Eingriff lässt sich jedoch durch das verfassungsrechtlich geschützte Ziel der Funktionsfähigkeit der Tarifautonomie rechtfertigen. Von der „einfachen“ Koalition ist daher die „tariffähige“ Koalition zu unterscheidenden (Koalition i.e.S.; Gewerkschaft). An letztere sind, u.a. wegen der besonderen Bedeutung der Tarifverträge, erheblich höhere Ansprüche zu stellen. Insb. müssen die Koalitionen über eine demokratische Organisation, eine Tarifwilligkeit, eine Anerkennung des staatliche Tarif- und Arbeitkampfrechts, eine Bereitschaft zum Arbeitskampf und eine soziale Mächtigkeit verfügen. Jedenfalls des Kriteriums der Überbetrieblichkeit bedarf es entgegen der (noch) hM als selbständiger Voraussetzung nicht; der legitime

1684 Als solches sind sie grundsätzlich erst im Bereich der Angemessenheit anzusprechen, da das einfache Recht nicht den Inhalt des Grundgesetzes festlegen kann. Lediglich aus darstellungstechnischen Gründen erfolgen bereits an dieser Stelle Ausführungen.

Teil seines Anliegens kann ausreichend im Rahmen der Voraussetzung der Gegnerunabhängigkeit berücksichtigt werden.

Der Streik als Eingriff in Grundrechte Dritter muss letztlich gerechtfertigt, d.h. verhältnismäßig i.w.S. sein. Der Verhältnismäßigkeitsgrundsatz stellt den zentralen Prüfungsmaßstab bzgl. der Frage nach der Rechtmäßigkeit von Arbeitskämpfen dar. Immerhin handeln die Tarifparteien bei ihrer Normsetzung quasi anstelle des Gesetzgebers. Zudem stellen Arbeitskämpfe eine Ausnahme zum staatlichen Gewaltmonopol dar. Zwar führt der Verhältnismäßigkeitsgrundsatz zu einer gewissen Rechtsunsicherheit. Durch seine umfassende Berücksichtigung aller relevanten Belange im Rahmen der Abwägung der widerstreitenden Interessen ist er jedoch in der Lage, ein einzelfallgerechtes, ausgeglichenes System zu schaffen. Da die Funktionsfähigkeit der Tarifautonomie überhaupt erst den Arbeitskampf legitimiert, muss in ihr der Bezugspunkt für die Verhältnismäßigkeitsprüfung gesehen werden. Für ihre Sicherstellung muss der Streik daher geeignet, erforderlich und angemessen (verhältnismäßig i.e.S.) sein. Aufgrund des Prognosecharakters ist jedoch zu fordern, dass das Fehlen einer dieser Anforderungen deutlich erkennbar sein muss. Die wesentliche Überprüfung hat im Bereich der Angemessenheit zu erfolgen. Es sind grundsätzlich alle im Einzelfall relevanten Belange zu berücksichtigen und eine praktische Konkordanz herzustellen. Anhaltspunkte ergeben sich hierbei v.a. aus dem Inhalt des angestrebten Tarifvertrages sowie aus der Art und Weise der Durchführung des Arbeitskampfmittels:

Der Inhalt des angestrebten Tarifvertrages darf nicht rechtswidrig sein. Er darf, wie es ursprünglich das BAG formulierte, nicht „gegen die Verfassung, anderes höherrangiges zwingendes Recht oder die guten Sitten“ verstoßen.[1685] Zu beurteilen ist der Inhalt anhand der im Streikbeschluss zum Ausdruck kommenden Forderung der Gewerkschaft, solange ein abweichender Wille der zuständigen Gremien nicht offenkundig ist. Eine Kontrolle des Inhalts sowie der Forderungshöhe ist grundsätzlich zulässig, soweit es sich um eine Rechtskontrolle handelt. Denn auch die Koalitionen stehen nicht außerhalb der Rechtsordnung. Unzulässig ist hingegen eine allgemeine Zweckmäßigkeits- oder Billigkeitskontrolle, bei welcher der Richter den seiner Meinung nach im Einzelfall „richtigen“, angemessenen Lohn festlegt. Hierbei würde es sich um eine abzulehnende Tarifzensur handeln.

Der tarifvertragliche Anwendungsbereich muss sich zunächst nach dem Zuständigkeitsbereich der beiden Vertragspartner richten. Ein kollusives Handeln führt zur Rechtswidrigkeit, da es schon nicht dem Koalitionszweck entspricht; es fördert nicht die Arbeitsbedingungen.

Bei der inhaltlichen Gestaltung sind die Tarifparteien unmittelbar an die Grundrechte gebunden. Dies folgt im Wesentlichen aus einer dem Gesetzgeber vergleichbaren Tätigkeit der Normsetzung, kann aber nach wie vor ebenfalls dem Gedanken der Delegation entnommen werden: Der Tarifvertrag hat nämlich eine Doppelnatur. Er legitimiert sich sowohl aus dem privatautonomen Zusammenschluss als auch durch die Delegation der zwingenden, normativen Wirkung.

1685 BAG v. 06.09.1995 – 5 AZR 174/94, BAGE 81, 5, 13; vgl. auch: BAG v. 14.12.1982 – 3 AZR 251/80, BAGE 41, 163, 168; BAG v. 04.09.1985 – 5 AZR 655/84, BAGE 49, 281, 287; BAG v. 10.12.2002 – 1 AZR 96/02, BAGE 104, 155, 169; BAG v. 28.03.2006 – 1 ABR 58/04, BAGE 117, 308, 320 f.

Darüber hinaus sind im Rahmen der Abwägung einfachgesetzliche Anforderungen zu berücksichtigen. Sie konkretisieren die verfassungsrechtlichen Wertungen und führen daher zu absehbareren Ergebnissen. Als eine effektive Schranke hat sich in dieser Arbeit § 138 BGB dargestellt. Anhand des Sittenwidrigkeitstatbestandes können *extreme Missbrauchsfälle* ausgeschlossen und damit die *äußersten Grenzen* der Rechtmäßigkeit skizziert werden. Dies ist v.a. dann relevant, wenn im Einzelfall „ausnahmsweise" keine Parität besteht, denn nur in diesen Fällen kann es eigentlich überhaupt erst zu derartigen Auswüchsen kommen. Der anvisierte Tarifvertrag ist hiernach sittenwidrig, wenn er gegen die herrschende Rechts- und Sozialmoral verstößt bzw. dem Anstandsgefühl aller billig und gerecht Denkenden widerspricht; erforderlich ist eine Gesamtbetrachtung. In Bezug auf Streiks von Funktionselitegewerkschaften kommen hierbei v.a. zwei Teilaspekte in Betracht: Der Schutz anerkannter Ordnungen und die Äquivalenzstörung. Aus ersterem i.V.m. der Menschenwürdegarantie des Art. 1 I GG (i.V.m. Art. 20 I GG) folgt eine absolute, von der Art der Tätigkeit unabhängige Untergrenze: Ein Mensch, der seine Arbeitskraft in (nach dem ArbZG) gesetzlich maximal zulässiger Weise einsetzt, muss sein Existenzminimum erwirtschaften können und darf nicht mit „Hungerlöhnen" abgespeist werden. Eine Anlehnung an die Regelsätze nach dem SGB II erscheint insofern derzeit möglich. Aus dem Gedanken der Äquivalenzstörung folgen Grenzen der Lohn*höhe* sowie der jährlichen Lohn*erhöhung*. Zur Beurteilung eines Missverhältnisses bedarf es der Feststellung des objektiven Wertes der Arbeitsleistung. Dieser richtet sich grundsätzlich nach dem am Gesamtmarkt erzielbaren Lohn: Es ist ein Mittelwert von am freien, tarifungebundenen Arbeitsmarkt erzielbaren Entgelt und von vergleichbaren Tariflöhnen herzustellen, der auf die konkrete Tätigkeit hin noch weiter zu individualisieren ist (individualisierter Durchschnittslohn). Ein auffälliges Missverhältnis bzgl. der Lohnhöhe an sich müsste wohl bejaht werden, wenn der angestrebte Lohn um mehr als ein Drittel vom objektiven Wert abweicht, d.h. diesen übertrifft oder unterschreitet. Bzgl. der Lohnsteigerung ist der maßgebliche Anhaltspunkt zur Bestimmung des Wertes der Arbeitsleistung der letztjährige Tarifabschluss; immerhin wurde er bisher als angemessen akzeptiert. Bei einer jährlichen Steigerung von mehr als zehn Prozent sollte man die Sittenwidrigkeit des Lohnes vermuten, unterhalb seine Rechtmäßigkeit. Bei den vorgestellten Grenzwerten handelt es sich um gegriffene Größen. Sie hängen dennoch von den objektiv feststellbaren Marktverhältnissen ab. Allerdings handelt es sich nur um Richtwerte im Rahmen der Gesamtabwägung. Sachliche Gründe können zu anderen Ergebnissen führen.

Auch die Ausführung der konkreten Arbeitskampfmaßnahme darf nicht unverhältnismäßig sein. Bei ihrem faktischen Handeln sind die Kampfparteien ebenfalls an die Grundrechte gebunden. Durch die Arbeitsniederlegung greifen die Gewerkschaften in solche des Arbeitgebers und unbeteiligter Dritter ein. Schranken können sich beispielsweise aus dem Recht auf körperliche Unversehrtheit ergeben, welches u.a. eine ärztliche Notfallversorgung verlangt. Was den Arbeitgeber betrifft, so ist zunächst in zeitlicher Hinsicht die Friedenspflicht zu beachten. Zudem darf nicht gegen das in § 242 BGB zum Ausdruck kommende Verbot des *venire-contra-factum-proprium* verstoßen werden. Dies erfordert grundsätzlich ein vorheriges Verhandeln der Tarifparteien, das ausdrückliche Erklären des Scheiterns dieser Verhandlungen und die Bekanntgabe des Streikbeschlusses dem Kontrahenten gegenüber. Außerdem erfordert es die Durchführung von Erhaltungsarbeiten, da ein Tarifvertrag keinen Sinn mehr ergibt, wenn der Betrieb anschließend nicht wieder aufgenommen werden kann.

Eine weitere, wesentliche Neuerung gegenüber dem bisherigen Arbeitskampfrecht stellt die Einführung einer Streikarithmetik dar. Die verfassungsrechtlich geschützte Funktionsfähigkeit der Tarifautonomie setzt das Vorliegen einer Parität zwischen den Kampfgegnern voraus. Liegt eine solche vor, wird es in der Regel schon gar nicht zu Erscheinungsformen wie den exorbitant hohen Forderungen mancher Gewerkschaften kommen. Im Rahmen einer nach wie vor typisierenden Betrachtung müssen die im Einzelfall relevanten Faktoren berücksichtigt und das einseitige Diktieren der Bedingungen durch eine Seite verhindert werden. Da dem Arbeitgeber, insb. im Falle der Konfrontation mit Funktionselitegewerkschaften, keine geeigneten Verteidigungsmittel mehr zur Verfügung stehen, muss notgedrungen das Streikrecht selbst beschränkt werden. Ziel der vorgestellten Streikarithmetik ist die Restriktion der Auswirkungen des Streiks; andere Ansatzpunkte helfen dem Arbeitgeber nicht weiter. Der Betrieb muss damit zu einem gewissen Grad am Laufen gehalten werden. Auf diese Weise lässt sich der Druck auf den Arbeitgeber reduzieren. Den Referenzwert stellt der Anteil der streikenden Arbeitnehmer an der Belegschaft dar. Dieser lässt sich durch die zur Streikteilnahme erforderliche Erklärung jedes Einzelnen nachvollziehbar feststellen. Die Gewerkschaft hat dafür Sorge zu tragen, dass der Betrieb nur in dem entsprechenden Maße lahmgelegt wird. Notfalls muss sie Streikende wieder zur Arbeit schicken. Für die Relation des Grades der Betriebslahmlegung und der Streikteilnehmer wird das „Zehner plus Zehn“-Modell vorgeschlagen: Der Anteil der Streikenden ist auf die nächsthöhere Zehnerzahl aufzurunden und weitere zehn Prozentpunkte sind zu addieren; der Maximalwert liegt bei 90 Prozent. Auch hierbei handelt es sich nur um Indizien, um grobe Raster im Rahmen der Gesamtabwägung. In Ausnahmesituationen kann von ihnen abgewichen werden. Sie unterliegen einer besonnenen Gesamtbetrachtung im Rahmen der Angemessenheit.

Demgegenüber ist eine Bindung an „das Gemeinwohl“ als solches, d.h. als eigenständiges, über die Schutzgehalte der Einzelgrundrechte hinausgehendes Rechtsgut, abzulehnen. Eine solche Bindung entbehrt einer Rechtsgrundlage und „das Gemeinwohl“ stellt sich als nicht justiziabel dar.

Schließlich darf der offensichtlich verursachte Schaden nicht außer Verhältnis zu dem durch den Streik angestrebten Vorteil stehen. Andernfalls überwiegt das Recht des Arbeitgebers an der Betriebsfortführung, Art. 12 GG (i.V.m. Art 14 I GG). Selbst bei Anerkennung des Streiks als typischerweise schadenszufügendem Phänomen muss bei einer gewissen Höhe der Differenz eine Grenze gezogen werden. Bereits bei einem Schaden, der dem Zehnfachen des angestrebten (auf ein Jahr hochgerechneten) Vorteils entspricht, wird man dies wohl annehmen dürfen, bei einem Multiplikator von einhundert wird man es müssen.

Zu betonen ist nochmals: Alle (vorgestellten) zu berücksichtigenden Aspekte stehen nicht für sich alleine, sondern sind bei der im Rahmen der Angemessenheit vorzunehmenden Abwägung zu berücksichtigen. Hinsichtlich der Herstellung praktischer Konkordanz sind sie zu einem gerechten Ausgleich zu bringen. Im Sinne einer besonnenen Gesamtbetrachtung und mit dem Ziel der Vermeidung einer unzulässigen Tarifzensur kann es daher nicht um „Kleinigkeiten" gehen, die den Ausschlag geben. Vielmehr steht das Ausschließen von Extremfällen, also das Abstecken der äußersten Grenzen der Rechtmäßigkeit im Vordergrund.

Auch wenn das hiesige Prüfungsprogramm keine stets absolut sicher voraussehbaren Ergebnisse liefert, so stellt es doch ein handhabbares, flexibles Gerüst bei der Beurteilung der Rechtmäßigkeit von Streiks dar.

Zwar handelt es sich bei den aufgezeigten Grenzen lediglich um erste Denkansätze und -anregungen. Dennoch erscheint es möglich, dass ein richterrechtliches Arbeitskampfrecht, dem im vorgestellten Sinn „neues Leben" eingehaucht wird, nach wie vor zu einzelfall- und sachgerechten Ergebnissen führen und den Arbeitskampferscheinungen der Gegenwart gerecht werden kann. Gleich Goethes Meister, welcher dem Zauberlehrling zur Hilfe eilen muss um die gerufenen Geister wieder loszuwerden, wird es den Gerichten für Arbeitssachen nach einer Intensivierung der Verhältnismäßigkeitsprüfung und dem Entwickeln und Aufstellen effektiver Grenzen wieder möglich sein, insb. den Streik durch Sparten- und Funktionselitegewerkschaften in die erforderlichen Schranken zu weisen und so das durch den Wegfall des Grundsatzes der Tarifeinheit im Falle der Tarifpluralität entstandene Vakuum zu beseitigen.

Die Meister sind gefragt.

Literaturverzeichnis

Alexy, Robert: Theorie der Grundrechte, 3. Aufl., Frankfurt a. M. 1996.

Auktor, Christian: Der Wellenstreik im System des Arbeitskampfrechts, München 2002 (zit.: Der Wellenstreik).

Badura, Peter: Arbeitsgesetzbuch, Koalitionsfreiheit und Tarifautonomie, RdA 1974, 129.

Badura, Peter: Die Tarifautonomie im Spannungsfeld von Gemeinwohlerfordernissen und kollektiver Interessenwahrnehmung, AöR 104 (1979), 246.

Bamberger, Christian: Verfassungswerte als Schranken vorbehaltloser Grundrechte – vom Verfassungs- zum Gegenseitigkeitsvorbehalt, Frankfurt a. M. 1999.

Bamberger, Christian: Vorbehaltlose Grundrechte unter staatlichem Vorbehalt? – Zur Auflösung eines grundrechtlichen Paradoxons, Der Staat 2000, 355.

Battis, Ulrich/ Grigoleit, Klaus Joachim: Neue Herausforderungen für das Versammlungsrecht?, NVwZ 2001, 121.

Bauer, Jobst-Hubertus/ Arnold, Christian: Tarifliche Differenzierungsklauseln – Gewerkschaften auf Abwegen!, NZA 2005, 1209.

Bauer, Jobst-Hubertus/ Krieger, Steffen: „Firmentarifsozialplan" als zulässiges Ziel eines Arbeitskampfes?, NZA 2004, 1019.

Bayreuther, Frank: Der Streik um einen Tarifsozialplan – Konsequenzen des Urteils des BAG vom 24.04.2007 für die Tarifrechtspraxis, NZA 2007, 1017.

Bayreuther, Frank: Gewerkschaftspluralismus im Spiegel der aktuellen Rechtsprechung – Abschied vom „Einheitstarifvertrag"?, BB 2005, 2633.

Bayreuther, Frank: Tarif- und Arbeitskampfrecht in der Neuorientierung, NZA 2008, 12.

Belling, Detlev W.: Die Verantwortung des Staats für die Normsetzung durch die Tarifpartner – Zur Grundrechtstreue und Legalitätskontrolle von Tarifnormen, ZfA 1999, 547.

Benecke, Martina: Anmerkung zu BAG v. 25.09.1996 – 1 ABR 25/96, SAE 1998, 60.

Benecke, Martina: Die Arbeitskampffreiheit in der Rechtsprechung des BAG, in: Festschrift für Herbert Buchner zum 70. Geburtstag, Hrsg.: Bauer, Jobst-Hubertus/ Kort, Michael/ Möllers, Thomas/ Sandmann, Bernd, München 2009, S. 96 (zit.: *Benecke*, in: FS Buchner).

Bepler, Klaus: Tarifeinheit im Betrieb – Eine Skizze der bisherigen Rechtsprechung, NZA-Beil. 2010, 99.

Berg, Peter/ Platow, Helmut/ Schoof, Christian/ Unterhinninghofen, Hermann: Tarifvertragsgesetz und Arbeitskampfrecht - Kompaktkommentar,
Teil 1, 2: Grundlagen des Streik- und Tarifrechts, Kommentierung Tarifvertragsgesetz (TVG), 3. Aufl., Frankfurt a.M. 2010 (zit.: *BPSU*).
Teil 3: Arbeitskampfrecht – Erläuterungen, 3. Aufl., Frankfurt a. M. 2010 (zit.: *BPSU-AKR*).

Bernstein, Eduard: Der Streik. Sein Wesen und Wirken, Frankfurt a. M. 1906.

Biedenkopf, Kurt: Grenzen der Tarifautonomie, Karlsruhe 1964 (zit.: Tarifautonomie).

Biedenkopf, Kurt: Rechtsfragen der konzertierten Aktion, BB 1968, 1005.

Biedenkopf, Kurt: Sinn und Grenzen der Vereinbarungsbefugnis der Tarifvertragsparteien, Gutachten zum 46. Deutschen Juristentag 1966, Bd. 1, S. 97 (zit.: 46. DJT, Bd. 1).

Bieder, Marcus: Paradigmenwechsel im Arbeitskampfrecht: Neue Bezugspunkte für die Verhältnismäßigkeitskontrolle von Sympathiestreiks, NZA 2008, 799.

Bispinck, Reinhard/ Dribbusch, Heiner: Tarifkonkurrenz der Gewerkschaften zwischen Über- und Unterbietung – Zu aktuellen Veränderungen in der Tarif- und Gewerkschaftslandschaft, Sozialer Fortschritt 2008, 153.

Bister, Jeremy: Tarifpluralität – Aufgabe des Grundsatzes der Tarifeinheit im Betrieb und die Folgen, Frankfurt a. M. 2011 (zit.: Tarifpluralität).

Bobke, Manfred H./ Grimberg, Herbert: Der gewerkschaftliche Warnstreik im Arbeitskampfrecht – „Neue Beweglichkeit" gegen rechtliche Begrenzungen der gewerkschaftlichen Handlungsfreiheit, Köln 1983 (zit.: Warnstreik).

Boemke, Burkhard: Bindung der Tarifvertragsparteien an die Grundrechte, in: 50 Jahre Bundesarbeitsgericht, Hrsg.: Oetker, Hartmut/ Preis, Ulrich/ Rieble, Volker, München 2004, S. 613 (zit.: *Boemke*, in: FS 50 Jahre BAG).

Boemke, Burkhard: Folgen der Tarifpluralität für das Streikrecht, ZfA 2009, 131.

Bork, Reinhold: Allgemeiner Teil des Bürgerlichen Gesetzbuchs, 3. Aufl., Tübingen 2011 (zit.: AT BGB).

Bötticher, Eduard: Die gemeinsamen Einrichtungen der Tarifvertragsparteien, Heidelberg 1966 (zit.: Tarifvertragsparteien).

Brocker, Ulrich: Ende der Tarifeinheit aus betrieblicher Sicht, NZA-Beil. 2010, 121.

Brox, Hans/ Rüthers, Bernd: Arbeitskampfrecht – Ein Handbuch für die Praxis, 2. Aufl., Stuttgart 1982 (zit.: *Bearbeiter*, in: Brox/ Rüthers, Arbeitskampfrecht).

Buchner, Herbert: „Arbeitsrecht im Wandel". Zunehmender Verzicht auf Strukturierung des Richterrechts, in: Festschrift für Wolfgang Hromadka zum 70. Geburtstag, Hrsg.: Maschmann, Frank, München 2008, S. 39 (zit.: *Buchner*, in: FS Hromadka).

Buchner, Herbert: Der „Funktionseliten-" Streik – Zu den Grenzen der Durchsetzbarkeit von Spartentarifverträgen, BB 2003, 2121.

Buchner, Herbert: Der Bahnstreik – und welche Lehren daraus zu ziehen sind – Drei Anforderungen an das Arbeitskampfrecht –, BB 2007, 2520.

Buchner, Herbert: Die Spartengewerkschaften im Gefüge des Tarif- und Arbeitskampfrechts, zugl. Anmerkung zu BAG 14.12.2004, 1 ABR 51/03, AP Nr. 1 zu § 2 TVG Tariffähigkeit.

Buchner, Herbert: Grundgesetz und Arbeitsverfassung – Das Grundrecht der Koalitionsfreiheit als Grundlage der Entwicklung unserer kollektiven Arbeitsrechtsordnung, in: 25 Jahre Grundgesetz – Ein Zwischenzeugnis, Hrsg.: Löw, Konrad, Köln Berlin Bonn München 1974, S. 5 (zit.: *Buchner*, in: FS 25 Jahre Grundgesetz).

Buchner, Herbert: Tarifpluralität und Tarifeinheit – einige Überlegungen zur Rechtsprechung des Bundesarbeitsgerichts, in: 50 Jahre Bundesarbeitsgericht, Hrsg.: Oetker, Hartmut/ Preis, Ulrich/ Rieble, Volker, München 2004, S. 631 (zit.: *Buchner*, in: FS 50 Jahre BAG).

Buchner, Herbert: Tarifvertrag im Wettbewerb? – Tarifpluralität, Tarifeinheit, Allgemeinverbindlichkeit –, ZfA 2004, 229.

Buchner, Herbert: Übermaßverbot als Grenze tarifbezogener Arbeitskämpfe, in: Arbeitskampfrecht – Symposion Hugo Seiter zum Gedächtnis, Hrsg.: Lieb, Manfred/ von Stebut, Dietrich/ Zöllner, Wolfgang. Berlin 1990, S. 21 (zit.: *Buchner*, in: Lieb/ v. Stebut/ Zöllner, Arbeitskampfrecht).

Bulla, Gustav-Adolf: Das zweiseitige kollektive Wesen des Arbeitskampfes, in: FS für Hans Carl Nipperdey, Hrsg.: Dietz, Rolf/ Hueck, Alfred/ Reinhardt, Rudolf, München und Berlin 1955, S. 163 (zit.: *Bulla*, in: FS Nipperdey 1955).

Bulla, Gustav-Adolf: Soziale Selbstverantwortung der Sozialpartner als Rechtsprinzip, in: Festschrift für Hans Carl Nipperdey zum 70. Geburtstag 21.Januar 1965, Hrsg.: Dietz, Rolf/ Hübner, Heinz, München und Berlin 1965, S. 79 (zit.: *Bulla*, in: FS Nipperdey II).

Burkiczak, Christian: Grundgesetz und Deregulierung des Tarifvertragsrechts – Gebietet Art. 9 Abs. 3 GG die zwingende Wirkung der Tarifverträge (§ 4 I, II TVG) und den Tarifvorrang (§ 77 BetrVG)? Zugleich ein Beitrag zur Grundrechtsdogmatik, Berlin 2006 (zit.: Grundgesetz und Deregulierung des Tarifvertragsrechts).

Burkiczak, Christian: Grundrechtsbindung der Tarifvertragsparteien oder Relevanz grundrechtlicher Schutzpflichten – Erfurter Einerlei?, RdA 2007, 17.

Canaris, Claus-Wilhelm: Grundrechte und Privatrecht, AcP 184 (1984), 201.

Cherdron, Juliane: Tarifliche Sanierungs- und Sozialplanvereinbarungen, Berlin 2008 (zit.: Sozialplanvereinbarungen).

Classen, Claus Dieter: Die Drittwirkung der Grundrechte in der Rechtsprechung des Bundesverfassungsgerichts, AÖR 122 (1997), 65.

Czerweny von Arland, Katharina: Die Arbeitskampfmittel der Gewerkschaften und der Verhältnismäßigkeitsgrundsatz, Frankfurt a. M. 1993 (zit.: *Czerweny v. Arland*, Arbeitskampfmittel).

Dapprich, Gerd: Der soziale Charakter des Arbeitsrechts im mittelalterlichen deutschen Bergbau, in: Arbeitsleben und Rechtspflege – Festschrift für Gerhard Müller, Hrsg.: Mayer-Maly, Theo/ *Richardi, Reinhard*/ Schambeck, Herbert/ Zöllner, Wolfgang, Berlin 1981, S. 115 (zit.: *Dapprich*, in: FS Müller).

Däubler, Wolfgang/ Hjort, Jens Peter/ Schubert, Michael/ Wolmerath, Martin: Arbeitsrecht – Individualarbeitsrecht mit kollektivrechtlichen Bezügen – Handkommentar, 2. Aufl., Baden-Baden 2010 (zit.: HK-ArbR/ *Bearbeiter*).

Däubler, Wolfgang:

Arbeitskampfrecht, 2. Aufl., Baden-Baden 1987 (zit.: *Bearbeiter*, in: Däubler, AK 2. Aufl.).

Arbeitskampfrecht, 3. Aufl., Baden-Baden 2011 (zit.: *Bearbeiter*, in: Däubler, AK).

Däubler, Wolfgang: Das Grundrecht auf Streik – eine Skizze, ZfA 1973, 201.

Däubler, Wolfgang: Die unverhältnismäßige Aussperrung, JuS 1972, 642.

Däubler, Wolfgang: Tarifliche Leistungen nur für Gewerkschaftsmitglieder?, BB 2002, 1643.

Däubler, Wolfgang: Tarifvertragsgesetz mit Arbeitnehmer-Entsendegesetz, Kommentar, 3. Aufl., Baden-Baden 2012 (zit.: *Bearbeiter*, in: Däubler, TVG).

Däubler, Wolfgang: Tarifvertragsrecht – Ein Handbuch, 3. Aufl., Baden-Baden 1993 (zit.: Däubler, Tarifvertragsrecht).

Dauner-Lieb, Barbara/ Heidel, Thomas/ Ring, Gerhard (Gesamt-Hrsg.): Nomos Kommentar BGB, Allgemeiner Teil/ EGBGB, Band 1, 2. Aufl., Baden-Baden 2012 (zit.: NK-BGB/ *Bearbeiter*).

Deinert, Olaf: Zur Tariffähigkeit einer Arbeitnehmerkoalition, AuR 2004, 212.

Denninger, Erhard/ Hoffmann-Riem, Wolfgang/ Schneider, Hans-Peter/ Stein, Ekkehart (Hrsg.): Kommentar zum Grundgesetz für die Bundesrepublik Deutschland, Reihe Alternativkommentare, 3. Aufl., Loseblattsammlung Stand: 2. Aktualisierungslieferung, August 2002, Neuwied (zit.: *Bearbeiter*, in: AK-GG).

Dieterich, Thomas: Anmerkung zu BAG v. 01.04.2000 – 3 AZR 729/98, RdA 2001, 112.

Dieterich, Thomas: Die Grundrechtsbindung von Tarifverträgen, in: Tarifautonomie für ein neues Jahrhundert – Festschrift für Günter Schaub zum 65. Geburtstag, Hrsg.: Schlachter, Monika/ Ascheid, Reiner/ Friedrich, Hans-Wolf, München 1998, S. 117 (zit.: *Dieterich*, in: FS Schaub).

Dieterich, Thomas: Die grundrechtsdogmatischen Grenzen der Tarifautonomie in der Rechtsprechung des Bundesarbeitsgerichts, in: Festschrift für Herbert Wiedemann zum 70. Geburtstag, Hrsg.: Wank, Rolf/ Hirte, Heribert/ Kaspar, Frey/ Holger, Fleischer/ Thüsing, Gregor, München 2002, S. 519 (zit.: *Dieterich*, in: FS Wiedemann).

Dieterich, Thomas: Flexibilisiertes Tarifrecht und Grundgesetz, RdA 2002, 1.

Dieterich, Thomas: Zukunft einer funktionsfähigen Tarifautonomie (mit Berücksichtigung der Besonderheiten in der Bauwirtschaft), NZA-Beil. 2011, 84.

Doerlich, Kristin: Die Tariffähigkeit der Gewerkschaft, Frankfurt a. M. 2002 (zit.: Tariffähigkeit).

Dolzer, Rudolf/ Kahl, Wolfgang/ Waldhoff, Christian/ Graßhof, Karin (Hrsg.): Bonner Kommentar zum Grundgesetz, Heidelberg, Loseblattsammlung, Stand: 157. Aktualisierung, Juni 2012 (zit.: *Bearbeiter*, in: Bonner Kommentar).

Dreier, Horst: Grundgesetz-Kommentar, Band 1 (Art. 1 – Art. 19), 2. Aufl., Tübingen 2004 (zit.: *Bearbeiter*, in: Dreier).

Dribbusch, Heiner: 60 Jahre Arbeitskampf in der Bundesrepublik. Ein Überblick, in: Zukunft der Tarifautonomie, Hrsg.: Bispinck, Reinhard/ Schulten, Thorsten, Hamburg 2010, S. 145 (zit.: *Dribbusch*, in: Zukunft der Tarifautonomie).

Dütz, Wilhelm: Koalitionsautonome Regelung der Arbeits- und Wirtschaftsbedingungen – auf der Grundlage der bundesverfassungsgerichtlichen Rechtsprechung –, JA 1987, 405.

Dütz, Wilhelm: Soziale Mächtigkeit als Voraussetzung eines einheitlichen Koalitionsbegriffs?, AuR 1976, 65.

Enderlein, Wolfgang: Zur Richtigkeitsgewähr der tarifvertraglichen Einigung als Leitgedanken des Arbeitskampfrechts, RdA 1995, 264.

Engels, Andreas: Verfassung und Arbeitskampfrecht – Verfassungsrechtliche Grenzen arbeitsgerichtlicher Arbeitskampfjudikatur, Berlin (zit.: Verfassung und Arbeitskampfrecht) 2008.

Erbguth, Jan: Die Rechtsprechung des Bundesverfassungsgerichts und des Bundesarbeitsgerichts zum Grundsatz der Parität im Arbeitskampfrecht, Sinzheim 2001 (zit.: Erbguth, Parität).

Erdmann, Gerhard: Die deutschen Arbeitgeberverbände im sozialgeschichtlichen Wandel der Zeit; Neuwied 1966 (zit.: Die deutschen Arbeitgeberverbände).

Esslinger, Detlef/ Flottau, Jens: Die Woche des Zermürbens, SZ 22.02.2012, S. 19.

Esslinger, Detlef: Die Macht der 200, SZ 21.02.2012, S. 19.

Esslinger, Detlef: Frankfurter Lotsen dürfen nicht streiken, SZ 01.03.2012, S. 17.

Esslinger, Detlef: Gewerkschaft droht mit wochenlangem Streik, SZ 27.02.2012, S. 1.

Esslinger, Detlef: Können Sie folgen?, SZ 28.02.2012, S. 3.

Fastrich, Lorenz: Bemerkungen zu den Grundrechtsschranken des Tarifvertrags, in: Festschrift für Reinhard Richardi zum 70. Geburtstag, Hrsg.: Annuß, Georg/ Picker, Eduard/ Wißmann, Hellmut, München 2007, S. 127 (zit.: *Fastrich*, in: FS Richardi).

Feudner, Bernd: Tarifverträge für `Funktionseliten`?, BB 2007, 2459.

Feudner, Bernd: Zum Arbeitskampfrecht von Berufsgruppengewerkschaften – Zugleich Besprechung zum Urteil des Sächsischen LAG v. 2.11.2007 – 7 SaGa 19/07 zum Tarifkonflikt bei der Deutschen Bahn, RdA 2008, 104.

Fischinger, Philipp S.: Arbeitskämpfe bei Standortverlagerung und -schließung, Berlin 2006 (zit.: *Fischinger*, Standortverlagerung).

Flottau, Jens: Eine Gewerkschaft muss sich mäßigen, SZ 20.02.2012, S. 4.

Franzen, Martin: Das Ende der Tarifeinheit und die Folgen, RdA 2008, 193.

Franzen, Martin: Standortverlagerung und Arbeitskampf, ZFA 2005, 315.

Franzen, Martin: Tarifrechtssystem und Gewerkschaftswettbewerb – Überlegungen zur Flexibilisierung des Flächentarifvertrags, RdA 2001, 1.

Franzen, Martin: Vorteilsregelungen für Gewerkschaftsmitglieder, RdA 2006, 1.

Friauf, Karl Heinrich: Die verfassungsrechtlichen Vorgaben einer gesetzlichen oder tarifvertraglichen Arbeitskampfordnung, RdA 1986, 188.

Gamillscheg, Franz: Die Grundrechte im Arbeitsrecht, Berlin 1989 (zit.: Grundrechte).

Gamillscheg, Franz: Ihr naht euch wieder, schwankende Gestalten – „Tarifbonus" für Gewerkschaftsmitglieder, NZA 2005, 146.

Gamillscheg, Franz: Kollektives Arbeitsrecht – Ein Lehrbuch, Band I: Grundlagen/Koalitionsfreiheit/Tarifvertrag/Arbeitskampf und Schlichtung, München 1997 (zit.: *Gamillscheg*, KollArbR I).

Gaul, Björn: Neue Felder des Arbeitskampfs: Streikmaßnahmen zur Erzwingung eines Tarifsozialplans, RdA 2008, 13.

Geerds, Olaf: Vom einheitlichen zum differenzierten Gewerkschaftsbegriff – Versuch einer Neubewertung unter besonderer Berücksichtigung der sozialen Mächtigkeit, Hamburg 2009 (zit.: Gewerkschaftsbegriff).

Germelmann, Claas-Hinrich: Theorie und Geschichte des Streikrechts, Darmstadt 1980.

Giere, Kathrin: Soziale Mächtigkeit als Voraussetzung für die Tariffähigkeit, Baden-Baden 2006 (zit.: Soziale Mächtigkeit).

Giesen, Richard: Tarifeinheit im Betrieb, NZA 2009, 11.

Gitter, Wolfgang: Zur Rechtmäßigkeit eines ohne Urabstimmung durchgeführten Streiks, JZ 1965, 197.

Grau, Timon: Anmerkung zu BAG v. 24.04.2007 – 1 AZR 252/06, NJW 2007, 3660.

Greiner, Stefan: Der Arbeitskampf der GDL – Überlegungen zur Parität im Sparten- und Spezialistenarbeitskampf, NZA 2007, 1023.

Greiner, Stefan: Der Regelungsvorschlag von DGB und BDA zur Tarifeinheit, NZA 2010, 743.

Greiner, Stefan: Rechtsfragen der Koalitions-, Tarif- und Arbeitskampfpluralität, München 2010 (zit.: *Greiner*, Arbeitskampfpluralität).

Grimm, Detlef/ Pelzer, Sebastian: Tarifsozialpläne im Tendenzunternehmen?, NZA 2008, 1321.

Grunsky, Wolfgang: Anmerkung zu BAG v. 15.03.1977 – 1 ABR 16/75, JZ 1977, 470.

Hagemeier, Christian: Das BAG zur Tariffähigkeit von Arbeitnehmervereinigungen (Auf dem Weg zu einem neuen Typus der Gewerkschaft?), AuR 1988, 193.

Hamann, Wolfgang: Anmerkung zu BAG v. 24.03.2004 – 5 AZR 303/03, EzA Nr. 2 zu § 138 BGB 2002, Bl. 11.

Hanau, Peter/ Adomeit, Klaus: Arbeitsrecht, 14. Aufl., Neuwied 2007.

Hanau, Peter/ Thüsing, Gregor: Tarifverträge zur Beschäftigungssicherung – Grenzen und Perspektiven, Teil 2, ZTR 2001, 49.

Hanau, Peter: Kurzkommentar zu BAG 23.05.2001 – 5 AZR 527/99, EWiR 2002, 419.

Hanau, Peter: Verbands-, Tarif- und Gerichtspluralismus, NZA 2003, 128.

Heenen, Norbert: Kampfparität und bilaterales Monopol, Heidelberg 1988 (zit.: Kampfparität).

Heldrich, Andreas: Die Bedeutung der Rechtssoziologie für das Zivilrecht, AcP 186 (1986), 74.

Hensche, Detlef/ Wolter, Henner: Die verhältnismäßige Freiheit – zum Übermaßverbot des Streiks, in: Individuelle und kollektive Freiheit im Arbeitsrecht – Gedächtnisschrift für

Ulrich Zachert, Hrsg.: *Dieterich, Thomas*/ Le Friant, Martine/ Nogler, Luca/ Kezuka, Katsutoshi/ Pfarr, Heide, Baden-Baden 2010, S. 544 (zit.: *Hensche/ Wolter*, in: GS Zachert).

Hensche, Detlef: Tarifvertrag und Unternehmenspolitik – Von der Unantastbarkeit der Unternehmerfreiheit, AuR 2004, 443.

Hensche, Martin: Zu Praktikabilität und Nutzen des arbeitskampfrechtlichen Paritätsprinzips, RdA 1996, 293.

Henssler, Martin: Ende der Tarifeinheit – Eckdaten eines neuen Arbeitskampfrechts, RdA 2011, 65.

Henssler, Martin: Soziale Mächtigkeit und organisatorische Leistungsfähigkeit als Voraussetzungen der Tariffähigkeit von Gewerkschaften, Baden-Baden 2006 (zit.: Soziale Mächtigkeit).

Herschel, Wilhelm: Leistungsfähigkeit – eine Voraussetzung arbeitsrechtlicher Koalitionen, AuR 1976, 225.

Herschel, Wilhelm: Zur Entstehung des Tarifvertragsgesetzes, ZfA 1973, 183.

Hirdina, Ralph: Anpassung der Laufzeiten von Spartentarifverträgen – Ein Lösungsansatz für die Tarifpluralität?, NZA 2009, 997.

Höfling, Wolfram/ Burkiczak, Christian: Die unmittelbare Drittwirkung gemäß Art. 9 Abs. 3 Satz 2 GG, RdA 2004, 263.

Höfling, Wolfram/ Engels, Andreas: Der „Bahnstreik" – oder: Offenbarungseid des Arbeitskampfrichterrechts? –, NJW 2007, 3102.

Höfling, Wolfram: Der Verfassungsrechtliche Koalitionsbegriff, RdA 1999, 182.

Höfling, Wolfram: Die Grundrechtsbindung der Staatsgewalt, JA 1995, 431.

Höfling, Wolfram: Offene Grundrechtsinterpretation – Grundrechtsauslegung zwischen amtlichem Interpretationsmonopol und privater Konkretisierungskompetenz, Berlin 1987.

Höfling, Wolfram: Streikbewehrte Forderung nach Abschluss von Tarifsozialplänen anlässlich konkreter Standortentscheidungen - Eine verfassungsrechtliche Kritik der arbeitsrechtlichen Judikatur -, ZfA 2008, 1.

v. Hoyningen-Huene, Gerrick: Rechtmäßigkeitsvoraussetzungen aktueller Arbeitskampfmittel der Gewerkschaften, JuS 1987, 505.

Hromadka, Wolfgang/ Maschmann, Frank: Arbeitsrecht, Band 2: Kollektivarbeitsrecht und Arbeitsstreitigkeiten, 5. Aufl., Berlin 2010 (zit.: *Hromadka/ Maschmann*).

Hromadka, Wolfgang: Entwurf eines Gesetzes zur Regelung der Tarifkollision, NZA 2008, 384.

Huber, Ernst Rudolf: Der Streit um das Wirtschaftsverfassungsrecht, DÖV 1956, 97, 135, 172, 200.

Huber, Ernst Rudolf: Wirtschaftsverwaltungsrecht, Zweiter Band, 2. Aufl., Tübingen 1954 (zit.: *E. R. Huber*, Wirtschaftsverwaltungsrecht II).

Hueck, Alfred/ Nipperdey, Hans Carl:
Lehrbuch des Arbeitsrechts, zweiter Band, erster Halbband, 7. Aufl., Berlin 1967 (zit.: *Hueck/ Nipperdey*, II/1).

Lehrbuch des Arbeitsrechts, zweiter Band, zweiter Halbband, 7. Aufl., Berlin 1970 (zit.: *Hueck/ Nipperdey*, II/2).
Hueck, Alfred: Tarifausschlussklausel und verwandte Klauseln im Tarifvertragsrecht, München und Berlin 1966 (zit.: Tarifausschlussklausel).
Hueck, Götz: Anmerkung zu BAG v. 16.11.1965 – 1 AZR 160/65, AP Nr. 30 zu § 4 TVG Ausschlussfristen.
Hufen, Friedhelm: Staatsrecht II, Grundrechte, 3. Aufl., München 2011 (zit.: *Hufen*, Staatsrecht II).
Hümmerich, Klaus/ Welslau, Dietmar: Beschäftigungssicherung trotz Personalabbau, NZA 2005, 610.
Hunold, Wolf: Tarifpluralität oder Tarifeinheit – Gedanken aus der Praxis, NZA 2007, 1037.

Ipsen, Jörn: Gesetzliche Einwirkungen auf grundrechtlich geschützte Rechtsgüter, JZ 1997, 473.
Isensee, Josef/ Kirchhof, Paul (Hrsg.): Handbuch des Staatsrechts der Bundesrepublik Deutschland,
Band III (Das Handeln des Staates), 1. Aufl., Heidelberg 1988 (zit.: *Bearbeiter*, in: Isensee/ Kirschhof, HStR III 1. Aufl.).
Band V (Allgemeine Grundrechtslehren), 1. Aufl., Heidelberg 1992 (zit.: *Bearbeiter*, in: Isensee/ Kirschhof, HStR V 1. Aufl.).
Band VI (Freiheitsrechte), 1. Aufl., Heidelberg 1989 (zit.: *Bearbeiter*, in: Isensee/ Kirchhof, HStR VI 1. Aufl.).
Isensee, Josef: Wer definiert die Freiheitsrechte? Selbstverständnis der Grundrechtsträger und Grundrechtsausgestaltung des Staates, Heidelberg/Karlsruhe 1980.

Jabornegg, Peter: Rechtsfragen des Streiks angestellter Ärzte, in: Resch, Reinhard/ Waller, Felix (Hrsg.), Gmundner Medizinrechtskongress 2009, Wien 2010, S. 1 (zit.: *Jabornegg*, Rechtsfragen des Streiks angestellter Ärzte).
Jacobs, Matthias/ Krause, Rüdiger/ Oetker, Hartmut: Tarifvertragsrecht, München 2007 (zit.: *Bearbeiter*, in: Jacobs/ Krause/ Oetker, TVG).
Jacobs, Matthias: Das neue Arbeitskampfrecht des Bundesarbeitsgerichts, ZfA 2011, 71.
Jacobs, Matthias: Tariffrieden bei Gewerkschaftspluralität, in: Festschrift für Herbert Buchner zum 70. Geburtstag, Hrsg.: Bauer, Jobst-Hubertus/ Kort, Michael/ Möllers, Thomas/ Sandmann, Bernd, München 2009, S. 529 (zit.: *Jacobs*, in: FS Buchner).
Jacobs, Matthias: Tarifpluralität statt Tarifeinheit – Aufgeschoben ist nicht aufgehoben! –, NZA 2008, 325.
Jakobs, Michael Ch.: Der Grundsatz der Verhältnismäßigkeit – mit einer exemplarischen Darstellung seiner Geltung im Atomrecht, Köln, München 1985 (zit.: *Jakobs M.C.*, Verhältnismäßigkeit).
Jarass, Hans D./ Pieroth, Bodo: Grundgesetz für die Bundesrepublik Deutschland, 12. Aufl., München 2012 (zit.: *Bearbeiter*, in: Jarass/ Pieroth).

Jarass, Hans D.: Grundrechte – als Wertentscheidung bzw. objektivrechtliche Prinzipien in der Rechtsprechung des Bundesverfassungsgerichts, AöR 110 (1985), 363.

Joachim, Hans G.: Ist der Grundsatz der Verhältnismäßigkeit ein geeignetes Kriterium für die rechtliche Erfassung des Phänomens „Arbeitskampf"?, AuR 1973, 289.

Jühe, Reinhard: Einheitsgewerkschaft in Gefahr – Einheit oder Pluralismus?, Köln 1979 (zit.: Einheitsgewerkschaft).

Junker, Abbo: Der Flächentarifvertrag im Spannungsverhältnis von Tarifautonomie und betrieblicher Regelung, ZfA 1996, 383.

Junker, Abbo: Entwicklung des Arbeitskampfrechts in Europa, in: Neues Arbeitskampfrecht?, 7. ZAAR-Kongress, Hrsg.: *Rieble, Volker*/ Junker, Abbo/ Giesen, Richard, München 2010, S. 155 (zit.: *Junker*, in: Neues Arbeitskampfrecht?).

Junker, Abbo: Grundkurs Arbeitsrecht, 11. Aufl., München 2012 (zit.: *Junker*, Arbeitsrecht).

Kahl, Wolfgang: Vom weiten Schutzbereich zum engen Gewährleistungsgehalt – Kritik einer neuen Richtung der deutschen Grundrechtsdogmatik, Der Staat 2004, 167.

Kaiser, Joseph Heinrich: Der politische Streik – eine staatsrechtliche Untersuchung, 2. Aufl., Berlin 1959.

Kamanabrou, Sudabeh: Der Streik durch Spartengewerkschaften – Zulässigkeit und Grenzen, ZfA 2008, 241.

Käppler, Renate: Tarifvertragliche Regelungsmacht, NZA 1991, 745.

Keller, Berndt: Der aufhaltsame Aufstieg von Berufsverbänden – Bedingungen, Ziele und Folgen, Sozialer Fortschritt 2008, 163.

Kempen, Ernst Otto/ Zachert, Ulrich: Tarifvertragsgesetz, 4. Aufl., Frankfurt a. M. 2006 (zit.: Kempen/ Zachert/ *Bearbeiter*).

Kempen, Ernst Otto: „Form follows function" – Zum Begriff der „Gewerkschaft" in der tarif- und arbeitskampfrechtlichen Rechtsprechung des Bundesarbeitsgerichts, in: 50 Jahre Bundesarbeitsgericht, Hrsg.: Oetker, Hartmut/ Preis, Ulrich/ Rieble Volker, München 2004, S. 733 (zit.: *Kempen*, in: FS 50 Jahre BAG).

Kempen, Ernst Otto: Das ökonomische Kalkül in der Aussperrungsrechtsprechung des BAG, AuR 1982, 73.

Kempen, Ernst Otto: Die "Tarifeinheit" der Koalitionsfreiheit – ein Zwischenruf –, in: Festschrift für Wolfgang Hromadka zum 70. Geburtstag, Hrsg.: Maschmann, Frank, München 2008, S. 177.

Kempen, Ernst Otto: Warnstreik, Sympathiestreik und gewerkschaftliche Demonstration im grundgesetzlichen Arbeitsverfassungsrecht, AuR 1990, 237.

Kemper, Michael: Die Bestimmung des Schutzbereichs der Koalitionsfreiheit (Art. 9 Abs. 3 GG) – Zugleich ein Beitrag zur Lehre von den Einrichtungsgarantien, Heidelberg 1990 (zit.: Koalitionsfreiheit).

Kissel, Otto Rudolf: Arbeitskampfrecht, Ein Leitfaden, München 2002 (zit.: *Kissel*, AK).

Kissel, Otto Rudolf: Arbeitsrecht und Staatsvertrag, NZA 1990, 545.

Kittner, Michael: Arbeitskampf, Geschichte – Recht – Gegenwart, München 2005 (zit.: *Kittner*, Arbeitskampf).

Kittner, Michael: Parität im Arbeitskampf, Überlegungen zur Forderung nach dem Verbot der Aussperrung, GMH 1973, 91.

Knebel, Jürgen: Koalitionsfreiheit und Gemeinwohl – Zur verfassungsrechtlichen Zulässigkeit staatlicher Einwirkung auf die tarifautonome Lohngestaltung, Berlin 1978 (zit.: Koalitionsfreiheit).

Kock, Martin: Zulässigkeit von Streikaufrufen für einen Tarifsozialplan, Anmerkung zu BAG, Urteil vom 24.04.2007 – 1 AZR 252/06, ZIP 2007, 1775.

Konzen, Horst/ Scholz, Rupert: Die begrenzte Aussperrung – Zur neuen Aussperrungsjudikatur des Bundesarbeitsgerichts –, DB 1980, 1593.

Konzen, Horst: Anmerkung zu BAG v. 17.12.1976 – 1 AZR 605/75, SAE 1977, 235.

Konzen, Horst: Anmerkung zu BVerfG v. 26.Juni 1991, 1 BvR 779/85, SAE 1991, 335.

Konzen, Horst: Der Arbeitskampf im Verfassungs- und Privatrechtssystem, AcP 177 (1977), 473.

Konzen, Horst: Der Sympathiestreik bei inkongruenter Tarifzuständigkeit der Tarifparteien, DB 1990, Beilage 6, S. 1.

Konzen, Horst: Die erweiterte Zulassung des Unterstützungsstreiks, SAE 2008, 1.

Konzen, Horst: Die Kodifikation der Tarifeinheit im Betrieb, JZ 2010, 1036.

Konzen, Horst: Die Tarifautonomie zwischen Akzeptanz und Kritik, NZA 1995, 913.

Konzen, Horst: Fünfzig Jahre richterliches Arbeitskampfrecht – Grundlagen, Bilanz, Weiterentwicklung, in: 50 Jahre Bundesarbeitsgericht, Hrsg.: Oetker, Hartmut/ Preis, Ulrich/ Rieble Volker, München 2004, S. 515 (zit.: *Konzen*, in: FS 50 Jahre BAG).

Koop, Stefan, Das Tarifvertragssystem zwischen Koalitionsmonopolismus und Koalitionspluralismus, Berlin 2009 (zit.: *Koop*, Koalitionspluralismus).

Kraft, Alfons: Anmerkung zu BAG v. 15.03.1977 – 1 ABR 16/75, SAE 1978, 43.

Krause, Fritz: Arbeitereinheit rettet die Republik – Dokumente und Materialien zur Niederschlagung des Kapp-Putsches 1920, Frankfurt a. M. 1970.

Krause, Rüdiger: Standortsicherung und Arbeitsrecht, Baden-Baden 2007 (zit.: *Krause*, Standortsicherung).

Kreft, Burghard: Zur Zulässigkeit von Tarifsozialplänen, BB-Beil. 4.2008, 14.

Krejci, Heinz: Aussperrung, Verfassungs- und Privatrechtsfragen nach deutschem Recht, Wien 1980 (zit.: Aussperrung).

Kreuz, Harald: Der Grundsatz der Verhältnismäßigkeit im Arbeitskampfrecht, Berlin 1988 (zit.: Verhältnismäßigkeit).

Krichel, Ulrich: Zur Rechtslage bei politischen Streiks, NZA 1987, 297.

Krist, Ingo: Grenzen des Tarifsozialplanes, Kiel 2009 (zit.: Tarifsozialplan).

Küchenhoff, Günther: Einwirkung des Verfassungsrechts auf das Arbeitsrecht, in: Festschrift für Hans Carl Nipperdey zum 70. Geburtstag 21. Januar 1965, Band II, Hrsg.: Dietz, Rolf/ Hübner, Heinz, München und Berlin 1965, S. 317 (zit.: *Küchenhoff*, in: FS Nipperdey II).

Kühling, Jürgen/ Bertelsmann, Klaus: Tarifautonomie und Unternehmerfreiheit – Arbeitskampf aus Anlass von Standortentscheidungen, NZA 2005, 1017.

Lehmann, Friedrich-Wilhelm: Arbeitskampf – Macht der Koalitionen – Ohnmacht der Betroffenen und Drittbetroffenen – Ein Blick zurück nach vorn, in: Festschrift für Herbert Buchner zum 70. Geburtstag, Hrsg.: Bauer, Jobst-Hubertus/ Kort, Michael/ Möllers, Thomas/ Sandmann, Bernd, München 2009, S. 529 (zit.: *Lehmann*, in: FS Buchner).

Leinemann, Wolfgang: Kasseler Handbuch zum Arbeitsrecht, Band 2, 2. Aufl., Neuwied 2000 (zit.: *Bearbeiter*, in: KassHdb).

Leisner, Walter: Der Abwägungsstaat – Verhältnismäßigkeit als Gerechtigkeit?, Berlin 1997.

Lembke, Mark: Staatliche Schlichtung in Arbeitsstreitigkeiten nach dem Kontrollratsgesetz Nr. 35 – Relikt der Besetzungszeit oder Modell für Mediation im Arbeitsrecht?, RdA 2000, 223.

Lepa, Manfred: Grundrechtskonflikte, DVBl. 1972, 161.

Lerche, Peter: Verfassungsrechtliche Zentralfragen des Arbeitskampfes, Bad Homburg v.d.H. Berlin Zürich 1968.

Lesch, Hagen: Spartengewerkschaften – Droht eine Destabilisierung des Flächentarifvertrags?, Sozialer Fortschritt 2008, 144.

Leydecker, Philipp: Bonus für Gewerkschaftsmitgliedschaft, AuR 2006, 11.

Leydecker, Philipp: Der Tarifvertrag als exklusives Gut – Die rechtliche Zulässigkeit und Erstreikbarkeit von Differenzierungsklauseln, Berlin 2005 (zit.: Tarifvertrag).

Lieb, Manfred/ Jacobs, Matthias: Arbeitsrecht, 9. Aufl., Heidelberg 2006.

Lieb, Manfred: Erkämpfbarkeit von Firmentarifverträgen mit verbandsangehörigen Arbeitgebern, DB 1999, 2058.

Lieb, Manfred: Gedanken zur Aussperrung, DB 1980, 2188.

Lieb, Manfred: Vorbeugende Schlichtung unter Beteiligung Dritter, in: Arbeitsrecht und Sozialpartnerschaft - Festschrift für Peter Hanau, Hrsg.: Isenhardt, Udo/ Preis, Ulrich, Köln 1999, S. 561 (zit.: *Lieb*, in: FS Hanau).

Lieb, Manfred: Warnstreik und kein Ende? - Grundsätzliche Überlegungen zur Geltung und Reichweite des ultima-ratio-Prinzips, ZfA 1990, 357.

Lieb, Raimund Franz: Der Arbeitskampf im öffentlichen Dienst, Hamburg 2003.

Loritz, Karl-Georg: Das Bundesarbeitsgericht und die „Neue Beweglichkeit“ – Eine Stellungnahme zu arbeitsrechtlichen, verfassungsrechtlichen und prozessualen Problemen des BAG-Urteils vom 12. September 1984 – 1 AZR 342/83 –, ZfA 1985, 185.

Loritz, Karl-Georg: Das überkommene Arbeitskampfrecht und die aktuellen Entwicklungen des Wirtschaftslebens, in: 50 Jahre Bundesarbeitsgericht, Hrsg.: Oetker, Hartmut/ Preis, Ulrich/ Rieble Volker, München 2004, S. 577 (zit.: *Loritz*, in: FS 50 Jahre BAG).

Loritz, Karl-Georg: Neue Entwicklungen im Tarifrecht durch Spartentarifverträge – Regulierung der Missbräuche durch rechtliche Mittel oder durch Wiederherstellung marktwirtschaftlicher Mechanismen?, in: Festschrift für Herbert Buchner zum 70. Geburtstag, Hrsg.: Bauer, Jobst-Hubertus/ Kort, Michael/ Möllers, Thomas/ Sandmann, Bernd, München 2009, S. 582 (zit.: *Loritz*, in: FS Buchner).

Löwisch, Manfred/ Krauß, Ernst-Friedrich: Rechtsfolgen für die Arbeitsverhältnisse der kampfbeteiligten Arbeitnehmer, und Arbeitgeber, AR-Blattei 170.3.1.

Löwisch, Manfred/ Rieble, Volker: Tarifvertragsgesetz – Kommentar,
1. Aufl., München 1992 (zit.: *Löwisch/ Rieble*, TVG 1. Aufl.).
3. Aufl., München 2012 (zit.: *Löwisch/ Rieble*, TVG).

Löwisch, Manfred/ Rieble, Volker: Zur Zulässigkeit von Warnstreiks und zur Haftung für Schäden aus Betriebsblockaden, zugl. Anmerkung zum Urteil des BAG v. 21.06.1988, 1 AZR 651/86, JZ 1989, 91.

Löwisch, Manfred: Anmerkung zu BAG v. 05.10.1999, 4 AZR 668/98, RdA 2000, 310.

Löwisch, Manfred: Arbeitskampf- und Schlichtungsrecht, Heidelberg, 1997 (zit.: *Bearbeiter*, in: Löwisch, AK).

Löwisch, Manfred: Beschäftigungssicherung als Gegenstand betrieblicher und tariflicher Regelungen und von Arbeitskämpfen, DB 2005, 554.

Löwisch, Manfred: Das Übermaßverbot im Arbeitsrecht – Bemerkungen zum Beschluß des Großen Senats des Bundesarbeitsgerichts vom 21.4.1971, ZfA 1971, 319.

Löwisch, Manfred: Die Voraussetzungen der Tariffähigkeit, ZfA 1970, 295.

Löwisch, Manfred: Modernes Tarifverhandlungsrecht: Förderung alternativer Konfliktlösung, in: Zukunft des Arbeitskampfes, Hrsg.: *Rieble, Volker*, München 2005, S. 35 (zit.: *Löwisch*, in: Zukunft des Arbeitskampfes).

Löwisch, Manfred: Schutz der Selbstbestimmung durch Fremdbestimmung – Zur verfassungsrechtlichen Ambivalenz des Arbeitnehmerschutzes –, ZfA 1996, 293.

Löwisch, Manfred: Tarifeinheit – Was kann und soll der Gesetzgeber tun?, RdA 2010, 263.

Maeßen, Charlotte: Auswirkungen der EuGH-Rechtsprechung auf das deutsche Arbeitskampfrecht unter besonderer Berücksichtigung der Entscheidungen in den Rechtssachen Viking und Laval, Frankfurt a. M. 2010 (zit.: Arbeitskampfrecht).

v. Mangoldt, Hermann/ Klein, Friedrich/ Starck, Christian: Kommentar zum Grundgesetz,
Band 1: Präambel, Art. 1 bis 19, 5. Aufl., München 2005 (zit.: *Bearbeiter*, in: vM/K/S, 5. Aufl.).
Band 1: Präambel, Art. 1 bis 19, 6. Aufl., München 2010 (zit.: *Bearbeiter*, in: vM/K/S).

Martens, Wolfgang: Öffentlichkeit als Rechtsbegriff, Bad Homburg v.d.H. 1969.

Matz, Werner: Einleitung bis gestrichene Artikel zu Abschnitt I und II, in: Jahrbuch des öffentlichen Rechts der Gegenwart – Neue Folge/ Band 1, Hrsg.: Leibholz, Gerhard/ v. Mangoldt, Hermann, S. 1 (zit.: *Matz*, in: Jahrbuch des öffentlichen Rechts I).

Maunz, Theodor/ Dürig, Günter/ Herzog, Roman/ Scholz, Rupert (Hrsg.): Grundgesetz, München, Loseblattsammlung, Stand: 63. Lieferung, Oktober 2011 (zit.: *Bearbeiter*, in: Maunz/ Dürig).

Mayer, Udo: Fernwirkung von Arbeitskämpfen und Mitbestimmung des Betriebsrats, AuR 1980, 65.

Mayer-Maly, Theo: Anmerkung zu BAG v. 09.07.1968 – 1 ABR 2/67, AP Nr. 25 zu § 2 TVG.

Mayer-Maly, Theo: Aussperrung und Parität, DB 1979, 95.

Mayer-Maly, Theo: Die Bedeutung des Grundsatzes der Verhältnismäßigkeit für das kollektive Arbeitsrecht, ZfA 1980, 473.

Medicus, Dieter: Allgemeiner Teil des BGB, 10. Aufl., Heidelberg, München, Landsberg, Frechen, Hamburg 2010 (zit.: BGB AT).

Mehrens, Christian: Sozialtarifverträge – Zulässigkeit und Erstreikbarkeit, Hamburg 2007 (zit.: *Mehrens*, Sozialtarifverträge).

Merten, Detlef/ Papier, Hans-Jürgen (Hrsg.): Handbuch der Grundrechte in Deutschland und Europa, Band III (Grundrechte in Deutschland: Allgemeine Lehren II), Heidelberg 2009 (*Bearbeiter*, in: Merten/ Papier, Grundrechte).

Meyer, Cord: Rechtliche wie praktische Unzuträglichkeiten einer Tarifpluralität, NZA 2006, 1387.

Michael, Lothar: Die drei Argumentationsstrukturen des Grundsatzes der Verhältnismäßigkeit – Zur Dogmatik des Über- und Untermaßverbotes und der Gleichheitssätze, JuS 2001, 148.

Michael, Lothar: Grundfälle zur Verhältnismäßigkeit, JuS 2001, 654, 764.

Mock, Sebastian: Grundfälle zum Stellvertretungsrecht, JuS 2008, 486.

Mösch, Reinhold: Gilt der Grundsatz der Verhältnismäßigkeit im Arbeitskampfrecht?, Pfaffenweiler 1991 (zit.: Verhältnismäßigkeit).

Müller, Gerhard: Arbeitskampf und Recht – Grundsätze der Tarifvertragsautonomie, Frankfurt a. M. 1987 (zit.: Arbeitskampf).

Müller-Glöge, Rudi/ Preis, Ulrich/ Schmidt, Ingrid (Hrsg.): Erfurter Kommentar zum Arbeitsrecht, 13. Aufl., München 2013 (zit.: ErfK/ *Bearbeiter*).

v. Münch, Ingo/ Kunig, Philip: Grundgesetz-Kommentar, Band 1 (Präambel bis Art. 19), 6. Aufl., München 2012 (zit.: *Bearbeiter*, in: v. Münch/ Kunig).

Murswiek, Dietrich: Das Bundesverfassungsgericht und die Dogmatik mittelbarer Grundrechtseingriffe – zu der Glykol- und Osho-Entscheidung vom 26.6.2002, NVwZ 2003, 1.

Murswiek, Dietrich: Die staatliche Verantwortung für die Risiken der Technik – Verfassungsrechtliche Grundlagen und immissionsschutzrechtliche Ausformung, Berlin 1985 (zit.: staatliche Verantwortung).

Musielak, Hans-Joachim: Kommentar zur Zivilprozessordnung mit Gerichtsverfassungsgesetz, 9. Aufl., München 2012 (zit.: *Musielak*, ZPO).

Nicolai, Andrea: Erstreikbarkeit von tariflichen Sozialplänen, Anmerkung zu LAG Niedersachsen, Urteil vom 02.06.2004 – 7 Sa 819/04, SAE 2004, 240.

Nikisch, Arthur: Arbeitsrecht, II. Band (Koalitionsrecht, Arbeitskampfrecht und Tarifrecht), 2. Aufl., Tübingen 1959 (zit.: *Nikisch*, Arbeitsrecht).

Nipperdey, Hans Carl: Rechtsprobleme der Aussperrung und des Streiks, DB 1963, 1613.

Nogler, Luca: Die unfruchtbaren Weimarer Wurzeln des Grundrechts auf Koalitionsfreiheit, AuR 1996, 206.

Oetker, Hartmut: Die Durchführung von Not- und Erhaltungsarbeiten bei Arbeitskämpfen, Heidelberg 1984 (zit.: Erhaltungsarbeiten).

Otto, Hansjörg: Anmerkung zu BAG v. 23.10.1996 – 1 AZR 269/96, EzA Nr. 126, Art. 9 GG Arbeitskampf, 9.
Otto, Hansjörg: Arbeitskampf- und Schlichtungsrecht, München 2006 (zit.: *Otto*, AK).
Otto, Hansjörg: Das konturlose Arbeitskampfrecht des BAG – Vom Arbeitskampf als *ultima ratio* zur nahezu unbeschränkten Kampffreiheit?, RdA 2010, 135.
Otto, Hansjörg: Die Aussperrung im Licht der Urteile des BAG aus dem Jahr 1980, RdA 1981, 285.
Otto, Hansjörg: Tarifzensur und Arbeitskampf, in: Festschrift für Horst Konzen zum siebzigsten Geburtstag, Hrsg.: Dauner-Lieb, Barbara/ Hommelhoff, Peter/ Jacobs, Matthias/ Kaiser, Dagmar/ Weber, Christoph, Tübingen 2006, S. 663 (zit.: *Otto*, in: FS Konzen).

Palandt, Otto (Begr.): Palandt – Bürgerliches Gesetzbuch mit Nebengesetzen, 72. Aufl., München 2013 (zit.: Palandt/ *Bearbeiter*).
Paschke, Christian/ Ritschel, Andrea: Erstreikbarkeit von Tarifverträgen aus Anlass von Standortentscheidungen, AuR 2007, 110.
Peter, Gabriel: Anmerkung zu BAG v. 23.05.2001 – 5 AzR 527/99, AuR 2001, 510.
Peters, Hans/ Ossenbühl, Fritz: Die Übertragung von öffentlich-rechtlichen Befugnissen auf Sozialpartner unter besonderer Berücksichtigung des Arbeitszeitschutzes, Berlin 1967 (zit.: Übertragung von öffentlich-rechtlichen Befugnissen).
Pfarr, Heide/ Brandt, Hermann: Zur Geltung des Verhältnismäßigkeitsgrundsatzes bei Streik und Aussperrung, AuR 1981, 325.
Picker, Eduard: Arbeitskampfrecht und Grundrechtsordnung – Zur arbeitskampfrechtlichen Neuorientierung des Bundesarbeitsgerichts in der 4. Warnstreikentscheidung –, DB 1989, Beil. 16, 1.
Picker, Eduard: Die Regelung der „Arbeits- und Wirtschaftsbedingungen“ – Vertragsprinzip oder Kampfprinzip?, ZfA 1986, 199.
Picker, Eduard: Ultima-ratio-Prinzip und Tarifautonomie, RdA 1982, 331.
Picker, Eduard: Verfahrensfragen und Erklärungsobliegenheiten, in: Arbeitskampfrecht – Symposion Hugo Seiter zum Gedächtnis, Hrsg.: Lieb, Manfred/ von Stebut, Dietrich/ Zöllner, Wolfgang, Berlin 1990, S. 275 (zit.: *Picker*, in: Arbeitskampfrecht).
Pieroth, Bodo/ Schlink, Bernhard: Grundrechte Staatsrecht II, 28. Aufl., Heidelberg 2012 (zit.: Grundrechte).
Potthoff, Heinrich: Freie Gewerkschaften 1918-1933 – Der Allgemeine Deutsche Gewerkschaftsbund in der Weimarer Republik, Düsseldorf 1987 (zit.: Freie Gewerkschaften).
Preis, Ulrich: Arbeitsrecht – Kollektivarbeitsrecht Lehrbuch für Studium und Praxis, 3. Aufl., Köln 2012 (zit.: Kollektivarbeitsrecht).

Raab, Thomas: Betriebliche Bündnisse für Arbeit – Königsweg aus der Beschäftigungskrise?, ZfA 2004, 371.
Raiser, Thilo: Die Aussperrung nach dem Grundgesetz, Berlin 1975 (zit.: Aussperrung).
Rasch, Harold: Grenzen des Streikrechts, BB 1974, 1217.
Rebel, Wolfgang: Die Zulässigkeit des Warnstreiks, RdA 1979, 207.

Reichold, Hermann: Verfassungsrechtliche Grenzen der Arbeitskampfverfügung, in: Festschrift für Herbert Buchner zum 70. Geburtstag, Hrsg.: Bauer, Jobst-Hubertus/ Kort, Michael/ Möllers, Thomas/ Sandmann, Bernd, München 2009, S. 721 (zit.: *Reichold*, in: FS Buchner).

Reinecke, Gerhard: Vertragskontrolle im Arbeitsverhältnis, NZA Sonderbeilage zu Heft 3/2000, 23 (zit.: NZA-Beil. 2000/3, 23).

Reuß, Wilhelm: Die Bedeutung der „Mächtigkeit" von Verbänden im kollektiven Arbeitsrecht, RdA 1972, 4.

Reuß, Wilhelm: Die Bedeutung des Gemeinwohls für die Tarifhoheit, ZfA 1970, 319.

Reuß, Wilhelm: Die Unzulässigkeit gerichtlicher Tarifzensur, AuR 1975, 289.

Reuß, Wilhelm: Koalitionseigenschaft und Tariffähigkeit – Zu einigen kontroversen Grundfragen, in: Recht und Rechtsleben in der sozialen Demokratie – Festgabe für Otto Kunze zum 65. Geburtstag, Hrsg.: Ballerstadt, Kurt/ Friesenhahn, Ernst/ v. Nell-Breunung, Oswald, Berlin 1969, S. 269 (zit.: *Reuß*, in: Festgabe Kunze).

Reuter, Dieter: Die Grenzen des Streikrechts, ZfA 1990, 535.

Reuter, Dieter: Zulässigkeit von Warnstreiks, SAE 1989, 101.

Richardi, Reinhard/ Wlotzke, Otfried/ Wißmann, Hellmut/ Oetker, Hartmut: Münchener Handbuch zum Arbeitsrecht,
Band 1: Individualarbeitsrecht, 3. Aufl., München 2009 (zit.: *Bearbeiter*, in: MüArbR 1).
Band 2: Kollektivarbeitsrecht/Sonderformen, 3. Aufl., München 2009 (zit.: *Bearbeiter*, in: MüArbR).

Richardi, Reinhard/ Wlotzke, Otfried: Münchener Handbuch zum Arbeitsrecht – Band 3: Kollektives Arbeitsrecht, 2. Aufl., München 2000 (zit.: *Bearbeiter*, in: MüArbR, 2. Aufl.).

Richardi, Reinhard: Tariffähigkeit und Erfordernis der sozialen Mächtigkeit – Besprechung des Beschlusses des BAG v. 28.3.2006 – 1 ABR 58/04, RdA 2007, 117.

Richardi, Reinhard: Betriebsverfassungsgesetz mit Wahlordnung, 13. Aufl., München 2012 (zit.: *Bearbeiter*, in: Richardi, BetrVG).

Richardi, Reinhard: Der Beschluss des Bundesverfassungsgerichts zur Aussperrung und seine Folgen für das Arbeitskampfrecht – Zugleich eine Besprechung der Entscheidung des BVerfG vom 16. Juni 1991, 1 BvR 779/85, JZ 1992, 27.

Richardi, Reinhard: Die Verhältnismäßigkeit von Streik und Aussperrung, NJW 1978, 2057.

Richardi, Reinhard: Kollektivvertragliche Arbeitszeitregelung – Fremdbestimmung durch Kollektivnorm oder Regelung der Arbeitsbedingungen für ein rechtsgeschäftliches Dienstleistungsversprechen? –, ZfA 1990, 211.

Ricken, Oliver: Der Sozialplantarifvertrag als zulässiges Arbeitskampfmittel?, ZfA 2008, 283.

Rieble, Volker: Das neue Arbeitskampfrecht des BAG, BB 2008, 1506.

Rieble, Volker: Der Tarifvertrag als kollektiv-privatautonomer Vertrag, ZfA 2000, 5.

Rieble, Volker: Flash-Mob – ein neues Kampfmittel?, NZA 2008, 796.

Rieble, Volker: Staatshilfe für Gewerkschaften, ZfA 2005, 245.

Rieble, Volker: Tarifvertrag und Beschäftigung, ZfA 2004, 1.
Rieble, Volker: Verfassungsfragen der Tarifeinheit, München 2010.
Rieble, Volker: Zulässigkeit des Lokführer-'Funktionseliten'-Streiks, Anmerkung zum Urteil des Hessischen LAG vom 2. 5. 2003 - 9 Sa Ga 638/03, BB 2003, 1227.
Rinck, Klaus/ Kaufmann, Brigitta: Wandlungen in der Rechtsprechung: Neue Entwicklungen im Kündigungsschutz- und Arbeitskampfrecht, RdA 2012, 187.
Ritscher, Wolfgang: Koalitionen und Koalitionsrecht in Deutschland bis zur Reichsgewerbeordnung, Stuttgart 1917 (zit.: *Ritscher*, Koalitionsrecht).
Rittershofer, Christian: Lexikon Politik, Staat, Gesellschaft, München 2007.
Rolfs, Christian/ Clemens, Fabian: Erstreikbarkeit firmenbezogener Verbandstarifverträge? – Zugl.: Bemerkung zum Urteil des LAG Schleswig-Holstein vom 27.03.2003, DB 2003 S. 1336, DB 2003, 1678.
Ruch, Kristina: Dreiseitige Vereinbarungen – Vereinbarungen zwischen Arbeitgeber, Gewerkschaft und Betriebsrat, Frankfurt a.M. 2010 (zit.: Dreiseitige Vereinbarungen).
Rudkowski, Lena: Der Streik in der Daseinsvorsorge, München 2010.
Rüfner, Wolfgang: Zur Gemeinwohlbindung der Tarifvertragsparteien, RdA 1985, 193.
Rüthers, Bernd/ Höpfner, Clemens: Abschied vom Rechtsstaat?, FAZ 26.08.2011, S. 9.
Rüthers, Bernd/ Höpfner, Clemens: Über die Zulässigkeit von Flashmobs als Arbeitskampfmaßnahme, JZ 2010, 261.
Rüthers, Bernd/ Roth, Günter: Anmerkung zu BAG v. 16.11.1982 – 1 ABR 22/78, AP Nr. 32 zu § 2 TVG.
Rüthers, Bernd: Arbeitskampf in einer veränderten Wirtschafts- und Arbeitswelt, NZA 2010, 6.
Rüthers, Bernd: Die Entwicklung des Arbeitskampfrechts unter besonderer Berücksichtigung der Rechtsprechung des Bundesarbeitsgerichts, in: Das Arbeitsrecht der Gegenwart – Jahrbuch für das gesamte Arbeitsrecht und die Arbeitsgerichtsbarkeit – Nachschlagwerk für Wissenschaft und Praxis, Hrsg.: Müller, Gerhard, Band 10, Berlin 1973, S. 23 (zit.: *Rüthers*, in: Arbeitsrecht der Gegenwart, Bd. 10, 23).
Rüthers, Bernd: Sonderprobleme der Rechtmäßigkeit von Arbeitskämpfen im Luftverkehr, ZfA 1987, 1.
Rüthers, Bernd: Zur Kampfparität im Arbeitskampfrecht, Jura 1970, 85.

Sachs, Michael: Grundgesetz Kommentar, 6. Aufl., Berlin 2011 (zit.: *Bearbeiter*, in: Sachs).
Sack, Rolf: Das Anstandsgefühl aller billig und gerecht Denkenden und die Moral als Bestimmungsfaktoren der guten Sitten, NJW 1985, 761.
Säcker, Franz Jürgen/ Oetker, Hartmut: Grundlagen und Grenzen der Tarifautonomie – erläutert anhand aktueller tarifpolitischer Fragen –, München 1992, (zit.: Tarifautonomie).
Säcker, Franz Jürgen/ Oetker, Hartmut: Tarifeinheit im Betrieb – ein Akt unzulässiger richterlicher Rechtsfortbildung?, ZfA 1993, 1.
Säcker, Franz Jürgen/ Rixecker, Roland: Münchener Kommentar zum Bürgerlichen Gesetzbuch, Band 1, Allgemeiner Teil, §§ 1-240 ProstG AGG, 6. Aufl., München 2012 (zit.: MüKoBGB/ *Bearbeiter*).

Säcker, Franz Jürgen: Gruppenautonomie und Übermachtkontrolle im Arbeitsrecht, Berlin 1972 (zit.: Übermachtkontrolle).

Säcker, Franz-Jürgen: Grundprobleme der kollektiven Koalitionsfreiheit – Rechtsquellen- und interpretationstheoretische Bemerkungen zur legislativen und judikativen Konkretisierung des Art. 9 Abs. 3 GG, Düsseldorf 1969 (zit.: Koalitionsfreiheit).

Säcker, Franz-Jürgen: Zu den rechtspolitischen Grundlagen der Arbeitskampf-Entscheidungen des Bundesarbeitsgerichts vom 21. April und 26. Oktober 1971, GMH 1972, 287.

Schaub, Günter: Arbeitsrechts-Handbuch – Systematische Darstellung und Nachschlagwerk für die Praxis,
13. Aufl., München 2009 (zit.: *Bearbeiter*, in: Schaub, ArbR-Hdb., 13. Aufl.).
14. Aufl., München 2011 (zit.: *Bearbeiter*, in: Schaub, ArbR-Hdb.).

Scherer, Inge: Grenzen des Streikrechts in den Arbeitsbereichen der Daseinsvorsorge – Schutz der Bürger vor gezielter Schädigung durch Streiks, Berlin 2000 (zit.: Daseinsvorsorge).

Scheuner, Ulrich: Der Inhalt der Koalitionsfreiheit, in: Koalitionsfreiheit: Drei Rechtsgutachten, Hrsg.: Weber, Werner/ Scheuner, Ulrich/ Dietz, Rolf, Berlin 1961, S. 27 (zit.: *Scheuner*, in: Koalitionsfreiheit).

Schliemann, Harald: Betriebliche Tarifeinheit und Gewerkschaftspluralität, in: Festschrift für Wolfgang Hromadka zum 70. Geburtstag, Hrsg.: Maschmann, Frank, München 2008, S. 359 (zit.: *Schliemann*, in: FS Hromadka).

Schliemann, Harald: Zur arbeitsgerichtlichen Kontrolle kollektiver Regelungen, in: Arbeitsrecht und Sozialpartnerschaft - Festschrift für Peter Hanau, Hrsg.: Isenhardt, Udo/ Preis, Ulrich, Köln 1999, S. 577 (zit.: *Schliemann*, in: FS Hanau).

Schmidt, Benedikt: Tarifpluralität im System der Arbeitsrechtsordnung, Berlin 2011.

Schmidt, Rolf: Grundrechte sowie die Grundzüge der Verfassungsbeschwerde, 14. Aufl., Grasberg bei Bremen 2012 (zit.: *Schmidt R.*, Grundrechte).

Schmidt-Bleibtreu, Bruno: GG Kommentar zum Grundgesetz, 12. Aufl., Köln 2011 (zit.: *Bearbeiter*, in: Schmidt-Bleibtreu, GG).

Schmitt, Jochen: Anmerkung zu BAG v. 24.03.2004 – 5 AZR 303/03, SAE 2005, 201.

Schneider, Dieter: Der Streik. Begriff und Geschichte, in: Zur Theorie und Praxis des Streiks, Hrsg.: ders., Frankfurt a. M. 1971, S. 1 (zit.: *Schneider*, in: Zur Theorie und Praxis des Streiks).

Scholz, Rupert/ Konzen, Horst: Die Aussperrung im System von Arbeitsverfassung und Arbeitsrecht, Berlin 1980 (zit.: Aussperrung).

Scholz, Rupert: Bahnstreik und Verfassung, in: Festschrift für Herbert Buchner zum 70. Geburtstag, Hrsg.: Bauer, Jobst-Hubertus/ Kort, Michael/ Möllers, Thomas/ Sandmann, Bernd, München 2009, S. 827 (zit.: *Scholz*, in: FS Buchner).

Scholz, Rupert: Verfassungsrechtliche Grundlagen des Arbeitskampfrechts, ZfA 1990, 377.

Scholze-Stubenrecht, Werner (Projektleiter): Duden, Deutsches Universalwörterbuch, 7. Aufl., Mannheim Zürich 2011.

Scholze-Stubenrecht, Werner (Projektleiter): Duden, die deutsche Rechtschreibung, 25. Aufl., Mannheim 2010.

Schoof, Christian: Zulässigkeit eines Streiks zur Regelung der Folgen einer Betriebsänderung, zugl. Anmerkung zu LAG Schleswig-Holstein, Urteil vom 27.03.2003 – 5 Sa 137/03, AiB 2004, 571.

Schulten, Thorsten: Kriterien für einen angemessenen Mindestlohn in Deutschland 2011, WSI-Tarifarchiv, Modellrechnung, Stand 07.11.2011; abrufbar unter: http://www.boeckler.de/pdf/wsi_ta_mindestlohn_modellrechnung_2011.pdf.

Schwabe, Jürgen: Probleme der Grundrechtsdogmatik, 2. Aufl., Buxtehude 1997.

Schwarze, Roland: Die Grundrechtsbindung der Tarifnormen aus der Sicht grundrechtlicher Schutzpflichten, ZTR 1996, 1.

Seiter, Hugo: Arbeitskampfparität und Übermaßverbot – unter besonderer Berücksichtigung des „Boykotts" in der deutschen Seeschiffahrt, Düsseldorf, Frankfurt 1979 (zit.: Arbeitskampfparität).

Seiter, Hugo: Die neue Aussperrungsrechtsprechung des Bundesarbeitsgerichts – Zu den Urteilen des Bundesarbeitsgerichts vom 10. Juni 1980 –, RdA 1981, 65.

Seiter, Hugo: Streikrecht und Aussperrung, Ein Arbeitskampfrechtssystem auf der Grundlage subjektiv-privater Kampfrechte, Tübingen, 1975 (zit.: *Seiter*, Streikrecht).

Selbert, Elisabeth: In: Verhandlungen des Hauptausschusses, 42. Sitzung des Parlamentarischen Rates vom 18.1.1949, Bonn 1948/49, S. 539-541 (zit.: *Selbert*, in: Verhandlungen des HA).

Singer, Reinhard: Tarifvertragliche Normenkontrolle am Maßstab der Grundrechte?, ZfA 1995, 611.

Sodan, Helge: Verfassungsrechtliche Grenzen der Tarifautonomie – Ein Beitrag zur Auslegung des Art. 9 Abs. 3 GG, JZ 1998, 421.

Soergel, Hans Theodor (Begr.): Soergel – Bürgerliches Gesetzbuch: mit Einführungsgesetz und Nebengesetzen, Band 2, Allgemeiner Teil 2, §§ 104-240, 13. Aufl., Stuttgart Berlin Köln 1999 (Soergel/ *Bearbeiter*).

Söllner, Alfred: Mächtigkeit und Leistungsfähigkeit als typologische Merkmale der arbeitsrechtlichen Gewerkschaften, AuR 1976, 321.

Söllner, Alfred: Tarifmacht – Grenzen und Grenzverschiebungen, NZA Sonderbeilage zu Heft 24/2000, 33 (zit.: NZA-Beil. 2000/24, 33).

Söllner, Alfred: Zur Zulässigkeit der Aussperrung nach geltendem Recht aus rechtsgeschichtlicher Sicht, RdA 1980, 1.

Starck, Christian: Die Grundrechte des Grundgesetzes – Zugleich ein Beitrag zu den Grenzen der Verfassungsauslegung, JuS 1981, 237.

Staudinger, Julius von (Begr.): J. von Staudingers Kommentar zum Bürgerlichen Gesetzbuch mit Einführungsgesetz und Nebengesetzen,

Buch 1, Allgemeiner Teil 4 a, §§ 134 – 138; Neubearbeitung 2011, Berlin 2011 (zit.: *Bearbeiter*, in: Staudinger, AT 4a).

Buch 1, Allgemeiner Teil 4 b, §§ 139 – 163; Neubearbeitung 2010, Berlin 2010 (zit.: *Bearbeiter*, in: Staudinger, AT 4b).

Buch 1, Allgemeiner Teil 5, §§ 164 – 240; Neubearbeitung 2009, Berlin 2009 (zit.: *Bearbeiter*, in: Staudinger, AT 5).

Steglich, Walter: Eine Streiktabelle für Deutschland 1864 – 1880, Jahrbuch für Wirtschaftsgeschichte, 1960/2, 235.

Stelling, Rainer: Das Erfordernis der Überbetrieblichkeit – ein Anachronismus des modernen Gewerkschaftsbegriffs, NZA 1998, 920.

v. Steinau-Steinrück, Robert/ Brugger, Helen: Tarifkonkurrenz, Tarifpluralität, Tarifeinheit – ein Überblick, NJW-Spezial 2010, 434.

v. Steinau-Steinrück, Robert/ Glanz, Peter: Dauerarbeitskämpfe durch Spartenstreiks – Die verbliebenen Kampfmittel der Arbeitgeber, NZA 2009, 113.

Stern, Klaus: Das Staatsrecht der Bundesrepublik Deutschland,

Band III/1 (Allgemeine Lehren der Grundrechte), München 1988 (zit.: *Stern*, Staatsrecht III/1).

Band III/2 (Allgemeine Lehren der Grundrechte; Grundrechtstatbestand, Grundrechtsbeeinträchtigungen und Grundrechtsbegrenzungen, Grundrechtsverluste und Grundpflichten, Schutz der Grundrechte, Grundrechtskonkurrenzen, Grundrechtssystem), München 1994 (zit.: Bearbeiter, in: Stern, Staatsrecht III/2).

Band IV/1 (Die einzelnen Grundrechte – Der Schutz und die freiheitliche Entfaltung des Individuums), München 2006 (zit.: Bearbeiter, in: Stern, Staatsrecht IV/1).

Sutschet, Holger: Firmenstreik und Abwehrmaßnahmen, ZfA 2005, 581.

Thüsing, Gregor: Tarifautonomie im Wandel, Köln 2003 (zit.: *Bearbeiter*, in: Thüsing, Tarifautonomie).

Thüsing, Gregor: Tarifautonomie und Gemeinwohl, in: 50 Jahre Bundesarbeitsgericht, Hrsg.: Oetker, Hartmut/ Preis, Ulrich/ Rieble, Volker, München 2004, S. 889 (zit.: *Thüsing*, in: FS 50 Jahre BAG).

Todt, Elisabeth/ Radandt, Hans: Zur Frühgeschichte der deutschen Gewerkschaftsbewegung 1800 – 1849, Berlin 1950.

Ulber, Daniel: Neues zur Tariffähigkeit, RdA 2011, 353.

Unterhinninghofen, Hermann: Tarifausstieg durch Wechsel der Tarifpartei? – Zu Anforderungen an die Durchsetzungsfähigkeit einer Gewerkschaft, AuR 2006, 7.

Volkmann, Uwe: Veränderungen der Grundrechtsdogmatik, JZ 2005, 261.

Wacke, Andreas: Die europäischen Rechtswörter für den Arbeitskampf, RdA 1992, 34.

Waltermann, Raimund: Kollektivvertrag und Grundrechte – Zur Bedeutung der Grundrechte und ihrer Gesetzesvorbehalte für die Rechtsnormensetzung durch Kollektivverträge, RdA 1990, 138.

Waltermann, Raimund: Zu den Grundlagen der Rechtsetzung durch Tarifvertrag, in: Europas universale rechtsordnungspolitische Aufgabe im Recht des dritten Jahrtausends, Hrsg.:

Köbler, Gerhard/ Heinze, Meinhard/ Hromadka Wolfgang, München 2000 (zit.: *Waltermann*, in: FS Söllner).

Waltermann, Raimund: Zur Grundrechtsbindung der tarifvertraglichen Rechtsetzung, in: 50 Jahre Bundesarbeitsgericht, Hrsg.: Oetker, Hartmut/ Preis, Ulrich/ Rieble Volker, München 2004, S. 913 (zit.: *Waltermann*, in: FS 50 Jahre BAG).

Wank, Rolf/ Schmidt, Benedikt: Neues zur sozialen Mächtigkeit und organisatorischen Leistungsfähigkeit einer Arbeitnehmervereinigung – Die Entwicklungslinien der BAG-Rechtsprechung und konkrete Folgerungen, RdA 2008, 257.

Wank, Rolf: Aktuelle Probleme des Arbeitskampfrechts – Unterstützungsstreik, Streik um Tarifsozialplan, Schadenersatz und einstweilige Verfügung, RdA 2009, 1.

Wank, Rolf: Grundlagen des Arbeitskampfrechts, in: Arbeitsrecht in der Bewährung, in: Festschrift für Otto Rudolf Kissel zum 65. Geburtstag, Hrsg.: Heinze, Meinhard/ Söllner, Alfred München 1994, S. 1225 (zit.: *Wank*, in: FS Kissel).

Weber, Werner: Koalitionsfreiheit und Tarifautonomie als Verfassungsproblem, Berlin 1965 (zit.: Koalitionsfreiheit).

Wiedemann, Herbert (Hrsg.): Tarifvertragsgesetz mit Durchführungs- und Nebenvorschriften, Kommentar, 7. Auflage, München 2007 (zit.: Wiedemann/ *Bearbeiter*).

Wiedemann, Herbert: Die Gestaltungsaufgabe der Tarifvertragsparteien, RdA 1997, 297.

Wilburg, Walter: Zusammenspiel der Kräfte im Aufbau des Schuldrechts, AcP 163 (1964), 346.

Winkler, Markus: Kollisionen verfassungsrechtlicher Schutznormen – Zur Dogmatik der verfassungsimmanenten Grundrechtsschranken, Berlin 2000.

Wohlgemut, Hans Hermann: Rechtsfragen des Solidaritätsstreiks, AuR 1980, 33.

Wohlgemuth, Hans Hermann: Aussperrung und Grundgesetz, BB 1979, 111.

Wolf, Manfred: Tarifautonomie, Kampfparität und gerechte Tarifgestaltung, ZfA 1971, 151.

Wolf, Roland: Von der Betriebsverfassung zum Tarifvertrag – Umbruch in der deutschen Unternehmensverfassung, BB-Beil. 4.2008, 16.

Wolter, Henner: Aussperrung und Verhältnismäßigkeit – Kritik des „obersten Gebots“ des Arbeitskampfrechts“, in: Streikfreiheit und Aussperrungsverbot – Zur Diskussion einer gewerkschaftlichen Forderung, Hrsg.: Bieback, Karl-Jürgen u.a., Neuwied, Darmstadt 1979, S. 224 (zit.: *Wolter*, in: Streikfreiheit).

Wolter, Henner: Aussperrung, Parität und Verhältnismäßigkeit, AuR 1979, 193.

Wolter, Henner: Standortsicherung, Beschäftigungssicherung, Unternehmensautonomie, Tarifautonomie, RdA 2002, 218.

Zachert, Ulrich: Einheitsgewerkschaft und Koalitionspluralismus – ein schwieriger Spagat, in: Festschrift für Jobst-Hubertus Bauer zum 65. Geburtstag, Hrsg.: Baeck, Ulrich/ Hauck, Friedrich/ Preis, Ulrich/ Rieble, Voler/ Röder, Gerhard/ Schunder, Achim, München 2010, S. 1195 (zit.: *Zachert*, in: FS Bauer).

Zachert, Ulrich: Richterrechtliche Regulierung und Ausgleich der Interessen beim Arbeitskampf – Bilanz und Perspektiven, in: 50 Jahre Bundesarbeitsgericht, Hrsg.: Oetker,

Hartmut/ Preis, Ulrich/ Rieble Volker, München 2004, S. 577 (zit.: *Zachert*, in: FS 50 Jahre BAG).

Zöllner, Wolfgang/ Loritz, Karl-Georg/ Hergenröder, Curt Wolfgang: Arbeitsrecht – Ein Studienbuch, 6. Aufl., München 2008 (zit.: *Zöllner/ Loritz/ Hergenröder*).

Zöllner, Wolfgang: Aussperrung und arbeitskampfrechtliche Parität, Düsseldorf 1974.

Zöllner, Wolfgang: Die Fortentwicklung des Richterrechts zum Arbeitskampf, insbesondere zur Aussperrung, DB 1985, 2450.

Zöllner, Wolfgang: Die Rechtsnatur der Tarifnormen nach deutschem Recht, Wien 1966 (zit.: Tarifnormen).

Zöllner, Wolfgang: Die Rechtsprechung des Bundesverfassungsgerichts zu Artikel 9 Abs. 3 GG, AöR 98, 71.

Zöllner, Wolfgang: Tarifvertragliche Differenzierungsklauseln, Düsseldorf 1967 (zit.: Differenzierungsklauseln).

Schriften zum Arbeitsrecht und Wirtschaftsrecht

Herausgegeben von Abbo Junker

Band 1 Christoph-N. Lerche: Der Europäische Betriebsrat und der deutsche Wirtschaftsausschuß. Eine vergleichende Analyse der betrieblichen Mitwirkung der Arbeitnehmer vor dem Hintergrund der Globalisierung der Märkte. 1997.

Band 2 Christian Walter Mecke: Zur rechtlichen Verbindlichkeit kollektiver Vereinbarungen in England. 1997.

Band 3 Katja Francke: Die betriebliche Mitwirkung der Arbeitnehmer in Belgien. Unter Berücksichtigung vergleichender Aspekte zum deutschen Betriebsverfassungsrecht. 1997.

Band 4 Christian Schulze: Die Zulässigkeit einstweiliger Verfügungen gegen Betriebsänderungen. 1998.

Band 5 Stefan Miersch: Die Rechtsfolgen mitbestimmungswidriger Maßnahmen für das Arbeitsverhältnis. Eine zivilrechtsdogmatische Untersuchung. 1998.

Band 6 Heike Wegner: Internationaler Verbraucherschutz beim Abschluß von Timesharingverträgen: § 8 Teilzeitwohnrechtegesetz. 1998.

Band 7 Julia Wichmann: Dienstleistungsfreiheit und grenzüberschreitende Entsendung von Arbeitnehmern. 1998.

Band 8 Johann-Volker Peter: Société par actions simplifiée (S.A.S.). Die Vereinfachte Aktiengesellschaft in Frankreich, eine Rechtsform für die Kooperation von Unternehmen. 1999.

Band 9 Sylvia Schnelle: Der Europäische Betriebsrat in Spanien. Zugleich eine Einführung in das spanische Recht der Arbeitnehmervertretung. 1999.

Band 10 Viktoria Bornhagen: Die Zumutbarkeit als Rechtsgedanke im Arbeitsrecht. 1999.

Band 11 Thorsten Schacht: Der Übereilungsschutz beim arbeitsrechtlichen Aufhebungsvertrag. Arbeitnehmerschutz bereits de lege lata? 2000.

Band 12 Marcus Hellmann: Immobilienkauf nach spanischem Recht. 1999.

Band 13 Nicolaus Johannes Ehinger: Die juristischen Personen des öffentlichen Rechts als herrschende Unternehmen. 2000.

Band 14 Alexander Lentz: Das kollektive Arbeitsrecht der Republik Südafrika. Eine Untersuchung mit Bezügen zum deutschen Recht. 2000.

Band 15 Michaela Brunssen: Der Arbeitgeberverbandswechsel. Tarifrechtliche und arbeitskampfrechtliche Konsequenzen. 2000.

Band 16 Morten Petersenn: Das Recht des Grundstückskaufs in Südafrika. 2000.

Band 17 Stefan Krüger: Die umwandlungsrechtliche Haftungsregelung bei der Betriebsaufspaltung und ihre Analogiefähigkeit. 2001.

Band 18 Jürgen Kitzinger: Der GmbH-Geschäftsführer zwischen Arbeits- und Gesellschaftsrecht. Im Blickpunkt: Zuständigkeit der Arbeitsgerichte. 2001.

Band 19 Anja Ruge: Die Lohnersatzansprüche ehemaliger Zwangsarbeiter gegen deutsche Industrieunternehmen. 2001.

Band 20 Michael Knoll: Die Sozialauswahl im Arbeitsrecht. 2001.

Band 21 Britta Albrecht: Mediation im Arbeitsrecht. Individualarbeitsrecht und Betriebsverfassungsrecht. 2001.

Band 22 Annusch Barten: Das System der Arbeitnehmervertretung in Frankreich. 2001.

Band 23 Diane Westera: Der Wiedereinstellungsanspruch nach wirksamer Kündigung. 2001.

Band 24 Kristin Doerlich: Die Tariffähigkeit der Gewerkschaft. Eine Analyse der Mächtigkeitsrechtsprechung des Bundesarbeitsgerichts im Lichte neuerer Erfahrungen. 2002.

Band 25 Tina Witten: Vertragsgestaltung und Gesetzesbindung im Recht der Zeitarbeit. 2002.

Band 26 Martin Hellfeier: Die Leistungszeit im Arbeitsverhältnis. Eine Untersuchung zum Fixschuldcharakter der Arbeitspflicht und zu den Folgen ihrer Nichterfüllung. 2003.

Band 27 Almut Maulshagen: Betriebliche Arbeitskampfregelungen. 2003.

Band 28 Maren Band: Tarifkonkurrenz, Tarifpluralität und der Grundsatz der Tarifeinheit. 2003.

Band 29 Manuela Schulz: Der Bereitschaftsdienst in öffentlich-rechtlich organisierten Krankenhäusern. Eine rechtliche Bewertung. 2003.

Band 30 Felix Benedikt: Die Kürzung von Tariflöhnen zur Sanierung. Eine verfassungskonforme Auslegung des § 3 III TVG entsprechend § 626 BGB. 2003.

Band 31 Tim Kaden: Individuelle Bündnisse für Arbeit und Günstigkeitsprinzip. 2003.

Band 32 Simone Kreiling: Die Erstreckung betrieblicher und betriebsverfassungsrechtlicher Tarifnormen auf Außenseiter. 2004.

Band 33 Carsten Beck: Betriebliche Mitbestimmung und Kündigungsschutz. Die Funktionen betrieblicher Mitbestimmung im und deren Einfluß auf den Kündigungsschutz nach dem KSchG. 2004.

Band 34 Jost Eder: Die Regelungsabrede als Alternative zur Betriebsvereinbarung bei der Gestaltung materieller Arbeitsbedingungen. 2004.

Band 35 Christian Pfab: Wirkungsweise und Reichweite tarifvertraglicher Öffnungsklauseln. 2004.

Band 36 Julia Amlang: Die unternehmerische Entscheidungsfreiheit bei „betriebsbedingten Kündigungen" im europäischen Rechtsvergleich. Kündigung aus wirtschaftlichen Gründen in Deutschland, Frankreich, Spanien, Großbritannien und Schweden. 2005.

Band 37 Alida Milthaler: Das Fragerecht des Arbeitgebers nach den Vorstrafen des Bewerbers. 2006.

Band 38 Doreen Peter: Nebentätigkeiten von Arbeitnehmern. Interessenkollisionen von Arbeitgebern und Arbeitnehmern. 2006.

Band 39 Julia V. C. Bartlog: Das Verhältnis von Gesetz und Tarifvertrag. 2006.

Band 40 Michael Fuhlrott: Der geschädigte Arbeitnehmer. Zur Verfassungsmäßigkeit des Ausschlusses von Schmerzensgeld in der Unfallversicherung sowie zur Herleitung der Haftung bei Eigenschäden im Hinblick auf das Verschuldensprinzip. 2006.

Band 41 Femke Reinecke: Leistungsbestimmung des Arbeitnehmers. 2006.

Band 42 Maria M. Bausback: Der Bestandsschutz des Arbeitsverhältnisses auf europäischer und internationaler Ebene. Entwicklungen vom Mittelalter bis zur Gegenwart. Teil 1 / Teil 2. 2007.

Band 43 Jens Günther: AGB-Kontrolle von Arbeitsverträgen. Analyse der deutschen Rechtslage nach der Schuldrechtsreform und vergleichende Betrachtung des österreichischen Kontrollsystems. 2007.

Band 44 Claudiana Triskatis: Ethikrichtlinien im Arbeitsrecht. 2008.

Band 45 Annette Bruder: Die Weitergabe von Insiderinformationen durch Arbeitnehmervertreter. 2008.

Band 46 Ute Dietrich: Nichtraucherschutz am Arbeitsplatz. 2008.

Band 47 Markus Ebert: Übertragung und Zuordnung von Versorgungsverpflichtungen gegenüber Arbeitnehmern im Rahmen einer umwandlungsrechtlichen Spaltung. 2008.

Band 48 Susanne Schneider: Broad-based Black Economic Empowerment in der Republik Südafrika. 2008.

Band 49 Mandy Reichel: Die Einbeziehung des Außenseiter-Arbeitgebers in den Verbandsarbeitskampf. 2008.

Band 50 Abbo Junker (Hrsg.): Betriebsübergang in Europa. Symposion aus Anlass des 10-jährigen Bestehens der Schriften zum Arbeitsrecht und Wirtschaftsrecht am 10.10.2008 in München. 2009.

Band 51 Till Bender: Vorschläge zur Neuordnung des Sonderkündigungsschutzes nach MuSchG und SGB IX. 2009.

Band 52 Manuela Rauch: Die geschlechtsbezogene Diskriminierung am Arbeitsplatz nach kalifornischem Recht. 2009.

Band 53 Tina Luise Allenberg: Das französische règlement intérieur d'entreprise. Die Arbeitsordnung im französischen Arbeitsrecht. 2009.

Band 54 Bernd Haas: Anwaltliches Mandatsverhältnis zum Betriebsrat. 2009.

Band 55 Martin Fröhlich: Die erweiterte Weisungsbefugnis des Arbeitgebers im spanischen Recht. 2009.

Band 56 Stefanie Lorenzen: Inhaltskontrolle beim Betriebsübergang. Die Anpassung tariflicher Arbeitnehmerpflichten nach Privatisierungen. 2009.

Band 57 Oliver E. Aldea: Das französische Kündigungsrecht im Spannungsfeld von Abfindungen und Bestandsschutz. 2010.

Band 58 Wolfgang Stock: Die Einsetzung einer Transfergesellschaft. Unter besonderer Berücksichtigung betriebsverfassungs- und arbeitsförderungsrechtlicher Vorgaben. 2010.

Band 59 Claudia Hagedorn: Zulässigkeit und Grenzen von Tarifsozialplänen. 2010.

Band 60 Daniela Quink: Inhaltskontrolle von Freiwilligkeitsvorbehalten in Arbeitsverträgen. 2010.

Band 61 Kathrin Kentner: Arbeitskampfmittel der Arbeitgeber. 2010.

Band 62 Angela Nunes Fernandes Gil Wolf: Arbeitnehmereinsatz im Ausland. Das auf doppelte Arbeitsverhältnisse anwendbare Recht am Beispiel der Vertragsgestaltung eines internationalen Konzerns. 2010.

Band 63 Annemarie Berthold: Whistleblowing in der Rechtsprechung des Bundesarbeitsgerichts. 2010.

Band 64 Malte Koch: Die Beteiligung von Arbeitnehmervertretern an Aufsichtsrats- und Verwaltungsratsausschüssen einer Europäischen Aktiengesellschaft. 2011.

Band 65 Agnes Maria Kollerbaur: Die französische Arbeitsinspektion. Eine Untersuchung unter besonderer Berücksichtigung ihrer Rolle bei Kündigungen. 2011.

Band 66 Marcus Christian Leinenweber: Landesschlichtungsgesetze? 2011.

Band 67 Frederike Cathérine Gärtner: Die gesetzliche Regulierung von Bahnstreiks in Frankreich. Arbeitskampf vs. Kontinuität öffentlicher Dienstleistungen. 2011.

Band 68 Carolin van Straelen: Der Rollenkonflikt des Arbeitnehmervertreters zwischen Betriebsratsmitglied und Gewerkschaftsfunktionär. 2012.

Band 69 Anna Maria Jordan: Entgeltdiskriminierung in Frauenberufen? 2012.

Band 70 Dominic Köstner: Compliance-Richtlinien im Unternehmen. Arbeits- und datenschutzrechtliche Implementierungsaspekte. 2012.

Band 71 Michael Kobler: Fremdeinflüsse auf die tarifliche Willensbildung. 2012.

Band 72 Anne Kraas: Zulässigkeit und Grenzen der arbeitsvertraglichen Entgeltflexibilisierung. 2012.

Band 73 Melanie Amann: Die Belegschaftsabstimmung. 2012.

Band 74 Christina Mennemeyer: „Dritter Weg" und rechtliche Grenzen der Flexibilisierung des Arbeitsrechts der katholischen Kirche. 2012.

Band 75 Joël Philipp Hofmann: Rechtsmissbrauch und Verwirkung bei Widerspruch gegen den Übergang des Arbeitsverhältnisses nach § 613a BGB. 2013.

Band 76 Jennifer Junker: Das Recht der Arbeitnehmerüberlassung in Japan. 2013.

Band 77 Gabriele Geiselhart: Tarifliche Regelungsmacht bei Haustarifverträgen und Unternehmerfreiheit. Dargestellt am Beispiel von Standortgarantien und Zeitarbeitsquoten. 2013.

Band 78 Lorenz Sylvester Mitterer: AGB-Korrektur in Dauer- und Langzeitschuldverhältnissen. 2013.

Band 79 Janina Morgenweck: Die Arbeitsgerichtsbarkeit in England. 2013.

Band 80 Christoph B. Kistler: Die Rechtmäßigkeit von Spartenstreiks. Alte Kriterien in neuem Licht. 2013.

www.peterlang.com